JN214487

中村孝也著

新訂

徳川家康文書の研究〈新装版〉上巻

吉川弘文館

中村孝也肖像（昭和三十七年学士院賞受賞の時）共同通信社提供

自序

本書は徳川家康の名を以て出された公私の文書を蒐集し、その確實性を検討し、その中より史料價値を有するもの一千數百通を採擇して、これを年代順に排列し、それぞ〳〵解説を施して文書の内容を説明し、兼ねて社會生活の變遷、時代の推移を究明する資となしたものである。

徳川家康（西暦一五四二—一六一六）は、中世封建社會の解體期に生れ、三河の新興士豪松平族の族長として雄飛の地盤を固め、尋で地方大名徳川族の族長として社會的勢力を養ひ、更に進んで中央集權者たる將軍家の創始者として、近世封建社會を構成する政治力の中心となつた人物である。七十五年に亙る長い生涯の間に、古くからの傳統を有する中世大名が概ね消滅し、肩を並べて興つた多くの隨伴大名も亦概ね凋落し去つた間に立つて、幾多の艱難を克服し、最後に永續性を有する堅牢なる中央政府を建設する段階にまで登攀し得たものは、ひとり家康だけであつて、廣く日本歴史を通觀しても、この種の類例を發見することができない。

個人としての家康の存在に特異性があるばかりでなく、社會人としての家康は、經濟・政治・思想・社會の各分野に亙つて、新生活開拓の先驅者であつた。近世封建機構の性格を理解するために、家康の占める地位は極めて高い。

然るに江戸時代に作製せられた家康傳記並びに德川家關係の史書は、史料の採擇においても、その取扱ひ方においても、頗る、偏向性に富んで居り、Bernheim の分類に從へば、物語的歷史か或は敎訓實用的歷史かの範域を離脫してゐない。明治以後に至つては、別個の敎學性の支配を受けることが多く、そのうへ中世より近世に移る過渡期の社會史的硏究が容易に著手されず、家康在世時代の史料整理が不十分であるため、ひとり家康の眞實相ばかりでなく、社會構造が推移する情勢については、未開拓のままに取り殘されてゐる分野が廣いといつても敢へて過言ではあるまい。

幸ひ最近に至り、社會經濟史學の發達に伴ひ、この取り殘されてゐた時代の再檢討を行ふ機運が動いて來た。この作業は、多くの角度から進めらるべきであり、殊に經濟財政史料の硏究が重要なる部面を占めてゐることは明らかであるが、時代の偉大なる指導者＝德川家康＝の意志が端的に發現してゐる文書の硏究を行ふことは、除外し得ざる重要事項であり、その學術的價値も亦高く評價し得るものである。

著者は多年この硏究に留意してゐたが、從來未だ曾て試みられなかつた事業であるため、容易に著手することができなかつたところ、先年、史料編纂官在任の當時、東照宮三百年祭記念會が、これを諒として硏究費を支出せらるるにあひ、東京帝國大學史料編纂所もまたその必要を認めて多大の便宜を與へられたるを以て、終に勇を鼓して奮つてその衝に當り、博引旁搜、拮据精勵、幾多の歲月を重ね、一應未定稿を淨書するまでの運びに立ち至つた。

しかしながら大戰に際會して出版の機會を得なかつたばかりでなく、その末期においては、浄書本と稿本と資料類とを分散して、遠く三箇所に疎開し、その安全を圖るほどであつたが、戰後、次々にこれを回收して再び篋底に藏し、荏苒更に十餘年の歳月を經過してしまつた。

たまたま昭和三十二年に至り、文部省研究成果刊行費補助金を支給せられることが定まつたので、全部に亙つて再檢討を加へ、先ずこの上卷を刊行することになつた。この種の勞作に從事する人が容易に現れることを豫期し得ない現狀において、自分の生前にこれを世間に送り、差當つては多くの研究者の利用に供し、兼ねてまた後人のために修補の素材たらしめ得ることは、眞に望外の悦びである。

本書の完成については、先づ東照宮三百年祭記念會より數年間に亙つて研究費を支給せられたこと、東京帝國大學（現東京大學）史料編纂所が、終始一貫、研究の便宜を與へられたこととを特筆して深甚なる謝意を表する。尙、この煩瑣なる事業に理解と同情とを寄せられたる多くの友人諸君のうち、特に現東京大學教授伊東多三郎君・元史料編纂官高橋隆三君・現奈良女子大學教授鹽見薫君等の力に負ふところが大きい。刊行の機運をつくつてくれたのは現文部省教科書調査官中田易直君であり、印刷にかゝつてから巨細に亙つて文書を吟味し、校正に協力されたのは、伊東多三郎君、並びに東京大學助教授奥野高廣君・史料編纂所員新家君子君であつた。その他、往年私が史料編纂官及び東京帝國大學教授たりしとき、編纂室・研究室を共にした諸君の應援を受けたことも少くない。それらの學恩に對し、改めてまた深謝をさゝげる。

本卷に挿入した寫眞版は、すべて史料編纂所所藏のものに據つた。その複製を許可せられた好意を深謝する。

多數の文書なので採訪漏れのものは、まだたくさんあるであらう。本卷印刷中に發見した文書も若干通ある。他日發見するものもあるだらうが、それらはすべて補遺として收錄したいと思つてゐる。下卷は引きつゞき刊行の豫定である。

昭和三十三年三月十日

文學博士　中村孝也識

新訂版の序

現今、歴史學の進歩が著じるしく、いく多の名論卓說が競い起り、大著力作が重なり續いて、その壯觀なことは、あたかも天空に山岳の起伏する有様にも似るものがあります。この時に當たり、文學博士故中村孝也先生一代の文業は、史學の廣野に聳え立つて燦然として輝き、後進の者からひとしく學道の金針として仰がれているのであります。その數多い著作の中で、先生の學風と學殖を最もよく發揮されたものが、「德川家康文書の研究」四册の大著であり、この書が近世史學の發展の爲め、揺ぎない基礎を築いた功績は、いくたび申しても盡きることはありません。今、この稀に見る大著の新訂版が、日本學術振興會から公刊されると聞き、今更ながら深い感慨を催さずにはおられません。

先生は早くから德川家康研究の志を持たれた由でありますが、家康文書研究に本格的に取り組まれたのは、昭和十年頃（五十歲）であります。その頃公私多忙の中にも、文書の解說に勵まれる先生の姿が思い出されます。

しかし戰時下の德川家康文書は、戰火を避けて地方へ疎開するなど、數奇な運命を辿らねばなりませんでした。そして戰爭が終つて疎開先から三十二册の稿本が無事に戻つて來ても、戰後の世相混亂の中に出版の見込みは立ちがたいような狀況でした。

しかるに好期至つて、昭和三十年（七十歳）先生の熱意と學界有志の激勵に依り、稿本の續修が開始され、昭和三十三年上卷の出版を手始めに、次々と續刊の運びとなり、三十六年下卷之二を最後として都合四冊の刊行が完了した次第であります。そしてこの後も文書の研究は撓むことなく續行されましたが、昭和四十五年（八十五歳）ついに拾遺集の原稿を後に殘して、永遠の旅路に旅立たれたのであります。私共門下生たちは御遺族の御意向を伺い、拾遺集の整理出版を計畫し、昭和四十六年これを實現したのであります。

思えば、先生が逝去されてから今に至るまで十年の歳月が立ちましたが、その間に本書の聲價はいよいよ高く、本書の學界における信用は正に定着した感があります。それと共に、本書の內容についても、常に嚴密な再檢討が期待されております。これに鑑みるところがあつて、初版の諸册に檢討のペンを走らせて、整備を心掛け、「新訂徳川家康文書の研究」と題して學界に送ることとなりました。この新訂本の作成には、御令息道雄氏が終始その事に當られましたが、私共門下生がそれぞれ應分のお手傳いさせていただいた所もあります。なお日本學術振興會が初版の場合と同樣、誠實に出版を推進されたことをここに記して、厚く謝意を表します。

この新訂版が今後永く學界の重寶として活用されることを期待すると共に、先生の御冥福を祈る次第であります。

昭和五十五年七月十日

伊東多三郎

目次

序説

第一篇　流寓時代

〔参考〕三河淨妙寺に與へたる諸老臣連署の寺領安堵狀（弘治三年十一月十一日）……二四
鈴木重直に與へたる諸役免許狀（弘治四年三月二十五日）……二七
〔元康と署名してある文書〕……（二八）
三河六所大明神神主に與へたる社領安堵狀（永祿元年七月十七日）……二九
〔参考〕德川家光の六所大明神に與へたる朱印狀（寛永十一年八月十日）……二九
岡崎の家臣に與へたる掟書（永祿二年五月十六日）……三一
三河常行寺等七箇寺に與へたる寺領寄進狀（永祿二年十一月二十八日）……三三
長田與助・同喜八郎に與へたる三河熊野社領寄進狀（永祿二年十一月二十八日）……八四五

第二篇　岡崎在城の時代

〔元康と署名してある文書〕（つゞき）……（三四）
淺井道忠に與へたる所領宛行狀（永祿三年五月二十二日）……八四七
三河法藏寺に下せる禁制（永祿三年七月九日）……三五
三河法藏寺に與へたる定書（永祿三年七月九日）……七八四
三河妙唱寺に下せる禁制（永祿三年カ）（九月）……八四八
都築右京進に與へたる所領宛行狀（永祿四年四月五日）……七八五
菅沼定直等に與へたる覺書（永祿四年四月十五日）……三七

本多廣孝に與へたる所領宛行狀（永祿四年六月二十七日）……………………三六

松井忠次（松平康親）に與へたる所領宛行狀（永祿四年六月二十七日）………四〇

菅沼定盈に與へたる所領宛行狀（永祿四年六月二十四日）…………………………四三

河合勘解由左衞門に與へたる代官職安堵狀（永祿四年九月十八日）……………四九

本多廣孝に與へたる書狀（永祿四年十月一日）………………………………………四九

西鄕淸員に與へたる下知狀（永祿四年十月六日）……………………………………四

松井忠次（松平康親）に遺れる書狀（永祿四年十一月）……………………………六七

松井忠次（松平康親）に與へたる書狀（永祿五年四月十三日）……………………六六

松井忠次（松平康親）に與へたる誓書（永祿五年四月十三日）……………………六六

三河無量壽寺に下せる禁制（永祿五年四月十八日）…………………………………四

松平伊忠に與へたる所領安堵狀（永祿五年五月二十二日）………………………四

松平康忠に與へたる所領宛行狀（永祿五年八月六日）……………………………四八

松平淨賢（親廣）・同康忠に與へたる所領宛行狀（永祿五年十二月）…………四九

松平伊忠に與へたる所領安堵狀（永祿六年五月九日）……………………………八〇

松平伊忠に與へたる所領安堵宛行狀（永祿六年六月一日）………………………五一

松平直勝に與へたる所領安堵狀（永祿六年六月）……………………………………五三

家康と改名した時期について………………………………………………………………（五三）

三河の一向一揆……………………………………（五四）
本多廣孝に與へたる所領宛行狀（永祿六年二月七日）……………………五七
松平龜千代・松井忠次（松平康親）に與へたる誓書（永祿六年十月二十四日）……五八
松井忠次（松平康親）に遣れる書狀（永祿六年十月二十四日）……………五八
本多廣孝に與へたる所領宛行狀（永祿六年十二月）………………………五八
松井忠次（松平康親）に與へたる所領宛行狀（永祿六年閏十二月八日）………五九
三河大樹寺に下せる定書（永祿六年閏十二月）……………………………六〇
松平直勝に與へたる覺書（永祿七年二月三日）……………………………六三
〔參考〕酒井政家（正親）より三河無量壽寺に遣れる覺書（永祿七年三月九日）……六四
佐野正安に與へたる所領宛行狀（永祿七年四月四日）………………………六四
三河東觀音寺に下せる禁制（永祿七年四月）………………………………六五
戸田重貞に與へたる誓書（永祿七年五月十三日）…………………………六六
三河大岩寺に下せる覺書（永祿七年五月二十七日）…………………………六八
三河菟足社に下せる禁制（永祿七年五月）…………………………………六八
三河大平寺に下せる禁制（永祿七年五月）…………………………………六九
三河城寶寺惠慶に與へたる住持職安堵狀（永祿七年六月十一日）……………七〇
酒井忠次に與へたる覺書（永祿七年六月二十二日）…………………………七一

本多廣孝に與へたる所領宛行狀（永祿七年六月）……七二
高木淸秀に與へたる所領安堵狀（永祿七年六月）……七三
三河運昌寺存祝和尙に與へたる寺領寄進狀（永祿七年八月十二日）……七四
杉田友政に與へたる屋敷宛行狀（永祿七年九月）……七四
舟大工甚左衞門に與へたる安堵狀（永祿七年十一月）……七八九
三河高隆寺惠定坊に與へたる同末寺海問寺寺領寄進狀（永祿七年十二月）……七八九
牟呂兵庫助・千賀與五兵衞等に與へたる改替新地宛行狀（推定永祿八年三月十九日）……七九〇
三河東觀音寺に下せる定書（永祿八年四月二十八日）……七八
〔附〕一色藤長に遺れる書狀……七八
〔參考〕酒井忠次より東觀音寺に與へたる寺領寄進安堵狀（永祿八年七月五日）……七八
三河長仙寺に與へたる寺領安堵狀（永祿八年五月十九日）……八〇
三河櫻井寺大坊に與へたる白山先達職安堵狀（永祿八年六月七日）……八〇
〔參考〕酒井忠次より櫻井寺大坊に遺れる添狀（永祿八年六月十一日）……八〇
三河三明寺別當に與へたる別當職安堵狀（永祿八年九月十三日）……八一
三河明眼寺に遺れる書狀（三月二十二日　永祿八・九年頃カ）……八二
鈴木重直に與へたる所當宛行狀（永祿八年十一月二十七日）……八三
江馬時成に與へたる知行宛行狀（永祿九年二月十日）……八三七

江馬時成・同泰顯に與へたる誓書(永祿九年二月十日)……八三八
牧野成定に與へたる安堵狀(永祿九年五月九日)……八五
〔附〕水野信元の牧野山城守に遣れる書狀(永祿九年十一月)……八五
松平淨賢(親廣)・同康忠に遣れる書狀(永祿六年乃至九年の八月二十八日)……七九二
三河隨念寺に與へたる寺領寄進狀(永祿九年十二月)……八七
三河伊賀八幡宮戸帳奉納銘(永祿九年十二月)……八五五
德川と改姓した時期について……(八八)

永祿十年

西尾吉次に遣れる書狀(永祿十年カ)(三月三日)……八五六
松平虎千代に與へたる所領安堵狀(永祿十年六月)……九七

永祿十一年

松平家忠に與へたる下知狀(永祿十一年二月十日)……一〇〇
戸田吉國に與へたる令書(永祿十一年三月)……一〇一
岡部正綱に遣れる書狀(永祿十一年五月十一日)……一〇二
菅沼定盈に與へたる所領宛行狀(永祿十一年五月十二日)……一〇二
菅沼忠久・近藤康用・鈴木重時に與へたる誓書(永祿十一年十二月十二日)……一〇三
同所領宛行狀(同　日)……一〇三

〔附〕菅沼定盈・今泉延傳より近藤康用・鈴木重時に遺れる誓書（永祿十一年十二月十二日）……一〇三
〔附〕天野康景・高力清長・本多重次連書の禁制（永祿十一年十二月）……一〇三
匂坂吉政に與へたる所領安堵狀（永祿十一年十二月二十日）……一〇八
久能宗能に與へたる所領安堵狀（永祿十一年十二月二十一日）……一〇八
久能千菊丸に與へたる所領宛行狀（永祿十一年十二月二十八日）……一〇八
〔參考〕武田信玄より家康に遺れる書狀（永祿十一年十二月二十三日）……一一〇
鵜殿氏長等に與へたる誓書（永祿十一年十二月二十六日）……一一一
同所領安堵狀（同　日）……一一一

永祿十二年

天野景貫等に與へたる所領宛行狀（永祿十二年正月二日）……一一五
牧野源介に與へたる所領安堵狀（永祿十二年正月十一日）……一一六
中山又七に與へたる所領安堵狀（永祿十二年正月十一日）……一一七
大村彌十郎に與へたる所領安堵狀（永祿十二年正月十二日）……一一七
加々爪政豐に與へたる所領安堵狀（永祿十二年正月十五日）……一一八
奧平信光に與へたる感狀（永祿十二年正月二十日）……一一九
〔附〕石川數正より奧平信光に遺れる添狀（同　日）……一一九
小笠原清有に與へたる所領安堵狀（永祿十二年正月二十日）……一二〇
石谷政清に與へたる所領宛行狀（永祿十二年正月二十六日）……一二一

朝比奈十左衞門尉等に與へたる替地宛行狀（永祿十二年正月二十八日）……一三三
河田長親に遣れる書狀（永祿十二年二月十八日）……一三三
〔附〕石川家成より河田長親に遣れる書狀（同　日）……一三三
松平筑後入道に與へたる所領安堵狀（永祿十二年二月十九日）……一三五
都筑秀綱に與へたる所領安堵狀（永祿十二年二月二十六日）……一三六
西鄕淸員に與へたる替地宛行狀（永祿十二年三月二日）……一三七
大村高信に與へたる所領宛行狀（永祿十二年三月八日）……一三七
天野景貫に與へたる誓書（永祿十二年四月八日）……一三八
大澤基胤・中安定安・權太泰長に與へたる誓書（永祿十二年四月十二日）……一三九
〔附〕酒井忠次・石川數正より大澤基胤・中安定安・權太泰長に遣れる誓書（同　日）……一三九
〔附〕渡邊盛より大澤基胤・中安定安・權太泰長に遣れる誓書（同　日）……一三九
〔附〕大澤基胤・中安種彥より朝比奈泰朝・同親孝・金遊芳線に遣れる書狀（永祿十二年四月四日）……一三九
〔附〕同　返　書（同年四月十一日）……一三九
大澤基胤に與へたる所領安堵狀（永祿十二年四月十二日）……一三六
天野景貫に與へたる所領宛行狀（永祿十二年四月十三日）……一三八
天野景貫に與へたる手長地宛行狀（永祿十二年四月十三日）……一三九
〔附〕石川數正より天野景貫に遣れる書狀（永祿十二年閏五月二十二日）……一三九
奧山定友・同友久に與へたる所領安堵狀（永祿十二年四月十三日）……一四〇

鱸源六郎に與へたる所領安堵狀（永祿十二年閏五月二十日）……一四一
尾上正長に與へたる所領宛行狀（永祿十二年閏五月二十日）……七九三
渡邊三左衞門尉に與へたる所領安堵狀（永祿十二年閏五月二十日）……一四二
遠江舞坂鄕に下せる傳馬等禁止定書（永祿十二年閏五月）……一四三
三河大樹寺に下せる定書（永祿十二年六月二十五日）……一四三
天野八郎左衞門に與へたる所領安堵狀（永祿十二年七月二十四日）……一四四
天野景貫に與へたる所領宛行狀（永祿十二年七月二十九日）……一四五
遠江見附桝座に下せる定書（永祿十二年七月）……一四五
遠江法華寺に下せる禁制（永祿十二年八月三日）……一四六
遠江秋葉寺別當光播に與へたる別當職等安堵狀（永祿十二年八月七日）……一四七
松平眞乘に遣れる書狀（永祿十二年八月十二日）……一四七
〔參考〕鳥居忠吉・大須賀康高・植村正勝・柴田康忠連署、西鄕淸員に與へたる知行目錄（永祿十二年八月二十一日）八五七
門奈直友に與へたる所領安堵狀（永祿十二年九月一日）……一四八
松平眞乘に遣れる書狀（永祿十二年九月十六日）……一四八
松平眞乘に與へたる所領宛行狀（永祿十二年十二月十三日）……七九四
〔附〕同知行目錄（永祿十二年十月十四日）……七九四
紀伊熊野社に與へたる社領寄進狀（永祿十二年十二月二十三日）……一四九

三河普門寺桐岡院に與へたる寺領諸役安堵狀(永祿十二年十二月) ……………………一五〇

元　龜　元　年

　〔參考〕武田信玄より家康に遺れる書狀(永祿十三年四月十九日) ……………………一五四

　〔參考〕本多忠次より僧全徹に與へたる住持職安堵狀(元龜元年二月十五日) ……………………一五五

第三篇　濱松在城の時代

元　龜　元　年 (つづき)

　〔參考〕鳥居忠吉より鈴木重直に遺れる所領安堵狀 (元龜元年八月一日) ……………………一六一

　中安滿千世に與へたる所領安堵狀 (元龜元年八月十三日) ……………………一六一

　〔參考〕足利義昭より家康に遺れる書狀 (元龜元年八月十四日) ……………………一六二

　〔參考〕織田信長より遊佐某に遺れる書狀 (元龜元年十月二日) ……………………一六四

　平岩親吉に遺れる書狀 (元龜元年十月二日) ……………………一六七

　上杉輝虎に遺れる誓書 (元龜元年十月八日) ……………………一六三

　直江景綱に遺れる書狀 (元龜元年十月八日) ……………………一六三

　〔參考〕上杉輝虎より酒井忠次に遺れる書狀 (元龜元年八月二十二日) ……………………一六四

　〔參考〕上杉輝虎より松平眞乘に遺れる書狀 (同日) ……………………一六四

　〔附〕河田長親より松平眞乘に遺れる書狀 (元龜元年八月三十日) ……………………一六四

　〔附〕叶坊光播より直江景綱に遺れる書狀 (元龜元年十月八日) ……………………一六五

元龜二年

元龜三年

天正元年

天正二年

目　次

一四

上林越前に與へたる判物（天正二年三月十二日）……………………二一〇

村上國清に遺れる書状（天正二年三月十三日）……………………二一〇

【参考】上杉謙信より榊原康政に遺れる書状（天正二年正月九日）………二一一

【参考】村上國清より榊原康政に遺れる書状（天正二年正月二十三日）……二一一

【参考】上杉謙信より酒井忠次に遺れる書状（天正二年二月七日）………二一一

【附】石川數正より村上國清に遺れる書状（天正二年三月十五日）………二一一

【参考】織田信長より上杉謙信に遺れる覺書（天正二年六月二十九日）……二一一

小笠原長國・同廣重に與へたる感状（天正二年四月九日）……………二一一

匂坂牛之助に與へたる所領宛行状（天正二年五月二十二日）…………二一七

遠江氣多郷に下せる禁制（天正二年五月）………………………………二一七

上杉謙信に遺れる書状（天正二年七月九日）……………………………二一八

本間政季に與へたる所領安堵状（天正二年七月十日）…………………二一八

奥平急賀齋に與へたる劍法傳授起請文（天正二年十月二十八日）………二二〇

奥平急賀齋に與へたる扶助許可状（天正二年十一月二十八日）…………二二一

淸水政晴に與へたる免許状（天正二年十二月九日）……………………二二一

遠江妙立寺に下せる定書（天正二年十二月十三日）……………………二二三

【参考】今川氏眞より妙立寺に下せる定書（永祿五年二月二十四日）……二二三

遠江今切船中に下せる渡船定書（天正二年十二月二十八日）…………二二三

天正三年

天正四年

天正五年

天正六年

天正七年

天正八年

加島孫尉等に下せる定書（天正八年二月四日）……二五五
明珍久大夫に遣れる書狀（天正八年三月十一日）……二五六
五郎太郎に與へたる大工職安堵狀（天正八年三月十三日）……二五七
三河鳳來寺に下せる定書（天正八年四月二十五日）……二五八
三河大林寺に下せる定書（天正八年四月二十五日）……二五九
三河隣松寺に下せる禁制（天正八年五月二十一日）……二六〇
同寺領安堵狀（同日）……二六〇
遠江龍雲寺に與へたる寺務職安堵狀（天正八年五月二十八日）……二六三
遠江方廣寺に下せる定書（天正八年九月三日）……二六三

天正九年

余語勝久に遣れる書狀（天正九年二月五日）……八〇〇
三河大樹寺に下せる條規（天正九年四月十六日）……二六六
奥山惣十郎に與へたる所領安堵狀并宛行狀（天正九年五月九日）……二六七
榊原又右衞門に與へたる所領宛行狀（天正九年八月八日）……二六八
三河今濟寺に與へたる寺領寄進狀（天正九年十月十二日）……八〇一
三河福泉庵に與へたる寺領寄進狀（天正九年十月十二日）……八〇一

三河阿彌陀院に與へたる寺領寄進狀（天正九年十月十二日）……八〇二
三河岩松庵に與へたる寺領寄進狀（天正九年十月十二日）……八〇三
三河東光坊に與へたる寺領安堵狀（天正九年十月二十六日）……二六八
三河道興寺に與へたる寺領寄進狀（天正九年十月二十六日）……八〇三
三河長久院に與へたる寺領寄進狀（天正九年十月二十六日）……八〇四
三河光粒庵に與へたる寺領寄進狀（天正九年十月二十六日）……八〇四
三河向春軒に與へたる寺領寄進狀（天正九年十月二十八日）……八〇五
三河・遠江の宿中に下せる傳馬手形（天正九年十一月八日）……八〇六
遠江濱松宿中に下せる傳馬手形（天正九年十一月十二日）……八〇六
皆川廣照に遣れる書狀（天正九年十一月十二日）……二六九
三河義光院に與へたる寺領寄進狀（天正九年十二月五日）……八〇六
三河樂善庵に與へたる寺領寄進狀（天正九年十二月五日）……八〇七
三河安養寺・惠海庵に與へたる寺領寄進狀（天正九年十二月六日）……八〇八
三河修法庵等に與へたる寺領安堵狀（天正九年十二月六日）……二七〇
松平康親に與へたる所領安堵狀（天正九年十二月二十日）……二七一

天正十年

駿河當目郷に下せる百姓保護の朱印狀（天正十年二月二十一日）……二七五

駿河廣野等に下せる百姓保護の朱印狀（天正十年二月二十一日）……二七五
駿河建穗寺に下せる禁制（天正十年二月二十二日）……二七六
穴山信君に遺れる書狀（天正十年三月二日）……二七七
駿河臨濟寺に下せる禁制（天正十年三月三日）……二七八
駿河清見寺に下せる禁制（天正十年三月三日）……二七八
甲斐大聖寺に下せる禁制（天正十年三月三日）……二七九
甲斐南松院に下せる禁制（天正十年三月三日）……二八〇
甲斐松岳院に下せる禁制（天正十年三月三日）……二八〇
水谷勝俊に遺れる書狀（天正十年三月二十五日）……二八三
三河龍海院に下せる傳馬手形（天正十年四月二十九日）……二八四
蒲生賢秀・同氏郷に遺れる書狀（天正十年六月四日）……八六六
岡部正綱に遺れる書狀（天正十年六月六日）……二八五
和田定教に與へたる誓書（天正十年六月十二日）……二八七
加賀美右衞門尉に與へたる所領宛行狀（天正十年六月十二日）……二八七
信野諏訪上社に下せる禁制（天正十年六月十三日）……八〇八
筒井順慶・森本左馬助・竹村道淸・外嶋加賀守・和田助太夫に與へたる感狀（天正十年六月）……八〇九
吉村氏吉に遺れる書狀（天正十年六月十四日）……二八九

目 次　　二○

〔附〕石川數正・本多忠勝より吉村氏吉に遺れる書狀(天正十年六月十四日)………二八九

佐藤六左衞門尉に遺れる書狀(天正十年六月十四日)………二九○

〔附〕本多忠勝より高木貞利に遺れる書狀(天正十年六月十四日)………二九○

〔參考〕北條氏政より渡邊庄左衞門尉に與へたる下知狀(天正十年六月十五日)………二九二

窪田正勝に與へたる所領安堵狀宛行狀(天正十年六月十七日)………二九三

甲斐鷹尾寺に與へたる寺領安堵狀(天正十年六月二十日)………二九五

小池筑前守に與へたる感狀(天正十年六月二十一日)………二九七

有泉信閑等に遺れる書狀(天正十年六月二十二日)………二九八

〔參考〕北條氏の家臣齋藤定盛より千野昌房に遺れる書狀(天正十年六月二十五日)………二九九

長田織部佐に與へたる所領宛行狀(天正十年六月二十四日)………三○○

安堵狀を二同以上與へられたものの一覽表………三○三

甲斐一蓮寺に與へたる寺領安堵狀(天正十年六月二十六日)………三○五

甲斐國九筋二領郡鄉等及び在地氏族表………三○七

有泉信閑等に遺れる書狀(天正十年七月三日)………三一○

渡邊守に與へたる路次警固朱印狀(天正十年七月六日)………三一一

下條賴安に遺れる書狀(天正十年七月七日)………三一三

小池筑前守に與へたる感狀(天正十年七月九日)………三二二

小尾祐光・津金胤久に與へたる所領宛行狀（天正十年七月九日）……三一四
知久頼氏に遣れる書狀（天正十年七月十日）……三一五
平尾平三に與へたる所領宛行狀（天正十年七月十一日）……三一五
守山豊後守に與へたる所領宛行狀（天正十年七月十一日）……三一六
甲斐九一色諸商人に與へたる課役免許狀（天正十年七月十二日）……三一七
甲斐一蓮寺に下せる禁制（天正十年七月十二日）……三一八
酒井忠次に與へたる定書（天正十年七月十四日）……三一九
禰津信光に遣れる書狀（天正十年七月十四日）……三二〇
〔附〕酒井忠次より禰津信光に遣れる書狀（同日）……三二〇
禰津信光に遣れる書狀（年次未詳）……三二一
下條頼安に遣れる書狀（天正十年七月十五日）……三二二
折井次昌・米倉忠繼に與へたる感狀（天正十年七月十五日）……三二三
依田信守に與へたる感狀（天正十年又は十一年七月十九日）……三二四
小菅又八に與へたる所領宛行狀（天正十年七月二十日）……三二五
小菅次郎三郎に與へたる所領宛行狀（天正十年七月二十日）……三二六
甲斐祖母口郷百姓等に與へたる諸役免許狀（天正十年七月二十三日）……八六七
依田信蕃に與へたる所領宛行狀（天正十年七月二十六日）……三二六

目 次

知久頼氏に與へたる本領安堵狀（天正十年七月二十六日）……………三七

松平家信に與へたる感狀（天正十年七月二十九日）………………………三八

〔附〕石川數正より松平家信に與へたる書狀（同日）

辻盛昌に與へたる所領宛行狀（天正十年八月七日）………………………三二

初鹿野昌久に與へたる所領宛行狀（天正十年八月七日）…………………三四

原三右衞門に與へたる本領安堵狀（天正十年八月七日）…………………三五

小宮山囚獄助に與へたる所領宛行狀（天正十年八月九日）………………三五

窪田忠知に與へたる本領安堵狀（天正十年八月九日）……………………三六

長坂右近助に與へたる本領安堵狀（天正十年八月九日）…………………三七

鷹野喜兵衞尉に與へたる本領安堵狀（天正十年八月九日）………………三八

木曾義昌に遺れる書狀（天正十年八月九日）………………………………六六

〔参考〕阿部正勝・本多正信・大久保忠泰連署、本多重次に遺れる書狀（天正十年八月十四日）……………六九

二二

甲斐御岳衆に與へたる朱印狀（天正十年八月十日）……………………………………………三九

山本忠房に與へたる本領安堵狀（天正十年八月十一日）………………………………………三〇

塚本喜兵衞に與へたる本領安堵狀（天正十年八月十一日）……………………………………三〇

下條賴安に與へたる所領宛行狀（天正十年八月十二日）………………………………………三一

下條賴安に遺れる書狀（天正十年八月十二日）…………………………………………………三二

有賀式部助に與へたる本領安堵狀（天正十年八月十三日）……………………………………三四

青木信時に與へたる本領安堵狀（天正十年八月十六日）………………………………………三四

長井吉昌に與へたる本領安堵狀（天正十年八月十六日）………………………………………三五

柳澤信俊に與へたる本領安堵狀（天正十年八月十六日）………………………………………三六

折井次昌に與へたる本領改替宛行狀（天正十年八月十七日）…………………………………三七

穴山勝千代に與へたる感狀（天正十年八月十八日）……………………………………………三九

今井兵部に與へたる感狀（天正十年八月十九日）………………………………………………四〇

加賀美作藏に與へたる名田・神領諸役安堵狀（天正十年八月二十日）……三五二
岩手入道に與へたる本領安堵狀（天正十年八月二十一日）……三五三
野澤二右衞門に與へたる本領安堵狀（天正十年八月二十一日）……三五四
駒井昌直に與へたる本領安堵狀（天正十年八月二十一日）……三五四
筒井菅右衞門に與へたる本領安堵狀（天正十年八月二十二日）……三五五
土屋昌吉に與へたる本領安堵狀（天正十年八月二十二日）……三五六
下條賴安に遺れる書狀（天正十年八月二十二日）……三五六
高橋與五郎に與へたる本領安堵狀（天正十年八月二十四日）……三五七
大村次左衞門に與へたる本領安堵狀（天正十年八月二十四日）……三五七
初鹿野昌久に與へたる本領安堵狀（天正十年八月二十七日）……三五八
飯室昌喜に與へたる本領安堵狀（天正十年八月二十七日）……三五九
丸山次郎兵衞に與へたる本領安堵狀（天正十年八月二十八日）……三六〇
小林佐渡守に與へたる諸役免許狀（天正十年八月二十八日）……三六〇
木曾義昌に與へたる所領安堵狀（天正十年八月三十日）……三六一
山本忠房に與へたる安堵狀（天正十年九月一日）……三六二
窪田正勝に與へたる安堵狀（天正十年九月一日）……三六三
多田正吉に與へたる本領安堵狀（天正十年九月二日）……三六四

市川又兵衞に與へたる所領宛行狀（天正十年九月二十日）………八一〇

水上利光に與へたる本領安堵狀（天正十年九月五日）……………三六五

山本十左衞門尉に與へたる本領安堵狀（天正十年九月五日）……三六六

丸山東市佑に與へたる本領安堵狀（天正十年九月五日）…………三六六

小尾祐光に與へたる所領安堵狀宛行狀（天正十年九月七日）……三六七

大木初千代に與へたる本領安堵狀（天正十年九月七日）…………三六八

津金胤久に與へたる所領安堵宛行狀（天正十年九月九日）………三六九

朝比奈昌親に與へたる本領安堵狀（天正十年九月九日）…………三六九

飯田伴兵衞に遺れる書狀（天正十年九月十日）……………………三七〇

木曾義昌に遺れる誓書（天正十年九月十日）………………………三七一

同宛行狀（同日）………………………………………………………三七一

【參考】木曾義昌より千村俊政に遺れる書狀（天正十年九月二十五日）………三七一

宇都宮國綱に遺れる書狀（天正十年九月十三日）………………三七二

大森義勝に與へたる本領安堵狀（天正十年九月十五日）…………三七三

奥平信昌・鈴木重次に遺れる書狀（天正十年九月十七日）………三七四

目　次

二五

岩間正明に與へたる本領安堵狀（天正十年九月十九日）……三七五
曾根松千代に與へたる本領安堵狀（天正十年九月十九日）……三七五
平出淸右衞門尉に與へたる本領安堵狀（天正十年九月二十三日）……三七六
小池筑前守・津金胤久・小尾祐光に下せる定書（天正十年九月二十四日）……三七七
加津野信昌に遺れる書狀二通（天正十年九月二十八日）……三七八
日置五右衞門に與へたる所領宛行狀（天正十年九月二十八日）……三七九
眞田昌幸に與へたる知行宛行狀（天正十年九月二十八日）……八七〇
〔參考〕　井伊直政の德川・北條兩家和睦覺書（天正十年十月二十八日）……八七一
下條民部丞に與へたる本領安堵狀（天正十年十月六日）……三八〇
五味太郎左衞門に與へたる所領宛行狀（天正十年十月十二日）……三八一
波木井四郎左衞門尉に與へたる所領宛行狀（天正十年十月十二日）……三八二
原田二兵衞に與へたる本領安堵狀（天正十年十月十三日）……三八二
甲斐一宮淺間社に與へたる社領安堵狀（天正十年十月二十二日）……三八三
保科正直に與へたる宛行狀（天正十年十月二十四日）……三八四
依田信蕃に遺れる書狀（天正十年十月二十七日）……三八四
水谷勝俊に遺れる書狀（天正十年十月二十八日）……三八五
栗原內記に與へたる本領安堵狀（天正十年十一月二日）……三八六

中澤主税助に與へたる本領安堵狀（天正十年十一月六日）……二八七

加賀美右衞門尉に與へたる本領安堵狀（天正十年十一月七日）……二八八

石原正元に與へたる本領安堵狀（天正十年十一月七日）……二八九

塚原六右衞門尉に與へたる本領安堵狀（天正十年十一月七日）……二八九

河西充良に與へたる本領安堵狀（天正十年十一月八日）……二九〇

金丸門右衞門尉に與へたる本領安堵狀（天正十年十一月八日）……二九一

平原內記に與へたる本領安堵狀（天正十年十一月九日）……二九一

今井主計に與へたる替地宛行狀（天正十年十一月九日）……二九二

落合信吉に與へたる本領安堵狀（天正十年十一月九日）……二九二

原半左衞門尉に與へたる本領安堵狀（天正十年十一月九日）……二九三

安部式部丞に與へたる本領安堵狀（天正十年十一月九日）……二九四

原田二兵衞に與へたる本領安堵狀（天正十年十一月十一日）……二九四

祝田新六に與へたる沙汰書（天正十年十一月十一日カ）……八一一

〔參考〕祝田新六に與へたる本多忠勝署判の沙汰狀（天正十年十一月十一日カ）……八一一

吉川平助に與へたる感狀（天正十年十一月十二日）……二九五

神戶平六に與へたる所領宛行狀（天正十年十一月十七日）……二九六

內藤正重に與へたる本領安堵狀（天正十年十一月十七日）……二九七

市川昌忠に與へたる本領安堵狀（天正十年十一月十七日）……三九七
甲斐一蓮寺に下せる禁制（天正十年十一月十九日）……三九八
青沼助兵衞に與へたる本領安堵狀（天正十年十一月二十日）……三九九
平尾平三に與へたる感狀（天正十年十一月二十二日）……四〇〇
甲斐北口淺間社に下せる禁制（天正十年十一月二十三日）……四〇〇
饗場主稅に與へたる本領安堵狀（天正十年十一月二十三日）……四〇一
守隨信義に與へたる甲州金秤子安堵狀（天正十年十一月二十六日）……四〇一
三浦彌一郎に與へたる本領安堵狀（天正十年十一月二十六日）……四〇二
榎下憲淸に與へたる所領宛行狀（天正十年十一月二十七日）……四〇三
後藤久右衞門尉に與へたる本領安堵狀（天正十年十一月二十七日）……四〇三
渡邊吉繁に與へたる本領安堵狀（天正十年十一月二十七日）……四〇四
齋藤昌賢に與へたる本領安堵狀（天正十年十一月二十七日）……四〇四
飯島半右衞門尉に與へたる本領安堵狀（天正十年十一月二十七日）……四〇五
矢崎又右衞門尉に與へたる本領安堵狀（天正十年十一月二十七日）……三〇六
武藤嘉左衞門尉に與へたる本領安堵狀（天正十年十一月二十七日）……四〇六
石黑將監に與へたる本領安堵狀（天正十年十一月二十八日）……四〇七
栗田永壽に與へたる善光寺小御堂坊中等安堵狀（天正十年十一月二十八日）……四〇八

石原總三郎に與へたる本領安堵狀（天正十年十一月二十八日）……四〇八
市川源五郎に與へたる本領安堵狀（天正十年十二月一日）……四〇九
窪田右近に與へたる本領安堵狀（天正十年十二月二日）……四〇九
市川昌忠に與へたる本領安堵狀（天正十年十二月三日）……四一〇
依田三郎左衞門に與へたる本領安堵狀（天正十年十二月三日）……四一一
小田切昌重に與へたる本領安堵狀（天正十年十二月三日）……四一一
功力介七郎に與へたる本領安堵狀（天正十年十二月三日）……四一二
石原昌明に與へたる所領宛行狀（天正十年十二月三日）……四一三
石原主水佐に與へたる本領安堵狀（天正十年十二月三日）……四一四
坂本作右衞門尉に與へたる本領安堵狀（天正十年十二月三日）……四一四
小林助三郎に與へたる本領安堵狀（天正十年十二月三日）……四一五
掘內善丞に與へたる本領安堵狀（天正十年十二月三日）……四一五
田中昌道に與へたる本領安堵狀（天正十年十二月三日）……四一六
古屋信直に與へたる本領安堵狀（天正十年十二月五日）……四一七
中田鍋之助に與へたる本領安堵狀（天正十年十二月五日）……四一七
辻次郎右兵衞に與へたる本領安堵狀（天正十年十二月五日）……四一八
大村次左衞門に與へたる本領安堵狀（天正十年十二月五日）……四一九

市川惣十郎に與へたる本領安堵狀（天正十年十二月五日）……四一九
饗場修理亮に與へたる本領安堵狀（天正十年十二月五日）……四二〇
小池監物丞に與へたる本領安堵狀（天正十年十二月五日）……四二〇
朝比奈眞重に與へたる本領安堵狀（天正十年十二月六日）……四二一
朝比奈眞直に與へたる所領宛行狀（天正十年十二月六日）……四二一
中澤主税助に與へたる本領替地宛行狀（天正十年十二月六日）……四二二
荻原市之尉に與へたる本領安堵狀（天正十年十二月六日）……四二三
岡民部丞に與へたる本領安堵狀（天正十年十二月六日）……四二三
澁江覺古兵衞尉に與へたる本領安堵狀（天正十年十二月六日）……四二四
折井次昌に與へたる所領宛行狀（天正十年十二月七日）……四二五
折井次正に與へたる本領安堵狀（天正十年十二月七日）……四二五
小澤善大夫に與へたる本領替地安堵狀（天正十年十二月七日）……四二六
米倉信繼に與へたる本領安堵狀（天正十年十二月七日）……四二六
米倉豐繼に與へたる本領安堵狀（天正十年十二月七日）……四二七
米倉定繼に與へたる本領替地安堵狀（天正十年十二月七日）……四二八
青木信時に與へたる本領安堵狀（天正十年十二月七日）……四二九
柳澤信俊に與へたる本領安堵狀（天正十年十二月七日）……四三〇

横手源七郎に與へたる本領安堵狀（天正十年十二月七日）……四三〇
曲淵正吉に與へたる本領安堵狀（天正十年十二月七日）……四三一
成島宗勝に與へたる本領安堵狀（天正十年十二月七日）……四三一
末木東市祐に與へたる所領安堵狀（天正十年十二月七日）……四三二
中込又右兵衞に與へたる本領安堵狀……四三三
鮎河次郎左衞門尉に與へたる本領安堵狀……四三三
金丸善右衞門尉に與へたる所領宛行狀……四三四
野澤二右衞門尉に與へたる本領安堵狀（天正十年十二月七日）……四三四
飯室八郎兵衞に與へたる本領安堵狀（天正十年十二月七日）……四三五
窪田正勝に與へたる本領安堵狀（天正十年十二月九日）……四三六
窪田正重に與へたる本領安堵狀（天正十年十二月九日）……四三六
荻原甚尉に與へたる本領安堵狀（天正十年十二月九日）……四三七
作西作右衞門尉に與へたる本領安堵狀（天正十年十二月九日）……四三八
大塚新尉に與へたる本領安堵狀（天正十年十二月九日）……四三八
岡市丞に與へたる本領安堵狀（天正十年十二月九日）……四三九
辻盛昌に與へたる本領替地宛行狀（天正十年十二月九日）……四三九
埴原內匠助に與へたる本領安堵狀（天正十年十二月九日）……四四〇

筒井勘右衛門に與へたる本領安堵狀（天正十年十二月九日）……四四一
名執清三に與へたる本領安堵狀（天正十年十二月九日）……四四一
長井吉昌に與へたる本領安堵狀（天正十年十二月九日）……四四二
下條民部丞に與へたる本領安堵狀（天正十年十二月九日）……四四二
田澤正忠に與へたる本領安堵狀（天正十年十二月九日）……四四三
五味菅十郎に與へたる本領安堵狀（天正十年十二月九日）……四四四
原三右衛門に與へたる本領安堵狀（天正十年十二月九日）……四四四
埴原昌明に與へたる安堵狀（天正十年十二月十日）……四四五
河野助太夫に與へたる本領安堵狀（天正十年十二月十日）……四四六
山本忠房に與へたる本領安堵狀（天正十年十二月十日）……四四六
井口織部に與へたる本領安堵狀（天正十年十二月十日）……四四七
某に與へたる本領安堵狀（天正十年十二月十日）……四四八
小尾祐光に與へたる本領安堵狀（天正十年十二月十一日）……四四八
甲斐武川衆定置注文（天正十年十二月十一日）……四四九
窪田忠知に與へたる本領安堵狀（天正十年十二月十二日）……四五〇
河野通重に與へたる本領安堵狀（天正十年十二月十二日）……四五一
志村貞盈に與へたる本領安堵狀（天正十年十二月十二日）……四五二

天正十一年

目　次

下條主水佐に與へたる本領安堵狀（天正十年十二月十二日）………………四二

平尾三右衞門尉に與へたる本領安堵狀（天正十年十二月十二日）……………四一

羽柴秀吉に與れる書狀（天正十年十二月二十六日）……………………………八二

甲斐における安堵狀・宛行狀に署名せる奉行の表………………………………四三

同下知狀・禁制・課役免許狀に署名せる奉行の表………………………………四四

天正十年中甲斐に下付せる諸文書の月別通數表…………………………………四五

甲斐國志所收所領安堵宛行一覽表…………………………………………………四六

【參考】家臣內記昌繼・古幡眞玖が駿河臨濟寺と與へたる寺領寄進の連署奉書（天正十年十二月二十三日）…………六二

【參考附載】駿河臨濟寺再興につき家康に賜れる正親町天皇女房奉書（天正十年八月三日）……六四

【參考附載】同四辻公遠より家康に遺れる書狀（天正十年八月三日）………六五

【參考附載】誠仁親王より東谷和尚に賜れる令旨（天正十年八月四日）……六五

井伊直政に遺れる書狀（天正十一年正月十二日）………………………………四六〇

有泉信閑・穗坂常陸介に遺れる書狀（天正十一年正月十三日）………………四七〇

間宮信高・小濱景隆に遺れる書狀（天正十一年正月十三日）…………………四七一

飯田半兵衞に遺れる書狀（天正十一年閏正月五日）……………………………四七二

山下內記に與へたる本領安堵狀（天正十一年閏正月十四日）…………………四七二

水上利光に與へたる本領安堵狀（天正十一年閏正月十四日）……四七三
日向政成に與へたる本領安堵狀（天正十一年閏正月十四日）……四七四
高林昌重に與へたる本領安堵狀（天正十一年閏正月十四日）……四七四
西山昌次に與へたる本領安堵狀（天正十一年閏正月十四日）……四七五
大木親照に與へたる本領安堵狀（天正十一年閏正月十四日）……四七六
牛奥昌茂に與へたる本領安堵狀（天正十一年閏正月十四日）……四七六
長井吉昌に與へたる本領安堵狀（天正十一年閏正月十四日）……四七七
青沼昌世に與へたる本領安尉狀（天正十一年閏正月十四日）……四七七
早川彌三左衞門尉に與へたる本領安堵狀（天正十一年閏正月十四日）……四七八
新津彌三左衞門尉に與へたる本領安堵狀（天正十一年閏正月十四日）……四七九
山本十左衞門尉に與へたる本領安堵狀（天正十一年閏正月十四日）……四七九
雨宮昌茂に與へたる本領安狀狀（天正十一年閏正月十四日）……四八〇
土屋正久に與へたる本領等安堵狀（天正十一年閏正月十四日）……四八一
有賀種政に與へたる本領等安堵狀（天正十一年閏正月十四日）……四八一
鷹野喜兵衞門尉に與へたる本領安堵狀（天正十一年後正月十四日）……四八二
上井出宿中に與へたる下知狀（天正十一年閏正月十九日）……四八三
依田信蕃に遣れる書狀（天正十一年二月十二日）……四八三

毛利輝元に遺れる書狀 (天正十一年二月十四日) ……………四八四

松平康親に與へたる所領等宛行狀 (天正十一年二月十八日) ……………四八五

【参考】甲斐狩野原宿の住民に與へたる下知狀(天正十一年二月二十四日) ……………四八六

吉野助左衞門に與へたる本領安堵狀 (天正十一年三月五日) ……………四八六

岡部總右衞門に與へたる所領宛行狀 (天正十一年三月十日) ……………四八七

眞田昌幸に遺れる書狀 (天正十一年三月十日) ……………四八七

屋代秀正に與へたる安堵狀 (天正十一年三月十四日) ……………四八七

松平康次 (康重) に與へたる一字狀(天正十一年三月十六日) ……………四八三

北條氏政・同氏直に遺れる書狀(天正十一年三月十九日) ……………四八八

知久賴氏に遺れる書狀 (天正十一年三月二十一日) ……………四八八

知久賴龍に遺れる書狀 (同日) ……………四八八

諏訪賴忠に與へたる所領宛行狀 (天正十一年三月二十八日) ……………四九一

河野又一郎に與へたる本領安堵狀 (天正十一年三月二十八日) ……………八七五

加賀美右衞門尉に與へたる本領安堵狀 (天正十一年三月二十八日) ……………四九一

鮎澤正盛に與へたる本領安堵狀 (天正十一年三月二十八日) ……………四九二

埴原東市佑に與へたる本領安堵狀 (天正十一年三月二十八日) ……………四九二

村松采女に與へたる本領安堵狀 (天正十一年三月二十八日) ……………四九三

安部式部丞に與へたる本領安堵狀（天正十一年三月二十八日）……四九四
某に與へたる本領安堵狀（天正十一年三月二十八日）……四九四
飯田半兵衞尉に遺れる書狀（天正十一年四月三日）……八一六
屋代秀正に遺れる書狀（天正十一年四月十二日）……四九五
下條賴安に遺れる書狀（天正十一年四月十三日）……八一七
內山平三に與へたる本領安堵狀（天正十一年四月十七日）……四九五
中込次郎左衞門尉に與へたる本領安堵狀（天正十一年四月十七日）……四九六
屋代秀正に遺れる書狀（天正十一年四月十八日）……四九七
下條賴安に遺れる書狀（天正十一年四月十八日）……八一八
志村貞盈等九人衆に與へたる定書（天正十一年四月十八日）……四九七
屋代秀正に遺れる書狀（天正十一年四月十九日）……八七六
〔甲斐の社寺に與へたる所領安堵狀第一類〕　十二通（天正十一年四月十八日—四月二十四日）……四九八
甲斐熊野社に與へたる社領安堵狀（天正十一年四月十八日）……四九八
甲斐千塚八幡宮に與へたる社領安堵狀（天正十一年四月十八日）……四九九
甲斐龍安寺に與へたる寺領安堵狀（天正十一年四月十八日）……五〇〇
甲斐二宮に與へたる社領安堵狀（天正十一年四月十九日）……五〇〇
甲斐住吉社に與へたる社領安堵狀（天正十一年四月十九日）……五〇一

甲斐神座山社に與へたる社領安堵狀（天正十一年四月十九日）……五〇二

甲斐法善寺に與へたる寺領安堵狀（天正十一年四月十九日）……五〇二

甲斐永昌院に與へたる寺領安堵狀（天正十一年四月十九日）……五〇三

甲斐善光寺に與へたる寺領安堵狀（天正十一年四月十九日）……五〇四

甲斐鹽山向嶽寺に與へたる寺領安堵狀（天正十一年四月二十日）……五〇四

甲斐三宮に與へたる社領安堵狀（天正十一年四月二十四日）……五〇五

甲斐府中八幡社に與へたる社領安堵狀（天正十一年四月二十四日）……五〇六

甲斐鹽山東陽軒に與へたる寺領安堵狀（天正十一年四月二十四日）……五一一

甲斐廣濟寺に下せる禁制（天正十一年四月）……五一一

【甲斐の社寺に與へたる所領安堵狀第二類】 十七通（天正十一年四月十八日―四月二十六日）……五〇七

甲斐大泉寺に與へたる寺領安堵狀（天正十一年四月十八日）……五一九

甲斐松雲院に與へたる寺領安堵狀（天正十一年四月二十日）……五二〇

甲斐聖應寺に與へたる寺領寄進狀（天正十一年四月二十六日）……五二三

【甲斐の社寺に與へたる所領安堵狀第三類】 四十三通（天正十二年四月十八日―四月二十七日）……五二五

甲斐石和八幡宮に與へたる社領安堵狀（天正十一年四月十九日）……五二九

中村彌左衞門尉に與へたる本領安堵狀（天正十一年四月二十一日）……五一七

青木信安に與へたる本領安堵狀（天正十一年四月二十一日）……五一八

保科惣左衛門尉に與へたる諸役免許狀（天正十一年四月二十一日）……五一九
羽柴秀吉に遣れる書狀（天正十一年四月二十二日）……五一九
丹羽孫一良に與へたる家屋敷等安堵狀（天正十一年四月二十二日）……八七七
蘆澤兵部左衛門尉に與へたる諸役免許狀（天正十一年四月二十四日）……五二〇
川窪信俊に與へたる本領安堵狀（天正十一年四月二十四日）……五二一
田草川新左衛門尉に與へたる諸役免許狀（天正十一年四月二十四日）……五二二
池田東市佑に與へたる諸役免許狀（天正十一年四月二十四日）……八二一
八田村市丞に與へたる安堵免許狀（天正十一年四月二十六日）……五二三
八田村市丞に與へたる役所免許狀（天正十一年四月二十六日）……五二三
折井次忠に與へたる宛行狀（天正十一年四月二十六日）……五二四
水野忠重に遣れる書狀（天正十一年五月三日）……五二四
石川佐渡守・太田伊賀守等に與へたる普請役免許狀（天正十一年五月三日）……五二五
坂本忠豊に與へたる本領安堵狀（天正十一年五月六日）……五二六
大久保忠世に遣れる書狀（天正十一年五月十九日）……八七八
諸星政次に與へたる本領安堵狀（天正十一年六月二日）……五二七
掘重純に與へたる定書（天正十一年七月三日）……五二八
池西坊に與へたる坊職安堵狀 天正十一年七月五日）……五二九

目　次

北條氏直に遺れる書状（天正十一年七月五日）..............五三〇

【参考】北條氏政より家康に遺れる書状（天正十一年八月十七日）..............五三〇

【参考】北條氏より規家康に遺れる書状（天正十一年八月十七日）..............五三〇

【参考】足利德源院より北條氏照に遺れる書状（天正十一年六月二十日）..............五三〇

【参考】同上（天正十一年七月五日）..............五三〇

【参考】同上（天正十一年七月五日）..............五三〇

【参考】同上（天正十一年八月八日）..............五三〇

【参考】同上（天正十一年八月八日）..............五三〇

【参考】北條氏直より三田百姓中に與へたる下知状（天正十一年七月四日）..............五三〇

城意庵・同昌茂父子に與へたる所領宛行状（天正十一年七月九日）..............五三四

駿河人穴宿に與へたる免許状（天正十一年七月十三日）..............五三二

三河東漸寺に與へたる寺領安堵状（天正十一年七月十七日）..............五三三

山下勝忠に與へたる所領宛行状（天正十一年九月二十一日）..............五三七

保科喜右衞門尉に與へたる所領宛行状（天正十一年九月二十一日）..............五三七

八田村新左衞門尉に與へたる所領等安堵状（天正十一年九月二十一日）..............五三八

八田村新左衞門尉に與へたる諸役免許状（天正十一年九月二十一日）..............五三九

栗原內記に與へたる感状（天正十一年九月二十二日）..............五三九

屋代秀正に遺れる書状（天正十一年九月二十八日）..............五四〇

石黒将監に與へたる屋敷等安堵狀（天正十一年九月二十八日）……五四〇
廣瀬景房に與へたる所領安堵狀（天正十一年九月二十八日）……五四一
禰津信光に與へたる本領安堵狀（天正十一年九月二十八日）……五四二
禰津松鷗軒に與へたる所領宛行狀（天正十一年九月二十八日）……五四三
坂本武右兵衞・塚原六右衞門に與へたる甲府屋敷定書（天正十一年九月二十八日）……五四三
駿河富士大宮に與へたる別當領等安堵狀（天正十一年十月五日）……五四四
駿河永明寺に與へたる寺領安堵狀（天正十一年十月五日）……五四五
駿河先照寺に與へたる寺領安堵狀（天正十一年十月五日）……五四五
駿河妙蓮寺に與へたる諸役免許安堵狀（天正十一年十月五日）……五四六
駿河西山本門寺に與へたる諸役免許等安堵狀（天正十一年十月五日）……五四六
駿河蒲原傳馬人等に與へたる傳馬屋敷諸役免許安堵狀（天正十一年十月五日）……五四七
駿河根原鄕傳馬人に與へたる屋敷分宛行狀（天正十一年十月五日）……五四八
守隨信義に與へたる秤座免許狀（天正十一年十月五日）……五四八
小笠原貞慶に遣れる書狀（天正十一年十月五日）……五四九
駿河安養寺に與へたる寺領等安堵狀（天正十一年十月六日）……五五〇
石切市右衞門に與へたる石切屋敷安堵狀 天正十一年十月七日）……五五〇
岩間大藏左衞門尉に與へたる本領安堵狀（天正十一年十月二十日）……五五一

村岡大夫に與へたる所領安堵狀（天正十一年十一月十日）……五五二
鵜殿孫次郎に與へたる所領安堵狀（天正十一年十一月十一日）……五五三
遠江可睡齋に與へたる僧錄司許可狀（天正十一年十一月二十八日）……五五三
駿河惣社に與へたる社領安堵狀（天正十一年十一月三十日）……五五四
稻河大夫に與へたる大夫職安堵狀（天正十一年十一月三十日）……五五五
駿河顯光院に與へたる寺領宛行狀（天正十一年十二月一日）……五五五
駿河安西寺に與へたる諸役等免許安堵狀（天正十一年十二月二日）……五五六
石川家成の母妙西尼に遺れる消息（天正十一年十二月三十日）……五五七
〔參考〕本願寺光佐より榊原康政に遺れる書狀（天正十一年十一月二十日）……五五八

天正十二年

念誓（松平親宅）に與へたる諸役免許狀（天正十二年三月一日）……五六〇
〔附〕德川秀忠より念誓（松平親重）に與へたる諸役免許安堵狀（元和三年三月十七日）……五六〇
〔附〕德川家綱より松平親正に與へたる諸役免許安堵狀（寬文五年七月十一日）……五六〇
〔參考〕千宗易より島井宗叱に遺れる書狀（天正十一年六月二十日）……五六〇
〔參考〕某女より家康の叔母石川氏妙西尼に遺れる消息（天正十二年三月十三日）……八七九
某に遺れる書狀（天正十二年三月十七日）……五六八
〔參考〕織田信雄より家康に遺れる書狀（天正十二年三月十六日）……五六九

緒川常滑の諸士に與へたる本領安堵狀（天正十二年三月十八日）……五六九
加藤順政・同景延に遣れる書狀（天正十二年三月十九日）……五七〇
吉村氏吉に遣れる書狀（天正十二年三月十九日）……五七一
〔參考〕織田信雄より吉村氏吉に遣れる書狀（天正十二年三月十六日）……五七一
〔參考〕同上（同三月二十六日）……五七一
鈴木重次に與へたる所領宛行狀（天正十二年三月十九日）……五七二
本多廣孝・穗坂常陸介に遣れる書狀（天正十二年三月十九日）……八八一
〔參考〕織田信雄より吉村氏吉に遣れる書狀（天正十二年四月十日）……八八三
紀伊保田花王院・寒川行衆に遣れる書狀（織田信雄連署）（天正十二年三月二十一日）……五七三
近江甲賀郡石部一揆に遣れる書狀二通（天正十二年三月二十三日・同年五月九日）……五七四
多羅尾光俊に與へたる所領安堵狀（天正十二年三月二十三日）……五七五
多羅尾光雅に與へたる所領宛行狀（天正十二年八月二十四日）……五七六
小笠原貞慶に遣れる書狀（天正十二年四月二十三日）……八八四
〔參考〕織田信雄より井伊直政に遣れる書狀（天正十二年六月十九日）……八八五
千秋喜七郎に與へたる熱田大宮司職安堵狀（天正十二年三月二十三日）……五七六
遠山半左衛門尉・同佐渡守・同與助に遣れる書狀（天正十二年三月二十三日）……五七七
遠山半左衛門尉に與へたる本領安堵狀（天正十二年三月二十五日）……五七八

加藤順政に與へたる德政等免許狀（天正十二年三月二十五日）……五七八
加藤景延に與へたる德政等免許狀（天正十二年三月二十五日）……五八〇
皆川廣照に遺れる書狀（天正十二年三月二十五日）……五八一
〔附〕大久保忠隣より皆川廣照に遺れる書狀（同日）……五八一
不破廣綱に遺れる書狀（天正十二年三月二十七日）……五八三
近江多賀大社町に下せる禁制（天正十二年三月二十九日）……五八三
小笠原貞慶に遺れる書狀三通（天正十二年四月三日・同月十九日・同月二十三日）……五八四
永田久琢に與へたる所領宛行狀（天正十二年四月四日）……五八五
〔參考〕織田信雄より永田久琢に與へたる所領宛行狀（天正十二年四月四日）……五八五
熱田宮祝師に與へたる免許安堵狀（天正十二年四月四日）……五八六
〔參考〕織田信雄より熱田宮祝師に與へたる免許安堵狀（同日）……五八六
平岩親吉・鳥居忠政に遺れる書狀（天正十二年四月九日）……五八八
吉村氏吉に遺れる書狀（天正十二年四月十日）……五八九
蘆田時直に遺れる書狀（天正十二年四月十日）……五九〇
〔參考〕北條氏政より家康に遺れる書狀（天正十二年四月二十三日）……五九一
〔參考〕北條氏直より家康に遺れる書狀（天正十二年四月二十三日）……五九一
本願寺に遺れる書狀（天正十二年四月十日）……五九二

目　次

〔参考〕織田信長より本願寺に遺れる朱印状（天正八年閏三月二日）………………………………………五一

〔参考〕織田信長より庭田重保・勸修寺晴豊に遺れる誓書（天正八年三月十七日）…………………………五二

〔参考〕織田信長より本願寺光壽に遺れる誓書（天正八年七月十七日）……………………………………五二

尾張熱田社惣中に遺れる書狀（天正十二年四月十一日）………………………………………………………五五

尾張曼陀羅寺に下せる禁制（天正十二年四月十一日）…………………………………………………………五六

皆川廣照に遺れる書狀（天正十二年四月二十一日）……………………………………………………………五七

土山右近大夫に遺れる書狀（天正十二年四月二十四日）………………………………………………………五六

〔附〕榊原康政より土山右近大夫に遺れる書狀（同日）………………………………………………………五八

三雲成持に與へたる本領安堵狀（天正十二年四月二十五日）…………………………………………………五九

〔参考〕織田信雄より三雲成持に與へたる宛行狀（天正十二年四月十三日）………………………………五九

不破廣綱に遺れる書狀（天正十二年四月二十六日）……………………………………………………………六〇

山口光廣に與へたる本領安堵狀（天正十二年四月二十六日）…………………………………………………六〇

屋代秀正に遺れる書狀（天正十二年四月二十七日）……………………………………………………………六〇二

大槻久太郎に遺れる書狀（天正十二年五月三日）………………………………………………………………六〇二

〔附〕酒井忠次より大槻久太郎に遺れる書狀（同日）…………………………………………………………六〇三

〔附〕本多忠勝より大槻久太郎に遺れる書狀（同日）…………………………………………………………六〇三

越智頼秀に遺れる書狀（天正十二年五月三日）…………………………………………………………………六〇五

伊勢無量壽寺（専修寺）に下せる禁制（天正十二年五月三日）………………………………………………六〇五

四四

目　次

間宮信高・小濱景隆に遺れる書状（天正十二年五月五日）………六六

藤方朝成に遺れる書状（天正十二年五月五日）………六七

【参考】織田信雄より不破廣綱に遺れる書状（天正十二年五月二日）………六九

【参考】織田信雄より吉村氏吉に遺れる書状（天正十二年五月五日）………六九

蘆田時直に遺れる書状（天正十二年五月十四日）………六一〇

【附】本多忠勝より蘆田時直に遺れる書状（天正十二年五月十六日）………六一〇

屋代秀正に遺れる書状（天正十二年五月十九日）………六一二

不破廣綱に遺れる書状（天正十二年五月二十四日）………六一三

【参考】織田信雄より不破廣綱に遺れる書状（天正十二年五月五日）………六一三

【参考】織田信雄の家臣小坂雄吉・長島三吉より不破廣綱に遺れる書状（天正十二年五月二十六日）………六一三

【参考】北條氏規より朝比奈泰勝に遺れる書状（天正十二年四月六日）………六一三

屋代秀正に遺れる書状（天正十二年五月二十五日）………六一七

齋藤信利に與へたる所領安堵状（天正十二年六月二日）………六一八

【参考】織田信雄より不破廣綱に遺れる書状（天正十二年六月三日）………六一九

不破廣綱に遺れる書状（天正十二年六月十三日）………六二〇

吉村氏吉に遺れる書状（天正十二年六月十三日）………六二一

吉村氏吉に遺れる書状（天正十二年六月十三日）………六二一

吉村氏吉に遺れる書状（天正十二年六月十八日）………六二三

吉村氏吉に遺れる書狀(天正十二年六月十九日)……六二四
〔參考〕織田信雄より吉村氏吉に遺れる書狀(天正十二年六月十八日)……六二四
〔參考〕織田信雄より吉村氏吉に遺れる書狀(天正十二年六月二十日)……六二五
吉村氏吉に遺れる書狀(天正十二年六月二十日)……六二五
祖父江秀重に遺れる書狀(天正十二年六月二十一日)……六二六
吉村氏吉に遺れる書狀(天正十二年六月二十二日)……六二六
高木貞利等に遺れる書狀(天正十二年六月二十二日)……六二七
紀伊高野山清淨心院に遺れる書狀(天正十二年七月一日)……六二八
吉村氏吉に遺れる書狀(天正十二年七月十日)……六二九
木造具政・戸木入道に遺れる書狀(天正十二年七月十二日)……六三〇
苅屋喜左衞門尉に下せる下知狀(天正十二年七月十四日)……六三〇
吉村氏吉に遺れる書狀(天正十二年七月十八日)……六三一
保科正直に遺れる書狀(天正十二年八月五日)……六三二
香宗我部親泰に遺れる書狀(天正十二年八月八日)……六三二
〔參考〕織田信雄より香宗我部親泰に遺れる書狀(天正十二年三月二十日)……六三二
〔附〕本多正信より香宗我部親泰に遺れる書狀(天正十二年四月三十日)……六三二
〔附〕同上(天正十二年八月九日)……六三二

〔参考〕北條氏直より太田越前守に遺れる書状（天正十二年九月七日）……六三四
〔参考〕北條氏政より酒井忠次に遺れる書状（天正十二年十一月十七日）……六三四
吉村氏吉に遺れる書状（天正十二年八月十七日）……六三八
香宗我部親泰に遺れる書状（天正十二年八月十八日）……六三八
〔附〕井伊直政より香宗我部親泰に遺れる書状（同日）……六三八
香宗我部親泰に遺れる書状（天正十二年八月十九日）……六四〇
〔附〕本多正信より香宗我部親泰に遺れる書状（同日）……六四〇
菅沼定利に遺れる書状（天正十二年八月二十日）……八八五
駿河志太郡郷民に下せる軍役賦課状（天正十二年八月二十六日）……六四一
織田長益・瀧川一盛・中河祐忠・土方雄良・飯田半兵衛尉に遺れる書状（天正十二年八月二十六日）……八二三
澤井雄重に遺れる書状（天正十二年九月一日）……六四二
紀伊高野山金剛峯寺に與へたる寺領宛行状（天正十二年九月十三日）……六四三
保田安政に遺れる書状（天正十二年九月十五日）……六四四
吉村氏吉に遺れる書状（天正十二年九月十八日）……六四五
〔参考〕本多廣孝より尾張陰柴郷天神社に下せる禁制（天正十二年九月二十四日）……六四五
紀伊高野山金剛峯寺に遺れる書状（天正十二年九月二十四日）……六四六
小笠原貞慶に遺れる書状（天正十二年十月五日）……六四七

西郷家員に與へたる扶持方宛行狀（天正十二年十月十六日）……六四七
不破直光に遺れる書狀（天正十二年十月十六日）……六四八
和田光明に遺れる書狀（天正十二年十月十八日）……六五〇
遠山佐渡守に遺れる書狀（天正十二年十月十八日）……六五一
〔附〕井伊直政より遠山佐渡守に遺れる書狀（天正十二年十月十七日）……六五一
下條牛千世に遺れる書狀（天正十二年十月二十四日）……八八六
蘆田時直に遺れる書狀（天正十二年十一月三日）……六五三
諏訪賴忠に遺れる書狀（天正十二年十一月四日）……八二四
水野忠重に遺れる書狀（天正十二年十一月八日）……六五三
小笠原貞慶に遺れる書狀（天正十二年十一月十三日）……八八八
諏訪賴忠に遺れる書狀（天正十二年十一月十五日）……八八九
紀伊高野山清淨心院に遺れる書狀（天正十二年十二月九日）……六五四

天正十三年

駿河建穗寺に下せる禁制（天正十三年二月二十二日）……六五七
飯田半兵衞尉に遺れる書狀（天正十三年二月二十四日）……八二四
遠江普濟寺に下せる定書（天正十三年四月十二日）……六五八
飯田半兵衞尉に遺れる書狀（天正十三年乃至同十七年頃ヵ）（四月十六日）……八九二

〔参考〕　酒井忠次より三河浄妙寺に遣れる書狀（天正十三年五月二十五日）……八九〇
折井次昌に與へたる所領宛行狀（天正十三年五月二十七日）……六五九
飯田半兵衛尉に遣れる書狀（天正十三年乃至同十七年頃カ）（七月十八日）……八九二
〔參考〕　酒井忠次・本多正信・石川家成連署、三河本證寺・勝鬘寺・上宮寺に遣れる書狀（天正十三年十一月十一日）　八九四
渡邊守に與へたる所領安堵狀（天正十三年七月三十日）……六六〇
駿河智滿寺に與へたる寺領安堵狀（天正十三年八月十二日）……六六〇
駿河智滿寺に下せる禁制（天正十三年閏八月十四日）……六六一
小笠原信嶺等に遣れる書狀（天正十三年閏八月二十日）……六六一
岡部長盛に遣れる書狀（天正十三年閏八月二十六日）……六六三
大井又五郎に與へたる感狀（天正十三年閏八月二十六日）……六六三
大塚兵右衛門尉に與へたる感狀（天正十三年閏八月二十六日）……六六四
稻垣善三に與へたる感狀（天正十三年閏八月二十六日）……六六四
所具勝に與へたる感狀（天正十三年閏八月二十六日）……六六五
小鹿又五郎に與へたる感狀（天正十三年閏八月二十六日）……六六五
奥山新六郎に與へたる感狀（天正十三年閏八月二十六日）……六六六
近藤平太に與へたる感狀（天正十三年閏八月二十六日）……六六六
向山久内に與へたる感狀（天正十三年閏八月二十六日）……六六七

内藤久五郎に與へたる感狀（天正十三年閏八月二十六日）……六六七
笛吹十助に與へたる感狀（天正十三年閏八月二十六日）……六六七
大久保忠世に與へたる感狀其一（天正十三年閏八月二十八日）……六六八
同　　其二（天正十三年閏八月二十八日）……六六八
屋代秀正に遺れる書狀（天正十三年閏八月二十八日）……六六九
海野彌吉に與へたる感狀（天正十三年閏八月二十八日）……六七〇
大澤勘兵衞尉に與へたる感狀（天正十三年閏八月二十八日）……六七〇
井伊直政の麾下に遺れる書狀（天正十三年閏八月二十八日）……六七〇
松平（依田）康國に遺れる書狀（天正十三年閏八月二十八日）……六七一
保科正直に遺れる書狀（天正十三年閏八月二十八日）……八二五
松井宗直に與へたる感狀（天正十三年九月十一日）……六七一
正親町天皇の綸旨に奉答せる書狀（天正十三年九月十二日）……六七二
五辻爲仲に遺れる書狀（天正十三年九月十二日）……六七三
延曆寺別當代に遺れる書狀（天正十三年九月十二日）……六七三
〔附〕本多正信より延曆寺別當代に遺れる書狀（天正十三年九月十二日）……六七三
〔附〕大久保忠隣より延曆寺別當代に遺れる書狀（天正十三年九月十二日）……六七三
本願寺に與へたる安堵狀（天正十三年十月二十八日）……六七五

三河本證寺に與へたる安堵狀（天正十三年十月二十八日）……六七六
三河財賀寺に與へたる寺領等安堵狀（天正十三年十一月三日）……六七七
北條氏直に遺れる書狀（天正十三年十一月十五日）……六七七
下條牛千世に遺れる書狀（天正十三年十一月十九日）……六七九
下條牛千世に遺れる書狀（天正十三年十一月二十一日）……六八〇
下條牛千世の母に遺れる消息（天正十三年十一月二十一日）……六八〇
北條氏規に遺れる書狀（天正十三年十一月二十八日）……八九六
下條牛千世に與へたる所領宛行狀（天正十三年十二月二日）……六八一
下條牛千世に與へたる本領安堵狀（天正十三年十二月二日）……六八二
本多成重に與へたる感狀（天正十三年十二月八日）……六八二
保科正直に遺れる書狀（天正十三年十二月十四日）……六八三
駿河修福寺慶阿彌に與へたる安堵狀（天正十三年十二月二十一日）……六八四
駿河長谷寺に與へたる安堵狀（天正十三年十二月二十一日）……六八四
駿河眞珠院に與へたる安堵狀（天正十三年十二月二十四日）……六八五

天正十四年

甲斐武川衆に遺れる書狀（天正十四年正月十三日）……六八六
〔附〕大久保忠隣・本多正信より甲斐武川衆に遺れる書狀（天正十四年正月十三日）……六八六

末木土佐守に與へたる船役免許狀（天正十四年三月十六日）……八九七
里見義康に遺れる誓書（天正十四年三月二十七日）……六八八
〔附〕本多正信より里見義康に遺れる誓書（天正十四年三月二十七日）……六八八
松平（蘆田）康貞に與へたる一字狀（天正十四年四月十六日）……六九一
下條六郎次郎に與へたる一字狀（天正十四年六月二十日）……六九二
甲斐向嶽寺に下せる禁制（天正十四年八月九日）……六九二
甲斐神部社に與へたる諸役免許狀（天正十四年八月十日）……六九三
小川孫三に與へたる諸役免許狀（天正十四年八月十四日）……六九四
駿河妙慶寺に與へたる諸役安堵狀（天正十四年八月十四日）……六九五
駿河中院內に與へたる聲聞士普請役免許狀（天正十四年八月十八日）……六九五
甲斐鹽山向岳寺に與へたる諸役免許狀（天正十四年八月十九日）……八九八
遠江大通院に下せる禁制（天正十四年九月七日）……六九六
遠江龍潭寺に下せる條規（天正十四年九月七日）……六九七
遠江鴨江寺に與へたる諸役免許狀（天正十四年九月七日）……六九八
駿河淺間社造營勸進につき遠江國中に下せる朱印狀（同文三通）（天正十四年九月十四日）……六九九
同　甲斐國中に下せる朱印狀（一通）（天正十四年九月十四日）……六九九
同　三河國中に下せる朱印狀（同文二通）（天正十四年九月十五日）……七〇〇

第四篇　駿府在城の時代

天正十五年

遠江・駿河の宿中に與へたる傳馬手形（天正十五年十一月二十八日）……七一三
水野忠重に遺れる書狀（天正十五年乃至慶長四年）（十二月二十四日）……九〇〇
奥平貞昌室龜姫に遺れる消息（天正十五年又ハ同十六年十二月カ）……九〇一

天正十六年

駿府・岡崎間の宿中に下せる傳馬手形（天正十六年二月三日）……七一六
最上義光に遺れる書狀（天正十六年三月九日）……七一六
最上義光に遺れる書狀（天正十六年三月十七日）……七一七
最上義光に遺れる書狀（天正十六年三月十七日）……七一八
最上義光に遺れる書狀（天正十六年四月六日）……七一八
淺野長吉に遺れる書狀（天正十六年四月二十七日假入）……七一九
最上義光に遺れる書狀（天正十六年五月三日）……七二〇
北條氏政・同氏直に遺れる誓書（天正十六年五月二十一日）……七二一
淺倉六兵衞に與へたる諸役免許狀（天正十六年閏五月十四日）……七二二
遠江志都呂在留瀨戸者に與へたる課役免許狀（天正十六年閏五月十四日）……七二三
金山衆に與へたる山金等採掘その他に關する免許狀（天正十六年閏五月十四日）……八二六
金谷・駿府間の宿中に下せる傳馬手形（天正十六年閏五月二十日）……七二三
朝比奈泰勝に遺れる書狀（天正十六年七月十四日）……七二四

三河蘇美郷に下せる七箇條定書（天正十七年九月十三日）……八二六
〔參考〕甲斐一蓮寺に與へたる伊奈忠次署判の寺領安堵狀（天正十七年十一月二十三日）……八二六
〔參考〕甲斐向嶽寺に與へたる伊奈忠次署判の寺領安堵狀（天正十七年十一月二十三日）……八二九
諸郷村に下せる德川家七箇條定書一覽表（A・B・C）……七三九
駿府・岡崎間の宿中に與へたる傳馬手形（天正十七年十月二十四日）……七四八
三河本郷蓮華寺に下せる定書（天正十七年十月二十七日）……九〇四
眞田信幸に遣れる書狀（天正十七年十一月十日）……九〇五
藤堂高虎に遣れる書狀（天正十七年十一月十四日）……七四九
〔參考〕豐臣秀吉より北條氏直に遣れる宣戰布告狀（天正十七年十一月二十四日）……七五一
〔參考〕北條氏直より富田知信・津田信勝に遣れる辯疏狀（天正十七年十二月七日）……七五四
〔參考〕北條氏直より家康に遣れる書狀（天正十七年十二月九日）……七五五
〔參考〕北條氏政より家康に遣れる書狀（天正十七年十二月九日）……七五六
〔參考〕北條氏規より家康に遣れる書狀（天正十七年十二月九日）……七五六
甲斐田野寺に與へたる檢地免除狀（天正十七年十一月二十三日）……九〇七
〔參考〕甲斐田野寺建立に關する小畑景憲の覺書（年未詳三月十五日）……九〇八
〔參考〕小畑景憲が甲斐田野寺本策和尚に遣れる書狀（年未詳五月三日）……九〇九
〔參考〕兒玉氏豐が甲斐景德院に與へたる諸役免許狀（文祿元年二月六日）……九一一

〔参考〕　加藤光泰が甲斐景徳院に與へたる寺領寄進狀（文祿元年二月八日）……九二二
〔参考〕　加藤光政が甲斐景徳院に與へたる安堵狀（文祿二年六月十七日）……九二三
〔参考〕　淺野忠吉が甲斐景徳院に遺れる書狀（文祿三年二月五日）……九二三
甲斐八代熊野社に與へたる社領安堵狀（天正十七年十一月二十三日）……九一四

天正十八年

平野重定・同武平に下せる禁制（天正十八年正月）……七六〇
駿府・濱松間の宿中に與へたる傳馬手形（天正十八年二月四日）……七六一
最上義光に遺れる書狀（天正十八年二月四日）……七六一
井伊直政に與へたる直書（天正十八年二月十五日）……七六三
諸將に頒與せる十五箇條の軍法（天正十八年二月）……七六三
織田信雄に遺れる書狀（天正十八年二月十八日）……八三〇
羽柴秀長に遺れる書狀（天正十八年三月四日）……九一五
〔参考〕　伊奈家次（忠次）より伊豆宇佐美郷百姓に下せる下知狀（天正十八年五月四日）……九一六
山内氏勝に遺れる書狀（天正十八年三月八日）……七六六
武藏本門寺・相模妙本寺に遺れる書狀（天正十八年三月十日）……七六七
三河信龍寺東之坊に與へたる寺領相續下知狀（天正十八年三月十七日）……八三〇

羽柴秀長に遣れる書狀（天正十八年三月十八日）……七六七
最上義光に遣れる書狀（天正十八年三月二十二日）……七六八
上杉景勝に遣れる書狀（天正十八年四月二日）……七七〇
淺野幸長に遣れる書狀（天正十八年四月五日）……七七〇
相模阿夫利社に下せる禁制（天正十八年四月八日）……八三一
三河大樹寺に遣れる書狀（天正十八年四月十日）……七七一
桑山重晴に遣れる書狀（天正十八年四月十九日）……七七三
伊達政宗に遣れる書狀（天正十八年五月三日）……七七四
松平康貞に與へたる家督安堵狀（天正十八年五月十一日）……七七五
常陸鹿島社に遣れる書狀（天正十八年五月二十二日）……七七七
下總大巖寺に遣れる書狀（天正十八年五月二十三日）……八三三
市橋長勝に遣れる書狀（天正十八年五月二十五日）……八三三
甲斐大黑坂聖應寺に與へたる寺領安堵狀（天正十八年五月二十五日）……九一七
北條氏規に遣れる書狀（天正十八年六月七日）……七七七
鳥居元忠に與へたる直書（天正十八年六月七日）……七七八
諏訪賴水に與へたる所領安堵狀（天正十八年六月十日）……七七八
相模見增鄉に下せる禁制（天正十八年六月二十四日）……九一八

本多忠勝等五名に與へたる直書（天正十八年六月二十五日）……七七九
下總東昌寺に下せる禁制（天正十八年六月）……七八〇
武藏淨國寺に遣れる書狀（天正十八年七月二日）……九一九
靑蓮院宮尊朝法親王に遣れる書狀（天正十八年七月十一日）……八三三
〔參考〕靑蓮院宮尊朝法親王より家康に遣れる書狀（天正十八年六月十八日）……八三四
〔參考〕大久保長安・原さ左衞門尉より出だせる大巖寺寺領目錄（天正十八年十一月四日）……八三五

挿入写真

三河大仙寺に與へたる寺領寄進狀并禁制（弘治二年六月二十四日）〔大泉寺所藏〕……二〇—二一
三河高隆寺に下せる定書（弘治三年五月三日）〔高隆寺所藏〕……二四—二五
三河隨念寺に與へたる寺領寄進狀（永祿九年十二月）〔隨念寺所藏〕……八六—八七
菅沼忠久・近藤康用・鈴木重時に與へたる所領宛行狀（永祿十一年十二月十二日）〔鈴木重信氏所藏〕……一〇二—一〇三
匂坂吉政に與へたる所領安堵狀（永祿十一年十二月二十日）〔匂坂六郎五郎氏所藏〕……一〇八—一〇九
平岩親吉に遣れる書狀（元龜元年十月二日）〔關戶守彥氏所藏〕……七九八—七九九
上杉輝虎に遣れる誓書（元龜元年十月八日）〔上杉憲章氏所藏〕……一六四—一六五
三河隨念寺麐譽に與へたる寺領寄進狀（天正三年十二月八日）〔隨念寺所藏〕……二二六—二二七

序説

松平族の成長

日本近世の封建國家において、中心指導者の地位に立つた徳川家は、幕府と稱する公的政治機關の主權者たると同時に、大名家といふ私的政治集團の族長的權力者であり、而して第十六世紀戰國時代に擡頭した多くの大名の中に伍して、彼等と同樣に極めて尋常なる成長發達を遂げた一の新興大名であつた。

徳川氏は三河國加茂郡松平村の地方豪族より出身したものである。所傳に據れば、應永のころ、松平太郎左衞門信重といふものが、新田氏の支族徳川氏より出た親氏を女婿となし、親氏は松平家を相續して松平太郎左衞門親氏と名乘り、その子泰親に家を嗣がせたといふことである(改正後風土記・三河物語)。この泰親は松平家の嫡流としてある。

この所傳は、將軍足利義滿時代に起つた邊陬の出來事を、二百年以上も經過した江戸時代になつて記錄したものであり、その確實性はきはめて稀薄である。隨つて松平氏の本姓に就いては異說が多いが、いづれも證憑がないから、穿鑿は不能であり、また不要である。後になつて整理された徳川系圖では、徳川家康は源義家の孫なる新田義重の末子徳川義季の子孫だといふことになつてをり、松平家康は永祿九年十二月二十九日、本姓に復したい旨を奏請し、勅許を得て徳川氏に改姓した(言繼卿記・誓願寺文書・御湯殿上日記・歷名土代)が、さて溯つて松平親氏が新田氏の子孫だといふ確證が出てこない。その上、家康は或時期において、自ら藤原姓を稱したことすらあるとされる(本書六九六頁參照)。しかし退いて考へるに、このやうな系圖の穿鑿に沒頭するよりも、徳川氏も亦、そのころ興つた無數の豪族と等しく、三河の一地方豪族として興つて來たものとして觀察する方がもつと必要であらう。

三河の地方豪族としての松平氏族は、親氏より家康まで前後九代を數へられる。これを所傳に依つて應永年間より起算し、家康が今川氏の羈絆を脫して獨立を回復した永祿三年（1560）までを取るとすれば、その間は約一世紀半に亙つてゐる。この一世紀半の間における三河松平族の本家の居所は、松平・安城・岡崎といふやうに三遍變つた。それは自分の族黨の生命を成長させるための發展過程を示すものである。これによつて新興地方豪族としての松平族の歷史には、次の三期を區別することができる。

第一期　松平鄕時氏　親氏[1]──泰親[2]──信光[3]

第二期　安城時代　信光[3]─親忠[4]─長親[5]─信忠[6]─清康[7]

第三期　岡崎時代　清康[7]─廣忠[8]─家康[9]

先づ第一期松平鄕時代における松平族の成長狀態を見ると、初代親氏は松平鄕よりおこつて山中十七ヶ村を切取つた。第二代泰親は山中より平野に進出し、岩津・岡崎の二城を構えた。第三代信光は安城に進出して矢作川以西の平原地域を制壓する據點を得た。信光は四十八人の子女を設けたと記してあるほど多產であり、その多くの子女を以て國內の諸氏と婚姻を結び、門葉が廣くなり（小栗家舊記・御年譜附尾）、西三河を制壓するに至つたのであるが、諸子を分封した情勢を見るに、寧ろ南三河の經略の方に重點をおいたらしく、五子守家は寶飯郡の竹谷松平、與嗣《ともつぐ》（與副《ともすけ》）は同郡の形原松平、光重は額田郡の大草松平、光親は額田郡の能見松平、親則は寶飯郡の長澤松平、二孫元心《もとひね》は寶飯郡の御井（御油）松平、忠定は額田郡の深溝松平の祖となつた。この七家は信光流である。

卽ち松平氏は、今の加茂郡の山間、矢作川の支流足助川附近の僻村が發祥地であり、信光のとき、矢作川を渡つて河西なる碧海郡の平原地帯に進出し、安城を占有して西三河經略の據點としたのであるけれど、これより先、一族の分封は、寧ろ南三河より東三河に向ひ、額田郡西部を貫き、更に寶飯郡西部を南下して直に海岸線に達し、東に轉じて寶飯郡の中央部に進出したのであつた。これは矢作川流域と豐川流域との中間地帯を占有し、陸上交通の幹線たる東海道を、能見と長澤と御油との三點において抑へ、海岸交通の要衝を、形原と竹谷とにおいて抑へたものであり、松平氏が新興大名として崛起する基盤は、信光時代にすでに定まつたと思へる。

第二期安城時代は、信光の安城攻略文明九年（1477頃）の後、その子親忠がここを居城と定め、それよりその子長親、孫信忠を經て、曾孫清康が岡崎城に移る大永四年（1524）まで、凡そ三代、約四十八年間を含む。これはいはゆる戰國時代の前半期に當り、社會分裂の傾向が强く、土一揆が諸國に頻出し、戰國大名が新に勃興し、權力思想が異常に發達した時期である。尾・三・遠・駿の東海道筋にも、織田氏が興り、今川氏が興り、その中間の地方豪族はそれぞれ相爭ひ、松平族もその間に交つて、同族間の反撥とこれに對する統制、他族に對する抗爭とこれに對する連合などを繰り返しながら、すべての新興大名族が踏むべき道筋を一通り踏みつつ進行したのであつた。この間、支族分封政策は前代に引きつづいて行れ、多くの松平分家が創設された。

信光系の分家松平家は七系に上つたが、第四代親忠系には、その子乘元を祖とする東加茂郡の大給松平と、乘清を祖とする同郡瀧脇松平とがあり、第五代長親系にはその子親盛を祖とする碧海郡福釜松平と、信定を祖とする同郡櫻井松平と、義春を祖とする幡豆郡東條松平と、利長を祖とする碧海郡藤井松平とがあり、第六代信忠系のときには、その信孝を祖とする碧海郡三木松平がある。これに信光系の七家を加へれば、松平家は合計十四家に達する。

これを通觀すれば松平鄕より出たこの一族は、南下して、矢作川流域より海岸地方までの南北を貫く勢力を扶植し、更に東折して豊川流域に進出する形勢を作つたことを推論し得られる。

倘、別に、松平郷松平・岩津松平・西福釜松平・鵜殿松平・石川松平・宮石松平などの諸家があり、十六松平・十八松平の稱呼もあるが、十四家以外の二家または四家の選定については諸書に異同があるので、あまり明確でない。しかしすべて前述の推論の中に包含されてゐることは十四家と同じである。

第三期岡崎時代は、岡崎在城といふことに重點をおいて見れば、清康が岡崎に移つたとき大永四年（1524）より、廣忠を經て、家康が岡崎を去つて、遠州濱松に移つたとき元龜元年（1570）に至るまでの四十六年間を含ませることができる。しかしこの間には、支族分封のことはなくなり、松平宗家は、旣成支族を統率して、地方豪族たる段階より、三河の中部に盤據する一個の新興大名たる段階にまで成長し、隨つて周邊よりの風當りが強くなり、東西における強大なる先進大名の勢力の壓迫を受けて、今までとは異る激浪に飜弄されるに至つた。故に、松平族成長の觀察は、この邊で一應停止するが宜からう。

松平を稱するものは數十氏に上つてゐるが、これを三つに分類することができる。

第一類　清康以前に松平宗家より分派せられたもの。

第二類　家康以後に德川宗家及び御三家より分派せられたものなど。

第三類　外樣大名にして松平の稱號を許されたもの。

今ここで言及してゐるのは第一類に屬するものであるが、そのうち後年とりたてられて大名家となつたものは、竹谷松平一系・大給松平五系・櫻井松平一系・藤井松平二系・形原松平一系・深溝松平一系・能見松平三系・長澤松平三系の八氏十七系である。

松平族系譜

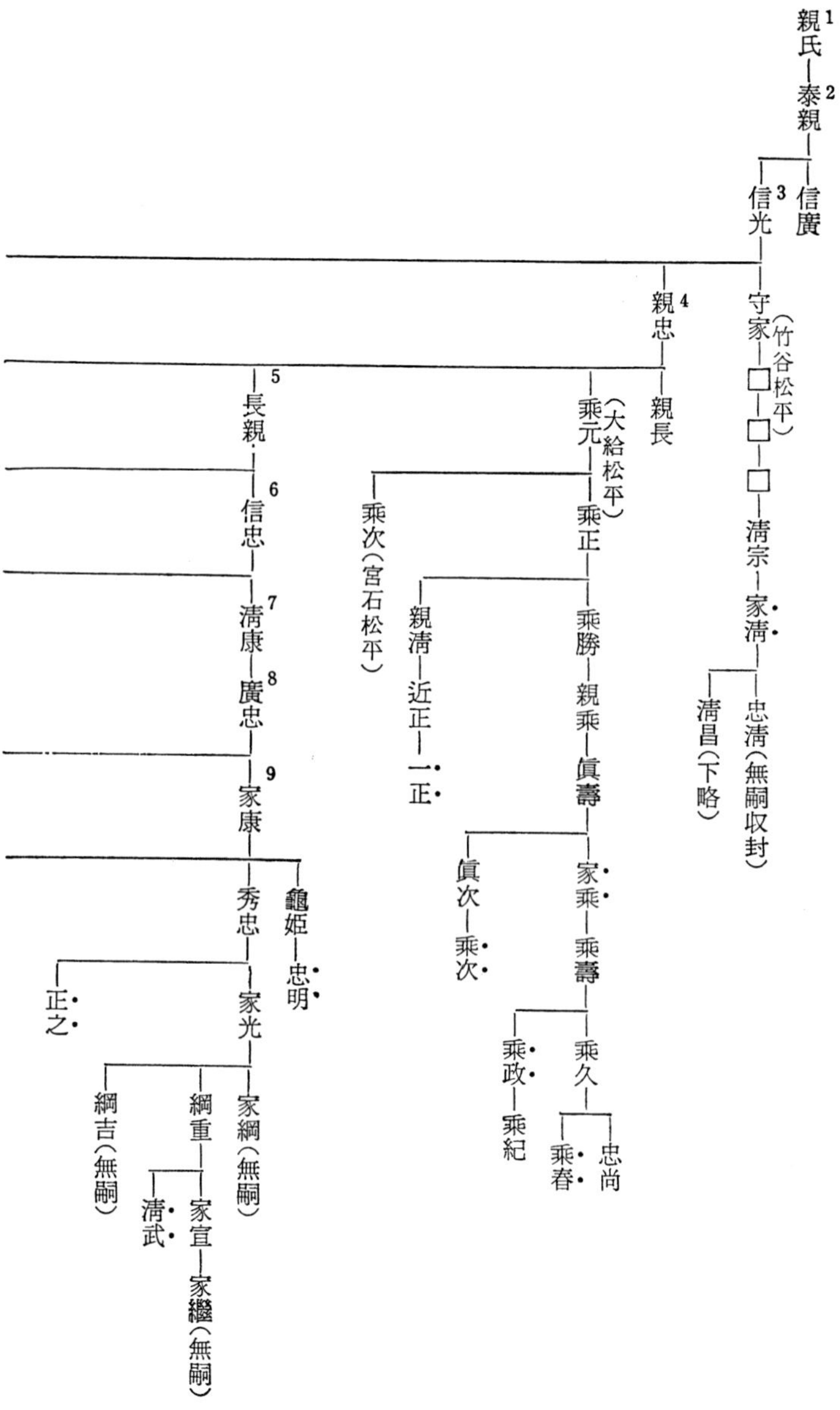

1 親氏
2 泰親
信廣
3 信光
守家（竹谷松平）
清宗
家清
忠清（無嗣収封）
清昌（下略）
4 親忠
親長
乘元（大給松平）
乘正
乘勝
親乘
眞乘
家乘
乘壽
乘久
忠尚
乘春
乘政
乘紀
眞次
乘次
親清
近正
一正
乘次（宮石松平）
5 長親
6 信忠
7 清康
8 廣忠
9 家康
龜姫
忠明
秀忠
家光
正之
家綱（無嗣）
綱重
家宣
家繼（無嗣）
清武
綱吉（無嗣）

- 秀康
- 義直
- 頼宣
- 頼房

- 元康（久松）—忠良—忠憲（収封）
  - 忠良—康尚—忠充（収封）
- 勝俊（久松）—勝政—勝義—勝忠—勝以
- 定勝（久松）
  - 定行—定頼—定長—定直
    - 定直—定英
    - 定直—定章—定静（収封）
  - 定綱
  - 定房
  - 定政

- 信孝（三木松平）—重忠—忠清
- 康孝（鵜殿松平）コレハ疑ハシ

- 親盛（福釜松平）—親次—親俊（下略）
- 信定（櫻井松平）—清定—家次—忠正—忠吉—家廣—忠頼—忠重
- 義春（東條松平）

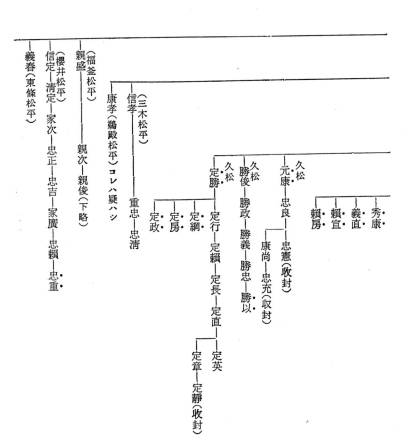

- 親房
- 超譽
- 親光
- 長家
- 長忠
- 乘清（瀧脇松平）—乘遠—乘高—乘次—正貞（下略）
- 利長（藤井松平）—信一—信吉
  - 忠國—信之
    - 忠之（収封）
    - 信通
  - 忠晴

- 昌龍
- 與嗣（形原松平）（與副）—貞副—親忠—家廣
  - 家忠—家信
  - 家房—正重（石川松平）
- 光重（大草松平）—昌安—□—□—□—康安（下略）
- 光英
- 忠景（元芳）
  - 元心《ムネ》（五井（御油）松平）—信長—忠次
  - 忠定（深溝松平）—好景—伊忠—家忠
- 光親（能見松平）—重親—重吉
  - 某—昌利—昌吉
  - 重勝—重忠

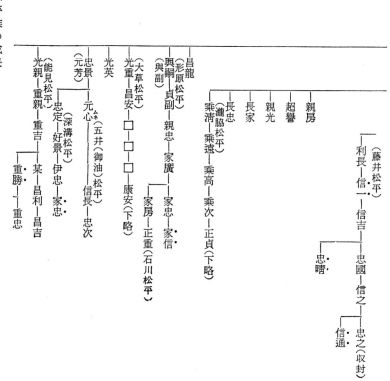

┌重則—重正—重利（無嗣収封）
└勝隆—重治（収封）

┌家勝
├親正
└（長澤松平）
　親則—親益—親清—勝宗┬一忠—親廣—政忠—康忠—康直（断家）
　　　　　　　　　　　└宗忠—親常—正次—正綱┬正信
　　　　　　　　　　　　　　　　　　　　　　└信綱┬輝綱
　　　　　　　　　　　　　　　　　　　　　　　　　└信興

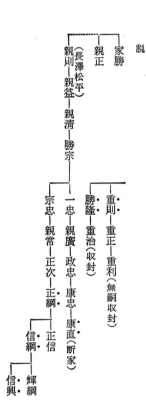

松平族黨の集團構成

地方豪族たる松平族が、新興大名たる形態を整へるに至る政治構造は、內部の統制と外部への自己主張との兩面の必要によつて規定された。氏族の內部統制はまた二つに分れ、一面には宗家の統制力を一族中に徹底させるのと同時に、他の一面には宗家の命令に不從順な支族を取り除いて肅正を斷行した。他氏族に對する自己主張もまた二つに分れ、一面には種々の手段を用ひてこれを懷柔し、自己に服屬せしめ、與同せしめ、連盟せしめて自己の羽翼たらしめるのと同時に、他の一面には强權を發動し、武力に訴へてこれを服從せしめ、或はこれを放逐し、或はこれを族滅せしめた。かくのごとくして新興大名の段階に上つた松平宗家は、內に對しては一族を結束統制することにつとめ、外に對しては旣存する舊勢力を包容し、或は排除し、內外並び進んで徐々に地步を固めて、以て第七代淸康の盛んな積極的活動の時代に到達したのであつた。

新興大名集團の構成要素は、統治層と被統治層とに分れる。統治層は武士層であり、被統治層は庶民層である。その統治武士層は更に幹部層と非幹部層とに分れる。幹部層は族黨構成の部分であり、一個の血族集團である。非幹部層は當該血族集團によつて羈束せられつつ、自己の生存を安全ならしめる部分であり、大小散在の零細血族集團群である。幹部たる族黨集團を結成する中心勢力は總領制に存する。總領をめぐるものを庶流といふ。庶流をめぐるものを家門といふ。それは樹木の年輪のやうに層重して、同心圓的に一個の族黨を構成する。

非幹部たる多くの零細血族集團群のうち、幹部集團をめぐつてこれに直結するものを家人といふ。その家人層をめぐつて、外部層をなすものを國衆といふ。

以上は大名制の本體をなす武士集團であり、政治力・軍事力・經濟力・思想力を有し、統治者たる立場に立つたが、これに隷屬するものは准武士層たる莊園名主層と兵農層とであり、その下部は農工商民層たる農民（百姓）と工商民（町人）とである。特に農工商民層は主として經濟力の提供者である。

このやうにして構成された大名集團の中軸となるものは總領であつた。

總領といふ語は、總領地頭、總地頭といふ用例から起り、鎌倉時代のはじめ、數名の地頭を總べて統領するものの稱呼であつた。殊に同一族の宗家の家長が、支流の諸家の有する數個の地頭職を總べて、これを統領する場合が多かつた。これが總領の原義である。

大きな族黨の場合には、總領地頭の上に更に大總領をおいて統轄させることがあつた。この場合には、大總領の下に數個の總領地頭があり、その下に數十個の小地頭があり、上下の間に統屬關係ができて、井然たる族黨組織を構成する。

總領制は、地頭制の上に成立したものであるから、室町時代に至り、莊園制が解體するのにつれて地頭制が變質變貌するのに隨ひ、總領制も亦當然變化していつた。

中世の末葉、新興大名が勃興する時期は、まさに總領制の轉換期に當つてゐた。そのころの總領は、一族の小地頭群を總領する總領地頭ではなくなつたけれど、支流たる分家群は本流たる宗家の嫡流の下に統制されて、一團の血緣集團を構成する慣習が成立してをり、それが社會生活の秩序を整頓する基調としての指導力を有するに至つた。その嫡流は嫡出の第一子たることが原則であるが、事情に由りては嫡出の第二子以下が嫡流として宗家を相續することもある。宗家を相續したものは、小にしては宗家の家長たると同時に、大にしては分家を包容して、本支を通ずる族長たる資格を有する。この族長は總領式を受けて、族黨全部に對する支配權を有するけれども、財產たる所領は、その全部を繼受するのではなく、同胞の間に分割贈與するから、もし所領の增加が無いならば、宗家の所領は次第に減少することを免れない。

今、これを、後世整理せられた松平族の系圖について見るに、總領制の遺風たる嫡統繼承者は、既述のごとく、親氏・泰親・信光・親忠・長親・信忠・淸康・廣忠・家康の九代を重ね、家康に至つて德川族系圖に發展したのであるが、その嫡統繼承者卽ち第二義的總領者は、必ずしも第一子に限らず、泰親の子信廣は庶出第一子で酒井家の祖となりて、弟信光が宗家を相續し、信光の子守家は竹谷松平の祖となりて、弟親忠が宗家を相續し、親忠の子親長は岩津松平の祖となり、その弟乘元は大給松平の祖となり、而してその弟長親が宗家を相續し、長親以後に至り、はじめて信忠・淸康・廣忠・家康が相次いで第一子を以て父子相續するに至つたのであつた（松平諸流系圖）。この間を貫いて松平族は嫡統の總領權に統率せられ、これを中心として內部結束を鞏固にしたのであつた。

家康が少年時代駿府に流寓し、岡崎は殆んど今川氏の屬領たる觀を呈するに至つても、松平族の結束が維持された所以を理解するためには、先づ以てこの事實を理解しておかねばならない。

總領權者たる嫡統以外の男系同胞は、所務分《しよむわけ》に由つて所領を分與せられ、それぞれ獨立の生計を營むのが原則であつた。ただし養はれて他家を相續したり、或は出家して寺院に入り、寺產を以て生計を營むものもあつた。所領を分與せられて獨立した分家は、本流に對する支流であり、幹より出でたる枝であり、これを總稱して庶流といつた。庶流は獨立家系を有するけれども、宗家の總領權內に包含せられ、その保護を受けると同時に、宗家を擁護して一族全部の發展隆盛に盡力すべき任務を負擔する。この本支兩者の結束が鞏固であれば族黨組織もまた鞏固となり、他の族黨に對抗して自己を主張することができるが、もしこの結束をかき亂す者があれば、族黨組織は破綻を生じ、他の族黨に乘ぜられて、自己の存立を危くするおそれがある。ここにおいて總領權者は、積極的には庶流を保護して宗家を擁護する任務を全くせしめるのと並んで、消極的には結束をかき亂す者に對し、强權を發動して、これを鎭壓することにつとめる。

松平族の場合についてこれを見るに、これらの事例は頗る多いけれど、ここにはすべて省略する。

尙、庶流から更に派生したものに家門がある。これは大きい枝から更に分岐した小さな枝であつて、一門の衆とも呼ばれ、互に助けあつて宗家を支持するのであつた。

以上は幹部層について述べたのであるが、次に非幹部層たる家人・國衆について一言する。

家人といふ語の用例には多くの變遷がある。大寶令では賤民の一種であり、武家時代には、主君に對する家臣を意味することとなり、鎌倉幕府では將軍の家臣を特に御家人といひ、後には家人は一つの身分・資格の稱呼になつた。松平族の家人は、松平宗家直屬家臣團であつて、松平鄕譜代・安城譜代・山中譜代・岡崎譜代と呼ばれる面々である。彼らは主家に依存して生きてゐるものであり、主家が栄えれば彼らの家族の生活は安泰であるけれども、主家が衰へれば彼らもまた窮乏に陷る。主家あつての後の自分たちであり、自分たちあつての後の主家ではない。この主從本末の事實と、この事實を基底として培養せられた封建的忠節の道德觀念とは、物心兩面より彼らを規定して、主家と苦樂を偕にし、主家の擁護に全力を投ずる方向に直進せしめた。松平族の家人集團は、その典型的なものの事例であり、少年家康が艱難流離の中に漂うてゐながら、やがて來るべき勃興の底力となつたものは彼らの存在であり、その子孫の大部分は、後に德川幕府の直屬家臣團となり、旗本・御家人と呼ばれて、將軍親衞隊を構成するに至つた。

國衆は國侍とも呼ばれ、宗家と血緣關係を有せざる獨立の地方豪族であり、大小强弱の差別はあるが、本來より言へば、彼れも此れも平等の線上に並び立つものであつた。これは譜代衆より見れば外樣衆であり、それが自分たちと同樣に主家に服屬してゐるのは、別の理由によるものであつた。その理由は數々あるけれども、煎じ詰めれば「力」の强弱によつて決定されたものである。「力」が强大ならば、彼らは敢て、他家に從屬する必要がなく、自力で獨立し、傲然として四方を睥睨しても少しも差支へがないのである。それが他家に從屬するに至るまでの過程においては、一應、再應、相互の力量を爭はせて、その結果、最惡の場合には滅亡を免れず、滅亡を免れるためには降服することを餘儀なくされる。しかし降服は甚だ不利な條件で行はれるから、そこまで押しつめられないうちに先手を打つて歸順する方が有利である。所領も人數も少ない微力な零細武士集團のごときは、最初から「力」を以て爭はうと思はず、すべてを擧げて有力なる大族に服屬して、その庇護を受けるものが多い。これらの大小無數の國衆は、「力」の關係によつて主家に結合されるのだから、その集合離散は、主家の統率力の强弱によつて左右せられ、主家が强くて自家が弱い間は從屬してゐるけれども、主家に對して自家の力量が强大化してくれば、ややもすると離反する傾向を有する。一族の發展といふのは、要するにこの種の國衆を多く獲得し支配することに外ならない。

これを松平族について見るに、松平宗家は、庶流・家門・家人を組織づけて、內部の統制を鞏固にするのと並んで、三河一國の他族を併呑して、多くの國衆を獲得した。その徑路は、歷々として指摘することができるが、實例は省略する。

國衆を克服することは、國外から侵寇してくる勢力と關連する場合が多い。それは國衆が、國外勢力を背後にして反抗するがためである。三河に國する松平族は對外抗争において、東方の今川族、西方の織田族と腹背に敵を有することが、その宿命であつた。そのため松平族の對外戰は、東部戰線と西部戰線とに分れる。そして松平族歴代の對外態度は東進政策であつたため、最初に戰争のおこつたのは東部戰線であり、永正三年（1506）八月、駿河の今川氏親が、客將伊勢長氏（北條早雲）を遣して、大擧して三河に侵入せしめたことによつてはじめられた。これは松平族が擡頭してこのかた初めて出あつた對外戰であつた。

大永四年(1524)、清康は安城より東して岡崎に移つた。

松平清康と同廣忠

清康は天成の英資を備へた若大將であつた。大永四年十四歳であつたが、岡崎城には同族松平信貞が居り、額田郡山中に砦を構へて清康の下知に從はなかつたので、清康は先づ山中砦を略取し、信貞は力及ばず、女を清康に娶はせて岡崎城を返付し、清康は安城を去つて岡崎に移つたのであると傳へられてゐる（朝野舊聞裒藁）。それより清康は東進策を推し進めて寶飯郡豐川流域に入り、吉田城に據れる牧野族と戰つて牧野傳次郎兄弟等を斃し、渥美郡田原城の戸田憲光を降し、東三河・西三河を併せて殆んど三河一國を風靡するに至つた。ここにおいて清康の鋒先は轉じて西に向ひ、享祿二年(1529)、尾張に侵入して岩崎・品野の二城を略取したが、天文四年(1535)十二月、織田信秀と戰はうとして、尾張の森山（守山）に出陣したところ、不圖した行違ひのため家人に刺されて死んだ。生年二十五歳。これを森山崩れといふ。實に不慮の變事であつた。

このために、これまで順調に發展してきた松平族の運命は、清康の短き一代が絶頂であつて、森山崩れによつて頓挫してからまた振はず、その子廣忠の時代及び孫家康の少年時代は、艱難流離の記錄をとどめるだけであつた。

清康の死んだとき、その子廣忠は十歳であつた。信秀はこの機に乘じて三河に入り大樹寺に陣したが勝つ能はず、和を結んで撤退したので、廣忠は焦眉の外患を免れたけれど、禍は却つて蕭牆の內におこり、叔父上野城主松平內膳信定が岡崎城を押領しようとするにあひ、家臣阿部大藏少輔定吉等に護られて城を脫出し、伊勢に亡命するに至つた。翌五年三月、定吉と共に遠州掛塚に歸つたときには、酒井雅樂頭正親、酒井左衞門尉忠次、石川安藝守淸兼、石川伯耆守數正等の苦心が大きかつた。その八月定吉は駿府に赴いて廣忠歸國の諒解を得、同志を募り、九月茂呂城に入り、信定に攻められても容易に屈しなかつたが、微力にして長く支へることができず、閏十月廣忠は茂呂を去つて今橋に移り、十月また今橋を去つて駿府に赴き、今川義元に身を託するに至つた。織田信秀を敵とした松平族の總領が內訌に苦しんで義元に投じたことにより、これより義元の一代に亙り、松平族はその勢力圈內に編入せられ、織田族との戰鬪に驅りたてられることになつたのであつた。

岡崎在住の將士が信定に迫つて城を回復し、廣忠を駿府より迎へたのは、その翌天文六年（1537）六月二十五日であつた。信定は降つた。廣忠十二歲。これより天文十八年（1549）三月六日、二十四歲で歿するまで前後十三年間の廣忠は、士心の集散嚮背定まらざる中に立ち、今川義元の勢力を背後にしつつ、織田信秀と抗爭しつづけた。

その初めにおける大きな蹉跌は、天文九年（1540）六月、廣忠十五歲のとき、安城が信秀のために略取されたことである。安城は岡崎の西南、指呼の間にある西三河の要衝なので、これより、その回復戰はしばしば試みられたけれど、廣忠の在世中は、つひに遂げられなかつた。

安城喪失のとき、信秀に加擔してゐた刈谷城主水野忠政は、後に廣忠と和し、天文十年（1541）某月某日、その女を廣忠に嫁がせた。その女はお大といひ、後の傳通院夫人であり、その母承陽院は松平清康の後妻になつた人であつた（東照宮御實紀）。

翌天文十一年（1542）八月十日、第一次小豆坂合戰がおこり、信秀の蠶食を阻止しようとして繰出した今川義元の大軍は、信秀のために敗退せしめられた。義元と行動を共にした廣忠もまた敗走した。それより四カ月の後、岡崎城中で家康が生れた。

第一篇　流寓時代

家康の尾張流寓

家康の生れたのは、天文十一年（1542）十二月二十六日であつた（東照宮年譜・官本參河記・落穗集・康覺記・朝野舊聞裒藁等）。幼名を竹千代といふ。父廣忠は十七歳、母水野氏は十五歳であつた。然るにその翌天文十二年（1543）七月十二日廣忠の外舅三河刈谷城主水野忠政が歿して、その子信元が嗣ぐに及び（家忠日記增補・結城水野家譜・武德大成記）、今川義元に慊らずして織田信秀に屬し、そのために義元と連繫してゐる廣忠との間柄に疎融が生じ、天文十三年（1544）九月、水野氏は離別せしめられて刈谷に連れ戻された（松平記・家忠日記增補・三河物語）。このとき竹千代は三歳であつた。

廣忠の立場は、それより更に困難を加へ、天文十四年（1545）二十歳のとき、九月安城を攻めたけれど奪回することができず（家忠日記增補・朝野舊聞裒藁）、天文十六年（1547）二十二歳のとき、九月五日やうやく戸田金七郎康光の據れる渥美郡田原城を陷れた（古今消息集・三川古文書・武德編年集成）けれど、信秀が大擧して來攻するにあひ、義元に援助を請ひ、その要求によつて六歳の竹千代を證人として駿府に送ることとなつた。その一行が十月寶飯郡西郷を過ぎて渥美郡田原にさしかかつたとき、竹千代は曩に城を失つた戸田康光に奪はれて、尾張古渡城なる織田信秀の許に送られた（松平記・三河物語・水月明鑑）。信秀は悅んで竹千代を熱田なる加藤圖書助順盛に預け、後に名古屋萬松寺に移した。

廣忠は竹千代を奪はれても、今川義元との連結を解かず、義元は廣忠を味方にしておいて信秀を壓倒しようと欲し、天文十七年（1548）三月十九日第二次小豆坂合戰において、大いに信秀を破つて、これを敗走せしめた（三川古文書・武家雲箋・家忠日記增補等）。岡崎の君臣もこの大勝によつて勇氣を囘復し、しばしば出でて西三河に戰つたが、天文十八年（1549）三月六日、廣忠が城中に歿するに及び、松平族は未曾有の災厄に直面するに至つた（松平記・官本三河記・三河物語・譜牒餘錄・創業記等）。

家康の駿府流寓

主將を失つた岡崎城の動搖を見た今川義元は、鳥居伊賀守忠吉・阿部大藏正澄・石川右近將監康成・松平次郎左衛門光親等を留めて租稅と雜務とを管理せしめ、駿府の將士を遣して、かはるがはる岡崎を守らせることにした。岡崎は自己の宗主權を失つて、駿府の保護國になつたやうなものである。このやうにして義元は岡崎を掌握すると同時に、第二次小豆坂合戰の名將大原雪齋に命じて大擧して安城を攻めさせたところ、雪齋は天文十八年十一月九日、守將織田信廣を擒へ、名古屋に抑留されてゐる竹千代と信廣とを交換する條件を以て城を受取り、義元西進の路を開くことに成功した（古今消息集・松平記・三河物語・東照宮年譜等）。

これにより竹千代は釋放されて三年振りに岡崎に歸つたが、十餘日の後、十一月二十七日、再び轉じて駿府に赴き、今川義元の人質となつた。齡は八歲。これより永祿三年（1560）の夏、桶狹間合戰により義元が陣歿したのち、十九歲のとき岡崎に歸るまでの前後十二年間は、在駿府の少年時代である。年號にすれば天文の六年間、弘治の三年間、永祿の三年間を含む。而してこの期間において、はじめて「家康文書」數通が殘存してゐるのである。その初見は弘治二年（1556）六月二十四日、松平次郎三郎元信と署名したものである。元信は竹千代の元服名であり、後の家康である。この年十五歳。

天文十八年十一月二十七日、八歳なる竹千代が駿府に赴いたとき「御供仕れるもの」には異説が頗る多く、天野三郎兵衞康景（松平記）、榊原孫三郎忠政九歳（榊原家譜）、阿部新四郎重吉十九歳・野々山藤兵衞元政十二歳・阿部善九郎正勝九歳・酒井雅楽頭正親二十九歳・内藤與三兵衞正次二十歳・石川伯耆守數正・平岩七之助親吉（以上寛政重修諸家譜）などの名が見える。これらの名は、後年の文書に散見するものであるから、ここに記しておく。

駿府における竹千代の寓居にも異説が多く、「少將の宮の町」（三河物語）、「宮の前」、（松平記）、「宮ケ前」（武德大成記・武德編年集成）などの名稱が見えるが、「宮ケ崎の假寓の右隣に孕石主水元泰・左隣に相州小田原の質子北條助五郎氏規（後の美濃守）の居宅があつたといふ所傳（武德編年集成）は注目に値ひする。互に隣に住む松平家と北條家との人質同士は、幼い遊び友達として馴れ睦んだらしく、後、天正十年（1582）甲州若神子における德川・北條の兩軍對陣のとき、和議成立の重要な役割を擔當したのは氏規であり、また天正十八年（1590）豐臣秀吉の小田原征伐のとき、北條家の安泰を圖つた家康が最も憑みにして交渉したのはまた氏規であつた。

竹千代は最も多く鳥居伊賀守忠吉に親んだといふ。忠吉は岡崎在番の暇あるときには駿府にありて幼君の扶育に心を用ひ、必ず岡崎に歸還せしめようとして肝膽を碎いた。岡部次郎右衞門尉正綱もまた常に參候した。いづれも後にしばしば文書にあらはれる人々である。

竹千代は大龍山臨濟寺の住僧雪齋長老（大原崇孚）に就いて訓育を受けた。雪齋長老はもと庵原氏の出、義元の信任厚く、安城を攻略して竹千代を尾張より救ひ出した人である。寶珠護國禪師と勅謚せられた一代の英僧の薫陶を受けたのは、竹千代の大きな幸福であり、後の家康文書に、しば〳〵臨濟寺に對する崇敬庇護の情のあらはれるのは尤もな次第である。

竹千代が駿府に來てから十三歳になるまでの天文年間における東海道一帶の形勢は、今川氏が、岡崎に據つて三河を抑へたことと、織田氏に內憂外患があつて、東方に力を伸べられなかつたこととによりて、暫く小康が保たれた。そして天文二十年（1551）三月、竹千代十歳の春、織田信秀が卒し、十八歳になつたその子信長が相續した後も、內訌が絕えず、義元はこれに乘じて天文二十三年（1554）兵を尾張に入れたところ、相州小田原の北條氏康は、その隙を窺つて兵を駿河に入れて吉原・柏原に至り、これに對し義元の外舅なる甲州の武田信玄は南下して三月三日駿河刈屋川（富士郡）で戰つたが、臨濟寺の雪齋長老の調停により、氏康の子氏政は信玄の女を娶り、義元の子氏眞は氏康の女を娶り、三家互に婚姻を約してその局を結んだ。天文年間はこれで終り、次に弘治の三年間が來る。

元信と署名してある文書＝弘治二年六月より同四年三月

弘治元年（1555）元信十四歳、

この年竹千代は、三月元服して松平次郎三郎元信と稱した。今川治部大輔義元が加冠し、關口刑部少輔親永が理髮した（松平記・朝野舊聞裒藁・伊東法師物語・三河記等）。この年義元の兵が尾張の蟹江城を攻めたときには、岡崎の士が先鋒となつて奮戰し、蟹江七本槍の勇名を博したものもあつた（松平記・烈祖成績等）。

弘治二年（1556）元信十五歳、

丼 禁 制 (弘治2年6月24日) 三河岡崎市大泉寺所藏

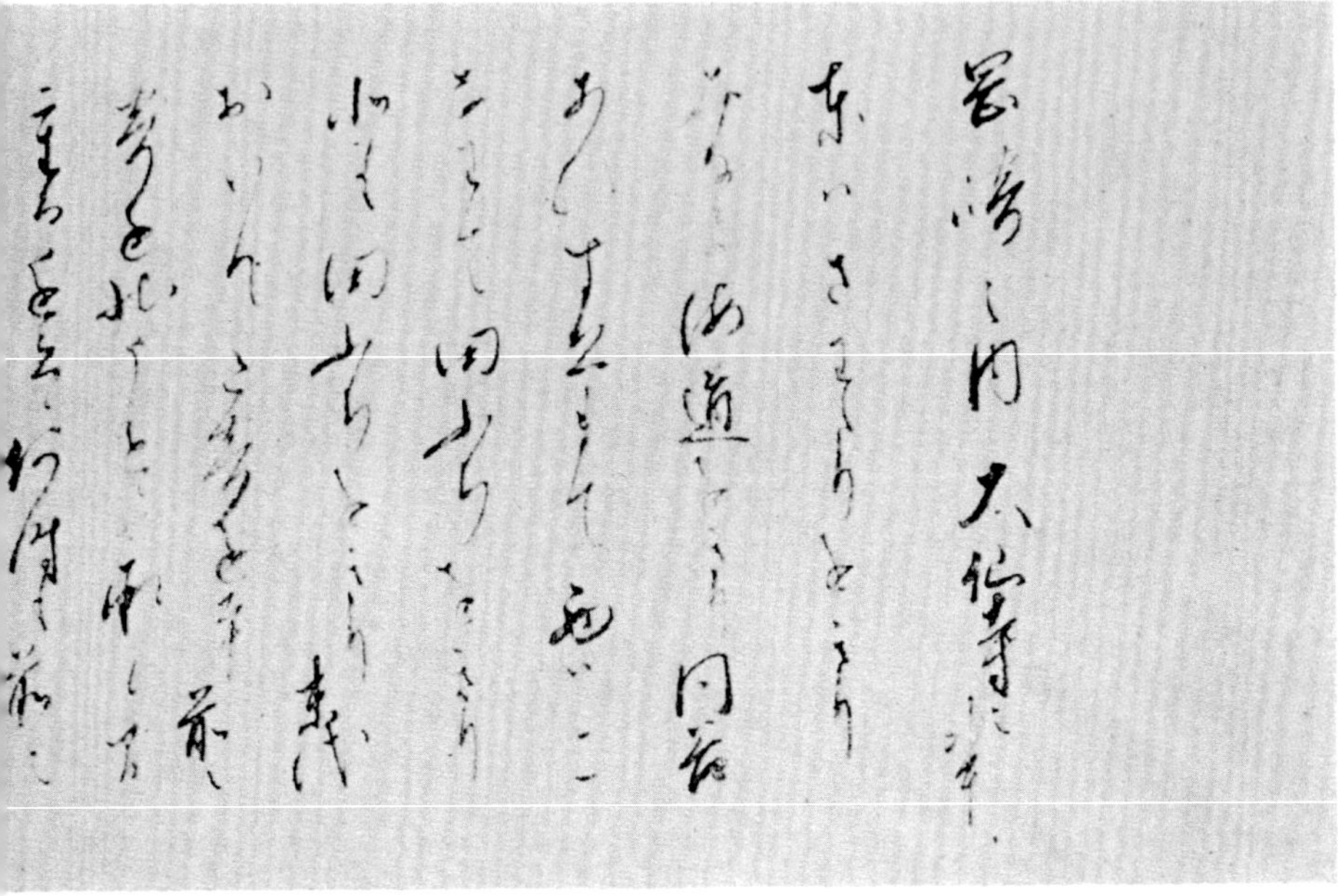

（史料編纂所所藏寫眞轉載）

三河大仙寺に與へたる寺領寄進状

二月、松平右京亮義春は、元信の名代として名内城に奥平貞友を攻め、逆襲にあひて戰死した（家忠日記増補・創業記考異等）。四月美濃には齋藤道三父子の爭ひがあり、道三は子義龍と戰つて敗死した（信長公記・美濃國守護傳記）。五月のころ元信は久し振に岡崎に歸省して祖先の墳墓を展し、亡父の法要を營んだ。その日時について、東照宮御實紀・德川幕府家譜はこれを三月としてある。岡崎に滯在の期間は明かでないが、ここに掲げる文書は、この岡崎歸省と深い關係があるに相違ない。

この文書を初見として、元信と署名してある文書を左に採錄する。

三河大仙寺に與へたる寺領寄進狀並に禁制（弘治二年六月二十四日）

〔參考〕今川義元の大仙寺に與へたる寺領寄進狀並に禁制（弘治二年六月二十一日）

岡崎之内、大仙寺之事、東ハさわたりをきり、みなみハ海道をきり、同谷あひするまて、西はこなわて田ふちをきり、北も田ふちをきり、末代において令二寄進一畢、前之寄進狀うせ候由承候間、重而進レ之候、何時も前之寄進狀出し候ハん者ハ可レ爲二盗人一候、於二子々孫々一相違有間敷者也、

一殺生禁斷之事

一寺内并門前竹木切事

一詞（祠）堂徳政免許之事

一棟別・門別・追立夫之事

一諸役不入之事
右條々有㆓相(背脱カ)輩㆒者、堅成敗あるへきものなり、

弘治貳年丙辰六月廿四日　　松平次郎三郎
元信［黒印］

大仙寺俊惠藏主参

〔大泉寺文書〕○三河

（變體假名を普通假名に改む）

大仙寺は今の岡崎市東林山大泉寺であり、天文十二年松平元信（德川家康）の生母傳通院於大の方の創立にかゝり、開基は俊惠藏主（永祿二年八月十五日寂）である。傳說に依れば、天文十一年於大の方の懷姙にあたり、俊惠は岡崎城に登り、持佛堂守本尊藥師如來寶前において、日夜安產の祈禱を行ひ、同年十二月二十六日元信（幼名竹千代）が誕生した。これにより、於大の方は城の東北に一宇を草創し、持佛堂の藥師如來を本尊とし、寺を大仙寺と稱したといふ。このやうな由緖のある寺に對し、元信は寺領を寄進し、特典を賦與してこれを保護したのたであつた。弘治二年元信は尚、駿府の今川義元の保護の下にあり、同年二月、尾三國境の日近城攻圍のとき、今川軍の先鋒となり、その家人たる三河武士は、義元より武勇を賞讃せられた。元信はこの機會に義元に請ひ、本領三河の巡察、祖先の展墓のため、三月岡崎に歸つた（東照宮御實紀・德川幕府家譜）。岡崎滯在の期間は、明かでないが、本文書は恐らく、この間に出されたものであらう。この文書は德川家康の文書の中、初見のものである。その上松平次郎三郎元信といふ署名があるので、一層珍重すべきである。この年元信は十五歲であつた。これに先立つこと三日、弘治二年六月二十一日、今川義元も略々同じ內容の文書を出しているから、參考のため左にこれを錄す。尙、大仙寺は曹洞宗である。

參河國額田郡岡崎內菅生大仙寺之事

一東者限㆓澤渡㆒、西者限㆓小繩手田端㆒、南者限㆓往復道谷合末迄㆒、北者限㆓田端㆒、令㆓寄附㆒之事

一殺生禁斷之事、付不入之事
一寺内門前、棟別・押立諸役等、免許之事
一寺内門前竹木、見伐令二停止一之事
一祠堂米錢、不レ可レ有二徳政之沙汰一事
右條々芝原令二開發一新建立之條、永所レ令二領掌一也、不レ可レ有二相違一、雖レ有二先判一、令二失却一之上、重及二判形一了、若至二于後々年一、彼失却之判形出之、就レ有二讓狀之由申掠輩一者、遂二糺明一可レ加二成敗一者也、仍如レ件、

弘治貳年
六月廿一日　治部大輔(今川義元)（花押）
大仙寺俊惠藏主

〔(愛知縣温故會史料繪葉書寫眞による。)原本所在未詳〕

弘治三年（1557）元信十六歳、

この年正月十五日、元信は關口刑部大夫義廣の女を娶つた。これが後に築山殿夫人と呼ばれた女性である。義廣は今川家分限帳には、關口刑部少輔二萬四千石持舟城主とあり、七家系圖によると、初名を親永といひ、後に義廣と改名したとある。義廣の妻は今川義元の伯母ともいひ、或は妹ともいふ。この婚禮のとき、名馬を贈つたものがあつたが、元信はこれを時の征夷大將軍足利義輝に獻じ、義輝より自筆の書簡と短刀とを賜つたといふ所傳がある。年齢の

成長・元服・歸省・結婚に伴ひ、その心理の展開してゆく有様が察せられる（落穗集・朝野舊聞裒藁・家忠日記増補・松平記等）。

この年五月三日、元信は三河高隆寺に安堵の定書を下した。

三河高隆寺に下せる定書（弘治三年五月三日）

高隆寺之事

一大平・造岡・生田三ケ郷之内、寺領如二先規一可レ有二所務一事

一洞屋敷并五井原新田、如二前々一不レ可レ有二相違一之事

一野山之境、先規之如二境帳一不レ可レ有二違亂一事

一於レ伐二取竹木一者、見相ニ可二成敗一事

一諸役不入之事、然上者、坊中家來之者、縱雖レ有二重科一、爲二其坊一可レ有二成敗一事、条々　定置上者、不レ可二違亂一者也、仍如レ件、

弘治三年

五月三日　　松平次郎三郎

元信（花押）

高　隆　寺

〔高隆寺文書〕河〇三

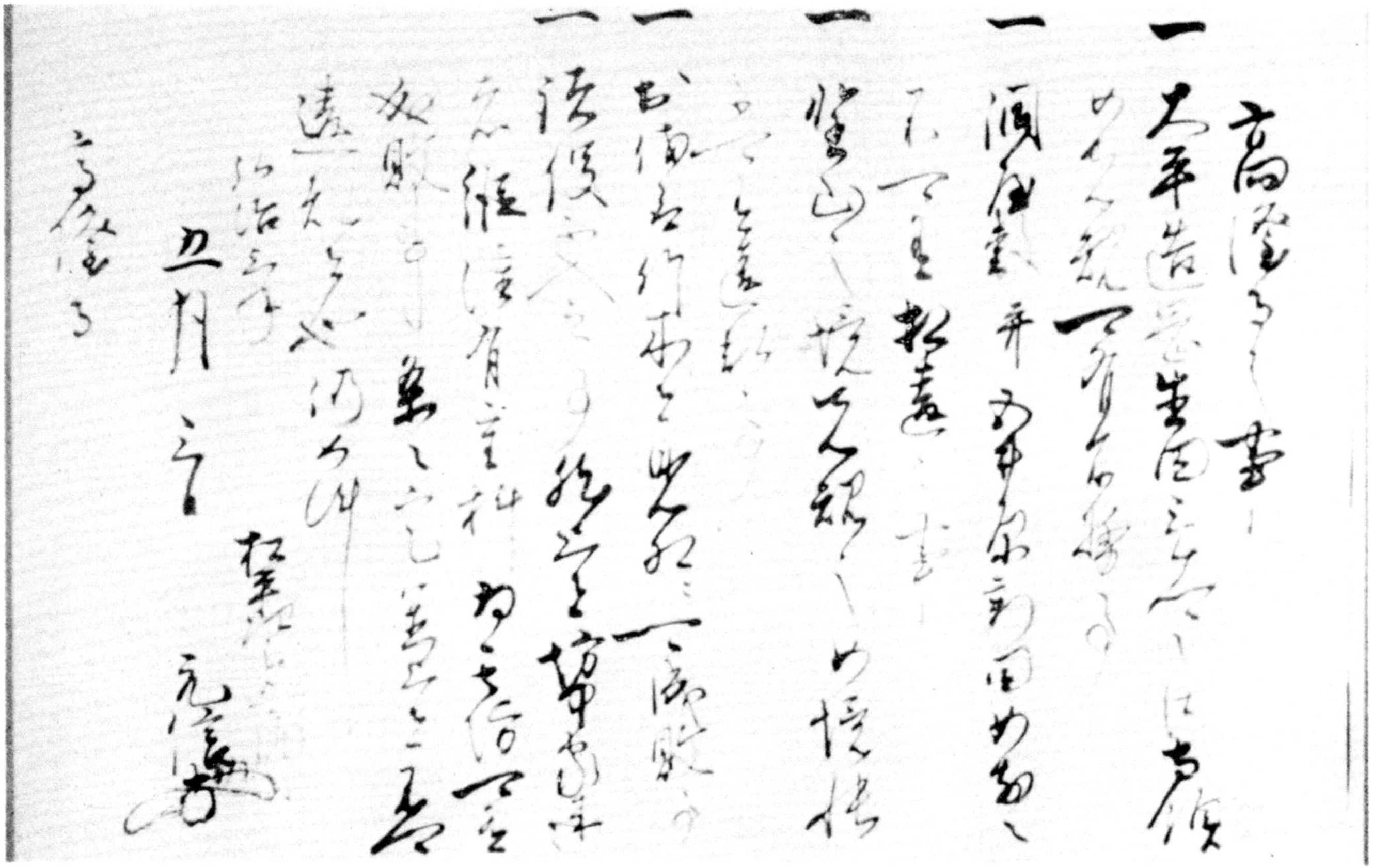

（史料編纂所所蔵寫眞轉載）

三河高隆寺に下せる定書　（弘治3年5月3日）三河額田郡男川村高隆寺所藏

高隆寺は多寶山と號し、三河國額田郡男川村に在る天台宗の寺院である。弘治二年二月、今川義元の命により、松平元信（後の家康）の名代として、松平右京亮義春が日近城を攻めたとき、高隆寺の僧徒等は義春に應援したといふことである（岡崎市史）。この文書は、元信が高隆寺の寺領を安堵し、寺内の自治を確認したものである故、前年の戰功に酬いたものと見ることができる。このとき元信は十六歳であつた。本文書に用ひられてゐる元信の花押は、家康（卽ち元信）が一生を通じて用ひた花押と全く系統を異にしてゐることは注意すべきである。また元信が元康と改名した時期については、弘治三年春とも、（東照宮御實紀）同年四月とも傳へられている（德川幕府家譜）が、本文書に「弘治三年五月三日松平次郎三郎元信」とあることに依つて、二書共に訂正せらるべきであらう。

尚、元信といふ署名のある文書は、前掲の寄進狀と、この定書との二通あるだけである。

この年（弘治三年）九月五日後奈良天皇崩御、十月二十八日正親町天皇が踐祚あらせられた（御湯殿上日記・公卿補任・皇年代私記・本朝皇胤紹運錄等）。

弘治四年＝永祿元年＝（1558）元信十七歲。

弘治四年の二月二十八日改元せられて永祿元年となり、永祿の年號は十三年までつづく。そのうち永祿三年の夏まで、元信は駿府に居つた。そのうち弘治三年十一月十一日三河淨妙寺に與へたる松平家諸老臣連署安堵狀の本文中には元信といふ名があり、弘治四年（永祿元年）三月二十五日鈴木重直に與へたる諸役免許狀には署名が逸してゐるが、同年七月十七日六所明神に與へたる安堵狀には元康といふ署名があるから、元信は弘治三年十一月十一日と永祿元年（弘治四年）七月十七日との中間において、再び改名して元康と稱したのであつたといへるかも知れない。

〔參考〕三河淨妙寺に與へたる諸老臣連署の寺領安堵狀（弘治三年十一月十一日）

上和田之内、てんはく之事、廣忠・元信末代諸不入ニ御寄進之うへは、いつかたよりも申事有間敷候、若申かた候ば、おの〳〵可二申立一候、仍如レ件、

弘治三年丁巳十一月十一日

石川安藝守
靑木越後
酒井將監（忠尚）
同　雅樂助（正親）
同　左衛門尉（忠次）
天野淸右衛門
榊原孫七

淨妙寺
參

〔淨妙寺文書〕河〇三　〔朝野舊聞裒藁〕

淨妙寺は三河碧海郡中之鄕にある。朝野舊聞裒藁には、本書は「參州岡崎領古文書載淨妙寺所持」と記し、「ここに御名元信とあるは、前判の御名に基きて記せしと見ゆ」との按文を添へてある。この按文によれば、弘治三年十一月十一日現在で元信と稱してゐたといふことを主張することはできないやうでもある。

永祿元年二月五日、十七歳の元康（恐らくこのときは改名してゐたかもしれない）は、義元の命により、義元に背いて好みを信長に通じた三河寺部城主鈴木日向守重敎を攻め、火を放つて引上げた。これは元信の初陣であり、追擊して來た織田部隊を潰走させて、深謀遠慮振を示した話柄が殘つてゐる（家忠日記增補・三河物語・岡崎物語・松平記・官本三河記・神君年譜）等。

鈴木重直に與へたる諸役免許狀（永祿元年三月二十五日）

（元信）
御袖御判

西參河内平口村、年來令二居住一屋敷之事

右先規棟別諸役以下拾間雖レ令二免除一之、依二忠節一重貳拾間、都合參拾間分不レ可レ有二相違一、然者押立人足普請以下、彼員數分者永所レ令二免許一不レ可レ有二相違一者也、仍而如レ件、

（永祿元年）
弘治四戊午

三月廿五日

（重直）
鈴木八右衞門尉殿

〔書上古文書〕七〔古今消息集〕

鈴木八右衞門尉重直は、鈴木雅樂助重政の子である。鈴木氏は西三河北部の豪族で、代々足助（三河賀茂郡）に住し、重直も天正十二年足助において歿した（寛政重修諸家譜）。弘治四年は、二月二十八日永祿と改元されたのであるが、戰國亂離の世のこと故、三河では、改元の事を知らず、やはり弘治と記したのであらう。この年には、三河寺部の城主鈴木重教が今川義元に背いて織田氏に通じた事があり、元康（後の家康）は義元の命により、二月五日寺部城を攻めてその外郭を燒き、岡崎に凱陣し、やがて駿府に歸つた（東照宮御實紀）。本文書は、鈴木重直に對し、三河國幡豆郡平口村において、從來十軒分の諸役免許の特典を與へてゐたのに二十軒分を加へて、合計三十軒分の諸役を免許したものであり、恐らく、寺部城攻の戰功に酬いたものであらう。〔古今消息集〕に日付の下方に「家康公御袖判」とある。

元康と署名してある文書＝永祿元年七月より永祿二年五月

義元は永祿元年のころ尾張知多郡の大半を服屬させたが、尾張品野城の守將松平家次が、三月七日織田勢の攻擊を破つた後、岡崎の老臣等は駿府に赴き、派遣してある城代を撤退し、舊領を還付してもらひたいと要求したけれど、義元は言を左右に託して應ぜず、明年三河に赴きて境目を查檢するまでは預りおくと答へた（家忠日記增補・信長記三河物語・松平記等）。その明年卽ち永祿二年（1559）八月、義元は、その將朝比奈筑前守に命じて大高城を守らしめ、（藩簡集殘篇）。永祿三年（1560）五月、自ら大軍を率ゐて尾張に侵入し、十六日岡崎に入り、十八日沓掛に至り、十九日大高に向ふ途中、田樂狹間に休憩せるとき、織田信長の奇襲にあひて圖らず陣歿した。これは世に桶狹間の戰と稱せられる。義元は時に四十二歲であつた。

桶狹間の戰は、東海道の形勢を一變せしめたのと同時に、元康の運命にも一大展開を齎した。信長は美濃の齋藤氏のことを顧慮してゐるので、敢て勝に乘じて東方を追窮せず、義元の子氏眞は凡庸であつて捲土重來の意氣がない。そこで元康は、やうやく今川氏の羈絆を脫して、五月二十三日岡崎城に入り、それより獨自の道を進むやうになつた。これより元康の爲した仕事は、取り敢へず三河の國內を經營することであつたが、越えて永祿五年正月、淸洲城に赴いて、織田信長と盟約を結ぶに及んで、やうやく確實なる地步を占めることができた。この二十箇月の間に元康と署名した文書は三通だけ見出された。

松平次郎三郎元信が松平藏人佐元康となり、三轉して松平藏人佐家康となり、更に四轉して德川家康となつた變化は、單に、姓名の變化として看過すべきでない。それには變化を要求する外部の事情の推移と內部の心境の展開とが存するのである。

松平次郎三郎元信は、竹千代が十四歳のときの元服名であり、今川義元の一字をつけたもので、明かに義元に従屬してゐる外部環境の影響を示してゐる。

松平藏人佐元康は十六歳と十七歳の中間において改名したのであるが、その理由は判明しない。祖父淸康の英名を慕つて康の字を取つたとも思へる。

松平藏人佐家康は永祿六年六月より同年閏十二月の間の改名であり、七月六日といふのが眞に近いが、これは今川義元の影響から解放された心理より出てゐるのであらう。

それよりも重大なのは、祖先以來の松平姓を放棄して、特に勅許を仰いで德川姓を稱したことである。その日時について、我等は永祿九年十二月二十九日であると信ずるが故に、ここに大きな限界をおくこととし、これより前後七年間に一期を劃し、松平元康時代の文書を檢討する。

その初見は永祿元年七月十七日、三河六所大明神神主に與へたる社領安堵狀である。但、これには疑義があるが、年月の順序により、とにかくここに採錄する。

三河六所大明神神主に與へたる社領安堵狀（永祿元年七月十七日）

〔參考〕德川家光の六所大明神に與へたる朱印狀（寛永十一年九月十日）

妙臺寺上下六所神主於二屋敷一門次諸役并竹木切取事、如二前々一可レ爲二不入一者也、仍如レ件、

永祿元年戌年
七月十七日　　　　　　　　　元　康判

大竹善左衞門とのへ

〔三川古文書〕

妙臺寺は今の額田郡三島村字妙大寺（江戸時代には明大寺とも書く）である。本書は同地の六所大明神の神主大竹善左衞門に對し、元康が、諸役を免許し、竹木を切ることを禁じ、從前の通り不入の特權を與へたものである。但し、こゝに注意すべきことは、本文書は舊幕時代の編纂にかゝる「三川古文書」に收載されたものであつて、その眞僞が必ずしも決定されてゐない事である。その日附は、「永祿元年戌年七月十七日」とあるが、永祿元年は戊午の年である。戌年は或は戊午の誤寫とも考へることが出來るが、後年德川家光の同社に下した朱印狀には、慶長七年、元和三年兩先判の趣旨に從ふべきことだけが記しあり、永祿元年の安堵狀については言及してゐない。參考のため、左にこれを錄す。

三川國六所大明神者、
東照大權現有ニ降誕一地之靈神也、是以崇敬異レ他、額田郡高宮村之內、六拾貳石七斗舊領也、今度上洛之刻、爲ニ新增一於ニ高宮村之內一百石寄ニ附之一畢、都合百六拾貳石七斗事全可ニ社納一并社頭之竹木諸役等、任ニ去慶長七年六月廿六日、元和三年七月廿一日兩先判之旨一、永不レ可レ有ニ相違一者也、仍如レ件、
寛永十一年八月十日　　　　（德川家光）御朱印

〔三川古文書〕

家光のこの朱印狀によると、家康が六所大明神を篤く崇敬したことは明かであるが、永祿元年の文書の眞僞に就ては尙、考慮を要するであらう。

これとはちがひ、次に採録する永祿二年五月十六日、駿府より岡崎の家臣に與へて公事訴訟に關する事項を規定した七箇條の定書は確實な文書である。

永祿二年（1559）元康十七歳。

この年元康は今川義元の許にあり、岡崎在住の家臣に對し、次の定書を與へた。

岡崎の家臣に與へたる定書（永祿二年五月十六日）

定條々

一諸公事裁許之日限、菟角申不レ罷出一輩、不レ及二理非一可レ爲二越度一、但或歡樂、或障之子細、於二歴然一者、各へ可二相斷一事

一元康在苻（府）之間、於二岡崎一、各批判落著之上罷下、重而雖レ令二訴詔（訟）一、一切不レ可二許容一事

一各同心之者陣番并元康へ奉公等於二無沙汰仕一者、各へ相談、給恩可二改易一事、付互之與力、別人ニ令二契約一者、可レ爲二曲事一、但寄親非分之儀於二申懸一者、一篇各へ相屆、其上無二分別一者、元康かたへ可レ申事

一萬事各令二分別一事、元康縱雖二相紛一、達而一烈（列）而可レ申、其上不二承引一者、關刑（關口刑部親永）・朝丹（朝比奈丹後守）へ其理可レ申事、付陣番之時、名代ぉ出事、可二停止一、至二只今奉公上表之旨一、雖レ令二訴詔（訟）一不レ可二許容一事

一各ヘ不二相尋一判形出事、付諸篇各乙不レ爲二談合一而、一人元康ヘ雖レ爲二一言一不レ可二申聞一事

一公事相手計罷出可レ申、雖レ爲二親子一、一人之外、令二助言一者、可レ爲二越度一事

一喧嘩口論雖レ有レ之、不レ可二贔屓一、於レ背二此旨一者、可二成敗一事、付右七ヶ條於レ有二訴人一者、遂二糺明一、忠節歴然之輩申旨令二分別一、隨二輕重一可レ加二褒美一者也、仍如レ件、

永祿二己未年五月十六日

松次　元康（花押）

〔弘文莊所藏文書〕

この定書は、岡崎在住の家臣に對し、公事裁許の日附について、とやかく申し出でることを禁じ、駿府に在る元康の裁斷に服從すべく、奉公無沙汰の者は改易せらるべく、與力が漫りに寄親を改めることを許さず、元康が承引せざる場合には關口刑部、朝比奈丹後守に申し出づべきことなどを規定したものである。この文書の花押は後年のものとは系統がちがつてゐる。

三河常行院等七箇寺に與へたる寺領寄進狀（永祿二年十一月二十八日）

大濱鄕惣寺領、元康代に雖下落二置之一候上、唯今爲二新寄進一返付畢、於二末代一不レ可レ有二相違一、勤行無二懈怠一可レ被二相勤一者也、仍如レ件、

永祿二年己未

十一月廿八日

藏人佐
元康（花押）

大濱
惣寺方

〔福地源一郎所藏文書〕〔古今消息集〕

大濱村は三河碧海郡にあり、このとき寺領を寄進せられたのは、左の七箇寺であつた。

高十二石二斗　淨土宗　白旗流　常行院
高三十四石三斗　禪宗　林泉寺
高十九石　淨土宗　西山流　妙福寺
高三十二石八斗　時宗　稱名寺
高十六石二斗　淨土宗　白旗流　清淨院
高十六石二斗　淨土宗　西山流　海德寺
高十五石　禪宗　寶珠寺
小以《ママ》百四十五石九斗

七箇寺に對し大濱惣寺方として一通だけ與へられた判物なので、各寺が輪番で一箇年づつこれを預つて守護したといはれる（朝野舊聞裒藁）。

「德川家康と其周圍」上の二八八―二八九ページに、同年月日付で長田與助・同喜八郎宛、三河熊野社領寄進狀（藏人佐元康花押）が「大濱長田氏文書」として掲載されている。この文書は今は京都大學國史研究室所藏となり、それを「德川家康文書の研究拾遺集」一ページに收載した。

第二篇　岡崎在城の時代

元康と署名してある文書（つづき）

永祿三年（1560）五月十九日、今川義元（四十二歳）が織田信長（二十七歳）に襲撃されて、尾張知多郡田樂狹間で討死したことは、元康（十九歳）の生涯に一大轉換を齎らした。この機會に元康は今川氏の羈絆を脱して三河岡崎に歸り、自ら自己の運命を開拓しはじめたのである。

義元戰死のとき、元康は大高城にゐた。田樂狹間との直徑距離は約一里位の地點だから、その急報は間もなく達したことと思はれるけれど、所傳によれば元康は母方の伯父に當る水野信元の通報や、味方よりの報告を得ても狐疑して容易に動かず、夜、月の出るのを待つて敵地を突破し、一揆を冒して池鯉鮒を過ぎ、わざと岡崎には歸らないで、その北方半里程に在る大樹寺に陣し、岡崎城を守備してゐた今川勢が城を棄てて駿河に引揚げるのを待つて、五月二十三日入城した（家忠日記增補）。廣忠が歿してより十一年目で、岡崎は再び松平氏の手に戻つたのである。元康の他國流寓時代は終り、岡崎在城時代十年間の歴史は、この日を以てそのページを開いた。

寛永諸家系圖傳、朝野舊聞裒藁、武德編年集成、家忠日記增補には岡崎歸城の前日、即ち五月二十二日附を以て、十九日夜中退陣のとき案内の任に當つた水野信元の家臣淺井六之助に與へて恩賞を約した感狀を收めてある。多少疑はしいので、これを採らない。今考へ直して「德川家康文書の研究拾遺集」三ページに採つておいた。

ここに採録した七月九日附の文書は、岡崎歸城後の初見のものである。

三河法藏寺に下せる禁制（永祿三年七月九日）

御祈願所
法藏寺門内門前

定

一守護不入之事
一不レ可レ伐二採竹木一之事
一不レ可二陣執一之事
一殺生禁斷之事
一可二下馬一之事
右條々於二違犯之族一者、速可レ處二嚴科一者也、仍如レ件、

永祿三年庚申
七月九日　　松平藏人佐
元康　御判

〔法藏寺文書〕○三河

法藏寺は三河國額田郡山中村に在り、國寶院と號する淨土宗の寺である。江戸時代には寺領八十三石を有した。傳說によれば、僧行基の創建にかかり、出生寺と稱し、法相宗であつたが、至德年間、教空龍藝のとき淨土宗に改められた。そのころ、家康八代の祖親氏が流浪して三河に來り、豪族松平氏を嗣ぎ、篤くこの寺を崇敬して自家の菩提寺と定め、法藏寺

と改めたといはれる（三河法藏寺記）。元康はこの寺に對して、守護不入の特權を與へ、且つこれを保護した。尚、また家忠日記增補には、八月一日石ケ瀨における筧平三郎の戰功を褒して、これに與へた感狀を收めてあるが、またこれを省略する。

岡崎城に歸つた元康は、駿府の今川氏眞に弔合戰を勸めながら、信長に屬せる擧母・梅坪・廣瀨・沓掛・中島・刈谷・寺部・山中等の諸城を攻め、自力を以て自己の運命を開拓しはじめた。そして翌年織田信長と連盟するに及び、その經略はます〳〵自主的な强さを加えて來た。

永祿四年（1561）元康二十歲。

元康が信長を訪問したのは永祿五年正月であるけれど、今川氏眞と絕ちて信長に結んだのは、永祿四年の春よりの事であつた。その二月、しば〳〵兵を出して信長勢と戰ひながら、同月卒然として和睦したのであるが、武德編年集成によれば、これは刈谷の水野信元が信長に連盟を勸めたためだといはれる。これにより信長は瀧川一益を以て元康の家臣石川數正に和議を申し入れ、元康はこれを腹心の諸將に諮り、氏眞と絕ちて信長と結ぶといふ結論に達し、數十年來繼續して來た松平氏の外交政策に百八十度の轉換を斷行した。これは實に賢明なる英斷であつた。しかしながら、今川氏の勢力を背景として織田氏と抗爭をつづけて來た永い傳統を破るのは必ずしも容易な事業ではなく、威權の强大なる上野城主酒井將監忠尙を初めとして、異論を唱へるものもあつたけれど、元康はこれを排除して政策の變更を斷行したのであつた。爾來二十年間に亙り、兩雄の交誼は變ぜず、信長は安んじて西上の策を遂げ、家康もまた安んじて東進の策を進めた。形原領主松平家廣・竹谷領主松平淸善・西鄉領主西鄉正勝・井道領主菅沼定直・野田領主菅沼定盈・田嶺領主菅沼定直・長篠領主菅沼貞景・作手領主奧平貞能・川路領主設樂貞通等は相次いで氏眞を去つて元康に歸し、元康の行動は對織田氏抗争の關係より離れて、對今川氏抗争の關係となり、從來とは全く相反する色彩を帶びて來た。以下列示する五通の文書は、このやうな狀況の下に出されたものである。

但、そのうち幡豆郡東條の吉良義昭攻擊に關するものが二通あるから、豫め吉良家のことをここに述べておかう。吉良氏は足利氏の支流で、承久のころ、足利義氏が本領下野足利莊のほか、新に三河幡豆郡吉良莊を領し、吉良西莊に西條館を設けたのがはじまりであり、建長のころ、義氏は嫡子泰氏と共に足利莊に去り、庶長子長氏が西條館に在り、その子滿氏は吉良氏となり、國氏は今川氏をおこした。滿氏の曾孫滿貞のとき、弟尊義は分れて東條館に住み、爾來、西條吉良氏と東條吉良氏とは相並んで戰國時代に至り、共に三河の名族として有力なる國衆であつた。西條城は今の西尾の地であり、滿貞の嫡流がここに居りて屋形と稱せられたが、吉良義昭のとき永祿四年、元康の將酒井正親のために城を奪はれ、同六、七年に亙る一向一揆の爭亂のとき、正親は城を固守して掃蕩の功を立てた。東條城は、その東南、古矢作川を隔てて約一里位、矢作川に臨める丘陵地なる駮馬《まだらめ》に在り、永祿四年酒井正親・本多廣孝に攻められて落城し、義昭は岡崎に召寄せられ、鳥居元忠・松平信一が城を守つた。詳しくは本多廣孝・松井康親に與へられたる宛行狀の解說の條に述べる。

菅沼定直等に與へたる覺書（永祿四年四月十五日）

一 （菅沼貞吉）小法師殿本知不レ可レ有二相違一之事
一 今度一味之衆進退不レ可レ有二無沙汰一事

永祿四年

一抜公事不レ可レ有レ之事
一親類被官百姓以下雖ニ申(有脱カ)様一可ニ相尋一事
一遠州償先次第可ニ申付一事
一設樂殿(設樂貞通)進退、不レ可レ有ニ疎略一之事
一小法師殿本知、何方於ニ約束一者、替地可レ進事
右條々申合上者、聊不レ可レ有ニ相違一者也、仍如レ件、猶左衛門尉(酒井忠次)可ニ申入一候、

永祿四年
卯月十五日　　松藏
源元康　御判

菅沼彌三右衛門殿(定直)
菅沼十郎兵衛殿(定氏)
菅沼八右衛門殿(定仙)
林左京之進殿參

〔書上古文書〕七〔菅沼家譜〕

菅沼氏は三河額田郡菅沼鄕の地方豪族であつた。美濃の土岐氏の庶流といはれる。菅沼鄕は今の南設樂郡の西北隅の山地にある菅沼村である。祖先に關する所傳は區々にして眞相が明らかでないが、伊賀守資長(或は信濃守定直ともある)のとき松平親氏に屬し、子孫繁茂して、田峯《だみね》(段嶺、今北設樂郡)、長篠・野田等に分れたといふことである。田峯・長篠・作手《つくて》を山家《やまが》三方《さんぽう》といひ、いづれも菅沼氏の領內であつたといふから、菅沼族は東三河の北部山岳地帶の南北設樂郡に蟠踞した雄族であり、その嚮背は松平氏族にとつては相當な關心事であつたに違ひがない。

この一族は今川義元が優勢なとき、東三河の諸族と共にこれに屬して、以て氏眞のときに及んだ。然るに今、元康と氏眞とが矛盾に及ぶにあたり、他の諸族に先んじて元康に歸屬し、菅沼彌三右衞門定直・同十郎兵衞定氏・同八右衞門定仙《さだのり》・野田の同新八郎定盈・田峯の菅沼小法師・設樂の設樂越中守貞通・長篠の菅沼左衞門尉貞景・西鄕の西鄕彈正左衞門正勝等、ことごとくその麾下に馳せ參じた。本書はこれにつき、四月十五日、定直・定氏・定仙及び林左京之進に與へた覺書であり、小法師の本領を安堵し、今度味方した者に對し無沙汰あるまじき事などを約したものである。そのうち小法師は寛政重修諸家譜には刑部少輔、武德編年集成には刑部貞吉とあり、父定繼の遺跡たる田峯・新城《しんしろ》・武節の三カ所を安堵せられたのである。後、永祿六年の一向宗徒の亂、同十二年正月の掛川城攻略に從つて功あり、元龜二年春武田信玄に屬し、武田氏滅亡の後、誅せられた（寛政重修諸家譜）。設樂《しだら》殿とは設樂越中守貞通のことであり、その所領設樂郡は、新城の北、平井・石座《いはくら》・信樂《しがらき》の舊跡である。宛名の菅沼三名は兄弟で田峯系の菅沼家に屬する。田峯の菅沼家は定信の子が今川氏親に屬してより、その子定廣を經て定繼に至り、今川義元に背いて誅せられた。そのとき定繼の三弟は尚ほ義元に通じてゐたが、今、定繼の嫡子小法師を奉じ、常に行動を共にしてゐた林左京之進と共に元康に歸屬したのである（同上）。

定信―定忠―定廣―┬定繼―小法師（貞吉）
　　　　　　　　├定直
　　　　　　　　├定氏
　　　　　　　　└定仙

本多廣孝に與へたる所領宛行狀（永祿四年六月二十七日）

定

一今度於二小牧一取出被レ致（成）候義、祝著候、爲二勲功一富永伴五郎跡職、并同心之侍共（衆之跡共に如書立）致二書立一、永令二領掌一事

一彼地誰人雖レ有二申樣一、一切不レ可レ有二許容一、寺社領ニ至迄、其方可レ爲レ計事

一件五郎同心衆之内(中)、於二津之平一給分共出置たる彼地へ出置候内平(草)賀次郎右衛門跡職程可レ被レ取事

右條々依レ有二忠節一、彼地進置候上者、永不レ可レ有二相違一者也、仍如レ件、

永祿四年

六月廿七日　　元(松平)康

本多豐(廣孝)後守殿

〔古文書集〕十三ノ五〔家忠日記増補〕

本多豐後守廣孝は、幼名を彦三郎といひ、大永七年土井（碧海郡）に生れ、父信重の後を襲うて土井の城に住し、松平廣忠に仕へ、その諱を賜つて廣孝と稱した。永祿四年、今川氏眞は吉良義昭をして三河國吉良東條を守らしめたが、この時廣孝は元康の命により、砦を小牧（三河國幡豆郡）に構へて義昭に對抗し、また自ら、義昭の臣富永伴五郎を討取つた。これにより義昭は利を失ひ、つひに和を請うて城を退いた。本書は元康がその功を賞して、廣孝に富永の舊領を宛行へるものである。右註は家忠日記増補所收のものによつた。義昭は義諦とも書く。

尚、家忠日記増補に收めてある同文書の第三條は、

一無事之儀候共、以二他之地一相當程可レ進・惣別波地方々入組有レ之由、改次第可レ有二所務一之事、伴五郎同心衆之中、於二津之平一給分被レ置候旨、彼地ニ出置之間、草賀次郎右衛門跡職程可レ被レ取之事

とある。

松井忠次（松平康親）に與へたる所領宛行狀（永祿四年六月二十七日）

定

一今度東條津之平ニ致二取出一、爲二勲功一津之平郷永可レ令二領掌一事

一於二津之平ニハ、敵之給人共令二忠節一雖二取逃候一ハ、判形出置候上者、於二津之平之義一ハ、不レ可レ有二相違一事

一萬一不事之義候共、於二津之平一者違亂不レ可レ有之事

右之條々相定候上者、永不レ可レ有二相違一者也、仍如レ件、

永祿四年
六月廿七日　　　　元康（松平）

松井左近（忠次）殿

〔古文書集〕三ノ四

松井左近忠次は松井次郎忠直の子である。大永元年三河國幡豆郡相場村に生れた。弘治二年二月、松平右京亮義春が日近の城を攻めて討死したところ、その子龜千代が尚ほ幼少なので、忠次は元康の命によりこれを輔佐して東條（三河幡豆郡）の兵を指揮した。永祿四年、吉良義昭が東條において元康に背いた時、忠次は砦を津之平に築き、東條を攻めて義昭を降參せしめた。本書は、この事件の落著した後、元康が忠次の戰功に對し津之平鄉を與へ、將來を保證したものである。忠次は後に名を康親と改め、また松平姓を賜つたので、松平左近將監とも記してある。

右二通は幡豆郡東條城主吉良義昭討伐の際の行賞に關するものである。當時幡豆郡には今川氏眞方の豪族が尙ほ存在してゐた。その主なるものは東條の吉良義昭と西尾の牧野成定とであつた。事前においては東條には吉良義安、西尾には吉良義昭、寶飯郡牛久保には牧野成定がゐたのであるが、氏眞は、義安が元康の伯父聟なのでその異心を疑ひ、これを駿河の藪田鄉に召置したので、この移動が行はれたのである。義昭は義安の弟である。

ここにおいて岡崎の元康は兵を出して今川方の屬城たる東條を攻めた。これに關係して動いた元康方の諸將には、碧海郡上野城主酒井忠尙、碧海郡中島城主松平好景とその子伊忠、酒井正親、土井城主本多廣孝などがある。好景は

元來、幡豆郡の東境に接する額田郡深溝松平の總領であるが、戰功により、これまた幡豆郡の北境に接する碧海郡の中島を賜つたのであつた。事件は四月八日、義昭が東條城に入つたころから激化し、十五日東條の兵が北上して上野城に酒井忠尙を攻めたので、上野城救援のために中島城主松平好景が、その子伊忠を派遣したところ、その隙につけこんで義昭は中島城に押し寄せ、好景を城外に誘殺したことによつてその絕頂に達した。然るに義昭の一族荒川義廣といふものが、義昭と不和であつて酒井正親を助け別に西尾城を攻めて牧野成定を牛久保城に追ひ返したため、元康は正親に命じて、代つて西尾を守らしめたから、敵味方一勝一敗のやうな形になつた。そして九月に至り、本多廣孝は命を受けて東條を攻め、藤澤縄手の戰に勝つて義昭を降服させたので、この一連の爭ひにおいて元康は結局勝利を占め、東條には鳥居元忠・松平信一を入れ、西尾を酒井正親に與へ、幡豆郡を掌握し、今川氏の勢力を郡內より一掃し去つた。

吉良義昭は名族なので、元康はこれを岡崎に迎へて禮遇した。曩にも記したごとく、義昭は義諦とも書いてある。

菅沼定盈に與へたる所領宛行狀（永祿四年七月二十四日）

一富永之鄕　鹽谷之鄕　矢部片山之鄕
一吉田之鄕　宇利之鄕　八名井之鄕
一養父之鄕　樂筒之鄕　多米當之鄕
一長山之鄕　小屋敷方　石田得貞

一河田之郷　　以ふ木村之郷　　江村之郷
一橋尾之郷　　麻生田之郷　　三橋之郷
一東條之郷　　宮地之郷之事
右爲二御本地一知レ之條、不レ可レ有二相違一、新地者任二先判一、聊不レ可レ有二異儀一者也、仍而如レ件、

（永祿四年）
七月廿四日　　　　　　　　　　　　松平藏人佐
　　　　　　　　　　　　　　　　　　　元康御判

菅沼新八郎（定盈）殿
　　　　参

〔書上古文書〕七〔菅沼文書〕〔菅沼家譜〕

本書は元康が菅沼新八郎定盈に對し、三河における本領たる富永郷・鹽谷郷を初めとして二十郷、并に新地白鳥・上佐脇等を安堵したものである。菅沼家譜によれば、永祿四年に下されたものであるのに對し、野田系の菅沼族の總領である。菅沼新八郎定盈は、嚮に掲げた菅沼定直兄弟が田峯系であることが判明する。祖先定則は田峯の菅沼の三世定廣の弟であり、野田城に住して野田の菅沼を開き、今川氏親に從つて戰功あり、その子定村は今川義元に仕へて戰死した。定盈はその子であり、初めは今川氏眞に屬してゐたが、永祿四年、田峯の菅沼定直兄弟等と共に元康に歸屬し、この安堵狀を與へられたのであるが、定盈はなか〳〵英才であつて、これより後、連年の軍事行動に功を立て、永祿十一年、家康（改名後）の遠江進攻の急先鋒となつたことや、天正元年より同二年に亙り、武田信玄の大軍を引受けて野田城を死守した壯烈な事蹟など、功名の話柄が多く、慶長九年七月六十三歳で歿するまで、終始家康に信任せられた。永祿四年歸屬のとき年齢二十歳、まさに元康と同年であつた。

西郷清員に與へたる下知狀（永祿四年十月六日）

孫六（太カ）郎（西郷元正）子息（孫太郎義勝）御成人候間、其方爲二名代一可レ有二御走廻一候、就レ其親類被官知行方可二御覺悟一候、者從二家中一拙者へ聊雖レ有二申子細一、一切不レ可二許容一、猶具に左衞門尉（酒井忠次）可二申入一候、仍如レ件、

永祿四年

十月六日　藏人佐

源元康　御判

西郷左衞門佐（清員）殿

〔水月明鑑〕五

西郷左衞門佐清員は、西郷彈正左衞門正勝の次子である。正勝は初め今川義元に仕へたが、永祿四年、東三河の豪族、野田の菅沼定盈、田峯の菅沼小法師及びその叔父兄弟三人、設樂貞通等と共に元康に歸屬し、西郷の內、中山五本松城主となつた。西郷は今八名《やな》郡の南部、遠州との國境本坂《ほんさか》峠の西麓、石卷村の西川・中山・萩原などといふ村落の地方であり、正勝は月が谷より中山の堂山に移り、更に五本松に移り、月が谷には長子元正を住せしめた。然るに同年九月十一日の夜、今川氏眞の將朝比奈紀伊守泰長に急襲せられ、在城中の元正と共に火を放つて死んだ。これより先、正勝の次子清員（當年二十九歲）は、父正勝が元康に歸屬したとき、人質として岡崎に送られてゐたが、父兄のために仇を報ぜんことを請ひて許され、援軍と共に發向して朝比奈勢を擊攘し、本領をとり返して、その始末を復命した。元康はこれを賞し、その本領を清員に與へようとしたところ、清員はこれを辭し、亡兄元正の嫡子孫太郎にこれを賜り、その成人するまでの間、自分が名代となつてゐたいと請うたので、元康はこれを許して本書を清員に遺つたのである。孫太郎は父の遺跡を繼いで、西郷に住し、元服して右京進義勝となり、元龜二年三月、三河竹廣で、武田信玄の將秋山晴近と戰つて討死した。尚、清員の母は野田の菅沼定則の女であり、清員と菅沼定盈とは從兄弟に當る。

西郷彈正左衞門正勝┬孫太郎元正──孫太郎（右京進）義勝
　　　　　　　　　└左衞門佐清員

永禄五年（1562）元康二十一歳。

この年の一月、松平元康は清洲に赴いて織田信長と會盟した（岡崎領主古記・武徳編年集成）。それより、今川氏眞との間柄が險惡になつたが、家忠日記増補によれば、元康は久松佐渡守俊勝・松井左近將監忠次に命じて、氏眞の將鵜殿長照の守備せる三河西郡城を攻めさせたところ、長照は拒ぎ切れず、城を明け渡して駿河に引揚げようとした途中、忠次は伏兵を設け、長照の二子を擒にしてこれを元康に差上げた。このとき元康の夫人關口氏（後に築山殿といふ）と嫡子竹千代（三郎信康）とは人質として駿府に殘つてゐたので、氏眞は元康の反復を憤つてこれを殺すかもしれない情勢であつたが、石川伯耆守數正のはからひで、鵜殿長照の二子を駿府に歸し、これと交換して關口氏と信康とを岡崎に迎へ取り、つひに氏眞に對し完全に斷交した。この人質交換のとき、元康の外舅關口刑部少輔は、石川數正に協力したので、氏眞はこれを殺して鬱憤を晴らした云々と傳へてゐる。また三河物語には石川數正が竹千代を鞍の前輪に乘せて歸つて來たときの光景を目に見るやうに記してゐるが、これには鵜殿長持の子供二人と交換したとある。寛政重修諸家譜には西郡城主鵜殿長持は弘治三年九月十一日死去、妻は今川義元の妹とあり、その子長照が相續して西郡城を守り、永祿五年松井忠次に攻められて落城し、長照の二子は擒になつたけれど、石川數正のはからひにて築山殿・信康母子と交換されたとあり、長照の子としては三郎氏長と藤四郎某とを擧げ、氏長だけが擒となつた旨を記してある。所傳に異同があるが、母子の岡崎歸還は、この際における元康の態度を決定的ならしめることに關係があるから、これを列擧しておく。

元康の家臣たちのうち、駿府及び三河吉田においた人質を放棄して、主君に忠誠をつくすものが少なくなかつた。

そのため吉田城の人質十一人は、城主小原肥前守鎭實のために殺戮された。七月遠江嵩山城主奥山修理亮は元康に通じた。九月氏眞は西郷彈正左衛門尉正勝を攻めたが敗れた。元康は自ら兵を率ゐて二連木・牛久保・佐脇・八幡の兵と戰つた。このやうにして東三河は元康攻勢の戰場となつた。

しかしこれらの事件に直接關係のある文書は見當らない。採錄した四通は、禁制と所領に關するものである。

今川治部大輔義元
　└女
　　＝鵜殿三郎長持
　　　└藤太郎長照
　　　　├三郎四郎氏長
　　　　└藤四郎氏次

（「徳川家康と其周圍」上、三五九ページ參照）

三河無量壽寺に下せる禁制（永祿五年四月十八日）

平坂寺内不入之事

一喧硴（嘩）口論之事

一押買狼藉之事

一竹木不レ可二切取一之事

右爲二諸不入地一之間、背二此旨一輩ヿをひてハ急度可レ有二成敗一候、此條々永相違有間敷者也、

仍如レ件、

永祿五年壬戌四月十八日

松平藏人佐

元　康（花押）

無量壽寺

參

【參州寺社文書】

無量壽寺は三河幡豆郡平坂《へいさか》町にある眞宗大谷派の寺院である。本書は該寺に出せる禁制で、喧嘩・口論・押買・狼藉・竹木の伐採を禁じたものである。平坂町は西尾の西南一里ほどのところにある海港で、大濱・鷲塚・犬飼・御馬と共に、後年、三河の五箇の津と定められた。幡豆郡一圓が手に歸したので、この禁制が出されたのであらう。

松平伊忠に與へたる所領安堵狀（永祿五年五月二十二日）

一作岡《さくのをか》之內、眞弓名、同松下り島田之事、御本領之旨承候、各相尋可ㇾ進ㇾ之也、

一長良之內、村松給拾石、藏田橋詰名八木八反田之事、是者御本知之事於ㇾ無ㇾ紛者、東條江令㆓異見㆒可㆓相渡㆒、若又難澁候者、双方承屆筋目次第可㆓申扱㆒、

一畠村之儀、田原江理、可ㇾ進ㇾ之、

右此條、自來者、雖ㇾ有㆓相違㆒、御本領之旨候之間、申扱可ㇾ進ㇾ之者也、仍如ㇾ件

（永祿五年）五月廿二日

源元康（花押）

岡藏

松平又八殿（伊忠）参

〔松平島原文書〕○元子爵松平忠和氏舊藏

本書は元康が、松平又八郎伊忠に與へた知行安堵に關する覺書である。伊忠は吉良義昭（義諦）と戰つて死んだ大炊助好景（生年四十四歳）の子で、父の死後本領深溝に住した。元康はこれに對し、本書を與へて、作岡の内眞弓名・松下・島田を安堵し、長良の内村松給・藏田橋詰名八木八反田等については、本領に相違なき時は東條に申し入れてこれを伊忠に渡さしめ、若し東條が不承知ならば、双方の言分を聞き届けた上で裁斷すべきこと、また畠村は田原なる戸田康光に申入れて、伊忠に渡さしむべきこと等を約束したのである。暫く寛政重修諸家譜に、永祿五年五月二十二日としてあるのに從ふこととするが、東條の吉良義昭は去年九月降服し、その後には鳥居元忠・松平信一が入り、同五年酒井忠次が東條の守將となつたから、ここにいふ、東條は忠次を指すのかも知れない。

松平康忠に與へたる所領宛行狀（永祿五年八月六日）

一　四[イ]拾貫文　市田半勢方　一　百[ロ]三拾貫文分地共ニ八幡内西方　一　四[ハ]拾貫文　同本所方
一　六[ニ]拾貫文　光久方　一　貳拾貳貫文　岡本方　一　四百貳拾貫文　佐津(御カ)村　一　六拾貫文
赤松(山)割　一　五拾貫文　大草　一　六拾貫文　平井　一　百貳拾貫文　宿小坂井　一　五拾
貫文　府中　一　參拾貫文　篠田西原　一　拾貳貫文　長草　一　三拾八貫文　菱木野　一　拾
八貫文　森原殿方　一　百貫文　御馬郷　一　四拾貫文　豐川　一　七拾肆貫文　若宮方
一　七拾貫文　中條方　一　百八拾貫文　平尾稻塚　一　貳百貫文　篠田郷　惣都合　千八百拾
貫文

右此知行千八百拾貫文、於二末代一不レ可レ有二相違一候、彼地之儀、申進候者に共致レ許容間敷候、此内百貫文五郎兵衞、百貫文三藏（松平直勝）、百貫文新平、彼三人衆領中も其方可レ爲二御支配一者也、仍如レ件、

永祿五年壬戌

八月六日

松藏（松平藏人佐）

源元康判

松平源七郎殿（康忠）

参

〔三川古文書〕

松平源七郎康忠は、長澤の松平親廣の孫である。親廣は桶狹間合戰のとき、嫡男政忠と共に出陣し、政忠が戰死したので、嫡孫源七郎が相續したが、まだ十五歲の少年であつたので、旣に奉仕してゐた祖父親廣（入道淨賢）がその後見となり、源七郎は元康の一字を賜つて康忠と名乘り、元康の妹を娶はせられ、この文書によつて、三河寶飯郡小坂井・八幡等の諸村合計千八百十貫文の所領を宛行はれたのである。その中に、五郎兵衛・三藏・新平の三人各百貫文の知行も、康忠の支配たるべきことが述べてある。三藏は、後出本年六月文書に見える松平三藏直勝である。

松平淨賢（親廣）・同康忠に與へたる所領宛行狀（永祿五年十二月）

東條本地之內、貝吹・駒場・公文給・彈正給・次見三ケ所一圓進置候、於二末代一聊不レ可レ有二相違一者也、仍如レ件、

永祿五年壬戌
十二月　日　松平藏人
元　康　判
長澤
淨賢
源七郎殿(松平康忠)

〔譜牒餘錄〕三十七處士之上（三川古文書）

長澤淨賢は長澤松平の親廣入道淨賢のことであり、その子政忠・孫康忠との関係は、前項に記したごとくである。これは康忠に知行を宛行ふたのと同月、祖父淨賢にも、東條本地の內で所領を與へた文書である。

永祿六年（1563）元康二十二歲

この年の日本には大きな事件がない。信長は春のころ、美濃の稻葉山城に齋藤龍興を攻めたけれど勝つことができなかつた(總見記)。二月四日北條氏康と武田信玄とは協力して武藏松山城を陷れたが、上杉輝虎は松山城救援に間に合はなかつた（白川證古文書・甲陽軍鑑）。このとき北條・武田の兩氏は連盟して上杉氏と對抗してゐたのである。輝虎は前年十二月三日上野沼田に來てゐたが、氏康のために安房に追はれた足利藤氏を、七月に至り古河に還し、自分は越後に引揚げた。それで十二月になると、氏康は武藏に入り、信玄は上野に入り、上杉氏の屬城を攻めたてたので、輝虎はこれに對處するため、閏十二月上野に入つて和田城に迫つた（富岡文書・集古文集・白川證古文書）。

このやうな環境の裡にあつて、元康は、與國たる信長は固より、上杉・北條・武田諸雄の壓迫を受けず、今川氏眞だけを相手にして、三河全國の統一の步武を進めた。そして三月二日信長の女を嫡子竹千代（信康）に娶ることの約束ができ（徳川家譜・神君御年譜）たので、今川氏との間はます〳〵疎隔し、七月六日に至り、元康は義元の元の字を放棄して家康と改名した（徳川家譜・家忠日記増補）。それで七月六日以前に元康と署名した文書が二通あり、それ以後年末までに家康と署名した文書が四通見出だされる。

松平伊忠に與へたる所領安堵宛行狀（永祿六年六月朔日）

長澤在城之儀、同心被レ成祝著候、然者永良之郷、去年相改五百貫文之分渡申、殘所者此方給分雖ニ出置候一、今度給（茂）無ニ別儀一候、長澤在番之儀、請負被レ成候條、永良郷殘所相添、村松給千本給・星野給・（公）田方政所・御祝所諸給共一圓進レ之候、永不レ可レ有ニ相違一者也、仍如レ件、

永祿六年
六月朔日　　　　元康

松平主殿助（伊忠）殿に

〔慶元古文書〕〔家忠日記増補〕

長澤は寶飯郡長澤である。永良郷は幡豆郡、矢作川と矢作古川との分岐點に近き三和《ミワ》村のうちに、上永良・下永良の字名が殘つているが、古くはその邊一帶の鄕名であつた。括弧内は家忠日記增補によつて補つた。

松平主殿助伊忠は永祿四年東條の吉良義昭に攻められて討死した大炊助好景の嫡男で、同五年五月二十二日作岡《サクノヲカ》・長良等の本領を安堵せられ（四七頁參照）、深溝城に住したが、同六年五月、元康は深溝に來て、伊忠に、武田勢の侵略を禦ぐために長澤城を守るべき旨を命じた。そこで伊忠は長澤城に移つたところ、牛久保まで出張した武田信玄は、伊忠の在城をきいて軍をかへしたので、元康は伊忠の功を賞し、六月朔日この文書を以て、去年與へた長良鄕の接續地なる村松・千本・星野の地を宛行ふたのである。

松平直勝に與へたる所領安堵状（永祿六年六月）

今度、大野取出之儀就ニ申付一、佐々木郷入作以下、三左衞門（松平忠倫）如ニ所務一如ニ前代一不レ可レ有ニ相違一者也、

永祿六癸亥年六月　藏人（松平）元康

松平三藏（直勝）殿

〔古文書集〕十三之五

松平三藏直勝は松平三左衞門忠倫の弟である。忠倫は嚮に元康に背いて岡崎を謀らうとしたが、直勝は兄の歿後、僅の釆邑を領して元康に仕へた。本書は、永祿六年、直勝が、加茂郡大野砦の守備を命ぜられ、同時に、佐々木郷（碧海郡）以下の舊領地を安堵せられた時のものである。尚、元康が家康と改名した年時については異說があり、「官本三河記」・「御庫本三河記」は永祿四年となし、「松平記」は同五年として居り、「東照宮御實紀」はこれを採つてゐるが、この安堵狀は永祿六年六月に元康の名で出されているから「德川幕府家譜」に永祿六年七月六日としてあるのが正しいであらう。また、「元康」と署名した文書はこれが最後である。

家康と改名した時期

永祿六年七月六日と推定せられるときに、松平藏人佐元康は、自ら家康と改名した。これは今川義元の元の字を棄却したのであらうことは考へられるけれど、家といふ文字を選んだ理由は明らかでない。

但、元康が家康と改名した年時については三つの異說がある。

（1）永祿四年といふもの

（イ）官本三河記上には、「永祿四年合體、改ニ元の字一被レ號ニ家康一、氏眞怒以ニ使節一咎レ之」とある。

（ロ）御庫本三河記中には、「永祿四年二月二十四日源家康と改給ふ」とある。

（2）永祿五年といふもの、

（イ）校訂松平記上には「同（永祿五年）二月家康と改名ある」とある。但、同書の別のところには、「永祿五壬戌年三月……元康、信長と和談」したもことを記してあるから、あまりあてにならない。

（ロ）東照宮御實紀卷二には、「君、ことし（永祿五年）御名を家康とあらためたまふ。永祿四年十月の御書に、元康とあそばされ、五年八月廿一日の御書には家康とみゆ」とある。「四年十月の御書」は、前掲せる十月六日附西鄕清員に與へた下知狀で立證することができるけれど、八月二十一日附家康と署名した文書は、何であるか未だ見當らない。それよりも、前掲せる五年十二月日、松平親廣に與へたる宛行狀には「松平藏人元康判」とあり、永祿六年諸役人附（群書類從第十八輯所收）中に、「永祿六年五月日　松平藏人元康」三河とあり、また前掲せる六年六月松平直勝に與へたる所領安堵狀には「藏人元康」とあるから、（1）永祿四年說も、（2）同五年說も、共に成立たないと思ふ。

それでこの改名は永祿六年のことと信ずる。その所信の原據として左の文獻を擧げる。六年六月までは松平元康であるが、

（a）三河大樹寺文書（一）壬（永祿六年）十二月日進譽上人宛法度には松平藏人家康（花押）と署名してある。これによつて同年十二月には既に家康となつたと思ふ。

（b）然らば改名は、永祿六年六月より十二月の中間において行はれたことになる。而して、〔德川幕府家譜〕乾に同（永祿）六癸亥年、御二十二歲（中略）、同年七月六日、家康ト御改號」とあるのをとつて、ここで

は永祿六年七月六日としておく。その他、永祿六年といふものには、

(c)〔家忠日記增補〕二には、永祿六年癸亥六月朔日、松平主殿助宛行狀に、「元康」と署名したものがあり、そして九月の終のところに、「此秋大神君、元康を改め、家康と名き給ふ」とある。

(d) 御年譜徵考

永祿六年、此秋改㆓元康㆒名㆓家康㆒、

この改名の裡には、過去を揚棄し、舊殼を破つて自力を以て將來における新たなる生活を展開しようとする潑剌たる心の躍動を感ずる。このとき家康は二十二歲であつた。

改名の後、家康と署名した文書は、同年閏十二月、松平康親に與へたる所領宛行狀が初見である。

三河の一向一揆

家康は改名することによつて、過去の陰鬱なる追憶を一掃し、將來に向つて力強き第一歩を踏み出したのであつたが、忽ちにして一向一揆の內亂に直面した。それは永祿六年九月より同七年三月まで繼續せる複雜にして深刻なる宗亂であり、若き家康にとりては、新しい人生の發足に對する激しい試鍊であつたが、これを克服したことによつて、三河國の統一は完遂せられるのである。

三河には淨土宗の寺院もあり、禪宗の寺院もあり、眞宗の寺院もあつた。眞宗の寺院のうちには專修寺派のものもあり、本願寺派のものもあつた。それらのうち淨土宗・禪宗・眞宗專修寺派の寺院は、おほむね有力なる現地支配の武士團＝國衆と結びついて、その菩提寺となり、或は特別な保護を受け、經濟的存立の地盤を固くし、信仰を弘布

し、教權を樹立し、教風を振興したのであつた。松平氏が歸依した大樹寺・高月院・隨念寺などはいづれも淨土宗であり、本書に採錄した弘治・永祿年間の文書に見える大仙寺・大岩寺・運昌寺・三明寺等は曹洞宗であり、同じく桑子の明眼寺（妙源寺）は菅生滿性寺と共に專修寺派の大寺である。しかるにこれに對し眞宗本願寺派の寺院は、別個の立場を開拓して教團の勢力を扶植したのであつた。

三河における本願寺派の眞宗（一向宗）寺院のうち、野寺の本證寺と佐崎の上宮寺と針崎の勝鬘寺とは、特に有力な本願寺末寺であつて、三河の三箇寺といはれた。これに中鄉の淨妙寺・本鄉の正法寺・平坂の無量壽寺・長瀨の願正寺を加へて七箇寺と數へることもある。大體矢作川の流域なる平原で、農業生產の豐富な地域に點在してゐる。土呂の本宗寺・御堂善秀寺も同じ宗派に屬する。これらの寺々は農村の間に教線を滲透させ、多くの末寺道場を設けて、教團ブロックをつくり、名主・作人等を以て門徒農民の信仰集團をつくつた。但、この教團ブロックに屬するものは、農民ばかりでなく、在地武士も少なからず、それらの武士には三河國內の諸豪族の家臣たるものも少なからず、矢作川流域を地盤として捲土重來の勢を以て勃興の機運に向へる松平氏の家臣も亦少なくなかつた。

松平氏が政治勢力として勃興し來るとき、これと結合して自己の地盤を固くしつつある淨土宗・禪宗（特に曹洞宗が多い）・眞宗專修寺派の寺々は、利害の共通點が多いから、これに協力することはあつても、これと摩擦をおこす惧れは乏しい。しかるに農村地帶に滲透して、教權を擴大しつつあつた本願寺系の寺々は、政權が農村に滲透するのに對して利害の相反を感じ、ここに政權と教權との間の摩擦相剋を生じた。そして寺院と門徒農民との結合だけにとどまらず、門徒武士も亦參加したので、つひに三河の一向一揆と呼稱される大騷動にまで膨れあがつたのである。

この門徒武士には二つの區別がある。その一は松平氏直屬の家臣でありながら、教團ブロックのために主家に反抗したものであり、その二は反松平氏の立場にあるものが、この機會に起つて抗爭したものである。そればかりでなく有力なる一門または他門の武將であつて、この機會に一揆に加擔して松平元康に對して鬪爭をおこしたものがある。故にこの爭亂の性格は、宗教戰爭としても、農民戰爭としても純粹性を缺き、武力による政權爭奪戰爭の要素をも含んでゐた。この不純性が一揆側の弱點であり、特に松平直屬家臣團のごときは、自己の立場の矛盾に懊惱して、十分に戰力を發揮することができず、一揆の內部的崩壞を誘致したのであつた。

一揆の暴發した動機は碧海郡佐崎城主菅沼定顯が上宮寺より糧米を强制徵收したことにあつた。松平氏は、今や三河を統一して今川氏に對する東進政策を實行すべき必要に迫られてゐるので、農民より納貢を强制するばかりでなく、寺院にもこれを適用したのであるが、寺院側は不輸不入權を侵害されるのであるからこれに應ぜず、上宮寺は碧海郡野寺の本證寺、額田郡針崎の勝鬘寺と議し、兵を動かして定顯を攻めたので、定顯はこれを酒井正親に訴へ、正親は僧徒を說諭したけれども、僧徒は服せず、その使者を斬つた。そこで家康は正親に命じて、事に關れる僧徒を捕縛させたところ、僧徒はます〳〵激し、つひに檄文を飛ばして大いに門徒を招聚した。これに應じて起つて僧徒に與した諸將は次のごとくであつた。

碧海郡上野城の酒井忠尙、　このときまた復歸してゐた。
幡豆郡東條城の吉良義昭　義昭はこのときまた東條に復歸してゐた。
同　郡八面城の荒川義廣　同郡櫻井の松平家次　同郡六栗城の夏目吉信　額田郡大草城松平昌久

これに對し守備の任に就いた諸將は次のごとくである。（家次は一揆勃發前永祿六年七月廿八日死去との說もある。）

寶飯郡竹谷の松平淸善　寶飯郡形原の松平家忠　寶飯郡深溝の松平伊忠　幡豆郡西尾の酒井正親

碧海郡土井の本多廣孝　碧海郡上和田の大久保忠俊　額田郡高力の高力清長　同郡筒針の小西大六
碧海郡藤井の松平信一　碧海郡福釜の松平親俊

酒井忠次・石川數正等は岡崎城を守つた。對陣の形勢はこのやうなものであつた。

十月二十四日、松平忠次が先づ東條を攻め、本多廣孝もまた赴いた。針崎の宗徒は上和田に迫つた。家康は上和田に入つて大久保忠俊の二子を岡崎に連れ歸り、佐崎に移つて宗徒を撃破した。

永祿七年正月十一日、家康は上和田城を敵の攻圍より救ひ、また松平伊忠をして夏目吉信の降服を受け容れさせた。二月八日酒井正親は八面の砦、鷲塚の宗徒を破つた。しかし一揆の勢焔は侮りがたく、二月十三日には直に岡崎城を襲撃したが、家康は逆襲して敵將矢田作十郎を斃し、つひに二月二十八日、宗徒をして和を請はしめるに至つた。ついで松平家次は降服し、荒川義廣・吉良義昭・酒井忠尚は出奔し、一揆の爭亂はやうやく終つた。

この內亂は松平族黨の根據地たる額田郡・寶飯郡・碧海郡・幡豆郡のほぼ全區域に亙り、今川系豪族にして最近壓服された吉良義昭・荒川義廣等は別として、譜代の庶流・家門・家人等が、信仰護持と思惟して、矛を逆まにして主君と戰つたものであり、量的にも質的にも、慮外の大厄難であつた。二十二歲の冬から二十三歲の春にかけて、この深刻なる試錬に遭遇した家康は、宗教信仰の根強さを體驗し、後年の寺院政策の方向を決定する上に大きなプラスを得たことと思へる。

本多廣孝に與へたる所領宛行狀（永祿六年十二月七日）

其城之儀、於二度々一御忠節候、然者一圓悉破捨候者、其城之儀、不レ可レ有二別條一事、於二東城領一進置候知行富永伴五郎跡職不レ及レ申、如二先判一廿人跡職、何之在所候共進レ之候、若味方拝領之地之内候者、相當程他之地可レ進レ之候、付本知之内永代賣借米錢、今度敵方ニ成者、借儀爲何儀ニ而、忠節又者無事候共、被官人至迄、一切納所ナク可レ被レ取候事、

右條々於二末代一不レ可レ有二相違一者也、仍如レ件、

永祿六年
十二月七日　藏人　家康

本多豐後(廣孝)守殿

〔家忠日記增補〕

本多廣孝に與へたる替地宛行狀（永祿六年十二月）

富永伴五郎知行貝福・駒場、并永良山田給之爲二替地一進置地之事

百貫文　下和田一村藪田

九十六貫八百文　善明之郷

百五十七貫九十六文　瀨戸郷

右者三ケ所、縱無事雖二成行候一、替地等之儀有間鋪(敷)候、又津平替地本田之郷一圓付吉田之郷、其方知行之外七拾三貫文之地進二置之一候、切々御忠節之條、於二末代一不レ可レ有二相違一者也、仍如レ件、

永祿六年
十二月　日

本多豊後守（廣孝）殿

家康

〔家忠日記增補〕

本多豊後守廣孝が、永祿四年、吉良吉昭を東條城に攻め、富永伴五郎を討取り、功により、同年六月二十七日元康より富永の舊領を與へられたる宛行狀は、曩にこれを採錄した。義昭は一旦降服して岡崎に赴いたが、再び東條に歸り、永祿六年一向一揆の爭亂に乘じて逆意を企てたところ、廣孝はこれを知つて家康（元康改名）に言上し、自分は敵地の中なる土井城に據つて一揆軍と戰つたので、家康はその忠節を嘉し、十二月七日の宛行狀をもつて所領を加增した。「其城之儀於二度々一御忠節候」とあるのは義昭の東條城を攻める忠節を褒し、城を攻略したならばこれを與へようと言つたのであらう。そして曩に與へた富永伴五郎領のほかの所領をも與へ、替地を與へることにも言及し、永代賣・借米錢・敵方になつたものの借錢等に關する權利をも附與した。

もう一通の十二月日としてある文書は、富永領の替地として三ケ所、津平の替地として本田・吉田等を與へたものである。廣孝はこの後も次々に戰功をたて、家康の關東入國のとき上野白井一萬二千五百石餘を賜封せられた。

松井忠次（松平康親）に與へたる所領宛行狀（永祿六年閏十二月八日）

今度忠節付、東條城幷知行五百貫文出置申、彼知行在所之事

一　斑馬（斑目）之郷　貳百貳拾六貫八百貳拾文

一　岡山之郷　貳百貫文

一　萩原之郷　草加治右（郎）衞門給六拾七貫七百貳拾文

一　萩原雜色　　藤右衛門給三拾（貳イ）貫貳百八拾文
一　綿內之鄕　　七拾六貫四百六拾文
右都合五百貫文出置候畢、
東條領何茂江出置候、相殘之地野山共ニ一圓ニ代官之義申付候、縱無事雖レ有レ之、依二忠節一其方江領掌之上ハ於二城城知行一者永不レ可レ有二相違一者也、仍如レ件、

永祿六年
閏十二月八日　　家康
松平左近將監（松井忠次）殿へ

〔家忠日記增補〕〔水月明鑑〕〔慶元古文書〕

松井左近將監忠次（松平康親）が、吉良義昭を東條城に攻めた功によつて、永祿四年六月二十七日津平鄕を與へられた宛行狀は曩に採錄した。忠次はその後、永祿五年三月、久松佐渡守俊勝と共に三河西郡城を攻めて鵜殿長照及びその子を擒にして功をたてたが、永祿六年吉良義昭が、再び東條城に據つて一向一揆に應ずるに及び、忠次は幡豆鄕に砦を構へてしば〳〵東條勢と戰ひ、その功により閏十二月この宛行狀を與へられ、東條城並びに斑目《まだらめ》・岡山・萩原・綿內四鄕の內にて五百貫文の地を附與せられたのである。斑目は駮目とも書き、東條城址の所在地である。本書は忠日記增補により閏十二月八日としたが、他の二書は閏十二月とある。二・十は他の二書により貳・拾とした。

三河大樹寺に下せる定書（永祿六年閏十二月）

一　諸法度勤行等、可レ爲レ如二先規一、其上不レ隨二住持命一者、可レ被レ成レ擯二出門徒一事
一　寺領祠堂諸所田畠別而古井佐々木如二鎭譽上人御代一、可レ被レ成二直務一事

一　寺中并門前屋敷等、如二鎮譽上人御代一、可レ被二仰付一事

右條々雖レ爲二親昵平交一、雖レ爲二一門郎等一、不レ可レ存二抑揚依怙一、不レ可レ泥二謀計利潤一、道理明鏡面堅可レ被二仰付一、若違背難澁之輩有レ之者、急度被二仰越一可二申付一者也、仍如レ件、

（永祿六年）閏十二月日　　松平藏人

家　康　御判

大樹寺

進譽上人

〔大樹寺文書〕〔大樹寺舊記〕

本書は「大樹寺舊記」から採つた。「家康公大樹寺法度式御定の趣」と題してある。署名に松平藏人家康とあるから、永祿六年七月より同九年十二月までの間のものであり、その間で閏十二月のあるのは永祿六年だけだから、これを永祿六年閏十二月のものと推定する。それは元康といふ名を放棄して家康と改名した直後であるから、祖先以來の菩提寺に對して、新たに三箇條の定書を下したのであらう。大樹寺に下した定書は、

（永祿六年）閏十二月	松平藏人家康	進譽上人宛	三箇條
永祿十二年六月二十五日	（德川參河守）家康	十三代 登譽上人宛	三箇條
天正七年三月二十一日	家康	勢蓮社塵譽上人	七箇條
天正九年四月十六日	（御朱印）	大樹寺宛	五箇條

の四通が「大樹寺舊記」に收めてある。

永祿七年（1564）家康二十三歲。

この年も家康は、三河一向一揆平定の後、今川氏眞を相手にして、東三河の經略を進める間、西よりも東よりも、

紛争の波紋を受けることがなかつた。

京都は將軍足利義輝の在職中である。尾張の織田信長は案外靜かである。關東はこれに異り、北條氏康・上杉輝虎・武田信玄が卍巴に角逐してゐたが、これは家康の三河經略には好都合であつた。

北條氏康・同氏政父子が、安房の里見義廣と下總國府臺に戰つて、決定的勝利を得たのは、この年正月八日であつた（相州兵亂記・北條五代記・里見軍記等）。常陸小田城の小田氏治は風を望んで氏康に應じた。上杉輝虎は、佐竹義昭・宇都宮廣綱と共に小田城を攻めて、正月二十九日氏治を走らした（白川證古文書・上杉文書・常陸誌料等）。下野の佐野昌綱も氏康に應じたので、二月十七日、輝虎はこれを佐野城に攻めたが、尋で佐竹義昭・宇都宮廣綱の扱ひにより、昌綱を免じ、長尾虎若丸をその嗣子たらしめることを約した（歷代古案・栗林文書・上杉年譜・下野國志等）。京都の將軍義輝はこの形勢を見て、三月十日、大覺寺義俊を遣して、氏康・輝虎・信玄の間の和を圖らしめ、尋で輝虎にもその旨を諭した（歷代古案・上杉文書・上杉年譜）けれど、それは殆んど何の功をも奏せず、信玄の兵は輝虎の屬城たる信濃野尻城を攻略し、會津の蘆名盛氏は信玄に應じて、四月十五日小田切彈正をして越後菅名莊に侵入せしめ、これに對し輝虎の兵は反撃して、盛氏の兵を菅名莊に破り、また野尻城を囘復した（小田切文書・歷代古案・會津四家合考）。六月、北條氏政、同氏政父子は輝虎に與せる下野の小山秀綱・佐野昌綱を攻め（岡田文書・山崎文書・上杉年譜）、七月二十日には里見義弘の將多賀藏人を上總池和田城に攻め（北條五代記・關八州古戰錄）、同二十三日には武藏岩槻城を陷れた（上杉年譜・楓軒文書纂・富岡文書）。上杉輝虎は八月三日武田信玄と戰はんがため信濃川中島に著陣し、北條氏康を牽制せんがために常陸の佐竹義昭をして上野武藏の國境に出陣せしめ（佐竹文書）、將軍義輝が氏康との和議を慫慂せるのに對し、同四日氏康の罪狀を述べて、その命を奉じ難きことを答へた（杉原謙氏所藏文書）が、信玄が相手にならなかつたので、十月二十四日には、下野の佐野昌綱が北條氏政に應じ、氏政が上野赤岩に出陣せるに對して、輝虎も上野沼田に著陣し、尋いで同國厩橋・新田、及び下野足利の諸城を陥れて氏政を走らせ、二十七日昌綱を佐野城に攻めて、これを破り、その養子虎房丸等を質にとりて十一月二十一日越後に歸つた（歴代古案・溢江文書・富岡家古文書等）。武藏岩槻城には氏康に通じた太田氏資がゐた。因に武田晴信が信玄と稱したのは、信濃生島足島神社文書所收の願文に、「維時永祿二季己未秋九月一日武田德榮軒信玄」と署名してあるのが初見である。

このやうな情勢なので、三河は關東の暴風圏外に在り、家康は安んじて先づ一向一揆の平定に從ひ、二月二十八日、門徒を降し、松平家次を降し、荒川義廣・吉良義昭・酒井忠尚を出奔させ、異分子を一掃して矢作川流域を主とする中部・南部・西部を完全に制壓したので、轉じて東三河に進出して、今川氏眞の地盤を侵略しはじめ、六月二十日には、その重要據點たる吉田城を陥れ（松平記・三河物語・岡崎本多家譜・御庫本三河記・家忠日記增補等）、渥美郡を平定した。この年の文書十二通の多くは、渥美郡の經略に關するものである。

渥美郡は三河の南部において東から西に突出する半島で、本土の寶飯郡・幡豆郡との間に渥美灣を抱き、西端は、近くは尾張の知多半島と目睫の間に相對し、遠くは伊勢國を望む。その頸部には東海道街路の要地吉田（豐橋）城があつて、今川氏眞の將小原鎭實がこれを守り、中部には田原城があつて、同じく朝比奈元智がこれを守つてゐた。松平氏歴代の東進策よりいつても、一向一揆の內亂を平定し得た家康の事業としても、寶飯郡で對峙する戰線を東に推し進めて、吉田城を占領しなければ、今川氏の勢力を國外に驅逐することはできない。故に永祿七年における渥美郡の經略は、自家の存立、三河の統一のために、必然おこらなければならない事柄であつた。

ここにおいて六月、家康は自ら將となりて吉田城を攻め、小原鎭實を降して城を酒井忠次に與へた上、本多廣孝をして梶村に砦を築いて田原城に迫らしめ、守將朝比奈元智をして、翌年城を致して駿府に歸らしめた。かくして永祿七年の文書に渥美郡關係のものが多いのであるが、その內譯は、寺社に對する禁制三通・覺書一通・安堵狀一通・寄進狀一通、人に對する宛行狀四通・安堵狀一通・覺書一通となる。次にこれを解說する。

佐野正安に與へたる所領宛行狀（永祿七年四月四日）

（大神君御判物）
一下和田熊野宮之事
一神官（宮）并座主分之事
一彼宮屋敷竹木之事
右條々永出置候上者、座主分田地、於二何方一雖レ有レ之、聞出次第取請、彼宮之修理可レ仕、同宮役引得之輩於二無沙汰一者相改、神官可レ爲レ計候、若下和田何方ニ雖二出置候一、於二彼宮地一者、如二前々一不レ可レ有二相違一者也、仍如レ件、

永祿七年甲子
卯月四日
佐野與八郎（正安）とのへ

〔水月明鑑〕

本書は水月明鑑に、大神君御判物とあり、家康より佐野與八郎正安に宛てた宛行狀なることがわかる。正安に對し、三河下和田熊野社及び同社の神官座主の給分、屋敷竹木等の管理、支配權を與へ、座主分の田地は何所にあらうとも、聞出次第に請取り、それに依つて熊野社の修理をなし、同宮役を引受けてゐる者が無沙汰するやうならば、これを改職し、神宮

の計に任せることとし、下和田の地は誰に與へようとも、彼の社地は從前の通り相違あるまじきことを述べてゐるのである。下和田は碧海郡六ツ美村に大字としてその名を殘して居り、矢作川の東方、上和田の南方の地點に當る。

正安は與八郎、右馬助といひ、松平淸康に仕へ、三河大幡を領し、享祿二年五月二十八日吉田城攻擊のため下地鄕御油《ごゆ》の繩手の合戰に功あり、三河下和田の內にて加封された（寬政重修諸家譜八百五十二）。歿年は不明だとあるけれど、それより三十五年後の永祿七年にこの宛行狀を與へられたのだから、そのときは旣に老年に達してゐたらしく思へる。その子與八郎正吉は家康に仕へ、元和七年九十三歲で死んだから（同上）、生れは享祿二年で、このときは三十五歲であり、本書の與八郎は正吉であつても通用する。正吉の子與八郎正長は家康に仕へ千姬の家老となつた（同上）。

三河東觀音寺に下せる禁制（永祿七年四月）

小松原

禁　制

一軍勢濫妨狼藉之事

一伐二採竹木一事

一寺內門前陣取事附放火之事

右條々堅令二停止一訖、若於二違犯之輩一者、可レ處二罪科一者也、仍如レ件、

永祿七年

四月　日　　松平藏人

家康（花押）

〔東觀音寺文書〕〇三河

東觀音寺は渥美郡小松原にある。小松原は豐橋市の南、高師原を橫ぎつて海岸に近い小村で、二川町に屬してゐる。この禁制は吉田城攻略の以前に出したものである。

戸田重貞に與へたる誓書（永祿七年五月十三日）

就二今度忠節一進置新知之事

一四百貫文　牛窪けいはらかた
一百貫文　大村不動堂かた
一百貫文　高師
一百貫文　小倉かた
一百貫文　賀茂
一百貫文　豐河若宮かた
一貳百貫文　下條
一四百貫文　ならね、ほうや寺澤小嶋
一六百貫文　大崎、杉山南郷

本知之分

一參百貫文　二連木、はしかゝ、岩崎共ニ
一參百八十貫文　高松南郷
一百六十貫文　下地

一八貫文　　はせ
一拾參貫文　下條きんすけ分
一八貫文　　下條長瀬分
本知之分、駿河如二判形一、可レ有二所務一也、
右出置知行都合參千貫文、於二末代一不レ可レ有二相違一、若此儀於二相違一（者脱カ）、
梵天帝釋四大天王、惣而者日本國中之大小神祇、別而當七日山之蒙二御罰一、八幡大井摩利支尊天
弓矢之冥加七代盡、於二今生一者可レ請二白癩黑癩之病一者也、仍起請文如レ件

永祿七年甲子　　　　松藏（松平藏人佐）
五月十三日　　　　家康（花押）
戸田（重貞）主殿助殿參

（と、このほかは變體假名を普通假名に改む）〔杜本志賀文書〕參州戸田文書

戸田主殿助重貞は三河渥美郡二連木の豪族で、今川氏眞に屬してゐた。然るに氏眞の武威が漸く衰へるに及んで、三河の諸氏にしてこれに背く者が多くなつたが、重貞も亦その一人であり。永祿七年五月、密に家康に意を通じ、兼ねて人質として吉田（今の豐橋）に抑留せられてゐた母を盗み出し、家康の援兵を得て同城を攻めた。本書は家康がこの歸屬の功を賞して本領を安堵すると共に、新知をも加へ、神文を以てこれを約束したものである。新知の中、牛窪（牛久保）・豐河（豐川）は寶飯《ほい》郡に屬し、他は本領の諸所と共に概ね渥美郡に屬する。尚、重貞は十一月に入つて、吉田城攻擊の陣中で戰死を遂げた。

三河大岩寺に下せる覺書（永祿七年五月二十七日）

於二大岩寺一宇ハ時之地頭不レ可レ有二他之煩一事
一冨士先達職之事、如二前々ハ不レ可レ有二他之異儀一之事
一末寺之出仕、如二年來一可レ勤事
一從二根本一此寺、公役寺役雖レ無レ之、棟別用脚門前迄、諸役可レ爲二免許一之事
右之條々、此旨於二違犯之輩一者、可レ加二下知一者也、仍如レ件、

永祿七年甲子五月廿七日　　家康　御書判

〔參州寺社古文書〕

大岩寺は三河渥美郡二川町にある曹洞宗の寺院である。本書は家康が同寺に與へて富士先達職を安堵し諸役を免許したものである。この文書もまた、吉田開城以前のものである。

三河菟足社に下せる禁制（永祿七年五月）

禁制
一於二當社一軍勢濫妨狼藉之事
一材木伐採之事

一當宮放火之事

右條々堅令二停止一候、若有二違犯輩一者、早速可レ處二罪科一者也、仍如レ件、

永祿七年甲子

五月　　　　　　　　　　　　　家康（花押）

松藏（松平藏人佐）

〔菟足神社文書〕○三河

菟足神社は三河國寶飯郡小坂井《おさかい》村に在り、今は菟足八幡宮と呼ばれてゐる。式内の官社であり、貞觀五年、從五位に陞叙せられた。この制札は現存している。

尚ほ本文書は「参州寺社古文書」にも收められてゐるが、それによると、

「禁制　小坂井 八幡」

とある。

三河大平寺に下せる禁制（永祿七年五月）

禁制　　大平寺

一軍勢甲乙人等濫妨狼藉事

一伐二採竹木一事

一寺内陣取事付放火事

右條々堅令ニ停止一訖、若於ニ違犯之輩一者、早速可レ處ニ罪科一者也、仍如レ件、

永祿七年甲子

五月　日

松平藏人

家康（花押）

〔參州寺社古文書〕〔太平寺記錄〕

本書は家康が永祿七年五月、大平寺に與へた禁制である。大平寺は渥美郡老津村にあり、長松山と號し、禪宗開山派に屬する。老津村は豊橋と田原との中間、半島の北岸に沿ふてゐる。本文書もまた、吉田開城以前に出したものである。

三河城寶寺惠慶に與へたる住持職安堵狀（永祿七年六月十一日）

田原城寶寺之事、惠慶出故（マヽ）候者、誰人雖ニ望申一、前々依ニ筋目一如レ此申付候、於ニ子々孫々一相違有間敷者也、仍如レ件、

永祿七甲子六月十一日

松平藏人

家康（花押）

惠　慶參

〔參州寺社古文書〕

城寶寺は渥美郡田原町にあり、淨土宗に屬する。本書は惠慶が城寶寺の住持たることを安堵し、誰人が望むと雖も、子々孫々に至るまで相違ないことを記してある。これも田原開城前後のものである。

酒井忠次に與へたる覺書（永祿七年六月廿二日）

吉田東三河之儀申付候、異見可レ仕候、至二吉田北郷一一圓ニ出二置之一、其上於二入城一者、新知可二申付一候、由來如二承來一、山中之儀、可レ有二所務一之、縱借錢等向候共不レ可レ有二異儀一候（者）也、仍（ナシ）而如レ件、

永祿七甲子年

六月廿二日　　　　家康

（松平）藏人佐

酒井左衞門尉（忠次）殿

〔譜牒餘錄〕〔三川古文書〕〔松平記〕〔家忠日記〕三

永祿七年夏、家康は諸將を遣して今川氏眞の將小原肥前守鎮實の守備する渥美郡吉田城を攻めた。吉田城は今の豊橋市の北邊、吉田川に沿ふ所にあつた。二連木の城主戸田主殿助重貞は、このとき家康に通じ、質として吉田城内に入れてあつた母を竊かに盗み出し、五月十三日城下に放火したので、家康は直ちに攻撃を開始したけれど容易に進捗しなかつたところ、氏眞の出兵に備へて佐脇に向つていた酒井左衞門尉忠次は、六月中旬先鋒となつて城に迫り、使者を城中に送つて和議を勸告した。鎮實は三河の大部分が家康に屬したのに、氏眞の後援もないため、この勸告に從ひ、質として家康の庶弟松平勝俊、忠次の女おふうを受取り、城中に預つてある三河の諸氏の質を悉く返付し、六月二十日開城して駿河に歸り去つた（御庫本三河記・武德編年集成）。それで家康は本書を忠次に與へて、東三河を管せしめ、取敢ず吉田北鄕一圓を宛行ひ、尚、入城すれば新知を加增すべく、山中の地の所務は從來の通りとした。「東照宮御實紀」には、このことを、「吉田は酒井忠次にたまはる。これ當家の御家人に、始て城主を命ぜられたる濫觴とぞ」と記してある。忠次はかくして東三河の旗頭となつた。そのとき三十八歳であつた。

本多廣孝に與へたる所領宛行狀（永祿七年六月）

今度　梶《田原》之取出申付、爲ニ其忠賞一進置候(ナシ)地之事

一貳(二)百貫文　田原之鄕

一百五拾(十)貫文　梶之鄕

一五拾(十)貫文　二崎之鄕

一五拾(十)貫文　白屋之鄕

一百貫文　浦之鄕

一七拾(十)貫文　敷地之鄕

一百貫文　新野美之鄕

一田原城(之)、誰(々)以ニ調略一雖ニ取置(之)一宮代之事、其方へ可ニ申付一、幷座主(王)山進置候事、

一(ナシ)右進置候(ナシ)地之內、一圓諸役浮所務、其方可レ爲レ斗(計)事、

右之(ナシ)條々永不レ可レ有ニ相違一、若此內於ニ不足一者、以ニ他地(之)一可ニ進置一候(之)、縱雖レ有ニ爲レ何儀一彼地者末代可レ爲ニ本地一、田原惣地檢地雖(ナシ)レ有レ之、於ニ進置地一ハ(ナシ)(者)可ニ(爲)免除一者也、仍如件、

永祿七年甲子

六月(日)　(松平)(ナシ)藏人佐

家康（御判）

本多豐後(廣孝)守殿

〔古文書集〕三十〔寛永諸家系圖傳〕〔家忠日記增補〕〔武德編年集成〕

田原城は渥美郡中部の要地で、代々戸田氏の居城であり、城主戸田康光は、駿河府中(今の靜岡)に赴く松平竹千代(家康)を捕へて織田信秀に引渡したことがあるけれども、康光が二連木に移つたのち、今川氏はここに守兵を置き、永祿六年六月、朝比奈肥後守元智が守備してゐた。これに對し家康は本多豐後守廣孝に命じて砦を梶(今は加治)村に構へてこれに對抗せしめたところ、翌年に至り、元智は和を請うて城を去り駿河に歸つた。この文書は家康が廣孝に對し、梶砦守備の功を賞し、田原・梶、二崎(今は仁崎)・白屋(今は白谷)・浦・敷地・新野美(以上いづれも渥美郡)を宛行つたものである。これは「六月」としてあるので吉田開城と前後して出された文書であることが知られる。

高木清秀に與へたる所領安堵狀(永祿七年六月)

大岡守護領之內、高木名任二前々一無二異儀一出レ置レ之(候)、然者彼於二名職之內一、諸公事令二免許一者也、仍而(ナシ)如レ件、

永祿七年甲子

六月　日

松(松平藏人佐)藏

家康公御書判

高木主水助(淸秀)殿參

〔譜牒餘錄〕後編十 高木伊勢守

高木主水助清秀は、高木宣光の子で、尾張緒川衆の一人であり、水野下野守信元に屬してゐた。永祿六年家康が一向一揆を征伐した際、信元に從つて勇戰し、始めて家康に見えた。本書は家康がその功を賞して、三河大岡守護領の中にある高木氏傳來の名田を安堵し、諸公事免許の特典を與へたものである。大岡・高木はいづれも碧海郡に在り、今は共に平貴村に屬してゐる。

尚、古文書集十三の五に依つて括弧内の旁註を加へた。同集には「家康公御書判」といふ六字が無い。

三河運昌寺存祝和尚に與へたる寺領安堵狀（永祿七年八月十二日）

野田保運昌寺領之事

右任二先師一行之旨一、山林田畠等、如二前々一、寺中門前共ニ棟別諸役爲二不入一、永不レ可レ有二相違一、縦雖二相望輩一、不レ及二許容一者也、仍爲二後日一寄進狀如レ件、

永祿七年甲子
八月十二日　　松平藏人
家康（花押）

存祝和尚

〔參州寺社古文書〕〔傳法寺文書〕

本書は家康が吉田・田原の兩城を攻略して、渥美郡を自己の勢力範圍とした後、運昌寺住持存祝に與へた安堵狀である。運昌寺は渥美郡野田村に在る曹洞宗の寺院である。野田村は田原より西方二里ほどのところにある。

杉田友政に與へたる屋敷宛行狀（永祿七年九月）

菅生屋敷永出置候、誰人雖二望申一相違有間敷者也、仍執達如レ件、

（永祿）永七甲子
九月　日　　（家康）御書判

〔參州岡崎領古文書〕

杉田新兵衛《友政》とのへ

本書は家康が杉田新兵衛友政に菅生屋敷を與へたる宛行狀である。岡崎は舊名を菅生といつたことがあるが、この菅生屋敷はどこであるか明かでない。

永祿七年は、若き家康にとつては苦難と勝利との年であつた。去年より引きつづいてゐた一向宗徒の內亂は、松平族の地盤を氣味悪く搖すぶりあげたものであつたが、これを平定して反家康勢力を打倒し得た後は、雨降つて地固まる習ひのごとく、西三河地域は一應の安定を取り戻し、それに伴つて內亂の隱然たる背後勢力であつた今川氏眞軍との對峙を解決せねばならぬ局面に迫られ、家康自ら出動して、東三河における今川氏の策源地吉田城を略取し、渥美郡を制壓して、ほぼ三河全國の統一を完成せんとするに至つた。これは家康の生涯に、また一つの段落を劃するものである。

しかし家康は勢に乘じて、國境を越えて今川氏の領土遠江に侵入することなく、退いて三河一國の統治に專念すること三年、永祿十一年まで殆んど外部に向つて動くことがなかつた。それは信長が專ら兵を美濃・近江に用ひるため甲州の武田信玄と結託し、信玄は相州の北條氏康、駿河の今川氏眞と結託してゐるのでから、信長と結託せる家康は、信玄を刺戟することを避けて、敢て氏眞と爭はなかつたのであらう。これらの形勢は刻々變化してゆくが、試みに永祿十年末の橫斷面を作れば次のやうになる。

織田信長は德川家康・武田信玄と握手して專ら美濃・近江・伊勢の諸族と爭ふ。

武田信玄は北條氏康・織田信長と握手して上杉輝虎・今川氏眞と爭ふ。

北條氏康は武田信玄・今川氏眞と握手して專ら上杉輝虎と爭ふ。

上杉謙信は今川氏眞・德川家康と通じて、專ら武田信玄・北條氏康と爭ふ。

今川氏眞は北條氏康と握手し、上杉輝虎と通じて、德川家康のほか、新に武田信玄と爭ふ。

德川家康は織田信長と握手し、上杉輝虎と通じ、專ら今川氏眞と爭ふ。

隨つてこの間における家康文書は、ほぼ三河の國內に限定されてゐる。

この形勢を見ておいて永祿八年に移る。

永祿八年（1565）家康二十四歲。

去年東三河を制壓して三河全國の統一を成し遂げた家康の身邊は、この年ほとんど無風狀態であつた。これに反し、京都では突風がおこり、三好義繼・松永久秀等は五月十九日、不意に二條第を襲うて、將軍足利義輝を殺した（言繼卿記・晴右記・足利季世記・御湯殿上日記等）。義輝は三十歲であつた。その弟一條院覺慶は、松永久秀のために幽閉されたが、七月二十八日の夜、細川藤孝・朝倉義景と謀を通じて脫出し、近江に奔つた（多聞院日記・言繼卿記・細川兩家記・信長公記等）。そして覺慶は八月五日、上杉輝虎に足利家の再興を依賴した（上杉家文書・歷代古案）。この覺慶は後の將軍足利義昭であり、その生涯は、諸國の群雄を操縱して自己の地位を確保しようとする策謀の連續を以て滿たされ、家康もしばく〵その飛沫を浴びた。しかしながら永祿十一年九月、織田信長の力によつて歸京するまで三年三箇月間、義昭は近江・若狹・越前・尾張を流寓してゐたのであり、義輝の死亡より永祿十一年二月八日、足利義榮が將軍職に補せられるまでの二年七箇月間は事實、將軍は存在せず、義榮は三好・松永等の傀儡將軍であつたのだから有れども無きに等しく、要するに義輝の死後、京都の政局は中心を失つた眞空狀態を呈し、諸國の群雄はこの眞空地帶に突入しようとして、ぐる〳〵旋回しはじめた。その旋回は信長を中軸とするものが最も活潑であり、關東諸雄は相互の牽制を整理することの方に忙殺されて日を過した。

信長は京都の事變後も、これぞと取立てるほどの動きを見せないが、十一月十三日養女を武田信玄の子勝頼に嫁せしめたのは（甲陽軍鑑・總見記）、武田氏と結託して、東顧の憂を除くためであらう。その信玄は、小田原の北條氏康、駿河府中の今川氏眞と姻戚を結べる與國だから、家康もまた信玄・氏眞と爭ふべきでなく、東三河略取で足踏みして、爾來約三年間、東進の步武を進めることなく、退いて三河統治の完成に力め、從來の族黨政治を脫皮して、新しい大名政治機構を建設するに至つた。

松平族の族黨政治は、矢作川沿岸地方に繁衍せる一族門葉の結合を基底とするものであつたが、その族黨以外の多數の國衆を綜合し得た今日となつては、適用性を喪失してしまつたものである。それで家康はこの年三月七日、本多作左衞門重次・高力與左衞門尉淸長・天野三郎兵衞康景を三河の三奉行となし、民政・訴訟等を掌らしめた（家忠日記增補・御庫本三河記・武德大成記）。松平族の族長たりし家康は、このときにおいて新たに國大名たる性格を獲得して來たのである。

關東では北條氏・武田氏・上杉氏・里見氏・由良氏・太田氏等が相變らず抗爭を繰返してゐる間に、家康は徐ろに成長しつつあつた。そして年末のころには、遠江引馬の城將飯尾致實の遺臣江間泰顯・同時成が家康に降つて城を致したので、家康は十二月三十日、酒井忠次・石川數正をして、誓書を兩人に遺つて盟約せしめた（江馬文書・譜牒餘錄・貞享書上・家忠日記增補。（その誓書は本書の補遺に永祿九年二月十日付のものあり）致實は夙に志を家康に寄せてゐたため、氏眞のため駿河府中に誘殺されたのであつた。
このやうな中で出された家康文書は次のやうなものである。

三河東観音寺に下せる定書（永祿八年四月二十八日）

〔附〕一色藤長に遣れる書狀（某年二月十二日）

〔參考〕酒井忠次より東観音寺に與へたる寄進安堵狀（永祿八年七月五日）

三河國渥美郡小松原山東観音寺領、幷末寺等可レ爲レ如二前々一事

一門前棟別・人別・押立等、如二前々一免許之事

一漁船五艘之分、櫓手立使等之諸役、一圓令二免許一之、縦郡代・奉行人等、至レ時爲二一返之雇一其役雖二申懸ハ、爲二不入之地一之條、不レ準二自餘一之間、不レ可二許容一之旨、是又如二前々一不レ可レ有二相違一事

右條々永領掌了、若寺領於レ有二増分一者、爲二新寄進一可レ有二寺納ハ、守二此旨一彌修造勤行不レ可レ有二怠慢ハ、仍如レ件、

永祿八乙丑年

四月廿八日　（松平）家康（花押）

東観音寺

〔東観音寺文書〕○三河

東觀音寺は、僧行基の開創と傳へられる名刹である。天文年間、渥美郡が今川氏の領土となつた時、今川義元の老臣大原崇孚（雪齋長老）によつて、禪宗に改宗せられた（渥美郡史）。本文書は、家康が東觀音寺に對し、諸役を免許し、特に漁船について特權を賦與し、郡代・奉行人等が舟夫を徵發することを禁じ、不入權を認めたものである。

この東觀音寺は幡豆郡吉良一色荘の一色氏の位牌所であつた。一色氏は足利氏の支族で、範光以來、丹後・若狹等の守護職に任ぜられた名族なので、家康も相當の敬意を拂つて居り、某年一色式部少輔藤長が、酒井左衛門尉忠次・石川伯耆守數正に書狀を寄せたのに答へて、左のごとき返書を遺つたことがある。藤長はそのころ信長に仕へてゐた。

內々御床敷候處、酒井左衛門尉(忠次)・石河伯耆守(數正)かたへ之音簡、即遂二披見一候、然者無二何事一、其國御在滯之由候、萬々令レ察候、兼又不圖此方へ可レ有二御越一之由候、何篇不レ可レ有二無沙汰一候間、必待入候、尚具兩人可レ申候間、不能二懇筆一候、恐々謹言、

二月十二日　　家康　判

一色式部少輔(藤長)殿

〔元子爵榊原家所藏文書寫〕

酒井忠次もまた一色氏の位牌所たる故を以て東觀音寺を重んじ、永祿八年六月、東三河を管轄することになつて間もなく、七月五日、新たに吉田鄕吉祥寺の寺領を東觀音寺に寄進し、不入權を認め、諸役を免許した。參考として、その文書を左に掲げる。

參川(河)國吉田鄕大雄山吉祥寺領之事

右小松原山東觀音寺江、今度某甲新寄進申候、從二前々一爲二不入一之間、諸役免二許之一、永相違有間敷候、是者不レ準二自餘一、一色殿爲二御牌位所一之間、修造勤行無二怠慢一之旨、尤存知候、仍後日之狀如レ件、

永祿八年乙丑

七月五日　酒井左衞門尉

忠次（花押）

東觀音寺

〔東觀音寺文書〕河〇三

三河長仙寺に與へたる寺領安堵狀（永祿八年五月十九日）

奧郡彌熊鄕上谷長仙寺領等之事、如二前々一令二領掌一之上者、永不レ可レ有二相違一者也、仍如レ件、

永祿八乙丑年　松平藏人

五月十九日　家康（花押）

東高山長仙寺

〔長仙寺文書〕河〇三

長仙寺は、三河國渥美郡杉山村に在る、眞言宗の古刹である。家康は永祿七年吉田・田原の兩城を陷れて、東三河より今川氏の勢力を驅逐した時、長仙寺に安堵狀を與へ、今川氏の時と同樣に、寺地を領有すべきことを保證したのである。

三河櫻井寺大坊に與へたる白山先達職安堵狀（永祿八年六月七日）

〔參考〕酒井忠次より櫻井寺大坊に遣れる添狀（永祿八年六月十一日）

白山先達之事

右牛久保吉田領、幷在々所々在所預給人方、共ニ櫻井寺江如二前々一申付上、財賀寺いつれも競望

雖レ有レ之、一切不レ可レ有二許容一者也、仍如レ件、

永祿八年乙丑　六月七日　　家　康

櫻井寺大坊

〔櫻井寺文書〕

これは家康が櫻井寺をして、牛久保・吉田における白山先達職を安堵せしめ、財賀寺の競望を停止したる安堵狀である。財賀は寶飯郡八幡村の大字の地であり、豐川の西、御油の東の牛久保の北の地點である。この安堵狀には、酒井忠次の添狀がある。

白山先達之事

右家康任二御判形之旨一、何方茂如二前々一、相違有間敷候、吉田之儀者不二申及一、無二異儀一申付者也、仍如レ件、

永祿八年乙丑

六月十一日　　酒井左衛門尉（忠次）

櫻井寺

大坊参

〔櫻井寺文書〕

これより先、弘治二年十月二十四日、今川義元も櫻井寺をして白山先達職を安堵せしめたことがある（櫻井寺文書）から
これはこの寺の代々の特權であつたらしい。

三河三明寺別當に與へたる別當職安堵狀（永祿八年九月十三日）

三明寺別當職之事、如二前々一永不レ可レ有二相違一者也、仍如レ件、

永祿（八年）乙丑年
　　九月十三日　　　　家　康　御直御書判
　　　三明寺別當
〔參州寺社古文書〕

三明寺は三河寶飯郡豐川市に在る曹洞宗の寺院である。本書は家康が三明寺別當に對し、別當職を安堵したものである。

三河明眼寺に遣れる書狀（三月二十二日 永祿八九年頃か）

（禮紙ウハ書）
「明眼寺　　　家康」

惠心之阿彌陀申請度候由候處、御本寺へ可レ被二仰屆一候段、相意得候、然者先其內可レ被二預ケ置一候旨申入候處、御領掌令二祝著一候、自然餘寺へ可レ爲二寄進一も樣ニ御內證候哉、聊非二其儀一候、家康持佛堂ニ爲レ可レ令二安置一ニ候、委細雅樂助（酒井正親）可二申入一候、恐々謹言、

（永祿八九年頃カ）三月廿二日　　　家　康（花押）
　　明　眼　寺

〇三縁山志ノ解説ニヨレバ永祿七年五月尊像ヲ岡崎城ヘ入レタ

〔妙源寺文書〕〇三河

本書は三河碧海郡桑子（今矢作町の一部）の明眼寺に遣り、同寺に安置する惠心作阿彌陀佛像を所望した書狀である。明眼寺は今は妙源寺と稱し、眞宗高田專修寺派に屬する名刹である。家康の所望に對し、同寺は本寺に屆けて許可を得た上

で獻呈すべき旨を答へたので、家康はこれを領承し、なほ佛像は他寺に寄進するためではなく、自分の持佛堂に安置する旨を述べた。家康の佛教信仰が青年時代より存在したことの徵證となる史料である。本書の年代は詳かでないが、花押の形によつて、これを凡そ永祿八九年の頃のものと推定して、姑くここに收める。明眼寺は一向宗寺院であつたけれど本願寺末寺とちがい、先年の一向一揆爭亂のときは元康に加擔して佐崎上宮寺一揆軍と對立し、永祿七年正月佐崎の戰に元康の危急を救つた。そのころ元康は明眼寺の本尊に、一揆平定を祈願したことがある。

鈴木重直に與へたる所當宛行狀（永祿八年十一月二十七日）

家康公
御袖判
禰宜分　瀬戸地內

一三石五斗五升者、此外壹石ハ寄進、
一貳石八斗七升四郎右衛門內、此外ハ藏入、
一三石五斗八升者、四郎右衛門分
以上拾石者、此代貳拾貫文、
右之分、依レ有ニ子細一酒井雅樂助（正親）方爲ニ奏者一、所レ令ニ扶助一也、永不レ可レ有ニ相違一之狀如レ件、

永祿八歲乙丑十一月廿七日

鈴木（重直）八右衛門殿

〔三川古文書〕〔家忠日記增補〕

本書は家康が酒井雅樂助正親の取次により、三河の鈴木八右衞門重直に對し、三河瀬戸の内において、拾石の所當を宛行つた文書である。酒井雅樂助は雅樂頭としたものもある。正親は大永元年生れだから當年四十五歳。瀬戸は瀬門とも書き、幡豆郡の中央部、古矢作川の東岸に沿ふ地であり、平安朝ごろには製陶業が行はれたといはれる。本文は三川古文書のものを採つたが、家忠日記增補のものは、多少の異同があり、「一、三石五斗五升禰宜方、此内一石ハ寄進、一、二石八斗七升四郎右衞門分内、一、三石五斗八升、以上十石也、此内外ハ藏人此代十貫文」とある。また雅樂助を雅樂頭としてある。

永祿九年（1566）家康二十五歲。

近江に流寓してゐた一乘院覺慶は、還俗して義秋と稱し、二月十七日、同國矢島より太刀・馬代を朝廷に獻じ（御湯殿上日記・總見記）、尋で上杉輝虎に京都の囘復を依賴し、輝虎がこれに應じたので、三月十日、更にその上洛を督促し（上杉家文書・上杉年譜）、それより輝虎・武田信玄・北條氏政に和睦を勸めなどしたが（上杉古文書・上杉年譜）、八月二十九日矢島を出て若狹の武田義統に身を寄せたけれど、義統父子が不和なるにより、尋で去つて越前に行き、朝倉義景のところに落著いた（多聞院日記・信長記・朝倉記等）。

尾張の信長は北上の歩みを進め、九月、その部將木下秀吉は美濃の墨股に城き、蜂須賀正勝等を糾合して、九月二十四日、美濃の齋藤龍興の兵を破つた（太閤記・武家事紀）。上杉輝虎は五月九日神佛に願文をささげて、越後・上野・下野・安房等の靜謐、北條氏康との和睦、武田信玄の討滅、上洛して京都・鎌倉兩公方を擁立せんことを祈つたが（上杉家文書）、信玄は六月及び七月十六日に、北條氏政夫人たる自分の娘の安產を甲斐淺間社に祈つたほどだから（小佐野文書・諏訪家文書）、輝虎が北條氏と和睦して武田氏を討滅する希望は實現すべくもなく、足利義秋が三家を和睦させる希望もまた見込薄であり、八月輝虎は上野に入り、尋で信玄もまた來つて九月二十九日上野箕輪城を陥れて輝虎の部將長野業盛を滅ぼした（守矢文書・箕輪軍記）。

この間における家康の動靜は至極平安であり、殘存文書もまた至つて少ない。

牧野成定に與へたる安堵狀（永祿九年五月九日）

〔附〕水野信元の牧野山城守等に與へたる書狀（永祿九年十一月）

一從二所々一雜說雖二申來一之、有二糺明一可二申付一之事

一其身於レ有レ煩者、切々雖レ無二出仕一無沙汰有間敷事

一判行之地之內、從二何方一雖二申樣有之一、許容有間敷事、付諸給人之儀、五六人衆之可レ爲二相計一事

右條々不レ可レ有二相違一者也、仍如レ件、

永祿九年丙寅

五月九日　　岡藏

家康（花押）

牧野右馬允（成定）殿

参

〔牧野文書〕○越後

牧野右馬允成定は三河牛久保城主で今川氏に屬してゐたが、永祿八年、酒井忠次・石川家成によつて家康に歸し、同九年五月岡崎に至りて家康に見えた（寛政重修諸家譜）。本書は、そのときのものと推定する。「所々より雜說があつても、そ

れには迷はされない。病氣のときは强ひて出仕しなくても咎めない。在來の所領は他よりの競望を許さない」といふ文面は、成定が多年今川義元・氏眞父子に從屬したのを振切つて、新たに家康に歸屬したため、不安な境遇に落ちたのを庇護する意圖より出たものであらう。重修譜によれば、成定は、九月家康より本領安堵の判物を與へられ、十月二十三日牛久保において、四十二歳を以て歿した。その子康成は弘治元年生れであるから、當年十二歳に過ぎず、一族出羽守某が遺領を爭つたけれど、家康の命により、康成が相續し、水野下野守信元よりも證狀を遣られた。後に家康の命により酒井左衞門尉忠次の女を娶り、家康の諱の一字を與へられて康成と稱した。幼名は所次郎とあるが、父成定と同じく新次郎といつたらしい。父は右馬允であり、康成も右馬允である。水野信元の康成に與へたる證狀は次の如し。

今度右馬允(成定)殿就二死去一、跡職異儀有茂(茂有カ)間敷之一札、家康被レ出候、任二其判形一、拙夫達而承候間、如レ此候、若此上世上被二申懸一樣候共、岡崎任二一札一、其旨可レ申候、此等之趣、各に茂、可レ被レ仰候、同右馬允殿御息涯分御上候樣馳走可レ申候、一兩年駿州ニ雖下被二留置一候上、諸等之事、異儀有間敷候、縱岡崎兎角之儀、若被レ申候共、一札之上者、懸二身上一可レ申候間、不レ可レ有二疎略一候、就レ其出羽殿父子從二何方一歸宅有度之由、訴訟候共、家康へ達而可レ被レ申候、是又可レ被二任置一候、爲レ其如レ件、

永祿九年丙寅　十一月日

水野下野守
信　元（花押）

牧野山城守殿
能勢丹波守殿
嘉竹齋

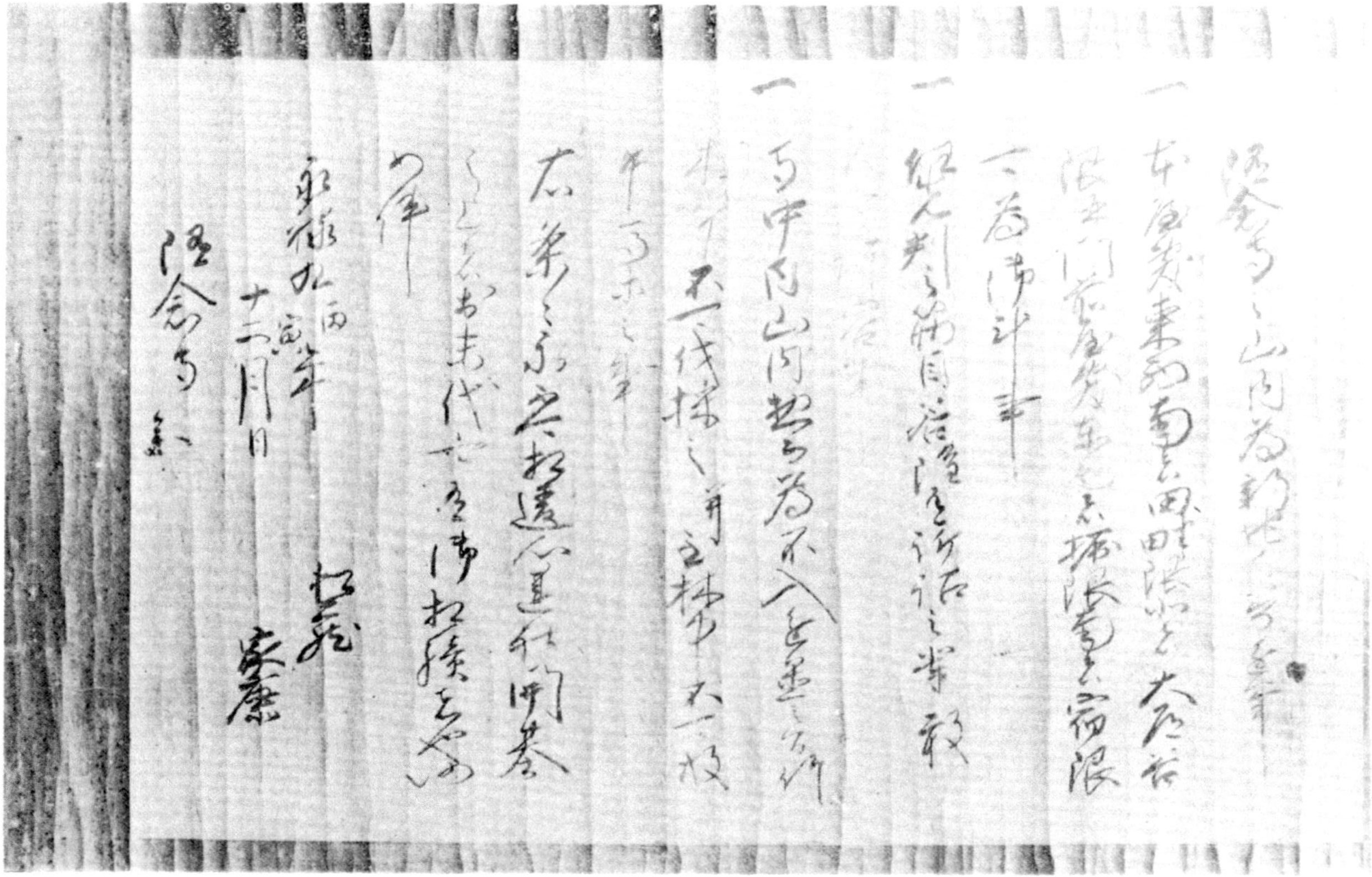

（史料編纂所蔵写眞轉載）

三河隨念寺に與へたる寺領寄進状　（永祿 9 年12月 日）　三河国岡崎市隨念寺所藏

眞木越中守殿
稲垣平右衛門尉殿
山本帯刀（成氏）左衛門尉殿
同美濃守殿
参

【牧野文書】○越後

三河隨念寺に與へたる寺領寄進狀（永祿九年十二月）

隨念寺之山内爲二新地一令二寄進一事

一本屋敷、東西南者田畔限、北者大道谷限、并門前屋敷、東西者堀限、南者宿限可爲御斗事

一任二先判之筋目一、若雖レ有二訴訟之輩一、敢不レ可二許容一事

一寺中同山内、惣而爲二不入一進置之間、竹木以下不可レ伐二採一之、并至二林中一不レ可レ放二牛馬等一之事

右條々永不レ可二相違一心蓮社開基之上者、於二末代一可レ有二御相續一者也、仍如レ件、

永祿九丙寅年
十二月　日　　松藏（松平藏人）
家康
隨念寺 参

【隨念寺文書】○三河【參州寺社古文書】

隨念寺は佛現山善德院といひ、岡崎市門前町に在る淨土宗の寺院、大樹寺の末寺、永祿五年松平元康（家康）の創建にかか

る。開山は大樹寺第十五世磨譽魯聞上人(慶長五年二月廿三日寂)である。これより先、家康の祖父清康が尾張を略取しようとして軍を出し、天文五年十二月五日、同國森山の陣中において、年齡二十五歳を以て不慮の死を遂げたとき、その遺骸は菅生丸山において荼毘に附せられ、遺骨は分ちて大樹寺、大林寺並に火葬の地なる菅生丸山に納められて墓が建てられた(東照宮御實紀卷一)。その後、永祿四年八月二日、家康の大叔母(淸康の妹)久子が岡崎城中で歿したとき、遺言によつてまた菅生丸山で火葬し、遺骨を淸康の墓側に納めた。家康は、これ等を追念して、菅生の人本間次郎入道覺榮に命じ、岡崎城中に在る久子の寢室と倉庫とを丸山に移し、大樹寺の磨譽魯聞を請じ、淸康及び久子の菩提のために、一宇を建立し、淸康の法諡をとりて善德院と號し、久子の法諡をとりて隨念寺と稱したといふことである(隨念寺記)。家康は永祿九年に至り、本文書を出し、隨念寺に新地を寄進し、不入の特權を賦與した。文中「先判の筋目に任せ」とあるのは恐らく創建當時に出された文書を指すのであらうが、本文書以前のものは隨念寺に現存してゐない。家康はこの後間もなく、同月二十九日、三河守に敍せられ、德川姓に復することの勅許を得た。故にこれは、家康が松平氏を稱した最後の文書である。

德川と改姓した時期

家康が先祖代々、長いあひだ稱してゐた松平姓をすてて、新たに德川姓を稱するに至つたことは、その生涯における重大なる轉機を劃するものであつた。家康は何故に改姓したのであるか。これを說明する客觀的證憑は存在しない。故にこれは社會情勢の一般的變化と、家康の政治的地位の上昇と、これらに伴ふ家康の心理展開とによつて推論すべき課題である。

先づ社會情勢の變化について見るに、日本全國に亙り、小豪族分立の形勢が變じて地方的統一組織が發達する風潮が著しく前進したことが目につく。凡そいはゆる戰國時代においては、地方的統一組織は、概して極めて散漫なるものであつた。管領とか守護とかいつても、その配下の被官は、それ〴〵領土を有し、家子郞黨を有し、小なりといへども一個の獨立主權者の概があつた。宗家の支族もまた同様であつた。應仁記を見ると細川氏の被官には藥師寺・香川・安富・三好・長鹽・奈良・秋庭・內藤・三宅・吹田、茨木・芥川・能勢等の諸氏があつた。畠山氏の被官には游佐・譽田・甲斐莊等の諸氏があつた。斯波氏の被官には甲斐・朝倉・織田・鹿野・瓜生・由布・二宮等の諸氏があつた。これらの被官はそれ〴〵獨立力の强いものであつた。勢州四家記を見ると南伊勢の一志郡多藝城には、國司北畠家がをり、その下に同田丸城・飯高郡大河內城・同坂部城に一族三大將がをり、一志郡波瀨城・同岩內城・同藤方城・同木造にも一族がをつた。北伊勢の工藤家は安濃郡の長野・工藤の兩家督家のほか、同草生・細野にも一族がをつた。同じく北伊勢の關家には、鈴鹿郡龜山・同峯・河曲郡神戶に三家督家があり、これに同國府・鹿伏兎の關家を加へて關の五大將といはれた。そのほか北方諸侍と呼ばれるもの四十八家があつた。以上千騎・五百騎・二百騎・百騎の大將などと稱する獨立集團であつて、時に應じて集合離散した。

近く駿河の今川氏について見ると、今川一族衆に瀨名・關口・新野の諸氏があり、十八人衆といはれるものに三浦・朝比奈・岡部・庵原・葛山・由比・福島・齋藤等の諸氏があり、兩者を合せては二十一人衆といはれた。そのほか今川氏の分國には大小多くの武家族黨が存在してゐた。

このやうな散漫で遠心性の强い集團は、天文・弘治・永祿のころから宗家を中心とする求心的統一組織をつくりあげる方向に進行した。それは下層部の庶民、特に百姓の再編成のために檢地が行はれたことと平行してゐる。松平族もこの風潮のなかで變化し、新興大名族の形態を取りはじめたのであつた。

松平族黨は三河の國の中部、東加茂郡の松平鄕より發生して、總領宗家をめぐつて十八松平家が分出し、南下して國の中樞地域に分布し、鬱然たる大族黨にまで成長したのであつたが、松平淸康の岡崎時代に入ると同時に庶流松平家の分出はなくなり、清康の歿後、庶流・家門の分離が顯著になり、家康が駿河府中に流寓してゐる間に、宗家に背いて獨自の行動を取るものが少なからず、或は有力なる國衆と結合し、或は今川氏に屬し、織田氏に通じて自家の利益を圖つた。その風は家康が岡崎城に復歸しても改まらず、永祿六、七年の內亂に至つてその極に達したのであつた。然るにこの內亂は反作用を起して、家康を中心とする結束を强化し、西三河の異分子を肅正し、東三河の今川勢力を驅逐し、三河全國を統一する機運を促進した。事ここに至れば、家康はすでに松平族の總領たるにとどまらず、多くの國衆を統率する新興大名たる性格を獲得したのである。これは性格の變更である。家康が永祿八年三月、本多作左衞門重次・高力與三衞門淸長・天野三郎兵衞康景の三人を奉行として、一國の民政を掌らしめたのは、この新しき性格より割り出した措置であり、家康は居然として三河王國の君主となつたわけである。

家康が勢に乘じて東進策を遠江に及ぼすことなく、形勢の變化を展望しながら、孜々として三河一國の統治を安定するために、年月を重ねたのは、この王國の基礎を堅牢にして、他日の雄飛に備へんためであつた。その政治力が內に充實すれば、必ず外に向つて發展する。その發展力を强化するために、改姓は有力な手段となるものであつた。

戰國諸族には氏姓の冒稱が多い。それは主として政治力を發揮する必要から來てゐる。故にその必要を充足するのに適當するものならば、源平藤橘、その他のいかなるものを拉り來るも差支へがない。織田氏が平姓を採り、豐臣氏が藤原姓を冒し、島津氏が源姓を稱し、毛利氏が大江姓を名乘つたごとき事例は十指を屈するも足りない。三河の國衆と對等の立場にあつて張り合つて來たのは松平氏であつたが、今や國外の强大なる大名、例へば織田氏・今川氏・武田氏・上杉氏・北條氏と對等の立場に立つて張り合ふためには、傳統と威嚴とを兼備し、一見して尊敬の情を起さしめるに相應しき氏姓を誇示する必要がある。ここにおいて松平族の發祥に伴ふ古傳承を活用して、「德川」姓を採り上げたのであつた。それは若き家康の心理的要求であつたに相違ない。艱難流離の間において、夙に「源元康」と署名した青年心理は、高く評價せらるべきである。殊に、南朝崇敬の思想が油然として興つて來た時代である故、新田氏の支流たる德川姓を高らかに揭げることは、自巳滿足たるばかりでなく、人心收攬の上にも大きな效果を將來するものであつた。

それ故家康は、この改姓を、私意を以て遂行することなく、殊更朝廷に願ひ出し、天下萬人の面前において、派手に勅許をいただいたのであつた。それは實に永祿九年十二月二十九日のことであり、この日家康は三河守に任ぜられ、從五位下に敍せられ、姓を德川氏に復することを許されたのである。それは改姓ではなくして「復姓」であつた。三河岡崎誓願寺の長老泰翁が往復周旋に大いに盡力した。

家康の德川復姓勅許の年時は、永祿九年十二月二十九日が正しいと信ずる。然るに別に、それは三年間おくれた永祿十二年十二月九日だといふ說もあるが、私はこの復姓寧ろ改姓の意義を上述の理由によりて重要視するが故に、三年間の差を無視して過すことができない。由つて次にこの事を辯じて置く。

復姓勅許の年時を永祿十二年とするは「武德編年集成」に見えてをり、「東照宮御實紀附錄卷二」はこれに據つて正月三日附足利義昭の書狀を揭げてゐる。

永祿十二年これより先、松平の御稱號を止められ、德川の舊氏を用ひ給ひしかども、舊冬此よし、はじめて京都將軍家（義昭）へ申請れ、近衞左大臣前久公もて叡聞に達せられ、去冬十二月九日勅許ありて、この正月三日將軍家より口宣案にそへて、御內書・御太刀を贈らる（武德編年集成）。

改年之吉兆珍重々々、更不レ有二休期一候。抑德川之儀、遂二執奏一候處、勅許候、然者口宣案幷女房奉書申調指二

下之一申候。尤目出度候、仍太刀一腰進上候、誠表二祝儀一計候、萬々可二申通一候也、

(元龜元年)
正月三日　　義　昭

(家康)
徳川三河守殿

「近世日本國民史織田時代前篇」には、これを據所として、「此れより前、彼は已に私に、徳川姓を名乘つて居た。されど今後は、天下晴れての徳川家康だ。此れを永祿九年の事とする說もあるが、記者は徳川實紀其他に據りて、永祿十二年の末に繫ぐを正當と信ずる。永祿九年は、將軍義輝、其の前年に弑せられ、京都は鼎沸の最中であつた。永祿十二年は、信長の力によりて、將軍義昭先業を紹ぎ、秩序回復し、家康も亦た織田氏の與國として、その論功行賞に預る可き一人であつた。彼が此時に於て、將軍義昭に申請し、近衞前久によりて、之を叡聞に達したことは有り得可き樣の事と思ふ」と說いてある。

しかしこの見方は果して正しいか如何。

この正月三日附の書狀は、「三州額田郡岡崎誓願寺由緒」の中に收められてゐるもので、これには

一勅許之時從二傳奏一權現樣江被ㇾ遣候御狀之寫

改年之吉兆珍重々々、更不ㇾ可ㇾ有二休期一候、抑德河之儀令二執奏一候處勅許候、然者口宣幷女房奉書申調差二下之一候、尤目出度候、仍太刀一腰進ㇾ之候、誠表二祝儀一斗ㇾ候、萬々歲可二申通一候也、狀如ㇾ件、

正月三日　　御　判

(家康)
徳河三河守殿

としてある。實紀の文と多少の異同がある。それは宜いとして、問題になるのは、「御判」だけでは、何人だか判明

しない。これを「足利義昭」だとすれば、永祿十二年か、元龜元年になるであらう。義昭は永祿十一年九月二十六日、織田信長と共に京都に入り、尋で征夷大將軍になつたからである。

しかし、この文書を永祿十二年か、または元龜元年のものとするならば、その執奏に、近衞前久を關係させることは出來ない。前久は永祿十一年十一月某日、京都を出奔して踪跡があまり明かでない。義昭・信長の上洛は同年九月二十六日であり、まもなく前久は、「武命に違はれて出奔す」と「公卿補任」にあるやうな事情で、京都には居らないのである。そして天正三年六月まで歸京してゐない。

以上二つの點で、實紀の解說を不審として置き、この書狀を、「義昭」以外に求めて見る。何も、「義昭」で無くてはならないといふことはないから。

そこで、德川復姓に關係のある文書、記錄を若干集めて見る。

先づ某年十二月三日附の文書寫がある。

將又先度者、見事之馬到來、尤祝着、別而祕藏候、自然又早馬候者望㆚存候、樣體慶深可ㇾ申候、又息竹千世へ同瓶并小鷹之尾袋下申候、可ㇾ然樣取成專一候、猶々禁裏之儀、急度、鳥居竹田法眼被㆓申談㆒才覺肝要候、先度如ㇾ申、勅使之儀、于ㇾ今抑留候處、切々被㆓仰出㆒候、可ㇾ有㆓如何㆒候哉、馳走候樣御異見肝要候、次松平家之儀、德川之由、慶深申候、彼家之儀者、昔家來候き、定而其國㆚も可ㇾ爲㆓分別㆒候、如ㇾ此申通事寄特與存候、自然者望等之儀候者、隨分可ㇾ令㆓馳走㆒候、猶慶深可ㇾ申候也、狀如ㇾ件、

十二月三日　（花押）

誓願寺

〔誓願寺文書〕〇三河

この文書の花押は誰のものだか判明せず、年も亦判らない。「三州額田郡岡崎誓願寺由緒」には、この文書を採錄し、花押を記さずして、たゞ「御判」と記し、そして「勸修寺殿之御狀之由申傳候」と添書してあるけれど、松平家が勸修寺家の被官であつたことは無いから、この「申傳」は誤であらう。

次に元公爵近衞家所藏「將軍家准攝家德川家系圖事東求院殿御書」といふものがある。

一今朝樣子共承、彌かゝり公事にて候間、左樣可二申分一やうに候はす候、扨ゝ珍敷時節に候、御家門も內府天下被レ任二存分一候へは、いにし彼家德川之事、雖二訴訟候一、先例なき事は、公家にはならざる由、叡心にて相滯候ヲ、吉田兼右、萬里小路にて、彼舊記に被二注置一候先例在レ之候一冊を令二披見一、兼右はなかみに寫取て、已れにくれ候、其趣を以申候へは、被二見合一勅許候、諸家之系圖にも不レ乘候、德川は源家にて二流のそうりやうの筋に藤氏に罷成候例候、それを兼右寫候て、鳥子に則其系圖吉田書候て、朱引まで仕候を其儘下、兼右馳走之筋、誓願寺の內に慶深とて出家候、鳥居伊賀取次候て、吉田にも馬可レ然を可レ遣候とて、終に兼右存命候上不レ上候、又抽者へは每年に三百貫と馬一疋との約束候て、當分は德川禮にたゝ二千疋給候き、萬疋被レ下候由にて、終に不レ上候、馬は一兩年は上候、又おもひ出され候ても被レ上候事も候つる、近代は雖下無二由緒一候上、以二權門一悉公家に成申候、其比は一切無二先例一事は不レ成候。飛驒三木、是も先例無レ之間は無二勅許一候、廣橋內府に舊例被二擇出一候て勅許候、

これは史學雜誌第三十編第十一號所載文學博士渡邊世祐氏論文「德川氏の姓氏に就て」の中に引用されたものであつて、東求院卽ち近衞前久から、その子信尹に遺つたものである。そして渡邊博士はこれを解說して、「この書狀に據れば、家康から氏松平を德川に改めんとする趣を朝廷に申出でたのであるが、先例なき事は公家には出來ぬとの正親町天皇の叡慮であつたので停滯して居つた。そこで神祇職の吉田兼右が、萬里小路家にて舊記を捜め、先例ある一

册を獲て、之をその鼻紙に寫し、前久に差出したのである。前久はその趣を說明申上げたれば、之を參照されて勅許されたのである。併し兼右の出した先例にある系圖は、一向に諸家の系圖にも載せてないと云ふのである。その系圖に據れば德川氏はもと源氏であつて、二流あつたが、その惣領の筋に藤原氏になつた例があつたのを、兼右が寫し採つたのであつて之を鳥子紙に書き、朱引までしたのを、この儘差出したのである。かく兼右が家康の爲めに盡力するに至つたのは、三河誓願寺の慶深が近衞家に親しかつたので、近衞家の諸大夫鳥居伊賀の取次ぎで前久にも賴み、兼右にも特に賴んだからである。そして兼右に禮として、可レ然馬を進上するを約束しながら、その存生中は贈らなかつた。又、前久へも斡旋した禮に、每年三百貫と馬一疋を贈る約束ではあつたが、當分は二千疋丈け贈り、尋で萬疋贈る筈であつたのも、實行しなかつた。馬はその後、一兩年は上したが、その後は全く上さなかつた。併し時々思ひ付き贈る事もあつた。近來は朝廷の紀綱弛み、由緖がなくとも權勢により、公家にもなることが出來る樣になつたのであるが、この頃は先例のない事は出來なかつた。それで飛驒の三木自綱なども、先例がないと云ふので、任官が出來なかつたのであるが、內大臣廣橋兼勝が、舊例を搜し出して、三木氏をば姉小路家とし勅許を請ふたのである。」と述べてをられるのである。

この「御書」によつて見れば、前揭十二月三日誓願寺宛の書狀は、勸修寺某のものであるよりも、近衞前久のものであるとする方が適當になつて來る。但、この花押は、普通知られてゐる前久の花押とは違つてゐる。そして全く他の誰人にも屬せぬものであるから、これを或時期における前久の花押と認めることにする。

そして更に「御ゆとのゝうへの日記」を讀んで見ると、

（永祿）十年正月三日、こん衞とのより、藤宰相して申され候。德川しよしやく、おなしく、みかはのかみくせん、頭辨に御ほせられて、けふいつる。おなしく女ぼうのはうしよもいつる。

とある。この文の中の「こん衞との」は、明らかに「近衞前久」であり、「藤宰相」は、「高倉永相」である、そして既に德川敍爵としてある。自分一個の私稱たる「德川」ならば、玆に「德川敍爵」と記さるべきではない。既に公に認められた「德川」であることが、これによつてわかる。そして、その敍爵等について、近衞前久が斡旋してゐることは、この本文にある通りで、「御書」はそれを裏書してゐるのである。

既に然りとせば、前久は永祿十一年十一月京都を出奔したのである故、正月三日の書狀は元龜元年にはならない。「御ゆとのゝうへの日記」によつて、これは永祿十年正月三日、前久より家康に遺つたものと見るのが適當である。そして、「東照宮文書」に見ゆる任官の口宣案・「歴名土代」・「朝野舊聞裒藁所載貞享書上」等により、家康が從五位下に敍し、三河守に任ぜられたのは、永祿九年十二月二十九日とすれば、德川復姓勅許の年時も、それと同日であつたとする方が適當であると信ずる。

永祿十年（1567）家康二十六歲、

家康が三河王國の君主たるごとき地位に立つて、國內の統治に專念する間に、中央の政界は著しい變兆を呈し、諸般の現象は、ことごとく局面開展の機運を示した。

永祿八年五月十九日、將軍足利義輝は、三好義繼・松永久秀等のために、京都二條第に害せられ、細川藤孝・朝倉義景・筒井順慶・北畠具敎・畠山高政・波多野晴通・六角義賢等の諸豪族、延曆寺・信貴山・興福寺・根來寺等の僧兵、三好三黨等、相混じて爭ひ、集散去來、端倪すべからず。義輝の弟一乘院覺慶は、細川藤孝に救はれて、七月二十八日奈良を脱出して近江の和田惟政に身を寄せ、八月五日、書を上杉輝虎に遺り、還俗して義秋と改めたのち、九年八月二十九日、書を織田信長に遺つて、それぞれ依賴するところあり、尋で若狹の武田氏に走り、轉じて越前の朝倉義景に投じた。

このころ東方諸國の諸氏は、いづれも族黨的集團たる性格を揚棄して、新興大名たる內部組織を構成し、弱小族黨を併呑して盛んに領土を擴大しつつあり、上杉・北條・武田・今川・德川・織田の諸勢力の間に、合縱連衡・遠交近攻の術策が行はれてをつた。永祿十年についてこれを見るに、上杉輝虎は上野に在り、佐竹義重等の白河城攻擊を援け、二月には糧を武藏の羽生城に納れて、北條氏政の軍のためにこれを奪はれ、三月には沼田城を攻め、羽生口に移り、轉じて廐橋城に歸り、四月には新田城の由良成繁を攻めた。九月には今川氏眞は書を輝虎の家臣山吉孫次郎に遺つて好意を求めた。十月には北條氏康は武田信玄の援軍を請うて輝虎を廐橋城に攻めたが、出戰しないのでそのまま軍を班した。この月、信玄はその子義信を殺し、その夫人を今川氏に歸し、甲駿の交誼が破れた。十一月には信長は長子信忠と信玄の女との婚約を結び、納幣を了した。

このやうな間にあつて、家康は五月、使を遣して輝虎に物を遺り、好意を表した。

松平虎千代に與へたる所領安堵狀（永祿十年六月）

任二先判之旨一、諸篇於二向後一不レ可レ有二相違一之條、重而出置之者也、仍如レ件、

永祿十年丁卯

六月　日　御諱御判（家康）

松平虎千代殿

〔戸田家系校正餘錄九〕

松平虎千代は戸田忠重の子である。寛政重修諸家譜によれば、實光のとき三河田原に住し、その子宗光より六代目重貞に至り二連木《にれんぎ》に住し、永祿七年吉田城の小原資良を攻めて功ありしも戰死し、その弟忠重も軍功があつたが永祿十年五月二十五日二連木で死んだ。その子虎千代は六歲であつたので家康はこれを憫んで父の遺跡三千貫文を與へ、松平の稱號を許し、且つ久松佐渡守俊勝の女を養妹として約婚し、母方の舅戸田傳十郎吉國を陣代とした。他家に松平の稱號を許したのはこれが初めであるといはれる。この安堵狀はこのとき出されたものである。

永祿十一年（1568）家康二十七歲。

今川氏眞の勢力の衰相を呈するに乘じ、家康はつひに多年の宿案たる東進策を遂行して、遠江の經略に著手した。これは初めは今川氏眞に對し、次に武田信玄に對し、更に武田勝賴に對して、天正十年に至るまで、凡そ十五年間に亙る抗爭の連續をひきおこした事業であつた。

永祿十一年は織田信長の上洛を契機として、歷史の舞臺が重苦しい軋みをたてて回轉しはじめた年であつた。それは信長の生涯に濶大な場面を展開させたのと同時に、武田信玄の活動に拍車をかけ、家康の東方經營を促進させた年でもある。

信長はこの年の二月北伊勢地方經略の歩を進めてゐたが、（北畠物語・勢州兵亂記）、越前一乘谷城の朝倉義景に身を寄せてゐた足利義秋は、四月十五日元服して名を義昭と改め（朝倉記）、尋で義景に失望して美濃に移つた。七月二十五日信長はこれを立政寺に迎へ、そして九月七日岐阜を發して京都に向ひ、十二日近江箕作城を陷れて六角承禎を逐ひ、二十六日義昭を奉じて入京し、一箇月程滯在して中央の治安を定め、十月十八日義昭の征夷大將軍に補せられるのを見とどけ、二十六日京都を發して岐阜に歸つた（原本信長記・言繼卿記・多聞院日記）。攝津・和泉に矢錢を課したり、諸國の關所を撤廢したりしたのは、この間のことである（細川兩家記・足利季世記・原本信長記）。十一月關白近衞前久は、政情の變化によつて出奔するに至つた（公卿補任）。

信長の入京は地方の諸雄に大きな衝動を與へた。而して先づ起ちあがつたのは甲斐の武田信玄であつた。信玄は初め駿河の今川氏の與國であり、相模の北條氏とも親善關係を結んで、越後の上杉輝虎と爭ひ、信濃・上野に領土を擴めてゐたが、義元死して氏眞に至り、今川氏の衰相の歷然たるに及び、遙かに織田信長に好みを通じ、南下して駿河・遠江を略取しようとした。この方策轉換を實行せんがために、信玄は家中の親善今川派に彈壓を加へ、永祿十年十月、長臣飯富兵部に切腹を命じ、わが子義信を殺し、義信の妻を駿府に歸して今川氏眞との國交を斷絕した（甲陽軍鑑）。義信の妻は今川義元の女であり、氏眞の妻は北條氏康の女であるから、この一擧によりて信玄は今川・北條の兩氏を敵方に廻したのであつた。このことがなくても輝虎と氏康とは既に接近しつつあつたから、信玄は或は機先を制したともいへやう。

そのうちに信長は上洛の素志を遂げた。信玄は十二月六日軍を率ゐて甲府を發し、南下して駿府に向つた（小倉文書・松平記）。信玄と家康とは大井川を堺として領土の占領を約束したといはれる（家忠日記增補）。今川氏眞は遠江懸川に逃れ、信玄は十三日駿府に入つた（歷代古案・上杉家文書・松平記等）。

家康は信玄に呼應して起ち、十二月十二日菅沼忠久・近藤康用・鈴木重時に誓書を與へ、尋で遠江に入つて井伊谷・刑部・白須賀・宇津山の諸城を拔き（松平記・三河物語・菅沼家譜・譜牒餘錄等）、十八日には引馬（濱松）城に入り（松平記・濱松御在城記）、信玄の要求を受けて二十七日今川氏眞を懸川城に攻めた（惠林寺文書・菅沼家譜・三川古文書等）。高天神城主小笠原長忠・馬伏城主小笠原氏興等も來降した（三河物語・松平記等）。

信玄は家康を誘ひて大井川以西、遠江の經略を委せておきながら、その將秋山信友は信濃より南下して遠江に入り、見付にまで侵入したので、家康は使者を信友並に信玄に遣して違約を詰問したところ、信友は兵を引いて退き、信玄は翌十二年正月八日附にて返書を家康に遣り、「如レ聞者、秋山伯耆守（信友）以下之信州衆、其表在城、因レ茲遠州可レ爲二競望一之様、御疑心之由ニ候、所詮早々爲レ始二秋山一下伊奈衆可レ招二當陣一候」（古文書寫）と述べて陳謝し、更に「猶急度懸河可レ被レ付二落居一條、干要候」（同上）といつて、氏眞攻撃を督促した（當代記・松平記・三河物語・譜牒餘錄）。

このやうな世相の變轉の裡より採錄した家康文書は十一通、そしてその最初のものは、遠州經略に關係のある二月十日附の下知狀である。

松平家忠に與へたる下知狀（永祿十一年二月十日）

（濱名郡入口）入手江被二陣取一之由、不二相届一儀共候、早速宇津山城江被二相移一、番普請等可レ被レ仕候者也、仍如レ件

（永祿十一年）二月十日　御朱印（家康）　圓形

松平紀伊守（家忠）殿

（丹波亀山松平家譜）

松平紀伊守家忠は同家廣の長子で、左太郎・又七郎といひ、後、紀伊守となる。天文十七年の出生、幼より家康に仕へて軍功あり、永祿十一年遠江國宇津山城落去のとき、家康は、本書を家忠に與へて、その在番たらしめたのである。家忠は、後、天正十一年十月十六日三河國形原にて歿した。年三十六。

戸田吉國に與へたる令書（永祿十一年三月）

虎千代名代之事

一虎千代分別出來次第可レ仕事

一知行所務等、後室可レ爲二相計一事

一諸被官扶持給傳十郎見合可レ出レ之、并侍衆虎千代に奉公之儀、傳十郎申付旨、於二無沙汰一者、可二入替一事

右條々不レ可レ有二相違一、若違背雖レ有下企二訴訟一輩上一切不レ可二許容一者也、仍如レ件

永祿十一戊辰年

三月　日　　御諱御判

戸田傳十郎（吉國）殿

〔戸田家系校正餘錄〕

永祿十年六月、家康は松平虎千代に安堵狀を與へたが、幼少なので、母方の舅戸田傳十郎吉國を名代とした。本書は吉國に與へた令書で虎千代の名代として心得べきこと三箇條を示してゐる。

岡部正綱に遣れる書狀（永祿十一年五月十一日）

尙々、前々より御ちいんの事ニ候間、すこしもぶさた有間敷候、此書見分申間敷候へども、御すいれう御よみ可レ有候、

其方御身儀、ぶさた是有間敷候、委細作左衞門（本多重次）可レ申候、小平太（榊原康政）を以可レ申と存候へ共、さきへ越候間不レ申候、此内書を御かくし尤候、恐々謹言

（永祿十一年）五月十一日　　家康　御判

（岡部正綱）岡次郎右參

〔寛永諸家系圖傳〕百四、岡部

岡部次郎右衞門尉正綱は、初め今川氏眞に仕へ、永祿十一年、氏眞が武田信玄に攻められて、遠州懸川に逃れたとき、駿府の城を守り、信玄の申出により、人質を出して城を明渡し、淸水に移つた。正綱は家康が曩日駿府に居たときから、恩顧を受けてゐたので、このとき家康に音信を通じ、家康より本書を遺られたのである。後、天正十一年十二月八日歿した。年四十二。

菅沼定盈に與へたる所領宛行狀（永祿十一年十二月十二日）

今度忠節（付）仕而、遠州本地川合之郷、并高部、無二相違一可レ出レ之、此上者段錢・棟別・十二座諸役爲二不入一可レ有二知行一也、猶又爲二新地一自レ河西ニて五百貫文、東ニて千貫文、可二出置一之上、永相違有間敷者也、手先彌々可レ令二馳走一者也、委細者、今四郎兵衞尉（今泉延傳）可レ申者也、仍如レ件、

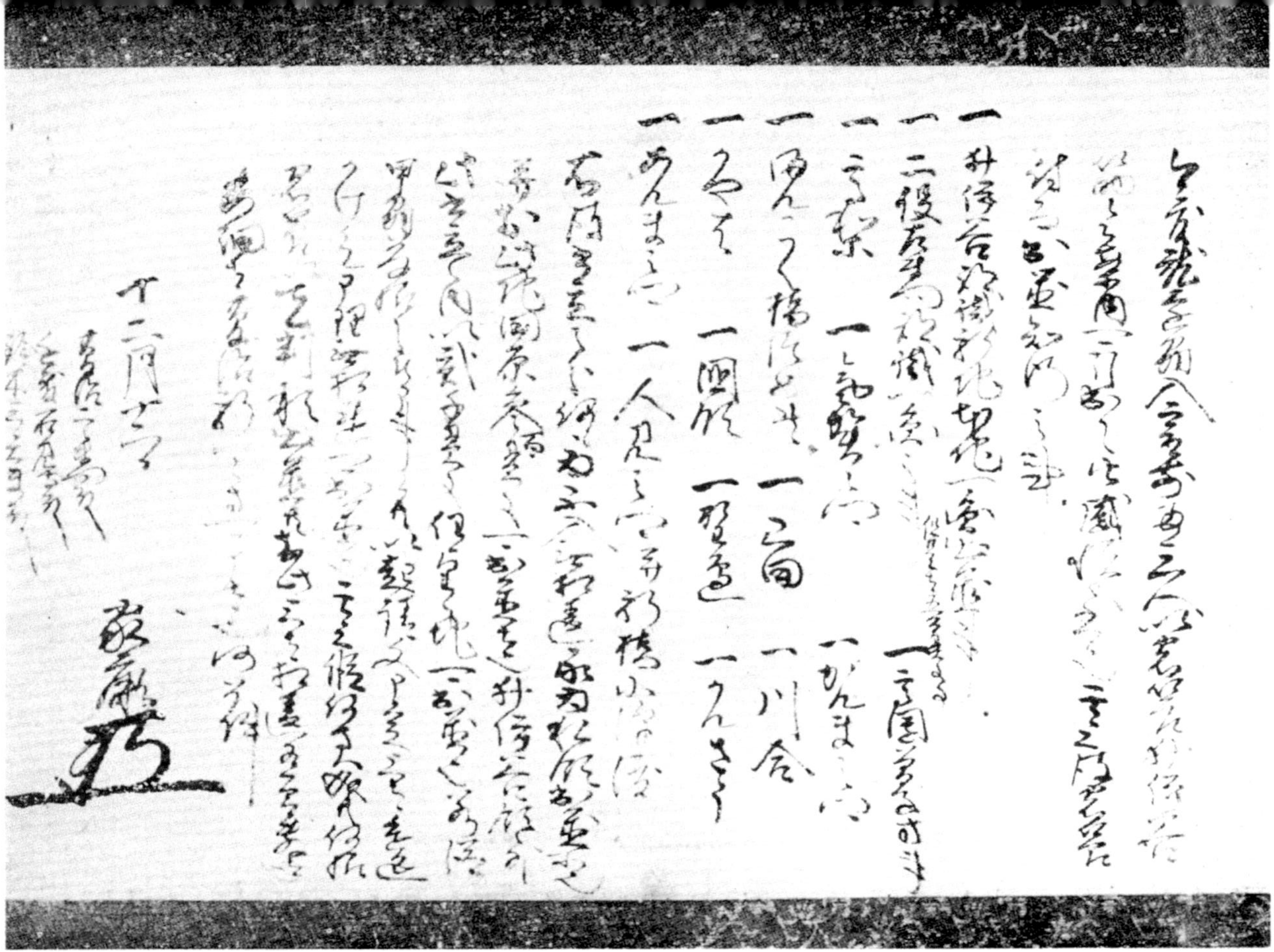

（史料編纂所所藏寫眞轉載）

菅沼忠久・近藤康用・鈴木重時に與へたる所領宛行狀　（永祿11年12月12日）　水戸鈴木重信氏所藏

（永祿十一年）十二月十二日　　　　　　　家　康（花押）

菅沼新八郎（定盈）殿

〔菅沼文書〕三河

本書は家康が菅沼定盈に與へた所領宛行狀で、その中に「今度忠節」とあるのは、定盈が同族都田の菅沼次郎右衛門忠久、及び井伊谷の近藤石見守康用・瀬戸の鈴木三郎大夫重時を家康の麾下として招致したことをいふ。本書はその賞として遠江國の本領川合高部並びに新地數箇所において、千五百貫文を與へた判物である（次の菅沼忠久・近藤康用・鈴木重時に遺れる誓書參照）

尙、記錄御用所本古文書には「今度忠節付而」とある。

菅沼忠久・近藤康用・鈴木重時に與へたる誓書（永祿十一年十二月十二日）

同所領宛行狀（同日）

〔參考〕菅沼定盈・今泉延傳より近藤康用・鈴木重時に遺れる誓書（永祿十一年十二月十二日）

〔參考〕天野康景・高力淸長・本多重次連署の禁制（永祿十一年十二月十三日）

敬白　起請文之事

今度兩三人、以二馳走一、井伊谷筋を遠州口へ可二打出一之旨、本望也、就レ其、所々出置知行分之事永

無ニ相違一、爲ニ不入一扶助畢、若自ニ甲州一彼知行分、如何様の被レ申様候共、進退ニ引懸、見放間敷
候也、其外之儀不レ及レ申候、右之旨若於レ僞者、
梵天・帝釋・四大天王、別而者富士・白山、惣(而脱カ)者日本國中神義(祇)之可レ蒙ニ御罰一者也、仍如レ件、

永祿十一年
十二月十二日　家康判
菅沼(忠久)二郎右衛門殿
近藤(康用)石見守殿
鈴木(重時)三郎大夫殿

〔鈴木重信氏文書〕〇常陸

今度就ニ遠州入一、寂前兩三人、以ニ忠節一、井伊谷筋令ニ案内一、可ニ引出一之由、感悦至也、其上彼
忠節付而、出置知行事
一井伊谷跡職新地本地一圓出置事　但是は五百貫文之事
一二俣左衛門跡職一圓之事　一高園曾(管イ)子方之事
一高梨　一氣賀之郷　一かんま之郷
一ゐんこく橋ぞめ共　一山田　一川合

一かやむ　　一國領　　一野邊　　一かんさう
一あんま之郷　　一人見之郷并新橋小澤渡
右彼書立之分、何も爲二不入一、無二相違一、永爲二私領一出置所也、并於二此地一、田原參百貫文可二出置一也、井谷領之外、此書立之内以二貳千貫文一、任レ望候地可二出置一也、若從二甲州一、如何樣之被レ申事候共、以二起請文一申定上者、進退かけ候而、申理無二相違一可二出置一也、其上縱何方へ成共、何樣忠節、以二先判形一出置共、於二此上一者、相違有間敷者也、委細者、菅沼新八郎(定盈)方可レ申者也、仍如レ件、

家　康（花押）

(永祿十一年)十二月十二日

菅沼二郎(忠久)右衛門殿

近藤(康用)石見守殿

鈴木三郎(重時)太夫殿

〔同　上〕○常陸

この二通の文書のうち、前の一通は永祿十一年十二月十二日家康が菅沼二郎右衛門忠久・近藤石見守康用・鈴木三郎大夫重時に與へた起請文及び宛行狀である。この日は武田信玄が兵を駿河に入れ、今川氏眞の兵を薩埵山より逐うたのと同日である。これより先、信玄は南下して駿河を經略しようと企て、諸般の準備を整へ、この月六日、兵を率ゐて甲府を發し、駿府に向つた。家康は信玄の行動に策應して遠江經略の步を進め、菅沼・近藤・鈴木の三氏に、この起請文などを與

へ、尋で自ら遠江に入り、井伊谷・刑部・白須賀・宇津山の諸城を抜いたのであつた。

起請文は菅沼忠久等が嚮導となつて、井伊谷筋より遠州に進出しようとするのを嘉し、それに就き所領を與へ、信玄より異議を申し入れることがあつても、決して彼等を見放さないと誓つてゐるのである。次の一通は、宛行ふ所領の目錄である。宇津山城攻略は十一年二月十日以前である。

菅沼忠久等三人を誘致した菅沼定盈は、三河野田根古屋の城に居た野田菅沼氏の出であつて、祖父定則・父定村の後を承け、東三河の名族であつた。永祿十一年、定盈は家康の命を受けて遠州の諸士を招降し、功を立てた。家康は中宇利より奥山方廣寺に立寄り、それより次第に井伊谷・刑部・白須賀・宇津山の諸城を攻略したのであつた。それ等の事は「松平記」・「三河物語」・「菅沼家譜」・「譜牒餘錄後編」・「異本菅沼記」等の諸書に見えてゐる。尚、左にこれ等に關係のある文書二通を錄する。その一は菅沼定盈・今泉延傳より近藤康用・鈴木重時に贈れる誓書である。その二は家康が三奉行天野三郎兵衞康景・高力與左衞門淸長・本多作左衞門重次をして出ださしめた禁制である。

（白山牛王寶印裏書）
今度井伊（谷脱カ）調儀、走廻（各脱カ）之段、本望至極候、然者吉田之郷之儀、半分之納め、百姓共無二相違一進レ之候、彼半分之
爲二相當一養父之郷五十貫之分、相添進置候者也、此上者、向後別而無二御等閑一、前々之趣意無レ之、互眞實可二申
合一候、今度岡崎より被レ出候知行方之儀、少も僞有間敷候、拙者證人ニたち候上者、きよこん有間敷候、若此
旨僞ニ付而、（者脱カ）
梵天・大尺（帝釋）・四大天王、別而富士・白山・阿多戸之御地藏・阿彌陀佛御罰を、今生後生、ふらくらうむるへき
者也、仍如レ件、

永祿十一年極月十三日

菅沼新八郎
定　盈（花押）（血判）

今泉四郎兵衛
延　傳(花押)(血判)

近藤(康用)石見守殿
鈴木(重時)三郎大夫殿〇譜牒餘録後編菅沼主水書上に、本文書を収め、次郎右衛門は、定盈依爲同名、不書之とあり

〔鈴木重淸氏文書〕〇常陸

禁制

一甲乙人濫防(妨)狼藉之事
一山林竹木伐採之事
一押買并追立夫傳馬之事
右之條々於二違背一者、可レ被レ處二嚴科一者也、

永祿十一年極月　日

天野(康景)三郎兵衛
高力(淸長)與左衛門
本多(重次)作左衛門

〔武徳編年集成〕九

勾坂吉政に與へたる安堵狀（永祿十一年十二月二十日）

今度忠節付而、出置本知行事

勾坂十分、見取之郷牛飼寺谷、平松之内四十貫、惣都合七百九十貫之分、領掌之上、永相違不ㇾ可ㇾ有者也、仍如ㇾ件

永祿十一
十二月廿日　　家康（花押）

勾坂（吉政）六郎五郎殿

〔勾坂文書〕○遠江

本書は靜岡縣磐田郡勾坂村勾坂貞太郎氏所藏文書である。勾坂六郎五郎吉政は遠江向坂《さぎさか》の人。向坂は一に鷺坂ともいひ今は匂坂と書き、正保頃六箇村に分れた（遠江國風土記傳七豐田郡）。吉政は初め今川氏眞に仕へたが、永祿十一年氏眞没落の後、家康に屬したので、家康は本書を與へて、所領を安堵せしめたのである。

久野宗能に與へたる所領安堵狀（永祿十一年十二月二十一日）

久野千菊丸に與へたる所領宛行狀（永祿十一年十二月二十八日）

久野一門同心本知行之事

上久野徳富村、・若狹方池田渡方・下久野中村方、・上末元・下末元・別所村松・同菅谷方菅谷・不入斗・富賀見・谷河・戸綿・岩滑・宮賀嶋・松袋井・名賀島・祝井・徳光・貫名・桑地・正道・堀越之内海蔵寺領・土氣・垂木之内五十貫文、勝田之内中村五十貫文、鎌田下河合之内帳はつれ、岡部之内給物有之、國領給物有之

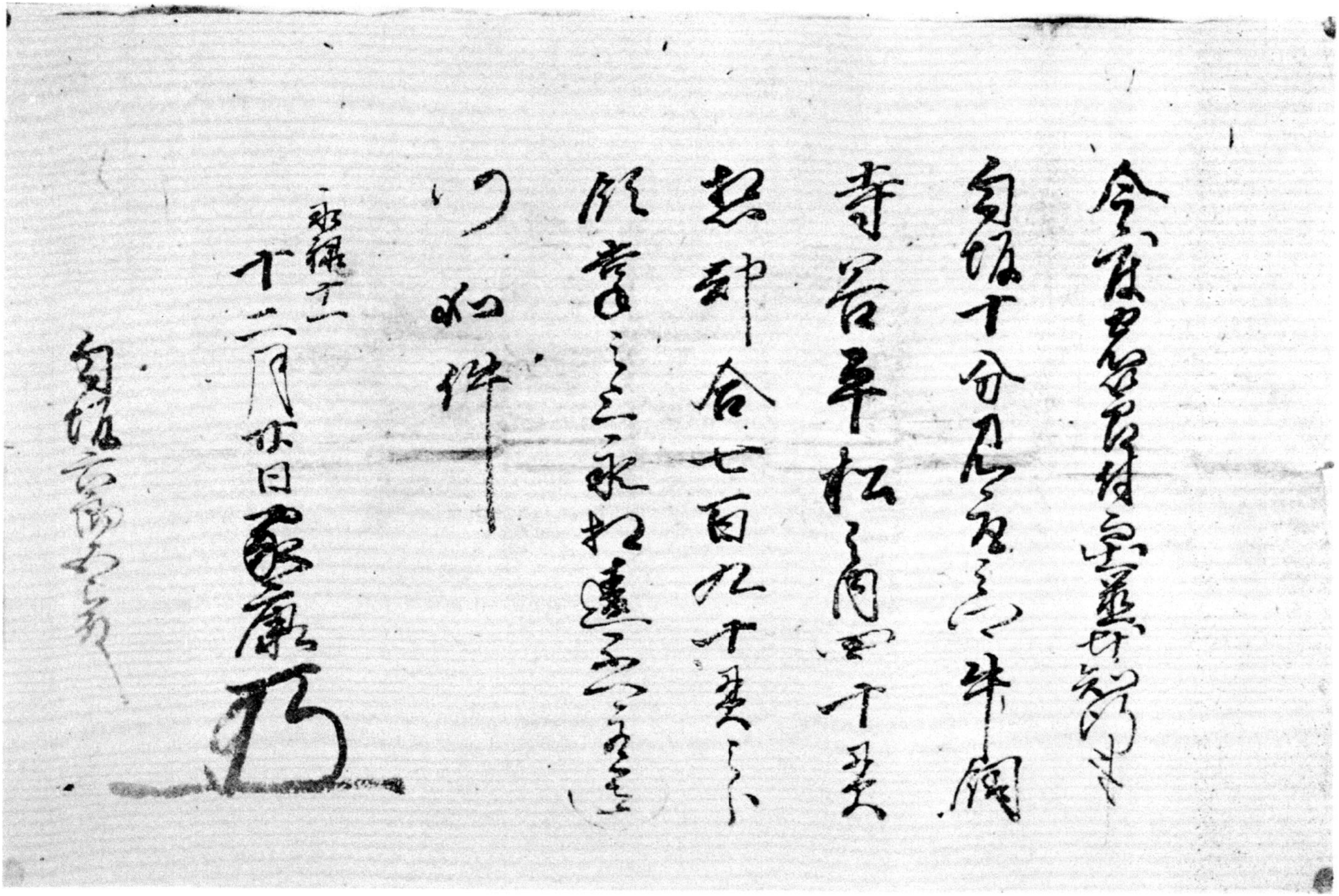

匂坂吉政に與へたる所領安堵状（永祿11年12月20日）静岡縣匂坂六郎五郎氏所藏

（史料編纂所所藏寫眞轉載）

以上惣都合貳千五百貫文、
右今度忠節付而、本地如ニ駿州之時一宛行處、永不レ可レ有ニ相違一、若此以前ニ何方に判形雖ニ出置一、
此上者別條不レ可レ有、彌於レ抽ニ忠節一者、可レ令ニ扶助一者也、仍如レ件、

永祿十一
十二月廿一日　御諱(家康)御判

久野三郎(宗能)左衞門殿一門同心衆

〔譜牒餘錄二〕紀伊殿藩士上 久能丹波守

山名庄之内井領こもかはき(薦ケ脇)・とくみつ・てんわう(天王)・松山・横井・別所・のふさ七ケ郷、此外
大屋八十貫文、右之旨領掌之上、永相違有間敷者也、○變體假名を普通假名に改む

永祿拾一戊辰
十二月廿八日　御諱御判

久野千菊殿

〔同　上〕

久野三郎左衞門宗能は遠州周智郡久野の領主、千菊丸はその子である。永祿十一年宗能は家康に屬し、武田信玄の將秋山信友が信州より南下して遠州に入り、宗能を攻めたのを邀へて戰つた。然るに家康が出陣するのを聞いて、信友は信玄の滯陣してゐる駿河の方に引揚げたので、宗能は千菊丸を携へて來つて家康に見え、千菊丸を質として久野に歸つた。家康はこれに感じ、宗能に本領安堵の書を與へ、別に千菊丸に所領を與へた（菅沼家譜・寛政譜千四百三十・家忠日記增補三）。上揭の二通の文書は、その安堵狀と宛行狀である。

武田信玄より家康に遣れる書狀（永祿十一年十二月二十三日）

其以來申遠意外候、抑今度向レ于二當國一出馬候之處ニ、爲二手合一急速御出張本望滿足候、卽遠劦へ雖レ可二罷立候一、當國諸士仕置等申付候之故、一兩日之間延引、三日之内ニ可レ令二越山一候、早々懸河へ詰陣尤存候、可レ遂二面談一條大慶不レ可レ過レ之候、恐々謹言、

（永祿十一年）十二月廿三日　　（武田）信玄

（家康）德河殿

〔陽雲寺文書寫〕

永祿十一年十二月家康が遠江に入るに先ち、武田信玄と大井川を境界として駿遠分取を約したといふことは、家忠日記增補・三河物語・菅沼家譜・濱松御在城記・創業記考異・武德編年集成等の諸書に見えてゐる。而して信玄は十二月六日、軍を率ゐて甲府を發し、十二日駿河薩埵山より今川氏眞の兵を逐ひ、十三日駿府に入城したが、氏眞は夫人北條氏（氏康の女）と共に遠州懸川に逃れた。家康は信玄と策應して十二日菅沼次郎右衛門忠久等に起請文を與へ、尋で遠江に入つて、井伊谷・刑部・白須賀・宇津山の諸城を拔き、十八日引馬《ひくま》（濱松）に至り、二十七日より懸川に迫つて氏眞を攻め、合戰が始まつた。本書は、この頃のもので、この日附にある二十三日には、信玄は駿府に在り、家康は引馬に在つた。信玄はこの度の出馬に付、家康が機を逸せず、これに應じて遠州に入れることを謝し、駿河鎭定の爲、一兩日延引し、三日以内に遠州の方に出兵するから、家康は速に懸川攻擊を開始せられたく、不日面會を期する旨を述べてゐる、陽雲寺は武藏兒玉郡賀美村に在り、信玄の弟信實の子信俊の中興せる曹洞宗の寺である。本寺には多くの貴重なる文書を藏してゐるが、本書は寫であり、その原本の所在は今明かでない。

鵜殿氏長等に與へたる誓書（永祿十一年十二月二十六日）

同所領安堵狀（同日）

敬白起請文之事

一二俣之城、鵜殿并二俣先方廿三人居城之出置事
一出置知行、在之（々）所々、如二書立一、相改出置事
一二俣籠城之人數、如二駿府之時一、相違有間敷事
右條々、於レ有レ僞者、
梵天、帝釋・四大天王・日本國中大小神祇、別而者、富士・白山權現・八幡大菩薩之可レ蒙二
御罰一者也、仍起請文如レ件、

永祿拾一年十二月廿六日　　家　康御在判

鵜殿三郎（氏長）殿
同藤九郎殿
同休庵
松井和泉守殿
三和藤兵衞殿
同廿人之與

松井八郎三郎殿
松下一三殿
稲垣宗六郎殿何も忠節之者

〔譜牒餘録後編七〕諸旗本之一 鵜殿藤兵衛

今度令馳走付而、出置知行之事、
國領・山田二・大屋一・友長・河井・ろやそ・をのミやくち・飯田・平宇・鶴松・うんふ・櫻河・小松・平口・乘木《のき》・下馬、
右此内如二駿府之時一、領掌之上、永相違有間敷者也、仍如レ件、

永祿拾一
十二月廿六日　家　康御在判

鵜殿三郎殿
同藤九郎殿
同休庵
松井和泉守殿
三和藤兵衞殿
同廿人之與
松井八郎三郎殿

松井市三殿
稲垣宗六郎殿
何も忠節衆

〔譜牒餘錄後編七〕諸旗本之一 榊原四郎左衛門

鵜殿氏は三河西郡城の領主で、長持・長照・氏長の三代相次いで此處に居つた。氏長は永祿五年西郡落城のとき駿河に赴き、同十一年今川氏眞沒落の後、一族と共に家康に歸服し、遠州磐田郡二俣城の別郭を守つた。この起請文と安堵狀とは、その時家康の與へたものである。

永祿十二年（1569）、家康二十八歲。

京都では去年信長に逐はれた三好三黨の面々が、信長の不在に乘じ、不意に入京して正月五日、足利義昭を六條本圀寺に圍んだが、六日驅けつけた三好義繼等に攻められて敗走した事件があり（御湯殿上日記・言繼卿記・原本信長記等）、信長は急をきいて直に大雪を凌いで十日入京して治安を確保し、二月二日義昭のために新第の造營に著手、その竣工に及んで、四月十四日義昭はここに移つた。ついで信長は內裏の修理に著手し、二十一日京都を發して岐阜に歸つた（言繼卿記・原本信長記・甫庵信長記等）。信長が撰錢令を頒つたこと（四天王寺文書）、宣敎師ルイス＝フロイスに京都に居住することを許したこと（御湯殿上日記・日本耶蘇會年報）は、共にこの滯京中のことであつた。

八月二十日、信長は岐阜を發し、伊勢に入つて大河內城の北畠具敎を攻め、十月具敎の和議申入れを諾して、次子茶筅（後の信雄）を北畠氏の後嗣となし、十月十一日入京して將軍足利義昭に伊勢の平定を報告した（多聞院日記・原本信長記・當代記）。しかしこのとき旣に信長と義昭との間に相協はざることがあつたらしく、十七日、信長は卒然として京都を發して岐阜に歸り、正親町天皇は驚いて「信長にわかに歸國のよし、おとろきおほしめし候、いかやうの事にてかと、心もとなきよし、たつねおほせられたく候」(宸筆女房奉書案)と仰せられた。但、このときの事情は明かでない。

信長の行動について、家康は直接の關係をもたなかつたやうである。ただ北畠具敎攻擊のときは、八月十九日附で、信長の側近朝山日乘より毛利元就以下一門に宛てたる書狀に、「信長者、三河・遠江・尾張・美濃・江州・北伊勢之衆十萬計にて、國司(北畠具敎)へ被二取懸一候」(益田家什書)とあるのによつて見れば、家康は信長の與國として三河・遠江の兵を從軍させたらしい。しかし家康の事業は、油斷のならぬ武田信玄を向うに廻して遠江の經略を進めることであつた。その當面の問題は去年十二月よりの宿案である懸川城の今川氏眞の處置をつけることである。

三月七日、懸川城外で合戰あり、彼我共に相當の戰死者を出したが、その翌八日家康は使者を氏眞の許に遣して和議を提出した。氏眞はこれを北條氏康・同氏政に報告して、その諒解を求め、五月十七日城を家康に明けわたして、十八日駿河の蒲原に至り、ついで伊豆戶倉に移り、家康は部將石川家成をして懸川城を守らしめた(以上松平記・譜牒餘錄・色々證文・武德編年集成・家忠日記增補等)。伊豆に移つた氏眞は、北條氏政の子國王(後の氏直)を養子となし、二十三日駿河を氏政の處分に委せた(安得虎子・富士文書)。信玄南下のとき、去年十二月、諸將を駿河に派遣し、興國寺城を略取し、自分も三島に出陣した氏政は、更に氏眞より委任されて、公然として信玄と抗爭する立場を得、閏五月三日には、氏康・氏政父子と上杉輝虎との和議の成立につき、輝虎は北條氏照に書を遣つて、甲斐に出兵して信玄の背後を脅すべき旨を約諾した(新編武藏國風土記稿)。

北條氏と輝虎とが接近するとき、家康もまた二月十八日、輝虎の家臣河田長親に書を遣つて、輝虎の存問に答へ、親善の意を表した（上杉文書）。これをも含めて、ここには永祿十二年の家康文書三十通を採錄したが、その大多數は遠州經略に關するものであり、特に安堵狀十一通宛・行狀十通・感狀一通・誓書二通のごときは、その經略の成功を表示してゐる。よつてそのほかの定書二通・寄進狀一通・書狀四通と共に、逐次これを解說する。

天野景貫等に與へたる所領宛行狀（永祿十二年正月二日）

今度依レ令ニ忠節一、出置本知之事

犬居參ケ村・雲名・横川、

都合五百貫文

右出置知行、棟別其外爲ニ不入一申付之上、（者脱カ）永不レ可レ有ニ相違一者也、仍如レ件、

永祿十二己巳年

正月二日　家康樣御判有

天野（景貫）宮內右衞門（尉脱カ）殿

同名助兵衞殿

同刑部左衞門殿

給人衆三人

〔譜牒餘錄〕三十八 家臣 阿部對馬守 天野小四郎

天野宮內右衞門尉景貫は遠州犬居城主で、今川氏眞に屬して居つたが、家康の遠州に入るに方り、一族と共に歸屬した。

因つて家康はその恩賞として、犬居三箇村・雲名・横川合計五百貫文の地を宛行ひ、棟別錢を免除し、守護不入の特權を與へたのである。

犬居は山香郡（今、周智郡内）氣田川の谷、磐田郡の光明山・本宮山の背後にあり、氣田・熊切・砂川の諸村と共に、犬居鄕・犬居山中と呼ばれ、信州伊那郡飯田より南下して西遠州に入る街道の要衝に當つてゐる。天野一族は南北朝のころよりこの山中に土著し、今の犬居村堀之内に城を構へ、景貫に至つて大いに勢威を張つたから、家康はこれを重んじ、この年だけでも正月二日・四月八日・四月十三日・七月廿四日の四回に亙つて、景貫及び同族の者數名に、本知を安堵したり、本知を宛行つたり、誓書を與へたりして優遇した。しかし後に景貫は背いて武田信玄に通じ、家康に抵抗した。尚、文書中に見える雲名《うな》・横川は、犬居の西、天龍川を挾んでゐる村名で、今は磐田郡に屬する。

牧野源介に與へたる所領安堵狀（永祿十二年正月十一日）

今度出置本地之事　小華同心衆
一百貳拾貫文　長溝之鄕とはの川原畠共
右知行如二前々一、不レ可レ有二相違一者也、仍如レ件、
永祿十二年己巳
正月十一日　御諱御判（家康）
牧野源介殿
〔譜牒餘錄〕五　松平越前守家臣

牧野源介の本名、事蹟等は未だ詳でないが、遠江の士で、永祿十二年十二月、家康が遠州に入國のとき歸屬したのであらう。本書はこれに就て、その本領を安堵せしめたものである。

中山又七に與へたる所領安堵宛行狀（永祿十二年正月十一日）

今度進置本地事　小關同心衆

一百貫文　山名庄出橋壹ケ所

一三拾貫并三拾俵　下方籾出鄕百姓五人前ニ而出レ之、

右知行、如ニ前々一不レ可レ有ニ相違一者也、仍如レ件、

永祿十二年己巳正月十一日　家　康判

中山又七殿

〔富永文書〕○東京

これより先、天文三年正月十七日、今川氏輝が中山兵庫助に與へた文書に、切符三十貫文・米三十俵を駿河須津增分の内を以て、百姓五人前より請取り、新給恩として宛行ふべき旨を記したものがある。これに則り、家康は、三十貫・三十俵を下方籾出鄕の百姓五人前にて給與したが、別に新恩として、山名庄出橋百貫文の地を宛行つたのである。尚、富永文書には、この後の年時に、中山善九郎・中山是非介・中山宗安・中山仁左衞門・中山介十郎・中山秀樹・同利右衞門等の名が見え、永く榛原郡下湯日村に居住したことが窺れる。また前後の文書に「小華同心衆」とあるのが、この文書だけは「小關同心衆」となつてゐる。

大村彌十郎に與へたる所領安堵狀（永祿十二年正月十二日）

今度宛行遠州本知行之事

一七拾五貫文　小池村

永祿十二年

一五拾貫文　　萬こく之内
一百俵　　靍松村
一七拾貫文　　河村之内犬間吉澤
一百六貫五百文　　河上之内
一百六拾俵　　湖(潮)海寺
一貳百六拾貫文　　吉長之内
已上

右城東郡之本知替地、可ニ出置一之、此外陳夫六人、如ニ前々一領掌之上、永不レ可ニ相(有脱カ)違一者也、仍如レ件、

永祿十二己巳
正月十二日　　家康
大村彌十郎殿
小華同心共　　〔歴代古案〕二

大村彌十郎の本名及び事蹟は未だ詳でないが、遠江の士で、家康が遠州入國のとき歸服したと思はれる。本書はこれを嘉して本領を安堵せしめたものである。城東《きとう》郡は今の小笠郡の小笠山以南、海岸に至るまでの平野の地方で、東は榛原郡、西は磐田郡に接してゐる。吉澤・潮海寺は、その內、河城村の大字として名を殘してゐる。

加々爪政豐に與へたる所領安堵狀（永祿十二年正月十五日）

東照宮御判物

今度出置本地之事　小華同心衆

一參百七拾貫文　(山名郡)山名庄新池脇

一參拾五貫七百文　乘木郷同心天野龜壽給恩

一懸川屋敷并被官屋敷六間、兩所に在レ之事

右如二前々一、令二領掌一之上、永不レ可レ有二相違一者也、仍如レ件、

永祿十二年己巳

正月十五日　(家康)御名乘御判

加々爪(政豐)備前守殿

〔古文書〕加々爪〇記錄御用所本　加々爪備前守政豐拜領同友之助信民書上

加々爪備前守政豐は遠江國山名郡山名庄新池の鄕士であつた。永祿十一年十二月、家康が遠州に入るに方り、國境まで出迎へたので、家康はその歸服を嘉し、所領を安堵せしめたのである。山名郡の境域は古來たびたび變遷があり、今の周智郡南部・磐田郡南部・小笠郡西北部に亙つてゐたらしく、山名庄は周智郡山梨村大字飯田村だらうといはれる。

奥平信光に與へたる感狀（永祿十二年正月二十日）

〔附〕石川數正より奥平信光に遺れる書狀（同）

今度之忠節無二比類一候、喜悅異レ他候、向後可二走廻一候、

尚委曲(石川數正)伯耆守可二申傳一候、恐々謹言、

正月廿日　　家康

奥平喜八郎（信光）殿

〔武徳編年集成〕十

奥平喜八郎信光は、三河作手（築手）の豪族奥平氏の一族であらう。「武徳編年集成」には「名倉の奥平信光」（名倉は三河である）とあるが、「寛政重修諸家譜」奥平氏の條には所見がない。名倉は今北設樂郡田口町の西北に隣する村である。尙、この時、家康の家臣石川伯耆守數正が信光に贈つた添狀を、併せて左に錄す。

雖レ未二申通一令レ啓候、今度之御忠節無二比類一儀共候、一段御祝著之事候、即御直書ニて被二仰入一候條、向後御走廻候段、專要ニ候、爰許御用之子細も可レ承候、無沙汰有間敷候、恐々謹言、

（石川伯耆守）石伯　數正

正月廿日

奥平喜八郎殿　御宿所

〔武徳編年集成〕十

小笠原淸有に與へたる所領宛行狀（永祿十二年正月二十日）

今度宛知行事

一百貫文　棚草之郷うつなし山同原共ニ雲林寺領共

一參百貫文　大坂西方同濱野村舟共

一參拾貳貫文　善能寺領一圓ニ淺羽之內

右今度別而依レ令二馳走一、爲二新知行不入一永所二宛行之一、棟別諸役并りうし共一圓可二停止一者也、

仍如件、

永祿十二年己巳

正月廿日

小笠原與左衛門（清有）殿

家　康（花押）

〔小笠原文書〕○紀伊

小笠原與左衛門清有は遠江の士である。「今度別して馳走」したとあるから、家康の遠州入國に當り、忠勤を挺んでたのであらう。家康はこれを嘉して、新知行を宛行ひ、棟別諸役等を免除したのである。馳走とは今の言葉で奔走といふのに同じ。棚草（城東郡）は、今の小笠原（郡か）相草村棚澤、大坂は同大坂村、西方は堀之内町西方、濱野は三濱村濱野にそれぞれ名を殘してゐる。

石谷政清に與へたる所領宛行狀（永祿十二年正月二十六日）

今度被レ行知行事

右五石半之飛鳥内一色百貳拾俵、貳斗俵也、幷前之屋敷分有ニ由緒一令ニ訴訟一候間、爲ニ新給恩一出置畢、永不レ可レ有ニ相違一、守ニ此旨一彌於レ令ニ奉公一者、重而可レ加ニ扶助一者也、仍如レ件、

永祿十二年己巳

正月廿六日　御名乘（家康）御書判

石谷十郎右衛門（政清）殿

〔古文書〕○石谷記錄御用所本　石谷十郎右衛門政清拜領 同庄之助清嵩書上

石谷十郎右衛門政清は遠江の士である。初め今川義元・同氏眞に仕へたが、氏眞没落の後家康に歸屬し、所領を宛行はれたのである。

朝比奈十左衛門尉等に與へたる替地宛行狀（永祿十二年正月二十八日）

今度宛行本知改替之事
一貳拾六貫貳百文　初馬
一四拾五貫文　（千羽）せんは
一百貳拾五貫文　石岡日坂共給方也、
一參拾貫文　東山
一百貫文　湯井・ろ滿そろ
一六拾九貫文　（色尾）いろう・初倉
一四拾貫文　きゝ嶋
一拾五貫文　深谷
一五百貫文　かふや・菊河共、
都合五百貫文
右所々鶴見佐渡守、前々如レ令二所務一出置候畢、縦雖レ有二先判一不レ可レ有二許容一者也、仍如レ件、

永禄十二年己巳

正月廿八日　　　家　康（花押）

朝比奈十左衛門尉殿

同名太良右衛門尉殿

同主水佐（佑）殿

〔朝比奈文書〕○武藏

朝比奈十左衞門尉等はいづれも遠州の士である。他の二名は十左衞門尉の同族であらう。彼等は家康の遠州入國のとき、歸順したので、家康はこれを嘉し、その舊領に對し、本書に列擧せる替地を與へ、それ等の替地に就いて若し以前に出された宛行狀や安堵狀などがあつても、それは無效であり、この度宛行はれた權利は侵されないことを證言したのである。初馬は今の小笠郡粟本村初馬、千羽は同東山口村千羽、日坂は日坂村、金谷は榛原郡金谷町金谷、菊川は金谷町菊川にそれぞれ名を殘してゐる。

上杉輝虎の家臣河田長親に遺れる書狀（永祿十二年二月十八日）

〔附〕石川家成より河田長親に遺れる書狀（同日）

（附箋）
「永祿十二年、三州へ使者ヲ遣シタル時ノ書」

自二輝虎一御尋本望至候、抑駿甲被レ遂二相鉾楯一之刻、家康も向二于遠州一出馬候處、存知之外、彼國之諸士令二降參一、懸川一城敵對候、彼城に今河氏眞被二楯籠一之間、詰寄在陳候、是又可二落居相定一候、樣子染筆之外無二異儀一候、随而御家中逆意族出來候處、早速御成敗之故、治國之由被二仰

越ニ尤存候、此旨具可レ被ニ仰入一事所レ希候、恐々謹言、

(永祿十二年)二月十八日　　家　康（花押）

(長親)河田豐前守殿

〔上杉文書〕五

永祿十一年十二月、家康が遠州に討入つたのは、武田信玄の駿州南下に策應したのであつたが、信玄は大井川を以て、德川・武田兩氏の境界線となさうといふ先約を無視し、部將秋山信友を信州より南下せしめて遠州を攪亂させたので、家康は信玄を信賴せず、越後の上杉輝虎（後の謙信）と互に好を通じ、輝虎の方から使者を家康の許に遣した。「上杉年譜」（卷十三）には、その時の狀況に就いて、「同月(二月)下旬、三州ヘ差越ル使節歸國ス。家康使者ニ對シ、御饗應勝テ盡スヘカラス。御返答モ尤懇切ニシテ、河田豐前守（長親）處マテ到來ス。家康モ駿甲取合ノ節、遠州ニ出馬ス。國士等氏眞ニ密通スル者モ此有トイヘ共、大半家康ヘ降參、唯掛川ノ一城ノミ對捍スルニ依テ、近日兵馬ヲ差向責ソトナリ。」と記してある。本書にも遠江の諸將が家康に降服せること、家康が氏眞の居る懸川城に迫れることを述べてある。氏眞は信玄に逐はれて駿府を沒落し、朝比奈備中守泰朝の居城なる懸川城に移つたのである。尚、書中「御家中逆意族出來候處、早速御成敗云々」とあるのは、越後本庄城（村上城）の本庄繁長が輝虎に背き信玄に通じたので、永祿十一年十一月、輝虎自らこれを攻め、十二年三月頃降服せしめたことを指すのである。この戰の大勢は輝虎に有利であつたので、他の地方のもの、例へば、大川長秀・三木良賴・三木自綱等は正月頃より、既に本庄城の陷落が近いとなし、或は既に降服したとなして、祝意を表せる書狀を輝虎に寄せた。家康も亦その傳聞に依つて、二月十八日附のこの書狀において、「早速御成敗之故、治國之由」と書いたのであらう。上杉家よりの來書に、若しこの文字があつたのだとすれば、それは上杉家の目算を述べたといふべきである。尚、この本書に附屬せる石川日向守家成の書狀を次に錄す。

貴札之旨令ニ披露一候キ、抑今度不意駿甲被レ及ニ鉾楯一之砌、碎(倅)ニ啄于家康一至ニ于遠州一出馬候處、彼國諸士令ニ降參一、卽時一篇被ニ申付一候、然者今川氏眞懸河表に御籠城候、因レ玆家康彼城に詰寄、于レ今在陣候之條、近日可レ令ニ落居一事此節候、於ニ時宜一者、可レ有ニ御意易一候、此旨宜レ預ニ御披露一候、恐々謹言、

（永禄十二年）
二月十八日　　　　　　　　　　家（石川）成（花押）
河田豊前守殿
〔河田文書〕○東京

松下筑後入道に與へたる所領安堵狀（永禄十二年二月十九日）

今度宛行濱松之莊之内本知之事
一因幡鄉　　　一宇布見國本所
一志戸呂國本所　　一嶋國本所
一新橋國本所堤共　　一人見國本所
一寺嶋鄉諸給共幷新豊境山
一里鄉半分諸給共
御厨鄉之内
一西嶋　　一大立野　　一新田
一鎌田　　　一次男市幷寺社領之事、
一都合千貫文餘米方共
右令ニ領掌一之上者、如ニ前々一ハ永不レ可レ有ニ相違一者也、仍如レ件、
永禄十二年巳己

二月十九日　　家康判

松下筑後入道殿

〔古文書集〕四 御徒頭川口七郎左衛門家蔵

松下筑後入道の事蹟は未だ詳でない。家康の遠州入國に當り、歸順せるにより、本書に列擧せる舊領を安堵せしめたのであらう。宇布見は濱名郡舞坂の對岸雄踏町宇布見、寺島は北濱村寺島、志戸呂は神久呂村志都呂・伊左見村古人見・大人見に名を殘してゐる。

都筑秀綱に與へたる所領安堵狀（永祿十二年二月二十六日）

今度宛行本知行之事

一字間郷諸給共　　一久保田但所々在之、

一下平河　　朝比奈八郎二郎分〇此八字、下平河の註カ、

一前之屋敷分

都合五百貫餘

右在々、如二先判形一領掌訖、永不レ可レ有二相違一、下平河之事、依レ為二城東郡一、替地無二相違一可二出置一者也、仍如レ件、

永祿拾貳己巳年

二月廿六日　　家康公御書判

都筑惣《(秀綱)》左衛門尉とのへ

〔譜牒餘録〕二十九 本多中務大輔之一家臣都筑惣左衛門

都筑惣左衛門尉秀綱は初名を藤三郎といひ、後、惣左衛門尉と改めた。田原藤太秀郷の後胤、都筑雅樂助秀景の養子である。遠州に居住し、今川氏眞の手に屬したが、永祿十二年家康の遠州入國のとき、忠節に依り召出され、本書により宇間郷等五百貫の本領安堵狀を受けたのである。

下平川は今の小笠郡平田村にある。

西鄕淸員に與へたる替地宛行狀（永祿十二年三月二日）

東照宮（御判物脫カ）

爲二河邊替地一、遠州之内七百貫文遣置上者、永不レ可レ有二相違一者也、仍如レ件、

永祿十二巳年

三月二日　　家康御判

西鄕左衛門佐《(淸員)》殿

〔古文書〕西鄕〇記錄御用所本　西鄕左衛門佐淸員拜領　同齋宮員豐書上

西鄕左衛門佐淸員は三河國西鄕庄嵩山《すせ》月谷《つきがや》城西鄕正員の孫である。正員の子正勝は五本松城に移つたが、その子元正はまた月谷城に住した。淸員は元正の弟で幼時より家康に近侍し、永祿七年六月吉良・河島・作手領小法師知行井谷等において九百貫文の所領を受け、同十二年三月、遠江國榛原郡に移され、七百貫文の地を與へられた。本書は、その時のものである（寛政重修諸家譜）。

大村高信に與へたる所領宛行狀（永祿十二年三月八日）

今度於二金藥師一、別而依レ有二奉公一、新知八百貫文出置上、(者脫カ)永不レ可レ有二相違一、彌可レ抽二忠節一者也、
仍如レ件、

永祿十二巳年

三月八日　　　　御諱御判

大村彌兵衛(高信)殿

〔譜牒餘錄〕二紀伊藩士上 大村彌兵衛

本書は家康が大村彌兵衛高信の功を嘉して八百貫文の地を與へた宛行狀である。その來歷に就き、譜牒餘錄には次の如く記してある。

一權現樣に高祖父大村彌兵衛高信御味方仕、則彌兵衛幷同心者ニ本領被下置、御證文一通頂戴所持仕候、

一甲州勢、遠州に出張之剋、金藥師ニ取出を構、相守之、權現樣青田山迄御出馬之時、本鄕山乃城を小笠原幷大村彌兵衛兩人として攻取候節、爲二御褒美一新知被二下置一、御感狀頂戴所持仕候寫

天野景貫に與へたる誓書（永祿十二年四月八日）

御血判有
起請文之事

一本知行如二前々一相違有間敷之事

一奥山兵部(定友)・同左近(友久)・家山之鱸(源六郎カ)何も本知如二前々一相違有間敷事　付、同心・親類衆各如二前々一相違有間敷事

一懸川人質之儀、別條有間敷之事

右三ケ條於レ僞者、梵天・帝釋・四大天王、惣而日本國中大小神祇、別而富士・白山・伊豆・箱根・三嶋・愛宿(宕)山・天滿大自在天神、蒙二御罰一、來世ニ而墮二在無間一(者、可脱カ)候者也、仍起請文如レ件、

永祿拾貳己巳年

四月八日　　　　　家康判

天野(景貫)宮内(右脱カ)衛門尉殿

〔天野文書〕〇後備

本書は永祿十二年正月二日家康が犬居城主天野宮内右衞門尉景貫に所領を與へた後、更に出した誓書であつて、本領を安堵せしめ、奥山兵部丞定友・同左近將監友久・鱸源六郎（名未詳）にも、同じく本領を安堵せしめ、その懸川城中に提出してある人質の安全を保證したものである。懸川城には當時今川氏眞が居り、家康はこれを攻めて居つたが、やがて和議が成立し、氏眞は城を家康に明渡し、五月十七日、駿河國蒲原に拒り、尋で伊豆國戸倉に移り、家康はその將石川日向守家成に命じて懸川城を守らしめた。この文書は白山牛王寶印の裏に記してある。

大澤基胤・中安定安・權太泰長に與へたる誓書（永祿十二年四月十二日）

〔附〕酒井忠次・石川數正より大澤基胤・中安定安・權太泰長に遺れる誓書（同日）

〔同〕渡邊盛より大澤基胤・中安定安・權太泰長に遺れる誓書（同日）

〔同〕大澤基胤・中安種彦より朝比奈泰朝・同親孝・金遊芳線に遺れる書狀（永祿十二年四月四日）

〔同〕返書（同年四月十一日）

敬白起請文之事

一當城居成之事

一諸事拔公事有間敷事

一本知何も如二前々一、爲二新居替地一、呉松相違有間敷事

一當知行分諸不入、當城下諸成敗、山海共、可レ爲レ如レ前之事

一於二萬事一虚說等於レ有レ之者、訴人を爲レ先可レ遂二糺明一事

右條々於レ僞者、

上者梵天・帝釋・四大天王・惣而日本國中大小神祇、別而者弓矢八幡・摩利支天・富士・白山・愛宕山・秋葉・天滿大自在天神蒙二御罰一、於二今生一者、弓矢冥加盡、得二黑白病一、來世ニ而者、可レ墮二在無間一者也、仍起請文如レ件、

永祿拾貳己巳年

四月十二日　　家　康（御居御判 御血付）

大澤(基胤)左衞門佐殿・

中安(定安)兵部少輔殿

權太(泰長)織部(祐)佐殿

本書は權太織部佑泰長の子孫なる權太市右衞門より提出せる書上に據つた。この本文の次に來歷が述べてあるが、これに依れば、權太・中安・大澤の三家は、互に親戚である。

一曾祖父　　　　權太織部（泰長）佐（佑）

一母方曾々祖父　　中安兵部（定安）少輔

一　　　　　　　大澤左衞門（基胤）佐

右三人、遠江堀江城住ス時、權現樣、永祿十二巳年、右三人被㆓召出㆒、本知無㆓相違㆒被㆓下置㆒之旨、御起請御直判之御證文致㆓頂戴㆒、御奉公、〇中略

一大澤左衞門佐儀、中安兵部親類ニ而罷在候由承傳候〇中略

〔譜牒餘錄後編〕二十三 植村土佐守組 權太市右衞門

敬白起請文之事

一當城居成之事

一諸事拔公事有間敷事

一本知何も如㆓前々㆒、爲㆓新居替地㆒呉松相違有間鋪事

一當知行分諸不入當城下諸成敗、山海共ニ、可㆑爲㆑如㆑前之事

一於㆓萬事㆒、虛說等於㆑有㆑之者、訴人を爲㆑先可㆑遂㆓糺明㆒之事

右條々於僞者、

永祿十二年

上者梵天・帝釋・四大天王、惣而日本國中大小神祇、別而者弓矢八幡・摩利支天・富士・白山・愛宕山・秋葉・天滿大自在天神蒙二御罰一、於二今生一者、弓矢冥加盡、得二黑白病一、來世ニ而者可レ墮(在脱カ)二無間一者也、仍起請文如件、

永祿拾貳己巳年
四月十二日

酒井左衛門尉
忠次（居判 血判）

石川伯耆守
數正（右同）

大澤左衛門佐殿
中安兵部少輔殿
權太織部佐殿

〔譜牒餘錄〕二十三 植村土佐守組 權太市右衛門

敬白起請文事

一拔公事申間敷之事

一諸事向後疎略有間鋪之事

一御知行方之儀ニ付而之仰事候者、遲(涯)分馳走可レ申之事

右條々於レ僞者、

上者梵天・帝釋・四大天王、惣而日本國中大小神祇、別而者弓矢八幡・摩利支天・富士・白山・愛宕・秋葉・天満大自在天神、御罰をかうふり、於二今生一者、弓矢みやうかつき、黒白之やまいうけ、來世まては、無間へたさいすへき者也、仍起請文如レ件、

渡邊圖書助

盛居判血判

永祿拾貳己巳年四月十二日

大澤左衛門佐殿

中安兵部少輔殿

權太織部佐殿

〔譜牒餘錄〕二十三 植村土佐守組 權太市右衛門

渡邊圖書助は勸降使として斡旋したので、特にこの誓書を出したのであらう。圖書助が使者となつて、降服を勸めたことは、次に掲げる「大澤基胤に與へたる宛行狀」に附載せる「譜牒餘錄後編」の中に見えてゐる。

大澤左衛門佐基胤は遠州敷知郡堀江城主であり、中安兵部定安・權太織部泰長等を從へて武名が高く、今川氏眞に屬して居り、家康の遠州進入に方り、氏眞の爲に堀江城を守り、氏眞は永祿十一年十二月一日附で、懸川城より書を基胤並に中安彦次郎の兩人に遺り、その忠節を勵ました（大澤文書）。同十二年正月二十五日基胤等は家康の軍と戰ひ、宇布見の壘を破り、敵船を奪つたので、翌二十六日氏眞は鹽硝六百匁を基胤に送つてこれを感賞した（同上）。因つて家康は三月十五日、井伊谷三人衆近藤石見守康用・鈴木三郎大夫重時・菅沼次郎右衛門忠久、及び三州野田の菅沼新八郎定盈等をして堀江城を攻めさせ、二十七日、自ら引佐郡氣賀堀川の砦を攻めてこれを陷れ、尋で堀江城に使を遣し、基胤等を降服せしめた（校訂松平記・三河物語・菅沼家譜・武德編年集成）。本條に採錄した第一の誓書は、家康が四月十二日附を以て大澤基胤・中安定安・權太泰長に與へたもので、基胤等をして舊の如く堀江城に居らしめ、本領を安堵せしめ、新居替地として呉松を與へ、守護不入、城下の諸成敗等すべて舊に依らしむることを言明してある。第二の誓書は同一條項に就き、家康

の部將酒井左衞門尉忠次・石川伯耆守數正兩人より基胤等三人に宛てたものであり、第三の誓書は同渡邊圖書助盛《さかり》より遺れるものである。圖書助は初は淸といひ、後に盛と改めた人である（寛永諸家系圖傳）。尚、基胤が家康に降服するまでの間の動靜を、今川方の書狀に依つて按ずるに、基胤は中安彦次郎種豐と連署にて、四月四日、懸川城將朝比奈備中守泰朝等に書を遺り、家康に城を攻められ、城中に食糧が缺乏せること、家康より和議を慫慂せらるることを述べ、戰局を緩和せんと欲し、氏眞の指揮を求め、尚、堀川城を援けたけれど、遂に陷落したことを報告してゐる（大澤文書）。參考のため左にこれを載せる。

（端裏書）
「懸河へ四月四日」
久不二申上一候之條、其地（懸川）無二御心元一存候、當城（堀江）之儀、今迄ハ堅固候、遲（遲）分と存候へ共、緩之儀、一篇于レ今無二御座一候由候、左候へハ、當國之事重而家康罷立、方々手置仕候て、當城取懸、城中不レ成候者、取出重而仕、麥を可二苅取一之由候、兵粮之儀ハ、當座人々二三ヶ月計之事ハ所持候、果而ハ一圓罷成間敷、城下知行分も欠所ニ罷成候、來作ハ少も有間敷候、何方ゟ兵粮可レ入ニ無レ之候之條、諸人數相拘、可二開運一便無之候、相果候ても、御國之御爲ニも罷成間敷候、敵方より種々扱を申候條、先さるめ可レ申さめ、種々難題を申懸候、定落著ハ有間敷候、今迄無沙汰不レ申候間、事時宜相調候共非二疎意一候、雖二如レ此候一、御調略も御座候ハヽ依二御下知一、可レ成二其覺悟一候、至レ于レ今如レ此次第、無念至極候、將又堀河隨分申調、手を合候之處、普請大方ニ付て、則時被二乘取一候、悉給人百姓打死、此方加勢仕候者廿計討死仕候、口惜存計候、山村・尾藤・竹田人質此方拘置候、末々ハ可レ被レ加二御下知一候、此等之趣御取合奉レ賴候、恐々、

（永祿十二年）
卯月四日

（大澤左衞門佐）基胤
（中安彦次郎）種豐

(朝比奈備中守泰朝)
朝備
(同下總守親孝)
同下
(同金遊芳線)
同金

此分たるへく候哉、但かを〱こは〱まも可レ被レ仰候哉、自餘ハ金遊へ可レ被レ仰候哉、御分別次第、尙々可レ被二書加一候歟、

〔大澤文書〕○東京

これに對し、泰朝等は四月十一日附を以て、氏眞が基胤の忠節を褒せること、基胤と家康との講和を承認することを回答した。その書狀は次の如くである。

急度預二御飛脚一候、其趣則披露申候、仍只今迄之御忠節無二比類一被二思召一候、然者其地扱之儀申候哉、此上之儀者、何様ニも時宜可レ然様落著尤被二思召一候、自二當地一御差圖之儀者、御分別不レ行之旨候間、是非不二申入一候、猶以御忠節之儀者、無二是非一次第候、恐々謹言、

(永祿十二年)
卯月十一日

(朝比奈備中守)
朝備　泰朝(花押)
金遊　芳線(花押)
(朝比奈下總守)
朝下　親孝(花押)

（大澤左衛門佐基胤）大左
（中安彦次郎種豐）中彦
參御報

〔大澤文書〕○東京

この十一日附の書狀は、十二日に堀江城中なる基胤の手に到著したらうとは考へられない。思ふに基胤は形勢の推移を揣摩して、この頃は既に家康の勸降を容れたのであるらしく、家康の誓言は十二日附を以て基胤に遣られた。この時、基胤等より家康に提出せる誓書が當然在つた筈であるが、傳はつてゐない。

以上に見える地名を現在に當て見ると、堀江は濱名郡にあり、吳松・平松と共に北庄內村に屬し、濱名湖の東岸、引佐細江の南岸、眞に海濱の要害であつた。宇布見は、同郡雄踏村の大字として名を殘してをり、堀江よりも南方、濱名湖の東南岸、細長い入江を隔てて舞坂町と相對してゐる。懸川は小笠郡掛川である。

大澤基胤に與へたる所領安堵狀（永祿十二年四月十二日）

今度宛行本知行、領家方三ヶ分事

一崎村櫛（濱名郡）　一和田（濱名郡）
一無木　一上田
一石丸參ヶ壹　一吳松之內（濱名郡）
一和地之內（濱名郡）　一伊佐地
一佐濱　一內山
一尾奈（引佐郡）鄉米錢員數有レ之、

右如ニ前々一諸役不入、幷棟別・寺庵方・山浦・野村切起等增分雖レ為ニ出來一、永不レ可レ有ニ相違一、殊彼城從ニ前々一、大澤・中安(定安)兩人相踏候間、以ニ其由緒一、向後為申付畢、守ニ此旨一、彌可レ抽ニ忠節一者也、仍如レ件、

永禄拾貳己巳年

四月十二日　　家　康御居判

大澤左衛門佐(基胤)殿

〔譜牒餘錄後編〕一大澤右京大夫

本書は、前掲の誓書と同時に出された宛行狀で、新たに本知行として宛行ふことになつて居り、その地名を列擧し、尚、棟別等の增加があつても、永く課役を免ずべきことを言明してゐる。本書の來歷に付、基胤の子孫の書上を左に錄す。

一永祿十一年、權現樣、遠州御討入之刻、大澤左衛門佐ハ、今川氏眞方而ニ、居城遠州堀江之城楯籠申候ニ付、權現樣被レ為レ寄ニ御馬一、菅沼次郎右衛門(忠久)・近藤登助・鈴木三郎太夫御先途ニ而御攻被レ遊、其以後渡邊圖書為ニ御使一、今度遠州大形屬ニ御手一候處、氏眞之命を守、至レ于レ今楯籠働候段奇特ニ被ニ思食一、向後御疎略被レ遊間鋪候間、御味方可レ仕旨、御懇之上意被ニ成下一候ニ付、奉レ畏、向後可レ奉レ抽ニ忠節一之旨、御請申上候ニ付、永祿十二年四月十二日、御證文頂戴仕候、

御證文之寫〇證文寫略す、上の譜牒餘錄後編權太市右衛門書上に同じ、

右之通御證文致ニ拜領一候、御本紙之御證文者、植村土佐守組權田(太)市右衛門方ニ所持仕候、市右衛門方ゟ指上可レ申与奉存候、

〔譜牒餘錄後編〕一大澤右京大夫

尚、崎村櫛は濱名湖に突出せる半島村櫛村、和田はその北隣なる南庄内村和田、吳松はまたその北隣なる北庄内村吳

松、和地はその東隣なる和地村、伊佐地はその東南なる伊佐見村伊左地、佐濱は同村佐濱の地である。すべて濱名湖の東岸、三方が原の西方に屬する。

天野景貫に與へたる所領宛行狀（永祿十二年四月十三日）

今度宛行知行之事

一遠江國犬居三ケ所一圓爲二不入一、不レ可レ有二相違一事

一雲奈(名)・横川兩郷五十貫文、前々雖レ爲二本知一、近年氏眞(今川)爲二領所一之條、爲二新給恩一宛行事

一同名七郎、何樣之以二忠節一、雖レ企二訴訟一、今度令二出仕一、其上身廻以爲二扶助一之條、彼父子訴訟之段、一切不レ可二許言(容)一事

一親類同名如二前々一是者不レ可レ有二相違一事

一奧山兵部丞(定友)・同左近將監(友久)幷家山鱸(源六郎)爲二新同心一、是者不レ可レ有二相違一事

右條々、如二前々一不レ可レ有二相違一者也、仍如レ件、

永祿十二年巳

四月十三日　家康樣御判有

天野(景貫)宮內右衛門尉殿

〔譜牒餘錄〕三十八 阿部對馬守家臣 天野小四郎

家康は四月八日天野景貫に誓書を與へたが、尋で四月十三日重ねて本書を景貫に與へ、犬居三箇所一圓の地を守護不入地として安堵せしむること、雲名・横川の兩郷五拾貫文の地が、以前天野氏の本領であつたのに、近年今川氏眞の所領にな

つてゐたので、この度新恩給として改めてこれらを景貫に宛行ふこと、天野七郎が景貫に對し訴訟を企てることがあつても採納せざること、奥山定友・同友久・及び家山の艫某（源六郎か）を以て、景貫の新同心たらしめること等を定めた。そして更に同日附を以て左の朱印狀を出した。

天野景貫に與へたる手長地宛行狀（永祿十二年四月十三日）

家康樣御朱印

河根郷五百貫文之地、爲二手長一申付上者、無二々沙汰一、石川伯耆守（數正）方へ、年貢等如二氏眞時一、可レ被二納者也、仍如レ件、

永祿十二己巳年四月十三日

天野宮内右衛門尉（景貫）殿

〔遠江國風土記傳〕八 天野氏代々證文

これは、河根郷五百貫文の地を天野景貫の手長となし、その年貢を石川伯耆守數正の許に納むべきを命じたのもである。手長の語義については異說が幾種もあるが、手長（てなが）は田長（たなが）の轉じたもので、その手の及ぶ限りの田地を意味し、それが一つの行政區畫を示すものとする考が正しいやうである。故に一つの「手長」區域の中には、數村・十數村等を包含することがある。ここでは河根郷五百貫の地を景貫に、所領として與へるのではなく、「手長」として給付し、その地の年貢は石川數正に納付させたのであり、「手長」といふ田地については、被給付者は所有權を有しないといふ性格が示されてゐる。その後、家康は一旦三河に歸つた。多分、懸川城没落後のことであらう。而して閏五月二十二日、數正は景貫に書を遣つて、家康の不在中に處理すべき事に付、隔意なく申し通ずべきことを申し送つた。

〔附〕石川數正より天野景貫に遣れる書狀（永祿十二年閏五月二十二日）

（添狀）如レ仰近日者不二申承一候、家康三州に被二罷越一候間、拙者ハ此地有レ之事、御用等候者（可脱カ）蒙レ仰候、就中（家脱カ）山艫緣類

源兵衛、氏眞(今川)御供申罷越候由、被二仰越一候、此方へ之御縁、一段祝著之到候、其段三州へも可二申遣一候、惣別其筋之儀者、貴所御差圖次第可レ被二申付一候條、於二何事一も、不レ被レ置二御心一可レ蒙レ仰候、猶期二面談之時一候、恐々謹言、

(永祿十二年)後五月廿二日　石川伯耆守(數正)

(景貫)天宮内右御報

〔遠江國風土記傳〕八天野氏代々證文

奥山定友・同友久に與へたる所領安堵狀（永祿十二年四月十三日）

(懸紙)「奥山兵部丞殿(定友)

同　左近將監殿(友久)

家　康」

今度宛行奥山之内大井村・瀬尻、彼兩鄕爲二本知一之間、爲二不入一、如二前々一、諸納所等、一圓ニ令二扶助一畢、縱同名衆何樣ニ雖レ企二訴訟一、今度出仕之上、以二身血一令二扶助一之間、彼同名等訴訟之段、一切不レ可二許容一、近年之儀者、同名大膳亮(吉兼)押領仕云々、判形之旨、於二相背一者、依二注進一可レ加二下知一、但彼上長尾六十貫文、如二前々一、爲二勝分一出置訖、若大膳亮就二逆心一者、彼跡職一圓ニ可二申付一者也、仍如レ件、

永祿拾貳巳年

四月十三日　家　康(花押)

奥山兵部丞殿
同左近將監殿

〔奥山文書〕〇越後

奥山兵部丞定友・同左近將監友久は、家康が四月八日天野景貫に與へたる誓書、四月十三日同宛行狀の中に見えてゐる人々である。その言明の通り、家康は本書を兩人に與へて、遠州引佐郡奥山の內、大井村・瀨尻の二鄕の本領及び守護不入を安堵せしめ、奥山一族の中兩人に對し訴訟を企てるものがあつても一切採納しないで、兩人を扶助すべきこと、近年一族中の奥山大膳亮吉兼が定友の所領を押領してゐるが、本書の旨に背かば、その次第を注進すべく、若し吉兼に逆心があらば、その跡職全部を定友に與ふべきことを約した。

鱸源六郎に與へたる所領安堵狀（永祿十二年閏五月二十日）

今度宛行家山之內本知行之事

参拾貫文　一しろ前山

右任二先判形之旨一、如二前々一領掌訖、幷竹木見切等可二停止一之、天野（景貫）宮內左衛門尉其內以（令同心）、可二走（廻）曲一之間（旨）、永不レ可レ有二相違一者也、仍如レ件、

永祿十二己巳年

閏五月廿日　　家康（花押）

鱸源六郎殿

〔阿波國古文書〕四名東郡鈴木勝太郎所持

本書は家康が鱸《すずき》源六郎に與へて、家山の内三十貫文の地の安堵せしめたものである。鱸が天野景貫の同心たるべきことは、本年四月十三日、家康が景貫に與へた宛行狀の中にも見えてゐる。同心とは附屬する士を指していふ語である。即ち被管の士である。

渡邊三左衛門尉に與へたる所領安堵狀（永祿十二年閏五月二十日）

今度宛行犬居之内本知行之事
氣多之内上石切・河内
竹之内　　熊切之内伊佐賀
右任ニ先判形之旨一、如ニ前々一領掌訖、幷竹木見切等、可ニ停止一之、天野(景貫)宮內右(左)衛門尉令ニ同心一、可ニ走廻一之旨、永(可脱カ)不レ有ニ相違一者也、仍如レ件、

永祿十二己巳年
閏五月廿日　　家康御直判
渡邊三左衛門尉殿
〔和田文書〕○遠江

本書は家康が渡邊三左衛門尉に與へて、氣多以下數箇所の地を安堵せしめたものである。これにも「先判形の旨に任せ」とあるから、この以前にも安堵狀を與へたことがあると思はれる。犬居村・氣多村・熊切村は今も在つて周智郡犬居の山中を構成してゐる。

遠江舞坂鄕に下せる傳馬等禁止定書（永祿十二年閏五月）

定　　　　　　舞坂
（家康）
（朱印）
（印文福德）

右於ニ當郷一、傳馬・幷押立夫・同馬、一切令ニ停止一訖、若難澁之族者、可レ加ニ成敗一者也、仍如レ件

永祿十二年
閏五月　日

〔堀江文書〕○遠江

これは遠州舞坂郷の傳馬・押立夫・押立馬役を停止した命令書である。舞坂には傳馬関係の文書が多く、慶長六年正月には傳馬控朱印狀、伊奈備前忠次・彥坂小刑部元成・大久保十兵衛長安の三奉行連署の傳馬控書が出され、同七年六月二日には伊奈備前守忠次・加藤喜左衞門正次・板倉四郎右衞門勝重・大久保十兵衞長安の奉行連署の傳馬控書が出された。

三河大樹寺に下せる定書（永祿十二年六月二十五日）

「（懸紙）
大樹寺
登譽上人　　　　德川參河守
　　　　　　　　家　康」

一於ニ寺中幷門前一、不レ可ニ殺生一事
一爲ニ不入之地一間、　縱雖レ有ニ罪科之輩一、號ニ奉行人一、不レ可ニ驗（檢）斷一若於下有ニ重科一族上者、自ニ寺家一可レ有ニ追罸一事
一於ニ寺内幷門前一不レ可レ致ニ喧嘩一事

永祿十二年

一國中之諸士等、不レ論二貴賤一、於二惣門前一、可レ有二下馬一事
一寺中門前諸役、一切停止之事
右條々、於二違犯之輩一者、可レ加二成敗一者也、仍如レ件、

永祿十二己巳年
六月廿五日　　家康（花押）
大樹寺
登譽上人

〔大樹寺文書〕一〇三河

先にも記した如く、大樹寺は成道山松安院と號し、三河國額田郡大樹寺村に在る淨土宗鎭西派の名刹である。文明七年松平右京亮親忠の創建にかかる。開山は愼蓮社勢譽上人（愚底聖訓和尙）である。寺内に親忠以下五世の廟塔がある。天文十九年勅願所に准ぜられた。

天野八郎左衞門に與へたる所領安堵狀（永祿十二年七月二十四日）

今度宛行本知行之事
右犬居三ケ村之内、杉村諸納所等、任二先判形之旨一、如二前々一領掌訖、永不レ可レ有二相違一、天野宮内（景貫）右衞門尉令二同心一彌可二走廻一者也、仍如レ件、

永祿十二年己巳七月廿四日　　御書判
天野八郎左衞門殿

〔諸家文書纂〕十一

天野八郎左衞門は、天野景貫の一族である。本書は家康がその所領たる犬居三ケ村内杉村の諸納所等を安堵せしめ、景貫

に同心協力して、忠節を盡すべきことを命じたものである。

天野景貫に與へたる所領宛行狀（永祿十二年七月二十九日）

從二前々一、花嶋爲二同心一之處、今度懸川依レ致二內通一成敗、忠節之至也、然間、彼跡職出置之上者、永不レ可レ有二相違一、彌可レ抽二奉公一者也、仍如レ件、

永祿十二巳年

七月廿九日　　家　康（御判）

天野宮內右衞門尉（景貫）殿

〔諸家文書纂〕八

花島同心云々の事未詳、蓋し懸川城の今川氏眞に內通したので、天野景貫がこれを成敗したのであつた。家康は景貫の忠節を賞し、花島の跡職を恩賞として與へたのである。

遠江見付枡座に下せる定書（永祿十二年七月）

御朱印

○舛（枡）座之事

一拾貳人ニ申付上者、自餘雖レ望レ之、不レ可二許容一事

一舛取方之外不レ可二家賣一事

一座役者、自二未之年（元龜二年）一可二相定一事

永祿十二年

一宿並之傳馬、令ニ免許一訖、但家康出陣之時者可ニ相立一事
一米之座へ付來之物者、如ニ前々一可レ爲ニ支配一事
右條々、永不レ可レ有ニ相違一者也、仍如レ件、
永祿拾貳己巳年七月日
見付
舛《(桝)》取かたへ
〔御庫本古文書纂〕ニ　遠州磐田郡見付町町人 持主 治太夫

座は特權組合である。桝座は桝の監査を掌る。この定書は遠州見附の桝座の人員を十二人とすることとし、座に對する課役は明後年に至りて定むべきこと、家康の出陣の時以外には傳馬を免除すること、從來と同じく米座の運送物を支配すべきことを定めてある。戰國時代では地方により、桝の大小が區々であつて不便が多かつたから、家康は遠州に入つてより間もなく、その統制を企てたのである。後、天正十八年江戸に入つたとき、樽屋藤左衞門を江戸町支配とし、關東の桝の監査を命じ、樽屋を以て桝座となした。

遠江法華寺に下せる禁制（永祿十二年八月三日）

（朱印）（印文福德）きんせい
はしハのほつけ寺のうち、竹木きりとる事、らさく可レ令ニ停止一者也、もし此旨そむくともから
にをひては、見あひにせいはいすへき者也、仍如レ件、
永祿十二年八月三日
〔妙恩寺文書〕○遠江

妙恩寺は遠江濱名郡和田村橋羽に在り、天文十年十一月二十五日今川義元の寺領安堵狀、永祿四年十一月二十日今川氏眞の陣僧飛脚・棟別等の免許安堵狀などを藏す。橋輪と書いたものがあり、慶長以後は端和村と書いたものが多い。

遠江秋葉寺別當光播に與へたる別當職等安堵狀（永祿十二年八月七日）

遠州犬居秋葉寺之事

右別當職并諸勸進寺務等、如二前々一令二領掌一畢、但此判形者、天野宮內右衞門尉（景貫）任二納德一出置上、諸事永不可レ有二相違一者也、仍如レ件、

永祿拾貳己巳年

八月七日　家康（花押）

秋葉寺別當光播

〔志賀槇太郎氏所藏文書〕○羽前

秋葉寺は遠州山香郡（今は周智郡）秋葉山にあり、創始年時は不詳であるが、この文書に依り、光播がその中興とされてゐる。今は秋葉神社と分離し、三尺坊大權現は可睡齋（同郡）に移つてゐる。三尺坊に就き、秋葉寺緣起には、當山の守護神正一位三尺坊大權現は、觀世音菩薩の垂跡權化で、もと信州の生れであり、六、七歲の頃出家し、大學無双の阿闍梨となり、越後國藏王堂十二坊の中の第一の三尺坊の主となつた。この時一七日の間不動三昧の法を執行し、飛行自在の神通を得て、遠州秋葉山に止住した旨を記してある。

松平眞乘に遺れる書狀（永祿十二年八月十二日）

御大儀候共、笠居島御方陣取中、可レ有二御在陣一候、委細石川伯耆守（數正）可二申越一候、恐々謹言、

（永祿十二年）
八月十二日　　　家　康御判

松平左近（眞乘）殿

〔譜牒餘錄〕四十一 松平和泉守

松平左近丞眞乘は、同和泉守親乘の子である（寛政重修諸家譜）。本書は家康が笠居島在陣を眞乘に命じたものである。永祿十二年と推定して置く。笠居島は今の遠州濱名郡の笠井町であらう。笠井は昔は小天龍の河洲であつた。

門奈直友に與へたる所領安堵狀（永祿十二年九月一日）

宛行本知之事

合五拾參貫文　　河匂元之内拘置名職

右彼名職一圓、爲二知行一出置上、野川濱共、如二前々一不レ可レ有二相違一者也、仍如レ件、

永祿拾貳己巳
九月朔日　　　家　康御判

門奈善三郎（直友）殿

〔古文書〕門奈　○記錄御用所本　門奈善三郎直友拜領 同傳十郎直極書上

本文書は、門奈善三郎直友拜領、同傳十郎直極書上とある通り、直友の父直宗の所領を直友に安堵し、野川濱の雜稅の收納權をも舊に依り承認したものである。河匂《かわわ》は河匂庄で河曲庄とも書き、天龍川の河口で、東岸の掛塚港に對し、濱名郡に屬する低地帶であり、今は河輪村・五島村・芳川村に分れてゐる。河匂・河曲・河輪の文字は、いづれも河道の屈曲を意味する。河口の低地なので河道はしばしば變化したであらう。

松平眞乘に遺れる書狀（永祿十二年九月十六日）

懸川番手之儀、兼日泉劦（松平親乘）へ申候、御大義（太儀）候共、來廿日ニ懸川迄可レ被レ移候、境目之事候間、一刻も可レ被レ急候、恐々謹言、

（永祿十二年）九月十六日　（家康）朱印（印文福德）

松平左近丞（眞乘）殿

〔西尾松平文書〕

本書は永祿十二年九月十六日、家康が松平左近丞眞乘に命じて、石川日向守家成に副として懸川城を守るべきことを命じたものである。これより先、同年五月、今川氏眞は懸川城を家康に明渡して退去し、十七日駿河國蒲原に到つた。蒲原到著の日は明確であるが、懸川開城の日は明かでない。「譜牒餘錄後編」には氏眞は五月十六日、掛塚より船にて退去したと記してある。「濱松御在城記」にはその乘船の日を五月六日としてあるが、五月十八日附北條氏政より北條幻庵に宛てた書狀に、氏眞が五月十七日蒲原まで、引揚げたとある（色々證文）。氏眞の退去に因り家康は石川家成をして懸川城を守らしめ、後また家成の妻の弟松平玄蕃允清宗をも城に赴かしめた（譜牒餘錄後編八・寛永諸家系圖傳十八・同五）。然るにその後清宗は、家康の命により、鹽井砦の守備に赴いたので、松平眞乘が、これに代つて懸川城に入ることになつたのである（家忠日記增補）。

尙、譜牒餘錄によれば、眞乘は武田勢の籠れる榛原郡小山城攻めのときの戰功により、この年十二月十三日、家康より、小山の內吉永・西島・幸玉・殿窪・星窪・柏原・山川・舟市、合計二千貫の地を加增されたといふ。

紀伊熊野社に與へたる社領寄進狀（永祿十二年十二月二十三日）

熊野領之事、遠州山野之庄土橋鄉八貫文め、得二上意一候處ニ、永可レ有二御寄進一候由被二仰出一候、彌國家之御祈念肝要ニ候、仍如レ件、

永祿十二（己巳）
極月廿三日　　夏目次郎左衛門尉
　　　　　　　　　　廣　次（花押）
熊野山實報院
　代僧
　　實仙房
　　　　參

〔熊野夫須美神社文書〕○紀伊

夏目次郎左衛門尉廣次は家康の家臣である。本文中に「上意を得候處」とあるのは家康の意志に基くことを示す。本書は家康の命令に依り、遠州山野莊土橋鄕八貫文の地を、紀伊熊野社に寄進したときのもので、家康文書として採錄する。山野庄土橋鄕は磐田郡山名町土橋であり、今、袋井市に屬する。山名町木原には熊野社があり、吾妻鏡文治四年三月の條に、熊野山領の住民の動靜に關する記事が見えてあり、古來崇敬せられてゐたが、この地を領有した家康は、更に本社に土地を寄進したのであつた。

三河普門寺桐岡院に與へたる寺領諸役安堵狀（永祿十二年十二月）

參州渥美郡船形山普門寺桐岡院領事

右寺領幷諸役已下、如二前々一令二領掌一之上者、永不レ可レ有二相違一、次門前之他之者被官契約之事、堅令二停止一訖、守二此旨一、彌可レ抽二懇祈勤行等一者也、仍如レ件、

永祿拾貳年（己巳）
　十二月　日　　　　家　康（花押）
　　船　形　山

〔普門寺文書〕三河〇三

桐岡院

本書は家康が三河國渥美郡船形山普門寺桐岡院に同寺領を安堵せしめ、門前のものが他に被官の契約を爲すことを禁じて、同院に保護を與へたものである。

以上の中より本領安堵・替地宛行・新知宛行等、所領に關する場合を摘出すれば次のやうになる。これにより、永祿十二年中における家康の遠江經略の範域を推察することができる。

永祿十二年安堵宛行寄進等一覽表

月日	宛名		場所	貫高
正月二日	天野景貫(遠江犬居城主) 同　助兵衛 同　刑部左衛門　外給人衆	本知宛行	犬居三ケ村 雲居 横川	五〇〇、〇〇〇
正月十一日	牧野源介(遠江の士)	本地安堵	長溝鄕とはの川原畠共	一二〇、〇〇〇
正月十二日	大村彌十郎(遠江の士)	本知安堵	城東郡小池村・萬こく內・河內・ 河上內・吉長內・ 鶴松村・湖(潮)海寺	計五六一、五〇〇 計二六〇俵
正月十五日	加賀爪政豐(遠江山名庄鄕士)	本地安堵	山名庄新池脇・乘木鄕	計四〇五、七〇〇
正月二十日	小笠原淸有(遠江の士)	新知宛行	棚草鄕・大坂西方同濱野村・善能寺領	計四三二、〇〇〇
正月廿六日	石谷政淸(遠江の士)	新知宛行	飛鳥內一色	一二〇俵(二斗俵)
正月廿八日	朝比奈十郎左衛門(遠江の士) 同太郎右衛門 同主水佑	本知改替宛行	初馬・千把・石岡・日坂 東山・湯井・かまつか・色尾 初倉・きみ島・深谷・金谷・菊河	計五〇〇、〇〇〇

二月十九日	松下筑後入道(遠江の士)	本知安堵	濱松荘内の因幡郷・宇布見國本所 志戸呂國本所・島國本所 新橋國本所、人見國本所 寺島郷諸給共并新豐境山 里郷半分諸給共 御厨郷内の西島・大立野・新田 鎌田・次男市并寺社領	計一〇〇〇、〇〇〇餘 米方共
二月廿六日	都筑秀綱(遠江の士) 引佐郡東濱名村都筑	本知安堵	宇間郷・久保田・下平河 前屋敷分	計五〇〇、〇〇〇餘
三月二日	西郷清員(三河の士)	替地宛行	遠州榛原郡内(三河の所領替地)	七〇〇、〇〇〇
三月八日	大村高信	新知宛行	金薬師	八〇〇、〇〇〇
四月八日	天野景貫(遠江犬居城主)	本知安堵	誓書中の一項	
四月八日	奥山定友	本知安堵	同	
	同　友久	同	同	
	鱸源六郎	同	同	
四月十二日	大澤基胤(遠江堀江城主)	本知安堵	誓書中の一項、安堵状 { 崎村櫛・和田・無木・上田 石丸(三分ノ一)呉松内・和地内・伊佐地・佐濱・内山 尾奈郷・米錢	
	中安定安(右一族)	同		
	權太泰長(同上)	同		
四月十三日	天野景貫(遠江犬居城主)	新知宛行	雲名・横川	五〇、〇〇〇
四月十三日	奥山定友(遠江の士)	本知宛行	奥山内大井村・瀬尻	
	同　友久(同)	同	上長尾(六十貫文)	六〇、〇〇〇
閏五月二十日	鱸源六郎(遠江の士)	本知宛行	家山内しろ前山	三〇、〇〇〇
閏五月二十日	渡邊三左衛門尉(同)	本知宛行	氣多内上石・河内　竹の内 熊切内伊佐賀	

七月廿四日	天野八郎左衞門(同)	本知宛行	犬居三ヶ村内杉村諸納所等
七月廿九日	天野景貫	新知宛行	花島某跡職
八月七日	秋葉寺別當光播	安堵	別當職・諸勸進寺務等
九月一日	門奈直友	本知宛行	河匂元内名主職
十二月廿三日	熊野社(紀伊)	寄進	遠江山野庄土橋郷八貫文
十二月	普門寺桐光院(三河)	安堵	寺領諸役

以上の中、三河の西鄕清員、同普門寺桐光院・紀伊熊野社の三つを除けば、その他は全部遠江の士であり、いづれも家康に歸屬し、或は進んで忠節を盡したことにより、本知を安堵せられたり、或は失つてゐた本知を宛行はれたり、或は新知を宛行はれたものである。西鄕清員は三河の本知の替地として遠江で新知を宛行はれてをり、紀伊熊野社には遠江の土地を寄進した。これらにより、家康の支配力が西遠州に滲透したる狀況を指呼することができる。その範圍は、引佐郡・濱名郡・磐田郡・周智郡・小笠郡・榛原郡に行きわたり、安堵・宛行は月日の下るにつれて、次第に西より東に進行してをり、年末までに、とにかく信玄と約束した大井川以西、遠江國一圓に及ぶ形勢を示した。

元龜元年（1570）家康二十九歲。

永祿十三年は四月二十三日改元されて元龜元年となつた、しかし慣習により、溯つて、年の初めから元龜元年と呼ぶことにする。

將軍足利義昭は、夙に信長の壓力から離脫して自恣な行動を取りたいと思ひ、往年流浪の際、諸國の群雄の助力を求めた故智を繰返して、本願寺光佐・朝倉義景・武田信玄・上杉輝虎等を誘ひて、反信長の氣勢を馴養したので、信長は默視することができず、正月二十三日五箇條の條書を義昭に致し、諸國に下す內書には信長が添狀を附すること、今までの下知を悉く棄破すること、信長の一存を以て誰に對しても成敗すべきこと等を承認せしめた（德富猪一郎氏所藏文書）。

越えて二月三十日、信長は岐阜より入京し、翌三月一日參內して皇居修理の工事を見、それより滯京してゐたが、（御湯殿上日記・言繼卿記）、家康は、これより先、岐阜に赴きて信長に挨拶したところ、信長は去年家康が遠江を平定した成果を祝し、近く上京するから同行せよと勸め、家康はこれに應じて上京した（總見記・三好家譜）。家康が信長と同行したかどうかは別として、信長在京中、家康も在京したことは、原本信長記や、四月十九日附信玄より家康に遺つた書狀を參考として判明する。

〔參考〕武田信玄より家康に遺れる書狀（永祿十三年四月十九日）

就二于信長御上洛一、御同心御劬勞察候、然而洛之內外靜謐之由珍重候、此表之事茂駿刕逐日無爲、可二御心易一候、委曲近日以二使者一可レ申候之間、期二其時一候、恐々謹言、

（永祿十二年康）卯月十九日　（武田）信玄（花押）

（家康）德河殿

〔白崎良彌氏所藏文書〕。

信玄は先年家康と、大井川を境界として駿河と遠江とを分割する約束を結んでゐたのである。

信長は上京の途中、近江で相撲を見物したり、上京後茶器を蒐めたりして他意なき風を裝うてゐたが、越前一乘谷の朝倉義景を討伐するために、四月二十日三萬餘の兵を動かし、京都を發して若狹に下り（言繼卿記）、同二十五日には越前敦賀に入つて天筒山城を陷れ、翌日金ケ崎城を降した（武家雲箋・毛利家文書・甫庵信長記等）。このとき家康は信

長に同行し、天筒山城攻撃に參加した（原本信長記・家忠日記增補・寛永諸家系圖傳）。然るに近江小谷城の淺井長政と、一昨年十二月觀音寺城を奪はれて甲賀地方に流寓してゐた六角承禎とが、兵を起して義景に應ずるを聞き、退路を遮斷せられることを恐れて急遽兵を撤し、三十日京都に歸著した（言繼卿記・繼芥記）。出發より歸京まで僅かに十日間であつた。この退陣は江西の朽木谷を經由せざるを得なかつた。家康も尋で京都に歸つた。散々な失敗であつた。

信長は岐阜に歸るため、五月九日京都を發し、それより近江の志賀・勢多・宇佐山・永原・長光寺・安土の諸城を過ぎ、淺井勢が愛知郡鯰江城を固めてゐるのを避けて、千草越の危險を冒して、五月二十一日岐阜に歸著した（原本信長記・當代記）。そして六月十九日に至り、近江に入つて淺井長政の屬壘を陷れ、二十一日その居城小谷に迫り、その南方の横山城を圍んだ（毛利家文書）。

家康は信長と前後して岡崎に歸つたことであらう。そしてそれから、新たに築城にかかつてゐた濱松に移つたことと思へる。

この間の家康文書を見出すことができない。。よつて、少しく關係があるのに因んで、參考として次の安堵狀を掲げる。

〔參考〕酒井忠次より僧全徹に與へたる住持職安堵狀（元龜元年二月十五日）

伊奈東漸寺住持職之事

右任二家康判形之旨一令レ進二一札一畢、若又寺中於レ有二違亂之儀一者、猶可レ加二異見一者也、仍如レ件、

（元龜元年）
永祿十三年庚午
二月十五日　　　　（酒井）忠次（花押）

全徹和尙

〔東漸寺文書〕三河〇

全徹和尙は東漸寺の住持である。これより先、家康より全徹に與へた安堵狀があつたことは、書中「任二家康判形之旨一」とあるので明かであるが、今傳つてゐない。本書は、家康の安堵狀の旨を奉じて、酒井忠次が重ねて東漸寺住持職を全徹に安堵せしめたものである。尙、東漸寺文書には、別に天正十一年七月十七日忠次より住持周廓和尙に與へたる寺領安堵狀があり、これには本多彥八郎忠次と署名してある。

第三篇　濱松在城の時代

元龜元年（1570）（つづき）、家康二十九歳。

元龜元年六月、家康は住み馴れた三河の岡崎を去つて、遠州濱松に移つた。これまた家康の一生において大きな時期を劃する重要な事件である。

祖父淸康が大永四年(1524)、安城を去つて岡崎に入つたときから、父廣忠を經て家康が二十九歳の元龜元年(1570)に達するまでの四十六年間において、曾ては族黨組織を基盤として成長して來た松平氏は、第一回の脫皮を遂げて、新興大名としての組織を整備し、三河一國の統一を完成したのであつた。次に來るべきものは、その傳統的東進政策を遂行して、遠州に侵入し、領土を擴大することである。喩へて言へば、三河王國を統一したキングが、更に進んで大きな征服國家を建設することなのである。然るに岡崎は、三河一國の統一據點としては申し分がないけれど、この新規な征服事業遂行の據點としては西方に偏在し過ぎる故に、これを嫡子信康に讓り、家康は遠州濱松に進出して、ここに第二回の脫皮を遂げた。そして新に出現したものは、征服大名としての德川家康なのであつた。

元龜元年六月の濱松入城より、天正十四年（1586）十二月、濱松を去つて駿河の府中、卽ち駿府に移るまでの前後十七年間を、ここに濱松在城時代と名づける。家康の年齡は二十九歳より四十五歳、壯年期より中年期に亙る活動期であつた。そして征服目的を十分に達して、その間に三河・遠江・駿河・甲斐・信濃の五箇國を領有する近世大名の風格を完成するに至つた。

この劃期的轉換期たる濱松移城の時日については二つの所傳がある。その一は元龜元年正月といふものであり、その二は同年六月といふものである。

家忠日記增補には、元龜元年「正月、遠州濱松の城、營構既に成て、大神君(家康)是に移り給ふ」とあり、前年著手した構築が、この年の正月には既に竣功し、家康は移轉したことになつてゐる。この正月といふ記事は案外流布してゐる。

當代記には「家康公、此秋(永祿十二年)より翌春(元龜元年)中迄、遠州見付城普請有レ之、此六月(元龜元年)、從二見付一濱松江家康公移給(中略)。九月十二日、本城に家康公令レ移給」とあり、初めは見付城を普請したがこれを放棄し、六月濱松に移り、本城の竣功を待つて九月十二日入城したことになつてゐる。中略の部分には、六月、家康は、取敢ず飯尾豐前守の古城に在城し、その間に本城の普請を進行させ、惣廻石垣・長屋などをつくつたが、三河・遠江の士はいずれも濱松に來住したと記してある。

この當代記の所傳と同樣のことを傳へてゐるものには、武德編年集成・治世元記などがあり、三河物語・濱松御在城記にも見付の普請を中止して濱松に移つたとしてある。

それらを參取して、家康の濱松入城を、ここでは元龜元年六月としておく。

濱松は從來、引馬《ひくま》・引間《ひくま》・曳馬《ひくま》・疋馬《ひきま》などと書かれた驛名であつたが、家康は入城のとき、これを濱松と改めた。濱松といふ名稱は和名抄には敷智郡濱松鄕とあり、中世には濱松庄といふ庄名が見える。

この重要な移轉入城に關する文書が、一通も見當らないのは物足りない。物足りないといへば、この月二十八日に起れる姉川合戰に關する家康文書が、僅かに一通しか見當らないのもまた殘念なことである。

家康が信長と共に越前に赴き、朝倉義景の屬城たる敦賀の天筒山城攻撃に参加したのは四月二十五日であり、信長が京都に戻つた四月三十日の直後に、家康も京都まで引上げたらしく、信長が岐阜に歸著した五月二十一日よりも以前に、家康は少くとも岡崎に歸著したことであらう。もし當代記の記述を信用するならば、見付城の普請を放棄し、引間の古城に移つたのは、この歸著後のこととなる。その移城が六月とすれば、家康は移城匆々軍を率ゐて西上し、六月二十四日、信長が横山城を包圍したとき、家康はまたこれに参加し、信長と同じく龍が鼻に陣した（原本信長記）。そして六月二十八日の姉川の合戰に臨んだ。

姉川の合戰は淺井長政が、横山城の危急を救はんがため、小谷城を出て越前の朝倉義景が派遣した部將朝倉景健と共に大寄山に陣したのを邀へて、信長・家康の連合軍が、これを姉川で破つた戰である。これは當日、信長が細川藤孝に遺つた書狀の中に、「兩口一統に遂二合戰一得二大利一候。首之事、更不レ知二校量一候間、不レ及レ注候、野も田畠も死體計候」と記したごとき快勝であつた（津田文書）。これは家康の生涯に經歷した五大戰爭の第一であり、松平記・當代記・三河物語・寛永諸家系圖傳・寛政重修諸家譜等によつて、家康及びその將卒の行動を知ることができる。

然るにも拘らず、信長にとつて重要な轉機をつくりつつあり、また家康が殆んど全面的に信長と行動を共にしてゐたところの元龜元年の前半期、岡崎より京都―敦賀―京都―岡崎―近江の姉川合戰と移動した間を通じて、これに關する家康文書は、ただ僅かに八月十三日、姉川合戰で戰死した部將中安兵部少輔の遺子滿千世に與へた知行安堵狀の一通を見出すばかりである。少し物足りない。

姉川合戰の後、七月四日、信長は京都に凱旋した（言繼卿記）。家康も共に入京した（當代記）。七月七日、信長は岐阜に向つて京都を出發した（原本信長記）。家康も濱松に歸つた。

信長は岐阜に歸つたが、元龜元年後半期も、京畿の動揺により、席の暖まる遑はなかつた。三好長逸等三人衆の兵は河内を侵した。足利義昭は畠山昭高をしてこれに當らしめた。信長は三好長逸等討伐のため岐阜を發して京都に入り、八月二十五日河内枚方に陣し、尋で攝津天王寺に進み、野田・福島の壘に迫り、足利義昭も親ら軍を率ゐて、八月三十日京都を發し、山城勝龍寺城に入り、尋で攝津中島に移つた（言繼卿記・尋憲記・多聞院日記）。九月八日信長は進んで陣を天滿森に移し、本願寺光佐は信長から攻撃されることを恐れて、三好長逸等に謀を通じて擧兵し、諸國の宗徒に檄を飛ばして、所在に兵を起させたが、九月十二日本願寺宗徒は直に信長の陣營を夜襲した（言繼卿記・尋憲記・原本信長記・當代記・本願寺文書）。これは容易ならぬ形勢であつた。

家康は濱松歸城の後は、城地の經營に專念してゐたことであらう。當代記に、「九月十二日、本城江家康公移給」とあるのを事實とすれば、それは尋憲記九月十三日の條に、「大阪昨日十二日夜、信長方より之陣取之山（○信長の本營）へ、（○宗徒が）夜打しそんじ候由也」とあるのと日が一致し、家康の濱松本城入城と信長の宗徒夜襲撃退とは同日のこととなる。卽ち家康は大坂の暴風圏外に立つてゐたのである。然るに義昭は、形勢の容易ならざることを氣遣ひ、九月十四日、書を家康に遣つて攝津出兵を促した。これに對する家康の返書はないから、この義昭の書狀を、參考として採錄しておいた。但、このとき信長は、家康出兵の必要なしといふ意見であつた。

この形勢に乘じた浅井長政・朝倉義景等は、南近江に兵を出して九月二十日宇佐山城を攻め、進んで山城山科・醍麟に放火したので、信長は、野田・福島の包圍を撤して、義昭と共に九月二十三日京都に歸り、二十五日坂本に兵を出して長政等と對陣した（言繼卿記・尋憲記・中山家記・年代記抄節・原本信長記）。この敵前退却は非常に困難であつたが、家康は部將松平伊豆守信一・石川日向守家成をして、二十四日、信長に加勢せしめ、自分も馳せ參じたらしく、遲くも十月二日以前に著陣してゐた。これらに關する家康書狀がないから、信長より遊佐某に遣れる十月二日附書狀を、また參考として採錄しておいた。

この兵亂は、三好三人衆・本願寺光佐・淺井長政・朝倉義景等の連盟、六角承禎・同義治父子・諸國一向宗徒の參加によつて、廣範圍に亙る作戰行動となつたが、結局、勝敗を決定するに至らず、綸旨と義昭との斡旋によつて、十二月十四日、信長は義景・長政と和して岐阜に歸り、義景・長政もそれ〴〵歸國し、不氣味な物別れとなつて一應休止符が打たれた（諸家文書纂・言繼卿記・中山家記・原本信長記・朝倉家記・家忠日記增補等）。

家康は信玄と協約關係にあり、その信玄は北條氏康と抗爭してゐたので、差當り後顧の憂がなく、信長を援けて三度參戰し、その間にあつて濱松城移轉の大事を決行したのだから、元龜元年は、家康にとつても多事な一年であつた。しかしその割に殘存文書は少なく、重要性のあるものが見當らないのである。

信玄は氏康と抗爭してゐたけれど、西方進出の宿志は變らないのだから、いつ遠江を侵略するかわからず、それに備へて家康はこの年十月、信玄の宿敵たる越後の上杉輝虎に誓書を遣り、信玄と絕緣する覺悟を明言して同盟を結んだ。但、この事は翌二年の東國政局の發展の際に述べることにする。

〔參考〕鳥居忠吉が鈴木重直に遣れる書狀（元龜元年八月一日）

一先年子年せんこ寺内之分、末代居屋敷分として出置候、但此在所鹽濱ニ而候所を、私として堤をつき出され(候脱カ)故、令ニ扶助一候、向後も無ニ油斷一修理可レ被レ仕候、若堤きれ(候脱カ)者、従レ是加ニ人夫一、井之口可レ合者也、仍爲ニ後日一如レ件、

元龜元年午八月一日　　　鳥居(忠吉)御判

鈴木八右衛門尉(重直)殿まいる

〔古文書〕○鈴木記錄御用所本　鈴木八右衛門書上　同八右衛門重直拜領

本書は家康より直接出したもので無く、また文書の上に、一打のあるのは、鈴木家より書上のときにこれを附けたものと思はれる。しかし鳥居忠吉單獨の意志で、この種の命令を出すべきものではない。これより先、永祿八年十一月二十七日、家康が鈴木八右衛門重直に三河國瀨戸地の地を宛行へること(三川古文書)、及び天正元年九月三十日、同國前後堤内における重直の所領を守護不入と爲せること（古文書）によつて考ふるに、本書は明かに、家康の旨を奉じて出したものである。子年は永祿七年(甲子の年)、せんこ寺は前後寺である。家康は往年、重直に所領を與へたのであるが、その土地が鹽濱で低濕の地であるので、重直は私費を投じて堤防を築造した。家康はこれを聞いて扶助を與へ、尙、油斷なく修理を加ふべきことを命じ、萬一堤防が決潰する場合には人夫を出してやる旨を申し送つたのである。鳥居伊賀守忠吉は、淸康・廣忠・家康の三代に歴仕し、元龜三年三月二十五日卒去した老臣である。後年伏見城で戰死した彥右衛門元忠はその三男である。

中安滿千世に與へたる安堵狀（元龜元年八月十三日）

今度江州合戰に、父兵部少輔(定安)於ニ馬前一令ニ討死一、尤以忠節至也、然間載ニ先判形一候知行之員數、永不レ可レ有ニ相違一(マヽ)爲其爲重判形出置所也、守ニ此旨一彌可レ抽ニ忠功一者也、仍如レ件、

永祿拾參年(元龜元年)庚午

八月十三日　　　　家　康　御判

中安滿千世殿

〔諸家感狀錄〕

元龜元年六月二十八日、姉川の戰があり、家康は織田信長を援けて、大に淺井長政・朝倉景健の軍を破つた。この戰における家康麾下の戰功者は、「寛永諸家系圖傳」・「寛政重修諸家譜」等に多く列擧されてゐるが、感狀・宛行狀等の文書の所見は殆んど無く、本書が唯一のものである。遠江敷知郡堀江城の中安兵部少輔定安は、この戰で討死した。特に「於㆓馬前㆒令㆓討死㆒」とあるから、家康の見てゐる處で斃れたのかも知れない。因つてその戰功を賞し、その子滿千世に本領を安堵せしめたのである。

以下二通の文書は家康より出たものではなく、却つて家康が受取つたものであるから參考として玆に採錄する。

〔參考〕足利義昭より家康に遣れる書狀（元龜元年九月十四日）

至㆓中嶋表㆒令㆓進發㆒、既信長勵㆓戰功㆒、近日可㆓討果㆒分候、雖㆓幾（畿）內其外諸卒數萬騎馳集㆒、外聞候間、此節家康遂㆓參陣㆒、抽㆓軍忠㆒者、可㆓悅喜㆒候、織田（信長）彈正忠無用通申由候へ共、先々任㆓約諾旨㆒、不㆑移㆓時日㆒著陣賴思召候、委細（一色）藤長可㆑申候也、

（元龜元年）九月十四日　　　　（足利義昭）花押

松平（家康）藏人とのへ

〔武田文書〕

元龜元年八月二十五日織田信長は三好長逸等三人衆を伐つため、京都を出て河内枚方に陣し、尋で攝津天王寺に進み、野田・福島の壘に迫つた。將軍足利義昭も亦、親ら兵を率ゐて、八月三十日、京都を發し、山城勝龍寺城に入り、尋で攝津中島に移つた。紀伊根來寺の僧兵等が來つてその軍に加はるもの多く、兵勢が頗る振つた。本書は義昭がその戰況を家康

に報じ、信長は家康の參陣は不必要だと言つてゐるやうだけれど、世間の聞えの必要があるから家康も亦時日を移さず出陣せられたいと申し送つたものである。「先々約諾の旨に任せ」とあるから、家康と義昭との間には、何か約束があつたと見える。然るに、淺井長政・朝倉義景等は、信長の西下に乘じ、南近江に出兵し、信長の背後を脅したので、信長は野田・福島の圍を撤し、九月二十三日、義昭と共に京都に歸つた。この書狀の宛名は舊に依り「松平藏人」としてある。この書狀の日附より後に家康も近江に出陣したから、これに關する信長の書狀を左に採錄する。

〔參考〕織田信長より遊佐某に遣れる書狀（元龜元年十月二日）

其表之趣、如何候哉、德川（家康）三河守著陣候、向二近江一□（置カ）候丹羽（長秀）・木下（秀吉）巳下も令二渡湖一候間、德川ニ相加、東福寺・清水・粟田口邊ニ可レ執レ陣候、敵淀川を越候□間、近寄候共、此表儀者、志賀・勝軍殘人數信長即時□可二討果一、敵働樣子被二見屆一可レ被レ合レ手候、爲レ其申送候、恐々謹言、

（元龜元年）十月二日　　信長（織田）（花押）

遊佐□

〔保阪潤治氏所藏文書〕二筆陣二○越後

本書は家康のものではなく、信長から遊佐某に宛てた書狀であるが、主として家康の動靜を記してあるから、參考としてこれを採錄した。これより先、信長は足利義昭と共に大坂に下り、野田・福島を攻めて、本願寺光佐と對峙してゐたところ、淺井長政・朝倉義景等が湖西を下つて南近江に出兵するのを聞き、圍を撤して、義昭と共に九月二十三日京都に歸つた。そして二十五日自ら大津に下り、志賀・坂本・堅田附近にて長政等と對陣した。このとき家康は、軍を近江に出して信長を援けたのであり、本書には信長がその出陣を迎へて心強く感じた有樣が能く現れてゐる。家康が丹羽長秀・木下秀吉等の軍を加へて、東福寺・清水・粟田口邊に陣することになつたのは、淺井氏等の兵が比叡山延暦寺の衆徒等を合せ、山を越えて白川方面に放火し、北方から京都を脅かしたからであらう。家康の引率した人數は奈良では一萬五千と傳へられてゐたことが尋憲記卷三に見えてゐる。

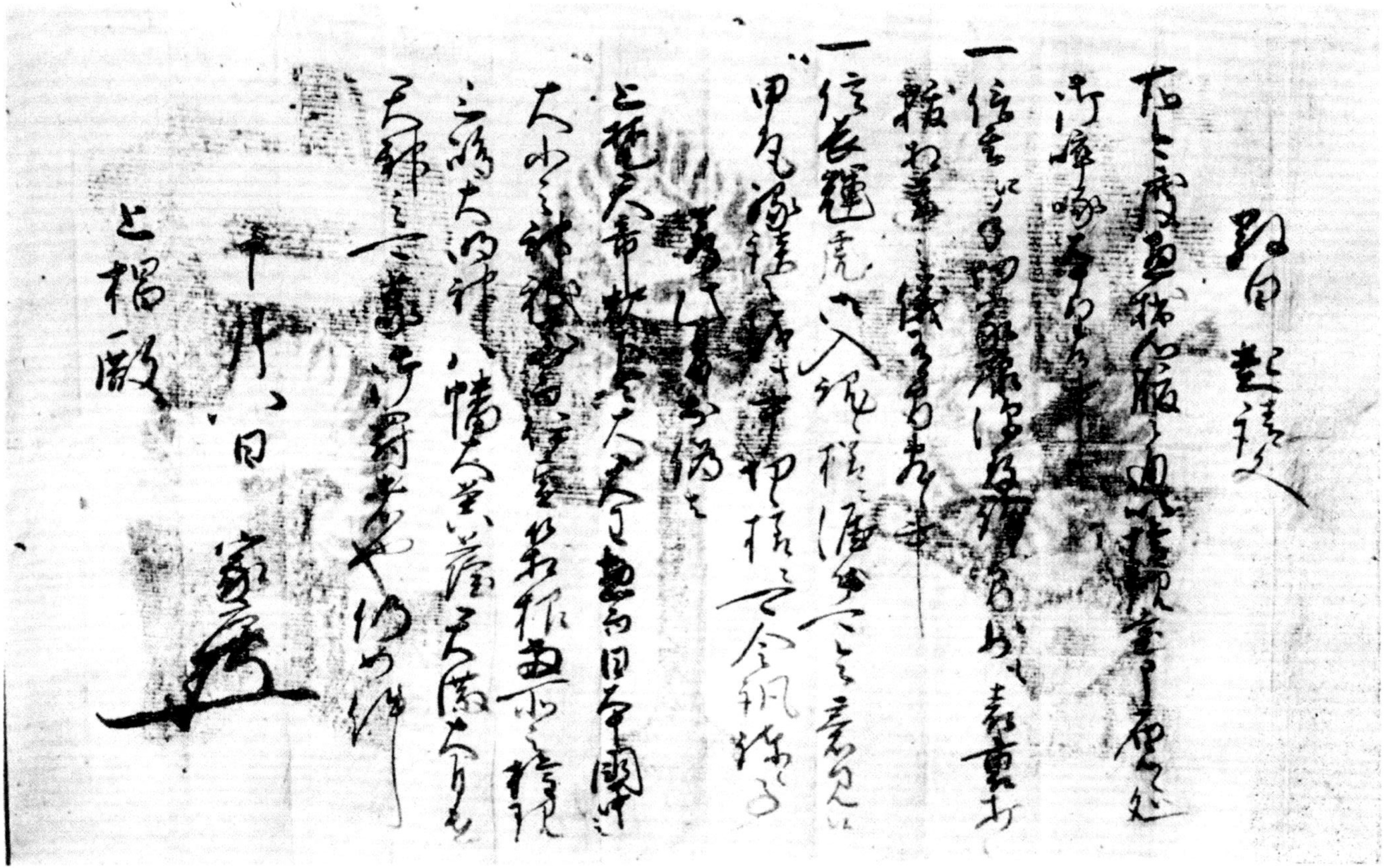

（史料編纂所所藏寫眞轉載）

上杉輝虎に遣れる誓書（元龜元年10月8日）　上杉憲章氏所藏

上杉輝虎に遣れる誓書（元龜元年十月八日）

直江景綱に遣れる書狀（元龜元年十月八日）

〔參考〕上杉輝虎より酒井忠次に遣れる書狀（元龜元年八月二十二日）

〔參考〕上杉輝虎より松平眞乘に遣れる書狀（同　日）

〔附〕河田長親より松平眞乘に遣れる書狀（元龜元年八月三十日）

〔附〕叶坊光播より直江景綱に遣れる書狀（元龜元年十月八日）

〔附〕酒井忠次より村上國淸に遣れる書狀（同　日）

〔附〕石川數正より尾崎某に遣れる書狀（同　日）

（白山牛王裏書）
敬白起請文

右今度愚拙心腹之通、以二（叶坊光播）權現堂一申届候處、御啐啄本望候事

一信玄ゑ手切家康深存詰候間、少も表裏打抜相違之儀有間敷候事

一信長・輝虎御入魂候樣ニ、涯分可レ令二意見一候、甲尾緣談之儀も事切候樣ニ可レ令二諷諫一候事

若此旨於レ僞者、

上梵天・帝釋・下四大天王、惣而日本國中之大小之神祇、別而伊豆・箱根兩所之權現、三嶋大明神・八幡大菩薩・天滿大自在天神之可レ蒙二御罸一者也、仍如レ件、

（元龜元年）十月八日　家康（花押）

上(輝虎)椙　殿

〔上杉家文書〕一

本書は元龜元年十月八日、家康が上杉輝虎に致した誓書で、三越連盟に關する重要文書である。これに依り、家康は輝虎との連盟の成立を喜び、武田信玄と絶縁することを誓ひ、織田信長と輝虎との兩者の和親を圖る用意を有することを述べてゐる。これより先、家康は使僧權現堂叶坊光播を輝虎の許に遣し、和親を申入れた。輝虎はこれに應じ、悦んで和親すべき旨を答へた。蓋、信玄の遠州を窺窬する形勢が、ますます露骨になるので、家康はこれを牽制するために、遙に輝虎との連盟を望んだのである。その事情は、次に掲げる八月二十二日附、輝虎より家康の家臣酒井左衛門尉忠次に遣れる書狀、同松平左近允眞乘に遣れる書狀に見えてゐる。

雖下未二申遣一候上、一筆啓候、仍自二家康一態使僧、誠大慶不レ過レ之候、向後之儀者、無二可二申合一心中ニ候、畢竟者取成憑入候、然者雖下無二見立一候上、兄鷹遣レ之候、暫可レ被二繫置一事、可レ爲二喜悅一候、恐々謹言、

(元亀元年)八月廿二日　　輝(上杉)虎（花押）

酒井左衛門尉殿(忠次)

〔田島正十郎氏所藏文書〕○肥前

雖下未二申遣一候上、一筆啓上候、仍自二家康一態使僧、誠大慶不レ過レ之候、向後之儀ハ、無二可二申合一心中候、畢竟御取成憑入候、猶委細彼口上可レ有候、恐々謹言、

(元亀元年)八月廿二日　　輝虎

松平左近允殿(眞乘)

追而眞羽二十尾、任二見來一差遣候、誠左道之至候、已上、

〔歷代古案〕一

兩書共に家康より、態々使僧を遣されたのを悅び、向後、「無二申合はすべき心中」なることを述べ、家康に對する「取成し」を依賴し、そして鷹を贈つてゐるのである。その使僧といふのは權現堂叶坊光播であつた。尋で八月三十日、輝虎

の家臣河田豊前守長親は、また松平左近允眞乘に書を遺り、輝虎より眞乘に直書を以て「無二御入懇」の斡旋を申入れたので、自分も若輩ながらこれを取次ぎ、何なりとも相應の仕事を勤めようと言つてゐる。日附は違つてゐるが、これは輝虎書狀の添狀である。

雖㆘未㆓申通㆒候㆖啓逃、抑累年別而被㆓申合㆒候付而、此程以㆓權現堂㆒御懇情被㆓仰越㆒、一段祝著之旨、被㆑及㆓御報㆒候、因㆑茲貴所へも直札、無二御入魂之樣ニ御取成所㆑仰候、拙者乍㆓若輩㆒御取次をも申候上、於㆓自身相應之儀候㆒者、無㆓御隔心㆒承之、不(可脱カ)㆑有㆓疎意㆒候、猶具彼口上ニ可㆑有㆑之候間、不㆑可㆓重意㆒候、恐々謹言、

(元龜元年)八月卅日　　河田豊前守
長親

松平左近允(眞乘)殿
御宿所

〔歷代古案〕一

これ等の經緯を經て、十月八日に至り、家康は前掲の誓書を輝虎に致し、同日別に輝虎の家臣直江大和守景綱にも直書を遺つた。左の如し。

雖㆘未㆓申付㆒候㆖、得㆓今度之便㆒啓入候、抑輝虎(上杉)御内證條々被㆑載㆑書候、一々令㆓納得㆒候、每篇河田豊前守(長親)へも申達候、越中在國故、自㆓貴邊㆒承之由、祝著存候、向後可㆓申入㆒候、涯分可㆑被㆓走囘㆒事肝要候、自㆓貴國㆒被㆓仰越㆒候段、具附㆓與御使僧㆒候、定而淵定可㆑被㆓申宣㆒候、委曲期㆓再便之時㆒候、恐々謹言

(元龜元年)十月八日　　家康(花押)

直江大和守(景綱)殿

〔上杉家文書〕一

これによれば、輝虎よりも和親に關する條書が家康の許に送致されてをり、その全部に亙つて、家康は諒解を與へてゐる

のである。そして從來は、河田豐前守長親が、兩家交渉の衝に當つてゐたが、當時、長親は越中に在國して居り、不便であるため、直江大和守景綱が、代つてこれに當ることになつたので、この書狀は景綱宛になつてゐる。尚、輝虎方よりも使僧が家康の許に來てゐるので、その歸國にあたり、この書狀を託し、書外は使僧の口上に讓つてゐる。この時、曩に家康より輝虎の許に遣はした權現堂叶坊光播も亦、同日附を以て左の書狀を使僧に託して、景綱の許に送つた。

秋中參候處、御馳走過分之至候、仍今度御使僧之段、於二此方一祝著被レ申候、將又巨細言上之旨、具酒井左衛(忠次)門尉方幷石川日向守(家成)方、同伯耆守(數正)方申入候處、則御取成、其屋形樣御意次第落著、彌々御入魂之趣、能々御貴所御取合肝要之由候、先以御誓約之段、無二相違一被レ進レ之候、諸事來春中ニ、愚僧可レ被二仰越一候旨、今度從二其方一御馬被レ下候、一段遠路透申候間、此方外分与申(聞)、何ニも令二廣言一候、萬端之事、玄正口上賴入候條、恐々謹言、

返々上樣樣躰御披露所レ希候、殊更御鷹共御馳走候て被レ下候、祝著被レ申候、酒井左衛門尉方被レ進レ之候御鷹おち申候、

權現堂
叶（花押）

十月八日

直江大和守(景綱)殿

參御宿所

〔上杉家文書〕一

「秋中參候處」とあるのは、叶坊光播が本年八月、使僧として越後に赴いたことを言ふのである。これに對し、この度輝虎の方より使僧の來れることを謝し、酒井忠次・石川家成・同數正等が接待斡旋の上、兩家の連盟の成立せるを賀し、來春に至らば、叶坊に再び越後に來られたいと上杉家から申入れがあつて、馬の用意まで整へてくれたことの光榮を謝してゐる。蓋し嚴冬中は、積雪のため、彼我の交通が遮斷せられるから、春になり、融雪を待つて來るやうに、豫め手配をしたのであらう。尚、追書に、鷹を贈られたる好意を謝し、忠次に贈られたものが死んだことを記してあるのは一寸愛嬌である。その忠次は、同日附で、輝虎の客將村上源五國淸に左の書狀を遣つた。

如二御意一、未二申通一候處、御札本望之至存候、仍輝虎樣、家康別而御入魂、拙者式迄大慶不レ過レ之候、何樣ニも被レ存二疎意一間敷候間、御取成憑入申候、將又御書、殊更御鷹被レ下候、過分之至、不レ知レ所レ謝候、猶自レ是重而可二申入一候條、不レ能レ審候、恐々謹言、

(元龜元年)十月八日　(酒井)忠　次（花押）

村上(國清)源五殿
御報

〔上杉文書〕三

これによれば、國清は忠次に書狀と鷹とを遺つてゐるのであり、忠次は、德川・上杉兩家連盟の成立を賀すると共に、國清の好意に對して禮を述べたのである。

石川數正も亦、輝虎の家臣尾崎某に宛て、同日附を以て左の書狀を遺つた。

如二貴意一、雖下未二申通一候上、輝虎・家康就レ被二仰談一預二御札一候、畏悅之至候、聊不レ被レ存二疎意一候之間、向後別而御入魂候之様、悉皆御取成専要候、於二此表一相應之御用示、可レ蒙レ仰候、涯分馳走可レ申候、委曲重而可二申達一候之條不レ能二懇筆一候、恐々謹言、

(元龜元年)十月八日　(石川)數　正（花押）

進　尾崎殿
御報

〔尾崎文書〕○羽前

これによれば、尾崎某の方から、先づ數正に來書があつたので、數正はこれに對し返書を遺つて謝意を表したのである。

但、尾崎某のことは詳かでない。また上杉方の諸將からの來書は傳つてゐない。

以上多くの書狀を携へて、上杉方の使僧は遠州濱松を出立し、越後春日山に歸つて行つたのであつた。

三河隨念寺住持麐譽に與へたる寺領寄進狀（元龜元年十月十四日）

遠州井賀谷寺領令レ寄二進麐譽一事

右諸役爲二不入一令二寄進一上、永不レ可レ有二相違一、若任二先判之旨一、雖レ有二訴訟之輩一、敢不レ可レ許二容之一、次百姓中就二田畠等一令二難澁一者、取二離之一、何篇ニも麐譽可レ爲二御計一、此上於二無沙汰一者、速可二申付一者也、仍如件

永祿拾三年庚午
十月十四日　家康（花押）

道蓮社麐譽和尚

〔隨念寺文書〕三河〇

家康が岡崎隨念寺に寺地を寄進したことは、永祿九年十二月にもある（隨念寺文書）。また天正三年二月八日には西明寺・幸德寺領をも寄進した（隨念寺文書）。永祿十三年は四月二十三日元龜と改元せられてゐるけれども、地方の人々が依然として永祿の年號を用ひてゐた實例は多く存してゐる。本書は參州寺社古文書にも收めてある。

三河小山新市に下せる條規（永祿十三年十二月）

（家康）
朱印
（印文福德）
小山新市之事

一爲二樂市一申付之條、一切不レ可レ有二諸役一事

一公方人令ニ押買一者、其仁相改可ニ注進一事

一於ニ彼市一、國質郷(質脱カ)之儀、不レ可レ有レ之事

右條々如件、

(元龜元年)
永祿拾三季

十二月日

〔松平乘承氏所藏文書〕○東京

三河小山は今小山村といひ、碧海郡に屬し、刈屋町の北、知多郡大府の東、堺川の東岸に在り、その地に新市が興つたので、家康はこれに保護を與へ、樂市とし、諸役を免除し、押買を禁じ、國質郷質を停めたのである。

元龜二年（1571）家康三十歳。

元龜二年、京畿地方では去年以來の對信長の連合勢力が蠢動をつづけ、これに對して信長は五月伊勢長島の一向宗徒を攻め、八月近江小谷城の淺井長政を攻め、九月四日には比叡山焼討を決行し、物情騒然たるものあらしめたが、家康は今年は、その渦中に捲き込まれなかつた。それよりも武田信玄西上の危險を感じて、その對策を講ずることの方が急務であつた。

信玄は東方諸國における低氣壓の中心であり、その移動するところ、常に旋風を捲き起した。元龜二年の正月信玄の兵は、北條氏政の屬城たる駿河興國寺城を襲うて撃攘せられ（垪和氏古文書）たが、信玄は別に北條氏繁を駿河の深澤城に攻め、城中に矢文を遺つて氏政と雌雄を決する意圖を明らかにし、氏繁に和戰の回答を求めた（古簡雜纂）。よつて氏政は自ら兵を率ゐて氏繁を援け、上杉謙信も氏政の請求に應じて、取敢ず部將を救援のために先發せしめたと

ころ、やがて信玄が撤兵したので、二月二十三日氏政も兵を納め、尋で謙信もまた兵を召還した（栗林文書・伊佐早文書）。これにより、氏政・謙信は連合して信玄に當り、謙信と連合してゐる家康も、自ら信玄と對峙する立場にあつたことが判る。

果せるかな、信玄は北條氏に向けた鋒先を轉じて、二月二十四日大井川を渡つて遠州に侵入し、能滿寺城を築き、相良の城を造り、三月五日小笠原長忠の高天神城を攻めた（武德編年集成）。長忠は永祿十二年正月家康に歸屬し、高天神城を預けられたものである（譜牒餘錄後編）。高天神城は城東《きとう》郡（今小笠郡）横須賀の東にある高天神山にある城で、海岸を距ること一里ばかり、遠州東部の要害であり、長忠は勇戰してよく敵を防ぎ、信玄は、これを攻めて陷れることができず、兵を納めて信州伊奈に引き揚げた（治世元記）。

これと前後して、同三月、信玄は水軍を以て遠州掛塚港を侵したが、家康は大河內政綱・本多忠勝を遣してこれを擊攘せしめた（大河內家傳）。掛塚は磐田郡に屬し、濱松の東南二里、中泉の西南一里半、天龍川の河口に近き港町で、水上交通の要地である。

高天神城攻に成功しなかつた信玄は、伊奈において評議の上、嫡子勝賴と共に、四月南下して家康の故國なる三河に侵入し、鈴木重直の足助城を攻めて十九日これを降し、尋で淺賀井・阿須利・八桑・大沼・田代の諸城を潰走させ、東三河に進出し、部將山縣昌景は山家三方衆・小笠原信嶺等を案內者として夜、作手を出發し、野田城の菅沼定盈が築きたる諸砦を拔き、定盈を走らした（孕石文書）。謙信が定盈に遺つて、その軍功を感じた記事のある書狀は、後にこれを採錄した。

このやうな情勢の中で、家康が謙信及びその客將村上國淸に遺つた書狀が三通ある。それ〴〵採錄しておいた。

それから九月まで家康文書の所見がない。しかし信玄との抗争は絶えず、四月南下して東三河に入つた信玄は、二十九日進んで吉田城を攻め、家康の兵と二連木に戰つた。家康は急を聞いて濱松より來援して吉田城に入り、信玄も容易に陷れがたきを見て、牛久保・長澤を掠めて去り、五月上旬甲州に歸著した（孕石文書・治世元記・甲陽軍鑑等）。家康の領内を人もなげに横行し攪亂して甲州に引上げた後、年末まで、信玄は鳴りを潛めて西上の準備を整へた。家康もまた自重して動かず、十二月、北條氏に身を寄せてゐた今川氏眞が、逐はれて家康に頼れるとき、これを迎へて優遇したる逸話があるが、九月以降の家康文書は僅かに三通を見出しただけである。八月・九月・翌年閏正月に亙れる謙信方よりの來書六通と、五月・七月・八月に亙れる遠江蓮華寺寺領に關する上國よりの書狀及び綸旨、八月の東大寺大佛殿再建に關する綸旨はいづれも參考史料である。

元龜二年はこのやうにして終る。

上杉謙信に遺れる書狀（元龜二年三月五日）

御使者本望至候、随而關東表一篇ニ被㆓仰付㆒由、尤大慶存候、然者至㆓駿州口㆒働之儀、不㆑可有㆓弓断㆒候、聽而自㆑是以㆑使可㆑申候之際、不㆑克機（マヽ）候、恐々謹言

（元龜二年）
三月五日　　家康（花押）

上杉（謙信）殿

〔上杉文書〕五

本書に依れば、これより先、上杉謙信の方から、使者を濱松に遣して、家康を存問したのである。その書狀は見當らない

が、春になり、國境の積雪も融け、通路が開けて來たので、謙信は關東に出陣し、武田信玄の駿州方面における行動を牽制する意思のあることを家康に通じたのであり、家康はこれに策應して、自分も、駿州方面における行動を起さうとする旨を答へ、委曲は不日使者を越後に遣して打合せたいと述べてゐる。これより先、信玄は元龜元年八月十二日駿河に入り、兵を遣して伊豆韮山を攻め、元龜二年に入り、北條綱成を駿河深澤城に攻めた。この時、北條氏政は自ら兵を率ゐて綱成を援け、援を謙信に求めたので、謙信はこれに應じ、長尾顯景を上野沼田に先發せしめたけれど、やがて信玄が兵を撤退したので、二月二十三日、氏政も兵を班し、尋で謙信も亦、その兵を召還した。本書は、それより旬日後に認められたものであるから、駿州方面における信玄の行動に付、北條・上杉・德川の三氏が、多大の關心を有してゐるときのものである。尚、謙信の行動を見るに、謙信は元龜元年十月、氏政の囑に依り、關東に出陣しようとしたが、偶々信玄の動靜を察して信濃に入り、それより多の間は、取出でて言ふべきことなく、十二月十三日、越中出兵のため看經所に立願して戰捷を祈念し、本年に至り、この書狀の日附に先んじて、二月二十八日、越中出兵實行のため、長尾顯景を上野より越後に召還し、尋で自ら越中に入つて、椎名康胤を攻めた。そして四月一日に凱陣した。

村上國淸に遺れる書狀（元龜二年三月五日）

自二(上杉)謙信一御使者祝著候、手合之事、無二弓斷一可二申付一候、度々申首尾、聊別條有間敷候、近日從レ是以レ使可レ申候、委曲彼口裏ニ申殘候、恐々謹言。

(元龜二年)三月五日　家康（花押）

村上(國淸)源五殿

〔上杉文書〕五

本書は家康が上杉謙信に書を遺つたのと同日附で、謙信の客將村上國淸に遺れるものである。因に謂ふ、上杉輝虎が謙信といふ法號を稱したのは、元龜元年十二月十三日、看經所に納めたる越中出陣戰捷祈願文の署名が初見である。隨つて本書は元龜二年以後でなければならない。而して越相の絶交は元龜三年正月であり、爾後、謙信は氏政と敵對の地位に變化してゐるから、三月直前に、信玄の駿州における行動を妨害するやうな意思表示をなす理由がない。これに依り、玆に採錄せる不可離の兩文書を、共に元龜二年と推定するのである。

尚、以下〔參考〕とせる六通の文書は、前例によれば、三月五日附謙信宛家康書狀の表題に並べて、その表題を列擧すべきものであるが、同日附村上國淸宛書狀に妨げられて、その形を取ることができないので、餘儀なく、このやうに排列した。

〔參考〕上杉謙信より家康に遺れる書狀（元龜二年八月一日）

追而啓候、爲二音信一見事之唐頭給候、令二祕藏一候、是も折節自二奧鄕（口）一爲レ上候間、鴾毛馬進レ之候、暫可レ被二縻置一事、可レ爲二祝著一候、恐々謹言、

（元亀二年）八月朔日　（上杉）謙信

德川（家康）三河守殿

〔歷代古案〕四

本書は家康より植村家政・中川市之助の二人を使者として、上杉謙信に唐頭の兜を贈れるに對し、謙信より家康に馬を贈つてこれを謝せるものである。但、家康より謙信に遺れる書狀は傳つてゐない。上杉年譜卷十六には、これに就き「家康先年より相替らず御懇切なり。兩使御前に召され、家康よりの演說を聞玉ひ、殊に兩使逗留の間御馳走にて、土宜の品物を下さる。其節家康へも御返禮として御馬を遣はさる」と記して、その次に、本文書を揭げてある。「御前に召出され」とは、謙信の前に招かれたのである。尚、本書は古今消息集卷三にも收めてあるが、奧鄕を奧口としてある。鄕と口と草體が似てゐるので、寫し誤つたのであらう。用例に依れば口の方が宜しい。尚、家康が謙信と締盟したことは、前揭元龜元年十月八日輝虎（謙信）に致した誓書に見えてゐる。

〔參考〕上杉謙信より植村家政に遺れる書狀（元龜二年八月一日）

内々其鄕(口)無二心許一處、從二家康一以二兩使一、彌可レ有二入魂一之由承屆候、依レ之無二無三可二申談一子細、以二誓言一申合候、可レ然之樣ニ演說任入迄ニ候、晝夜有二其鄕(口)(被カ)一捕二粉骨一之條、無二比類一候、何樣當方も油斷有間敷候、可二心易一候、委者可レ有二彼口裏一候、恐々謹言、

(上杉)謙信　〔歴代古案〕

(元龜二年)八月〇上杉年譜朔日ノ二字アリ、

(植)(家政)上村出羽守殿　〇實存トモ書ク天正五年歿、三十七歳

(附記)「上村は越後へ之内意才覺有によりて也、濱松より兩使は上村與三郎・中川市之助也、」

本書は前書と同時に謙信より家康の家臣植村出羽守家政に遣り、家康より「彌入魂有るべき」旨を申入れたのに對し、「無二無三に申談ずべき」旨を「誓言」してゐるのである。これに就き上杉年譜には、「家康の家臣植村出羽守は、内々家康より越後の內通を命ぜられければ、其好みこれある故、羽州にも御書をつかはさる。三州表心もとなき處、今度家康、兩使を以て入魂あれば、此上は彌無二申談へき子細、誓詞を以て仰合さる、向後其意を得らるべし。其許に於て晝夜忠義粉骨比類なき由、誠に士中の模範不レ可二勝計一、當方も軍議聊弓斷《ゆだん》なし、心易かるへき由、兩使に委細仰せ含めらる」と記してある。本文書も古今消息集卷三に收めてあるが「其鄕」は二ヶ所共、「其口」になつてゐる。「其口」の方が宜しい。

〔參考〕上杉謙信より菅沼定盈に遣れる書狀（元龜二年八月一日）

追而、甲衆出張之砌、於二其表一被レ抽二戰功一由、感入候、

内々其口無二心元一處、從二家康一以二兩使一、彌可レ有二入魂一由承候、依レ之無二無三可二申談一子細、以二誓詞一申合候、可レ然樣演說任入迄候、晝夜有二其口一被レ盡二粉骨之由、無二比類一候、何樣於二當方一油斷有間敷候、可二心易一候、倘彼可レ有二兩口裏一候、恐々謹言、

(元亀二年)八月朔日　(上杉)謙信（花押）

菅沼新八郎（定盈）殿　　〔三河菅沼文書〕

本書も前書と同一文言を以て、家康の屬將菅沼新八郎定盈に申し遣れるものである。これには明かに「其口」とあるから、前書の「其郷」も「其口」の方が正しい。

〔參考〕　上杉謙信より石川家成に遣れる書狀（元龜二年九月五日）

及㆓一翰㆒意趣者、去年以㆓後（彼カ）權現堂（叶坊光播）㆒色々家康入魂之旨、眞實ニ候、於㆓愚老㆒太慶ニ候、此段申屆、無二可㆓申合㆒心中無㆓他事㆒候、能々彼口上御聞屆、取成賴入候、恐々謹言、

（元龜二年）九月五日　　謙信（上杉）

石川日向守（家成）殿　　〔歷代古案〕一

本書は古今消息集巻三にも收めてある。謙信が去年叶坊光播を使者として家康より誓書を遣られたのを悦び、締盟を固くすべき意思を明かにしたものである。

〔參考〕村上國淸より松平眞乘に遣れる書狀（元龜二年九月七日）

雖㆘未㆓申通㆒候㆖、令㆑啓候、仍從㆓當府㆒被㆑覃㆓御音信㆒、具使僧差添候、向後別而貴國當方之儀、御甚深萬端御同心候樣、御取成所㆑仰候、偖復於㆓爰許㆒、拙夫相應之義可㆑蒙㆑仰候、不㆑可㆑有㆓疎意㆒候、委曲猶期㆓後音㆒候、恐々謹言、

（元龜二年）九月七日　　村上源五　國淸

（眞乘）
松平左近將監殿　　〔歴代古案〕一

本書は謙信の客將村上國淸より家康の家臣松平左近將監眞乘に遣れる書狀である。これに依れば元龜二年九月初旬、謙信より家康の許に使僧を遣してゐる。前掲石川日向守家成宛謙信の書狀も、本書狀も共に、その時のものである。

〔參考〕河田長親より叶坊光播に遣れる書狀（元龜三年閏正月十八日）

舊冬者御下向、早々懸二御目一、併于レ今殘多候、然者御歸之始末、以二御使僧一被二仰屆一候、累年之御首尾相調樣、馳走簡心候、巨細者彼才覺可レ有レ之候、恐々謹言、

（元龜三年）閏正月十八日　（河田）長親　豐前守也 謙信家臣

權現堂
御同宿中　〔濱松御在城記〕

本書に依れば、叶坊光播は元龜二年冬にも、家康の使者として、謙信の許に赴き、やがて濱松に歸著し、更に使僧を越後に派してゐるのである。これ等の文書を接續して考へると、德川・上杉兩家が親交を重ねた有樣が髣髴として看取せられるであらう。

本間八郎三郎に與へたる安堵狀（元龜二年三月十三日）

遠州山名郡之小野田村之事

右先判形幷任二讓狀旨一、彼地永令二扶助一畢、只今八郎三郎妻子雖レ令二死去一、彼地之事者、先年過分之以二米錢一請取、殊本間五郎兵衞進退及二困勞一、彼地於捨置、可二他國一處尓、過分之以二失墜一、八

郎三郎成二遺跡一上者、兎角之不レ可レ有二違亂一、兩人之息令二成人一、親之知行之由何樣之以二忠節一雖二申出上之、既讓帖數通之判形爲二明鑑一之條、不レ可レ及二其沙汰一、同胞房成長之上、進退各別尓就二相計一者、貳拾貫文之割分、可レ爲二（本間）八郎三郎儘一、此外親類一族八郎三郎妻子至二于死後一、雖レ有二是非之申樣一、一切不レ可二許容一、彼地之寺社領・山野・河原・四至境如二前々一可二知行一之、（諸井）次もろいの內やさか田畑拾五貫文之所、如二先判一不レ可レ有二相違一、幷高部鄉之內かけの上屋屋敷、同門屋舖、如二先判一可二相計一者也、仍如レ件、

元龜貳辛未年

三月十三日　家康

本間八郎三郎殿

〔本間文書〕○遠江　〔譜牒餘錄後編〕三十七處士之上

本間八郎三郎の事蹟は審かでない。本書の文意を按ずるに、遠州山名郡小野田村は、もと本間五郎兵衛の所領であつたらしい。然るに五郎兵衛は進退困勞に及び、その所領を捨てて他國に流浪しようとしたところ、八郎三郎は過分の米錢を支拂つて五郎兵衛の遺跡を讓り受けたのであつた。その時の讓狀及び安堵狀が現存してゐる。家康はこれに依り、八郎三郎にこの安堵狀を與へ、併せて小野田村の外、諸井鄉・高知鄉の內の地をも安堵せしめた。そして八郎三郎の妻子が死去しても、五郎兵衛の二人の實子が、我が親の知行の土地であると言つて、返還を要求しても、その要求を取上げず、兩人成長後の處置は、別の問題となし、また親類一族の異議があつても、これを斥けて、飽くまで八郎三郎の權利を保護してゐるのである。尚、八郎三郎は後年、家康の許を去つて武田勝賴に屬したらしい。天正二年七月九日、勝賴が八郎三郎に與へた安堵狀がある。

按ずるに本間八郎三郎に關する所傳は、本間文書の外、寛永諸家系圖傳・譜牒餘錄後編・武德編年集成・遠州高天神軍記

等に見えてゐるが、八郎三郎の子孫は、八郎三郎が武田勝頼に屬したことのあるのを忌むらしく、所傳區々にして眞相を明かになし難い。但、さしたる重要事でないから、今その考證を省く。且またこの文書は僞書のように思へるものであるが、今は姑くこれを採錄しておく。

遠江見付問屋某に與へたる問屋役安堵狀（元龜二年六月）

遠州見付國府問屋事

右去巳年（永祿十二年）先問屋之上表之條、從二午年（元龜元年）一彼役申付之所爾（二）、都鄙之旅人往覆（復）一圓雖二相留一、本年貢五貫文之所弁二四貫文一令二納所一也、（之）忠欣（勤）至也、爲二其賞一、彼役永不レ可レ有二相違一、縱増分以雖レ有二訴人一、一切不レ可二許容一、此上自餘へ商人於レ令二旅泊一者、急与可二申付一之、但旅行之族、如二前々一於レ有レ之、本年貢五貫文分、速可二納所一者也、仍如レ件、

元龜貳年辛未六月　日　〔成瀨文書〕〇遠江〔石橋文書〕

これは家康の朱印狀の寫であり、朱印がなく、宛名もない。しかし成瀨文書には天文二十二年今川義元より米屋彌九郎に與へた朱印狀、弘治三年同義元より米屋彌九郎・奈良次郎左衛門尉に與へた判物、永祿三年九月二十二日今川氏眞より米屋彌九郎・奈良二郎左衛門尉に與へた判物、永祿八年十月七日同氏眞より米屋彌九郎に與へた朱印狀があるので、本書を理解することができる。

按ずるに遠州磐田郡見付は、古、國府の所在地で國分寺・國府八幡宮などがあり、東海道交通の要樞に當り、見付國府・見付府などと呼ばれ、ここには問屋・宿屋などがあり、米屋彌九郎・奈良屋次郎左衛門尉は、今川義元・同氏眞父子のころ、傳馬課役を勤め、百姓職を免除され、米屋は更に新酒屋二間の役を免除されてゐたのであつた。そしてもともと問屋・宿屋の年貢はなかつたが、訴人があつたので、義元は弘治二年新たに代官に五百貫五百文を納めさせ、氏眞も永祿三年

これを再確認したのであつた。今、家康は遠州を支配するに及び、これらの先規に準じて、問屋役を安堵せしめたのだから、その宛名は、もし尚、存生してゐるのならば米屋彌九郎・奈良次郎左衛門尉であるだらう。後の天正十九年ごろの文書に米屋彌二郎の名があり、文祿四年の文書に米屋殿とあり、少くとも米屋に與へられた安堵狀たることは推斷ができる。その本文によれば、永祿十二年先問屋の上表に基き、翌元龜元年より問屋役を申し付けたところ、本年貢五貫文のうち四貫文を納付したのを嘉賞し、永く問屋役を安堵し、他の宿屋の競望を禁じ、そして宿泊者が多くならば本年貢五貫文を納付することを命じてゐるのである。尚、旁記は磐田郡磐田町中泉石橋文書（同文寫）によつて施した。
本文書は僞書のように思へるが、今姑くこれを採錄しておく。

三河仙昌院等に與へたる鉛山採掘免許狀（元龜二年九月三日）

(家康)
(花押)

菅沼常陸介(定仙)・同半五郎知行之境目ニ鉛有レ之云々、然者諸役一切爲ニ不入一令ニ免許一畢、若亦於ニ分國中一銀鉛出來者、大工職兩人ニ申付所也、仍如レ件、

元龜貳辛未年
九月三日

高野山
仙昌院
小林三郎左衛門尉殿

〔清水文書〕○伊豆

本書は家康が、高野山仙昌院及び小林三左衛門尉に、三河の菅沼常陸介（定仙）・同半五郎知行所の境界に在る鉛山の諸

役を免除し、更に分國中に銀・鉛の採掘せらるる場合には、その大工職を、兩人に申付くべきこを約したものである。仙昌院は高野山の末寺で三河の眞言宗の寺院であらうが、現存してゐない。戰國時代の武將は、その分國内から金銀銅鐵鉛等の金屬を採掘することに力を注ぎ、鑛山を保護した。家康も亦、この兩人に諸役を免除して、保護を與へたのである。

遠江石雲院に與へたる寺領等安堵狀（元龜二年十月）

遠州高尾石雲院之支

右寺領以下、任二先判形之筋目一、令二領掌一畢、然者如二前々一、永不レ可レ有二相違一者也、仍如レ件、

元龜貳辛未年十月　日　　家　康判　物

石　雲　院

〔石雲院文書〕○遠江

石雲院は遠州榛原郡坂部村に在り、宗旨は曹洞宗、治承三年の創建にかかり、高倉天皇の勅願所である。書中に「先判形の筋目に任せ」とあるから、これより先にも安堵狀を與へたことがあつたと思はれる。

久須見土佐守に與へたる船役免許狀（元龜二年十一月六日）

（家康）

朱印　朱印（印文福德）

分國中於二諸浦一、船壹艘諸役令二免許一畢、永不レ可レ有二相違一者也、仍如レ件、

元龜貳年

十一月六日

久須見土佐守殿

〔久住文書〕○駿河

家康は永祿十二年、今川氏眞より遠州の割譲を受け、翌元龜元年六月、遠州引馬に城いてここに徙り、これを濱松と改稱した。しかしながら、遠州の全部を全く手に入れたのは、天正三年五月、長篠の役において大いに武田勝頼を破り、同十年これを滅ぼして以後のことである。ここに分國とあるのは三河・遠江二國の勢力範圍內であり、本書は久須美土佐守に對し、その沿海諸港において船一般の諸役の負擔を免許し、保護を與へたものである。福德は家康の用ひた朱印である。」以下三通は、これに對する家康文書が見當らないけれど、遠州蓮華寺の寺領に關する重要文書なので、參考として採錄しておく。

〔參考〕山城延曆寺別當代等より家康に遣れる書狀（元龜二年五月十三日）

遠州蓮華寺領并一宮社僧職勘落之由、其聞候、彼寺者、依レ爲二文武天王(皇下同ジ)御建立一、近代迄聊無二異儀一候、既爲二勅願所一、不レ混二自餘山門末寺一之事候之條、寺務社職無二別儀一被二還附一候者、國家安全之祈禱不レ可レ過レ之候、猶自二惠心院一可レ被レ申候、恐々謹言、

(元亀二年)五月十三日　別當代（花押）

西執行代（花押）

執行代（花押）

徳川(家康)三河守殿

〔蓮華寺文書〕○遠江

蓮華寺は遠江國周智郡森町に在る天台宗の寺院で延曆寺の末寺である。一宮は森町の西に在り、今は一宮村といふ。一宮村大字五川《ごか》の宮代《みやしろ》に鎭座する舊國幣小社小國神社は、遠江の一宮であつた。弘治三年二月十三日今川義元が蓮華寺に與へた安堵狀には、「遠州周智郡一宮庄蓮華寺并末寺金□之事」と題し、近年地頭人足以下非分を申懸けるものあり、また山內右馬允の寄進に係る寺領大瀧田貳段の地を山內三郎が押領してゐる旨を記してゐるから、蓮華寺文書、蓮華寺領并一宮

社僧職の退轉は、年久しきことと思はれる。多分、蓮華寺はこれを延暦寺に訴へたのであらう。延暦寺は元龜二年五月十三日、この書狀を家康に遺つて、蓮華寺は文武天皇御建立の古刹であり、勅願所として、山門の他の末寺とは違ふから、寺務社職を還付すべしとの旨を要求したのである。別當代は延暦東塔止觀院、西執行代は同西塔寶幢院、ただ執行代とあるのは同横川楞嚴院である。この三院が延暦寺を代表してゐるので文書には「山門三執行代」とか「三院三執行代」などと署せるものが散見する。

〔參考〕天台座主曼殊院宮覺恕法親王より家康に遺れる書狀（元龜二年七月十八日）

遠州蓮花寺之事、爲二山門末寺一、文武天王之勅願所專可二崇敬一梵閣也、并一宮又國家鎭護之靈神、尤可二歸依一社壇也、寺務社職等如二先規一彼寺中江被二寄附一者、叡慮佳模、神明感應、可レ爲二神妙一者也、穴賢々々、

（元亀二年）七月十八日　（曼殊院宮覺恕法親王）（花押）

「（切封ウハ書）「 ーし 」

德川（家康）參河守殿　（花押）」

〔蓮華寺文書〕○遠江

本書は前書に次で、同年七月十八日天台座主曼殊院宮覺恕法親王より家康に遺り、前書と同趣旨を述べて寺務社職等の寄附を求めたものである。

〔參考〕正親町天皇より家康に賜れる綸旨（元龜二年八月七日）

（懸紙）「德川（家康）參河守殿　　左中辨晴豐（勸修寺）」

遠江國山門末寺蓮花寺者、文武天皇御草創所也、然一宮之寺務供僧領等、久存來候處、今度入國以來相違之

間、勤行等及二退傳(轉)一之由被二聞食一訖、如レ元被二返付一者、可レ爲二神妙一之旨、依二天氣一執達如レ件、

元龜二年八月七日　　左中辨(勧修寺晴豊)（花押）

徳川(家康)參河守殿

〔蓮華寺文書〕○遠江

本書は更に前二書に次で、同年八月七日、同一趣旨に就き、下されたる正親町天皇の綸旨である。この一通も、これに對する家康文書が見當らないけれど、重要な文書だから、ここに採錄しておく。

〔參考〕正親町天皇より家康に賜れる綸旨（元龜二年八月二十八日）

東大寺大佛殿者、爲二日本無雙之伽藍一、上古之旧趾、異二于他一之處、南都擾亂之時節、依二兵火魔風一回祿之由、被二歎思召一者也、(以脱カ)仍諸國之勸進、可レ勵二再造之微功一之由、任二衆僧奏申旨一、万方被レ成二綸旨一畢、然者爲二國家安寧、武運長久之祈願一、別而(被脱カ)於抽二奉加之忠志一者、可レ爲二神妙一之由、天氣所レ候也、仍執達如件、

元龜二年八月廿八日　　左中辨(勧修寺晴豊)　判

徳川(家康)參河守殿

〔晴豐公記〕○歷代殘闕日記百五所收

東大寺は永祿十年十月十日松永久秀の兵亂のとき罹災し、本尊毘盧遮那佛（大佛）の御頭が地に墜ちた。爾來、朝野共にその再興に留意し、元龜元年七月八日には、京都阿彌陀寺清玉上人が奈良に下向して、大佛の損所鑄造を始め（藥師院舊記）、同十八日には、工事大いに進み、多聞院日記には「大佛御身鑄作之由、上下萬人參詣、驚目了、」と記してある。尋で同年八月十五日、正親町天皇は綸旨を清玉上人に賜り、諸國に募緣して、東大寺大佛殿を再建せしめられた（山城名勝志二）。幕府も亦、十月六日、保護を與へて、洛中洛外の勸進に精進せしめ（阿彌陀寺文書）、當の松永久秀も、年時未詳の書狀ではあるが、亦清玉上人を勵まし、（同上）、三好義繼も同じくこれを勵ました（同上）。朝廷にては、翌二年七月十六日附を以て、武田信玄に、大佛殿再建の資を奉加せしめらるる綸旨を下され（言繼卿記）、尋で本書を家康に下され

たのであつた。更に同三年二月十七日には、朝廷は東大寺をして大和の人山田道安を徴して大佛殿再建を急がしめられた（京都御所東山御文庫記錄）。

元龜三年（1572）家康三十一歲。

元龜三年の家康文書は、僅かに三通を見出しただけである。聊か物足りない。

よつて、この年における信玄・家康の動靜を見よう。依然として信玄（五十二歲）は働き掛けであり、家康（三十一歲）は受身である。

このころ信玄は、家康を敵とし、氏政を敵とし、謙信を敵としてゐたのだから、四邊の敵に包圍される形勢の裡にあつた。これは不利である。家康を破つて西上するためには、後顧の憂を除く必要がある。然るに三者はそれぞれ連盟親交の關係にあるから、その包圍圈の弱點を衝いて、謙信と氏政との越相同盟を解消させ、信玄と氏政との甲相同盟を成立せしめることに成功した。謙信が氏政との同盟に冷淡なので、元龜二年十月三日卒去した北條氏康（早雲寺過去帳・異本塔寺長帳・高野山文書）が、謙信と絕ち、信玄と結ぶべきことを遺命したことによるといはれる。しかし信玄は氏政の反復を慮つて、安房の里見義弘・常陸の佐竹義重に結んで萬一に備へた。

信玄は更に眼を京畿地方に注ぎ、本願寺光佐が三條公賴の三女を娶り、自分がその二女を娶り、互に姻親なることにより、西上して本願寺のために、宿敵信長を攘ふと稱して光佐と連合し、その報償として加賀・能登・越中の一向一揆をして、西方より謙信の進出を抑制せしめた。大和志貴山の松永久秀に書を通じて、共に將軍義昭を擁して信長を除くことを勸めた。元龜三年十月には、淺井長政・朝倉義景に書を遺つて連合を謀つた。それればかりでなく信長に屬せる美濃郡上城主遠藤加賀守胤遠を誘致することにも成功した。このやうにして信玄は關東・北國に與黨をつくり、更に近畿に手を伸べて、信長・家康の背後を攪亂したのである。

この周密なる畫策に對して、信長・家康も拱手することなく、家康は元龜元年十月以來謙信と盟約を結びて後、書幣の往復を絕たず、信長も元龜三年十一月、書を謙信に遺つて敬意を表し、若し信玄が越後を攻めるならば、家康は駿河・遠江より、信長は信濃より攻め入つて、その背後を攪亂すべきことを提案した（上杉古文書・歷代古案）。敵も味方も遠交近攻の策をとつて相對抗したのである。

元龜三年十月三日に至り、信玄はつひに大擧して西上の途に就いた。信玄の本軍二萬、氏康の援軍二千、信州上伊奈郡より秋葉路を經て遠江に向ひ、山縣昌景の別軍五千は下伊奈郡より東三河に入つた。本軍は唯來・飯田の二城を下し、久野城に迫り、家康の偵察隊を追うて二俣城を圍んだ。別軍は吉田城を破り、轉じて遠州に入り、伊平の砦を陷れて本軍に合した。そして十二月十九日二俣城を略し、二十二日濱松城を左方に見て東三河に進入しようとしたところ、旣に濱松に到著してゐた信長の援軍を合せたる家康は、北上して三方ケ原に敵軍を邀擊し、大敗して濱松城に還つた。家康の五大戰中、第二回の合戰である（惠林寺舊記・古今消息集・誓願寺文書・松平記・三河物語・當代記・甲陽軍鑑・譜牒餘錄等）。

信玄は一旦濱松城に迫つたが、二十四日營を撤して再び西に向ひ、刑部に營して天正元年（元龜四年）を迎へた。これらはいづれも重要な事實であるのに拘らず、家康文書を見出すことのできないのは心殘りである。ここにはただ二月、本興寺に下せる諸役免許狀以下三通を收める。

遠江本興寺に與へたる諸役免許狀（元龜三年二月）

〔參考〕今川氏眞より本興寺に下せる禁制（永祿十年七月三日）

遠江國布知郡鷲津本興寺之事
一家風人等、當寺中之儀、兎角不レ可二沙汰一、是非之成敗者、宜レ任二住持之意一事
一陣僧・飛脚並棟別免許之事
一竹木見伐並四分一・普請人足・押立等、免許之叓
一造營鍛冶・番匠諸役免許之事
一於二園林・海渚一殺生停二止之一、並舟役免許之事
右條々任二先判形旨一、依レ爲二無緣所一、永令二免除一之訖、末寺之本壽寺事、如二前々一免レ之、大
七郎右衛門尉、鵜殿休庵爲二檀那一令レ言二上子細一之間、悉令二領掌一之、一圓爲二不入一之上者、
諸奉行人・地頭・代官不レ可レ有二其綺一者也、仍如レ件、

元龜三壬申年
二月日　　家康 在御判

本興寺

〔本興寺文書〕○遠江

本興寺は遠州濱名郡吉津村に在る法華宗の名刹である。この地方が家康の手に入つたのは永祿十二年のことであつた。この諸役免許狀は、本興寺に對し、家士の口入を禁じ、陣僧・飛脚・棟別錢・竹木の伐採・普請の人夫・鍛冶・番匠の諸

役・舟役等を免除し、境内の殺生を禁ぜるものである。これより先永祿十年七月三日、今川氏眞が同寺に禁制を掲げてゐるから、参考として、左にこれを錄す。

〔朱印〕　定

一山林竹木不レ可ニ伐取一事
一鵜津山吉美、其外之陣衆、號ニ見物一猥出入、堅停止之事
一陣衆寄宿之事
右條々於ニ違犯之輩一者、可レ處ニ嚴科一、殊什物之法華經竊取云々、鵜殿休庵爲ニ檀那一之間、相改可ニ請取レ之、於レ及ニ異儀一者、披露之上、可レ加ニ成敗一者也、(仍脱カ)如レ件、

永祿十年
七月三日
鷲津
本興寺

〔本興寺文書〕○遠江

松平清善に與へたる所領宛行狀（元龜三年十月二十七日）

今度宇津山へ被ニ相移一候事、忠節祝着候、知行千貫文之地可ニ申付一候、其旨猶左衛門尉(酒井忠次)ニ申候、恐々謹言、

元龜三年
十月廿七日　家康御判

松平備後（清善）守殿　〔三川古文書〕

宇津山は遠州濱名郡にあり、濱松の東にある要樞の地で、武田氏が附近に駐屯せるため、勇將を擇んでその砦を守らしめようとしたけれど、皆躊躇して引受けない。そのとき松平備後守清善は、竹谷の家督を嫡子玄蕃清宗に讓つて隱居してゐたが、奮つてその任に當ることを所望したので、家康は喜んで宇津山を守らせ、遠州友長村千貫文の地を賞賜したのである（家忠日記增補・譜牒餘錄後編）。

遠江河副に下せる禁制（元龜三年十二月二十九日）

（朱印）　定　　河副

右於㆓郷中㆒、狼藉一切令㆓停止㆒畢、若背㆓此旨㆒輩者、誰々雖㆓被官㆒、見相可㆑加㆓成敗㆒者也、仍如㆑件、

元龜三

十二月廿九日　〔松野文書〕○遠江

河副郷は遠江濱名郡のうちらしいけれど、明らかでない。もつと考へて見よう。

天正元年（1573）家康三十二歲。

天正元年は多事多端な年であり、重大事件が踵を接して起つた。その多くは信長に關係がある。中央政界における反信長勢力の連合は、年を重ねて解消せず、その中心には常に將軍義昭の策謀があつた。元龜元年正月二十三日、信長は五箇條の條書を義昭に致してこれを承認させたが（德富猪一郎氏所藏文書）、六月姉川の合戰、

九月本願寺光佐の門徒嘯集の裏面には義昭の影あり、十二月、朝倉義景・淺井長政と和して岐阜に歸つた後も、信長は毫も戒心を弛めず、元龜二年五月には伊勢一向一揆の討伐に向ひ、八月には近江に入りて淺井長政を攻め、九月には延暦寺衆徒の義景に黨するを悪んで、火を放つて全山を焦土となし、元龜三年三月及び七月にはまた長政を攻めた。そして九月つひに義昭に對して峻烈なる十七箇條の意見書を提出してその失政を指摘した（年代記抄節・尋憲記・原本信長記）十月信玄が信長・家康を敵として西上の途に上つたのは、義昭・光佐などに誘引されたのを利用したものであつた。

然るに策略に富める義昭は、元龜四年（天正元年）正月、東三河に進入せる信玄に對して、信長・家康と和睦すべき旨を申し送り、信玄に拒絶せられながら、二月には、信玄・本願寺光佐・朝倉義景・淺井長政等と謀つて信長を掩撃せしめようと企て、事態切迫せるため、信長は四月四日義昭を二條第に圍み、勅命によつて七日和睦したけれど、七月三日、義昭が兵を擧げて宇治槇島に據るに及び、信長はまた槇島を包圍し、義昭は力及ばずして和を請ひ、七月十九日城を信長に致して枇杷莊に赴き、尋で河内の若江に移された（慈敬寺文書・顯如上人御書札案留・勝興寺文書・御湯殿上日記・公卿補任・原本信長記・兼見卿記・尋憲記・細川家記・松平記・年代記抄節・當代記其他）。室町幕府はこのときを以て亡びた。これはこの年に起れる最大事件である。

これより先、快勝をつづけて東三河に入つた武田信玄は、三月陣中にて病にかかり、歸國の途中、四月十二日信州下伊奈郡駒場《こまんば》で歿した（上杉家文書・高野山文書・天正玄公佛事法語・武田家過去帳・高野山過去帳・武田系圖其他）。これもまた信長の運命に新たな展開を齎した事件である。

足利義昭が槇島城を信長に引渡した七月十九日より九日後の七月二十八日、天正と改元された。足利將軍家は元龜の年號と共に沒落し、織田信長は天正の年號と共に勃興して來た。勃興の勢に乘つた信長は、前代の殘存勢力たる朝倉義景を攻めて八月二十日これを滅ぼし、同淺井長政を攻めて八月二十七日これを滅ぼした。いづれもこの年の特筆すべき事件である（古今消息集・千福文書・稱念寺文書・朝倉記・年代記抄節・異本塔寺長帳・原本信長記・淺井三代記等）。

信長は上洛以來六年間の抗爭をつづけて、三好三人衆を霧散せしめ、叡山を焦土化し、朝倉氏を滅ぼし、淺井氏を滅ぼし、足利義昭を追放した。その前に北條氏康は死んだ。武田信玄は死んだ、四方濶然たる感じがある。それでこれより家康の東方經略に對し、積極的に援助の手を伸ばすに至つた。

天正元年四月十二日武田信玄が信濃伊那郡駒場で五十三歲で死んだ後、緊張してをつた東海道一帶の形勢は頗る緩和せられたが、信玄の子勝賴（二十八歲）が父の志を繼いで、依然として遠江・三河の侵略をつづけたから、家康の面前には、信玄の代りに勝賴が立ちはだかることになつた。これより天正十年三月十一日勝賴自盡、武田氏滅亡に至るまでの前後十年間の家康の記錄は、對勝賴の抗爭の繼續にほかならない。

家康對勝賴の抗爭は、三期に分けて見ることができる。第一期は勝賴の嗣立より天正三年五月の長篠合戰に至るまでであり、第二期は長篠合戰より天正九年三月遠江高天神落城に至るまでであり、第三期は高天神落城より天正十年三月の武田氏滅亡までである。ここでは先づ第一期の中、天正元年における兩者の動靜を見る。

天正元年の四月、信玄が東三河を撤去した後、家康は敗餘の志氣を鼓舞せんがため、岡崎を發して濱松に歸り、五月九日駿河に入りて火を岡部に放ち、轉じて再び三河に入り、長篠を巡視して岡崎に歸り、六月また出で、社山《やしろやま》・合代島《あひじろしま》・渡島《とうど》の諸砦を築いて二俣城に備へ、大須賀康高・榊原康政等を濱松の留守とし、三河の兵を率ゐて自ら長篠に迫り、守將菅沼正定・室賀信俊を圍んだ。それで勝賴は救援のため、從父弟信豐・叔父信廉・外從兄穴山信君・馬場信春・小山田信茂・山縣昌景等を遣したので、信豐・信春・信茂等は進んで鳳來寺・黑瀨等に陣したが、長篠の菅沼正定等は、防戰の力が竭き、城を開いて、九月十日、鳳來寺に逃げて來た。それとは別に信廉・信君・昌景等は進んで森鄕《もりのごう》に陣し、小野田に陣した大須賀康高・榊原康政等と對峙した。このとき作手《つくで》城主奥平貞能その子信昌は、家康に好みを通じ、家康も誓書を與へて婚姻を約した(この誓書は、本文に採錄してある)。そして貞能が武田勢に迫はれるのを救つて、これを瀧山城に迎へた。武田方の山縣昌景等は、德川方の大須賀康高と堀越に戰つたが、家康の來援を恐れて、紙旗を森鄕にたて、篝火をたいて退却した。家康もまた濱松城に歸つた。家康と勝頼との角逐は、このやうにして、長篠方面から始められたのであつた。

勝頼は奥平貞能が家康に歸屬したのを遺憾とし、信濃の兵を發して瀧山を攻めたが、貞能は反擊して田原坂に至り、更に作手に陣して島田鄕を燒いた。

十一月、勝頼は一萬五千の兵を率ゐ、今までとは別の道を取り、甲斐より南下して駿河を過ぎ、遠江に入りて懸川(掛川)・久野の地方を燒き、見付に陣を取り、濱松城を攻めようとして天龍川をわたり、須雲・田原に至つたが、濱松城中の警備の嚴重なことを知り、轉じて二俣・乾(犬居)・高明寺等の屬城を戒め、懸川を巡視し、日坂を過ぎ、諏訪原に城いて守兵を置き、甲斐に引き揚げた。恰も無人の野を行くがごとくに遠州の要地を遍歷して濱松城下にまで迫つたのであつた。

このやうな情況の下において採錄し得た家康文書は十二通に過ぎない。その中、對勝頼關係のものは一通にとどまるが、信玄の生前上杉謙信に遺れる二通の書狀は、武田氏に對する抗爭の必要から出たものであり、越三の連合は、信玄歿後も尙ほ繼續した。

遠江龍禪寺に下せる禁制（天正元年正月十七日）

（家康）
禁　制
（朱印）
（印文福德）

一於二當寺中并門前一らうせきの事
一當社やふりとる事
一竹木みさりに伐とる事
右背二此旨一ともからにおゐてハ、急度可レ加二成敗一者也、仍如レ件、

元龜四年（天正元年）
正月十七日　〔龍禪寺文書〕○遠江

本書は家康が遠江の龍禪寺に下した禁制である。龍禪寺は濱松市龍禪寺町に在つて、眞言宗高野山寶壽院直末である。元龜四年が改元せられて天正元年になつたのは七月二十八日であるが、慣例に依り、年初より天正元年として表記する。

多門重信に與へたる過所（天正元年正月）

東照宮御判物且拜領御簇之寫

津留之事

右雖ニ堅申付候ハ、多門縫殿助（重信）荷物壹駄宛義者、何時茂無ニ相違一可レ令ニ勘過一者也、仍如レ件、

（天正元年）
元四酉

正月日

（簇の圖略す）

〔古文書〕〇記錄御用所本　多門縫殿助重信拜領　同縫殿助信雅書上

本書は家康が領内の關所に命じて荷物の出入を停めしめたとき、多門縫殿助重信の荷物一駄は何時でも通過せしめることを許容した過書である。津留は船舶が港灣に滯留せしめられることであるが、茲では荷物一駄の運送が、水運に依るものか、陸運に依るものか明かでない。過所は關所の通行の券《てがた》であり、過所券の略であらう。關市令には、「凡そ關を度らんと欲するものは、皆本部本司を經て、過所を請ふ」とある。鎌倉時代以後、「過書」といふ文字が用ひられ、吾妻鏡等に散見し、近世に至り宿次過書奉行といふ職が出來た。所と書と同音のため、誤記したのが基となり、一般に用ひられるやうになつたのであらう。茲では表題に過所の方を用ひた。

原田種久・簗瀬九郎左衛門に與へたる所領宛行狀（天正元年二月二日）

一甲州方と御取合之節、於ニ信州境一度々御奉公相勤候刻、被ニ下置一御加恩御證文所持仕候寫

宛行知行分之事

右於ニ吉良横手郷一貳百貫文之地并菅沼、笠井嶋御判折立差夫、木和田令ニ扶助一畢、猶依ニ奉公ハ、重而可レ加ニ扶持ハ、然者郡郷押立四分一人足以下諸役免許之間、永不レ可レ有ニ相違ハ、者守ニ此旨一彌可レ抽ニ忠節一者也、仍如レ件、

天　正　元　年

(天正元年)
元龜四年癸酉

二月二日　(德川家康)御諱御判

原田(種久)少右衛門殿

簗瀬九郎左衛門殿

〔譜牒餘錄〕二

本書は家康が原田少右衛門種久及び簗瀬九郎左衛門に所領を宛行つたものである。恐らく前年元龜三年十二月二十二日三方原合戰の戰功を賞したものであらう。尚ほ家康は曩に永祿四年閏三月二十一日種久等に誓書を遺り、下立菅沼鄕の替地として武節鄕の地を宛行つてゐる。

上杉謙信に遺れる書狀（天正元年二月四日）

舊冬就二一戰之儀一遠路御飛脚、深志之至ニ候、委曲横田半助口才申入候キ、抑(武田)信玄至二于野田城一在陣候、就レ其參州吉田に相移、尾濃之衆同陳候、後詰之儀、近日信長出馬之間、此節可二討果一覺悟候、然者、賀州表被レ屬二御存分一之由、尤大慶候、殊ニ向二信州一可レ有二御出張一之旨急速御手合願望候、尚以二使者一從レ是可二申述一候、恐々謹言、

(天正元年)
二月四日　家康

上(謙信)椙殿

〔古今消息集〕

本書は家康が上杉謙信より三方原合戰に就き慰問せられたのを謝し、併せて武田信玄が三河野田城を攻めてゐる旨を報

じ、織田信長の出馬を待ちて信玄を討果すべき覺悟を述べ、謙信が加賀國を略定したのを祝し、兵を信濃に出して、信玄を牽制せんことを求めた書狀である。「舊多一戰」の儀とは元龜三年十二月二十二日三方原の戰のことである。この正月に信玄は三河に入り野田城を攻めた。城主菅沼定盈は家康の援軍の將松平忠正と共に城を守つたが、信玄の軍は地道を掘つて井泉を涸らし、柵を四面に環らして出入を絶ち、守城が困難になつた。家康は急を聞き援軍を率ゐて赴援し、吉田に至り笠頭山（八名郡名井村）に陣したけれど、手の下しやうなく、使を岐阜に送つて信長に援兵を乞ふと共に、本書を上杉謙信に遺つてその援助を求めたのである。

上杉謙信に遺れる書狀（天正元年二月六日）

新曆之御吉兆雖㆓事舊候㆒、更以不ㇾ可ㇾ有㆓休期㆒候、仍刀一腰守家進覽候、御秘藏可ㇾ爲㆓畏悦㆒候、委曲權現堂(叶坊光播)申含條可ㇾ在㆓口上㆒候、恐々謹言、

(天正元年)二月六日　家康（花押）

上杉(謙信)殿

〔上杉文書〕五

本書は上杉謙信に新年の嘉儀を述べ、守家の名刀を贈ることを記したものである。この時の情況に就き參考として、上杉年譜・北越軍記を左に附載する。

天正元年癸酉春二月上旬、三州德川家康ヨリ新年ノ祝儀ヲ賀セラレ、使節到來ス。是往歲以來好ミヲ通セラル、故ナリ。進物ハ備前良工ノ太刀也。此太刀ハ代々德川家ニ傳ハル名劔ニテ其名ヲ德用ト號シ、別シテ珍藏ナレパ、定テ管領(上杉謙信)ニ於テモ懇篤ニ存セラルヘキ由、念頃《ネンゴロ》(マヽ)ニ申來ル。使价者葉山ノ別當權現堂ナリ。家康ヨリノ口上ニハ舊冬遠州味方原ノ合戰ニ信玄勝利ヲ得タリ。モシ其鋒ヲサマサス攻ルニ於テハ落城疑ヒ有マシキ所ニ、如何カ思レケルニヤ、卽時ニ人數ヲ引揚ラル。是皆家康不意ノ仕合ナリ。管領聞シ召レ、信玄早速群士ヲ卒(率)シ濱松ヲ攻ラレサルハ爭カ越度ニアルヘカラス。信玄ハ

只家康數年ノ覺悟ヲ察シ、氣遣レタル故ニ、其勢ヲハ引揚タルヘシ。誠ニ深意ノ謀略ナリ。家康ノ手柄モ又莫太(大)也ト御褒美アリ。去ハ其頃諸國ノ武士評シテ曰、信玄切處ヲ怠リ、軍利ヲ得ラレサルハ尤殘念ナリ。濱松ヲ攻落シ玉ハヽ、縱ヒ家康恙ナク退キ給フ共、遠州ハ過半信玄ノ手ニ入ヘシ。然ラハ權威隣國ニ聞ヘ、織田家モ自ラ恐怖アルヘシト沙汰シケル。是皆家康・信長、家運ノツヨキシルシナラン。管領モ内々此思シ召タルヘキ事ナレ共、家康積年ノ軍功ヲ稱シ、又信玄ノ軍配ヲモ誚リ給ハス。〔上杉年譜〕十七

天正元年癸酉四十四歳二月、家康公ヨリ植村與三郎ヲ使者ニテ被二仰越一候ハ、去冬極月廿二日遠州國箕(三)方原合戰無二勝利一ニ付、信玄勝ニ乘テ東參河ヘ發向仕候間、謙信ハ信州ヘ働、甲州迄モ御攻入候ヘトノ事ニテ書狀有、幷備前守《モリ》家ノ刀ヲ御進入、異名ハ德用ト號ス。謙信ヨリモ音物贈答、信玄參州岡崎城ヘ攻詰申候ハヽ、謙信ハ信州ヨリ甲州ヘ取懸可レ申旨約諾有レ之、〇下略。〔北越軍記〕四下

奥平貞能父子に與へたる誓書（天正元年八月二十日）

敬白起請文之事

一今度申合候緣邊之儀、來九月中ニ可レ有二祝言一候、如レ此ノ上ハ、御進退善惡共ニ見放申間敷事

一本地、同日近、幷遠州知行何れも不レ可レ有二相違一事

一田嶺跡職、同菅沼常陸守・同新次郎・同伊賀・林紀伊守、其外諸親類諸被官知行幷遠州知行共ニ渡進之候、然者彼知行之内、松平備後守(淸善)・菅沼十郎兵衞(定氏)・同藤三を始、其外方々へ隨出置候田嶺跡職一円ニ其方へ進置候上者、一所も無二相違一、則當所務より渡可レ申事、付野田へ之義筋

目次第可ニ申付一事

一長篠跡職内諸親類諸被官遠州知行共ニ渡進之候、付根田かうち、御渡野大塚、如ニ前々一返可レ申事

一新知行三千貫進置候、此内半分三州ニて、半分ハ遠州河西にて合三千貫文、以ニ本帳面一當所務より渡可レ進事

一三浦跡職之義、氏眞(今川)へ御斷申届可ニ申含一事

一信長御起請文取可レ進レ之候、信州伊奈郡之義、信長にも可ニ申届一事、付賀物替之事相心得候事 已上

右之條々少茂ぬき公事有間敷候、此旨於ニ僞申一者、午王ニ梵天帝釋・四大天王、殊八幡大菩薩・熊野三所權現・愛宕山權現、別而氏神富士・白山・天滿大自在天神弓矢之冥加永きき、無限地獄ニ可レ落者也、仍如レ件、

元龜四酉

八月廿日　　家　康御判

奥平美作守(貞能)殿

同　九八郎(信昌)殿

〔譜牒餘録〕二十七

天正元年家康は武田信玄の卒したのに乘じ、兵を率ゐて三河に入り、武田勝賴の將室賀信俊を長篠城に攻めた。勝賴は同族武田信豐等を遣してこれを救援せしめたが、作手《つくで》城の奧平貞能・信昌父子は勝賴に背き、欵を家康に通じたので、家康はこれと盟約し、ここに掲げた誓書を貞能に與へたのである。その內容は家康は女を信昌に嫁せしむること、貞能父子及び親類・被官人の各地の知行を安堵せしめ、新知行として三千貫文の地を與へ、また織田信長の起請文を貰つてこれを與へること等である。信昌の妻は人質として甲斐に在つたが、勝賴のために殺されたのであつた。尋で貞能父子は作手城を退き、宮崎瀧山に移り、同年九月長篠城が陥るに及び、家康は松平伊昌をしてこれを戍らしめ、尋で貞能父子をして伊昌に代らしめた。尚、家康はこの誓書の約を履み、天正四年七月長女龜姫を信昌に嫁せしめた。

上林越前に與へたる判物（天正元年九月二十三日）

上林竹庵、權現樣より竹庵曾祖父上林越前、三州土呂鄕中支配被レ仰付一候砌頂戴仕候御書之寫

御判

土呂八町新市之事、永可レ相計一之、每事憲法可レ申付一者也、仍如レ件、

元龜四年

九月廿三日

上林越前殿

〔譜牒餘錄〕三十六

本書は家康が上林《かんばやし》越前に三河土呂八町の新市を管せしめた判物である。上林は山城宇治の製茶師の支流である。本書の來歷に就き、上林竹庵由緒書を左に引用しおく。

〇上略權現樣參州岡崎御在城の刻、曾祖父上林越前義、若名又市と申候、一町の者と義絶仕、元龜二年岡崎へ罷下御奉公奉レ願候處、達二上聞一早速被二召出一御奉公ニ召出候、名は越前と御改被レ成下候、知行百石被二下置一同國土呂と申所鄕中支配被二仰付一然處御直判の御書壹通頂戴仕候、土呂にて御茶仕度申候樣ニと就二上意一鄕中の諸職人門次人足等、近邊在々所々

出家等迄御茶の手傳可ニ申付一之旨、則御朱印、貳通被ニ成下一、以上參通頂戴仕候、〔上林竹庵由緒書〕〇家傳史料五所收

天正二年三月十二日家康は更に越前をして土呂鄉鍛冶番匠職人等を支配せしめた。後出天正二年三月十二日の文書は、その判物である。

鈴木重直に與へたる判物（天正元年九月三十日）

東照宮御判物

吉良庄內、前後堤之內、伊賀入道任ニ一札一、爲ニ不入一永出置之訖、付堤之外ニ有七百目之畠、縱誰々雖レ有ニ申樣一、一切不レ可ニ許容一者也、

天正元年

九月晦日　　家康　御書判

（重直）
鈴木八右衛門尉殿

〔古文書〕〇記錄御用所本　鈴木八右衛門書上　同八右衛門重直拜領

本書は家康が鈴木八右衛門尉重直にその所領三河吉良庄內前後堤內の地を守護不入と爲すことを諾した判物である。後、天正六年九月二十九日家康は重直に前後堤內における開發新田を宛行つた。

遠江池田渡船場に下せる定書（天正元年十一月十一日）

齋藤喜太郎
天野助次郎　御預り所

（朱書）
權現樣御書判船守中江被下候

書付寫一通　　貳色之內　　遠州豐田郡池田村　持主　渡し方

天正元年

遠州天龍《馬籠》池田渡船之事○以下傍注ハ水野文書ニ依ル

一河《川》上河《川》下雖レ爲二何之知行一、地形於二可レ然地一、船可二通用一之事

一棟別參拾五間《貳拾四間》、寺方共仁《ナシ》此屋敷分扶持被二出置一、并拾二《貳》座ニ付役等竹木不《ナシ》レ可二見伐一之事

一於二分國中一夏秋兩度舛を入、致二勸進一之由申上之間、可レ爲二先規一之事

右條々有二河原一晝夜令二奉公一之條、停二止諸役一、永爲二不入一免許畢《ナシ》、然者役拾人之者共、爲二雜過《色》分一上者、聊不レ可レ有二非分一、於下背二此旨一輩上者、急度申出之上、可レ加二下知一者也、仍如レ件、

天正元癸酉年

十一月十一日　家康（花押）

船守中

〔水野文書〕○遠江〔遠州池田村文書〕〔御庫本古文書纂〕

本書は家康が天龍川の池田渡船場の船守に種々の特權を附與したる定書である。池田は今池田村といひ、天龍川の東岸に在り、東海道の舊驛であるが、近世は衰へて荒村となつた。尚、後出天正三年二月十六日附三通の文書を參照すべきである。

鈴木太郎左衞門尉に與へたる寺社領寄進狀（天正元年十二月八日）

〔參考〕德川家光の寄進狀（慶安元年九月十七日）

遠江國豐田郡池田庄內前野村神明・松尾八王子・諏訪・天神・高根・毘沙門・并長松院領之事

合九貫貳百文者、但太郎左衞門《鈴木》居屋敷共ニ如レ此、

右去辛未年（元亀二年）以二地撿踏立一、如二前々指出一寄附之上、停二止諸役一、領掌了、縱彼鄉中給ニ雖二出置一、於二此神領一竹木以下不レ可レ有二他綺一、彌守二此旨一修理祭禮等不レ可二怠慢一者也、仍如レ件、

天正元癸酉年

十二月八日　　家康（花押）

鈴木太郎左衛門尉

〔鈴木文書〕○遠江

本書は家康が鈴木太郎左衛門尉に遠江池田庄（今の磐田郡池田村に當る）の前野村神明社以下の社寺領等を安堵せしめた判物である。鈴木氏は今の磐田郡長野村前野の西八王子社の神主であつた。この村の天龍川の渡船場が卽ち前出文書の池田渡船場である。もと磐田郡であつたが、明治二十九年その管村は分れて磐田郡と濱名郡とに併せられた。尚、參考として慶安元年九月十七日附の徳川家光寄進狀を左に掲げる。

遠江國豊田郡松尾八王子・神明・諏訪明神・天神・高根權現・毘沙門堂并長松院領、同郡前野鄉之内三拾石八斗事、任二先規一寄二附之一訖、全可レ收二納之一、社中林竹木、神主屋敷、諸役等免許如二有來一、永不レ可レ有二相違一者也、

慶安元年九月十七日（徳川家光）（朱印）（印文家光）

〔鈴木文書〕○遠江

遠江大福寺に與へたる寺領寄進狀（天正元年十二月二十一日）

〔參考〕豊臣秀吉の大福寺に與へたる寄進狀（天正十八年十二月二十六日）

遠江濱名大福寺領之事

天正元年

合五拾貫者

右従二往代一依二祈願所一、竹木見伐、并陳夫・押立・諸役不入令二寄附一畢、猶修造勤行不レ可レ有二怠慢一者也、仍如レ件、

天正元癸酉年

十二月廿一日　家　康（花押）

大　福　寺

〔大福寺文書〕三○遠江

大福寺は古義眞言宗、遠江國引佐郡三ケ日町に在り、貞觀十七年、園城寺の教侍が鳳來山に一宇を創して幡教寺と稱し、本尊藥師如來及び兩脇士を安置したといふ所傳があり、承元三年、神戸の庄司中臣朝臣時定が領地數十町を喜捨して現地に移し、同四年、土御門天皇より大福寺の勅額を賜つたといふ。家康は右の文書に見える如く、天正元年、當寺に定書を下して諸役を免除した。尋で豐臣秀吉も、天正十八年七月十三日家康に關東移封を命じた直後なる天正十八年十二月、朱印狀を出してその寺領を安堵した。參考として左にこれを錄する。

遠江國濱名庄大福寺領之事

一三拾九石　本尊領

一六石　院主領

一五石　東光坊

一五石　圓入坊

一五石　瑠璃坊

一五石　眞養坊
一五石　西明坊
合七拾石
右寺領如二先規一、寺中廻有レ之、并寺内門前居屋敷、合七十石事、令二寄附一之畢、以二檢地上一、高頭任二員數一、
可二寺納一之、山林竹木諸役等、如二有來一令二免除一候者也、

天正十八年十二月廿六日　（秀吉朱印）

大福寺

〔大福寺文書〕三 ○遠江

遠江金剛寺に與へたる寺領寄進狀（天正元年十二月二十一日）

〔參考〕今川氏眞より金剛寺に下せる定書（永祿元年十二月十二日）

〔參考〕豐臣秀吉より金剛寺に與へたる寺領安堵狀（天正十八年十二月二十六日）

遠州濱名金剛寺領之事
合參拾貫文者、
右於二末代一不レ可レ有二相違一、并寺家門前五間竹木見伐等、堅令二停止一、爲二諸役不入一寄附之上者、彌
修造勤行不レ可レ有二怠慢一者也、仍如レ件、

天正元癸酉年

十二月廿一日　　家　康（花押）

金　剛　寺

〔金剛寺文書〕○遠江

金剛寺は、遠江敷知郡西濱名村に在り、永祿元年十二月十二日今川氏眞の下せる安堵狀、天正十八年十二月二十六日豐臣秀吉の與へたる安堵狀もある、それ〴〵寺領を安堵し、諸役を免除してゐる。參考のため左にこれを錄す。

（今川氏眞）
朱印
（印文如律令）

遠州濱名郷內金剛寺事

一國役・郡役・其外諸役免除之事
一當寺四圍竹木、濫不レ可ニ伐取一之事
一寺家門前棟別如ニ年來一參間免除之事
一寺領分雖レ爲ニ何被官一、於ニ相拘一者、年貢棟別不レ可レ令ニ相違一之事
一桑代畠本如ニ年來一參貫文之納所、百姓不レ可レ令ニ無沙汰一之事

右條々永不レ可ニ相違一、若於ニ違犯之輩一者、可レ加ニ下知一者也、仍如レ件、

永祿元年戊午
十二月十二日
金　剛　寺

〔金剛寺文書〕○遠江

遠江國濱名庄金剛寺領之事

一三拾石　　本尊領

一拾石　　鎭守領
一五石　　施餓鬼田
一五石　　衆寮免
合五十石
右、中郷・岡本・宇思・津々崎・大屋之内在レ之、幷寺中門前屋敷合五拾石事、令ニ寄附一之訖、檢地上、高頭任ニ員數一可ニ寺納一之、諸役等如ニ本來一令ニ免除一者也、
天正十八年十二月廿六日　（秀吉朱印）
金剛寺
〔金剛寺文書〕○遠江

天正二年（1574）家康三十三歲。

中央においては、正四位下彈正忠織田信長は、三月十八日從三位に敍せられ、參議に任ぜられ、二十八日には東大寺正倉院所藏の香木蘭奢待を一寸八分截取拜受の光榮に浴した。（公卿補任・多聞院日記・原本信長記）。

去年若江に退去せしめられた前將軍足利義昭は、その後、堺に移り、紀伊宮崎に赴き、由良興國寺に館し、依然として策謀をとどめず、越後・甲斐・相模・三河等に使者を派遣し、上杉謙信・武田勝賴・北條氏政をして互に和睦せしめ、家康・本願寺光佐と連絡して信長を討たしめようとする夢を描き、天正二年四月十四日には、僧江月齋を薩摩に遣し、島津義久及びその家臣喜入季久等に書を遣りて應援を求め、六月、紀伊より堺に移りて顯本寺に館し、暫く

してまた紀伊に赴き、毛利輝元に頻りに謀を通じた。

この策謀の一つとして三月二十日附で義昭より家康及び水野信元に遺れる書狀二通は、天正三年二月十二日家康が義昭の近臣一色藤長に答へたる書狀に附載しておいた。

しかし端的に信長を苦しめたのは本願寺光佐に響應する一向宗徒であつた。天正二年四月、光佐は兵を大坂に擧げて信長の屬城なる攝津中島等を拔き、三好康長・遊佐信教・池田勝政等、攝津・大和の將士は、風を望んで光佐に黨した(多聞院日記・年代記抄節・原本信長記)。同月、越前の衆徒下間《しもつま》賴清・杉浦壹岐法橋等は、光佐の命を奉じて平泉寺を圍み、土橋景鏡・寺僧寶光院を斃し、織田庄を掠め、朝倉景綱を敦賀に逐ひ拂つた。七月、信長は大擧して伊勢長島の一向宗徒を討伐した(年代記抄節・原本信長記)。同月、光佐の軍は中島を救つて荒木村重を破つた。長島及び越前の宗徒はよく健鬪をつづけ、信長は九月に至つて辛うじて長島を平定することができた。對本願寺抗爭は、このやうな次第で尙ほ永く繼續するのであつた。

しかし家康は、中央の動靜に關與することなく、專ら勝賴に對する抗爭に從事し、天正二年正月には、再び駿河に入り、田中城外を巡視して歸つたが、このとき勝賴は三萬の軍を提げて美濃に侵入し、二月五日、信長の屬城たる明智城を奪つた(陽雲寺文書・原本信長記)。信長は赴援したけれど城を取り返せなかつたところ、家康が足助に出陣し、謙信が沼田に出陣したので、勝賴は引き揚げた。

四月になつて家康は、濱松より北上して乾(犬居)城を攻めたが、勝てないので引き揚げた。尋で五月、勝賴は兵を遠江に出して高天神城を圍み、援軍の到著前に急に攻めて六月十七日これを降した(年代記抄節・原本信長記・松平記)。高天神城は小笠郡の要地である。勝賴は戰勝の勢に乘じて九月、二萬の軍を以て天龍川に至り、家康と對峙したが、つひに戰はずして甲州に歸つた。
この間、家康と謙信との連合はよく保たれてゐた。謙信は、信長・家康と謀つて勝賴を撃たうとして、正月十八日、西上野に出陣し（伊達家文書・歴代古案）。七月、北條氏政が下總關宿城を攻めたときには、謙信も出陣したが、閏十一月、氏政が佐竹義重と和するに及び、厩橋城に歸り、簗田政信は關宿城を氏政に致した（安得虎子・楓軒文書纂・下總國舊事考）。それで本文にも、家康より謙信に遣れる書狀・同謙信の客將村上國淸に遣れる書狀のほかに、謙信・國淸と家康家臣等との間の贈答書狀四通及び信長の覺書を附載しておいた。

天正二年における家康文書は、家康より、謙信の國淸に遣れる書狀二通をも含めて十四通が見出された。しかしその大部分は寄進狀・宛行狀・安堵狀・免許狀・定書・禁制・感狀などの内政面のものであり、これだけでは對勝賴抗爭の情況を髣髴することができない。次のごとくである。

三河大恩寺に與へたる寺領寄進狀（天正二年三月四日）

御朱印

大恩寺成譽上人以二祠堂錢一買得候事、東三河八幡領貳町五段・一宮領五段、使牧野左近

但本錢返候、

右雖レ爲二何之領中一、新寄進之上者、不レ可レ有二相違一者也、仍如レ件、

天正二年

三月四日　（三州三津大音寺由緒書）〇朝野舊聞裒藁所載

家康は初め祖先の菩提を弔ふため、大恩寺に祠堂錢を寄附したところ、後、成譽上人が大恩寺在住の時、この祠堂錢を以て寺領を買得した。因つて家康は天正二年三月四日、牧野左近を使者として祠堂本錢を同寺に返付し、八幡領・一宮領等の地を寄進した。これは朝野舊聞裒藁所載三河御津大音寺由緒書の記事に據つて記した。

遠江某寺に與へたる寺領寄進狀（天正二年三月十一日）

遠江國濱松村野河原共一円令二寄附一畢、幷棟別錢・陣僧・飛脚、或竹木見伐・門前以下爲二諸不入一、任二先規之條一、永不レ可レ有二相違一、彌守二此旨一、修造勤行不レ可二怠慢一者也、仍如レ件、

天正貳甲戌年

三月十一日

家　康（花押）

〔安穩寺文書〕〇下總

本書は家康が遠江濱松村の地を某寺に寄進し、同寺門前以下を舊に依り守護不入とした寄進狀である。本書の日附の奥が切れてゐる爲め、宛所の寺名は判然しない。現在の所有者は下總結城の安穩寺であるが、同寺と宛所とは何の關係もないらしい。

上林越前に與へたる判物（天正二年三月十二日）

土呂郷中鍛冶番匠諸職人門次人足等、用次第可二申付一、若於二難澁一者、可二成敗一者也、仍如レ件、

天正二戌

三月十二日

上林（越前）

〔譜牒餘録〕三十六

本書は家康が上林越前をして・三河土呂郷の鍛冶、番匠以下諸職人等を支配せしめた判物の寫である。判が寫してないのは謄寫の際漏したのであらう。この上林は前掲天正九月二十三日附文書（二〇〇頁参照）の上林越前と同一人である。

村上國清に遺れる書狀（天正二年三月十三日）

〔參考〕上杉謙信より榊原康政に遺れる書狀（天正二年正月九日）

〔參考〕村上國清より榊原康政に遺れる書狀（天正二年正月二十三日）

〔參考〕上杉謙信より酒井忠次に遺れる書狀（天正二年二月七日）

〔附〕石川數正より村上國清に遺れる書狀（天正二年三月十五日）

〔參考〕織田信長より上杉謙信に遺れる覺書（天正二年六月二十九日）

態飛脚預レ示候、祝著無レ他候、仍上州沼田表著馬之由候、本望候、就レ其此方出陣之儀、最前如ニ申候一、此時候條、即向ニ于駿一發向之事、可ニ御心安一候、殊以ニ諸家中幷關東諸士一續軍尤珍重候、此節敵國悉被ニ擊碎一之處肝要候、此等之旨、宜奏達尤候、猶從レ是以ニ使者一可ニ申述一候、恐々謹言、

（天正二年）三月十三日　　家康

村上源吾(國淸)殿　　〔上杉文書〕・〔歴代古案〕九

本書は天正二年春、家康が上杉謙信に策應して、武田勝頼の行動を制肘せる時のものに係る。これに關係ある文書數通を同時に採錄して、當時の情勢を說明することにしよう。

天正二年正月、武田勝頼は、東美濃に出で、岩村方面を侵し、明智に迫つたので、織田信長父子は自ら出陣したけれども、合戰に及ばずして岐阜に引還した。この時、家康は兵を三河足助に出し、上杉謙信は兵を上野沼田に出して、相謀つて勝頼の屬城を攻め、遙に信長に聲援したため、勝頼はこれに牽制せられて、兵を信濃に收め、終に甲斐に歸つた（原本信長記・當代記）。これに關し、本書より以前の日附の文書、その以後のものを一通り左に掲げる。

越中歸陣已來者、家康不二申通一、本意之外候、內々舊冬至二于信甲一、雖下可ㇾ及二調儀一候上、味方中不二相調一、遂二越山一候へ者、家康劬勞も不ㇾ休候歟、味方中爲ㇾ可ㇾ調、當春迄令二延引一候、然處關東之諸士何も屬二當方一候條、當十八令二越山一、於二西上州一可ㇾ揚二放火一候、被ㇾ遁二此時節一候者、於二信甲一不ㇾ可ㇾ有二一切一候間、信長に有二諷諫一、急度被ㇾ及二手合一、被ㇾ付二興亡一候樣ニ、家康へ諫言專一候、例式武田四郎(勝頼)計略名之下ニ候間、不ㇾ可ㇾ過二推察一候、猶巨細村源(村上源五國淸)可二演說一候、恐々謹言、

(天正二年)正月九日　　(上杉)謙信（花押）

榊原小平太(康政)殿　　〔榊原家文書〕

其一、これは正月九日、謙信より家康の部將榊原小平太康政に遺れるもので、越中より越後春日山城に歸陣以來の疎遠を謝し、昨年冬の間に武田氏に對し、調儀に及ぶべきのところ、味方の方が能く整はなかつたから、强ひて出動せば却つて德川氏の煩累たるべきことを思ひ、本年春まで延引して居つた。然るに今や關東の諸將がいづれも當方に歸屬したから、

本月十八日を期して越山し、西上州にて一旗擧げる考である。この機會を逸せば信濃・甲斐方面の經略は一切成功の見込が無いから、貴方から家康に熱心に勸め、家康より信長に策動するように申し送らしめられたい。勝頼も動くであらう。委細は別に村上國清が申上げるといふ趣旨を述べてゐる。その推測の通り勝頼は信濃より東美濃に出動したのである。

態啓達、抑舊冬者、越陣預ニ御飛脚一候、則其砌信州雖下可レ被ニ亂入一候上、諸口爲レ可レ被ニ相調一、于レ今遲候、然處關左諸士被レ申有ニ筋目一、當月十八日被レ致ニ出馬一、向ニ西上州一可レ被レ覃ニ引分一義定候、此度家康信甲御發向御手合御備專一候、此旨能々御取成簡要候、恐々謹言、

正月廿三日　　(村上)國清（花押）

榊原(康政)小平太殿

御宿所

〔榊原家文書〕

其二は同年正月二十三日、村上國清より康政に遣つた書狀である。その內容は前掲謙信のものと略〻同一である。ただこれは謙信の西上州出馬に付、家康もこれに應じて、信濃・甲斐方面に出動せられたき旨を希望してゐる。

態以ニ早飛脚一申届候、家康ニ一俣被ニ取詰一付而、信州・西上州之人數、至ニ于其國一、爲ニ後詰一相働之由候間、到ニ上州沼田ニ著馬候、當月十六日ニ必西上州可レ揚ニ放火一候、此節之手合專一候、被レ遁ニ此隙一候ハヽ、慥可レ爲ニ後悔一候、一昨日上州到ニ于沼田一打著、始ニ諸家中一關東之諸士、何も打浮候、猶此口者、不審有間敷候、遠境之間、重而者申届間敷候、此度家康手合到ニ于無レ之者、向後催促在間敷候、定而甲衆敗北之躰ニ而、當口之樣可ニ見得一候、除下可レ被レ擬事上、千言萬句候、此段能々家康江諷諫專一ニ候、恐々謹言、

(天正二年)二月七日　　(上杉)謙信　判

酒井左衞門(忠次)殿

（古文書寫）

其三は同年二月七日、謙信より家康の部將酒井左衞門尉忠次に遣れる書狀である。これに依れば家康は、謙信の希望に應じて、濱松より北上し、二俣に迫つたので、信州及び西上州の武田勢は、救援のため遠州方面に移動し、謙信は、その虚に乘じ、二月五日、上州沼田に出動した。而して二月十六日を期して西上州に放火すべき故、家康が必ずこれに應援せらるべきことを重ねて熱心に希望してゐるのである。

以上三通は、三月十三日附家康の書狀に先だてるものであるが、三月十三日附の家康の書狀は、村上國淸宛になつてゐるのによつて觀れば、別に國淸から家康に宛てた書狀があつたのかも知れない。國淸は正月二十三日附で、榊原康政宛に書狀を出してゐるが、これに對する家康の返書ではあるまい。家康はこの書狀において、謙信の上州沼田出陣を悅び、當方もこれに策應して駿河に向ひ出兵する意圖を述べ、謙信の諸家中の一致、關東諸將の歸屬を賀し、一擧にして武田氏を擊碎せんことを提言し、この旨を謙信に通達せんことを依賴してゐるのである。

尋で翌々十五日附を以て、家康の部將石川伯耆守數正は、また國淸に左の書狀を遣つた。

二月七日御札令二拜見一候、仍就二沼田へ御著馬一、遠路早速御飛脚、本望被レ存候、殊西上州可レ被レ及二御行一之由、御本意案之圖候、然上者、爲二御手合一、來十九日家康父子も被二出馬一駿州悉可レ被二放火一候、此方之儀、且者累年互被レ仰首尾云、且者手前難レ遁云、更不レ被レ存二弓(油)斷一、此節可レ被レ碎レ手候、剩(織田)信長計策御擬候條、可レ被レ任二存分一事勿論候、畢竟甲信滅亡之御調略、悉皆可レ在二御馳走一候、猶自二陣中一吉左右可レ被二申達一候、恐々謹言、

(天正三年)三月十五日　　(石川)數正

村上(國淸)源吾殿　御報

〔栃窪村與右衞門所藏文書〕○越佐史料所載

この書狀には二月七日附國淸の書狀を見たとあるから、謙信が酒井忠次に前揭の書狀を遣つたのと同日、國淸も家康の部將石川數正に略〻同一內容の書狀を遣つたと考へて宜しからう。本書はこれに對する返書であつて、家康とその子信康とが本月十九日を期し、駿州に攻入るべき旨を述べてゐる。

この事件に關する文書は、他にも數通あるが、今は家康に關係のあるものだけに止めておく。尙、同年六月二十九日附織田信長の覺書を見れば、信長が近畿經略のため、武田勝頼に專念する能はず、家康と謙信との行動に謝意を表せる心事が能く判明するから、左にこれを錄する。

覺

一(山崎)專柳齋被二差上一候、即令二參會一候事

一信甲表之儀、信長不レ入レ勢之由承候、全雖下無二由(油)斷一候上、近年五畿內並江北・越前之儀付而、取紛候つる事

一當春(天正二年春)武田四郎(勝頼)、濃信堺目へ動候つる、其次第申調候、貴所(上杉謙信)關東御動之儀、舊冬(天正元年)廿八日書中ニ案內承候、尤之時分出馬候、旁四郎失レ手事

一御間之儀、自然申妨之者有レ之歟之由、御不審候哉、努々不レ可レ有レ之候、縱左樣之族候共、信長不レ可レ能二諫言一事

一來秋信甲への出勢、得二其意一候、九月上旬時分可レ然哉之由尤候、重而猶自他慥日限之儀可二申定一事

一四郎雖二若輩候一、信玄掟を守、可レ爲二表裏一之條、無二由斷之儀一候、五畿內表をおろそかにして、信・甲ニせいを入候樣ニと承候、尤候、大坂表之儀者、畿內の以二人數一申付候、東國への事ハ、江・尾・濃・勢・三・遠の以二人數一可二相動一之條、上方之行、更東國への懸組無レ之候、其段可二御心安一事

一委曲專柳齋可レ有二口上一事　　以上

(天正二年)六月廿九日　　(織田信長)(朱印)

〔上杉文書〕○山形

これは信長より謙信に宛てて遺つたものである。山崎專柳齋は謙信の書狀を持參して岐阜に來た使僧である。この書狀に

は、信長が、約に背いて信濃・甲斐に出兵して勝頼を攻撃せざることにつき苦情を述べてゐることに對し、自分の立場を辯明し、油斷し、閑却してゐるわけではないけれど、數年このかた、畿內・江北・越前に事が多く、それに取紛れてゐたのだから、悪く思はないでくれと言つてゐる。畿內は三好三人衆・本願寺光佐・比叡山延曆寺の僧衆等、江北は淺井長政、越前は朝倉義景を指してゐる。

當春武田四郎云々は、天正二年二月、武田勝賴は信濃より美濃に攻め入つて明智城を陷れた。しかし謙信より去年十二月二十八日附の書狀で關東に出動の旨を通知して來たので、知つてゐたのであるが、謙信の出動はまさに時宜に適してをり、おかげて勝賴は手を失つて退去したと言ふのである。「尤之時分出馬候、旁四郎失レ手事」といふ辭句の裡に、信長の感謝の心が見える。

信長の心底につき、彼れ是れ不審を懷くこととないやうにしてくれとも釋明してゐる。

謙信は、本年秋ごろ信州・甲州に出陣したいといふ希望を提案したのに對し、信長は、とにかくこれを承認し、尙、その時期は九月上旬が適當だらうといふ意見にも贊同し、自他共に確實な日取については、改めて協定しようと答へてゐる。

武田勝賴の人物については、若輩ながら、亡父信玄の掟を守り、表裏の駈引を心得てゐるから、油斷ができないと評してゐる。勝賴はこのとき二十九歲であつた。尙、謙信が信長に對し、畿內方面のことを後廻しにして、速かに信州・甲州の武田攻めを實行せよと要求してゐることについても、とにかくこれを承認し、差當り大坂表の本願寺光佐に對しては、畿內の軍勢だけで處置させ、東國へは別に、近江・尾張・美濃・伊勢・三河・遠江の軍勢を差向けるつもりだ。畿內の軍勢を更に東國に差向けるやうなことはしないから安心してくれ。以上、各項について、委細は專柳齋から直接聽いてもらひたいといふのである。

この覺書の各項が、すべて信長の本心から出たものとは思はれない。謙信の申し入れも同樣であり、相互に多分の外交的駈引があるらしい。中には口で言ふだけで、實行の困難な事項が少なくない。しかし信長の謙信に對する感謝と尊敬、裏返せば畏怖と警戒とが存することは能く表現されてゐる。特に勝賴に對する人物評は肯綮に中つてゐると見て宜からう。翌年五月の長篠の戰に、信長が眞劍であつて、毫も敵を輕侮してゐなかつたことは、このやうな人物觀から割り出されてゐる。

小笠原長國・同廣重に與へたる感狀（天正二年四月九日）

今度仕合、兩三人手柄共候、祝著候、彌忠功專一候、委細善九郎かさより可レ申候、恐々謹言、

家　康（花押）

（天正二年）四月九日

（長國）小笠原河内守殿

匂坂加賀守殿

（廣重）小笠原左衞門尉殿

〔小笠原文書〕○紀伊

天正二年四月六日、家康は武田勝頼に屬する天野景貫を遠州周知郡犬居城に攻めたが、大雨のため兵粮の補給が困難となつたので撤兵した（大須賀記・三河物語）。本書はこの戰における小笠原長國等の功を褒した感狀である。

匂坂牛之助に與へたる所領宛行狀（天正二年五月二十二日）

今度高天神無二通路一之處、爲レ使出入忠節之至也、爲二其賞一於二宇苅郷一百貫文之所出置、永不レ可レ有二相違一、本意之上、望之地令二替地一可二出置一、守二此旨一彌可二走廻一者也、仍如レ件、

天正貳年戌

五月廿二日　　家康御書判

匂坂牛之助殿

〔淺羽本系圖〕四十七〔雜録〕十一

天正二年五月十二日、武田勝頼が小笠原與八郎長忠を遠州高天神城に圍んだとき、匂坂牛之助は、通路無き危險を冒し、

使者として出入した。よつて家康はその忠節を嘉賞し、遠江周智郡宇苅郷において百貫文の所領を與へたのである。尚、勝頼が遂に高天神城を降したことは、天正二年七月十日の文書に見える。

遠江氣多郷に下せる禁制（天正二年五月）

彼郷之百姓等令ニ忠節一候間、放火亂妨狼不レ可レ致候、若於ニ違犯之輩一者、可レ處ニ嚴科一者也、

天正二甲戌
五月　日　　御朱印(家康)
氣多郷江

〔水月明鑑〕十二

本書は家康が遠州周智郡氣多郷の百姓の忠節を褒し、放火亂妨を停めたる禁制である。

上杉謙信に遣れる書狀（天正二年七月九日）

度々預ニ書音一候、過當此事候、重而大室被ニ差越一候、御懇情承悅候、然者當秋有ニ計策一、互出馬之儀、尤肝心之處ニ候、就レ其信長信・甲へ出張疎意之趣、蒙レ仰候、元來非ニ其儀ニ一候、併猶從ニ當表一諷諫候條、不レ可レ有ニ異論一候、信州當秋發向異見候歟、近日自ニ此方一急度以レ使可ニ申宣一候間、令ニ省略一候、恐々謹言、

(朱書)「天正元」(二)

七月九日　　　　　　家康

上杉（謙信）殿

〔歴代古案〕九

家康は夙に上杉謙信と同盟して、武田勝頼に當り、織田信長も亦勝頼に對抗するため、謙信と盟約し、その子を謙信の養子にすることを約してゐた。然るに天正二年二月、勝頼が東美濃を侵したとき、信長は出兵しなかつたので謙信は不滿に思ひ、これを家康に通告して來たが、家康はその通告に對して辯疏し、尙自分も信長に勸めて兵を信濃及び甲斐に出さしめるやうにしようといふ旨を答へてゐる。歴代古案に「天正元」と朱書してあるのは二年の誤記である。尙この史實を上杉年譜では天正九年の事としてゐるがこれも誤である。

本間政季に與へたる所領安堵狀（天正二年七月十日）

遠江國山名郡石野郷內、小野田村之事

右今度雖ㇾ令㆓遠州再亂㆒、不ㇾ存㆓疎略㆒、別走廻云、本領云、任㆓代々證文㆒、彼地如㆓前々㆒、一圓永補任畢、然者神社佛事（寺）領、山林野河原等、如㆓先規㆒可ㇾ令㆓支配㆒、自今以後、自餘輩如何樣之以㆓忠節㆒雖ㇾ企㆓訴訟㆒、一切不ㇾ可ㇾ及㆓許容㆒、守㆓此旨㆒彌可ㇾ抽㆓忠節㆒之狀如ㇾ件、

天正二年甲戌

七月十日　　　　家康　判

本間（政季）十右衛門尉殿

〔本間文書〕○東京

天正二年五月、武田勝頼は兵を出して遠州高天神城を攻めた（大須賀記）。織田信長は救援のため六月十二日織田信忠・佐

久間信盛を家康の居城なる遠州濱松城に入らしめ、自分は十四日三河岡崎に入城した（異本年代記抜萃）。しかし高天神城中に内訌があり、城將小笠原長忠は十七日、開城して勝頼に降り、尋で信長は尾張に還つた（大須賀記・三河物語）。本書は家康がこの戰における本間政季の戰功を賞し、所領を安堵せしめたものである。

奥平久賀齋に與へたる劍法傳授起請文（天正二年十月二十八日）

起請文之叓

梵天大釋四大天王、別而者
磨（摩）利支天・熊野三社、惣而日本國中大小神祇、
右相傳之太刀他見有間敷候、但以前ニ存知候太刀、此外たるへく候、若此儀於レ僞、右之神罰可レ
蒙者也、仍如レ件、

（天正二年）拾月廿八日　家　康（花押）（血判）

奥平急加（久賀）

〔奥平文書〕○豊前

奥平久賀齋は、奥平貞能の家臣である。元龜元年六月二十八日、江州姉川合戰のとき、貞能の弟信昌（十五歳）戰功あり、家康は大いにこれを感賞し、信昌が奥平久賀齋に就て奥山流の劍法を學んだことを知り、後、自ら久賀の門に入り、「相傳の太刀他見有るまじき」ことの誓書を與へたのであるといふ（奥平急賀齋家譜）。久賀齋は慶長七年秋卒した。急加は久賀の宛字である。

奥平久賀齋に與へたる扶助許可状（天正二年十一月二十八日）

（家康）朱印（印文福德）

今度奥山流平（兵）法、奇獨之妙術共一覽祝著候、因レ茲扶助之所ニ申付一也、以ニ此旨一、彌不レ存レ他、
可レ有ニ奉公一者也、仍如レ件、

天正二年戌

十一月二十八日

（久賀）急加齋

〔奥平文書〕○豐後

家康は奥平久賀齋の劍法を慕ひ、前掲の誓書を納れて、その門に入り、奥山流の兵法、奇特の妙術を見て祝著に堪へず、丁度一箇月の後に本書を與へて、扶助を申し付け、奉公を勵ましたのである。

清水政晴に與へたる免許状（天正二年十二月九日）

保尾之郷江其方可レ令ニ居住一之由候、然者彼地爲ニ不入一諸役一圓令ニ免許一早、并中山之郷地下網
貳帖・湊役、如ニ近年之一可レ有ニ所務一、永不レ可レ有ニ相違一者也、

天正貳壬戌年

十二月九日　　御朱印

清水權助（政晴）殿　　〔書上古文書〕四

清水權助の事蹟は判明しない。保尾・中山といふ地名も推定し得ない。しかし文書の要領は、權助が保尾郷に居住することを承認し、その地を不入地として諸役を免許し、また中山郷の地下網及び湊役を所務せしめたものである。地下網といひ、湊役といへば、海岸地方を聯想するが、三河渥美郡の半島西部の福江町に中山といふ漁村があり、三河灣門に臨み、その水路を中山水道と呼んでゐるさうだから、或はこの地かとも思ふ。同じく福江町には保尾といふ村もある。

遠江妙立寺に下せる定書（天正二年十二月十三日）

〔參考〕今川氏眞より妙立寺に下せる定書（永祿五年二月二十四日）

遠江國吉美郷延龕山妙立寺之事

右當寺領并寺中門前山林竹木等見伐堅停止畢、又門前沙彌屋敷拾間棟別四分一、其外國次之諸役以下一切爲㆓不入㆒、免㆓除之㆒、然者時之地頭代官綺（停止脱カ）、永免許旨、先判形有㆑之條、如㆓先規㆒所㆑令㆓免許㆒也、猶任㆓先例㆒、爲㆓祈願寺㆒、可㆑抽㆓國家安全之丹誠㆒也、仍如㆑件、

天正貳甲戌年

十二月十三日　　家康御判物

延龕山

妙立寺

〔妙立寺文書〕○遠江

妙立寺は遠江國濱名郡吉津村吉美に在る法華宗の寺である。この地はもと遠州鍛冶延兼の住地であつたが、後、梵刹と爲し、その名を取つて山號となしたのだといふ。尙、永祿五年、今川氏眞が略〻同一趣旨の定書を出してゐるから、參考として左にこれを錄す。

遠江國吉美郷、延兼山妙立寺之事

右寺中門前山林竹木見伐等、堅停止畢、并門前屋敷拾間、棟別四分一、其外國次諸役以下一切爲二不入一、停二止時之地頭代官之綺一、永免許之旨、判形有レ之處、去正月當寺炎燒之時、令二失却一云々、然間任二申旨一、如二先規一所レ令二免許一也、次當領佛供田其外、方々小檀那寄進之地等、是又可レ爲レ如二年來一、永不レ可レ有二相違一、任二先例一爲二祈願寺一、可レ抽二國家安全之丹誠一之狀、如レ件、

永祿五壬戌年

二月廿四日　氏（今川）眞（花押）

延兼山

妙立寺

〔妙立寺文書〕○遠江

遠江今切船守中に下せる渡船定書（天正二年十二月二十八日）

遠江國今切新居渡船之事

一船賃四分一、濱船貳艘舟別錢十二坐役等、如二先規一令二免除一之畢、付竹木見伐停止之事

一棟別總郷中屋敷分、并於二分國中一、夏秋兩度、入舛可二勸進一、爲二新給一出置候事

天正二年

一大浪之時、沙別東西、雖レ爲二何之知行一、地形於レ可レ然者、船可二通用一、其渡不レ准二自餘一之間、立事以下可レ除之事

右條々在二河原一、晝夜令二奉公一條、諸役爲二不入一、永令二免許一畢、然彼者共爲二雜色分一故、聊不レ可二非分一、於下背二此旨一輩上者、急度申出ル上、可レ加二下知一者也、仍如レ件、

天正二戌年

十二月廿八日　家康

船守中

〔御庫本古文書纂〕二

今切は濱名湖の湖口、海に通ずるところ、新居は今切の西岸、荒井とも、新井とも書く。この地に關所を置かれたのは慶長五年のことであるが、東岸の舞坂との間に、古くより渡船が往來してゐた。本書は今切と新居との間を往復する渡船に就いて定めた條規である。

天正三年（1575）家康三十四歲。

この年は一昨年來抗爭をつづけて來た武田勝頼に對し、家康が、信長の援助を得て、三河長篠城外設樂原で激突し、大勝利を得て、敵に痛撃を與へた年である。然るに見出し得た文書の中には、これに關係のあるものは僅かに二通だけである。

長篠の合戰は五月二十一日であるが、それより以前、二月十二日附で足利義昭の近臣一色藤長に答へたる書狀と、二月二十日附で謙信の客將村上國淸に遣れる書狀とがある。一色藤長に答へたる書狀には、去年三月二十日附で義昭

より家康及び水野信元に遺れる二通の書狀を附載し、村上國淸に遺れる書狀には、本多忠勝・松平貞政及び大久保忠泰より國淸に遺れる二通の書狀を附載した。その他の文書は、寄進狀・定書・禁制等、いづれも內政關係のものだけである。

そこで飜つて中央における信長の動靜を見るに、三月十四日には德政を令して、門跡・廷臣等の借物を棄破したことがあり（中山家記・原本信長記）、五月二十一日長篠合戰には、家康を援けて大勝を博し（原本信長記・三河物語・當代記）、十月に至り、本願寺光佐の和議申入れを承諾した（吉川家文書・原本信長記）。要するに、今まで經驗したやうな死活を賭けての鬪爭はすでに消失したのである。

さらばここに家康にとつては、その生涯の五大戰爭中の第三回たる長篠合戰に一言觸れておく必要があらう。長篠城は大野川と瀧川との合流地點に在り、天正三年二月、家康は奧平信昌を選んで守將としたところ、武田氏にとつては重要な地點なので、勝賴は、是非共これを略取しようとして、四月大兵を率ゐて三河に入り、五月一日本營を醫王寺山において長篠城を包圍し、十三日の夜、肉薄して城兵を追ひ詰め、家康は脫出した鳥居勝商から急を聽いて、すでに牛久保に來陣してゐた信長に連絡して長篠城の西方なる丘陵地帶に進出したので、勝賴は小山田信茂等をして城に當らしめ、自ら瀧川を渡つて陣し、つひに五月二十一日、有名なる設樂原の決戰に臨んだのであつた。

この決戰は周知のごとく、信長・家康連合軍の銃隊が奇效を奏し、信玄以來の舊戰術を踏襲せる武田氏の精銳を擊破し、山縣昌景・眞田信綱・土屋昌次・馬場信春・內藤昌豐等、歷戰の宿將老臣を戰死せしめたものである。勝賴は亂軍の中に身を以て逃れた（古文書纂・細川家文書・當代記・松平記・三河物語・原本信長記・創業記考異・參州長篠戰記・長篠軍記・甲陽軍鑑其他）。この壓倒的大勝の後、信長・家康の連合軍が、急追して甲州に攻め入つたならば、武田氏の滅亡は天正十年を待つことがなかつたかも知れないといふものがあるけれど、それは現實を無視した觀察であつて、武田氏の扶植した勢力はまだ根強いものがあり、信長・家康の地盤はまだ鞏固ならざるものがあり、家康と勝頼との抗爭は、尙ほ七年間つゞいたのである。

長篠合戰によつて抗爭の第二期に入つた家康は、戰後五月二十五日、岐阜に凱旋した信長を追うて、また岐阜に行つて援軍の勞を謝し、濱松に歸還すると、直に轉じて駿河に侵入し、由井・藏澤を侵して遠州に引き返し、毘沙門堂・鳥羽山・蜷原・和田島の諸砦を築き、鳥羽山を本陣として、六月二俣城を攻めた。二俣城の守將は依田信守であり、その子信蕃と共に、よく戰つて屈しなかつたので、家康はこれを大久保忠世に委ねて蜷原に移つた。その中に信守は死んだけれど、その子信蕃は亡父の志をついで堅く防守し、忠世等は力戰したが、これを拔くことができなかつた（上杉家文書・依田記・松平記・家忠日記增補・治世元記等）。

ここに信蕃のことを特筆しておくのは、後に天正十年、家康が信長と策應して甲州を攻めるとき、信蕃は駿州田中城の守將であり、進軍中の家康に城を引渡して、一旦信州の故鄕に歸り、その後、家康に歸屬して重んぜられ、信州佐久郡の經營に成功し、小諸城主となつたが、天正十一年月、三十六歲を以て戰死した名將だからである。

六月二十四日、家康は本多忠勝・榊原康政を先鋒として遠江光明寺城を陷れ（三河物語・神君年譜・譜牒餘錄）、八月二十四日同國諏訪原城を略して名を牧野城と改め、小山城を圍んだところ、勝頼が兵を駿河に出して來援するにあひ、九月五日牧野城に退いた（大須賀記・三河物語・松平記・神君年譜・譜牒餘錄）。

長篠合戰に大敗した勝頼の、その後の活動は瞠目に値ひする。長い山路を經て甲府に歸還して間もなく、九月南下して駿河に入り、大井川に迫つて家康を退却せしめた後、十一月には美濃に入り、織田信忠が岩村城を包圍せるを擊

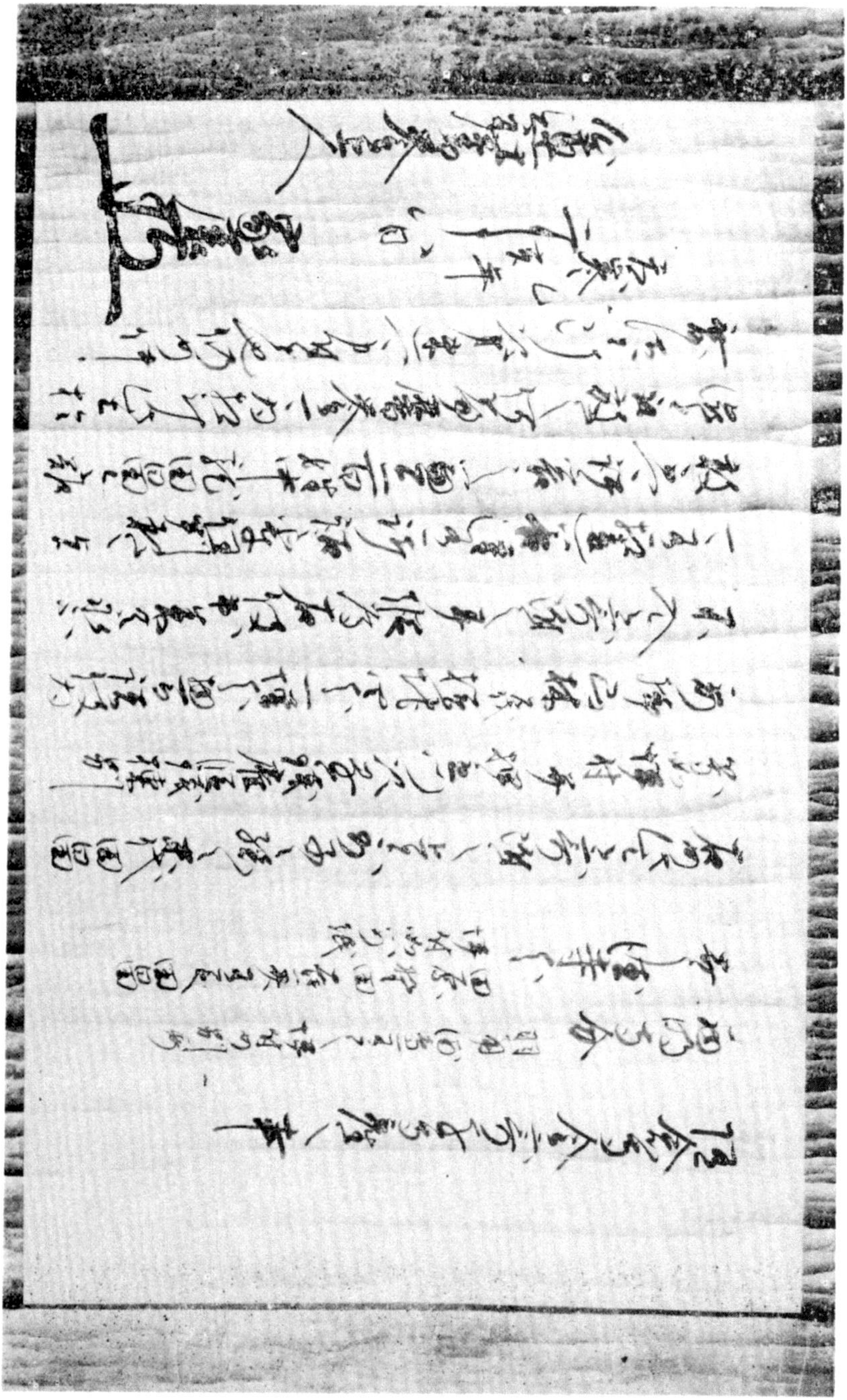

三河隨念寺磬譽に與へたる寺領寄進状（天正3年12月8日）三河岡崎市隨念寺所藏

（史料編纂所所藏寫眞轉載）

擁して、守將秋山信友を救はんと欲し、信忠の本陣水精山を襲うて敗れ、岩村城はつひに敵手に落ち、勝頼は空しく甲斐に歸つたけれど、その健闘は多とするに足りる（兼見卿記・原本信長記・美濃明細記・家忠日記増補・三河物語）。

二俣城では守將依田信蕃は、大久保忠世に圍まれて、勝頼より城を致して甲斐に歸るやうに勸められたけれど應ぜず、籠城七箇月にして糧竭き援絶えて施すに術なきに至り、十二月二十四日城を忠世に明け渡して去つた（依田記・三河物語・松平記）。

凡そこのやうな事蹟に關する家康文書は、つひに見出すことができない。よつて以下この年の文書を見てゆく。

三河隨念寺寥譽に與へたる寺領寄進狀（天正三年二月八日）

隨念寺令㆓寄進㆒寺產之事

西明寺分羽角浦邊有㆑之、坪付如㆓別紙㆒

幸德寺分田原野田吉美有之、田畠坪如別紙

右如㆑此令㆓寄附㆒之上者、到㆓子々孫々末代㆒、田畠等如㆓坪付㆒并押立・門次・懸錢・雇・段錢・棟別・要脚、山林見伐檢地四分一增分、惣而諸役爲㆓不入㆒、令㆓寄附㆒之畢、縱爲㆓右役出來㆒共、永不㆑可㆑有㆓相違㆒、若雖㆑有㆓訴訟之輩㆒任㆓判形之旨㆒、敢不㆑可㆑許㆓容之㆒、兼々百姓中就㆓田畠㆒令㆓難澁㆒者、取㆓放之㆒、何篇寥譽可㆑爲㆓相計㆒此上於㆓無沙汰㆒者、斷次第、速可㆓申付㆒者也、仍如㆑件、

天正參乙亥年

二月八日　家　康（花押）

心蓮社慶譽上人

〔隨念寺文書〕〇三河

本書は隨念寺住持慶譽に與へたる寺領寄進狀である。內容は西明寺分、幸德寺分の中において、かくの如く寄附した上は、子々孫々に至るまで、田畠等の坪付、及び押立、門次懸錢雇段錢棟別錢、山林の伐採、檢地上における四分一の增分等をすべて諸役不入として寄附する故に、若し後になつて右役が出來しても、永く相違あるまじきこと、訴訟の輩があつても、判形の旨に任せ許容すべからざること、百姓中において田畠に就いて難澁する者は取放して慶譽の計ひに任すべきこと等を定めたものである。尙、參州岡崎領古文書中に同一の文書があるが、天正十一年十一月八日の日付である。今隨念寺文書に隨つて、ここに揭げる。隨念寺の由來は嚮に述べてある（永祿九年十二月文書參照）。

一色藤長に遣れる書狀（天正三年二月十二日）

內々御床敷之處、酒井左衞門尉（忠次）、石河伯耆守（數正）かたへ之音簡卽遂二披見一候、然者無二何事一其國御在滯之由候、萬々令レ察候、兼又不圖此方へ可レ有二御越一之由候、何篇不レ可レ有二無沙汰一候間、必待入候、尙具兩人可レ申候間、不レ能二懇筆一候、恐々謹言、

（天正三年）二月十二日　家　康　判

一色式部少輔（藤長）殿

〔榊原家所藏文書〕坤

足利義昭と織田信長との間は、兼てより不和であつたが、天正元年に至つて全く決裂し、信長は義昭を山城宇治の槇嶋に攻めて城を陷れ、義昭を河內若江に放つた。足利幕府はこゝに滅亡したのである。しかし義昭は同年十月紀伊由良の興國寺に館し、諸國に檄して信長を討たしめようとした。天正二年三月二十日にも、この意味の內書を家康に下し（次の揭げ

る參考文書參照）翌三年には近臣一色藤長をして書を家康の家臣酒井忠次・石川數正に遣つて三河に下向の意を漏さしめたので、家康はこれに對し、藤長にこの儀令的の答書を遣つたのである。尙、義昭は天正四年備後鞆に赴き、毛利氏に賴つた。流寓中の義昭は、甲斐の武田勝頼・越後の上杉謙信・相模の北條氏政の三人に和協させ、德川家康・本願寺光佐（顯如）と共に、自分が京都に復歸することを圖らしめようとし、謙信・家康・及び家康の將水野信元等に書を遣つてその盡力を求めた。これは家康・信元に宛てたもので、兩書共同文である。自分は信長の專横が積つたので、京都を退去したが、家康・信元は勝賴と和協して、天下の靜謐に盡力されたいといふ趣旨である。しかし家康は、つひにこの勸誘に應じなかつた。

〔參考〕足利義昭より家康に遣れる書狀（天正二年三月二十日）

就二近般信長恣儀相積一、不慮城都取退候、然此節甲州令二和談一、天下靜謐馳走賴入（候脫カ）、爲レ其差二越一色（藤長）中務太輔一、猶藤長可レ申候也、

（天正二）三月廿日　（足利義昭）（判）

德川三河守（家康）とのへ

〔榊原家所藏文書〕坤　〔古證文〕六　〔別本士林證文〕

〔參考〕足利義昭より水野信元に遣れる書狀（天正二年三月二十日）

就二近般信長恣儀相積一、不慮城都取退候、然此節甲州令二一味一、天下靜謐馳走賴入候、（爲脫カ）其差二越一色中務太輔一、猶藤長可レ申候也、

（天正二年）三月廿日　　　（足利義昭）（判）

水野下野守（信元）とのへ

〔榊原家所藏文書〕坤　〔古證文〕六　〔別本士林證文〕

天龍川池田渡船場及び馬籠渡船守に下せる令書三通（天正三年二月十六日）

定

（家康）朱印（印文福德）

池田渡舟上下往來之輩、船有ニ遲々一之由、令ニ難澁一、船頭等於レ致ニ打擲一者、不レ及ニ理非之輕重一可ニ成敗一者也、仍如レ件、

天正三年

二月十六日

〔池田村共有文書〕江○遠〔御庫本古文書纂〕二

定

池田渡船上下往來之輩、船有ニ遲々一之由令ニ難澁一、船頭等於レ致ニ打擲一者、不レ及ニ理非之輕重一可ニ成敗一者也、仍如レ件、

天正三年

二月十六日　（家康）（花押）

定

馬籠渡船上下往來之輩、船有ニ遲々一之由令ニ難澁一、船頭等於レ致ニ打擲一者、不及ニ理非之輕重一、可ニ成敗一者也、仍如レ件、

天正三年
二月十六日　　家康御直判

船守中　〔以上二通水野文書〕

以上三通の文書は、家康が天龍川池田・馬籠の渡船場において、通行人が渡船の緩怠なることを理由として船頭を打擲すれば、これを處罰すべきことを規定した定書である。その中池田村共有文書のものは池田村に與へられ、水野文書の最初のものはその現地に揭出され、後のものは馬籠渡の船頭に與へられたものであらう。家康が池田渡船場の條規を定めたことは天正元年十一月十一日の文書にも見える。

村上國清に遣れる書狀（天正三年二月二十日）

〔附〕本多忠勝より村上國清に遣れる書狀（天正三年二月四日）

〔附〕松平貞政・大久保忠泰より村上國清に遣れる書狀（天正三年二月五日）

就ニ内意一預レ示候、今度松平左近將監（貞政）殿差下候處、國淸（村上）色々以ニ御取持一、早速左近將監、輝虎（上杉）へ懸ニ御目一候、左候處、謙信・家康於ニ向後一、無二御入魂、御神慮被ニ仰越一候、於ニ家康一致ニ滿足一候、畢竟國淸御取持故と大慶不レ過レ之候、仍レ之大久保新十郎（忠泰）爲ニ御音信一差遣候、宜得ニ謙信御取成一、當

府御用等も承レ之候樣、萬被二賴入一候、委曲忠泰可二演說一候、恐々不備、

(天正三年)二月廿日　　家康

村上源吾(國清)殿　人々御中

雖二少々至候一、眞羽廿尾令二進覽一候、誠書レ印迄候、以上、

〔村上家傳〕○信濃史料叢書五所收

これは家康より上杉謙信の客將村上國清に遺つた書狀である、これによれば家康は國清よりの內意に接し、家臣松平左近將監貞政を謙信のところに遣し、國清の斡旋により貞政は謙信に會ひ、謙信は向後家康と無二入魂の旨を宣明したので、家康は大いに滿足し、國清の勞を感謝し、更にこのたび大久保新十郎忠泰を差遣するから、同樣に斡旋せられるやうに依賴したのである。

尙、次の二通は、この書狀の日附以前に家康の家臣本多忠勝、松平貞政・大久保忠泰より村上國清に遺つたものである。

雖下未二申通一候上、一筆啓候、抑累年輝虎・家康別而、御入魂被二仰合一候付而、此間以二權現堂(叶坊光播)一御懇情被二仰遣一候、彌御祝著之旨被レ及二御報一候、貴所えも以二直札一被二申入一候、向後之義、尙以御入魂之樣御取成等所レ仰候、拙夫雖二若輩者候一、御取次を可二申上一樣、於二自分一相應之御用候者、無二御隔意一承レ之、不レ可レ有二疎意一候、當日彼是使者口上ニ有レ之候間、不レ能二□一候、恐惶謹言、

(天正三年)二月四日　　本多平八忠勝

村上源吾(國清)殿

〔村上家傳〕○信濃史料叢書五所收

追而國淸御同道ニ而御上洛之樣被レ承候、乘心成程四調雄馬壹疋、貴方え被レ致二進入一候、路次等之義委曲可レ被二仰聞一候、將亦家康隨分祕藏と申候得共進被レ申候、當四歲、元來信州上田眞田黑と申候而、目出度樣子ニ候馬ニ而御座候、委細路次筋共可レ預レ示候、

〔村上家傳〕〇信濃史料叢書五所收

これより先、越後の上杉謙信の許に身を寄せてゐる村上源五國淸から、家康の許に好みを通じて來たので、家康はこれに答へ、家康の家臣本多忠勝は、二月四日附のこの書狀を國淸に遣つたのであつた。これによれば德川・上杉の兩家は累年親交を結んでゐるのについて、國淸より權現堂光播を通して家康に懇情を表したので、家康は直書を以てこれに答へ、忠勝に取次を命じたのである。忠勝は自ら若輩と稱してゐるが、天文十七年生れだからこの年二十八歲である。尙、追書によれば、謙信は國淸を同伴して上京する豫定なので、家康は忠勝に命じ、このとき信州上田の眞田黑といふ祕藏の四歲駒を國淸に贈らせた。

從二景虎一(北條)氏政迄被二仰越一候由ニ而、自二氏政一被二仰屆一候、今春押付謙信御上洛之由ニ候、猶以必定御座候哉、貴方迄御內意相伺候樣、家康被二申付一候、若々東海道より於二御上一者、路次之馬等、無二遲々一候樣、御馳走可二申付一之旨候、北國道ニ而可レ有二御座一も不レ被レ存候間、先々國淸迄內意聞レ之候樣との事候、委曲御返報可レ預レ示候、猶使者可レ有二演說一候、恐惶謹言、

(天正三年)二月五日

松平左近將監貞政

大久保新十郎忠泰

村上(國淸)源吾殿

〔村上家傳〕〇信濃史料叢書五所收

二月四日附忠勝の書狀によれば、家康は旣に謙信上京の豫定のことを知つてゐるのであるが、同五日附のこの書狀によれば、謙信はこれにつき締盟關係のある北條氏政に、豫め相談して諒解を求め、氏政は、これまた友好關係のある家康に、

その旨を傳へて來たのであり、家康は家臣松平貞政・大久保忠泰に命じて、その實否を村上國清に質さしめた。そして若し東海道より上京するならば、路次の便利を圖る積りであるが、しかし北陸道を選ぶかも知れないから、それらの準備のため、國清の返事を待つと申入れたのである。謙信が東海道を經由する場合は、南下して北條領國に入り、武田領國を避けて德川領國・織田領國を通過せねばならず、實行困難と思はれるけれど、そのやうな著想があつたのかも知れない。

石川數正・鳥居元忠に遺れる書狀（天正三年五月十八日）

先刻申含候場處之事、樣子令二見積一、柵等能々可レ被レ入レ念事肝要候、馬一筋入可レ來候、恐々謹言、

（天正三）五月十八日　家　康（花押）

石川伯耆（數正）との
鳥居彥右衞門（元忠）との

〔龍城神社文書〕〇三河

武田勝賴は三河長篠城を家康に攻略せられたのを憤り、天正三年大兵を以て同城を圍み、これを回復しようとした。よつて家康は織田信長の來援を得て、勝賴と對峙したが、信長は家康と謀り、長篠城の西南なる設樂原の丘陵地帶の陣地の前に堀を掘り柵を交互に二重に結び、鐵砲組を利用して敵を破らうと企てた。本書は、この計略に基き、家康が家臣石川伯耆守數正・鳥居彥右衞門元忠に遺つて、先刻申し含めた場所を仔細に檢分し、念を入れて柵を結ばしむべきことを命じたものである。この計略と準備とは豫想に的中し、同年五月二十一日の合戰に當り、柵後の鐵砲組は十分に威力を發揮して敵將を鏖し、敵軍を潰亂せしむる機運をつくり、つひに勝賴を敗走せしむるに至つた。世にこれを長篠の戰と呼んでゐるが、實は勝賴は長篠城を包圍したけれども陷れることが出來ず、城外設樂原に織田・德川二氏の連合軍を邀へ、野戰において敗北したのであつた。爾後、武田氏の武威は大いに衰へるに至つた。本書狀はこの戰鬪に臨むに方り、家康が石川數

正・鳥居元忠に命じ、現地を視察し、柵の構へを嚴重にせしめたものである。

京都知恩院總甫浩譽に遣れる書狀（天正三年六月二十二日）

尊書致二拜閲一候、今度至二三劦表一武田四郎（勝頼）出張候處、信長被レ出二御馬一、卽時彼武田之家被レ爲二討果一候樣子、可レ被レ逮二聞召一候、愚身之大慶、不レ過レ之候、早々御使僧忝次第候、何樣不圖令二上洛一、萬緒可二申上一候、恐惶謹言、

（天正三）六月廿二日　家康（花押）

謹上　知恩院　貴報　（ウハ書）「三河守」

〔知恩院文書〕一○山城

天正三年五月二十一日家康と織田信長とは、武田勝頼を三河長篠城外に邀撃し、新鋭兵器なる鐵砲の威力に據つて、勝頼の軍を壞滅せしめた。本書は京都知恩院住持總甫浩譽が使者を下して、家康にこの戰勝を賀したのに對する答書である。

遠江領家鄕に下せる禁制（天正三年七月十三日）

彼鄕百姓等令二忠節一之條、鄕中放火并濫妨狼藉不レ可レ致レ之、若於二違犯之輩一者、可レ處二嚴科一者也、仍如レ件、

天正三年亥七月十三日

領家鄕

〔秋葉神社所管文書〕○遠江

領家鄕は今遠江周智郡犬居村の大字として名をとゞめてゐる。秋原山の南麓、氣多川に沿へる山間部落で、犬居（乾）の總鎭守たる六所明神がある。

天正四年（1576）家康三十五歲。

先づ中央の動向を見ると、紀伊にゐた足利義昭は、年の初め、槇島昭光・一色昭秀・上野秀政・畠山昭清・武田信景等の近臣數人を伴ひ、紀伊を去つて備後の鞆津に航し、二月八日、毛利輝元・吉川元春・小早川隆景等に書を遺つて應援を請うた（吉川家文書・小早川家文書）。

同月二十三日、信長は近江の琵琶湖畔に築いた安土城に移り、岐阜城には嫡子信忠を置いた（兼見卿記・言繼卿記・多聞院日記・原本信長記）。

本願寺光佐は、去年の十月、一旦信長と和したけれど、義昭及び毛利輝元等と謀を通じて、攝津の石山城に據り、また信長に反抗したので、信長は四月十四日、兵を遣してこれを攻め、五月七日、光佐の軍を四天王寺に破つた（兼見卿記・多聞院日記・年代記抄節・言繼卿記・原本信長記）。されば義昭は躍起となつて、輝元・元春等と京都の回復を遂げようと欲して、六月十三日、書を遺つて謙信・勝賴を說き（上杉年譜・古今消息集）、輝元は光佐を援けるために、水軍を遣して、七月十三日、信長の水軍を攝津の木津川口に破り、糧米を石山城に送り込んだ（毛利家文書・萩藩閥閱錄・原本信長記）。信長は容易に枕を高くして眠ることができない。

その十一月、信長は正三位內大臣に上つた（公卿補任・言繼卿記等）。

この間、家康は中央の動向に煩はされることなく、三月、今川氏眞を駿河に納れようと圖つたが、たまく武田勝頼が高天神城に糧食を運び込もうとすることを聞いて、自ら出でて横須賀・瀧坂に備へたところ、勝頼は相良に壘を築いて兵を收めたから、家康もまた引き揚げた（濱松御在城記・治世元記・官本三河記・譜牒餘錄等）。

これより先、家康は天野景貫を乾（犬居）城に攻めて、これを勝坂城に奔らせ、七月、またその屬城樽山を陥れて、轉じて勝坂城に迫り、鹽見坂に據つた景貫を鹿鼻に走らせた。そして八月には駿河を侵したが、勝頼の出動を聞いて遠江中郡に退き、勝頼は小山に至つた（三河物語・校訂松平記・當代記・創業記考異等）。

この年の勝頼との對爭は、要するに小競合にとどまる。家康文書も僅かに二通を採錄し得ただけであるが、その一通が氏眞の駿河入國の計畫に關するものなることは、せめてもの慰めといへやう。

松平家忠・同康親に與へたる所領宛行狀（天正四年三月十七日）

今度氏眞（今川）駿河入國、爲二牧野城番一其方相添依二申付一、駿州山東知行半分宛行事

付國攻等之儀者、其方申付可二相勤一事、

一山東無二一篇一間、在二山西一知行半分出置事

一對二氏眞一諸篇異見可レ申、聊不レ可レ令二疎略一事

一在二手先一之條、企二逆心一之由雖二申妨一、遂二糺明一、憲法可レ加二下知一事

一從二敵地一爲二忠節一於レ有二罷退輩一者、其方江相尋、其上同心尓可二申付一事

右條々令二領掌一畢、自今以後成二競望一人雖レ在レ之、一切不レ可二許容一、永相違有間敷者也、仍如レ件、

天正四年丙子○この康親は松井忠直の子、永祿六年東條城主となり、七年松平姓を賜り、長篠戰後諏訪原守備の際、康の字を賜つて康親と改名、周防守と稱した。

三月十七日　　家康（花押）

松平甚太郎（家忠）殿○東條松平

同　周防守（康親）殿

〔松井家所藏文書〕○武藏〔廣島文理科大學所藏文書〕四十二〔譜牒餘錄〕

今川氏眞は永祿十一年武田信玄の爲に本國駿河を逐はれて以來、各地を流浪したが、天正四年家康に憑つたので、家康はこれを駿河牧野城におき、松平甚太郎家忠等をして擁護せしめた。本書は家康が家忠等にこの事を命じ、輔佐の任を盡さしめ、駿河山東《やまひがし》（富士山南麓地方）半分を與へる事を約し、その地は不確實であるから、山西《やまにし》（大井川下流左岸地方）の半分を與へること等を定めた宛行狀である。氏眞は翌年家康の命により、濱松城に寄寓するに至つた。

太郎右衞門に與へたる朱印狀（天正四年六月十日）

（朱書）權現樣御朱印寫一通　齊藤喜六郎 天野助次郎 御預り所

三色之内　　持主 遠州豐田郡山東村 光明寺

（帖紙）「御朱印」

山中之郷太郎右衞門ハ、くちゐさいいつゝも申合、御ちうせつ可レ申者也、知行の儀ハ、のそミゐさいニ可レ出也、仍如レ件、

天正四年　六月十日

〔可睡齋文書〕〔御庫本古文書纂〕四

本書は家康が山中郷の太郎右衛門に忠節を盡すべきことを命じ、知行を宛行ふべきことを約して功を勵ましめた令書である。この年の七月、家康は天野宮内右衛門尉景貫の屬城遠江樽山を攻め、景貫を乾(犬居)城に圍み、遂にこれを追ひ落した。本書はこれに關係あるものであらう。本文書の持主は遠州豐田郡山東村光明寺としてあるが、豐田郡は明治二十九年廢せられ、その管村は磐田郡・濱名郡に編入せられた。山東村は今、磐田郡光明村の大字として名を殘してゐる。山中はその隣村龍川村の大字として殘つてをり、天龍川に沿へる部落である。

天正五年(1577) 家康三十六歳。

信長は二月十三日京都を發して、紀伊雜賀の僧衆を攻め、三月三十一日紀伊より安土に凱旋した(多聞院日記・原本信長記)。そこで信長は、同二十三日陸奥の伊達輝宗・越後の本庄繁長に書を遣つて謙信の背後を衝かせようとし(伊達家文書)、八月八日には柴田勝家・羽柴秀吉等を加賀に遣して謙信の進出を食ひとめようとした(原本信長記)。その中で謙信は進んで能登に入り、九月十五日、七尾城を陥れた(歴代古案・長家譜)。

この機會に、武田・上杉・北條・德川・織田諸氏の離合を見るに、武田勝頼は長篠合戰の後、周邊に同盟の與國を求め、北條氏政と姻戚たらんと欲し、紆餘曲折を經て、この年正月、氏政の妹を娶り、信玄・氏康時代に結ばれてあつた甲相同盟は、ここに再現した。勝頼はまた信長の政敵たる本願寺光佐・毛利輝元とも好みを通じたが、これは足利義昭の媒介によるものであつた。その敵は家康と謙信とであつた。

上杉謙信は、この年、尙ほ家康と同盟してゐたが、信長との通交は去年斷絕した。また足利義昭が熱心に甲越相の三和を慫慂せるにより、とにかく北條氏政とも和平を回復したとはいふものの、これはすこぶる不安なものであつた。そしてこの年西上の路を開かうとして、閏七月八日越中に出陣し、九月十五日、能登の七尾城を陥れるに至つた(歴

代古案）

謙信の西上に關心を拂ひながら、信長は中國經略に著手し、十月二十三日、羽柴秀吉をして京都を發せしめたが、（兼見卿記・原本信長記）。秀吉は十二月三日播磨上月城を陥れて成功の第一歩を印した（武家高名記・原本信長記）。

翻つて家康と勝頼との行動を見るに、勝頼はこの年正月、北條氏政と和してその妹を娶り、八月三浦右馬助をして樽井城を攻めしめ、自ら二萬の大軍を率ゐて遠州小笠郡横須賀に至つたが、家康が嫡子信康と共に出陣するのを見て、戰はずして引き揚げた。横須賀は高天神山の西南麓にあり、城を馬伏塚といふ。家康は勝頼の後を追うて山梨に至り、穴山信君を撃ちて駿河に走らせ、十月、勝頼がまた遠州榛原郡の小山城に入るや、家康は馬伏塚に出動したけれど、勝頼が去つたので、家康も濱松に歸り、二回共戰はずして終つた（甲陽軍鑑・三河物語・家忠日記・濱松御在城記等）。

十二月十日、家康は正五位上より從四位下に敍せられた。

このやうな形勢の中にあつて、見出し得たこの年の家康文書は次の五通である。

平野孫八郎に與へたる諸役免許狀（天正五年二月十八日）

（懸紙）「平野孫八郎」

廻船著岸商賣之事

右廻船壹艘也入㆓三遠兩國中諸湊浦㆒、令㆓著岸㆒、可㆑致㆓諸商賣㆒、然者上下船之諸役事、令㆓免許㆒畢、永不㆑可㆑有㆓相違㆒者也、仍如㆑件

天正五年丁丑

二月十八日　家　康（花押）

平野孫八郎

〔多田厚隆氏所藏文書〕

本書は家康が平野孫八郎に、三河・遠江兩國の港灣に著岸して商賣することを許し、その際の船の諸役を免除した判物である。家康が分國内の商業を保護した一例として見ることが出來る。

服部保次に與へたる所領宛行狀（天正五年四月二十三日）

服部中宛行本知行分之事

合百貳拾貫文

此内 百貫文者、遠州刑部村
　　 貳拾貫文者、參州岡村

右年來戰忠明鏡之上、今度境目就二調略一、若於レ遂二討死一者、宛行知行分、息子きう丸ニ可二申付一、彼者幼少之間者、安孫刑部右衞門以二異見一知行分可二所務一もの也、

天正五丁丑年

四月廿三日　家康公御判

服部中（保次）殿

〔寛永諸家系圖傳〕一五八〔古文書〕〇記錄御用所本　服部中保次拜領　同中保舊書上

天正五年八月、武田勝頼は、二萬の兵を率ゐて、遠江横須賀に出撃し、家康の出陣するのを見て引き揚げた。本書はこの時、家康が出陣に先立ち、服部中保次に遠州刑部村・參州岡村合計百二十貫文の知行を宛行ひ、若し戰死した場合には息

子にこれを與ふべきことを約した判物寫である。「境目調略に就き」とあるのは、勝頼との衝突を意味するものである。

尙、用語に疑はしい節があるが、今はこれを採錄しておく。

遠江吉美郷に下せる棟別錢催促狀（天正五年八月五日）

（家康）
遠州棟別錢之事　約束共ニ

（朱印）（印文福德）
合六貫五百七文者

右來九月十日以前ニ蔵橋三郎五郎かたへ可ニ相渡一、若於ニ日限延引一者、加ニ利分一可ニ請取一也、仍如レ件、

天正五年丁丑八月五日　吉美之郷

（添書）
權現様參州御在城之砌、小原肥前守（鎭實）、遠州河別宇津山之城ニ被ニ楯籠一候處、權現様同國妙立寺に被レ爲レ入ニ御馬一、御陣屋被レ爲レ遊、酒井左衞門尉殿（忠次）、討手ニ被レ遣候節、私先祖松野喜樂與申者、直道之案內仕、被レ遂ニ御勝利一候節、此朱印頂戴仕、代々〇以下闕ク、

〔松野文書〕〇遠江

本書は家康が遠江吉美郷に棟別錢を課した催促狀である。吉美《よしみ》郷は今の濱名郡吉津村に當る。吉津は吉美と鷲津とを併せた村名で、濱名湖の西南岸にある。棟別錢とは家戸に課したる課役であり、棟毎に割當てるので棟別錢と呼ばれた。家康が家臣酒井左衞門尉忠次を遣して、湖西入出《いりで》の宇津《うつ》山に居つた今川氏眞の家臣小原肥前守鎭實を攻めしめ、これを駿河花澤城に退散せしめたのは、永祿十一年十二月のこと故、松野文書添書に、その時、松野喜樂が本書を頂戴したとあるのは

審しい。恐らく誤傳であらう。

安部元眞に與へたる感狀（天正五年九月十一日）

今度山中へ敵罷出る之處、其表堅固ニ相踏之條、無ニ比類一、爲ニ忠賞一、向後彌不レ可ニ油斷仕一者也、

仍如件、

天正丁丑（五）年　九月十一日　家康　御墨印

安部大藏（元眞）殿

〔古文書集〕十〔海野文書〕

遠州樽井山城は天野宮内右衞門景貫の居城であつたが、景貫が家康に背くに及び、安部大藏頭元眞がこれを略取して在城した。そこで武田勝頼方の三浦右馬介は、元眞父子の守備してゐる樽井山城に來攻したが、元眞父子は防戰してこれを卻け、追撃して敵を討取つた（寛永諸家系圖傳）。本書はこの時家康がその戰功を褒して元眞に與へた感狀である。玆には海野文書を採錄したが、譜諜餘錄後編所收のものの方が原書に近いかも知れない。それには前文があるから、併せて次に採錄して參考に供する。靜岡縣史料第三輯には、海野文書について、「僞書なるべけれども姑く採錄し置く」と附記してある。

一天正五年遠州樽井山之城を取立て、天野宮内右衞門（景貫）楯籠所江安部（元眞）大藏父子押寄責落、樽井山ニ居住仕候、信玄方三浦右馬介爲ニ大將一寄來、雖レ攻レ之、大藏父子堅固ニ城を踏へ依レ致ニ防戰一、敵不レ叶令ニ開陣一時分、追懸、少々討ニ取之一、其時從ニ權現樣一御感之御感狀被ニ下置一候、

今度山中敵罷出候之處、其表堅固相踏候條、無ニ比類一、爲ニ忠賞一、向後彌不レ可ニ油斷仕一者也、仍如レ件、

天正五年

天正五丑年
九月十一日　　権現様　御書判
(安)(元眞)
阿部大藏頭
〔譜牒餘錄後編〕二十四

、鱸太郎兵衛に與へたる免許狀（天正五年十一月七日）

定

於ニ參遠中一借付米錢、不レ可ニ德政入一、幷諸士領內之ニ、爲ニ商賣一藏作置共、彼領主、若依ニ事躰一雖ニ成敗有一、於ニ此藏屋一者、永不レ可レ有ニ相違一者也、仍後日證狀如レ件、

天正五(丁)乙丑
十一月七日　　家　康御判
鱸太郎兵衛
〔譜牒餘錄後篇〕二十五

これは三河・遠江の兩國における米錢の貸借に付、德政を免除し、商賣用の藏屋を領主より保護したものである。文句に疑はしき所があり、僞書かと思はれるが、姑くこゝに採錄する。

天正六年（1578）家康三十七歲。

この年における最も衝動的な事件は、三月十三日、上杉謙信（四十九歲）が、卒中のために急死したことである。この事は謙信と同盟關係にある家康の立場にも大きな影響を及ぼした。

謙信は信長と交りを絕つて後、去年十一月下旬、越後・加賀・能登・飛驒・上野・佐渡の諸將に檄を發して、明春を期して春日山城に來會せしめ、本年三月大軍を率ゐて西上し、信長と雌雄を決せんとし、發するに臨み、突如急逝したのであつた（上杉家譜）。これは往年信玄が信長と對決しようとして陣中に卒したときと同じく、信長にとつては東方の壓力が解消する利益を齎したが、信玄の場合は、嗣子勝賴が直ちに活潑なる活動を開始したのに反し、謙信の場合は、養子景勝・同景虎及びそれ〲の與黨の間に爭を生じ、內訌によつて上杉氏の對外活動が暫く停止したのは、その利益を更に大ならしめた。この爭ひの間に、景勝は武田勝賴と締盟したから、勝賴は氏政のほか、景勝とも握手して地步を固めたことになる。但、景勝の敵手たる景虎は氏政の弟であり、天正七年三月自殺したから、上杉氏を相續して越後に君臨した景勝は、氏政と敵對關係に立つことになつた。

家康はこの年、勝賴に對して頗ろ積極的であり、三月、大井川に陣して駿河の田中・小山（共に志太郡）を攻め、また兵を率ゐて持舟城（安倍郡）に迫り、五月再び田中城を攻め、七月、遠州橫須賀（小笠郡）の砦を築き、勝賴の將岡部眞幸等を退け、八月三たび田中城に迫り、遠目に到り、十月大須賀康高等をして、高天神城（小笠郡）を攻めしめた。高天神城は東南遠江における武田氏の要地である。よつて勝賴は遠江に入りて橫須賀に迫つたから、家康もまた總社山に陣したが、十一月に至り、勝賴は康高の軍と戰つて高天神城に退き、更にまた駿河に退いたので、家康は掛川に赴いて追躡する風を示したけれど、その甲州に引揚げるに及んで、また軍を濱松に反した。

つまり捗々しい戰局の開展はなかつたのである。そして見出だした家康文書は三通だけである。そのうち九鬼嘉隆に遺つた書狀は一寸變つてゐる。

玉丸局に與へたる船舶諸税免許狀（天正六年八月）

熱田東本陣森田八郎右衞門家藏從二先祖一傳來之品

一神君御朱印之御證狀

勢刕玉（田）丸船壹艘　但五拾石船　三遠兩國中於二諸湊一、就二士（マヽ）押立・地搊・駒口・碇役・駄別等一令二免許之一訖、役船乘者花井十之右衞門渡海上下不レ可レ有二相違一者也、仍如レ件、

天正六年八月　日　　御諱　御朱印

玉丸御局参

〔張州雜志抄〕二十六

本書は家康が、三河・遠江兩國の港灣において、伊勢田丸の船一艘に船舶に關する諸税を免除した朱印狀である。田丸は伊勢度會郡に在り、山田の西一里位、そこに方五町程の田丸城址がある。もと愛洲氏の居城であつたが、北畠政勝が、その後を承けて田丸氏と稱した。永祿十二年織田信長伊勢を經略し、次男茶筅丸を國司北畠具敎の養子となし、信雄と名けて北畠氏を嗣がしめ、やがて田丸城を囘取し、天正三年本所と定めた。天正六年北畠信雄は田丸城に居住してゐたのである。田丸は玉丸とも書く。本書の宛名たる玉丸御局は信雄の室であらう。天正八年田丸城が炎上した後、信雄は同國松島城に移つた。

鈴木重直に與へたる所領宛行狀（天正六年九月二十九日）

令レ開二發新田一之事

右前後南堤入河原、以二其身失墜一新堤築出之條、彼開發之地、於二末代一出置畢、但爲二色成一毎

年百疋永可レ収レ之、此旨累世不可レ有ニ相違一者也、仍如レ件、

天正六戊寅年

九月廿九日　　家　康御書判

鈴木(重直)八右衛門尉殿

〔古文書〕○記錄御用所本　同八右衛門重直拜領　鈴木八右衛門書上　〔書上古文書〕七〔淺野家舊記〕一

本書は家康が鈴木重直の新田を開發したのを賞してその地を永代に所有せしめた宛行狀である。重直は多大の出費を意とせずして新堤を築き、新田を開いたのであつた。色成とは畑の物成として荏・大豆・餅米等を納めるものをいふ。物成とは田畑より納める貢租で大部分は米を納めたのである。百疋の永は永樂錢の略稱、百疋の疋は貨幣の單位で、昔は一疋は錢十文・十疋は百文・百疋は一貫文に相當したが、後には一疋は錢二十五文のことになつた。毎年百疋永を納めるといふのは、色成を物納でなく、錢納として納めるのである。尙、永祿八年十一月二十七日・天正元年九月三十日・元龜元年八月一日附いづれも重直宛の文書を參照せられたし。

九鬼嘉隆に遣れる書狀（天正六年九月晦日）

急度令レ申候、仍今刻爲ニ御加勢一渡海、卽至ニ其津一著岸在レ之由、大儀候、然者此表之樣子、敵以之外迷惑之體相究候條、敗北不レ可レ有レ程候間、速可ニ討留一事、案之内候、時云可ニ御心安一候、委曲本多甚次郎可レ申候、恐々謹言、

九月晦日　　家　康（花押）

九鬼(嘉隆)右馬允殿

〔九鬼文書〕

九鬼右馬允嘉隆は織田信長に屬し、天正二年長島一向一揆征伐のとき功あり、同六年信長が大坂本願寺を攻めたとき、嘉

隆は軍船を率ゐ、本國志摩より紀伊熊野浦を廻航し、雑賀浦より進出せる敵船隊を撃破し、七月下旬堺浦に著船、九月二十七日信長も住吉に著陣、十月朔日嘉隆をして船隊の演習を行はじめこれを嘉賞した。本書はこのときのものと認める。書中「御加勢として渡海卽ち其津に至り著岸」とあるのは堺浦に滯船のことであらう。「此表之様子」以下は家康が自己の動靜を知らせたものである。この頃家康は武田勝頼と覇を爭ひ、駿河・遠江において、屢々衝突を起してをり、この年八月には駿河に入り、九月六日濱松に凱陣、十月兵を見附に出し、十一月馬伏塚に陣して勝頼の小山に至るを邀へ、尋で總社山に移陣、つひに勝頼をして甲斐に引揚げしめた。「敵」とあるのは勝頼方を指すのである。尙、嘉隆は信長の死後豐臣秀吉に仕へ、大隅守に任ぜられた。

天正七年（1579）家康三十八歳。

この年三月、上杉景勝は越後の府中御館城に上杉景虎を攻めてこれを陷れ、上杉憲政を殺し、景虎を鮫尾城に走らし、尋で二十四日鮫尾城を陷れて景虎（二十五歳）を自殺せしめた（歴代古案・上杉家譜）。この内訌に乘じ、信長は去年九月、将を越中に入らしめ、今年更に柴田勝家・前田利家・佐々成政等をして、越前より加賀に入りて經略を進めしめた。

景勝と連盟した勝頼の今年の行動はむしろ積極的であり、三月には出でて遠州國安（小笠郡）に陣したので、家康も出て馬伏塚に陣したが、勝頼が去るのを見てまた軍を反した。四月になると勝頼はまた出て駿河の江尻に陣し、進んで再び國安に來たから、家康は諸將を濱松に集め、自ら袋井に出陣したところ、勝頼はまた引き揚げたので、家康は進んで大井川を渡り、田中城を攻めた。とかくする間に東國の形勢は漸く變調を呈し、北條氏政は勝頼との同盟を解消し、九月五日使を家康に遣して、勝頼を夾撃することを約した。後に勝頼滅亡の天正十年秋冬の候、先づ甲州に入れる家康に對し、氏政の一軍は甲州の東南部に入り、氏政の子氏直は甲州北部に入り、家康を夾撃したのは、このときの約により北條氏も甲州の分割に預る權利があると思惟したからであらう。九月十三日、勝頼は駿河の黄瀬川に進出して氏政と對峙した（家忠日記・上杉古文書・三河記）。

このやうに家康と勝頼との對局は、今年もまた捗々しく展開しなかつたが、九月十五日、家康が嫡子信康（二十一歳）を自殺せしめたのは、痛々しい悲劇であつた。

生母築山殿關口氏は、これより先八月二十九日殺害せられた。この悲劇の顚末は三河物語・武徳編年集成・家忠日記增補・德川幕府家譜等に見えてゐるけれど眞相は審かでなく、これに關する確實なる史料はない。勿論、文書はない。

この年の家康文書五通の中、三通は奥州の伊達輝宗及びその家臣に遣れるものであり、鷹師下向に事寄せて慇懃を通ずる心構への背後には、政治的意圖を含んでゐるかも知れない。

三河大樹寺に下せる定書（天正七年三月二十一日）

（折封上書）
大樹寺法式之事

一國中之諸士至二民以下一迄於二公事申掛一者、令レ糺二明理非一急度可二申付一事

一祠堂物借引之事、米錢三和利貳文子ニ相定故者、縱天下一同之德政・國次之德政・私德政雖二入來一令レ除レ之事

一寮舍江從二先規一有レ志之族、寺領等寄附之處、其子孫令二（難脱カ）難澁一不レ可二悔還一事

一従二先規一之諸末寺領、先祖寄附之處、爲二其領一悔還、巧出二公事一私ニ沒收之事、甚以可レ爲二曲事一、付坊主於レ不レ應レ機者、可レ渡二弟子一、於レ無二弟子一者、可レ爲二本寺之計一事

一諸末寺年頭開山忌別時以上手中ニ三度可レ有二出仕一、於二懈怠一者、堅可二申付一事

一諸役課役令二免許一事

一方丈并衆中被官於レ從二權門之威一者、寺内門前可レ被レ拂事

右條々違背有間敷者也、仍如レ件、

天正七卯

三月廿一日　　家康（花押）

大樹寺勢蓮社麐譽上人

「(包紙ウハ書)
大樹寺勢蓮社麐譽上人　　家康」

〔大樹寺文書〕一

大樹寺は三河國額田郡岩津村鴨田にあり、淨土宗成道山と號し、德川氏由緒の名刹である。本書は大樹寺に下せる定書で、國中の諸士、民以下に至るまで、訴訟を起す者は理非を糺明し、早速裁決すべき事、祠堂錢その他物借において米・錢は利子を三割二分と定めたから、天下一統の德政・國中の德政・私の德政にあつた場合と雖も返濟すべき事等を定めたものである。

伊達輝宗に遣れる書狀（天正七年七月一日）

遠藤基信に遣れる書狀（同　日）

雖二未申通候一、以二一簡一令二啓達一候、仍鷹爲二所持一、鷹師差下候、路次往還無二異儀一候樣、被二仰付一給候者、可レ爲二怡悅一候、兼又向後之儀、別而可二申談一所存候、於二御同意一者、可レ爲二本望一候、次上方御用之儀、可レ蒙レ仰候、不レ可レ有二疎意一候、委細尙彼口上申含候、恐々謹言、

家康（花押）

（天正七年）
七月一日

伊達（輝宗）殿

（懸紙ウハ書）
伊達殿　　徳川
家康

〔伊達家文書〕五

雖二未申通候一令レ啓候、抑去々年、中河市助鷹取ニ差下候處、路次上下有二馳走一之由、殊更最上（義光）訖（迄）被レ副二一書一之由申候、爲悅候、此度鷹爲二所持一下候之間、往還無二相違一候樣賴入候、兼又向後輝宗（伊達）江可二申談一心中候、畢竟其方才覺可レ爲二本望一候、委細彼口上相含候、恐々謹言、

（天正七年）
七月一日　　家康御書判

遠藤山城守（基信）殿

〔伊達氏四代治家記錄〕性山公四

この二通の書狀の中、前者は家康が當時出羽の米澤に在つた伊達輝宗に音信を通じたもので、鷹を捕獲する使を下したに就き道中の事を依賴し、また上方卽ち織田信長に所用の事あれば取次ぐ旨を述べてゐる。後者は輝宗の家臣遠藤基信に宛てたもので、輝宗に對し斡旋を依賴してゐる。これに依り、家康の經略と伊達氏の勢力の漸く增大してゐることが注目される。「伊達氏四代治家記錄」には、この書狀に就き、次のやうに記してある。

天正七年己卯　(輝宗)公御年三十六

七月壬申小、東照大神君(徳川家康)ヨリ始テ御書ヲ通セラル、遠藤山城基信ニモ御書ヲ賜フ。去ル五年御鷹師中市助、下向之時、基信親切ニ取持チ馳走ス、因テ今度又鷹御用トシテ市助ヲ差遣サル、向後當家ニ懇ニ仲談セラルヘキ旨種々御丁寧ニ示賜フ、御書兩通左ニ載ス、〇前掲伊達家文書及び性山公治家記錄所文書にかかる

朝比奈泰勝に與へたる所領宛行状(天正七年九月五日)

駿河知行之事

貮百貫文　壹所　小田村　福嶋伊賀分
百貫文　壹所　良知　同
貮百五拾貫文　壹所　大屋　同
貮百貫文　壹所　中之郷　同
六拾貫文　草なき　同
百貫文　江尻　同
貮拾貫文　同所　同
五拾貫文　小川　同

八拾貫文　吉田（淺村分）
百貫文　同所（反機（錢）棟嘉（別）共ニ組朝比奈方）
七拾貫文　さめ嶋（右衞門太夫分）
百貫文　大平（福嶋分代官分）
以上千三百三拾貫文歟、
右氏眞（今川）御約束之分可二宛行一者也、仍如レ件、
天正七卯
九月五日　御（家康）書判
朝比奈彌太郎（泰勝）との
〔古文書〕〇朝比奈、記録御用所本　朝比奈彌太郎泰勝拜領同彌太郎泰諸書上〔書上古文書〕六

朝比奈彌太郎泰勝は初め今川氏眞に仕へ、天正三年五月長篠合戰の時、氏眞の使者として家康の陣に來り、武田勝賴の部將内藤昌豐を討つて勇名を現したので、家康は氏眞に請うてこれを自分の家臣となした。本書は駿河國小田村・良知・大屋等の釆地千三百三十貫文を、氏眞との前約に依り、家康より泰勝に與へたときの宛行狀である。尙、この日附の九月五日は、北條氏政が家康と和して、武田勝賴を夾擊することを約束した日であり（家忠日記・上杉古文書）、尋で勝賴は駿河黃瀨川に出陣して氏政と對峙した。また七日には家康の部將大須賀康高は、勝賴の屬城たる遠江高天神城を攻めた（大須賀記・遠州高天神軍記）。家康はその間において、八月二十九日、岡本平右衞門に命じて夫人關口氏（築山殿）を殺させ、九月十五日、嫡子信康を自殺させ（松平記・三河物語・家忠日記・柳營婦女傳）、その悲劇の憂悶を拂拭するかのやうに、九月十七日、遠江懸川に出陣して遙かに氏政に應援した（家忠日記・創業記考異）。

伊達輝宗に遺れる書狀（天正七年十二月二十八日）

去頃中河市助差下候、飯路之時分無二御存知一故、追テ御報喜悅之至候、何樣來春自レ是可レ申候之間、不レ能二一二一候、恐々謹言、

（天正七年）十二月廿八日　　　家　康御書判

（輝宗）伊達左京大夫殿

〔伊達氏四代治家記錄〕性山公四

これは七月一日附伊達輝宗宛書狀と對照すべきものであり、家康が遙かに伊達氏に關心を寄せてゐることが看取される。後年、輝宗の子政宗を庇護した素因は夙にこの頃に求められる。

天正八年（1580）家康三十九歲。

織田信長はます〳〵順潮に乘じてをり、この年閏三月七日、勅命を奉じて本願寺光佐と和し、光佐は四月九日大坂石山を退去して紀伊の雜賀に向つた（御湯殿上日記・本願寺文書・原本信長記）。その子光壽は父と所見を異にし、石山に籠城しようとしたけれど成らず、八月二日また退去して雜賀に移つた（多聞院日記・兼見卿記・原本信長記）。前後十一年間に亙る石山合戰はこれで全く終り、信長ははじめて枕を高くして眠ることができた。十一月、柴田勝家もまた加賀の一向一揆を平定するに至つた（原本信長記・北越軍記）。

武田勝賴と北條氏政との乖離はます〳〵甚しく、また黃瀨川に對峙したが、氏政は八月十四日家康に援助を求めた（家忠日記・神君御年譜）。家康の重量が增加してゐる反證となるであらう。

これより先、この年正月の初め、勝頼は兵を發して高天神城を救はうとする風聞があり、岐阜の織田信忠は清洲に來て家康に聲援したが、勝頼は氏政と對抗してをり、三月伊豆の海上で戰つたけれど勝敗なくして甲州に歸つた有様なので、到底高天神城救援に來ることができない。そこで家康は同月濱松を發して高天神城外の天王馬場に到り、大坂・中村の二砦を築き、五月駿河の田中城外を蹂躙し、六月横須賀に陣して鹿鼻・能坂の砦を築き、高天神城外に火を放つて威嚇を加へたので、守將岡部長教等は、連署して援軍を甲府に請うたけれど勝頼は敢て出兵せず、よつて家康は十月に至り、六ヶ所の砦を築いて城に迫り、自ら馬伏塚に陣して長圍の計をとり、十二月これを信長に報じた。勝頼は氏政に牽制せられて動けなかつたのかも知れない。

　しかし採録し得たこの年の家康文書には、これらの動靜に關するものはなく、寺院等に下せる定書五通、寺院等に下せる安堵狀三通、及び鎧師明珍久大夫に遺つた書狀一通があるだけである。五つの寺院の中、三つは三河、二つは遠江にあり、大工職を與へられたのは遠州濱松の大工であつた。

加嶋孫尉等に下せる定書（天正八年二月四日）

（家康）
朱印
（印文福德）

一於㆓分國中㆒加嶋一類、如㆓前々㆒諸役令㆓免許㆒事

一從㆓奥山㆒材木下之時者、可㆑出㆓兵粮㆒事

一筏下之事、可㆑爲㆑如㆓前々㆒之事

右條々領掌了、仍如㆑件、

天正八年

天正八辰年

二月四日

(加嶋)孫尉

彌太夫

〔田代文書〕○遠江

本書は家康が加嶋孫尉等の諸役を免除し、遠江奥山谷から材木を下す時には兵粮を與へる事を約し、筏下の事を從來通り認可した朱印狀である。

明珍久大夫に遣れる書狀（天正八年三月十一日）

遠路所、具足被ニ指越一候、殊外見事出來、大悅申候、先年之具足、城東郡出場之砌、著申候、一段心能候、委細水野惣兵衞(宗重)方より可ニ申入一候、恐々謹言、

(天正八年)三月十一日　家康（花押）

明珍久大夫(紀宗家)

先祖六代以前中興元祖宗介十九代目明珍久大輔紀宗家、織田家仕、江州安土住居之砌、天正八年二月蒙レ命、齒朶之御具足於ニ遠州一獻ニ上之一、同十年三月、黑糸威御具足、於ニ濱松御城一獻上之節、以ニ水野惣兵衞殿一此御書頂戴○中略仍後記之、

于時

寛政六甲寅年
閏十一月朔日
増田明珍長門守紀宗政
同　　主水佐紀宗妙
〔大澤米二郎氏所蔵文書〕

本書は家康が織田信長に仕へて近江安土の城下町に居住した鎧師明珍久大夫紀宗家に具足を注文したところ、見事な製作なので喜悦して遣つた感謝の書状である。この以前にも製作せしめた具足は、既に出陣のとき著用したことをも記してある。

五郎太郎に與へたる大工職安堵狀（天正八年三月十三日）

松平伊豆守領分
遠州敷知郡濱松町人
持主　五郎次」

（朱書）
「權現樣ゟ被ㇾ下候大工職之
御書付寫一通

（家康）
（花押）

遠江國濱松庄大工職之事、任二前々旨一、五郎太郎可ㇾ勤者也、仍如ㇾ件、

天正八辰年
三月十三日

〔御庫本古文書纂〕二

本書は家康が五郎太郎に遠江濱松庄における大工職を安堵せしめた判物である。五郎太郎は濱松莊に住した大工であらう。文言に多少疑はしいところがあるが採錄しておく。

三河鳳來寺に下せる定書（天正八年四月二十五日）

參州設樂郡鳳來寺之叓

一渥美郡牟呂郷於二公文名之内仁一貳拾貫如二前々一領掌畢、然者毎年從二百姓前一直可レ有二收務（所カ）一事

一槇原山口之事、年來恣伐取不レ勤二其役一云々、太以曲事也、如二先規一杣役可レ被二申付一之事

一諸講田年貢石米令二無沙汰一者、其所之地頭代官奉行人仁相届、可レ令二催促一、猶無二沙汰一者、田地取放、新百姓可二申付一事

一門谷寺領中之輩、衆徒中仁不二相斷一、取二判形一、諸事被二申付一子細令二難澁一者、可レ注二進交名一事

一門谷并寺領之輩、從二前々一他之被官之事者不レ及二沙汰一、自今以後不レ可レ屬二他之被官一之事

一門谷寺領中之輩、他所令二居住一、由緒之由申、田地屋敷等競望之事、堅令二停止一之、并地子等急度可レ被二請取一之事

一黑谷門谷、大當（マヽ）下之輩、成二他之被官一共者（者共カ）、跡職令二斷絶一之處江、彼主人田畠屋敷可二私領一之旨申懸段、甚以曲事也、急度注進之上者、可レ加二下知一之事

一諸職人大工從二先規一不二相定一之所仁、名大工職及二問答一修理以下相押云々、如二往古一、爲二衆徒中計一、不レ定二其主一可レ被二申付一事

一寺家並寺領従二前々一為二不入之地一條、棟別反錢地給（マヽ）其外臨時之課役免許之事
一寺百姓四分一、城普請急用之時者、為レ給以二印判一可二申付一事
一寺領并門谷竹木不レ可二伐取一、但城普請急用之時者、以二印判一可二申付一之事
一寺領之内におゐて關・駒口令二停止一之事
右條々、如二前々一無二相違一領掌畢、者修造勤行無二怠慢一、可レ抽二國家安全精誠一之狀如レ件、

天正八年四月廿五日　　家　康御印形

鳳來寺

〔參州寺社古文書〕〔東叡山日記〕一上

鳳來寺は三河南設樂郡鳳來寺村門谷にあり、元來眞言宗であつたが、德川家光の時、寺内に在る東照宮の別當を輪王寺の配下に屬せしめて天台宗となし、藥師堂をば高野山に附して眞言宗となしたので、一山兩宗二分して軋轢が絶えなかつた。そこで明治に至り眞言宗に專屬することとなつた。德川氏父祖以來の由緒ある名刹であるから、家康は寺領八百五十石、並に古來附屬の山林方三里を寄進して崇敬した。

本書は天正八年四月二十五日、家康が鳳來寺に出せる定書である。渥美郡牟呂郷において貳拾貫を與へる事は前々の通り承知したから、百姓より直ちに所務すべきこと、槇原山口においては年來恣に木を伐採し杣役を勤めないが、先規の通り必ず杣役を申付くべきこと、諸講田の年貢米を百姓が納めない時は、その所の地頭代官奉行人に届けて催促し、尚、納めない時は田地を取上げて別の百姓に申付くべきこと等の事項を規定してゐる。

三河大林寺に下せる定書（天正八年四月二十五日）

参州額田郡能美郷拾玉山大林寺

一本末之僧中衆役法度以下、可レ為ニ住持儘一事

付寺中門前不レ可レ致ニ狼藉一、猶以犯科人走入候段、令ニ停止一事

一寺領并敷地寺内寺外所納、如ニ前々一不レ可レ有ニ相違一事

一祠堂之米銭寄進之地雖レ為ニ断絶一、就ニ証拠分明者一、借主地主不レ可レ有ニ異論一事

右條々領掌畢、然者修造勤行等不レ可レ有ニ怠慢一之状、仍如レ件、

天正八年

四月廿五日　　家康（花押）

大林寺

〔大林寺文書〕河〇三〔参州寺社古文書〕

大林寺は拾玉山と號し、淨土宗に屬し、現に岡崎市魚町にあり、三州深草義十二本山の一つで、もとは光林寺と稱した。本書は大林寺に下したる定書であり、本寺末寺の僧中衆役法度等は總て住持の指圖に依るべきこと、寺中門前において狼藉すべからざること、猶犯科人が寺中に入るを停止すべきこと、寺領并に敷地、寺内外の所納は前々の通たるべき事、祠堂米銭を寄進する地が斷絶しても、證據が明白ならば、借主・地主は異論を挿むべからざる事等を規定してゐる。

三河隣松寺に下せる禁制（天正八年五月二十一日）

同寺領安堵状（同日）

定

一殺生禁斷之事
一寺中不レ可レ伐二採竹木一事
右條々如二年來一不レ可レ有二相違一、寺家門前棟別四分一并押立人足、其外諸役免許領掌畢、仍後日之狀如レ件、

天正八曆
五月廿一日　家康御判

隣松寺

〔千世乃松根〕下

一神君樣ゟ頂戴仕候御直書之御判物

參州上野隣松寺領之事

一田地貳段　上野領之内
一田五段　鴛鴨領之内
一畠六段　長澤領之内
一殺生禁斷之事
一寺中不レ可レ伐二採竹木一事

右條々如二年來一不レ可レ有二相違一、寺家門前棟別四分一并押立人足、其外諸役免許領掌畢、仍而後日狀如レ件、

天正八曆
五月廿一日　家康　御花押
隣松寺　〔千世乃松根〕下

本書は家康が三河隣松寺に下した禁制及び寺領安堵狀である。隣松寺は愛知縣碧海郡上鄕村隣松寺に在る淨土宗の寺院である。參考のため左に由緒書を採錄する。

右御判物者、莫太之御忠節御由緒ニは御不相當之由、慶長七八年頃御內噂被レ爲レ在候由、觀音國師大樹寺ゟも申候、全く天正八年は遠州濱松御在城之砌故、乍レ恐御領國も御少に被レ爲レ在候故と奉レ存候、然處當寺儀住持も相替、關東御凱陣之節願出茂不レ仕、田舍住持何事茂不案內故、最初被二下置一候節之儘ニ御座候由申傳候、
一此節惣門前禁札拜領仕候、文言以前に有レ之候、

遠江龍雲寺に與へたる寺務職安堵狀（天正八年五月二十八日）

遠江國濱松庄入野御本所領之內、山林等并龍雲寺之事、御代々爲二御祈願寺一之條、彼寺領西町田、東山田里鄕田畠・門前在家・居屋敷等、號二瑞椿住寺（持）御讓一之上者、寺務少毛他所江割分之儀不レ可レ有レ之也、如二前々一永不レ可レ有二相違一、將又大宮樣御一世之間者、何之御宮達雖二被レ仰事有一レ之、大宮樣可レ任二御意一之旨、可レ有二御心得一者也、仍如レ件、

天正八庚辰年

五月廿八日　　　　家　康（花押）

御　局　　　　〔龍雲寺文書〕○遠江

本書は家康が濱松莊の入野（今の濱名郡入野村）に在る龍雲寺に居住された「大宮樣」に入野の本所領及び龍雲寺領等を分割することなく安堵せしめ、「大宮樣」御存生中はいづれの宮達が仰せられる事があつても「大宮樣」の御意見次第に處置申上げるとの意を通じた安堵狀である。入野村は昔は三分して地頭方・本所方・國方に分れ、龍雲寺を木本方或は木寺宮と言つた（遠江國風土記傳）。木寺宮は後二條天皇の皇子邦良親王を祖先となし、その御領が入野に在り、本家得分の地を本所方と言つたのであらう。本文中に見える瑞椿住持は赤津中務少輔の子で、出家して龍雲寺住持となつた人である。第八世で天正八年十月退轉せられた。尙、參考として左の由緒書を採錄する。

遠江國敷智郡西胡山龍雲寺領被㆓下置㆒候由緒

一木寺大宮樣者、後二條院之皇孫ニ而御座候由、拙寺東北之谷ニ御殿御建立被㆑遊、天正年中迄年數多御在居被㆑遊候、御本所領四百石餘御所領被㆑遊候儀明鏡ニ御座候、龍雲寺依㆑爲㆓御祈願所㆒寺領被㆑爲㆑附候、權現樣濱松御在城之節、御條目御局迄被㆑進候由、右御局之御名御尋御座候得共、相知不㆑申候、龍雲寺領茂御條目之通如㆓前々㆒無㆓相違㆒本務仕罷在候、○下略

寛保元年酉四月　　　　遠州入野村
　　　　　　　　　　　龍雲寺（黑印）

寺社御奉行所

遠江方廣寺に下せる定書（天正八年九月三日）

伊井谷奥山方廣寺之事

天　正　八　年

一山四方境用木・雜木等濫不レ可二切取一事
　但有二要用一之時者、以二朱印一可二申付一事
一祠堂物德政令二免許一事　附門徒中輪番、出仕不レ可レ有二無沙汰一事
一爲二無緣所一之間、如二前々一志次第勸進可レ仕レ之、同諸職人如二前々一志次第細工可レ仕事、付門
　前屋敷四間之事
右爲二祈願所一之間、諸事可レ爲レ如二近年一、守二此旨一國家安全勤行等、不レ可レ有二怠慢一者也、仍如レ件、

天正八
九月三日　　家　康（花押）

〔方廣寺文書〕○遠江

本書は家康が祈願所である遠江伊井谷方廣寺に下した定書である。方廣寺は引佐郡奥山村に在り、臨濟宗に屬し、土豪奥山氏の建立である。開山は元選無文禪師。今は半藏坊の天狗の靈驗に依つて遍く知られてゐる。

天正九年（1581）家康四十歳。

この年における家康の最大事件は、高天神城を攻略したことである。高天神城は遠州における武田氏の勢力を代表する重要な城であつた。今の土方村の南、横須賀の東、海岸より一里ほど離れてゐる高さ七百二十尺ばかりの山で、その頂に城址が殘つてゐる。天文年中今川氏の將小笠原春儀がここにをり、永祿・元龜のころ小笠原與八郎長忠のと

き、家康に降服したが、天正二年、武田勝頼に攻略された遠州の重鎮であり、天正七年九月以來、家康方に攻めたてられても屈せず、九年まで持ち越した。しかし勝頼はつひに來らず、孤立無援の狀態に陷り、二月には糧食が殆んど盡きたけれど、守將岡部長敎は降伏を肯んぜず、三月二十二日に至り、圍を衝いて出で、林谷において大久保忠世と戰ひ、力竭きて討死し、城はつひに陷つた（家忠日記・當代記・三河物語・家忠日記增補・原本信長記・神君御年譜）。それは壯烈な落城であつた。

天正元年信玄の死より前後十年間に亙る勝頼の生涯は、同三年五月の長篠合戰の敗北によつて第一の段階を下り、同九年三月の高天神城の喪失によつて第二の段階を下つた。これより勝頼の意氣揚らず、鬪魂振はず、穴山信君の勸めにより、甲府の西北にある韮崎にはじめて城郭を築いて新府と呼び、十二月二十四日ここに移つて、防禦の態勢を取るに至つた（原本信長記・甲陽軍鑑）。

これに反し家康は永祿十二年冬、遠州に進入してより、今川氏眞を追うて遠州を取つたけれど武田信玄に侵略せられ、その子勝賴と角逐して前後十四年、ここに至つて漸くその全土を掌握することができたのである。高天神城攻略の意義は、このやうに大きいものであつた。

信長に至つては、年を迎へて意氣天に冲するものあり、二月二十八日には近畿の諸將を召し、正親町天皇の行幸を仰いで盛大なる馬揃を擧行し（御湯殿上日記・兼見卿記・原本信長記）、八月三十日には高野山の聖千餘人を斬つて一山に彈壓を加へ、十月二日には前田利家に能登を與へた（原本信長記・譜牒餘錄）。中國に派遣してある秀吉は、六月因幡鳥取城に吉川經家を圍み、十月これを陷れて經家を自殺せしめた（原本信長記・吉川家文書・太閤記・吉川家譜）。家康・信長共に戰力に餘裕あるに至り、終に多年の宿案たる武田氏討伐に移るに至つた。それは次の天正十年の大きな課題であつた。

しかし採錄した家康文書の中、高天神城關係のものは、ただ宛行狀一通を見出すだけであり、その他には三河の三箇寺に下した禁制と安堵狀、及び部將等に與へたる安堵狀・宛行狀・書狀各一通あるにとどまる。

三河大樹寺に下せる條規（天正九年四月十六日）

大樹寺新法度之事

一今度對二所化衆一不レ可レ有二喧嘩口論一之事

一夜中ニ紛れ瓦礫をうち、諸事不レ可レ有二狼藉一事

一日暮ニ女、寺家ヘ不レ可二出入一事

一住持之儀、惡事於レ有レ之者可二申上一、爲レ私不レ可二誹謗一事

一於二寺中一開山以來之法度於レ有二違犯僧一者、爲レ惣一烈（列）可二申上一事

右從二前々一雖レ有二不入判形一之、爲二後代一重而申定畢、諸役等之儀、自然國次所用之儀付者、以二朱印一可二申付一、無二朱印一者一切不レ可レ有二許容一者也、仍如レ件、

天正九年辛巳

四月十六日　（家康）朱印（印文福德）

大樹寺

〔大樹寺文書〕○三河

本書は家康が三河の大樹寺に下した條規である、第一條では所化衆に對し喧嘩口論をなすことを禁じ、第二條では萬事に

狼藉の行爲あることを警め、第三條では日沒以後女子が寺に出入することを止め、第四條では住持に不都合の有つた場合にはその旨を訴へ出でしめ、私に團結して誹謗することを禁止し、第五條では寺中において、開山以來の寺法に違犯する僧があらば、全寺僧より申出づべきことを定め、また寺の諸役を免除した。大樹寺は先にも記したごとく、三河岡崎の北一里額田郡大樹寺村に在り、文明七年松平親忠の創建にかかり、淨土宗鎭西派に屬する。

奥山惣十郎に與へたる所領安堵并宛行狀（天正九年五月九日）

就㆓今度忠節之儀㆒、中郡領三ヶ一并西手之内雲名村、殊あひ月之郷、只今取來候間、聊相違有間敷候也、於㆓信州㆒遠山領ニて、千貫文出置候、此内百貫文とむ（者カ）つ田虎介・和泉・二兵衛、付夫之儀候間、彼三人ニ出置候、右永相違有間敷者也、仍如㆑件、

天正九之
五月九日　家康御判

奥山惣十郎殿

〔譜牒餘錄〕〔朝野舊聞裒藁〕

武田勝頼が遠州南部に侵入し、高天神城を占據したのに對し、家康は兵を出してこれを圍み、久しくかかつて遂に攻略の功を遂げた。本書は家康がこの戰鬪における奥山惣十郎の忠節を賞し、その所領遠江奥山の地を安堵せしめ、更に加增した判物である。參考として次に由緒書を採錄する。

右、知行之御書付被㆓成下㆒候奥山惣十郎儀者、武田信玄ニ相從、遠州豐田郡中郡水卷城ニ罷在候、其後權現樣御味方仕、武田勢遠州之內所々罷在處、爲㆓御退治㆒御人數被㆓差向㆒候節、惣十郎儀茂御先手ニ而武田勢沒落仕候、依㆑之書付奉㆓頂戴㆒、無㆓相違㆒領知仕候、〔譜牒餘錄〕廿七

榊原又右衛門に與へたる所領宛行狀（天正九年八月八日）

東照宮御判物

東城（條カ）領之内坪まめち草野河端、本成四貫七百文目、此外増分三貫貳百文、都合七貫九百文可ニ定納ヒ之、此内壹貫九百文堤之外徳野、其身以ニ造作一堤迄筑（築）、屋敷田畑ニ開レ之迄、於ニ已來一聊不レ可レ有ニ相違一、水役四分一之事、五ヶ年令ニ免除一者也、仍如レ件、

天正九年辛巳年

八月八日　御判

榊原又右衛門との

〔古文書〕○記錄御用所本　榊原又右衛門某拜受　同主計頭書上

本書は家康が榊原又右衛門に與へたる所領宛行の判物である。その地は三河東條の地であらう。その內開發新田に就ては五箇年間水役を免除した。

三河東光坊に與へたる寺領安堵狀（天正九年十月二十六日）

（朱書）權現樣御居判東光坊江被下候書付寫一通　　土井伊豫守領分「三州幡豆郡矢田村 桂岩寺塔頭 持主 東光坊」

西條之內矢田東光坊寺領之事、右都合貳石五斗端出共、如ニ前々一永不レ可レ有ニ相違一、勤行已下不レ

可レ有二怠慢一者也、仍如レ件、

天正九辛巳年

十月廿六日　　三河守(家康)（花押）

東光坊

〔參州寺社古文書〕

本書は家康が桂岩寺の塔頭東光坊に寺領を安堵せしめた判物である。桂岩寺は三河幡豆郡平坂町に在つて龍臥院と稱し、淨土宗西山派に屬してゐる。

皆川廣照に遣れる書状（天正九年十一月十二日）

今度安土江爲二御音信一、馬御進上候、遠路之儀、御造作令二推察一候、併信長馬共一段自愛被レ申候、御使者等迄各馳走可レ申候由、被二仰付一、東海道公儀之上、無二異儀一歸路候、ら様被レ入二御念一、御懇之儀、於二爰元一始而之御儀候、於二上方一之御仕合共様子、彼使者淵底存知之事候、我々迄大慶ニ候、然者此方之儀、幸上邊路次中之儀候條、相應之儀ハ、否不(マヽ)レ可レ有二疎心一候、次爲二書音之一乍二さ少一、無上三斤進覽候、委曲關口石見守令(マヽ)レ言二與口上一候、恐々謹言、

(天正九年)
十一月十二日　　家康

(皆)(廣照)
蜷川山城守殿

〔皆川文書〕二〔栃木縣廳採集文書〕六

(懸紙)
「(皆)
蜷川山城守殿　　家康」

下野皆川城主皆川山城守廣照は天正八年家康に好を通じ、同九年織田信長に馬を獻上した。本書はこの時家康が遣つた書狀で、信長の喜べることを述べ、今後疎意あるべからざることを告げ、且つ無上茶三斤を贈る旨を記してある。このことは原本信長記にも見えてゐる。

三河修法庵等に與へたる寺領安堵狀（天正九年十二月六日）

西條之內小寺六ケ所寺領之事

壹貫三百十文　平口　修法庵
壹貫貳百五十文　篠そね　善行坊
七百八拾文　赤羽禰　清秀寺
四百文　同所　松覺庵
三百三十文　地頭　西興庵
百三十文　中田　地藏庵

右都合四貫二百文、各寺屋敷米錢踏出共ニ如ニ前々一永不レ可レ有ニ相違一、勤行以下不レ可レ有ニ怠慢一者也、仍如レ件、

天正九辛巳年
十二月六日　（家康）朱印（印文福德）

小寺中

〔西角井正慶氏所藏文書〕○武藏

本書は家康が三河幡豆郡西條の修法庵以下六箇寺に寺領を安堵せしめた安堵状である。印文福德の朱印の印影は墨で消してある。

松平康親に與へたる所領安堵状（天正九年十二月二十日）

一於次(松平忠吉)事松平甚太郎(家忠)爲ニ居跡一相定之上、従レ是一切不レ可レ有レ綺、然者本知、新知如ニ先判形一、永不レ可レ有ニ相違一事

一寄騎・被官如ニ前々一可レ爲ニ其方計一事

一駿州入國之上者、諸事國中之異見、其方可ニ申付一之事

付周防守(康親)自分ニ宛行所領本知、新知・如ニ先判之一至ニ子孫一可ニ知行一事

右條々永不レ可レ有レ別者也、仍如レ件、

天正九辛巳年

十二月廿日　　三河守(家康)御在判

松平周防守(康親)殿

〔譜牒餘錄〕四十二

天正九年三河東條城主松平家忠が卒したが實子が無いので、家康は自分の第四子忠吉を以てその嗣子となし、松平周防守康親をしてこれを輔佐せしめた。(家忠日記)。本書は家康が康親に與へて、忠吉に所領を安堵せしむる事等を明かにし、また康親の所領を安堵せしめ、駿河入國については國中の諸事取計を康親に命じたものである。

天正十年（1582）四十一歳。

天正十年は家康の人生に大きな展開を齎した年であり、また殘存史料の非常に豐富な年である。年の初め、織田信長の甲州武田勝頼攻擊に參加し、勝頼滅亡の後、京坂地方に遊んで本能寺の變に遭ひ、急遽岡崎に歸つて西上の態度を示しながら、直に甲信經略に著手し、尋で自ら甲州に入つて、同じく甲信經略の意圖を以て出兵せる北條氏直と對陣し、和議成立の後、甲信統治の基礎を定めて濱松に凱陣したのは年の末であつた。今、甲州に焦點を置いて、この間を更に九つに細分し、豐富なる史料を按排する。

（1）濱松在城の期間　正月元日より二月十八日まで
（2）駿甲信出兵の期間　二月十八日より四月某日まで
（3）再び濱松在城の期間　四月某日より五月十一日まで
（4）京坂地方遊歷の期間　五月十一日より六月四日まで
（5）岡崎在城の期間　六月四日より六月十四日まで
（6）尾張鳴海在陣の期間　六月十四日より六月二十一日まで
（7）三たび濱松在城の期間　六月二十一日より七月三日まで
（8）再び甲州出征の期間　七月三日より十二月十二日まで
（9）四たび濱松在城の期間　十二月十二日より十二月三十日まで

東奔西走、席暖まらざる概がある。

(一)濱松在城の期間(正月元日より二月十八日まで)。この期間の文書が見當らないから、武田勝頼の勢力圏地圖を描き出しておく。

この頃における武田勝頼は、甲斐全國を本據とし、信濃・上野・駿河・遠江の舊勢力範圍の維持に汲々たるものあり、北は信濃を通して上杉景勝と連合し、東は上野・駿河において北條氏政と對抗し、西は遠江において德川家康と對抗して居つた。その中、甲斐以外の諸國で、信長の攻略に方り、浮び上る主なる諸城及び主將は次の如くである。家康文書を理解するのに必要だから、豫めここに列擧しておく。

信濃	筑摩郡	福島	木曾 義昌	(先づ勝頼に背く)
		深志	馬場美濃守	(三月三日、木曾義昌に迫られて開城退去)
	伊那郡	下條	下條 信氏	(一族九兵衛に逐はる)
		松尾	小笠原信嶺	(二月十四日織田信忠に降る)
		高遠	仁科 盛信	(三月二日落城戰死)
		飯田	坂西 織部・保科 正直	(城を棄てて走る)
		大島	日向 宗榮	(織田信忠に逐はる)
	諏訪郡	高島	安中 忠基	(織田信忠に開城)
遠江		小山	大熊 長秀	(甲斐に退去)

駿河　田中　依田　信蕃　（二月二十日徳川家康に開城退去）
用宗　朝比奈信置　（二月二十七日石川數正に開城）
江尻　穴山　信君　（三月一日徳川家康に開城）
戸倉　笠原　範貞　（二月二十八日頃北條氏政に開城）

武田勝頼滅亡の直接の導火線となつたのは、この年の初めのころ、信濃福島城主木曾義昌が勝頼に背き、美濃苗木城主苗木久兵衛に賴つて織田信長に通じたことであり、信長はこれを好機として、大擧して甲信を掩擊した。勝頼は正月義昌を討つて利あらず、二月二日、子信勝と共に甲斐の新府城を發して信濃の諏訪上原《かみはら》城に入つた。三日、近江安土の信長は、駿河口よりは徳川家康、關東口よりは北條氏政、飛驒口よりは金森長近、伊奈口よりは織田信忠をして、それぞれ勝頼の領國に侵入せしめる計畫を定め（原本信長記）、三日、信忠は木曾口・岩村口の二手に分れた先發隊を發向させ、岩村口に向つた森長可・河尻秀隆は、山路を踏破して南伊奈に入り、六日下條信氏を逐うて北上の足場を得た（原本信長記・當代記）。信忠は、十二日岐阜を出發、十四日には伊奈松尾城主小笠原信嶺を降した（同上）。伊奈方面の勝利と並んで、木曾口に向つた織田軍は、十六日鳥居峠に戰つて勝ち（原本信長記）、北上して諏訪に向つた。（伊那を伊奈と書いたものが多いので、ここでは混用する）。

（二）駿甲信出兵の期間（二月十八日より四月某日まで）

このやうな形勢の中で、家康は、十八日濱松を發して懸川に到り、二十日田中城を圍んで守將依田信蕃を退去させ（家忠日記・依田記・三河物語）、二十一日進んで駿府に入つた。次に掲げる三通の文書は、このとき新占領地に下せる百姓保護の下知狀と、寺院保護の禁制とである。志太郡東益津村・安倍郡長田村・同服織村は、いづれも大井川と安部川との中間地域である。

駿河當目郷に下せる百姓保護の朱印狀（天正十年二月二十一日）

此百姓等子細在レ之對（付カ）、朱印相出之上、當軍勢聊以不レ可ニ手差一、若於ニ違背之輩一者、速可レ加ニ成敗一者也、仍如レ件、

天正十年

二月廿一日　　阿部善九郎（正勝）

御朱印　　奉之

とうめ郷中

〔舊濱當目村民鹿五郎文書〕〇駿河志料七十二所收

當目は遠目とも書き、駿河國志太郡に在り、今、石脇・方之上・野秋・花澤など十四の大字を以て東益津村を作り、瀬戸川の川口の北岸に位し、岡當目と濱當目とに分れてゐる。その當目郷の百姓に朱印を出した「子細」は明かでないが、何かの理由に依り、村民を保護する必要があつてこの令書を下し、軍勢が彼等に干渉することを禁止したのである。この邊は德川氏と武田氏との係爭の戰地であつた。

駿河廣野等に下せる百姓保護の朱印狀（天正十年二月二十一日）

此百姓等子細在レ之、朱印相出候上者、當手軍勢不レ可ニ手繼一候、若於ニ違亂之輩一之（者カ）、速可レ被レ爲ニ死罪一者也、仍如レ件、

天正十年

天正十年

二月廿一日　彌三左衛門

御朱印　善阿彌

廣野

小坂

足窪

〔足久保文書〕○駿河志料七十七所收

廣野・小坂は、いづれも駿河國安倍郡長田村の大字に、その名がある。靜岡市の南々西に當る海岸地である。足窪は足久保ともあり、同郡美和村足久保である。靜岡市の北方安倍川西岸の支流足久保川に沿うた村で、足久保茶の產地である。

駿河建穗寺に下せる禁制（天正十年二月二十二日）

禁制　建穗寺

一當手軍勢甲乙人等濫妨狼藉之事

一當塔放火之事

一一切人取之事

右之條々堅停二止之一、於二違犯之輩一者、可レ處二嚴科一者也、

天正十年

二月廿二日　（家康）朱印（印文福德）

〔建穗寺編年〕上○靜岡市史編纂資料所收

本書は家康が織田信長を助けて武田勝頼を甲州に攻めるに當り、駿河の建穗《たけよ》寺に下した禁制である。建穗寺は安倍郡服織《はとり》村建穗に在り、安倍川の流域に住した秦氏の氏寺であるといはれてゐるが近年廢寺となつた。建穗は吾妻鏡には建福《たけよ》と書いてある。尙、元龜元年六月二十六日附で、武田信玄が當寺に下した八カ條の定書が、「判物證文寫」武田一に收めてある。

尋で二十七日、家康は家臣石川數正を遣して安倍郡用宗城を攻めた。用宗は府中の南方の海港である。その翌二十八日、諏訪に滯陣してゐた勝頼は、前面よりする織田軍を反撃することができず、背面よりする家康・氏政の壓迫を感じて、陣を撤して新府に退いた。新府は韮崎の北一里餘、穴山村にあり、天正九年武田勝頼が築城し、十二月移居した所である。氏政の軍が駿河戸倉城の笠原範貞を降したのは、この頃であつた。戸倉は駿河駿東郡三島驛の北の德倉らしく、北條氏はこの機會に、駿河の侵略を企てたのであらう。

駿府の家康は三月一日江尻在城の穴山信君を誘降した（家忠日記）。信君は入道して梅雪といひ、父は穴山信友、母は武田信虎の女であるから、信玄の甥、勝頼の從兄弟に當り、南巨摩郡下山に居つて、重きをなしてゐた人である。

穴山信君に遣れる書狀（天正十年三月二日）

就二甲州亂入一彼國可レ爲二進所一之旨、所務無レ之以前茂、一年も三年も從二安土（織田信長）一被レ加二御扶持一候樣可二申成一候、若首尾於二相違一者、從二此方一合力可レ申候、爲レ其一書進達候、恐々謹言、

天正十年

三月二日　　家康御判

穴山（信君）殿

〔古文書〕○穴山記錄御用所本　長谷川與左衛門長時所持　同三四郎長近書上

本書は家康が織田信長を助けて武田勝頼を攻めるのに際し、勝頼の將穴山信君を誘ひ、歸服するならば甲斐を宛行ふべく、その以前に信長から扶持を貰へるやうに斡旋するが、若しそれが不成功ならば、家康が扶助すると申し送つた書狀である。信君は家康に賴つて信長に歸服し、後また家康と共に上洛し、和泉堺に在つたが、この年六月京都本能寺の變後、歸國の途中土賊に襲はれて落命した。

三月三日には、駿河臨濟寺・同清見寺・甲斐松岳院・同南松院に禁制を下して、これを保護した。

駿河臨濟寺に下せる禁制（天正十年三月三日）

林際寺僧衆對朱印相出之上、當軍勢甲乙人等聊以不レ可ニ異儀一、若於ニ此旨違背之輩一者、速可レ加ニ成敗一者也、仍如レ件、

天正十年
三月三日　　本多作左衛門尉（重次）
奉之

〔臨濟寺文書〕○駿河

林際寺は臨濟寺で、靜岡市大岩に在り、天文五年大原雪齋が今川氏輝の菩提所として開基し、その師大休宗林を推して初世となしたる臨濟宗の寺である。雪齋は今川義元の叔父であり、氏輝は義元の兄である。天文より天正頃の文書には林際寺・臨濟寺を混用してゐる。

駿河清見寺に下せる禁制（天正十年三月三日）

○禁制　（家康）朱印（印文福德）　　清見寺

一當手軍勢甲乙人等亂妨狼藉事

一寺中門前放火之事
一山林竹木伐採事
右條々堅令二停止一訖、若此旨於二違犯之輩一者、速可レ處二嚴科一者也、仍如レ件、

天正十年
三月三日　　本多作左衛門尉(重次)奉之

〔淸見寺文書〕○駿河

淸見寺は駿河國庵原郡興津町に在る名刹で、創建の年時は明確を缺いてゐる。古の淨見埼（淸見崎）の地に當ると推定せられる。淸見關はこの附近に在つたものらしい。

甲斐大聖寺に下せる禁制（天正十年三月三日）

(家康)
朱印
(印文福德)

大聖寺

禁制
一當軍勢甲乙人等亂妨狼藉事
一寺中堂塔放火之事
一山林竹木伐採事
右條々堅令二停止一訖、若此旨於二違犯之輩一者、速可レ處二嚴科一者也、仍如レ件、

天正十年三月三日

〔甲斐國志〕百十九附錄一

甲斐國志には、本書につき、「河内八日市大聖寺なり。神祖駿州口より御入に因りて、道筋の寺社村里に所賜の禁制な

り。今存者四五通あり。或は當寺の下に記二手字一あり」と述べてある。三守皇山大聖寺は巨摩郡西河内領切石村に在る眞言宗醍醐報恩院末の寺院である。

甲斐南松院に下せる禁制（天正十年三月三日）

禁制　　南松院

一當手軍勢甲乙人等亂妨狼藉事

一寺中堂塔放火之事

一山林竹木伐採事

右條々堅令二停止一訖、若此旨於二違犯之輩一者、速可レ處二嚴科一者也、仍如レ件、

天正十年

三月三日

〔南松院文書〕〇甲斐

甲斐松岳院に下せる禁制（天正十年三月三日）

禁制　　松岳院

（家康）
朱印
（印文福德）

一當手軍勢甲乙人等監（濫）妨狼藉事

一寺中堂塔放火之事

一山林竹木伐採事

右條々堅令二停止一訖、若此旨於二違犯之輩一者、速可レ處二嚴科一者也、仍如レ件、

天正十年

三月三日　〔南松院文書〕○甲斐

正福壽山南松院は南巨摩郡下山村（巨摩郡西河内領）に在る臨濟宗妙心寺末寺で、穴山梅雪が生母南松院殿葵庵理誠大姉のために、天輪寺住桃隱和尚を開山として開創した寺院である。梅雪の母は武田信虎の女、信玄の姉であり、下山の穴山伊豆守信友に嫁して梅雪を生んだのだから、梅雪は信玄の外甥に當る。南松院殿の卒去は永祿九年四月二十五日であるが、

「南松院、爲二寺領一、大城之鄕本年貢並夫錢共進置候、自二當秋一可レ有二御所務一云々、永祿九年丙寅閏八月廿四日、左衞門太夫信君（花押）、天輪寺侍衣閣下」

といふ文書が寺に所藏されてゐるので、同年閏八月のころが開創の時期と見える。

永祿十三年七月二十五日附の文書に、

「松岳院事、改而爲二南松院領一定レ之畢云々、今度於二駿州拜領新地之內一、一ケ寺可二進覽一候、其外桃隱和尚可レ任二高意一由候云々、信君（花押）」とあり、また天正八年庚辰三月五日の文書に、

「當寺並ニ末寺門前等事、松岳院・仁興寺・正福寺、右棟別・諸役停二止之一畢云々、信君（花押）」

とあるのによつて見れば、松岳院は南松院の末寺であることが知られる（甲斐國志八十七佛寺部十五參取）。

ここに採錄した二通の禁制は、三月一日江尻の穴山信君を誘降した後、家康が三月三日、その本據なる甲州下山の南松院及びその末寺松岳院に掲げたものである。尙、梅雪は信君の法號である。

翻つて信州の形勢を見るに、信忠は、伊奈谷を北上して、三月二日高遠城を陷れ、守將仁科盛信を戰死せしめ（古今消息集・原本信長記）、木曾義昌は、同三日深志城主馬場美濃守をして、城を開いて退去せしめた（原本信長記・岩岡家記）。同五日に至り、信長はやうやく安土を發した（晴豐公記・兼見卿記・原本信長記・當代記）。

これより先、新府の勝頼は、到底これを守り難きことを察し、三日、小山田信茂の誘引に從つて、新府を去つて都留郡岩殿城に向つたが、途中で信茂の變心を知り、田野に赴いた。それで信忠は戰ずして七日古府に入り、武田氏の諸將を斬り、禁制を出した（原本信長記・家忠日記）。その間に家康は軍を進めて、十日、市川に著いたが（家忠日記）、その翌十一日、勝頼は、瀧川一益・河尻秀隆等に迫られて、嫡子信勝・夫人北條氏と共に田野で自殺し、武田氏は亡びた。（諸寺過去帳・武田家日坏帳・言經卿記・原本信長記・武田家系圖等）。そして同日、家康は古府に到著した。

安土を發した信長が、岩村口より入つて伊奈の波合に著いたのは十四日であり、そこで勝頼父子の首級を實檢し、（原本信長記・三河物語）、飯田を過ぎて十九日上諏訪に到著した。このとき家康は出迎へ旁々上諏訪に來り會した（原本信長記・家忠日記）。二十二日には木曾義昌・小笠原信嶺・穴山信君がまた上諏訪に來て信長に謁した（原本信長記・守矢文書）。このやうな次第で信長が信州に來たときには、殆んど萬事が片づいてゐたので、二十三日、信長は瀧川一益に上野と信濃の小縣・佐久の二郡とを與へて關東を管理させ（原本信長記・當代記等）、家康はこの日上諏訪より市川に歸つた（家忠日記）。そして二十五日、下總下館の水谷勝俊に次の書狀を遺つた。

水谷勝俊に遺れる書狀（天正十年三月二十五日）

急度啓述、抑去秋（天正九年）石野（持次）歸國候條、樣子及二懇節一處、不レ慮於二甲府一被二相押一籠居之樣、無二心元一候之刻、此國へ亂入、然處石野依二殘命一、此節馳來候條、只今自レ是相州迄送著、則相下候、其以來互路次不自由故、音絶、意外至候、今度御動座付而、勝頼被二打果一候、山道海道平均被二仰付一候、定而樣子其表へも可二相聞一候哉、（マヽ）爲又去年申入候つる大貫鴾毛馬、路次以下明候間、此

表被ニ差上一給候様ニ、被ニ御肝煎一頼存候、一々相ニ含彼口上一候間令ニ省略一候、恐々謹言

追而於ニ其元一可レ然馬候ハヽ、御才覚ニ而被ニ差上一可レ給候、頼入候

（天正十年）三月廿五日　　　　　　御　名御判

（勝俊）水谷伊勢守殿

〔古文書〕○記録御用所本 水谷　水谷伊勢守勝俊拝領 同左門勝書周書上

水谷伊勢守勝俊は下總の結城晴朝に屬せる下館城の守將水谷正村の子である。勝俊は好を家康に通じ、天正九年の秋、家臣石野持次を遣して書狀を進めた。持次は家康の返書を携へて歸國する途中、武田勝頼の兵に捕へられて甲府に拘禁されたが、十年三月十一日勝頼が滅亡したので、免されて家康に謁した。由つて家康はこの書狀を勝俊に與へて、甲斐の平定を報じたのである（寛永諸家系圖傳）

二十九日、信長は論功行賞を行ひ、家康に駿河を與へ、河尻秀隆に甲斐（穴山信君本知分を除く）を與へ、森長可に信濃の高井・水内・更級・埴科四郡を與へ、毛利秀頼に信濃伊奈郡の一部を與へ、國掟十一箇條を甲信二國に頒ち（原本信長記）、軍を解いて、諸將をして、木曾口・伊奈口より任意歸國させた。

さうしておいて信長自身は四月二日信濃の上諏訪を發して甲斐の臺原に到り、勅使萬里小路充房を陣中に迎へ、三日東國平定の旨を上奏し、尋いで古府に到つて武田氏の館址に宿し、七日間滯在の後、十日古府を發し、姥口（右左口）・本栖を經て駿河に入り、大宮・江尻・駿府・田中・懸川を過ぎて十六日家康の居城濱松に到つた（原本信長記・當代記・家忠日記等）。

家康は信長が歸路は東海道を通る豫定であるのについて、路次の安全に心を配り、十二日大宮宿泊のときには、自ら信長を饗應して、太刀・脇指・良馬二疋を贈られ、駿府に著いたときにも假屋を構へて一獻を進め、天龍川には船

橋をつくり、濱松に著いたときには、信長は上機嫌で接待役の酒井忠次と深更まで閑談したといふ。信長は濱松に一泊して十七日吉田に向ひ、順路無事、二十一日安土に歸著した（家忠日記・原本信長記）。

(三)再び濱松在城の期間（四月某日より五月十一日まで）

武田氏の滅亡によつて後顧の憂がなくなつたので、信長は備中において毛利輝元と對峙してゐる羽柴秀吉を援助するために西征することになつた。家康はその發向以前、安土に赴いて挨拶するため、五月十一日穴山信君と共に濱松を發した。その出發に先ち、四月二十九日三河龍海院に傳馬手形を下したが、これは自分用ではあるまいけれど、交通史料となり得るものである。

三河龍海院に下せる傳馬手形（天正十年四月二十九日）

（朱書）「權現樣ゟ被下候傳馬書付　水野監物領分　三州額田郡明大寺村　持主　龍海院
寫壹通　四色之内

〔朱印〕傳馬壹疋、無二相違一可レ被レ出者也、仍如レ件、

天正十年
卯月廿九日
遠三宿中

〔龍海院文書〕河〇三〔參州寺社古文書〕

本書は家康が三河龍海院に與へた傳馬手形である。この手形の所持人は、これを遠江・三河の宿驛に提示し、傳馬一疋の差立を受けることが出來た。

(四)京坂地方遊歷の期間 (五月十一日より六月四日まで)
家康が穴山信君と共に信長に挨拶のため、濱松を出發したのは五月十一日であり、安土に到著したのは十五日であつた(家忠日記・原本信長記・多聞院日記・兼見卿記等)。そして信長より京都・奈良・堺等の遊覽を勸められて安土を辭し、二十一日京都に入り、越えて五月二十九日、信君と共に堺に到り、その晩松井友閑方にて落付の振舞を受け、翌六月一日朝は今井宗久方にて、晝は天王寺屋宗及方にて、晩はまた松井友閑方にて茶湯の會あり、殊に晩には茶會の後に酒宴の催しもあつたが、二日の朝に至り、京都の事變の突發を知り、京都に上ると稱して堺を出發し、急遽歸國の途に就いた(家忠日記・信長記・兼見卿記・津田宗及茶湯日記・三河物語・天正日記等)。そして宇治田原より、山田村を經て信樂の小川村で一泊し(行程十九里)、翌日、柘植・鹿伏兎・關・四日市を經て那古に至り(行程十七里)、那古(長太)より乘船したといふ所說がある(石川忠總留書)。しかし白子より乘船し(三河物語・譜牒餘錄)、四日三河の大湊に著岸した(當代記・永日記・譜牒餘錄)といふ方が事實らしい。大野に著岸したともいふ(三河物語)。即日岡崎に入城した。同行の穴山信君(梅雪)は途中宇治田原で一揆に殺害された(譜牒餘錄五十)。
(五)岡崎在城の期間 (六月四日より六月十四日まで)
途中の危難を免れて岡崎に歸つてから在城十日間に出した文書は三通ある。

岡部正綱に遺れる書狀 (天正十年六月六日)

此時候間、下山へ相うつり、城見立候てふしんなさるべく候、委細左近左衞門可レ申候、恐々謹言、

（天正十年）
六月六日　　家康御判
（岡部次郎右衛門尉正綱）
岡　次　参る

〔寛永諸家系圖傳〕百四

これは信長遭難の大變によつて、甲信地方の統制が破れることを豫想した家康が、歸著の翌々日、岡部正綱に與へて、自分の領國である駿河より國境を越えて甲斐に進入して、下山に築城すべきことを命じた書狀である。下山は巨摩郡（今、下巨摩郡）、身延山の東北麓、富士川沿岸の要地で、死んだ穴山信君の所領の地である。武田氏滅亡の後、信長は甲斐を河尻秀隆に與へたが、穴山信君の所領を除外してあるから、信君の死後、この地方は無主地となつたので、家康は、逸早く、その中心地たる下山を占有させたのである。岡部正綱は勝賴の舊臣、もと今川氏に仕へ、後、武田信玄に仕へ、駿河清水城に居つた（武德編年集成）。そのころより志を家康に通じ、永祿十一年五月十一日付（推定）書狀を家康から遣られたことがある。（上卷一〇二頁參照）

和田定教に與へたる誓書（天正十年六月十二日）

敬白起請文之事

一今度質物、早速被レ出候段、祝著之事

一御身上向後見放申間敷候、可レ然可レ令ニ馳走一事

一何事拔公支表裏有間敷事

右條若於レ令ニ違犯一者、上者梵天・帝釋・四大天王、惣日本國中六拾餘州大小神祇、別而伊豆・箱根兩所權現・三嶋大明神・富士白山妙理大權現・八幡大菩薩・天滿大自在天神部類眷屬、神罰冥罰可ニ蒙罷（罷蒙カ）一者也、仍起請文之狀如レ件、

天正十壬午六月十二日　御名乘御居判御血判

和田八郎（定教）殿

〔古文書〕和田○記錄御用所本　和田八郎定教拜領、同八郎虎利書上

和田八郎定教は織田信長に仕へ、近江黒田城を領したが、後流浪して甲賀に住し、天正十年六月二日本能寺の變の後、家康が泉州堺より歸國のとき、甲賀の山中において忠節を盡したので、家康はこの誓書を與へた。定教は後、參州吉田にて家康に見えた。そして京都で病歿した（寛永諸家系圖傳）百四十七

加賀美右衛門尉に與へたる所領宛行狀（天正十年六月十二日）

一拾三貫文　本領長村之内

一五貫文　同　狩野川之内

天正十年

一五貫文　　同　藏田之内
一壹貫文　　同　中尾之内
一拾四貫文　同　萬力之内
一五貫文　　同　河内正林寺ノ分
一半文　　　同　萬力御厩夫ノ内
右之分相渡候上者、一途可レ被レ抽二忠義一者也、

天正十壬午
六月十二日　　　曾下　昌世（曾根下野也）
　　　　　　　　岡次　正綱（岡部二良右衛門也）

加賀美右衛門尉殿

〔古今消息集〕五

本書は曾根下野守昌世・岡部次郎右衛門尉正綱の奉書による所領宛行狀であり、これを家康文書として採錄する。加賀美氏は清和源氏義光流小笠原支流に屬し、甲斐國中巨摩郡加賀美莊に住してゐた。加賀美鄕は小笠原鄕と接壤せる地で、今は鏡中條村・三惠《みつえ》村に分れて居り、寛政重修諸家譜には、ここに住める次郎左衛門正行といふものが武田信玄に仕へたといふ記事があるから、本書に見える右衛門尉はその同族で、家康に歸屬し、所領を宛行はれたのであらう。土屋衆に屬してゐる。本年十一月七日には再び本領安堵狀を與へられ、天正十一年三月二十八日には三度目の本領安堵狀を與へられてゐるが、これを比較すると、第一回は四十三貫文、第二回・第三回は共に二十七貫文であり、安堵の內容は第三回に至り、所領のほか、棟別一間免許が加はつてゐる。

（六）西上の期間（六月十四日より二十一日まで）

家康は信長の弔合戰を表明して、十一日出陣の手筈のところ、連日の降雨のため延期し、十四日岡崎を發して鳴海に著いた。それは山崎合戰の翌日である。この日、吉村氏吉・佐藤六左衞門に遣つた書狀がある。

吉村氏吉に遣れる書狀（天正十年六月十四日）

〔附〕石川數正・本多忠勝より吉村氏吉に遣れる書狀（同日）

今度京都之樣躰、無二是非一儀候、其付而上樣爲二御弔一、我々令二上洛一候、左樣候へは、今日十四到二鳴海一出レ馬候、然者此節可レ有二御馳走一之旨、水野藤助舌頭ニ候、彌以大慶候、諸事於二御入眼一者、可レ爲二本望一候、尙委細彼口上ニ相含候、恐々謹言、

（天正十年）六月十四日　　家　康（花押）

吉村又吉郎（氏吉）殿

〔吉村文書〕〇肥前〔大阪城天守閣所藏〕

天正十年六月二日京都本能寺で織田信長が斃れたとき、家康は穴山梅雪と共に泉州堺に在り、變報を聞いて急遽出立し、伊賀・伊勢の間道を經て、四日、海路三河大濱に著き、岡崎に歸つた。梅雪は土寇のため途中で殺された。家康は歸國早々明智光秀討伐の軍備を整へ、十四日兵を率ゐて岡崎を發し、鳴海に抵つた。尋で先鋒酒井忠次は津島に著陣した。然るに十三日山崎合戰があり、光秀はその夜土寇に殺され、十九日になつて羽柴秀吉の使者が來て上方の平定を報じた。仍て家康は二十一日兵を收めて遠江濱松に歸つた（家忠日記等）。

本書は十四日鳴海出陣の時のもので、美濃の吉村又吉郎氏吉に宛て、信長の弔合戰の爲め上洛する旨を報じ、その奔走を求めたものである。尙、本書には、石川數正・本多忠勝の添狀があるから、左にこれを併錄する。

先日ハ示預候、如レ仰今度之不慮無二是非一次第ニ候、其ニ付而、京都可レ被二打上一存候、其元儀何篇ニも可レ有二御馳走一之由、家康一段祝著被レ申候、各被二申合一、此時候間、是非明智(光秀)可レ被二打果一之由ニ而、今日十四、到二鳴海一被レ致二著陣一候、彌御馳走肝要候、御存分も候はゝ、涯分可レ被二申調一之由候、此方之儀可レ被二任置一候、然者御質物之儀、早々被レ越候はゝ、猶々祝著可レ被レ申候、恐々謹言、

(天正十年)六月十四日　石河(川)伯耆守

數正（花押）

本田(多)平八郎

忠勝（花押）

吉村(氏吉)又吉郎殿

御宿所

〔吉村文書〕一〇肥前

これに依れば氏吉は、兼々家康のために奔走する旨を申してゐたのである。家康はこの際氏吉に人質の提出を求めてゐる。

佐藤六左衛門尉に遺れる書状（天正十年六月十四日）

〔附〕本多忠勝より高木貞利に遺れる書状（同日）

來狀委細披見本望之至候、如レ仰今度京都之仕合無二是非一次第候、乍レ去若君樣(織田三法師)御坐候間、致二供奉一令二上洛一、彼逆心之明智(光秀)可二討果一覺悟にて、今日十四日至二鳴海一出レ馬候、殊其地日禰(根)野(元就)方、金

森（長近）方一所江被ニ相談一候由、彌以專一候、此者萬々御馳走可レ爲ニ祝著一候、尙追々可ニ申述一候間、
不レ能ニ一二一候、恐々謹言、

（天正十年）六月十四日　　御名乘御直判

佐藤六左衞門尉殿

〔譜牒餘錄〕四十九 金森出雲守

本書は前揭吉村氏吉におけると同一事情の下に、佐藤六左衞門尉に遺れる書狀である。譜牒餘錄書上に依れば、六左衞門尉は、金森五郎八長近・日根野弘就等と申合せて、家康の幕下に參上すべき旨を申出でたところ、家康は悅んで使者を遣し、本書を遺つたのである。「來狀委細披見本望之至候」とあるのは、その爲めである。家康は六左衞門尉をして、金森・日根野諸氏と共に、上洛に盡力せんことを求めてゐる。

尙、同日、家臣本多忠勝より高木貞利に遺れる書狀があるから附載する。

先日以ニ水野藤助方一、樣子之段申述候處、一々御合點之儀共、家康大慶被レ存候、然ハ今日十四日ニ、至ニ鳴海一
著陣被レ仕候、左樣候へは、京都へ被ニ討上一候儀、急々ニ被レ存候間、迚之事候之條、質物等之儀、早々被ニ仰付一
而可レ然候、此時候間、是非被レ廻ニ御才覺一、御馳走尤候、猶重而可ニ申述一候間、不レ能ニ懇筆一候、恐々謹言、

（天正十年）六月十四日　　本多平八郎　忠勝（花押）

（高木貞利）高權右衞門尉殿　御宿所

〔高木文書〕

高木貞利は美濃今尾の城主である。この書狀によれば、家康は水野藤助をして說かしめたところ、貞利は悉くこれを納れたので、本多忠勝は家康の旨を體して貞利に人質の提出を求めたのである。このとき貞利は今尾城を旅館として提供し、川渡しなどについて盡力することを藤助から交涉されたやうである（寬政重修諸家譜）。

家康はこのとき、腹背兩面に心を配つてゐた。信長生前の情誼よりいへば當然弔合戰のために西上すべきであるけれど、若し甲信地方を閑却するならば、これまた當然北條氏政に侵略せられるであらう。故に岡崎歸城早々、岡部正綱をして甲州下山に築城して、取敢ず穴山信君の故地を確保させたのであるが、その推測に違はず、氏政はこの機會に乘じて甲州の東部都留郡より侵入しようとした。

〔參考〕北條氏政より渡邊庄左衞門尉に與へたる下知狀（天正十年六月十五日）

郡內江差越間、早々罷移、前々被官共、又因之者をかり集、相當之可ㇾ致二忠信一候、猶郡內大小人共ニ安泰ニ可ㇾ有ㇾ之候、恩賞者可ㇾ任二先規一候、又此なミ合忠信至二于深重一之輩者、可ㇾ仕ㇾ望候、就ㇾ中始暮絲（マヽ）一端甲府へ出入儀、更不ㇾ苦子細候、樣子始中口上ニ申含候、仍如ㇾ件

（北條氏虎印）
朱印
（天正十年）
午六月十五日　　幸　田奉之

渡邊庄左衞門尉殿

〔諸國古文書抄〕三持主郡內領忍草村百姓庄左衞門

本書は北條氏政の家臣幸田某が、氏政の命を奉じ、渡邊庄左衞門尉に、甲斐都留郡に進入させるときに與へた下知狀である。六月二日に起つた京都本能寺の事變により、武田氏の舊領甲斐の地に動搖の生ずることを察知した北條氏政は、機先を制して、その地を領有しようと企て、事變より十三日後に渡邊庄左衞門尉を、甲州東部の郡內（南北都留郡）に入り込ませ、武田氏の遺臣、或は因緣を有する者共を狩り集めて、新領主河尻秀隆に對し、一揆を起さしめ、進んで甲府に押寄せても差支なきことを命じ、尙ほ郡內の人民の安泰に留意すべきことの注意を與へた。武藏秩父郡より甲斐東山梨郡に至る雁坂口、及び郡內地方における大村三右衞門尉等の國一揆の暴發は、氏政勢の行動と互に關連したものであらう。これに對し家康の措置も同じく機敏であつた。彼は先ず家臣本田信俊を甲斐に遣して、甲斐の領主となつた河尻秀隆に協力を申し入れたところ、秀隆は疑心をいだき、家康が熱田に著いた翌十八日、欺いて信俊を暗殺したが、秀隆の苛政を怨

望してゐた國人のために、秀隆も亦殺害されたので、甲斐は全く無主の空國となつた。郡內地方の一揆の首領大村三右衛門の跳梁も、このやうな形勢の下に行はれたのである。

秀隆に協力を申し入れた家康自身は、形勢の推移を揣摩して秀隆の力量を信頼せず、また北條氏の侵略を看破してゐるので、委細構はず自分の意圖の遂行に著手し、十七日、武田氏の遺臣にして、夙に自分に歸屬した窪田正勝に、甲斐の北巨摩郡・中巨摩郡・東八代郡における舊領を安堵し、巨摩郡・八代郡において新知行を宛行つた。眼中すでに秀隆の存在を無視してゐるのである。

窪田正勝に與へたる所領安堵宛行狀（天正十年六月十七日）

東照宮御判物

本、領

五拾貫文　江草

三拾八貫文　石橋之郷

夫丸壹人

三貫五百文　小瀨村鄕

五貫文　龍雲寺

壹貫文　市部之內

五拾五貫文　山縣知行之內 篠原八幡之內 三井豐前分

但信劦あさの役之替代

天正十年

三貫文　　飛竹之河原間
壹人　　ホヽ刀之夫丸
合百六拾貫五百文
新
百五拾貫文　　西八幡之内
內夫壹人　　山縣分
以上

右被ニ相抱一可レ有ニ奉公ハ從ニ駿河一最前之、曾下(曾根下野守昌世)有ニ同心一參陣、別而被ニ走廻一候上者、一入之忠節之儀共ニ候間、假何ともの人望候とも、於ニ彼地一者、聊不レ可レ有ニ相違一候者也、仍如レ件、

天正十年壬午
六月十七日

松五(大須賀松平五郎右衛門)　康高判
曾下(曾根下野守)　昌世判
岡次(岡部次郎右衛門)　正綱判

窪田助丞(正勝)殿

〔古文書〕窪田〇記錄御用所本　窪田助之丞正勝拜領、同辨次郎正永書上

窪田助之丞正勝は、寛政重修諸家譜卷二百五十一に依れば淸和源氏賴季派に屬し、直重の子吉正として採錄してあるが「大隅・助丞、今の呈譜に正勝に作る、母は某氏、信玄をよび勝賴に仕へ、目付役をつとめ、鎗の者を支配す、天正十年勝賴沒落ののち、駿府にめされ、はじめて東照宮にまみえたてまつり、則御麾下に屬し、六月十七日甲斐國江草・石橋鄕等の本領に新知をそへて、三百十貫文餘の地を賜ひ（下略）」とあるから、本文書の助丞は吉正とも正勝とも名乘つたのであらう。玆では、その子孫辨次郎正永書上に正勝とあるから、その方を採用しておく。この正永は諸家譜には、孫大夫・助之丞とあり、千人同心を支配し、子孫八王子に住すとあるだけで、辨次郎とは記してないが、助之丞とあることに依り、書上を提出した當人と推斷しておく。

本文書に見える本領中、江草は甲州北巨摩郡の東北部に在る江草村で御嶽山の西麓に位する。石橋は同東八代郡の中央部より少しく西に偏する所に在る。市部は同郡北邊石和町の地である。篠原は同中巨摩郡の東部で甲府の西に當る龍王村に屬する地である。

本書は本領百六十貫五百文并に夫丸一人を安堵し、新知百五十貫文并に夫丸一人を宛行ふたものである。尋で正勝は本年九月一日、再び安堵狀を與へられ、同十二月九日三たび安堵狀を與へられた。次で九月一日、同心三十五人・給分陣扶持・夫丸屋敷・名田・被官人・諸役の免許を安堵された。このときには所領に關係がないが、同年十二月九日第三回の安堵狀では、所領の內譯に異同があり、總計百五十二貫文になつた。

家忠日記によれば、家康が尾張鳴海に出陣したとき、先鋒酒井忠次は十七日津島に進んだが、十九日羽柴秀吉より、上方が平定したから早々歸陣せられたいと申し越して來たので家忠は津島より鳴海まで歸り、二十日旗本に出仕したとあるから家康は鳴海に滯陣して形勢の推移を觀望してゐたらしい。そして二十一日家康は三遠兩國の兵を率ゐて濱松に歸城した。さうだとすれば、遙かに甲斐の鷹尾寺の寺領を安堵したのは、鳴海滯陣中のことであらう。

甲斐鷹尾寺に與へたる寺領安堵狀（天正十年六月二十日）

前々本寺領之事

天　正　十　年

貳貫五百文　本尊佛供灯明田　平林之郷內
五百文　同佛供田　河窪之內
三貫文　祭田　平林之內
三百文　中野分
六百文　平岡之郷內　普濟寺分
已上六貫九百文
右如二前々一、寺中門前停止諸役、進置之上者、縱雖レ有二競望之人一、不レ可レ有二相違一者也、
仍如レ件、

天正十年
六月二十日　大須賀五郎左衞門尉（康高）［黒印］○印文康高
鷹尾寺
〔深澤文書〕○甲斐

鷹尾山鷹尾寺は甲州中巨摩郡榊村大字高尾に在る寺院で、その開基は相當古くまで遡り得るやうである。高尾は郡の山嶽地帶の麓なる山谷を占め、上宮地・曲輪田・平岡と共に榊村の大字である。安堵せられたる寺領中平林は榊村の南方に在る山村、中野は榊村の東南野々瀨村內の地である。

甲斐の寺領を安堵したのはこれが初見である。次に本年は六月二十六日一蓮寺に寺領を安堵したことが見えるだけで過したが、天正十一年になると四月十八日より四月二十八日までの間に、大規模な寺社改めを行ひ、多くの寺院が神社と共に所領を安堵された。

（七）三たび濱松在城の期間（六月二十一日より七月三日まで）

六月二十一日、濱松に歸著した日、家康は家臣山本帶刀を遣して、武田氏の遺臣小池筑前守の信濃における功勞を褒して感狀を與へた。これは鳴海から出したのかも知れないが、ここでは濱松から出したことにしておく。

小池筑前守に與へたる感狀（天正十年六月二十一日）

信州表計策付而、其國被㆓差越㆒段、太神妙候、此節彌被㆑抽㆓忠節㆒、於㆓粉骨㆒者、急度恩賞之地可㆓申付㆒候、樣子尚山本帶刀（成氏）可㆑申候、仍如㆑件、

天正十年

六月廿一日　　家　康（朱印）印文福德

小池筑前守殿

〔德川尾張元侯爵家所藏文書〕

小池筑前守は甲斐の士であつた。これより先、家康は、武田勝賴の部將依田信蕃をして、甲斐・信濃兩國の士を招撫せしめたが、信蕃は甲斐に入つて故舊を糾合し、六月二十日信濃小諸に入つた。この頃、甲信の士にして家康に屬するものが多い。小池筑前守は信蕃の招致に由つた人であるかどうか不明であるが、家康はその忠節を賞して、この感狀を與へたのである（本年七月九日附文書參照）。

この日家康の家臣稻垣長茂は、愛鷹山の麓なる天神川の故壘に入り、北條氏政の進出に備へた。家康はその翌二十二日、有泉大學助信閑《のぶつら》並びに穴山梅雪衆に書狀を與へて、大村三右衞門尉等の一揆を鎭定した功を褒し、昨日濱松に歸著したことを報じて士氣を勵ました。

有泉信閑等に遺れる書狀（天正十年六月二十二日）

今度刈坂口、郡內一揆等至二東郡一蜂起之處、各示合、始二大村三右衞門尉一無二殘黨一悉討捕之由、令二感悅一候、彌其國靜謐之樣、馳走肝要ニ候、將又尾濃口之事無二異儀一候間、昨日廿一令二歸著一候、彼表軍勢十萬餘騎相調之候、依レ其國備一左右次第可二馳下一之由牒合候、可レ有二其心得一候、恐々謹言、

（天正十年）六月廿二日〇古文書集、廿一日ニ作ル　　家康　御判

有泉大學助（信閑）殿

并梅雪齋人衆〇家忠日記増補には有泉大助殿の次に穗坂常陸介殿とある

〔伊藤文書〕〔書上古文書〕〔古今消息集〕

有泉大學助信閑の家は代々甲斐武川《むかは》郷有泉庄に住し、信閑は故穴山梅雪の部將であつたが、梅雪の死後、その遺臣穗坂常陸介等と共に、甲斐の一揆を伐つて、大村三右衞門尉を討捕つたので、家康はその戰功を褒し、尾濃方面の形勢を報じ、自己の動靜を告げたのである（本年七月三日書狀參照）。

武田氏の舊臣大村三右衞門尉・加賀某等が、甲州笛吹川の邊に一揆を起し、武州鉢形城主北條氏邦を引き入れようとしたのは、六月中旬のことらしい。そのころ北條氏は大規模な作戰計畫を立て、北條氏直が主將となり、氏邦も參加し、大擧北上して厩橋城の瀧川一益を破り、碓氷峠を越えて信濃に侵入した。

瀧川一益はこの年三月二十九日、信長より上野國を與へられ、箕輪城に入つたが、尋で厩橋城に移り、關東經營の

地歩を固めようとしたから、當然相州小田原の北條氏と對立するに至つた。されば信長生害の變報を得たとき、弔合戰のために上洛すべき立場にありながら、北條氏の追擊を惧れ、一戰の覺悟のところ、案の通り、氏直は氏邦を先鋒として押寄せたので、一益は武藏金窪に進出して氏邦を破つたけれど、十九日上武國境神流川の合戰に大敗し、上野の人心の離反するのを見て、一旦箕輪に退いた後、翌日城を出て碓氷峠を越え、信州小諸に到つた（石川忠總留書・北條五代記・深谷記・赤羽記・依田記・關八州古戰錄）。

そのとき小諸には依田信蕃が居た。信蕃は家康より、甲信兩國の諸士を招撫することを命ぜられ、先づ甲州に入つて故舊を糾合し、更に信州佐久郡に入り、六月二十日頃小諸に移つた（依田記）。故に一益が逃げて來たのは、殆んど同じ頃らしい。しかし一益はここに足をとどめず、中山道を上つて下諏訪・福島を過ぎ、美濃・尾張を經て、伊勢長島の居城に歸つた。長島に著いたのは七月朔日ともいはれる（武德編年集成）。

氏直は一益の後を追うて、同じく碓氷峠を越えて小諸に入り、依田信蕃を追ひ、信州を經略して南下しようと思ひ、諸士を招撫することに力めた。その家臣齋藤定盛が、千野昌房に書狀を遺つて、一族故舊を催して協力すべきことを促したのはその一例である。

〔參考〕北條氏の家臣齋藤定盛より千野昌房に遺れる書狀（天正十年六月二十五日）

御本國江御越付而、一筆令レ啓候、仍御在所之御親類衆、又者御傍輩衆、此度候間、御引付、近日信州面へ御發向付而者、御忠信肝要存候、御自訴之儀者、各可レ爲ニ御望次第一候、內々氏邦（北條）證文雖下可レ被ニ進置一候上、貴所御存分通御座候間、無ニ其儀一候、全自分之非ニ無届一候、恐々謹言、

（天正十年）六月廿五日　　齋藤攝津守
　　　　　　　　　　　　　定　盛（花押）
千野兵衛尉（昌房）殿
　　御宿所

〔千野文書〕

このやうな形勢に臨んで、家康は、自ら兵を率ゐて甲信經路に乘り出す方策を練りながら、六月二十四日、長田織部佐に所領を與へ、また六月二十六日、甲州一蓮寺に寺領を安堵した。

長田織部佐に與へたる所領宛行狀（天正十年六月二十四日）

前々爲二藏出之改替一、出置知行事

五十貫文下みね知行、手作前共之内

已上

右如此出置候、畢竟可レ被レ抽二奉公忠節一候、但言上於二相違一者、此證文立間敷者也、仍而如レ件、

天正十年六月廿四日　　小笠原與左衛門（淸有カ）奉之
　　　　　　　　　　　大須賀（康高）（名闕）　黑印

長田織部佐殿

〔甲斐國志〕百十九 附錄一

これは甲州入國初期の文書であり、文言が異例であるけれど、六月二十日鷹尾寺に與へたる寺領安堵狀は、大須賀五郎左衛門尉の奉書で康高といふ黑印を捺してあり、六月二十六日一蓮寺に與へたる寺領安堵狀は小笠原與左衛門尉・大須賀（名闕く）連名の奉書で、同じく康高といふ黑印が捺してあるのを見合せて、本書を信用することとする。そして「右、此の

如く出だし置く」けれども、「言上が相違するに於ては、此の證文は立つまじきもの」であるといふのを見れば、諸事忽劇の際なので、本人の申告を鵜呑みにして取敢へず安堵狀を出したのであり、他日それが間違つてゐることを發見すれば、この安堵狀は無效である旨を宣明してゐるのである。これは今後の數多き安堵狀を檢討するのに必要な事項である。

この後に多く見える「右爲二本領一之由言上之間、所二宛行一不レ可レ有二相違一、彌守二此旨一、可レ抽二軍忠一狀如レ件、」といふやうな意味文言を有する安堵狀は、ここに採錄した長田織部佐宛の安堵狀と同じく、本人の申告、即ち指出しに基いて取敢ず與へたものであり、この種の場合には若干の日時を隔てて、第二回、或は第三回の安堵狀を與へ、而してその度毎に、安堵の內容及び合計等に增減のあるのが普通だとされている。それにつき岩淵夜話別集に

天正十年、甲斐國御手遣の砌、武田家諸浪人御家へ被二召抱一に付、前々の知行高・所付け、相違無レ之様に、面々手前より書付を指上候様にと有レ之儀を、曾根昌世・岡部正綱・成瀨（正一）三人承て甲府へ罷越、吟味を遂る也。就レ夫信玄時代より諸事の目付を勤し岩間大藏左衞門も、不二相替一萬の儀を承り正し、信玄・勝頼の時の如く、委細に可レ致二言上一と被二仰付一。然どもさすが甲州武士なる故、武篇手柄の申立など十の內を二つも三つも內ばに申上ると云とも、僞りたる儀を申上る者は一人も無レ之。乍レ去所知の書付には、些々相違なるも有レ之。其相違と有は、縱は親の隱居領、或は兄弟へ分知の跡式絕たるなとを、手前へ取合、高に結て書出せる類也。三人の奉行衆も、其時節の儀なれば、委細の吟味を遂るに不レ及、面々指上る書付の通りに、本領安堵の御朱印を下され、德仕る。是又家康公御內意を承て、當分事の埒明様にとの儀也。今に至て甲州の民家に、横紙の御朱印抔と申傳へて致二所持一と也。後に御吟味の上にて、右の書付相違の分は被二召上一有。又其人により様子により、其儘拜領も有レ之（下略）」とある。

この記述を實證して見ようとして、天正十年六月十七日以降、天正十一年末までに下された安堵狀の採錄したもの六十三通について一々檢討したところ、

(a)右爲二本領一之由言上之間、所二宛行一不レ可レ有二相違一云々といふ類の文言があるので、指出を提出して、申告高を承認してもらつたと思へる文書は、天正十年八月九日より同年十一月二十八日までの間に四十四通あり、十一月二十九日以後には見出されなかつた。

(b)この四十四通のうち、最初指出によつて決定したものを、そのまま永く承認されたのは二十八通、再承認を受けたものは十六通ある。

(c)その十六通のうち二度目の安堵狀が、初めのものと同一內容のものが三通あり、異るものが十三通ある。

(d)またその十六通のうち、安堵狀が二回出たものが十三通あり、三回出たものが三通ある。

(e)二回出た十六通のうち、二回目が一回目より增封のもの五通、減封のもの八通、もとのまゝのもの三通ある。增減の理由は不正申告が檢地等によつて訂正されたものか、その他の事情によるものなるかは判らない。

(f)三回出たもの三通は、二回目より增封のもの一通、減封のもの一通、もとのまゝのもの一通である。

この數字によつて見ると、岩淵夜話別集の記事中、「後に御吟味の上にて、右の書付相違の分は被二召上一(も)有」るといふのに近い減封は僅かに七例だけであり、それもすべてが不正申告だと斷定することができず、「又其人により樣子により其儘拜領も有レ之」といふ部類に屬するものは二十八通に上つてゐる。それでこの安堵政策は極めて寛大なものであつたといふことができる。

左に指出の事例を擧げる。但、貫高だけに止め、その他を除く。

〇安堵状を與へられたものの一覧表（但、a項の四十四通だけとす）

鷹野喜兵衛尉	八月九日	六八・〇〇〇	天正十一年閏正月十四日二五・〇〇〇	
窪田忠知	八月九日	五四・一八〇	十二月十二日一五・〇〇〇	
山本忠房	八月十一日	四二・〇〇〇	九月一日異同無し	十二月十日四五・〇〇〇
塚本喜兵衛	八月十一日	五六・〇〇〇		
有賀式部助	八月十三日	四四・五〇〇		
青木信時	八月十六日	三二一・〇〇〇	十二月七日一〇一八・一〇〇	
長井吉昌	八月十六日	一〇五・一〇〇	十二月九日六七・五〇〇	天正十一年閏正月十四日六〇・〇〇〇
柳澤信俊	八月十六日	七二・五〇〇	十二月七日七二・八〇〇	
市川内膳	八月十七日	一三〇・〇〇〇		
名執清三	八月十七日	一三六・〇〇〇	十二月九日七・九〇〇	
前島又次郎	八月二十日	一〇一・七〇〇		
野澤二右衛門	八月廿一日	一一・五〇〇	十月十二日四・九〇〇	
駒井政直	八月廿一日	六〇四・五〇〇(或は三六二・九〇〇)		
筒井管右衛門尉	八月廿二日	一七・〇〇〇		
土屋昌吉	八月廿二日	六八・〇〇〇		
高橋與五郎	八月廿四日	四五・〇〇〇		
大村次左衛門	八月廿四日	一二・五〇〇	十二月五日五・〇〇〇	
初鹿野昌久	八月廿七日	二一四・〇〇〇	天正十一年八月七日勘忍分五〇貫文宛行	
飯室昌喜	八月廿七日	六七・五〇〇		
丸山次六郎兵衛	八月廿八日	一二・〇〇〇		
多田正吉	九月二日	一四三・九〇〇		

横地元貞	九月三日	一一五・〇〇〇	
水上利光	九月五日	四〇〇・〇〇〇	天正十一年閏正月十四日二〇〇・〇〇〇
山本十左衛門尉	九月五日	八〇・六〇〇	
丸山東市佑	九月五日	四三・五〇〇	
大木初千代	九月七日	六二・五〇〇	天正十一年閏正月十四日六二・五〇〇
朝比奈正親	九月九日	一三〇・〇〇〇	
大森義勝	九月十五日	七五・〇〇〇	
岩間正明	九月十九日	一二六・五〇〇	
平出清右衛門尉	九月廿三日	二五・〇〇〇	
下條民部丞	十月六日	九八・二〇〇	十二月九日二五八・二〇〇
原田二兵衛	十月十三日	二・七〇〇	
加賀美右衛門尉	（六月十二日）	四三・〇〇〇）	十一月七日二七・〇〇〇　天正十一年三月廿八日二七・〇〇〇
塚原六右衛門尉	十一月七日	九〇・四〇〇	
河西喜兵衛	十一月八日	四七・八〇〇	
平原内記	十一月九日	三二・五〇〇	
落合信吉	十一月九日	三〇・〇〇〇	
原半左衛門尉	十一月九日	一四八・〇〇〇	
安部式部丞	十一月九日	一六・六〇〇	天正十一年三月廿八日一六・六〇〇
内藤正重	十一月七日	一五〇・〇〇〇	
市川昌忠	十一月十七日	六二・〇〇〇	十二月三日九三・八八〇
三浦彌一郎	十一月廿六日	七三・六五〇	
渡邊式部丞	十一月廿七日	五〇・一五〇	
石原總三郎	十一月廿八日	一六・五〇〇	（以下所見なし）。

甲斐一蓮寺に與へたる寺領安堵狀（天正十年六月二十六日）

前々本寺領并末寺領之事

合貳百四拾貫文　此内定所務

百七拾貫文　他鄕有之末寺領并寮舍免

八貫五百文　乙黑鳴嶋せき錢

三貫貳百五十文　市川末寺善福寺

石代仁十表五貫文歟、　同花臺寺

壹貫五百文　淺利三光寺

壹貫八百文　上條珠寶寺

拾貫六百文　野呂願行寺

七貫文　下原應聲寺

八貫文　石和二條長福寺

石代拾表貳貫五百文、　同

三貫文　國衙分

四百九百文　石和いちへ玉泉寺

天正十年

參貫三百文　等生院免同所
三貫文　平井之郷常住寺
五貫文　同所尼方寺
九百文　桂蔭庵國分
貳貫文　梅然免飯田分
拾貳貫文　下曾禰分
都合貳百五拾仁貫貳百五十文
右如二前々一進置候、畢竟勤行寺役等、聊不レ可レ有二疎意一者也、仍如レ件、

天正十壬午年　小笠原與左衞門尉(清有カ)奉之
六月廿六日　大須賀(康高)［黒印］〇印文康高
一蓮寺
〔一蓮寺文書〕〇甲斐

一蓮寺は甲府の南にある時宗の名刹で、正和元年武田時信の弟法阿上人の建立にかかる。稲久山一條道場と稱す。相州藤澤淸淨光寺の末寺である。本書は家康が甲斐に入國する直前、その本寺・末寺に對して、寺領を安堵せしめたものである。尙、家康は七月十二日同寺に禁制を下した。家康はすでに甲府を自己の勢力範圍と心得てゐるのである。

ここまで見て來ると、家康の甲州經營が本格的に步武を進める段階に到達したことが判明する。これより翌十一年に亘り、數百通の安堵狀・宛行狀が出るのであるが、その一つ一つを理解するためには、地理と甲州在地武士團の構

成とについて、相當の豫備知識を有する必要がある。その文書の一つ一つは、それ自身だけについていえば、さして重要性を認められないけれど、それが集團性を以て出現し、家康文書の中、空前絶後の大量を示してゐるばかりでなく、戰國諸大名の文書の中にも類例を絶してゐるのであるから、これを整理し檢討することによつて、社會生活推移の徑路を闡明する好箇の適例を見出すことができる。しかし本書は史料としての文書の解説を主とするものである故に、そのやうな研究に踏み込むことをなさず、ただ一つ一つの史料を理解するための豫備作業として、今後解説中にしばしば出て來る地理と武士團との稱呼だけを、ここに提示するにとどめる。

甲斐國には山梨・八代・巨摩・都留の四郡があるだけであつた。しかし近世を通じて九筋二領といふ區別が行はれてゐた。この九筋二領に郡名を配し、主なる鄕・保・牧・庄等の名と在地氏族名とを記して作つた表を左に掲げる。

甲斐國九筋二領郡鄕等及び在地氏族表（甲斐國志によりて作る）

筋名	郡名	鄕・保・牧・庄等名	在地氏族
萬力筋	山梨郡	表門・山梨・加美（後に板垣・山前・立川・大八幡・中摩木・大村・西保・竈戸）	板垣・安田・萩原
栗原筋	山梨郡	於曾・玉井・大野・栗原・等力（後に深澤・御座・牧庄・惠林寺・萩原・五箇村）	栗原・於曾・小佐手・初鹿野・勝沼・小原
大石和《いさわ》筋	八代郡	石禾・能呂・林戸・井上（後に石禾御厨・林戸・鹽田・一宮・黑駒）	石禾・三枝・岩崎・黑駒・馬淵・平井
小石和筋	八代郡	八代・長江・白井	八代・黑坂・米倉
中郡筋	八代郡	沼尾（後に淺利・向山・九一色）	曾禰・淺利・向山
	山梨郡	一條・稻積・鍛冶田	靑沼・巨勢・小河原・一條・今井
	巨摩郡	鎌田・加藤・奈胡	高畠・奈胡・淺原・今福・布施・大津・加藤・鎌田・河西

北山筋　巨摩郡　穂坂御牧・龜澤　飯富《おふ》・山縣・松尾・小山田
　　　　山梨郡　青沼・小松・鹽部　青沼・横田
逸見《へみ》筋　巨摩郡　大八幡・熱那・多摩・藤井・小笠原・麻生・小尾　逸見・小笠原・江草・穴山・日向・長坂・駒井・
武川《むかわ》筋　巨摩郡　眞衣《まきの》・餘戸《あまり》（甘利）　一條・甘利
西郡筋　巨摩郡　大井　加賀美・秋山・小笠原・大井・平岡・原・河村
　　　　八代郡　市川　市川
河内領　東河内領　岩間・下部・古關・常葉・田原《たんばら》・帶金　楠浦
　　　　八代郡　大島
　　　　西河内領
　　　　巨摩郡　下山・南部御牧・飯野御牧・中山　南部・穴山・飯富
郡内領　都留郡　田原・葉置《はを》・波加利・古那・福地・大嵐

武田氏は居城を築造しなかつた。隨つて山口・小田原・安土などに見られるごとき城下町が發達しなかつた。甲州武士は在地集團を構成してをり、地域的族黨が存在した。八代郡中郡筋の九一色衆・巨摩郡北山筋の御岳衆、巨摩郡逸見筋の津金衆、巨摩郡武川筋の武川《むかわ》衆などは、その錚々たるものである。これら族黨の中心人物は强大なる指導力を有した。その構成人員は文書の解說のとき、隨時に記述することにする。

これらの在地武士團を基盤とする武田氏の統屬組織を示すものとして、天正十年八月二十一日、侍大將駒井左京進昌直・今福新右衞門昌常が、成瀨正一・日下部定好の兩奉行に提出して忠誠を誓約せる「信玄親類衆・譜代衆・惣家中衆、家康樣江被ㇾ召抱ㇾ候時之起請」と題せる本文に列記せる八百九十五人の甲州武士は、次のやうに二十七に類別されてゐる。

武田親族衆十四人　　信玄近衆七十一人　　遠山衆三十六人

御嶽衆二十人　津金衆五人　栗原衆二十六人
一條衆七十人　備中衆二十四人　信玄直參衆七人
小十人頭八人　同子供衆十一人　典厩(武田信繁)衆二十八人
山縣衆五十六人　駒井右京進(昌直)同小衆十二人　城織部(昌茂)同心衆四十九人
井伊兵部少輔(直政)前土屋衆七十人　今福筑前守同心衆二十四人　今福新右衞門(昌常)同心衆四十八人
青沼助兵衞同心衆十八人　跡部大炊佐(勝資)同心衆十八人　跡部九郎右衞門(昌忠)同心衆二十三人
曾根下總(野)守(世昌)同心衆三十四人　原隼人(貞胤)同心衆四十六人　甘利同心衆十六人
三枝平右衞門(昌吉)同心衆四十二人　寄合衆十六人・御藏前衆十一人　貳拾人衆十六人

これは濱松御在城記に依り、家忠日記增補を參照したものであるが、家忠日記增補の記載人名は、これに比すれば若干の增減がある。その同心衆といふものは、寄親・寄子制度を中軸とした集團であり、それらがそれ〴〵一體となつて起請に參加してゐるのである。

この中、井伊兵部少輔直政は家康の部將であり、土屋衆を配屬せしめられたのである。寛政重修諸家譜には、直政は土屋惣藏昌恒・一條右衞門大夫信龍・山縣三郎兵衞昌景・原隼人正昌勝(貞胤)四隊の從士七十四人、關東の處士四十三人、合計百十七人を附屬せしめられ、赤色の兵器を用ひるやうに命ぜられたとあり、井伊年譜には、その他數十人、總計百七十人を附屬せしめられ、飯富兵部の赤備に倣つて、武具そのほか殘らず赤備へにせしめられたと記してある。

（八）再び甲州出征の期間（七月三日より十二月十二日まで）

この期間は前後百五十六日に亙つてをり、その間に甲信の局面が三變してゐるから、更にこれを三小期に區分する。

(a)古府に入つて經略を進める時期（七月三日より八月十日まで）

(b)新府に進んで北條氏直と對陣する時期（八月十日より十月二十九日まで）

(c)戰後の經略を進め、尋で甲州を引上げる時期（十月二十九日より十二月十二日まで）

(a)古府に入つて經略を進める時期

濱松に歸著してから十一日間を隔てて、七月三日家康は甲信經略のために濱松を發して東下した。甲信經略といふけれど、聲明と實績との兩方から考へると、甲州をとびこゑて信州經略に目標をおいたことが判る。河尻秀隆死後、無主の空國となつた甲州經略には十分の自信をもつてゐたらしい。それで北條勢力の侵入の機先を制するため、信州の中心である諏訪盆地に、先づ一石をおろしておかうとした。濱松出發の當日、再び有泉信閑に與へた書狀は、これを明らかにしてゐる。

有泉信閑等に遺れる書狀（天正十年七月三日）

急度申越候、仍其方何も其表案內者之事候條、本多豐後守（廣孝）父子（康重）・大久保七郎右衞門（忠世）・石河長門守（康通）相談、新府中へ被レ移候而、信州表之計策畢竟第一候、我等儀も、今日三日出馬候間、頓而其表へ可ニ打出一候、恐々謹言、

（天正十年）七月三日　　御實名（家康）　御居判

有富(泉)大學(信閑)助殿

穴山衆

穂坂常陸介殿

〔古文書〕○記錄御用所本　有泉大學頭信閑拜領同彥五郎信美書上

曩に六月二十二日附有泉信閑に遣れる書狀において、家康は自己の動靜に就て豫告したが、七月三日に至り、遠州濱松を發して、甲信平定の征途に上つた。本書は出立當日の書狀であつて、信閑及び穂坂常陸介等に對し、本多廣孝・同康重・大久保忠世・石川康通等を案內して、北上して新府に進出し、信濃を經略すべきことを命じ、自分もやがて信州に打出づべきことを告知してゐる。（本年六月二十二日書狀參照）。信閑も常陸介も穴山信君の遺臣で、南巨摩郡に居住する故、德川諸將の嚮導を命ぜられたのである。尋で渡邊守に道中の警固が命ぜられた。穂坂常陸介・有泉大學助のことは、共に甲斐國志百十六士庶部十六巨摩郡西河內領下山村の條に見えてゐる。

渡邊守に與へたる路次警固朱印狀（天正十年七月六日）

甲駿路次往還爲(ナシ)二警固一、渡邊四獄(ニ)申付候條(ナシ)、任(各)二其分別一、馳走專一候、爲レ其朱印遣候者也、仍如レ件、

天正十年

七月六日　　御朱(家康)印

渡邊四(守)獄佐とのへ

壹騎與力之者　〔古文書集〕十四

家康は甲信經略の爲め、七月三日濱松を出立して懸川に著き、四日田中に到著、五日江尻著陣した（家忠日記）。本書はそれにつき、甲斐の九一色《くいしき》衆の首領渡邊囚獄佐守に與へて、甲斐・駿河の路次往還の警固を命じたものであり、多分江尻滯在中に出したものであらう。守はこれより先、河尻秀隆に招かれたけれど應ぜず、自ら濱松に赴いて家康に仕へ、このたび道案內者となつたのであるといふ（寛永諸家系圖傳百五十七）。九一色《くいしき》は甲州西八代郡に在る鄕名で、市川大門の東、蘆川の谷に位し、甲府右左口《うばぐち》より富士裾野を經て駿州の富士大宮に通ずる山路は、九一色を橫斷してゐる。この通路は中道《なかみち》と呼ばれる。九一色衆はこの鄕に居住して黨的構成を有する武士團であり、寛永諸家系圖傳渡邊守傳には、本書の次に壹騎與力の者として、渡邊二(治)郎左衞門・同五郎兵衞・同二(次)郎兵衞・河野越前・同三右衛門・同新十郎・田中兵部・同彌右衛門・向山又八郎・一瀨平三・大垣圖書・土橋大藏・同左衞門・渡邊但馬・內藤彌十郎（孫三郎）・同織部・藤卷彌八郎等、與力の名を記してあり、日附を七月十二日としてある。甲斐國志百七十士庶部六「九一色衆」の條には、日附を七月十二日とし、宛名を「十七人連名なり」として、「是を九一色衆十七騎」と呼んでゐる。右の文言に（　）の中に註記したのは甲斐國志によつたものである。

このころ駿河の田中には高力清長、江尻には本多重次が配置され、北條氏に對するため、天神川には牧野康成が置かれた。尙、江尻滯在中の七月六日、甲州伊奈の飯島衆飯島傑叟以下七名は、下條賴安に誓書を遺り、賴安に對して異心を懷かないけれど、もし賴安が家康に背くならば、賴安に同心しない旨を宣明した（濱松御在城記）。これは條件附の服從であり、これでは賴安も亦、勢ひ家康に服從せざるを得ないであらう。しかし家康は未だこのことを知らず、その翌七月七日、次の書狀を賴安に遺つた。

下條賴安に遺れる書狀（天正十年七月七日）

急度令レ啓候、仍今日七日至二大宮一著陣候、左樣ニ候へハ、一兩日之內、諏訪表へ可二打出一候間、

従二此方一其表在之衆何も被二相談一、一刻も被二差置一(急カ)、彼表へ被二打出一肝要候、少も無二御油断一様尤候、尚追々可二申述一候、恐々謹言、

(天正十年)
七月七日　　　　御諱御書判

下條兵庫助(頼安)殿

〔譜牒餘錄〕三十四 小笠原遠江守

下條兵庫助頼安は信濃伊奈郡下條城主である。天正十年七月五日家康は江尻に著陣、七日大宮に抵つて、頼安にこの書狀を出し、一兩日中に諏訪に入るべきことを告げて、その諏訪出兵を促したのである(本年七月十五日附文書。八月十二日附文書參照)。

尋で甲府に到著した七月九日の日附で、小池筑前守に感狀を與へ、津金胤久・小尾祐光に所領等を宛行つた。

小池筑前守に與へたる感狀(天正十年七月九日)

今度於二其表一、種々計策本望候、仍兩人かたへ帶二朱印一差遣候、然者守二此旨一、彌忠信肝要候、巨細能々山本帶刀(成氏)可レ申候、恐々謹言、

(天正十年)
七月九日　　　　家　康(花押)

小池筑前守殿

〔徳川尾張元侯爵家所藏文書〕

小池筑前守のこと本年六月二十一日文書の解說に見えてゐる。「其表」は信州表である。小池は武田氏の遺臣。

小尾祐光・津金胤久に與へたる所領宛行狀（天正十年七月九日）

今度遂二忠節一、妻子以下此方可レ被二引越一候旨、甚以神妙之至也、爲二其賞一知行百貫文、現米百俵可二出置一者也、仍如レ件、

天正拾壬午年
七月九日　御朱印
津金修理亮殿（胤久）
小尾監物丞殿（祐光）

〔譜牒餘錄後編〕十七 御小姓組 津金右衛門七

小尾監物丞祐光と津金修理亮胤久とは兄弟であり、共に武田信玄・同勝頼に仕へた。小尾も津金も北巨摩郡・釜無川東岸、八ケ嶽の南麓、大門川の谷に沿ふ山地であり、信濃南佐久郡より南下して、若神子・新府・韮崎に至る要衝に當る。この地方土著の武士團は津金衆と呼ばれ、釜無川西岸の武川《むかは》衆と共に、甲州北邊の有力武士團であつた。されば勝頼自殺の後、北條氏直はこれを服屬させようとして誘つたけれど、祐光・胤久はこれに應ぜず、共に妻子を人質として家康に歸屬したので、家康はこの宛行狀を與へ、駿河の曲金・長崎の兩所において、所領と祿米とを給した（寛永諸家系圖傳）。

津金衆は甲斐國志百十二士庶部十一巨摩郡逸見筋の記述によれば、もと佐竹氏より出で、武田信昌のとき、薩摩守胤義・嫡子美濃守胤秀と共に甲斐に來て、津金村及び信州佐久郡の内を所領として津金氏となり、子孫繁榮して津金黨と稱した。小尾・比志・小池・箕輪・海口・村山・八巻・清水・井出・鷹見澤・河上等の諸氏はみな支族である。津金修理亮胤久は本年九月九日百八十三貫文の本領を安堵せしめられ、二百六十四貫文の新知を宛行はれた。

小尾黨は同書によれば、代々武田家の族臣で、小尾村に住し、氏族多く、小尾一黨と稱した。小尾監物祐光は津金美濃守胤時の長男で小尾家を嗣ぎ、本年九月七日六十四貫五百文の本領を安堵せしめられ、二百八十貫文の新知を宛行はれた。

本年八月起請文連署の中には津金衆として小尾監物・小池筑前・津金修理・跡部又十郎・小尾彦五郎の名がある。

知久頼氏に遣れる書状（天正十年七月十日）

急度令レ申候、仍我々昨日九、至二甲府一著馬候、然者急速諏方表へ可二打出一候、先勢悉申付差遣候間、早々其表在之衆被二相談一、彼郡中へ被二押出一専一（候脱カ）、為レ其申入候、恐々謹言、

（天正十年）
七月十日　　家　康（花押）

（頼氏）
知久七郎殿

〔知久文書〕〇信濃

家康は七月八日、甲州精進まで行つたが、降雨のため逗留し、九日甲府に著、十日信州伊奈の知久七郎頼氏にこの書状を遣り、自ら急速に諏訪に進出すべきこと、先鋒には既にこれを命じたことを告げ、頼氏も亦出陣すべきことを促したのである。

平尾平三に與へたる所領宛行狀（天正十年七月十一日）

今度對二此方江一、別而抽二忠節一、御馳走令二祝著一候、然者為二其賞一、平原一跡無二相違一遣レ之候、彌以向後於レ被レ盡二粉骨一者、重而新知可二申付一候、仍狀如レ件、

天正十壬午年
七月十一日　　家康様御朱印

平尾平三殿

〔譜牒餘録〕三十九　堀田筑前守家臣　平尾彌三右衛門

平尾平三に就ては、譜牒餘錄に左の記事がある。

覺

一　祖父平尾平三儀、信州佐久郡平尾之內、白屋在城仕候、同郡蘆田信濃守與一族ニ而、武田信玄家ニ罷在候、武田家滅亡以後、天正十午ノ年、眞田、蘆田其外信州衆權現樣御被官に罷成候節、同時ニ平三儀被召出候、其年中佐久郡之內岩尾・平原・今井・前山・込山等之者共、御味方に不屬候ニ付而、信州爲御仕置、大久保七郎右衞門殿・菅沼大膳殿・柴田七九郎殿御進發、此節平三盡粉骨御忠節申上候ニ付、御感狀御書頂戴仕候、

これに依れば、平尾平三は、信州佐久郡蘆田信濃守の一族であつて、同郡平尾の白屋に在城し、武田信玄に屬してゐたが、天正十年、眞田・蘆田諸氏と共に家康に歸屬したのである。而して佐久郡の岩尾・平原・今井・前山・込山等の諸氏が、家康に屬せざるにより、これを處置するため家康が大久保七郎右衞門忠世・菅沼大膳定利・柴田七九郎康忠等をして信州に入らしめたとき、平三は大いに忠節を抽んでたので、家康はその功を嘉し、本書を與へて平原氏の所領を平三に宛行つたのである。

守山豐後守に與へたる所領宛行狀（天正十年七月十一日）

今度帶(對)ニ此方ヘ一別而被レ抽ニ忠節一馳走令ニ祝著一候、然者爲ニ其賞一與羅(良)一跡無ニ相違一遣レ之候、彌以向後於レ被レ盡ニ粉骨一者、重而新知行可ニ申付一候、仍狀如レ件、

天正十九(衍)壬午年

七月十一日　家康御朱印

森(守)山豐後守殿

同　兵部丞殿

〔譜牒餘錄後編〕三十小普請之五守山佐右(左)衛門
守山左右衛門先祖之書付

この宛行狀の來由に就き、譜牒餘錄後編に左の記事がある。

一曾祖父

守山豐後守

權現樣北條氏政・氏直と御國アラソヒ之時、信州佐久郡大方(北條方)南方ニ罷成候處、蘆田右衛門佐・大井民部少(輔脱カ)と申合、郡中ニ抽居、城ヲ構、方々之侍共ト日夜相戰、御忠節申上候付、御鐵炮五丁・玉藥三千放、爲城米黃金なと被レ下、其上近邊與羅一跡被ニ下置一候、御朱印拜領、于レ今所持仕候、

これより先、北條氏直は依田信蕃を信濃小諸に攻め、信蕃は退いて三澤を保持した。そのとき佐久郡は概ね北條方に屬したが、守山豐後守は蘆田右衛門佐・大井民部少輔と申合せ、家康に屬して合戰し、忠節を盡したので、家康はその賞として、鐵炮五丁・玉藥三千發、その他を與へ、且、與良氏の所領を宛行ったのである。

甲斐九一色諸商人に與へたる課役免許狀（天正十年七月十二日）

東照宮樣

御朱印二重輪之內福德之御印有之

九一色諸商賣之役、如ニ前々之一無ニ相違一令ニ免許一之者也、仍而狀如レ件、

天正十年壬午

七月十二日　(家康)朱印(印文福德)

大久保新十郎(忠泰)奉之

〔甲斐西湖村共有文書〕○甲斐

甲斐九一色鄉のことは、本年七月六日九一色衆渡邊守に與へたる路次警固朱印狀の條に記してある。本書は甲斐入國の

後、家康が九一色郷の諸商人に與へて、武田氏の時と同様に、課役を免除し、保護を加へたものである。

甲斐一蓮寺に下せる禁制（天正十年七月十二日）

禁　制　　甲府一蓮寺境内

（家康）朱印（印文福徳）

一甲乙人等亂妨狼籍事
一對ニ還住衆僧一成レ煩事
一非分課役事、付伐ニ採竹木一事
右條々若有ニ違犯之輩一者、可レ處ニ嚴科一者也、仍如レ件、
天正十年
七月十二日

〔一蓮寺文書〕○甲斐

一蓮寺の由來は本年六月二十六日の寺領安堵狀の解説に述べてある。本書は重ねて同寺に揭げた禁制である。

家康が七月九日甲州の府中古府に著いた日よりも三日おくれて、七月十二日北條氏直は信州の海野（上田）に著いた。海野の城將眞田昌幸は氏政に歸屬した。

諏訪郡高島城の諏訪賴忠は氏政に款を通じたので、氏政は七月十三日その所領を安堵した（千野俊次氏文書）。諏訪氏は三十餘年前に、武田信玄に滅ぼされたのであるが、武田氏滅亡、織田信長生害の後、この年六月十日、舊臣を糾

合した頼忠が高島城を取戻して、諏訪氏を再興したのであつた（源姓諏方氏略系）。

このやうに北條氏の勢力が、佐久・小縣・諏訪の諸郡に滲透するに方り、家康はその将酒井忠次をして信濃を管せしめ、七月十四日五箇條の定書を下した。忠次が信濃經略の最高責任者にされたやうに見える。

酒井忠次に與へたる定書（天正十年七月十四日）

一信州十二郡棟別四分一、其外諸役不レ入レ手出置事

一従レ國引付候面々、可レ爲二其方計一付信州無二一篇一間、奉公令二退屈一缺落候人、分國可二相拂一、國衆內者、上下共同前事

一國中一篇之納候上も、貳年本知令二所務一、其上者可レ被レ上、十二郡不レ納間令(者イ)本知相違有間敷候、國衆同心同前事

一國衆同心在國之衆者、其方同前可レ有二走舞(廻)一、信州一篇之間者、何も可レ令二同心一、少も於二違亂之輩一者、可レ加二下知一事

一信州若不二和成一於レ有二相違一者、前々知行無二異儀一可二申付一、幷國衆同心同前之事

右條々、永不レ可レ有二相違一、縱先判(康イ)雖レ在レ之、出置上者、一切不レ可レ有二許容一者也、仍如レ件、

天正拾年壬午

七月十四日　家康御在判

酒井左衛門尉（忠次）殿

〔譜牒餘錄〕三十四 酒井小五郎〔酒井家系譜參考所收文書〕

家康は夙に信州の經營に著眼し、濱松出發のときから、自身諏訪に出動すべきことを聲明してゐたが、今、甲府に在りてこの定書を酒井忠次に與へて信濃を管せしめ、信州十二郡に棟別四分一及び諸役を出しおくこと、徳川家に對する奉公を怠る驕落者を分國より追放すべきこと、國中が治まつても二年間は所領を所務せしめ、その後これを返上すべく、若し國中を平定し得ないならば、從前の知行を申付くべきことを令したのである。

信州は延喜式に伊那・諏方・筑摩・安曇・更級・水内・高井・埴科・小縣・佐久の十郡を記載してある以來、郡名異同一覽に表示せられる通り、明治時代の郡區編制により、その中の六郡が上下に分れ、すべてで十六郡になつたほか、未だ十二郡になつたことがない。しかるに本文書には、「信州十二郡」とあるが、信府統記の信濃國郡號には、「右合せて十郡なり。古へ誤て木曾・仁科を別郡として、都《すべ》て十二郡と云傳へし所もあり。併し是は古へ郡境分明ならざる時の說と見えたり」とある。本文書に十二郡とあるのは、この巷說によつたものであらう。

同日家康は、禰津信光に左の書狀を遺つた。

禰津信光に遺れる書狀（天正十年十年七月十四日）

〔附〕酒井忠次より禰津信光に遺れる書狀（同日）

禰津信光に遺れる書狀

松平五郎（大須賀康高）左衛門尉ゟさへの御狀、則令二披見一候、被レ對二當方一可レ被レ抽二御忠信一之旨、祝著之至候、然て御身上之事、聊不レ可レ存二疎意一候、近日其表令二出張一、萬端可二申談一候、尙酒井左（忠次）衛門可レ申候、恐々謹言、

權現樣御名乘御書判

〔譜牒餘錄〕三十八 眞田伊豆守附家臣

(天正十年)七月十四日

禰津宮內大輔(信光)殿

禰津宮內大輔信光は信濃禰津城主であつたが、大須賀康高に依つて、家康に歸屬した。家康は信光が康高に遺つた書狀を披見して、その忠信を悅び、これに對して疎意あるまじき旨を言明し、近日中に自ら信濃に出張すべきことを告知したのである。禰津は小縣郡に在り、海野（上田）と小諸との中間の北方に位してゐるから、この邊りには北條氏と德川氏との勢力が交錯してゐるといへよう。尙、左に酒井忠次の添狀を併錄する。

對二松平五郎左衞門尉(大須賀康高)一御狀之趣、則申聞候之處ニ、當方へ可レ有二御忠信一之旨、一段祝著被レ申候、御身上之儀別而可二馳走申一由候、於二時宜一者可二御心安一候、隨而近日其表へ出馬候、御本意不レ可レ有レ難(程カ)候、御粉骨肝要存候、委曲依常(依田常陸介信蕃)可レ被二申述一候、恐々謹言、

酒井左衞門尉

忠次在判

七月十四日

禰津宮內大輔(信光)殿 人々御中

〔同上〕

この添狀の中に見える依田信蕃は、北條氏直に攻められて、信濃小諸から退いて三澤を保つてゐた。三澤は蘆田小屋のあるところである。家康の前軍大須賀康高等は、これを救援せんがため、七月十二日柴田康忠をして赴援せしめた。

尙、次に掲ぐる一通は、年が明確でないから、便宜玆に附收しておく。

禰津信光に遺れる書狀（年次未詳）

就二當表在陣之儀一、度々預二飛脚一、令二祝著一候、彌樣子任二存意一候間、可二御心安一候、猶大久保新十郎(忠泰)可レ申候、

恐々謹言、

十月十三日　　　權現樣御名乘御書判

禰津（信光）宮內大輔殿

〔譜牒餘錄〕三十八 眞田伊豆守附家臣

禰津信光に對しては、近日其表に出張する積りだと申し送つたけれど、焦眉の急務は諏訪盆地を平定することである。そして筑摩郡・伊奈郡には、さすがに北條氏の手が伸びてゐないから、家康は、西信・南信の諸將を動かさうとして、十五日、下條頼安に左の書狀を遣つた。

下條頼安に遣れる書狀（天正十年七月十五日）

兩通何も令二披見一本望候、仍小笠原（貞慶）方被二相談一、箕輪被二引付一、其上高遠被二伐取一候由、尤無二比類一儀候、然者至二彼地一被二相移一候由彌宜候、將又高嶋之儀、種々懇望候子細候間、一兩日之內請取可レ申候、次喜平次（上杉景勝）事河中嶋へ出張候、併差引不レ可レ有レ之候、其表差置衆与相談、早々神宮（寺カ）方へ被二押出一事一候、委曲期二後信一候、恐々謹言、

（天正十年）七月十五日　　　御諱御書判

下條兵庫助（頼安）殿

〔譜牒餘錄〕三十四 小笠原遠江守

下條頼安は信濃下條城主であつた。頼安は家康に屬し、小笠原貞慶と謀り、箕輪城主藤澤頼親を誘降し、高遠を奪取してこれに據つた。家康は頼安の來書二通を披見して、その功を褒し、尙、高嶋の形勢及び上杉景勝川中嶋出張のことを報じた（本年七月七日文書參照）。

上杉景勝は武田勝頼と連盟してゐたが、勝頼滅亡の後、北信地方に勢力を扶植しつゝあつた。

折井次昌・米倉忠繼に與へたる感狀（天正十年七月十五日）

於二其郡（巨摩郡）一別而被二走廻一之由、祝著候、各有二相談一彌可レ被レ抽二忠信一候、恐々謹言、

（天正十年）七月十五日　　家康　御判

米倉主計助（忠繼）殿

折井市左衞門（次昌）殿

〔寛永諸家系圖傳〕三十四 米倉

折井市左衞門次昌・米倉主計助忠繼は、共に武川衆に屬し、武田家の遺臣であつたが、織田信長が甲州牢人を召し抱へるのを禁じたので、家康の部將成瀨吉右衞門正一を頼つて市川に至り、家康に庇護されて遠州桐山に隱れてゐた。二人はその恩に感じ、家康が甲州進發のとき歸國し、武川衆を誘致して歸屬せしめ、北條氏直が甲州に入れた兵を追い散した。本書は家康がその功を襃せるもの故、感狀と名づけておいた。寛政重修諸家譜米倉忠繼譜には、この次に、「二十四日樫山御著陣のとき、次昌と共に武川の者を進退すべき旨仰をかうふる」とある。譜牒餘錄後編米倉助右衞門書上には異事がない。折井・米倉は共に、武川《むかは》衆中の錚々たる武士である。武川衆とは北巨摩郡釜無川の支流大武川・小武川地方に住せる土著武士集團の名稱であり、折井・米倉のほか、靑木・柳澤・横手・山高・宮脇・入戸野・名執（名取）・樋口・曲淵・小澤等の諸氏がこれに屬し、有力な地方勢力を形成してゐた。殊にその地位が、甲信交通の要路を扼してゐるので、彼等の鄕背は甲信統治に重要な關係があつた。武川衆の住せる地方は、甲州九筋のうちの武川筋であり、釜無川の右岸で、西には駒ガ嶽・鳳凰山等が高く聳え、小武川・大武川の二流は鳳凰山より發し、古くはそのあたりに眞衣《まきの》鄕・餘戸《あまりべ》鄕があつた。甲斐國志の記すところによれば、武田石和五郎信光の末男六郎信長が一條氏を稱し、その子に八郎信經あり、信經の男一條源八時信が甲斐の守護職に任ぜられ、十數人の男子が武川筋の村里に分封せられて、各々その地名を氏とし、子孫繁榮

して武川衆と稱せられたとある。本書に採錄した天正十年・同十一年における安堵狀の受給者を月日の順に列記すれば、靑木尾張守信時・柳澤兵部丞信俊・折井市左衞門次昌・折井長次郎次正・米倉六郎右衞門信繼・米倉左太夫豐繼・米倉加左衞門定繼・曲淵彥正正吉・小澤善大夫・横手源七郎・靑木彌七郎信安・折井九郎次郎次忠の十二人となる。天正十年十二月十一日家康の朱印のある「甲斐武川衆定置注文」には、武川次衆事として二十六名を列記してあるが、これは朱印がある故に、家康參考文書として、その日附の條に採錄する。

武德編年集成には、天正十八年關東移封以來、武州鉢形にて勘忍分を與へられてゐた武川衆十四人が、慶長六年十二月、甲斐の舊邑を賜り、平岩親吉の部下に屬したといふ記事の中に、折井市左衞門次昌・柳澤兵部・伊藤三右衞門・曲淵縫殿左衞門・曾根孫作・曾雌民部・折井長次郎・折井九郎次郎・曾雌新藏・有泉大藏・山高宮內・馬場右衞門・靑木與兵衞信安・靑木淸左衞門を列記してある。甲斐國志には倘ほ十餘人の名がある。武川衆はなか〳〵有力な地方武士團であつた。

さて七月九日著府以來一週間における家康文書を見ただけでも、形勢の重大性を感得することができる。北條氏直軍の南下に對し、家康は積極的に信州の經略に乘り出し、東は佐久郡・中央は諏訪郡・西は伊那郡に手を伸ばし、同時に甲州の內部の統制に力めた。それで今、七月末までの文書六通を次に載せる。

依田信守に與へたる感狀（天正十年又は十一年七月十九日）

今度至二伴野地一、相働、蒙レ疵之由、寔無二比類一義（儀）候、殊宿城迄悉令二放火一、數多被二討捕一之由尤候、彌馳走候者、可レ爲二本望一候、恐々謹言、

（天正十年）七月十九日　○天正十一年カ　　家康御在判

依田肥前守（信守）殿

〔寬永諸家系圖傳〕二十八　○譜牒餘錄後編依田源六郎書上には、此次に「尚々疵醫者指越候以上」とある、

本書は依田信守が信濃伴野《ともの》を攻めて負傷したとき、家康がその戰功を褒して與へたる感狀である。信守の事蹟に就て、寛永諸家系圖傳には、次の如く記してある。

「大權現御馬を甲州新府に出さるるとき、信守先手をうけたまはり、三澤小屋にて軍忠をぬきんで、天正年中大權現眞田と數度御取あひの時、毎度軍功をはけます、其外北條家佐久郡の内かます(加増)の城、同郡小田井の城に櫻井大膳正、二俣丹波守をこめおきしを、信守これをせめて、櫻井・二俣ならびに雜兵あまたうちとりて、つゐに城をおとす、大權現其軍功を感したまひて、先祖の本領一萬石の地を下さる、其上人質の領分として、駿河國稻葉・大津の二村にて八百石拜領す、信州伴野におゐて、宿城を放火して軍士あまたうちとり、信守疵をかうふるとき、大權現より感狀を下さる（前出の感狀、省略する）。大權現蘆田修理大夫康國に命して、騎馬四十七人、歩卒二百人信守にあつけられ（下略。）」（原文は變體假名）、

諸家所藏文書依田肥前守覺書には「其節相働申候肥前守家來大熊新平頸二、臼田佐藏頸一、市村新五郎頸一、蘆田川四郎右衛門頸二、討捕申候」とある。

寛政重修諸家譜を按ずるに、依田氏は代々信濃國佐久郡依田城（今、北佐久郡）に住んでゐたので依田氏と稱した。その依田氏に信守といふ名の武將が二人見える。一人は下野守信守、他の一人は肥前守信守である。下野守信守は武田氏に屬し、天正三年六月十九日遠州二俣城で戰死した。その子に右衛門佐信蕃・伊賀守信幸などがあり、その信幸の子に肥前守信守がある。天正十年家康が甲州に進入したとき、右衛門佐信蕃・伊賀守信幸の兄弟は、市川にて家康に歸屬した。信守はこのとき十六歳であつたが、鰍澤《かぢかざわ》に出迎へ、府中に供奉した。伴野《ともの》は友野とも書き、今の佐久郡の野澤・臼田附近を總稱する舊庄名であり、岸野村の大字としてその名を留めてゐる。本書は或ひは天正十一年かも知れない。

小菅又八に與へたる所領宛行狀（天正十年七月二十日）

今度依二忠信一、爲二其賞一、かぬ川七十貫、小曾四百貫、都合四百七十貫文、永出二置之一候、彌被レ盡二粉骨一者、重而新知可二宛行一者也、仍如レ件、

天正十年壬午

七月廿日　（家康）（朱印）（印文福德）

小管（菅）又八殿

〔熊谷文書〕○播磨

小菅又八は武田氏の遺臣と思はれるが、寛政重修諸家譜等に所見がなく、事蹟が判らない。北都留郡北部の山中に小菅村といふのがあるから、或はその地出身のものかも知れない。かぬ川・小曾は共に未詳、同郡東南部に木曾根といふ部落がある。

小菅次郎三郎に與へたる所領宛行狀（天正十年七月二十日）

今度依レ被レ抽二忠信一、鶴河加藤跡職、被官共永出二置之一候、彌以於レ被レ勵二忠勤一者、重而新知可二充行一者也、仍如レ件、

天正十壬午年

七月廿日　家康（朱印）（印文福德）

小菅次郎三郎殿

〔熊谷文書〕○播磨

小菅次郎三郎も事蹟が判らないが、恐らく小菅又八と一族であらう。鶴川は北都留川の東南部に在る部落である。都留川の西岸に位する。今は大椚・大倉・大曾根と合同して大鶴村を作つてゐる。その附近に大曾根といふ部落があるから、前出小菅又八に與へたる所領宛行狀の中に見える小曾は小曾根であるかも知れない。

依田信蕃に與へたる所領宛行狀（天正十年七月二十六日）

信州諏訪・佐久兩郡事、今度依レ被レ抽ニ忠節一、爲ニ其賞一所ニ宛行一也、兼又前々付來與力事、不レ可レ有ニ相違一、次同名親類等直恩事、任ニ所望一、別而可ニ宛行一之者、彌可レ被レ存ニ忠信一之狀如レ件、

天正十年

七月廿六日　　家　康（花押）

依田右衞門佐（信蕃）殿

〔蘆田文書〕〔譜牒餘錄〕

依田信蕃は依田下野守信守の子であり、源十郎・常陸介・右衞門佐といつた。天正十年家康の甲州進入のとき、三月市川の陣に赴いて家康に歸屬し、信長を避けて、遠州の山中に蟄居し、六月本能寺の變後、家康の命を受け、信州に歸り、蘆田に據りて地方を經略し、その功に依り、七月二十六日、家康より本書に見ゆる如く、諏訪・佐久の兩郡を宛行はれたのである。翌十一年二月岩尾城を攻めて戰死した。時に三十六歲。その子修理大夫康國は松平姓をもらひ松平康國といひ、小諸城を領した（本年十月二十七日附文書參照）。

知久賴氏に與へたる本領安堵狀（天正十年七月二十六日）

知久本領之事、如ニ前々一、不レ可レ有ニ相違一者、彌可レ被レ存ニ忠信一者也、仍如レ件、

天正拾年壬午

七月廿六日　　家　康（花押）

知久七郎（賴氏）殿

〔知久文書〕○信濃

知久賴氏は家康が本能寺の變の後、泉州堺より、伊賀路を經て歸國した時、これに從ひ、六月この本領安堵狀を與へられた。その本領は信州伊奈郡知久六十九村であるといふ（寛政重修諸家譜）。そして父賴元と元に甲府に到り、酒井忠次の組

子となつた（寛永諸家系圖傳）。

松平家信に與へたる感狀（天正十年七月二十九日）

〔附〕石川數正より松平家信に與へたる書狀（同日）

諏訪郡一揆等令ニ夜〇松下隱見錄、コノ次打ノ字アリ、懸一候處、盡ニ粉骨一被ニ追散一之由無ニ比類一候、彌無ニ油斷一可レ被ニ申付一事肝要候、恐々謹言、

（天正十年）七月廿九日　家康判

松平又七郎（家信）殿

〔丹波龜山松平家譜〕

松平家信は同家忠の子、天正十年父に從つて甲州に入り、同年七月家康の命を奉じて、酒井忠次と共に、信州高島の陣に赴いた。然るに諏訪祝部等が約を變じて城を渡さざるのみならず、七月二十四日（十九日ともいふ）の夜、家信の陣を襲擊したが、家信は防戰してこれを擊退し、首級を得た。時に家信は十八歲であつた。本書はその軍忠により、家康より與へられたものである。尙、この時の石川數正の添狀を左に揭げる。

今度諏訪郡一族之凶徒等、至ニ御陣場一取懸候處、御粉骨一段御祝著候、依レ之被レ成ニ御書一候、將又拙者事一兩日以前至ニ當府（甲府カ）一著陣候、其表之儀、彌無ニ御油斷一御廻走（走廻カ）肝要存候、委曲重而申入候、恐々謹言、

（天正十年）七月廿九日　石河伯耆守　數正判

松平又七郎（家信）殿　御陣所

〔丹波龜山松平家譜〕

八月になつた。氏直勢南下の壓力が加はつて來た。諏訪高島城の諏訪頼忠攻撃に向つた酒井忠次等は、圍みを解いて撤退せざるを得なくなつた。家忠日記によれば、部將松平家忠は、八月一日、雨を冒して甲州北巨摩郡白須まで退き、三日また信州諏訪郡乙骨まで出陣した。「三日おつこつ迄取出陣はり候」とあるが、これは或は酒井忠次勢が乙骨に張陣した意味かも知れない(家忠日記・當代記・乙骨太郎左衛門覺書)。

酒井忠次を主將とする德川勢には、そのほか大須賀康高、大久保忠世・石川數正・本多廣孝・同康重・岡部正綱、及び穴山衆があり、二千乃至三千餘といはれる小勢ながら精兵であつたと思はれる。これに對し南下して來た氏直勢は、二萬乃至四萬三千といはれる壓倒的多勢であり、氏直の陣した柏原と酒井勢の陣した乙骨とは、凡そ一里位の近距離であつたが、それより國境を越えて、敵と接觸を保ちつつ、八月六日、全軍無事に新府まで引き取つたのは、巧妙なる敵前退却として特筆せらるべきである。ここにおいて、十日、家康も亦新府に進出し、これより八十日間に亘る家康・氏直對陣の場面が開始された(同上、その他譜牒餘錄・三河物語・武德大成記・武德編年集成等)。

このやうな重大な危機に臨んでゐる八月九日までの間に、家康の出した文書が十通ある。八月三日附で四辻公遠より駿州臨濟寺再興に關する書狀が出されてゐるが、何日何處に到著したか、兵馬倥偬、家康よりの返書はない。しかし臨濟寺は家康には幼少のときから特に緣故の深い名刹であり、本年十二月に至り、家臣に命じて再興に努めしめたから、公遠の文書はその際に載せる。

そのほかの十通は、安堵狀五通・宛行狀三通・感狀二通である。この際に臨んで士心を收攬しようとする意圖が窺はれる。

岡部正綱・同掃部助に與へたる本領安堵狀（天正十年八月五日）

東照宮御判物

近年抱來駿州知行事

右所ニ宛行一不レ可レ有ニ相違一、者守ニ此旨一、可レ被レ抽ニ戰功一之狀如レ件、

天正十年

八月五日　御名乘御判

岡部(正綱)太郎左衛門尉殿

同掃部助殿

〔古文書〕岡部○記錄御用書本　岡部太郎左衛門正綱拜領同富藏正胤書上

岡部太郎左衛門尉正綱は、武田信玄・同勝頼に仕へ、天正九年弟掃部助と共に遠江高天神城に在り、家康に攻められて將に討死しようとしたが、家康の計ひにて死を免れ、後、家康に屬した。家康はこの兄弟連名の判物によつて、本領を安堵せしめたのである。尙、この岡部太郎左衛門尉正綱と次郎右衛門正綱とは別人である。

戸田金彌に與へたる感狀（天正十年八月六日）

先度伴野城へ取懸之砌、走廻、殊ニ於ニ蘆田谷中一、不レ厭ニ風雨一、伏兵番等相勤之由、令ニ悦喜一候、

彌戰功可レ爲ニ肝要一候也、仍如レ件、

天正十年

八月六日　家康御判

〔譜牒餘錄〕二十七 松平下總守

戸田金彌殿 ○古簡雜載には、戸田次郎左衛門殿とある。

戸田金彌に就ては譜牒餘錄に次の記事がある。

「右御感狀奉二頂戴一候戸田金彌儀者、武田信玄參州長篠城を被二預置一候奥平助次郎(定包)弟に而、本名奥平与申候、天正元年長篠落去故、信州江罷越、蘆田右衛門佐を賴罷在候、天正十年、勝頼滅亡之後、蘆田御味方仕、近邊之城處々攻落申候刻、金彌儀相働候、依ㇾ之被二成下一候御感狀候、此時者前廉武田方之者ニ而御座候故、奉二恐入一戸田を名乘申候へ共、其以後本名奥平ニ罷成候、蘆田家を立去候後、私父下總守(松平忠明)召抱申候、」

これに依れば、戸田金彌は奥平助次郎定包の弟にて、もと奥平氏を稱し、武田信玄に仕へ、兄と共に參州長篠城に居つたが、長篠落去の後、信州に來り、依田右衛門佐信蕃に身を寄せてゐた。然るに天正十年武田勝頼滅亡のとき、依田信蕃は家康に歸屬し、近邊の諸城を攻落したが、その時金彌も伴野城攻擊に從ひ、殊に蘆田谷では風雨を冒して伏兵番等を勤めたので、家康はこれを嘉して、この感狀を與へたのである。蘆田は北佐久郡西部、蓼科山の北麓、岩村田より諏訪に至る街道、笠取峠の東に在る山村である。依田氏は蘆田氏ともいつた。蘆田右衛門佐信蕃の事績に就ては本年七月二十六日文書の解說に記しておいた。

曲淵吉景に與へたる感狀(天正十年八月七日)

〔參考〕本多正信・山本成氏より曲淵吉景に遺れる書狀(天正十年八月七日)

〔參考〕成瀨一齋より曲淵吉景に遺れる書狀(天正十年八月八日)

昨六日敵少々引出刻、父子別而被ㇾ入ㇾ情(精)之旨、令二祝著一候、彌此節走廻專一候、連々聞及候之無二相違一候、萬々才覺尤候、恐々謹言、

(天正十年)八月七日　　御名乘御直判

曲淵（吉景）勝左衞門殿

〔譜牒餘錄後編〕二十三大御番 曲淵勝左衞門〔武家事紀〕・〔古今消息集〕

酒井忠次は家康の命を奉じて信濃の經營に努め、諏訪の高島城を圍んだが、北條氏直が大軍を率ゐて出動するに及び、圍を解いて退却を開始し、八月三日乙骨に陣し、更に退いて六日甲斐の新府に止まり、氏直の軍と對陣した。曲淵勝左衞門吉景は、甲斐武川衆の一人で、武田家に仕へ、勝頼滅亡の後、家康の庇護を受けて遠江桐山に隱れてゐたが、家康の甲州出陣に及びこれに屬し、軍功を立て、忠次退陣のときには、乙骨において功あり、この感狀を與へられたのである。倘、本文「父子別而被ㇾ入ㇾ情之旨」を家忠日記增補には、「父子別而被ㇾ入二御情一」とある。父子は吉景とその三男正吉である。

倘以上

昨日者、御手前之儀、罷歸、態々申上候處、一段御祝着、則御書被ㇾ成候、御拜見可ㇾ有候、我等迄大慶候、然者貴所御父子之儀者不ㇾ及ㇾ申候、御一類迄御恩賞之地可ㇾ宛二行一之旨御意候、貴邊被ㇾ似（マヽ）者、各頼母敷被二思召一候間、此節無二ニ御走舞肝要候、御親類衆御給恩之所茂早々御申被ㇾ上候而尤候、少も御別條有間敷候、恐々謹言

（天正十一年）八月七日　　本多彌八郎　正信判

山本　帶刀　成氏判

追而かりこと〇朝野舊聞裒藁所載の貞享書上には、「そめ」とある。の儀に候つれ共、御としよりもうきやかに相見申候、一段与御（精を）情ニ被ㇾ入候樣ニ相見申候、以上、

曲淵(吉景)勝左衞門尉殿参

〔譜牒餘錄後編〕二十三〔寛永諸家系圖傳〕

これは家康の感狀に對する本多正信・山本成氏連署の添狀である。三男正吉は本年十二月七日に至り、本領・新恩合計五十五貫の地を安堵宛行はれた（後出）。

追而申候、彌折井方・米倉方御談合候而、御走廻尤候、以上、

急度申入候、先日我等ニ被レ成二御預一候證文之事、具御耳立申候、御望之事、少分之事條、何事も可レ爲二御存分一候、御走廻之上者、御重恩にも可レ預二御意一候、是又可レ有二御心易一候、爲レ其御書被二差越一候條、可レ有二御頂戴一候、彌其口之儀、御走廻肝要候、御用之子細候はゝ可レ承候、恐々謹言、

(天正十一年)八月八日　成瀨(正一)吉右衞門

一齋判

曲淵(吉景)勝左衞門殿參る

〔譜牒餘錄後編〕二十三〔寛永諸家系圖傳〕

成瀨吉右衞門正一は剃髪して一齋と號し、祖父正頼は松平清康・同廣忠に仕へ、父正義は家康に仕へたが、正一は永祿三年三河を去りて甲斐に至り、武田信玄の家臣となり、轉じて關東に赴き、北條家に屬し、更に轉じて三河に歸り、元龜元年姉川合戰に從ひ、それよりしば〳〵軍功をたてた。天正十年武田勝頼沒落の後、甲斐の武川衆の流落を憫れみ、その門に市川に來りて正一を尋ねよと書いたところ、武川六十騎の組頭たる米倉主計助忠繼・折井市左衞門次昌が來たので、これを家康に取次ぎ、二人は家康の命を受けて武川に歸り、諸士の人質を差出したので、これを遠江桐山に置かせた。尋で本能寺の變後、忠繼・次昌等は甲府に歸り、武川衆六十騎を家康の幕下に屬せしめた（寛政重修諸家譜九百四十七）。曲景吉景も武川衆に屬してをり、成瀨一齋の世話を受けた。それで一齋はこの際書狀を遺つて種々好意を寄せ、尚、折井次昌・米倉忠繼と談合すべきことを勸めたのである。

天正十年

辻盛昌に與へたる所領宛行狀（天正十年八月七日）

今度爲二忠信一、妻子以二人質一、信州（駿州）江指越之間、爲二堪忍分一於二曲金一百貫文、無二相違一爲二新知一宛行之、守二此旨一、役（彌）向後走廻專可レ仕者也、仍如レ件、

天正十年午午

八月七日　（家康）朱印

權現樣

辻彌兵衛殿（盛昌）

〔譜牒餘錄〕三十八處士之下 辻彌兵衛

辻彌兵衛盛昌は武田氏の家臣であつたが、本年七月頃、井伊直政に賴つて妻子を質とし、四十騎の部下を率ゐて家康に歸屬した（武德編年集成）。よつて家康より堪忍分として曲金百貫文を與へられたのである。曲金は駿河安倍郡豐田村の中に大字として在る。靜岡の東方である。越えて十二月九日、盛昌は再び岩崎の內長延寺分四十貳貫文・同所小山田彌五郎分五貫八百文、合計四十七貫八百文及び圓光院分の內半夫を與へられた。その條を參照せよ。

初鹿野昌久に與へたる所領宛行狀（天正十年八月七日）

今度爲二忠信一、妻子以下駿州江差越之間、爲二堪忍分一五拾貫も（文カ）無二相違一所二宛行一也、守二此旨一、彌向後走廻肝要候狀如レ件、

天正十年壬午

八月七日　家康御判

初鹿野傳（昌久）右衛門尉殿

〔古文書〕初鹿野○記録御用所本 初鹿野傳右衛門信昌拜領御判物同傳右衛門英信書上

初鹿野傳右門尉昌久は武田氏の家臣であつたが、本年七月二十四日家康に屬し、妻子を人質として駿河に出した。よつて家康より勘忍分五十貫文を與へられたのである。堪忍分は堪忍料ともいひ、不足の宛行ではあるけれども、當分これにて堪へ忍べよといふ意味であるといふ。扶助料と同意である。越えて本年八月二十七日に至り、昌久は更に甲斐國の本領山梨・巨摩二郡において二百七十貫文の地を與へられた（寛政重修諸家譜九百八十七）。

原三右衛門に與へたる本領安堵狀（天正十年八月七日）

今度所ニ宛行一之本領之事、如ニ前々一不レ可レ有ニ相違一、彌向後於ニ走廻一者、重而新知可レ遣之狀如レ件、

天正十年壬午

八月七日　御朱印

戸田三郎（忠次）右衛門奉之

原三右衛門殿

〔御庫本古文書纂〕一甲州下岩下村浪人原淺右衛門所持

原三右衛門は、天正十年の起請文に近習物頭諸役人の内とある。下岩下村は山梨郡萬力筋にあり、子孫は浪人した。享保九年浪人改帳に岩下村原才兵衛の名がある。ここに見える浪人原淺右衛門はその子孫であらう。本書には宛行はれたる本領の所在も貫高も記載がないが、本年十二月九日、再び與へられた安堵狀には、岩下手作前十二貫三百文と記してある。

小宮山囚獄助に與へたる所領宛行狀（天正十年八月九日）

甲州小山黑駒貳拾貳貫文

天正十年

五貫文帶那之内八右衛門本領
拾八貫文わさ法泉寺分
右所ニ宛行一不レ可レ有ニ相違一、専(守)ニ此旨一、彌可レ抽ニ忠節一之狀如レ件、
天正十年　　成瀨吉右衛門(正一)
八月九日　　奉之
小宮山囚獄助殿

〔譜牒餘錄後編〕七諸旗本小菅伊右衛門〔諸家感狀錄〕

これは家康が小宮山囚獄助に與へた所領宛行狀であるが、所藏者小菅氏は寛政重修諸家譜二百三十二に依れば、もと小宮山氏であり、囚獄助のときは尙ほ小宮山氏を稱し、その子正重のとき舅小菅根津守信久に養れて小菅氏を稱したことになつてゐる。囚獄助は正成とも正盛とも記してある。武田氏の家臣で尾山黑駒の地を領したが、天正十年父八左衛門正吉と共に家康に歸屬した。本書に甲州小山黑駒二十二貫文とあるのは尾山黑駒の地で、東八代郡の東部である。帶那は西山梨郡の南部千代田村に屬する地、和田は北都留郡の南部中央、七保村に屬する地である。

窪田忠知に與へたる本領安堵狀（天正十年八月九日）

甲州持尾分貳拾參貫文、八貫百八拾文向久寺分、拾八貫文中村鄕水上宗富分、五貫文二日市場之内石黑將監分、三神石田被官等之事
右爲ニ本領一之由言上之間、所ニ宛行一不レ可レ有ニ相違一、彌守ニ此旨一、可レ抽ニ軍忠一狀如レ件、
天正十年

八月九日（家康）（朱印）（印文福德）
窪田右近助殿（忠知）
井伊兵部少輔（直政）
奉之
〔窪田文書〕〇甲斐

窪田右近助忠知は寛政重修諸家譜千三百八十に依れば、菅右衛門・右近・助十郎・庄兵衛といひ、天正十年武田勝頼没落の後、父忠廉と共に駿府に至つて家康に見え、この安堵状を與へられたのである。このとき安堵せしめられたのは四箇所合計五十四貫百八十文であつた。尋で本年十二月十二日に至り、更に窪八幡内山以下宗覺分并に窪田分十二貫文、及び古上條の内手作三貫文合計十五貫文、そのほか名田・屋敷・被官を安堵せしめられた（甲斐國志百九十士庶部八）。尙、甲斐國志によれば、本書の持尾分は持丸分とあり、持丸・中村は山梨郡にあり、向久寺は所在不明、水上宗富は武川筋にあり、石黒將監は山縣衆で二日市場に領地をもつてゐたらしい。また右近助の名乘を長次としてある。

長坂右近助に與へたる本領安堵狀（天正十年八月九日）

甲州鹽郡（部カ）之内拾五貫文・小次郎分五貫文・三村小瀨村内五貫文・長坂分向山手作五貫文・信州瀨場三十七貫文、改替藤代（藤代カ）出内貳拾貫文・同大間田内拾八貫文・并名田・棟別六間・諸役等之事、右爲二本領一之由言上之間、無二相違一可レ被（脱アルカ）、守二此旨一、可レ抽二戰功一之條如レ件、

天正十年
八月九日　御印
井伊兵部少輔（直政）奉之
長坂右近助殿
〔大泉叢誌〕十郎より書付 長坂亦次

天正十年

長坂右近助は天正十年十二月起請によれば、跡部九郎右衛門衆である。長坂は巨摩郡逸見筋の地名であり、長坂左衛門尉長閑は、一族の中で有名である。書中の鹽部は西山梨郡千塚村の大字にその名を殘してゐる。ここより武田氏の一族鹽部氏が出た。信州瀬場は東筑摩郡の洗馬《せば》であらう。藤代出は藤岱《また》かと思ふ。藤岱ならば甲州東八代郡境川村の大字にその名がある。本文により、右近助は、六箇所合計六十三貫文の本領、ほかに名田・棟別・諸役を安堵せしめられたのであり、そのうち、藤岱の内二十貫文・大間田の十八貫文の二箇所は、信州瀬場三十七貫文の改替である。

鷹野喜兵衛尉に與へたる本領安堵狀（天正十年八月九日）

甲州公文分拾八貫文・同甘利之内七貫文・駿州大宮之内四拾三貫文之事

右、爲二本知一之由言上之間、所二宛行一不レ可レ有二相違一、彌守二此旨一、可レ抽二軍忠一之狀如レ件、

天正十年
八月九日　井伊(直政)兵部少輔奉之

鷹野喜兵衛尉殿

〔舊公文富士家文書〕

鷹野喜兵衛尉の事蹟未詳。この文書によって甲州にて公文分・甘利の內、駿州大宮の內、合計六十八貫文を本領として安堵せしめられた。翌十一年閏正月十四日、その中より駿州大宮分を除いて再び安堵せしめられた。

(B) 新府に進出して北條氏直と對陣せる時期

北條氏直が大擧して南下し、甲州北巨摩郡若神子に陣したので家康も古府より新府に陣を移してこれに對し、互角の勢で押し合つたのは、八月十日より十月二十八日まで八十日の長期間に亘つてをり、この間に家康の出した文書は四十九通餘を數へられる。その中、もつとも多いのは舊領安堵狀三十五通で、新知宛行狀七通がこれに次ぎ、感狀一通・免許狀二通・定書一通・誓書一通、ほかに書狀七通が數へられる。舊領安堵と新知宛行の文書數は總數の八十五パ

ーセント餘になる。これは對北條氏戰爭に勝ち拔くために甲信の士民を味方に引きつける必要から促進された施策と見られる。

そのやうに考えて來ると、この時期における文書の取扱について、自ら二つの方向が分れる。その一は對北條戰爭に關係のある方面のものであり、その二は甲信士民綏撫策として取り上げた所領に關係のある方面のものである。若し記事本末體の敍述樣式を採れば、この二種の史料は別々に扱ふ方が便利であるけれど、本書はもと〳〵史料を年月日の順に排列する編年體の樣式をとつてゐるのだから、ここではその準則に從ひ、月日の順を追ふて解說を加へる。

ところが八月十日附の御岳衆に與へたる朱印狀につづいて、八月十一日附の本領安堵狀が出て來た。これは七月九日家康が甲州の古府に到著して以來、特に八月五日以來急速に增加した方向への連續進行であり、今後ます〳〵膨脹して、次の時期に推移し、更に天正十一年に及ぶ一連の文書流の一つである。

甲斐御岳衆に與へたる朱印狀（天正十年八月十日）

御岳足澤小屋中仕置ノ事、并ニ長子之番所、各々有二談合一、嚴重可レ申二付之一、於二身上一者、岡部次（正綱）郎右衛門尉申付之條、不レ可レ有二異儀一、若シ敵方へ有二内通之人一者、速ニ可レ令二言上一者也、仍如レ件、

（天正十年八月十日）　（御朱印）

相原内匠助殿
深澤一左衛門殿
藤卷因幡殿

御岳十人衆 〔甲斐國志〕百十

本書は甲斐國志百十士庶部九巨摩郡北山筋御岳衆の條の本文の中に在るものを抜き出して文書の體裁に復原したものであり、「八月十日の御朱印」とあるので年月日を補つた。巨摩郡と山梨郡と信濃佐久郡との三郡に跨る金峯山《きんぷせん》より南に連りて巨摩・山梨の郡界をなす山脈の中部に御岳があり、その附近の在地武士團は御岳衆と呼ばれ、天正十年の起請文には、相原內匠助・蘆澤左近・松本宮內・內藤織部・下條九左衛門・同作右衛門・同彌兵衛・窪寺藤三郎・相原次左衛門・同才兵衛・千野左門・內藤又右衛門・同七左衛門・鹽入久右衛門・石原次右衛門・深澤市左衛門・渡邊三左衛門・相原兵部左衛門・同惣左衛門・同靱負助・同九左衛門・井上市右衛門の二十二人の名が見えてゐるといふ。その中、十四人は本年八月十一日附で所領を安堵せられてゐる（別項甲斐國志所收所領安堵宛行一覽表參照）。長子はチヨウシと訓む。

山本忠房に與へたる本領安堵狀（天正十年八月十一日）

甲州甘利上條內拾五貫文・拾七貫文・同所見出拾貫文御藏出、夫丸一人、藤代杉原使郷(マヽ)并名田屋敷・被官等之事

右爲二本領地(由脫カ)一言上之間、宛行不レ可レ有二相違一、彌守二此旨一、可レ抽二軍忠一狀如レ件、

天正十年

八月十一日　御朱印　井伊兵部少輔(直政)奉之

山本彌右衛門(忠房)尉殿

〔御庫本古文書纂〕六 山本鐵次郎所持

山本彌右衛門忠房は父忠玄と共に、勝頼没落の後、家康に仕へ、それより家を繼ぎ、この日安堵せしめられたのは、本領四十二貫文と・夫丸・名田・屋敷・被官であるが、九月一日、同心二十人・給分・陣扶持・夫丸・屋敷・名田・被官人・

諸役を安堵せしめられ、越えて十二月十日に至り、甘利上條の内三箇所合計四十五貫文、そのほか夫丸・名田・屋敷・被官等を安堵せしめられた（寛政重修諸家譜百三十四）。第一回の分なる本書には、「右爲ニ本領一由言上之間」とあるから、取敢ず指出を提出させ、その申告をそのまま受容して、安堵状を出したのであらう。これと同一の事例はこのほか多く見える。

塚本喜兵衛に與へたる本領安堵状（天正十年八月十一日）

甲州手塚内五拾六貫文・但信州替地半夫、國家之内名田・屋敷壹間・被官・諸役等之事

右爲ニ本領一之由言上之間、所ニ宛行一不レ可レ有ニ相違一、彌以ニ此旨一、可レ抽ニ軍忠一之狀如レ件、

天正十年

八月十一日　御朱印　井伊（直政）兵部少輔奉之

塚本喜兵衛殿

〔譜牒餘錄後編〕十六 御小姓組三枝右近

塚本喜兵衛は三枝平右衛門の同心衆であつたといふ。この文書により、信州の替地として甲斐手塚内五十六貫文、并に半夫・名田・屋敷・被官・諸役等を安堵せしめられた。

下條頼安に與へたる所領宛行狀（天正十年八月十二日）

信州伊奈郡之事、今度無二依レ被レ遂ニ忠信一、所ニ宛行一不レ可レ有ニ相違一、手柄次第可レ被ニ申付一候、但松尾（小笠原信嶺）・知久（知久頼氏）領内之事者除候狀如レ件、

天正十年

天正十年

八月十二日 (家康)(朱印)(印文福德)　家　康

下條(頼安)兵庫助殿

〔龍嶽寺文書〕○信濃

下條兵庫助頼安は信濃下條城主である。この宛行狀に依れば、家康は頼安の忠信を賞して、伊奈郡の地の中、小笠原信嶺・知久頼氏の邑を除き、その餘を與へたのである。その上、家康は次に掲げる同日附の書狀を以て、奥平信昌等をして頼安を援けさせた。但、本書の日附は、譜牒餘錄小笠原遠江守書上には八月十一日になつてゐる。

下條頼安に遺れる書狀（天正十年八月十二日）

對ニ石河伯耆守(數正)一書狀、具令ニ披見一候、仍奥九(奥平信昌)・鱸喜(鈴木重次カ)事、聽而申付可ニ指移一之候、將又鐵炮玉藥、是又則申付之候、可ニ心安一候、夂(各か)無ニ飯田ニ被ニ楯籠一之事神妙之至候、兼又自ニ氏直(北條)陣一生捕仕候申分者、當表出張事、聊爾千萬故、只今可レ令ニ退散一行之談合迄之由、何も同前申候、退散候者一騎も不レ殘可ニ討捕一之條案中候、依レ之韮崎ニ近々与寄レ陣候、於レ備者可ニ心安一候、恐々謹言、

(天正十年)八月十二日　家　康（花押）

下條(頼安)兵庫助殿

〔龍嶽寺文書〕○信濃

下條頼安はこの時、飯田に籠つて北條氏直の軍を禦いでゐたが、家康は奥平信昌・鈴木重次を遣し、鐵炮玉藥を送つてこれを援け、尚、捕虜の言に依つて、氏直軍退散の談合中なることを報じて士氣を勵し、自身は甲州韮崎附近に出陣のことを告げたのである。（本年七月七日附書狀・七月十五日附書狀參照）。

家康が伊奈の下條頼安に書狀と宛行狀とを與へた八月十二日、東八代郡において、侵入し來れる北條氏忠軍を、古府の留守役鳥居元忠・水野勝成等が擊破した黑駒合戰がおこつた。これは戰局の大勢に關係する合戰であつたから、少しく述べておかう。

北條方は、夙に北都留郡の攪亂を企て、また東山梨郡の一揆を利用しようとしたが、主力が信濃より南下するに及び、これと呼應して南都留郡に兵を入れ、腹背兩面より家康に迫つた。これは挾擊作戰であり、家康が、その壓迫に堪へかねて、富士川に沿ふ下山路より駿州に退却するのを要して、これを擊滅する意圖であつたといはれる（家忠日記增補）。この背面攻擊の主將は氏政の弟氏忠であり、八月上旬、南都留郡より御坂峠を越えて東八代郡に入り、古府を目指して進軍した。その軍勢の配置は所傳が區々であり、西進して左右口《ウバグチ》に達したといふ記事もあるが（家忠日記增補・御年譜微考）、德川勢との主力の衝突は、八月十二日黑駒におこつたから、氏忠は右左口に迂回せず、峠を下り黑駒より石和を經て古府に至る街道を進んだと見るのが正しいであらう。これを邀擊した鳥居元忠・水野勝成・三宅康貞等の諸將は、意外の大勝を博し、氏忠は身を以て逃れ、戰死者の首級數百は新府の本營に送られ、殊更に氏直の陣前に梟された。北條方の企畫は、これで水泡に歸した（家忠日記・當代記・乙骨太郞左衞門覺書・三河物語・鳥居家中興譜・永野勝成覺書等）。

企畫は良いのだから、若し遂行されたなら、家康は極めて不利な境地に落ちたであらうが、鳥居元忠は戰功によつて都留郡を與へられ、東進して谷村城に入つて、北條氏を抑へ、敗れた北條方は、再び背面より家康に脅威を與へることができず、挾擊作戰は全く失敗に終つた。それで家康は安心して正面の氏直と押し合ふと同時に、ますく甲州諸士の綏撫に力め、續々本領を安堵し、新知を宛行つた。十三日より三十日までに與へられた安堵狀は實に二十三通を數へる。

有賀式部助に與へたる本領安堵狀（天正十年八月十三日）

東照宮御朱印

甲州成田之内拾八貫文・同所常葉分拾八貫文・一宮之内一之藏有賀分八貫五百文、長井之夫共、

右爲二本領一之由言上候而（間カ）、所二宛行一不レ可レ有二相違一、彌以二此上（旨カ）一、共可レ抽二忠信一之狀如レ件、

天正十年

八月十三日　御印

大窪新十郎（大久保忠泰、のち忠隣）奉之

有賀式部助殿

〔古文書〕○記錄御用所本　有賀式部助種政拜領　同吉次郎種清書上

有賀式部助は信玄の近習衆であつた（家忠日記天正十年十二月十二日條）。この文書により、三箇所合計四十四貫五百文の本領并に夫丸を安堵せしめられた。

青木信時に與へたる本領安堵狀（天正十年八月十六日）

御朱印之寫

甲州青木郷參百貫文・深奧之郷拾六貫文・御藏出五貫文之事

右爲二本領一之由言上候間、充二行之一、者守二此旨一、可レ抽二忠功一之狀如レ件、

天正十年

八月十六日　　御朱印　　大久保新十郎（忠泰）奉之

青木尾張守（信時）殿

〔譜牒餘錄後編〕二十四大御番 青木與右衛門

青木尾張守信時は武川衆の一人であつたが、本年七月初めのころ家康に屬した。巨摩郡青木鄕がその本貫である。家康より、この本領安堵狀を與へられた來歷に就て、譜牒餘錄後編に見える記事を左に揭げる。

一曾祖父青木尾張守信時、武川筋青木鄕數代領知仕候故武川衆と申候、右尾張守儀、天正十年權現樣江被二召出一候、同年於二甲州新府表一、北條氏直と御對陣之刻、武川之地、信州境目ニ付、從二氏直一種々計策御座候得共承引不仕、武川之侍共一味御忠節申上候、右御取合落著以後、本領之知（地）御朱印、尾張守致頂戴、於レ于レ今所持仕候、

これによつて觀れば、青木信時は數代に亙り、武川《むかは》筋青木鄕を領してゐたので、武川衆《むかはしゆう》と呼ばれた。武川筋《むかはすぢ》の地は甲信國境に近いので、德川家康と北條氏直とが、對陣しとき、氏直は種々計策を運らし、武川衆を誘つて家康の背後を脅威させようと企てたけれど、信時はこれに動かされず、家康に忠節を盡した。家康はこれを嘉し、氏直が引揚げた後、三箇所合計三百二十一貫文の地の安堵狀を與へたといふのである。

長井吉昌に與へたる本領安堵狀（天正十年八月十六日）

東照宮御判物

甲州河内鄕之內五拾貫文・志田之內三拾俵・小松屋敷所五貫文・淺利之鄕夫丸共、信州河中嶋ニ而五拾貫文之事

右爲二本領一之由言上候間、宛二行之一、彌守二此旨一、可レ抽二軍忠一之狀如レ件、

天正十年

天正十年

八月十六日　　御朱印　　大久保新十郎(忠泰)奉之

長井又五郎(吉昌)殿

〔古文書〕○記録御用所本　永井又五郎吉昌拜領　同五衛門昌純書上

長井又五郎吉昌は信玄の近習衆であつたといふ。このときは本人の指出によつて、合計百五貫文三十俵の本領を安堵せられたのであるが、本年十二月九日二度目の文書により、河内郷の内五十貫文・志田の内七貫五百文・小松屋敷所五貫文、合計六十七貫五百文を安堵せしめられた。尋で翌十一年閏正月十四日には三度目の文書により合計六十貫文三十俵を安堵せしめられた。

柳澤信俊に與へたる本領安堵狀（天正十年八月十六日）

東照宮御判物

甲州柳澤之郷七拾貫文・爲二新恩一壹貫五百文藤右衛門分・壹貫文五味分之事

右爲二本領一之由言上候間、如二前々一不レ可レ有二相違一、彌守二此旨一、可二軍忠一之狀如レ件、

天正十年

八月十六日　　御朱印　　大久保新十郎(忠泰)奉之

柳澤(信俊)兵部丞殿

〔古文書〕○記録御用所本　柳澤兵部丞信俊拜領　同六郎左衛門政位書上

柳澤兵部丞信俊は武川衆の一人であつたが、本年七月初のころ家康に屬し、尋でこの本領安堵狀を與へられたのである。巨摩郡柳澤郷がその本貫である。この合計七十二貫五百文の安堵は指出による柳澤郷七十貫文に、新恩二箇所を加へたものであるが、十二月七日に至り、新恩二貫五百文を重恩二貫八百文とし、合計七十二貫八百文の所領を安堵せしめられた。

折井次昌に與へたる本領改替宛行狀（天正十年八月十七日）

甲州本領之事

折井南分貳拾貫文・新奥之内貳貫文・折井北分拾七貫四百文・甘利之内土屋出雲分拾六貫文・同所寺分貳拾七貫文・同所竹内分五貫文・同所御前分貳拾貫文・六科山下分拾貫文・甘利之内卯七（時カ）免拾貫文・同所相良分六貫文、甘利北方夫壹人之事

右本知爲二改替一宛二行之一、其上於二遠州一令二兼約一候間、不レ可レ有二相違一、彌守二此旨一、可レ抽二軍忠一狀如レ件、

天正十年

八月十七日（家康）（朱印）

大久保新十郎（忠泰）承之

折井市左衛門（次昌）殿

〔御庫本古文書纂〕

折井市左衛門次昌は甲斐武川《むかは》衆の一人である。巨摩郡折井郷がその本貫である。本年七月初のころ家康のために武川衆を説き、これに歸屬せしめ、七月十五日家康より米倉忠繼と共に感狀を與へられたが、この日本知の改替として、十筆に亙り合計百三十三貫四百文の地と夫丸一人とを宛行はれ、舊約により遠江にても所領を與ふべきことを再確認せられた。次昌は嘗て家康に庇護されて遠州桐山に身を潜めてゐたことがあつたのである。後、十二月七日に至り、再び百四十八貫四百文の地を安堵せられた。その條を參照せよ。

市川內膳に與へたる本領安堵狀（天正十年八月十七日）

東照宮御判物

甲州大賀分七拾貫文・平塚分七貫文・二條分拾八貫文・靑沼內參拾五貫文等之事

右爲二本領一之由言上之間、所二宛行一不レ可レ有二相違一、者守二此旨一、可レ抽二戰忠一之狀如レ件、

天正十年

八月十七日　御朱印

安倍（阿部）善丸（正勝）奉之

市川內膳殿

〔譜牒餘錄〕二　紀伊殿藩士上　市川甚右衛門

市川內膳は信玄の近習衆であつた（家忠日記增補天正十年十二月十二日條）。この文書により、四箇所合計百三十貫文の本領を安堵せしめられた。

名執淸三に與へたる本領安堵狀（天正十年八月十七日）

甲斐國甘利內八貫文・夫役共、井上新十郎分貳貫五百文・同寺分、卯時免壹貫文・土屋出雲分三百文・兩角平左衛門分四百五十文・夫役共、足藏分壹貫五十文・築山分三百文等之事、

右爲二本領一之由言上之間、宛二行之一訖、者守二此旨一、可レ存二忠信一之狀如レ件、

天正十年

八月十七日（家康）朱印（印文福德）

大久保新十郎（忠泰）奉之

名執清三　〔名執文書〕○甲斐

名執清三は武川衆の一人であり、須澤村の土著武士らしい。この日の文書は指出によつて七筆合計百三十六貫文を安堵せしめられたものであるが、次に十二月九日再度甘利の内山手錢六貫文・名田手作所一貫九百文、合計七貫九百文を安堵せしめられた。

穴山勝千代に與へたる本領安堵狀（天正十年八月十八日）

駿州之内、山西并河東次津分之事、如二年來一、從二當所務一可レ有二收納一候、然者諸同心知行方之儀、如二前々一可レ被二仰付一之狀如レ件、

天正十年

八月十八日　御諱御判

（穴山）武田勝千世殿

【譜牒餘錄】三十六　稲葉丹後守之下附家臣 龜屋善兵衛

本書の來歷に就き、譜牒餘錄に次の記事がある。

善兵衛曾祖父穴山陸奥守梅雪儀、信長公於二京都一御生害之砌、權現樣山城國草路(內)之渡り御歸陣、御供仕候所、人質之儀ニ付、四五町程押下り討死仕候、其間權現樣市野邊濱江著御、それより宇治田原こうの口村(郷)山口甚介と申者所迄被レ爲レ成、伊勢浦より御船ニ被レ爲レ召、三州江被レ遊二御歸國一候、其以後梅雪悴勝千代儀、武田跡目爲二相續一被二召出一、則御朱印頂戴仕候由、勝千代儀、若年ニ而致二病死一候ニ付、跡目無二御座一、勝千代妹右御朱印持傳、江州志賀郡栗原村地頭南道喜と申者所江緣ニ付、男子壹人出生、南久左衛門と申候、此者ハ私親ニ而御座候、委細之儀者不レ奉レ存候得共、祖母より相讓、于レ今所持仕候寫、

穴山梅雪は甲州の名族であつたが、武田氏滅亡の後、信長に從ひ、信長本能寺の變の時には、家康と共に泉州堺に在り、急を聞いて共に東歸するとき、梅雪は家康と別れ、美濃路を歷て甲州に還らうとし、宇治の方に走り、夜、田原にて土寇の爲に害せられた。それで家康は梅雪の子勝千代をしてその跡を襲がしめ、本領を安堵せしめたが、勝千代は天正十五年六月、十六歳で夭死し、嗣子無きに由り、その所領は沒收せられた（甲斐國志九十八人物部七）。譜牒餘錄所收のこの書上に依れば、その後勝千代の妹某は、この安堵狀を持つて、近江志賀郡栗原村地頭南道喜に嫁し、その子を久左衞門と言つた。龜屋善兵衞は久左衞門の子であるといふから、やがて稻葉家に仕官したのであらう。

今井兵部に與へたる感狀（天正十年八月十九日）

今度於二蘆田一敵討捕、手疵蒙之條神妙之至也、彌向後可レ抽二戰忠一者也、仍如レ件、

天正十年壬午
八月十九日　御朱印
今井兵部との

〔武德編年集成〕二十四

今井兵部は本年七月初めのころ、家康に歸屬したる辻彌兵衞盛昌の部下である。但、武德編年集成所載の盛昌部下四十騎の中には、今井主計といふのがあつて、今井兵部といふのは無い。この兵部の戰功に就ては、同書に「八月十九日、先達て信州蘆田小屋に於て、戰功ある甲陽の舊臣等に感狀を賜はり、辻彌兵衞盛昌部下今井兵部首級を得て、印章を授けらる」と見えてゐる。蘆田は北佐久郡の西部、曩に記してある（天正十年八月六日附文書參照）

山下內記に與へたる本領安堵狀（天正十年八月二十日）

甲州下河原內貳拾貫文・（脫アルカ）五拾貫文・米住（座カ）青沼拾貫文・大野寺內壹貫貳百文・香免（ママ）等之事但棟別、拾間、

右爲ニ本領一之由言上之間、所ニ宛行一不レ可レ有ニ相違一、彌守ニ此旨一、可レ抽ニ軍忠一之状如レ件、

天正十年

八月廿日　御朱印　井伊（直政）兵部少輔奉之

山下内記殿

〔譜牒餘録〕二十五井伊掃部頭附家臣山下又右衛門

山下内記は武田氏の御藏前衆であつたといふ。ここでは甲州下河原內、某所・米座青沼・大野寺・以上合計八十一貫二百文、并に棟別を安堵せられたのであるが、これは指出によつたものであり、翌十一年閏正月十四日、再び朱印狀を與へられ、三百三十六貫二百文その他を安堵せしめられた。

河野通重に與へたる安堵狀（天正十年八月二十日）

東照宮御判物

同心四拾五人之分、如ニ前々一令ニ還補一訖、若於ニ難澁之輩一者、披露之上可レ加ニ下知一、兼又給分・陣扶持、夫丸・屋敷・名田・被官人・并諸役免許等事、如ニ年來一不レ可レ有ニ相違一、以ニ此旨一可レ勵ニ奉公一之狀如レ件、

天正十年

八月廿日（朱印）（印文福德）

成瀨吉（右脱カ）衛門尉（正一）

日下部兵衛門尉（右脱カ）（定吉）

奉之

河野但馬殿（通重）

〔弘文莊所藏文書〕〇東京〔古文書〕〇河野記錄御用所本　河野但馬守通重拜領　同四郎左衛門通泰書上

河野氏は代々伊豫國の住人であつたが、通重のとき甲斐に來て、武田家に仕へ、勝頼滅亡の後、駿府にて家康に見え、こ

天正十年

の日勝頼時代に支配してゐた同心四十五人を還補せられ、また給分・陣扶持・夫丸・屋敷・名田・被官人・諸役免許等を安堵せしめられたのである。尋で十二月十二日、再び安堵状を與へられた。その條を参照せよ（寛政重修諸家譜千三百七十五参取）。

前島又次郎に與へたる本領安堵狀（天正十年八月二十日）

甲州鮎河分三拾五貫文・篠原八幡内貳拾六貫文・高林分千塚夫田拾五貫文・成田手作五貫文・窪八幡内拾六貫文・小瀬村内二貫七百文・甲野分二貫文等之事

右爲㆓本領㆒旨言上之所（間カ）、所㆓宛行㆒不㆑可㆑有㆓相違㆒、彌守㆓此旨㆒、可㆑抽㆓戰忠㆒之狀如㆑件、

天正十年

八月廿日　御朱印

前嶋又次郎殿

井伊兵部（直政）少輔奉

〔譜牒餘錄後編〕十八、御書院番前嶋勘三郎

前島又次郎は本名不明、勝頼没落の後、家康に仕へ、この日七筆合計百一貫七百文の本領を安堵せしめられた。

加賀美作藏に與へたる名田・神領諸役安堵狀（天正十年八月二十日）

今度於㆓蘆田㆒、親候加賀美七郎右衞門尉死（討脱カ）、忠節之至候也、就㆑其、年來抱置名田并神領諸役等、如㆓前々㆒、所㆓宛行㆒之也、仍如㆑件、

天正十年

八月廿日　　　　井伊兵部少輔（直政）奉之

住吉
加賀美作藏殿

〔譜牒餘錄後編〕三十六　寺社之下　甲州住吉神主加賀美兵部

加賀美作藏の父同七郎右衞門尉は、甲斐府中住吉明神神主であり、本年七月初めのころ、辻彌兵衞盛昌附の從士四十騎の中に加つて、家康に歸屬した。然るに七月家康が甲州に入り、信州蘆田を攻めたとき、案內者として敵に向ひ、敵一人を討取つたが、自分も亦討死した。その子作藏は、當時尚、幼少であつたが、特に家康の前に召されて、この安堵狀を與へられたのである。尋で翌十一年四月十九日、更に七十貫三百文の地を安堵せしめられた。その安堵狀はその當日の條に採錄する。

岩手入道に與へたる本領安堵狀（天正十年八月二十一日）

甲斐國岩手鄕貳百貫文分知共事

右爲二本領一之由言上候之間、不レ可レ有二相違一、以二此旨一、可レ被レ抽二戰忠一之狀如レ件、

天正十年

八月廿一日　御朱印　　　大久保新十郎（忠泰）奉之

岩手入道殿

〔譜牒餘錄〕二　紀伊殿藩士、上　水野土佐守組付岩手九左衞門

一權現樣江曾祖父岩手入道御味方ニ付、本領被下置候御知行御證文寫

岩手氏は岩手鄕の住人で、武田家に仕へた。岩手鄕は今の甲斐東山梨郡岩手村であらう。笛吹川の西岸に位する山村である。岩手入道の事蹟は今明らかでない。

野澤二右衛門に與へたる本領安堵狀（天正十年八月二十一日）

甲州岩崎内四貫九百文・扶持三貫六百文・藏出參貫文并壹人半夫等事
右爲二本領一之由言上之間、不レ可レ有二相違一、以二此旨一、可レ抽二軍忠一之狀如レ件、

天正十年
八月廿一日　（家康）朱印（印文福德）
野澤二右衛門（殿脫カ）
榊原小平太（康政）奉之
〔野澤文書〕○甲斐

信濃佐久郡に野澤衆といふ一黨があり、野澤四郎兵衛康光・臼田善右衛門滿秀・伴野善右衛門君家・下村新左衛門などいふ面々がこれに屬してゐた（甲斐國志九十八・人物部七）といふから、野澤二右衛門もその一類かも知れない。

駒井政直に與へたる本領安堵狀（天正十年八月二十一日）

甲斐國千塚内報恩寺分百貫文・成田内正法寺分百貫文・河東内中嶋分三司（百カ）七拾貫文・積翠寺分三拾貫文・切指分四貫五百文、西郡鄕代官、積（翠、脫カ）寺之屋舖、名田地・夫丸・同心被官人事・
右爲二本領一之由言上之旨、不レ可レ有二相違一者守二此旨一、可レ被レ存二忠信一之狀如レ件、

天正十年
八月廿一日　御朱印

駒井右京進(政直)殿

榊原小平太(康政)奉之

〔古文書〕駒井〇記錄御用所本　駒井右京進政直拜領、同右京政明書上

駒井右京進政直は昌直ともあり、信玄・勝頼に仕へ、小田原北條氏との境界線に當る駿河駿東郡深澤城を守備したが、勝頼没落の後、家康に仕へ、五筆合計六百四貫五百文の本領、及び西郡鄕代官、積翠寺屋敷・名田・夫丸・同心・被官等を安堵せしめられた。寛政重修諸家譜百五十九には、その貫高を合計三百六十二貫九百文餘とし、天正十九年七月上野那波郡千五百石に封ぜられたと記してある。

筒井菅右衞門に與へたる本領安堵狀（天正十年八月二十二日）

甲州神名川之內貳貫文・西郡南條之內壹貫五百文・河內之內雨山分五貫文・同所大通院分五貫文・喜見寺分三貫五百文、幷木戶壹間諸役等之事但新地共

右爲二本領一之由言上之間、所二宛行一不レ可レ有二相違一、彌守二此旨一可レ抽二戰忠一之狀如レ件、

天正十年
八月廿二日　井伊兵部少輔(直政)奉之

筒井菅右衞門殿

〔御庫本古文書纂〕一、増田太兵衛御代官所甲州八代郡唐柏村森右衞門所持

筒井菅右衞門の事蹟未詳。この文書の所持者森右衞門は山梨郡栗原筋山村（今東山梨郡）に居住したと思はれる。神《かな》名川は山梨郡栗原筋（今東山梨郡加納岩村上神名川・下神名川）にあり、山村の西に當つてゐる。

土屋昌吉に與へたる本領安堵狀（天正十年八月二十二日）

東照宮御判物

甲州成田郡（鄉カ）之内五拾貫文・井上之内十八貫文、并淺利之内夫壹人、棟別拾間、諸役等之事

右爲二本領一之由言上候間、如二前々一宛二行之一畢、彌專（守カ）二此旨一、可レ抽二軍忠一狀如レ件、

天正十年

八月廿二日　御朱印

土屋三郎（昌吉）右衞門殿

大久保新十郎（忠泰）奉之

〔古文書〕土屋〇記錄御用所本　土屋三郎右衞門昌吉拜領、同市之丞昌猷書上

土屋三郎右衞門昌吉は、勝頼没落の後、山林に潜居したが、家康の甲斐入國の後、舊領の地に歸り、八月、北條綱成の黑駒侵入のとき戰つて功あり、鳥居元忠の推擧により、家康に仕へて本書を與へられ、成田鄉・井上等における合計六十八貫文の本領、及び夫・棟別・諸役等を安堵せしめられた。天正十八年、家康の關東入國の後、武藏國高麗郡・多摩郡、上總國長柄郡において四百十石餘を與へられた（寛政重修諸家譜五百五十一）。

下條賴安に遣れる書狀（天正十年八月二十二日）

從二木曾一玄徹之書狀被二指越一候、卽遂二披見一候、然者玄徹此節無二御入魂儀一候間、其方衆彼方へ被二仰談一、其口行等無二油斷一之樣專一候、將又此表備之儀、於二樣子一者可二御心安一候、是非共今度氏直（北條）可二打留一事勿論候、尙、吉左右追々可二申述一候、恐々謹言、

（天正十年）八月廿二日　家康（花押）

下條（賴安）兵庫助殿

〔龍嶽寺文書〕○信濃

八月十二日附下條賴安に與へたる宛行狀、及び賴安が飯田に籠城することを褒し、氏直方の動靜を報告した同日附の書狀に次いで、賴安が玄徹の來狀を屆けて來たのに對し、玄徹を援助すべきことを命じ、重ねて氏直方の動靜を報告したものである（本年八月十二日附宛行狀及び書狀參照）

高橋與五郎に與へたる本領安堵狀（天正十年八月二十四日）

甲州休見（息）之鄕之內貳拾五貫文・御藏出之爲ニ改替一栗原之內廿貫文之事

右爲ニ本領一之由言上候間、如ニ前々一宛行畢、彌守ニ此旨一可レ抽ニ軍忠一狀如レ件、

天正十年

八月廿四日 （家康）朱印（印文福德）

内藤（信成）三左衛門奉之

高橋與五郎殿

〔御庫本古文書纂〕一 甲州郡内領川口村淺間御師持主高橋日向

高橋與五郎の事蹟未詳。休息《きうそく》は山梨郡栗原筋（今東山梨郡）にある。栗原も同樣（今東山梨郡日川村大字）。この二箇所合計四十五貫文の地を安堵せしめたのである。

大村次左衛門に與へたる本領安堵狀（天正十年八月二十四日）

甲州倉科之內伍貫文・鍛冶屋地名田四貫五百文・ゐて屋敷名田三貫文、并屋敷貳間等之事

天正十年

右爲ニ本領一之由令ニ言上一之間、所ニ宛行一不レ可レ有ニ相違一、彌守ニ此旨一、可レ抽軍忠一之狀如レ件、

天正十年
八月廿四日　御朱印　井伊兵部少輔（直政）奉之
大村次左衛門殿
〔木曾考〕

大村次左衛門は十二月五日の安堵狀においては、倉科之鄕五貫文だけになつた。

初鹿野昌久に與へたる本領安堵狀（天正十年八月二十七日）

甲州國玉之内七拾貫文・同所手作前三拾貫文・奈良原山口拾七貫文・黑駒筋鹽之役爲ニ改替一吉澤之内、下福澤貳拾七貫文・二宮之内六拾貫文、爲ニ替地一小尾奈内平瀨七拾貫文之事
右爲ニ本領一之由言上之間、宛行畢、彌守ニ此旨一、可レ抽ニ軍忠一之狀如レ件、

天正十年
八月廿七日　家康御判
初鹿野（昌久）傳右衛門殿
〔古文書〕初鹿野○記錄御用所本　初鹿野傳右衛門信昌（昌久）拜領御判物同傳右衛門英信書上

初鹿野は東山梨郡の東南隅にあり、東八代郡の田野と境を接するところで、初鹿野昌久の出身地である。昌久は本年七月二十四日家康に歸屬し、八月七日取敢ず勘忍分五十貫文を與へられたが、今また本領山梨・巨摩二郡のうちにおいて、五

筆合計二百十四貫文の地を本領として安堵せしめられた。但、そのうち吉澤内下福澤二十七貫文は黒駒筋鹽之役の改替であり、小尾奈の内平瀬七十貫文は二宮内六十貫文の替地である。これは本領たる由を言上した指出によつて與へられたものであるが、こののち所見がないから、このまま永く承認せられたのであらう。

初鹿野傳右衞門については、岩淵夜話別集に、次のやうな話がある。この傳右衞門は加藤駿河守の次男で加藤彌五郎といつたが、初鹿野源五郎が戰死の後、その後家の妹と結婚して家を相續し、初鹿野傳五郎と改名、初鹿野家の本領約四百貫文に實父加藤駿河守の知行の内二百五十貫文を書き加へた指出を提出した。これに對しその兄加藤丹後、弟加藤彌平次郎とが抗爭したので、奉行衆は協議の上、傳右衞門には、初鹿野家本領約四百貫文だけを安堵せしめたところ、傳右衞門は、親兄弟の知行を自分の高に結びつけて申告しても、そのまま安堵せしめられた者もあるのに、自分には許可がなく、吟味にあひて面目を失つたと立腹して、朱印狀に墨を塗り、惡口をいつた。岩間大藏左衞門がこれを聞いて摘發したため、家康は怒つて傳右衞門を改易したといふのである。

これは曩に六月二十四日長田織部佐に與へたる文書の條に引いた岩淵夜話別集の記事の次に掲げてあるもので、「親隱居領、或は兄弟へ分知の跡式絕たるなとを、手前へ取合、高に結で書出せる」類例である。但し、その本文に四百貫ばかりとあるのは、この文書の合計二百十四貫文と數字の開きがある。改易された傳右衞門は、天正十二年四月九日、私かに長久手合戰に參加し、その功により復歸を許された。

飯室昌喜に與へたる本領安堵狀（天正十年八月二十七日）

甲州飯室分三拾五貫文・淺利分貳拾七貫文・同分內山口四貫文・鼻輪分壹貫五百文等事

右爲二本領一之旨言上之間、所二宛行一不レ可レ有二相違一者以二此旨一可レ抽二忠節一狀如レ件、

天正十年
八月廿七日　御朱印
高木九助（廣正）（花）奉之

飯室次郎兵衛昌喜拜領同三郎兵衛書上

飯室庄左衛門殿(昌喜)

〔古文書〕飯室 ○記錄御用所本

飯室庄左衛門は、勝頼の近習衆であつた（家忠日記天正十年十二月十二日條）。主家滅亡の後、家康に仕へ、この文書によつて、四筆合計六十七貫五百文の本領を安堵せしめられた。後、天正十九年、武藏國多摩郡・下總國印旛郡において二百石の釆地を與へられた（寛政重修諸家譜二百二十六）。

丸山次郎兵衛に與へたる本領安堵狀（天正十年八月二十八日）

甲州八幡內五貫文・栗原內七貫文事

右爲二本領一之旨言上之間、不レ可レ有二相違一、以二此旨一、可レ抽二軍忠一之狀如レ件、

天正十年　　松平玄番允(淸宗)　奉之

八月廿八日　御朱印　　內藤三左衛門(信成)

丸山次郎兵衛(殿脫カ)

〔譜牒餘錄〕二十八　榊原虎之助附家臣丸山次郎右衛門

丸山次郎兵衛の事蹟未詳。八幡《やはた》は山梨郡萬力筋（今東山梨郡）、栗原は山梨郡栗原筋（今東山梨郡日川《ひかは》村大字）、この二箇所の內にて合計十二貫文の地を安堵せしめられた。

小林佐渡守に與へたる諸役免許狀（天正十年八月二十八日）

任二先判形之旨一、可レ爲二九一色同前一、幷根原之鄕家數三十間所、他鄕候共、諸役免許之上者、可レ抽二奉公一之狀如レ件、

天正十年
八月廿八日　（家康）朱印（印文福徳）　井伊（直政）兵部少輔奉之
小林佐渡守殿
〔富士根原村文書〕○駿河

書中に九一色《くいしき》同前たるべしとある、その九一色の課役免許狀は、本年七月十二日附のものを、曩に採録してある。根原は富士郡上井出村の大字名に殘つてゐる。上井出村は富士大宮より甲斐の右左口《うばぐち》に通ずる山道に當り、昔は人穴といつた。附近には建久年間源頼朝の牧狩の遺蹟たる狩宿及び名勝白糸瀧などがある。天正十一年十月五日根原郷傳馬人に與へたる屋敷宛行狀を參照せよ。

木曾義昌に與へたる所領安堵狀（天正十年八月三十日）

今度從二信長公一被レ遣候あつミ（安曇）・つくま（筑摩）兩郡之儀、并貴所御本領事、聊以不レ可レ有二相違一、彌無二御入魂肝要候者也、仍如レ件
天正十壬卯（午）　○コノ五字、後ノ書入ノゴトシ、
八月晦日　家康御書判
木曾（義昌）殿
〔古今消息集〕五

安曇郡・筑摩郡は織田信長より宛行はれた所、それに木曾義昌の本領を併せて、安堵せしめた文書である。

九月になつても安堵狀十三通、宛行狀四通が次々に出てゐる。その間に定書が一通、誓書が一通、書狀が五通交つてゐるから、安堵狀・宛行狀を主とし、その他のものは、そのところどころで解說する。

倘、この月を通じて、若神子・新府對陣の戰線は、小競合を繰り返すだけで、殆んど膠著狀態をつゞけた。八月中、下條賴安に對し、二回に亘り氏眞方の壞滅を仄かしたけれど、それが實現しないのは、家康にとつては不安であり、この月十三日、書を下野の宇都宮國綱に遣り、上方勢の來援があることを報じ、氏政と連和しないように希望したのは、その焦燥感の現れであらう。これは消極的な外交であるが、積極的な外交としては、氏直に從つた信州海野（上田）の眞田昌幸を自分に歸屬させて、氏直の背後を攪亂させようと企て、佐久郡蘆田の依田信蕃をして、昌幸に說かしめ、二十八日誓書を與へてつひにその目的を達した。また軍事的には東駿河三枚橋城の松平康親が、伊賀の士服部正成等と共に、十五日、北條氏の屬城たる伊豆佐野砦を攻め落したこと（伊賀者由緒幷御陣御供書付）、二十五日、また伊豆韮山城の北條氏規と三島に戰つて敗れたこと（武藏川越松井家譜・譜牒餘錄後編）などがある。北條方でも氏政は二十日、武田氏の舊臣大井河內守に、甲州松尾・島上・酒寄・大藏の地を宛行ふてゐるから（武州文書）、黑駒合戰に敗れても、甲州に對する執心は深いのであつた。

このやうな情勢下において、家康は、北條氏以上に、盛んに安堵・宛行をつゞけたのであつた。

山本忠房に與へたる安堵狀（天正十年九月一日）

權現樣御朱印寫

同心貳拾人如二前々一令二還補一畢、若於二難澁輩一者披露之上可レ加二下知一、兼又給分・陣扶持・夫丸・屋敷・名田・被官人幷諸役免等事、如二年來一不レ可レ有二相違一、以二此旨一可レ勵二奉公一之狀如レ件、

天正十年　　成瀨吉（正一）右衞尉

九月朔日

日下部兵（定吉）右衛尉　奉之

（右脫）（忠房）
山本彌衛門尉殿

〔御庫本古文書纂〕六　山本鐵次郎所持

山本忠房が本領五十貫文等を安堵せしめられたことは、本年八月十一日文書のときに述べた。これは二度目に、武田家仕官のときの同心二十人を還補し、また給分・陣扶持・夫丸・屋敷・名田・被官人・諸役を安堵せしめられた文書である。越えて十二月十日に、三度目の安堵狀が出された。

窪田正勝に與へたる安堵狀（天正十年九月一日）

東照宮御判物

同心三拾五人之分、如二前々一令二還補一訖、若於二難澁之輩一者、披露之上可レ加二下知一、兼又給分、陣扶持・夫丸・屋敷・名田・被官人并諸役免許等之事、如二年來一不レ可レ有二相違一、以二此旨一可レ勵二奉公一狀如レ件、

天正十年

九月朔日　成瀨吉右衛門尉（正一）
日下部兵右衛門尉（定吉）　奉之

窪田助之丞（正勝）殿

〔古文書〕窪田〇記錄御用所本　窪田助之丞正勝拜領、同拼次郎正永書上

窪田助之丞正勝のことは曩にこれを述べた。家康が同心を還付し、給分等を安堵せしめたことに就て、本年八月二十日附河野通重に與へた安堵狀を採錄したが、本書及び次のものも、これと同一趣旨の安堵狀である。この第二回の安堵狀の內容は所領に關係がなく、同心三十五人・給分・陣扶持・夫丸・屋敷・名田・被官人・諸役免許等を含んでゐる。尚、本年六月十七日、同十二月九日の安堵狀參照。正勝は寬政重修諸家譜には吉正とある。

天正十年

多田正吉に與へたる本領安堵狀（天正十年九月二日）

東照宮御判物
甲州鎮目内百貫文・板垣内拾八貫文・押越拾貫文、増利内五貫九百文・下桑原拾貫文、并被官・
夫丸・屋敷等事
右爲二本領一之由言上之旨、所二宛行一不レ可レ有二相違一、以二此旨一可レ抽二軍忠一之狀如レ件、

天正十年
九月二日　安部（阿）善九郎（正勝）奉之
多田三八（正吉）殿

〔古文書〕○多田記錄御用所本　多田三八正吉拜領、同三八正峰書上

多田三八郎正吉は勝頼没落ののち、家康に歸屬し、本書により、甲州の内五箇所合計百四十三貫九百文の本領、并に被官・夫丸・屋敷等を安堵せしめられた。

木曾義昌に遣れる書狀（天正十年九月二日）

重而預二御狀一、御本望之至ニ候、爰元之模様先書申述候間、不レ及二再説一候、仍而下條方（頼安）へ御談置、諏訪表可レ有二御働一之由、尤專要候、此時候（間カ）ハヽ萬事御計策肝要候、此表備模様（ハカ）ニ可レ被二心安一候、尚追々可二申述一候、不レ能二多筆一候、恐々謹言、

（天正十年）
九月二日　家康
木曾（義昌）殿

〔木曾舊記錄〕

これは家康が義昌に諏訪出兵を求めた書狀である。

横地元貞に與へたる本領安堵狀（天正十年九月三日）

甲州長塚分七拾貫文・右見出分貳拾貫文・同餘部分・貳貫文・小河內貳拾三貫文長坂濱四郎手作分等之事

右爲二本領一之由言上之間、夫丸共、如二前々一不レ可レ有二相違一、以二此旨一可レ存二忠信一之（狀脫カ）仍如レ件、

天正十年

九月三日　　大久保新十郎（忠泰）奉之

横地彌三（元貞）殿

〔古文書〕○記錄御用所本　横地彌三元貞拜領、同左門安澄書上

横地彌三元貞は武田信玄・同勝頼父子に仕へたが、勝頼没落の後、家康に歸屬し、本日、四箇所の本領合計百十五貫文及び夫丸を安堵せしめられた。そして大番を勤めたが、十九年七月三日武藏高麗郡內において二百石の采地を與へられ、同年また上總市原郡內において百石を加へられ、すべて三百石を知行した（寛政重修諸家譜千百十）。

水上利光に與へたる本領安堵狀（天正十年九月五日）

東照宮御判物

甲州中條之內貳百貫文・信州小松貳百貫文事

右爲二本領一之由言上之旨、不レ可レ有二相違一、以二此旨一可レ存二忠信一之處如レ件、

天正十年

九月五日　　安（阿）部善九（正勝）奉之

天正十年

水上六郎（利光）兵衛殿

〔古文書〕○水上記錄御用所本　水上六郎兵衛利光拜領、同帶刀正相書上

水上六郎兵衛利光は信玄・勝頼に仕へたが、勝頼没落の後、男政光と共に家康に歸屬し、この文書によって甲州中條内二百貫文及び信州小松二百貫文、合計四百貫文の本領を安堵せしめられた。翌十一年閏正月十四日二度目の安堵狀では、半減して二百貫文になつた。後年、上總望陀郡・同武射郡、武藏榛澤郡において四百石を知行した（寛政重修諸家譜二百二十）。

山本十左衛門尉に與へたる本領安堵狀（天正十年九月五日）

甲州相田貳拾九貫文・下河原柳内壹貫六百文・信刕小野五拾貫文事

右爲二本領一之由言上候間、不レ可レ有二相違一、以二此旨一、可レ存二忠信一之狀如レ件、

天正十年

九月五日　○印文福德　（家康）朱印（印文福德）

安（阿）部善九（正勝）奉之

山本十左衛門尉殿

〔古文書雜纂〕一

合計八十貫五百文の本領のうち、信州小野の所領五十貫文のあることが目につく。山本十左衛門尉の事蹟は未詳。

丸山東市佑に與へたる本領安堵狀（天正十年九月五日）

甲州窪八幡内七貫五百文・信州田子江三拾貫文、幷扶持六貫文事

右爲二本領一之由言上候間、不レ可レ有二相違一、以二此旨一、可レ存二忠臣（信）一之狀如レ件、

天正十年
五（九カ）月五日
御朱印
松平玄蕃助（清宗）
內藤三左衛門尉（信成）奉之
丸山東市佑殿
〔譜牒餘錄後編〕三十七 處士之上 丸山源兵衛

譜牒餘錄後編には、本書の來由に就き、「曾祖父丸山市正、武田信玄奉公仕罷在候、其後天正十年、大權現樣甲州江御入國之時分、市正被二召出一、松平玄蕃助殿、內藤三左衛門殿を以、市正ニ本領被二下置一、御朱印頂戴仕候。下略」と記してある。これも合計四十三貫文のうち、信州田子江の所領が三拾貫文に上つてゐる。

小尾祐光に與へたる所領安堵宛行狀（天正十年九月七日）

甲州津金鄉五拾八貫文・根羽三貫七百文・清水分三貫文、屋敷貳間諸役免許、以上本領、村山鄉貳百貫文・三藏鄉五拾貫文・比志鄉三十貫文、以上新知行玄德齋分之內等之事
右所二宛行一不レ可レ有二相違一、以二此內一預置足輕十人可レ令二扶持一者也、依如レ件、

天正十年
九月七日
御朱印
（阿）安部善九（正勝）
山本帶刀（成氏）
小尾監物（祐光）殿
〔寬永諸家系圖傳〕三十五

本書の來由に就いては、寬永諸家系圖傳に次の記事があるから、その儘これを採錄して解說に代へよう。「同年（天正十年）大權現甲

州に御發向のとき、北條氏直若神子邊に出むかひて對陣す。大權現江草の根小屋のとり出をせめ給ふ時、祐光ならひに子彦四郎(正秀)首級を得たり。胤久庶弟と共に先陣の案内者として、江草の根小屋をせめやふり、敵あまたうちとりて、其首を新府に獻す。祐光・胤久しば〳〵軍功あるにより、大權現これを感したまひ、本領の地其外七百七十貫餘の地を祐光に給はり、四百五十貫の地を胤久に給ふ。同年九月十日(七カ)、阿部善九郎・山本帶刀仰をうけたまわりて、民家十間の諸役免許の御朱印を、祐光・胤久に給わりて、ともに足輕十人を領す。同月廿四日祐光・胤久國境の軍士を引ゐて、忠功をはけますのよし、大權現御感ありて、御朱印を祐光・胤久二人、祐光の縁者小池筑前に給はる(下略)「原文變體假名」。この中には小尾祐光ばかりでなく、津金胤久のことも記してある。その胤久に與へられた宛行狀は九月九日附である

本書は小尾祐光に巨摩郡において本領三箇所計六十四貫文及び屋敷、諸役等を安堵せしめられ、また新知三箇所計二十八貫文を宛行はれたものであるが、越えて十二月十一日に至り、二度目の安堵狀が出された。

大木親照に與へたる本領安堵狀（天正十年九月七日）

東照宮御判物

甲州西郷筋大木郷之内七貫五百文・中郡紺坐(座)五拾貫文・南條内五貫文・棟別貳間免許、并知行付被官等、其外名田事、右爲㆓本領㆒之由言上之旨、不㆑可㆑有㆓相違㆒候、此旨可㆑(守脱カ)抽㆓戰功㆒之狀如㆑件、

天正十壬午

九月七日　御朱印

安倍(阿部)善九(正勝)奉之

大木初千代(親照)殿

〔古文書〕大木〇記錄御用所本　大木才兵衛親照拜領　大木才兵衛親慈書上

大木氏は代々甲斐西郡大木郷に住み、親吉は鴻庄を知行し、その子親忠は、天正十年三月勝頼没落の後、家康に歸屬し、本領を安堵されたが、八月八日信濃蘆田合戰のとき二十九歳で討死した。その子初千代は幼少で遺跡を相續し、この文書

によつて大木郷内七貫五百文・中郡紺座五十貫文・南條内五貫文、合計六十二貫五百文の本領、并に棟別免許・知行付被官・名田等を安堵せしめられた（寛政重修諸家譜二百三十四）。このときは元服前だから初千代と表示することにしたが、重修譜には親信、今の呈譜親照に作るとあり、本書の出典たる古文書には大木才兵衛親照拝領とあるから親照と表示しても宜からう。

津金胤久に與へたる所領安堵宛行狀（天正十年九月九日）

甲州津金郷貳拾貫文・根羽樫山共五貫文・矢戸分八貫文、藏出八貫文、信州機郷百貫文・同市淵郷三拾貫文・上州下高田貳拾貫文・清水宮内右衛門分壹貫百文、并在家拾間、諸役免許、以上本領、村山郷貳百貫文・（玄カ）立德齋知行分、三藏郷五拾貫文同文比志郷拾三貫文同分、以上新知行事

右所二宛行一不レ可有二相違一、然者預置足輕十人、以二此内一可レ令二扶持一者也、仍如レ件、

天正十年

九月九日　（家康）朱印（印文福德）

（阿部）安倍（正勝）善九奉之

山本帶刀（成氏）

津金修理亮（胤久）殿

〔譜牒餘錄後編〕十七　御小姓組　津金右衛門

譜牒餘錄後編には、本書の來由に就いて記してあるから、次にこれを引用して解説に代へる。「天正十年、權現樣甲斐國御出馬之節、北條氏直發向之刻、御先手御案內申上、（江草）ゑくさ（根小屋）根こや之者共討捕、新府え印指上申候、度々御忠節申上候、上意に而、本領地、并御加增四百五拾貫百文、其外在家拾軒、諸役御免許被下、阿部善九郎・山本帶刀奉にて、天正十年九月九日に、津金修理御朱印頂戴、右之御知行之內に而、足輕十人被レ仰付一候」。

朝比奈昌親に與へたる本領安堵狀（天正十年九月九日）

東照宮御判物
駿州瀬戸谷内五拾四貫五百文・有東内三拾四貫五百文・朝比奈藤一郎分貳拾壹貫文・新田内芝共貳拾貫文等之事
右爲ニ本領一之由、言上之間、所ニ宛行一不レ可レ有ニ相違一、以ニ此旨一可レ存ニ忠臣(信)一之狀如レ件、

天正十年
九月九日　大久保新十郎(忠泰)奉之
朝比奈新九郎(昌親)殿

〔古文書〕朝比奈○記錄御用所本　朝比奈新九郎昌親拜領、同新九郎奉文書上

朝比奈新九郎昌親は、信玄・勝頼父子に仕へたが、勝頼没落の後、家康に歸屬して大番を勤め、駿河瀬戸谷内・有東《うとう》内・朝比奈藤一郎分・新田内芝共、四箇所合計百三十貫文の本領を安堵せしめられた。次で十八年家康の關東移封後、武藏入間郡において二百石の知行地を與へられた（寛政重修諸家譜七百五十七）。

飯田半兵衛に遣れる書狀（天正十年九月十日）

態以ニ高木九助(廣正)一申上候、仍今度甲州致ニ在留一付而、兩度迄珍物送被レ下候、遠路之處、御懇情之至、難ニ申盡一存候、將又駿州名物にて御座候間、密(蜜)柑一箱進獻之、次馬一疋鹿毛、一白進上候、委曲九助可ニ申上一候條、可レ然樣御被(披)露所レ仰候、恐々謹言、

(天正十年)九月十日　家康（花押）

飯田半兵衛殿

〔古今消息集〕六

本書は北畠信雄の老臣飯田半兵衛に遣れる書狀である。信雄は伊勢に居り、家康の甲州滯陣を慰めるため、兩度使をその陣中に遣して物を贈つた。家康はその懇情を謝し、高木九助廣正を使者とし、飯田半兵衛に書を裁して、蜜柑（駿河名物）一箱と馬一疋とを信雄に贈つたのである。柏崎物語には、この贈物は信長に對するのと同樣にしたのであると記してある。

木曾義昌に遣れる誓書（天正十年九月十日）

同宛行狀（同日）

〔參考〕木曾義昌より千村俊政に遣れる書狀（同年九月二十五日）

一向後彌無二入魂可レ申事

一以來拔公事表裏不レ可レ有レ之事

一御知行方如二先判一不レ可レ有二相違一事

右條々於二僞申一者、

梵天帝釋・四大天王・日本國中大小神祇、殊淺間大𦬇・八幡大𦬇・諏訪上下大明神御罰可二罷

蒙一者也、仍如レ件、

（天正十年）
九月十日　　家康御書判

（義昌）
木曾殿

〔古今消息集〕五

曩に八月三十日、家康は木曾義昌に本領安堵状を與へたが、今また更に誓書を遣つて眤懇の情を致した。そして同日別に次の宛行狀を遣つて伊奈郡箕輪の諸職を與へた。

今度無二可レ有二御入魂一之由、度々蒙レ仰候、重而伊奈郡之内箕輪諸職之事進置候、然上不レ可レ有二相違一候狀如レ件、

（天正十年）九月十日　家康御書判

（義昌）木曾殿

〔古今消息集〕五

木曾舊記錄には家康のこの誓書のことに就き、「右衞門尉（千村俊政）、酒井忠治（次）ニ就而申上候ハヽ、起證（請下同じ）文之儀ハ如何遊さる（れ）候哉と伺候處、此事、軍事に紛れ忘れたり、さらば認め遣スへしとて、自分御筆を把らせ（ら脫カ）れ、下されけると也」と記してある。そこで千村右衞門尉俊政は「難レ有旨御禮申上、猶此上義昌眞忠を盡し、御奉公覺悟可レ仕旨言上有しかは、公限りなく御悅喜有て、又御筆を把らせし一書を賜りける」として、前掲九月十日附宛行狀を載せ、さて「俊政を御側近召れ、此御書を賜る、汝は義昌之股肱之臣と覺ゆ、忠儀（義）を致せよ、我對面之給也とて、御手に持せ給ひし御扇子被レ下、俊政感謝に絕（堪）す、忠次を以厚御禮申上、御暇給り、急き木曾に歸り、御證狀二通・起證文壹通、御狀共義昌に呈しけれは、格別之首尾也と悅喜有て、俊政が忠勤ニ證處也とて感狀を賜る、遠山主水へも同しく賜りけりとぞ」と述べて、次の一通を收めてある。

今度其方因二忠勤一、小野・飯沼・横川・市之瀨之外、箕輪諸職之事任置候狀（條）、不レ可レ有二違背一候、仍如レ件、

天正十年九月廿五日　（木曾）義昌

（俊政）千村右衞門尉殿

〔木曾舊記錄〕

宇都宮國綱に遣れる書狀（天正十年九月十三日）

急度申入候、仍路次等於二自由一者、細々以二使者一懇談啐啄之儀可二申承一候處、往還依レ無二合期一、無音所存之外候、然者此表之樣躰、最前如二申入一候、雖レ然上勢羽柴（秀吉）・惟住（丹羽長秀）・柴田（勝家）始、悉至二當表一出勢之催、敵方へも相聞候歟、一向無二正躰一候、近々上方人數著陣候間、彌根切案之內候、於二樣子一者、可二御心安一候、兼又貴方當方入魂之儀不レ可レ有レ隱候間、彼佞人之氏政（北條）種々爲二計策一、和與之段申嗳可レ有レ之候哉、一切不レ可レ有二御許容一候、小田原之者謀略、不レ始レ于レ今儀候、尙以向後深重可二申談一候條、御同意可レ爲二怡悅一候、委曲皆川山城守（廣照）方可レ被二申入一候、恐々謹言、

（天正十年）九月十三日　　家康

宇都宮（國綱）殿

〔宇都宮氏家藏文書〕

宇都宮國綱は下野宇都宮城主である。家康はその勢力を重んじ、北條氏と連和せしめざらんがため、この書狀を國綱に遣りて平素の疎情を謝し、羽柴秀吉・惟住（丹羽）長秀・柴田勝家の上方勢が當地に來援する筈故、北條氏政より和與を申し出てもこれに應ずる勿れと申し入れたのである。皆川山城守廣照はこのとき甲斐にて家康に從軍してゐた。

大森義勝に與へたる本領安堵狀（天正十年九月十五日）

甲州小石和郷七拾五貫文、并夫丸貳人・被官之事

天正十年

右爲二本領一之旨言上候間、被レ下二置之一候、彌以二此旨一可レ抽二忠節一之旨、被二仰出一候者也、仍如レ件、

天正十年
午
九月十五日　（家康）朱印（印文福德）　井伊兵部少輔（直政）奉之

大森主税（義勝）との

〔齋藤文書〕〇武藏

大森主税の事蹟未詳。八代郡小石和筋の小石和で七十五貫文を安堵せしめられてゐるのだが、甲斐國志士庶部小石和筋の部には所見がない。

奥平信昌・鈴木重次に遺れる書狀（天正十年九月十七日）

爲三蘆田人質一可二請取一小笠原掃部大夫（信嶺）使者木曾へ指越候、彼人質歸路無二異儀一候樣有二馳走一、送以下可レ被レ申二付之一候、恐々謹言、

（天正十年）九月十七日　家康（花押）

奥平九八郎（信昌）殿

鈴木喜三郎（重次）殿

〔尾張德川家文書〕

奥平九八郎信昌・鈴木喜三郎重次はいづれも家康の家臣である。家康は本年八月九日附で木曾義昌に人質の還付を求めた

が、本書に依れば、蘆田氏の人質を請取るために、家康は小笠原掃部大夫信嶺の使者を木曾に遣し、そして信昌・重次に對し、その人質の歸路の安全に注意すべきことを命じてゐるのである。

岩間正明に與へたる本領安堵狀（天正十年九月十九日）

甲州市部内五拾貫五百文・未丸（夫カ）貳人但此内壹人者看夫云々、佛陀寺之内廿五貫文・宮分八貫文・雜田庵分壹貫貳百文　藤敷雜司四貫三百文・東昌院分三貫文・春日屋敷壹間、并に村上與右兵衞（マヽ）分三拾五貫文・棟別七間・門内之諸役免許・信州野溝平田村井庄之内六百俵・名田被官等事

右爲ニ本領一之由言上之間、所ニ宛行一不レ可レ有ニ相違一、者守ニ此旨一、彌可レ抽ニ軍忠一之狀如レ件、

天正十年

九月十九日　御朱印（家康）

大久保新十郎（忠隣）奉之

岩間善九郎（正明）殿

〔古文書〕岩間○記錄御用所本　岩間善九郎正明拜領、今福伊織勝巳書上

岩間善九郎正明のことは未だ所見がない。岩間庄は今の西八代郡岩間村の地で、富士川の支流常葉川上流の谿谷、本栖湖の西、當時は東河内領の要地であつた。岩間氏のことについて天正十一年十月二十一日岩間大藏左衞門尉（爲昌）の與へられたる本領相續安堵狀の條を參照せよ。

曾根松千代に與へたる本領安堵狀（天正十年九月十九日）

甲州曾根堀内分、慈照寺寄進共ニ四拾貫文・駿州改替慈照寺分之内拾貳貫文・并名田・被官等之事、右父平太於二中牧一令二討死一之條、本領不レ可レ有二相違一者也、仍如レ件、

（天正十年）
九月十九日

大久保新十郎（忠泰）
成瀬吉右衛門（正一）（奉之、脱ヵ）

曾根松千代殿

〔家忠日記増補〕八

曾根松千代は、同平太夫の子であり、父が甲州山梨郡中牧において討死したので、家康より、舊領を安堵せしめられたのである。これは北條氏直と對陣中の事である。

平出清右衛門尉に與へたる本領安堵狀（天正十年九月二十三日）

信州諏方まし此之内貳拾五貫文之事

右爲二本領一之由言上候間、如二前々一不レ可レ有二相違一、彌守二此旨一、可レ抽二軍忠一之狀如レ件、

天正十年

九月廿三日（家康）（朱印）（印文福德）

大久保新十郎（忠泰）奉之

平井出清右衛門尉殿

〔平出文書〕〇信濃

平井出は平出とも書く。信濃上伊奈郡にあり。延喜式には平井手牧とあり、吾妻鏡の二十八牧中に平井弖とある所。天龍川の上流左岸に位す。平井出清右衛門はこの地の出身であり、その本領は諏訪にあつたのを安堵せしめられたのである。

小池筑前守・津金胤久・小尾祐光に下せる定書（同年九月二十四日）

定

一兩三人與申組者共之妻子・被官、何方へ取之共可ニ返付一候事

一津金之郷、男女牛馬一切不レ可レ取事

一境目之者共、今度忠節付而者、恩賞之地可ニ宛行一之事

右何も不レ可レ有ニ相違一状如レ件、

天正十年
御朱印
九月廿四日

山本（成氏）帯刀
阿部（正勝）善九郎 奉之

小池筑前守殿
津金（胤久）修理亮殿
小尾（祐光）監物殿

〔寛永諸家系圖傳〕三十五 小尾祐光監物

これは妻子・被官を返付すべきこと、津金郷の男女・牛馬を掠取すべからざること、境目の者共に忠節の恩賞を與ふべきことを定めたものである。譜牒餘錄後編には、本年九月九日附津金胤久に與へたる所領宛行に關する記事のつづきに、「其後九月廿四日に境目之者共引付御忠節申上候上意ニ而、小池筑前・津金修理・小尾監物三人一所に御朱印頂戴仕、于レ今小尾源五左衞門所に所持仕候」と記してある。

加津野信昌に遣れる書狀二通（天正十年九月二十八日）

此節房州（眞田昌幸）被レ對ニ當方へ一被レ遂ニ一味一、可レ有ニ御忠信一旨預ニ使札一候、萬事其方御取成故如レ此落著候眞以祝著此事候、彌以來之儀無ニ御入魂可レ爲ニ本望一候、將又氏直（北條）於ニ手切之働之儀一、依田（信蕃）・曾根（昌世）各被ニ相談一、可レ然樣任入候、委曲相ニ含使者口上一候、恐々謹言、

（天正十年）九月廿八日　　御書御判

加津野隱岐守（信昌）殿

急度以ニ使者一令レ申候、仍今刻房州（眞田安房守昌幸）當方御一味之事、万々其方御才覺故候、彌別而御入魂可レ爲ニ快悅一候、然者爲ニ音信一金子五十兩進覽候、表ニ一帋一計候、猶以委細杉浦宗左衛門可レ申候、恐々謹言、

（天正十年）九月廿八日　　御書御判

加津野隱岐守（信昌）殿

〔譜牒餘錄後編〕十七御小姓組 眞田善左衛門

譜牒餘錄後編所載天和四年二月七日附眞田善左衛門信利より阿部志摩守正明・松平左大夫定澄に提出せる書上に依れば、右二通に見える加津野隱岐守（信昌）は、本姓眞田であり、加津野家を相續したのであるが、後家康に召出されて本姓眞田に復したといふことである。卽ちこの加津野隱岐守は眞田信昌である。

天正十年九月頃、家康は依田信蕃をして、眞田昌幸に説いて歸屬せしめ、同月二十八日昌幸に誓書を與へた。昌幸は信蕃と共に、その後、北條氏の兵と戰つてその糧道を斷つた。ここに採錄した文書は、このやうな形勢の間に出されたものであり、譜牒餘錄後編にはこれと竝べて

九月廿八日附大久保新十郎忠泰より加津野隱岐守に遺れる書狀

九月廿九日附大久保新十郎忠泰より加津野隱岐守に遺れる書狀

十月十日附依田信蕃・曾(根)昌世より加津野隱岐守に遺れる書狀

十月十日附柴(田)康忠より加津野隱岐守に遺れる書狀

を收めてあるけれど、今皆これを省く。

日置五右衞門に與へたる所領宛行狀（天正十年九月二十八日）

信州志賀一跡之改替、於二遠州一可二相渡一候、并遠州灰(榛)原郡之内八幡島・甲駿之内關甚五兵衞知行所之事、右今度眞田房州(昌幸)一味之義、其方以二才學(覺)一落著之條、宛二行之一訖、彌以二此旨一、軍功專一之狀如レ件、

天正十年
九月廿八日 權現樣御朱印

大久保新十郎(忠泰)奉之

日置五右衞門殿

〔譜牒餘錄〕三十八 眞田伊豆守附家臣

本書の來由に付、譜牒餘錄に、「日置五右衞門と申者甲斐國没落以後、眞田安房守(昌幸)旗下之樣ニ而罷在候節、從二權現樣一安房守御味方仕候樣御使被二仰付一、早速安房守御受申上候付而、此御朱印頂戴之由申傳候、私城下町人小川二左衞門と申者所持仕候、右之五右衞門、二左衞門爲には、曾祖父之由申候以上」と記してあるのに依れば、日置五右衞門は武田氏の家臣

であつたが、武田勝頼没落の後、眞田昌幸に屬してゐたところ、家康の旨を含んで昌幸を歸屬せしめたので、その功に由り、所領を賞與せられたといふのである。信濃松代眞田家譜(乾)には、その間の消息に就き、北條氏直が信濃に發向して所在の將士を誘致した時、「眞田・高坂・蘆田・小笠原等相議シ、今ニ當リテハ、與ニ鋒ヲ爭ヒ難シトテ、昌幸ノ家臣日置五右衞門ト云者ヲ以テ、麾下ニ屬スベキ由ヲ申入」れ、昌幸等は一旦氏直に屬したのであつたが、「然ルニ同年九月、德川家康、日置五右衞門ヲ以テ、懇ニ昌幸ヲ招カル、ニ依テ德川氏ニ屬ス」るに至つたと述べてある。これでは兩書共、事前におけ る家康と五右衞門との關係が明かでないが、譜牒餘錄一甲府藩士小河加左衞門の書上に依れば、五右衞門は三州生れのもので、武者修業に出で、始め北條氏の許に居り、次に上州箕輪の長野信濃守業政の許に居り、長野氏滅亡の後、武田信玄に抱へられて、信州志賀鄕を領し、武田氏沒落後、家康は、上田の眞田昌幸を招致しようとして、五右衞門を召出して使者たらしめ、首尾能く昌幸を歸屬せしめたのであると記してある。尚、五右衞門は後に法體となり、玄長と號したとのことである。

十月になつても、若神子・新府對陣の戰局は、依然として膠著狀態を變ぜず、甲信の山地に嚴寒が近づきつつあるに方り、二十九日兩軍の間に和議が成立し、氏直は軍を撤して十一月下旬小田原に歸著し、家康は、そのまま新府に留つて戰後の經營を進め、十二月十一日古府に歸り、尋で久しぶりに濱松に歸つた(家忠日記・當代記・乙骨太郎左衞門覺書・三河物語・小田原日記・創業記考異等)。

この重要な轉機をつくつた十月には、安堵狀が三通、宛行狀が三通、書狀が二通見出される。その書狀はいづれも講和に關するものである

下條民部丞に與へたる本領安堵狀（天正十年十月六日）

甲州小曲五拾壹貫貳百文・同夫丸貳人、河内拾貫三百文・善尾慈恩寺分拾五貫文・河原部八貫

文・嶋江下方分六貫七百文・御嶽公事銭七貫文・嶋上條内田屋并門屋敷・竹木諸役免許・河原部代官并被官等事
右爲ニ本領一之由言上之間、不レ可レ有ニ相違一、以ニ此旨一、彌可レ存ニ忠信一之狀如レ件、

天正十年

十月六日

御朱印

本多彌八郎(正信)

奉之

下條民部丞殿

〔諸牒餘錄後編〕三十三、庶士以下之上 平位治左衛門

下條民部丞はこのとき六箇所合計九十八貫二百文の本領并に夫丸・田屋、門屋敷・竹木諸役免許・代官・被官等を安堵せしめられたが、本年十二月九日、重ねて六箇所合計二百五十八貫二百文の本領その他を安堵せしめられた。民部丞のこと未詳、武田定使番十二人の中に下條民部左衛門といふ名があるが、別人であらう。

五味太郎左衛門に與へたる所領宛行狀（天正十年十月十二日）

甲州塚河鄕四貫五百文、此内屋敷貳間・村山之内五貫五百文之事
右爲ニ新恩一領掌、不レ可レ有ニ相違一、但增分於レ有レ之者、可レ爲ニ藏入一者也、仍如件、

天正十年

十月十二日 御朱印

本多彌八郎(正信)

大久保新十郎(忠泰)

奉之

(乙骨)
五味太郎左衛門とのへ

〔諸牒餘錄後編〕三十三 庶士以下之上 岡野平左衛門

天正十年

五味太郎左衞門は天正十年八月起請文連署の信玄近習衆五十四名の最後に、「おここつ衆五味太郎左衞門」とある。おここつ衆は乙骨衆である。甲斐國志百三士庶部二山梨郡栗原筋の部、牛奥村に五味三右衞門の條あり、一族數名を擧げてゐるけれど太郎左衞門は見えない。ここでは三左衞門は新恩十貫文を宛行はれた。

波木井四郎左衞門尉に與へたる所領宛行狀（天正十年十月十二日）

甲州下條分拾貫文・澁澤內屋敷壹間、諸役免許等之事

右爲ニ新給一領掌、不レ可レ有ニ相違一者也、仍如レ件

天正十年十月十二日　本多彌（正信）八郎

大久保新（忠泰）十郎　奉之

波木井四郎左衞門尉殿

〔身延山久遠寺文書〕一

波木井は甲斐南巨摩郡身延山の東麓、身延村に屬す。古の波木井鄕はもつと廣い地域に亙り、下山の南に當る。南部光行の子波木井實長が波木井の梅平に住み、日蓮上人に歸依し、子孫が永くつづいた。波木井四郎左衞門尉もその一族であらう（甲斐國志百十六士庶部十五參照）。しかし四郎左衞門は巨摩郡逸見筋澁澤村に住み、同郡下條・澁澤において本領を安堵せしめられた（同書百十二士庶部十一）。

原田二兵衞に與へたる本領安堵狀（天正十年十月十三日）

甲州立河之內貳貫七百文之事

右爲二本領一之由言上候間、如二前之(々)一不レ可レ有二相違一、彌守二此旨一、可レ抽二軍忠一之狀如レ件、

天正十年

十月十三日　松平玄蕃允(淸宗)奉之

原田二兵衞殿

〔御庫本古文書纂〕一

原田二兵衞は甲斐國志には原田仁兵衞とあり、山梨郡萬力筋下岩下村の住士、天正十年起請文には遠山衆に屬す。本書はその子孫仁兵衞の所藏ゆゑ、子孫は土著して歸農したものと見える。これは言上により立河內の本領二貫七百文を安堵せしめられたものである。尚、本年十一月十一日再び安堵狀を與へられた（甲斐國志百三十士庶部二）

甲斐一宮淺間社に與へたる社領安堵狀（天正十年十月二十二日）

甲斐國惣鎭守一宮淺間大明神所藏

甲斐一宮神領貳百貫文、宮中森林伐事除之、并神主木戸之內諸役免許之事

右如二前々一、不レ可レ有二相違一、彌以二此旨一、宮社無二破壞一樣可レ致二修補一者也、仍如レ件、

天正十壬午年十月廿二日　御名乘御書判

一宮神主殿

〔甲斐國寺社由緒書〕〇朝野舊聞裒藁二百七所收

甲斐一ノ宮淺間明神は、八代郡大石和筋一ノ宮村に鎭座す。社記によれば祭神は木花開耶姫であり、天文二十年二月、武田晴信の寄進狀をはじめ、多くの文書を藏す。本書は家康が神領二百貫文并に諸役免許等を安堵せしめたものである。

保科正直に與へたる所領宛行狀（天正十年十月二十四日）

今度被レ對二當方へ一、可レ有二忠信一之旨、酒井左衛門尉（忠次）披露、寔以神妙之至也、早速於二手出一者、伊奈郡半分可二出置一事不レ可レ有二相違一、彌以二此旨一、可レ被レ抽二軍忠一之狀如レ件、

天正十年

十月廿四日　御朱印

保科越前守（正直）殿

〔寛永諸家系圖傳〕三十

保科越前守正直は信濃伊奈郡高遠に住し、信玄・勝頼に仕へたが、武田氏滅亡の後、北條氏直に屬し、信濃諏訪社權祝矢島忠綱が氏直の爲に戰勝を祈り、その守護札を正直に託して氏直に遺つたときこれを取次ぎ、八月六日、忠綱に書を與へたことがある（矢島文書）。また高遠記集成（下）には正直は武田氏滅亡後、飯田を落去して諏訪に隱れ、舊功の郎等を集めて高遠を奪取し、氏直に從つたが、家康の將奧平信昌等に攻められ、心を飜して家康に歸屬したことが記してある。尚、寛永諸家系圖傳には、「保科正直甚四郎、越前守、後に彈正忠と號す　信玄・勝賴二代へ、數度之忠節あり、天正十年、東照大權現甲州新府へ御打入之處に、小田原（北條）氏直大軍を引ゐて、上野より碓氷をこえ、甲州へ押よせ對陣の時、正直信州高遠にありて、近邊のものと心をあはせ、御味方にまいるへきよし、酒井左衛門尉（忠次）方にて、つかひをもつて申上し處に、御感ありて、伊奈半郡領知すへきの御朱印拜領す」（原文變體假名）とあつて、この宛行狀の來由を明かにしてある。寛政重修諸家譜保科正直の條には二萬五千石を領すとある。序にその後のことを言へば、正直は、多分十一月以前において、同國箕輪の藤澤賴親を攻め、箕輪城を拔き賴親を走らせた（寛永諸家系圖傳・譜牒餘錄・赤羽記等）。

依田信蕃に遺れる書狀（天正十年十月二十七日）

急度申入候、仍上方忩劇付而、當表無事可レ然之由、信長從二御子達一度々御意見之間、殊我等事、日比信長御厚恩不レ淺之間、先以任二其儀一令二和與一候、彌相示、自レ是依田肥前守(信守)を以、巨細可二申入一候、恐々謹言、

(天正十年)十月廿七日　　家康　御書判

依田右衞門佐(信蕃)殿

〔譜牒餘錄〕四十五 内藤紀伊守

本書は甲信において對峙したる德川・北條兩氏の講和に關するものである。この講和に關する文書は甚だ少いから、この書狀は重要な史料である。本書に依れば、家康は、依田信蕃に兩家講和の旨を報じ、その理由を說明して、織田信雄等より京畿地方の政情が忩劇であるから、甲信地方の和平を圖るべきことを度々勸告して來るので、信長の舊恩を思ひ、その意見に從ふのであると述べてゐる。因に言ふ、信蕃は翌十一年二月二十二日信州岩尾城において戰死した（本年七月二十六日文書參照）。（尚、書中に見える依田肥前守信守に就ては、本年七月十九日文書參照。）

水谷勝俊に遺れる書狀（天正十年十月二十八日）

東照宮御書

急度令レ啓候、抑今度各申合候處、上方申事在レ之付而、三介殿(織田信雄)自二御兄弟(信雄・信孝)一當表對陣之儀、令二無事一、諸事御異見等之儀、我等被二頼入一候旨、度々御理之條、任二其儀一、氏直(北條)と和与之事ニ、其方如二存知一、我等年來信長預り御恩儀不レ淺候間、無二異儀一候て、落著ニモ付而、信長如二御在世之時之節一、惣無事尤候由、氏直ゟ申理候間、晴朝(結城)へ御諫言第一候、委細幡龍齋(水谷正村)可レ爲二口上一候、恐々謹言、

(天正十年)十月廿八日　　御名御判

水谷(勝俊)伊勢守殿　〔古文書〕水谷○記錄御用所本　水谷伊勢守勝俊拜領　同左門勝周書上

本書も亦德川・北條兩氏講和に關する書狀である。文面は依田信蕃に遺つたものと同じく、北畠信雄・神戸信孝兄弟の勸告に從ひ、信長の舊恩を思ひ、北條氏直と和與することになつた旨を報じ、それに就き結城晴朝に諫言すべきことを申し送つてゐる。尚、このとき家康は上野沼田を以て氏直の信濃佐久郡及び甲斐の都留郡の二郡に換へ、家康の女を以て氏直に嫁せんことを約し、十月二十九日人質を交換したのであるが、その委曲は今これを省く。

(c) 講和の後、甲信兩國の經營を進める時期

北條氏直と講和して戰局を收拾して後、甲信地方の經營を進めて、一旦遠州濱松に引上げるまでの期間は、十月二十九日より十二月十二日までの四十三日間を含み、この間に家康の出した文書は百〇三通に上つてゐる。その內譯は本領等安堵狀が七十九通（秤子金安堵狀一通を含む）の多數に上り、新知宛行狀が八通、感狀が二通、禁制が二通、注文が一通になる。八十七パーセント强の本領安堵と七パーセント强の新知宛行と、合せて九十四パーセントほどの所領を安定させて、生活の保障を與へたことは、甲州士民の鎭撫に絕大な效果を齎したことと思ふ。

それ故、この期間は、安堵狀と宛行狀とを列擧することだけでほぼ終るから、それらに簡單な解說を施し、必要があれば他に言及することにとどめる。

栗原內記に與へたる本領安堵狀（天正十年十一月二日）

甲州本領之內栗原內三百拾九貫三拾文・等(等々カ)刀內百六拾九貫五拾文・

分山共爾高拾六貫四百文、此定納貳拾貫九百五拾文・万力内惣右衞門分貳拾八貫文、高合七百六拾貳貫四百八拾文、定納合七百六拾六貫八拾文、

右領掌、不レ可レ有ニ相違一之狀如レ件、

天正十年壬午

十一月二日 (家康)朱印(印文福德)　井伊兵部少輔(直政)奉之

栗原内記殿

〔御庫本古文書纂〕一　甲州山梨郡下栗原村浪人栗原伴助所持

栗原氏は山梨郡栗原筋の氏族で、知名の人が少くない。栗原筋は五十餘村の總稱であるといふ。栗原内記は、この文書によつて五筆合計七百六十二貫四百八十文を安堵せしめられたのだから、大きな高持であるが、文書の所持者は下栗原村浪人栗原伴助であることによつて見ると、内記或は子孫は祿を離れたものであらう。甲斐國志九十七、人物部六、栗原氏の條には内記に該當するものがなく、同百四士庶部三、山梨郡栗原筋の部にもまた見當らない。

中澤主税助に與へたる本領安堵狀（天年十年十一月六日）

甲州河西連久分増分・賀々美中條内三拾貫文・東郡八幡郷新夫錢六貫文・中郡淺利之内渡邊分貳貫文、右本給得替並重恩所ニ宛行ヿ、不レ可レ有ニ相違一候條如レ件、

天正十年十一月六日　御朱印　高木九助(廣正)奉之

中澤主税祐(助カ)殿　〔古文書集〕十四 大御番組頭中澤主税助家藏

中澤主税助は、信玄・勝頼に仕へたが、勝頼沒落ののち、家康に歸屬し、この日、三箇所において合計三十八貫文を安堵せしめられた。名乘は明かでない。貞勝ともある（寛政重修諸家譜百三十一）。

加賀美右衞門尉に與へたる本領安堵狀（天正十年十一月七日）

甲州長井内拾四貫文・狩野川内寺領共七貫文・中尾内壹貫文・藏田内五貫文等之事

右爲二本給一之由言上之間、領掌不レ可レ有二相違一之狀如レ件、

天正十年

十一月七日　御朱印　井伊兵部少輔(直政)

奉之

加賀美右衞門尉殿　〔譜牒餘錄後編〕三十三 庶士以下之上 加賀美治兵衛

この前後に見える本領安堵狀は皆武田氏舊臣にして、德川氏に歸屬したものに出されたものであるが、その來由を明かにしてあるものが少い。偶〻本書には、譜牒餘錄後編の書上があるので、これを見ると、家康が甲州新府において北條氏の軍と對陣する以前、岡部正綱・曾根昌世が來て、武田氏の舊家臣達には本領を安堵させるから、德川氏に歸屬せよと勸めたので、加賀美右衞門尉はその意に從ふ旨を申し出た。それで兩人は連判で書付を渡し、右衞門尉は後、新府に出頭し、井伊直政の取次にて家康に謁し、この本領安堵狀を與へられたのである。思ふに他の諸士も、ほゞ同樣の手續きに依つて家康に歸屬したのであらう。

加賀美右衞門尉に就ては、本年六月十二日所領宛行狀の解說中に述べてある。今この文書に依り、重ねて本領を安堵せしめたのであるが、「本給たるの由言上の間」とあるので見ると、これは申告に基いたものであり、貫高は四十三貫文のも

のが二十七貫文に減じてゐる。長井内十三貫文が十四貫文、狩野川内五貫文が七貫文と増加してゐるのに對し、万力内十四貫文・河内正林寺分五貫文等が削除されてゐるからである。最初は當人の提出した指出をそのまま鵜呑みにして安堵させたのを、後に再檢討した結果と思はれる。

石原正元に與へたる本領安堵状（天年十年十一月七日）

甲州原之郷原主水分貳拾六貫六百六拾文・同所廿貫文・但駿信本領之改替也、七左衛門尉分名田内徳六貫八百文・淺利之内夫丸壹人、並黒駒山之口五疋三人等之事

右本領並駿信本給改替如ニ前也(々カ)一不レ可レ有ニ相違一、彌守ニ此旨一、可レ抽ニ忠信一之状如レ件、

天正十年

十一月七日　御朱印

井伊兵部少輔(直政)奉之

石原新左衛門(正元)尉殿

〔古文書〕石原新左衛門正元拜領 石原新十郎正利書上
○記錄御用所本

石原新左衛門正元は、信玄・勝頼に仕へたが、勝頼没落ののち、家康に歸屬し、この文書によりて、三箇所合計五十三貫四百六十文の本領、淺利の内夫丸・黒駒山の口五疋三人等を安堵せしめられた。本書の出典たる記錄御用所本古文書には石原新左衛門正元拜領とあるから、こゝには石原正元と表示したけれど、寛政重修諸家譜九百八十には、某として掲げ、「新左衛門、正通等が今の呈譜に正元に作る」と記してある。

塚原六右衛門尉に與へたる本領安堵状（天正十年十一月七日）

甲州田島内和田源介分五拾貫文・一條分三貫六百文・惠林寺分五百文・朝氣分九百文・唐柏内五百文・蛇島分貳貫百文・上河原分七百文、以上信州・上州改替也、甲州三條内三拾貫文・里吉内四貫文、並成島内夫丸壹人等之事

右爲二本給一之由言上候間、領掌不レ可レ有二相違一之狀如レ件、

天正十年

十一月七日　（家康）朱印（印文福德）　井伊兵部少輔（直政）奉之

塚原六右衞門尉殿

〔中村不能齋採集文書〕三

二百三十九　天正十年十一月七日代筆
徳川家康書　中村不能齋藏

塚原六右衞門は指出を提出して言上したので、これにより安堵狀を與へられたのであるが、その言上した本給は田島内和田源介分五十貫文と、三條内三十貫文とを除けば、零細なものまで掻き集めてあり、九箇合計九十貫四百文になつてゐる。そのうち七箇所は信濃・上野の所領の改替である。

河西充良に與へたる本領安堵狀（天正十年十一月八日）

甲州小笠原今宿市川町籾子類役共拾八貫文・向山名田山之神之郷五貫文・北大師之内松音分五貫文・河東之内七貫文・同所圓光院分半夫、成田之内三貫文・有野郷内渡邊金大夫分・白須棟別替九貫八百文之事

右爲二本領一之由言上之間、如二前々一不レ可レ有二相違一、彌守二此旨一、可レ抽二忠信一之狀如レ件、

天正十年

十一月八日　御朱印　井伊兵部少輔（直政）奉之

河西喜兵衛（充良）殿

〔譜牒餘録〕二十五　井伊掃部頭附家臣　河西源五左衛門

河西喜兵衛充良は天正十年十二月秋葉寺起請文連署の一員にして井伊直政に仕へてその家臣となつた。本書はこれより先、直政の奉書を以て六箇所合計四十七貫八百文の所領を安堵せしめられたものである。源五左衛門はその子孫である（井伊年譜）

金丸門右衛門尉に與へたる本領安堵状（天正十年十一月八日）

甲州島上條之内四貫文・龜澤之内十八貫文、南條之内同夫錢之事

右本領之由言上之間、如二前々一不レ可レ有二相違一、彌守二此旨一可レ抽二軍忠一之狀如レ件、

天正十年壬午

十一月八日　井伊兵部少輔（直政）奉之

金丸門右衛門尉殿

〔山之神村重郎左衛門所藏文書〕○甲斐、中巨摩郡志文書誌所收

平原内記に與へたる本領安堵状（天正十年十一月九日）

甲州桃曾禰之内拾五貫文・信州平出之内拾七貫五百文之事

右爲二本領一之由言上候間、如二前々一不レ可レ有二相違一、彌守二此旨一、可レ抽二忠信一之狀如レ件、

天正十年

天正十年

十一月九日　（家康）朱印

平原内記殿

井伊兵部少輔（直政）奉之

〔川邊氏舊記〕二

平原内記の事蹟未詳。桃曽爾は桃園か。桃園ならば巨麻郡西郡筋（今中巨摩郡明穂村大字）にあり、信州路に係つてゐる。信州平出《ひらいで》は伊那郡朝日村の大字にその名を殘してゐる。天龍川の東岸、諏訪湖の西南に當り、下諏訪より南下する街道の小驛である。とにかく平原内記は、この二箇所で合計三十二貫五百文の本領を安堵せしめられたのである。

今井主計に與へたる替地宛行狀（天正十年十一月九日）

甲州之内今井貳拾壹貫八百七拾文餘之事

右爲二信州本領御替一、領掌不レ可レ有二相違一、但信州本意之時者、如二前々一可レ令二還補一之狀如レ件、

天正十年

十一月九日　御朱印

今井主計殿

〔別本古今消息集〕

今井主計は信州に本領を有してゐたが、その替りとして、甲州において今井二十一貫八百七十文餘の地を宛行はれたのである。但しこれは暫定本領替であつて、信州平定の後、本領に還補する約束であつた。

落合信吉に與へたる本領安堵狀（天正十年十一月九日）

東照宮御判物

甲州曲輪田拾三貫文・南條之内道場分貳拾貫文・落合之内貳貫文・名田見出五貫文、並曲輪田〆夫壹人之事

右爲二本給一之由言上候間、如二前々一不レ可レ有二相違一、彌守二此旨一、可レ抽二忠信一之狀如レ件、

天正十年

十一月九日　御朱印　　　井伊兵部少輔（直政）奉之

落合惣兵衞殿（信吉）

〔古文書〕近藤○記錄御用所本　落合惣兵衞尉信吉拜領、近藤富次郎信豐書上

落合惣兵衞は天正十年起請文原隼人同心衆の中に、落合宗兵衞として名を列ねてゐる。同土屋衆の中には落合將監がゐるが、一族であらう。

落合は山梨郡萬力筋にあり、今、東山梨郡平等《ひらしな》村の大字として上岩下・矢坪・山之根・正德寺と共にその名を殘してゐる。甲府の東二里半程のところにあり。落合惣兵衞信吉は、その地の住士と思はれるが、甲斐國志百十四、士庶部十三、巨摩郡西郡筋の部落合上總介信弘の條に、落合といふ地名はこの近境にもあり、國中に同地名が多く、市川にも落合氏があると見えてゐる。

原半左衞門尉に與へたる本領安堵狀（天正十年十一月九日）

甲州東郡居尻之內七拾五貫文・三條瑠璃光寺分拾八貫文・北條之內浮分三貫文・河原百貳貫文之事

右爲二本領一之地言（由カ）上候間、如二前々一不レ可レ有二相違一、彌守二此旨一、可レ抽二忠信一之狀如レ件、

天正十年

天正十年
十一月九日　（家康）朱印
原半左衞門尉
井伊兵部少輔（直政）奉之
〔御庫本古文書纂〕六　權現樣御朱印寫原勝八所持

原半左衞門尉の事蹟未詳、山梨郡萬力筋の士といふことは推定できる。本年十二月九日安堵狀を與へられた下岩下村原三右衞門の同族であらう。この日四箇所合計百九十八貫文の本領を安堵せしめられた。

安部式部丞に與へたる本領安堵狀（天正十年十一月九日）

甲州志田內拾參貫文・同所八郞右衞門分參貫六百文等之事
右爲二本領一之由言上之旨領掌、不レ可レ有二相違一、者守二此旨一、可レ抽二軍忠一之狀如レ件、

天正十年
十一月九日　御朱印
井伊兵部少輔（直政）奉之
安部式部丞殿
〔譜牒餘錄後編〕三十八處士の下　安部金右衞門

安部式部丞は武田氏の遺臣であるが、家康に歸屬し、この日甲州二箇所合計十六貫文の本領を安堵せしめられた。尋で翌十一年三月二十八日再び安堵狀を與へられてゐるが、內容は同一である。前回は指出による申告に基いてゐるのを、實際撿地の上、再確認したのであらう。

原田二兵衞に與へたる本領安堵狀（天正十年十一月十一日）

甲州立川分手作前七貫文之事

右爲ニ本給一之間、不レ可レ有ニ相違一之狀如レ件、

天正十年

十一月十一日　本田彌八郎(正信)

高木九助(廣正)　奉之

原田二兵衞殿

〔御庫本古文書纂〕一　甲州下岩下村百姓仁兵衛所持

原田二兵衞が本年十月二十二日安堵狀を與へられたことは曩に述べた。本書は二度目のもので本給として立川分手作前七貫文を安堵せしめられたものである。

吉川平助に與へたる感狀（天正十年十一月十二日）

就ニ今度船之儀一被ニ馳走一、大湊(濱カ)迄著岸喜悦之至候、然者當國迄無ニ異儀一渡著候、可ニ心安一候、恐々謹言、

(天正十年)十一月十二日　權現樣　御諱御判

吉河(川)平助殿

〔譜牒餘錄〕三十六　稻葉丹後守之下附家臣　松屋庄太夫

本書の來由に付き、譜牒餘錄に次の書上がある。十一月十二日は六月十二日の誤寫かも知れない。

洛中洛外町方并寺社門前ゟ出候書付

天正十年

京都三條通菱屋町
松屋庄太夫

庄太夫曾祖父吉川平助與申者、信長御代、伊勢大湊、西紀州浦迄之船奉行致候、太閤御時代、知行七千石被レ下、紀州湊ニ罷在候處、其後致二浪人一候、明智反逆之時分、權現樣堺ゟ伊賀越、勢州に御成之時、曾祖父平助伊勢浦之者共ニ御船之儀申付候故、從二權現樣一御書頂戴仕候寫。

これによれば吉川平助は、織田信長の時代、伊勢大湊から紀州浦までの船奉行であつた。天正十年六月本能寺事變の後、家康が伊賀越の危難を冒して伊勢に出たとき、平助は伊勢浦の者共に、その乘船の用意を命じ、海路歸國の便をはかつたので、家康はその忠功を褒し、この感狀を與へたのである。

神戸平六に與へたる所領宛行狀（天正十年十一月十七日）

甲州長塚之内三拾四貫文・鮎川分九貫五百文・歌田之内小石和之内夫壹人之事

右走廻之由、各依レ申、守屋十左衞門跡職、一爲二新恩一所二宛行一不レ可レ有二相違一、彌守二此旨一、可レ勵二忠信一之狀如レ件、

天正十年
十一月十七日　御朱印
井伊兵部少輔（直政）奉之
神戸平六とのへ

〔譜牒餘錄〕二十五　井伊掃部頭附家臣 渡邊彌五左衞門

神戸平六は天正十一年十二月秋葉寺起請文に署名せるものの一員であり、後、井伊直政に仕へてその家臣となつた。本書はこれより先、直政の奉書を以て、守屋十左衞門尉の跡職二箇所合計四十三貫五百文并に夫丸を新恩として宛行はれたものである（井伊年譜）。

内藤正重に與へたる本領安堵狀（天正十年十一月十七日）

東照宮御朱印

甲州東郡之内増利之郷百五拾貫文・同夫丸壹人、並被官等之事

右爲二本領一之由言上之間、如二前々一不レ可レ有二相違一、彌以二此旨一、可レ抽二忠信一之狀如レ件、

天正十年壬午

十一月十七日　御朱印

芝田（柴）七九郎（康忠）奉之

内藤源介（正重）殿

〔古文書〕内藤○記錄御用所本　内藤源助拜領、同源助正尚書上

内藤源助は寛政重修諸家譜百六十八に、正重としてあるので、ここにはこれに従つた。同書には正重として、「源助、今の呈譜、初政經、のち正經に作り、三郎次郎のち源助といふ」と記してある。武田家に仕へ、勝頼沒落ののち家康に歸屬し、この文書により、東郡の内にて百五十貫文の本領、并に夫丸・被官等を安堵せられた。家康の江戸入城後、關東に移封された。

市川昌忠に與へたる本領安堵狀（天正十年十一月十七日）

甲州小山之郷三拾五貫文、同夫丸壹人・前而（マヽ）田之内拾六貫文・一宮之内拾壹貫文之事

右爲二本領一旨言上ニ付、如二前々一不レ可レ有二相違一、但吉千世至二于拾六歲一者、得（彼カ）知行分可レ令二還付一、彌以二此旨一、可レ抽二忠信一之狀如レ件、

天正十年

天正十年

十一月十七日　本田(多)彌八郎(正信)奉之

以清齋(市川昌忠)

市川備後守昌忠拜領、同灑兵衛昌章書上

〔古文書〕〇記錄御用所本市川

市川昌忠は甲斐市川庄の住人で、武田家に仕へ、勝頼没落ののち家康に歸屬した。十一月十七日、この文書により、三箇所合計六十二貫文の本領并に夫丸を安堵せしめられた。尋で十二月十三日二度目の朱印狀によつて、本領九十三貫八百八十文、その他を安堵せしめられた。昌忠は平左衞門・備後守ともあり、以清齋と號した（寬政重修諸家譜二百二十五）。

甲斐一蓮寺に下せる禁制（天正十年十一月十九日）

禁　制

一於二當寺中一狼藉事

一同殺生之事

一門前諸役事

一押立公事之事

一爲レ私各寄進之領知、自由違變事

右條々、於二違背之輩一者、可レ處二嚴科一者也、仍如レ件、

天正十年

十一月十九日　（家康）（花押）

一蓮寺

〔一蓮寺文書〕○甲斐

一蓮寺の由來は、本年六月二十六日の寺領安堵狀の條にある。同七月十二日附の禁制も採錄してある。今度のは北條氏との講和後のものである。

青沼助兵衞に與へたる本領安堵狀（天正十年十一月二十日）

甲州北條之內定納八拾貫文・同夫壹人・高畠之內定納五拾貫文・西郡宗源寺分拾八貫文・市河之內拾貳貫三百文・日影八貫文、同夫壹人、蘆河五貫文、並名田・棟別壹間・被官等之事

右本領如ニ前々一不レ可レ有ニ相違一、彌守ニ此旨一、可レ抽ニ忠信一之狀如レ件、

天正十年

十一月廿日　御朱印　（柴）芝田七九郎（康忠）奉之

青沼助兵衞殿

〔譜牒餘錄後編〕十九　御書院番六番酒井壹岐守組芳賀源市郎　母方曾祖父青沼助兵衞由緒書

青沼助兵衞は武田勝賴に仕へて物頭役を勤めてゐたが、家康が甲州に入つて後、これを尋ねたところ、既に死去してゐたので、その子助兵衞が召出され、眞田陣に加り、この本領安堵狀を與へられたのである（譜牒餘錄後編書上）。寬政重修諸家譜百四十四には、父助兵衞を昌平・昌忠とし、子助兵衞を某としてある。この安堵狀には甲州北條・高畠・西郡宗源寺分、市河・日影・蘆河等百七十三貫文を數へてある。

平尾平三に與へたる感狀（天正十年十一月二十二日）

急度令レ申候、仍今節於ニ其元一忠節在レ之由祝著候、頓而到ニ其表一可ニ出馬一候條、彌以馳走專一候、委細者大窪（大久保忠世）七郎右衛門可レ申候、恐々謹言、

（天正十年）十一月廿二日　　家康樣御居判

平尾平三殿

〔譜牒餘錄〕三十九　堀田筑前守家臣　平尾彌三右衛門

本書の來由に付、譜牒餘錄に左の書上がある。

一祖父平尾平三儀、信州佐久郡平尾之内白屋在城仕候、同郡蘆田信濃守与（マヽ）一族ニ而、武田信玄家ニ罷在候、武田家滅亡以後、天正十午ノ年、眞田・蘆田其外信州衆、權現樣御被官ニ罷成候節、同時ニ平三儀被ニ召出一候、其年中佐久郡之内岩尾・平原・今井・前山・込山等之者共御味方ニ不レ屬候ニ付而、信州爲ニ御仕置一大久保七郎右衛門（忠世）殿・菅沼大膳（定利）殿、柴田（康忠）七九郎殿御進發、此節平三盡ニ粉骨一御忠節申上候ニ付、御感狀御書頂戴仕候、右之内平原兵庫は平三伯母聟ニ而御座候得共、平三儀、雜（離カ）ニ親族一御味方仕候ニ依而、平原一跡拜領仕候、

尚、本年七月十一日附で平尾平三に與へたる宛行狀が、曩に採錄してある。

甲斐北口淺間社に下せる禁制（天正十年十一月二十三日）

定

御朱判

大宮社中門前迄、狼藉有間敷者也、

右定所有ニ違背之輩一者、速可レ加ニ成敗一者也、仍而如レ件、

天正十年十一月廿三日

〔小佐野文書〕○甲斐

これは甲斐都留郡上吉田の北口淺間社に下した禁制であり、同社神主小佐野家所藏の文書にかゝる。同社は上吉田諏訪森に在り、富士淺間明神ともいはれる（甲斐國志七十一神社部十七上）。この邊の村々の氏神には淺間神社が多く祭られてゐるので、富士登山北口の入口にあるため、本社を北口淺間社といふのであらう。高さ五丈八尺の大鳥居は富士北口の神門として知られる。小佐野家には本書のほか數十通の文書が所藏されてゐる。

饗場主税助に與へたる本領安堵狀（天正十年十一月二十三日）

甲州柿平内十六貫文、同所夫錢二貫文、淺利之内渡邊分一貫文、藤卷分五百文之事

右爲ニ本領一之間、如レ前（々脱カ）不レ可レ有ニ相違一、彌守ニ此旨一可ニ忠信一狀如レ件、

天正十年

十一月二十三日　芝（柴）田七九郎（康忠）奉之

饗場主税助殿

〔吉田村安兵衛氏所藏文書〕○甲斐、中巨摩郡志文書誌所收

饗場主税助の事蹟未詳。甲斐の在地武士の一人であらう。

守隨信義に與へたる甲州金秤子安堵狀（天正十年十一月二十六日）

甲州金秤子内事、如ニ前々一不レ可レ有ニ相違一者也、仍如レ件、

天正十年

天正十年

十一月廿六日　（家康）朱印（印文福德）

榊原（康政）小兵（衞）

神谷（淸次カ）彌五助　奉之

守隨（信義）彦太郎殿

〔守隨文書〕〇東京

守隨茂濟は武田家に仕へて、甲州金の秤子を管掌してゐたが、天正十年家康は甲斐に入つて後、これを召出したところ、茂濟は既に病死し、養子彦太郎信義が出頭したので、家康はこの安堵狀を信義に與へて、「甲州一國一人の秤所」の特權を承認したのである。彦太郎信義は、武田太郎義信の嫡男で、茂濟の養子になつた人である（守隨秤座記）。尚、後、天正十一年十月五日、信義は秤座免許狀を與へられた。

三浦彌一郎に與へたる本領安堵狀（天正十年十一月二十六日）

駿州吉河之内七拾貫文・北脇之内三貫六百五拾文之事

右爲二本領一之間、如二前々一不レ可レ有二相違一、彌守二此旨一、可レ抽二忠信一之狀如レ件、

天正十年

十一月廿六日　御朱印　井伊（直政）兵部少輔　奉之

三浦彌一郎殿

〔譜牒餘錄〕二十五　井伊掃部頭附家臣　三浦彌一郎

三浦彌一郎は天正十年十二月秋葉寺起請文に署名したものの一員で、三浦五郎右衞門・三浦與三郎と共に駿河衆に屬してゐる。後に井伊直政に仕へてその家臣となつた。本書はこれより先、直政の奉書を以て駿河における二箇所合計七十三貫六百五十文の本領を安堵せしめられたものである（井伊年譜）。

榎下憲清に與へたる所領宛行狀（天正十年十一月二十七日）

東照宮御判物

甲州地藏堂分參拾貫文、並新知行飯田內六拾貫文、本夫得替同所夫丸壹人等之事

右所ニ宛行一不レ可レ有ニ相違一之狀如レ件、

天正十年

十一月廿七日　御朱印　　大久保新十郎（忠泰）奉之

榎下彥八郎（憲清）殿

〔古文書〕榎下〇記錄御用所本　榎下彥八郎憲清拜領、同彌太郎盛香書上

榎下《えのきした》彥八郎憲清は、武田勝賴に仕へてゐたが、その沒落ののち、家康に歸屬し、八代郡において二箇所合計九十貫文幷に夫丸等を宛行はれた。後、鳥居元忠に附屬せしめられた（寬政重修諸家譜千三百九十八）。甲斐國志には榎下をゑのもとと訓んである（同書九十三）。

後藤久右衛門尉に與へたる本領安堵狀（天正十年十一月二十七日）

駿州上方藏出六貫文、並於ニ甲州一藏出拾貳貫貳百文、西保夫丸三分壹等之事

右爲ニ本給一之間、不レ可レ有ニ相違一之狀如レ件、

天正十年

十一月廿七日　　井伊兵部少輔（直政）奉之

天　正　十　年

御朱印此所有、

後藤久右衛門尉殿　〔譜牒餘録後編〕二十五　御勘定方　後藤角右衛門

後藤久右衛門尉の事蹟未詳。西保は古文書集十四には初保としてある。久右衛門尉は、駿州・甲州において藏出合計十八貫二百文并に夫丸三分一を安堵せしめられたのである。

渡邊吉繁に與へたる本領安堵狀（天正十年十一月二十七日）

甲州小石和出作分内五貫百五十文・成田内貳拾七貫文・増坪内三貫文・寺部宮分拾五貫文、夫丸壹人事

右爲ニ本給一之由言上之旨、不レ可レ有ニ相違一之狀如レ件、

天正十年

十一月廿七日　御朱印　井伊兵部少輔（直政）奉之

渡邊式部丞（吉繁）とのへ

〔譜牒餘録〕二十五　井伊掃部頭附家臣　渡邊彌五左衛門

渡邊式部丞吉繁は天正十年十二月秋葉寺起請文に連署せる一員であり、後、井伊直政に仕へてその家臣となつた。本書はこれより先、直政の奉書を以て、甲斐にて四箇所合計五十貫文の本領、并に夫丸を安堵せしめられたものである（井伊年譜、寛政重修諸家譜七百六十井伊直政條）。

齋藤昌督に與へたる本領安堵狀（天正十年十一月二十七日）

駿州上井出之内貳拾三貫五百文・よとし（淀師）之内五百文・圓通寺分貳貫文・青柳小泉与五澤分拾貫

文・天百(間カ)之内田中名拾貫五百文・同所増分三拾貳俵壹斗五升并被官等之事
右爲二本領一之間、如二前々一不レ可レ有二相違一、彌守二此旨一可レ抽二忠信一之狀如レ件、

天正十年

十一月廿七日　井伊兵部少輔(直政)奉之

齋藤半兵衛(昌賢)殿

〔譜牒餘録〕二十五　井伊掃部頭附家臣　齋藤半兵衛

齋藤半兵衛昌賢は、天正十年十二月秋葉寺起請文に署名した一員で、駿河衆に屬し、後に井伊直政に仕へてその家臣となつた。本書はこれより先、直政の奉書により、駿河において五箇所合計四十六貫五百文、并に増分三十二俵一斗五升、被官等を安堵せしめられたものである（井伊年譜・寛政重修諸家譜七百六十井伊直政條）。

飯島半右衛門尉に與へたる本領安堵狀（天正十年十一月二十七日）

甲州寄田内拾貫文・田中内八貫文事
右爲二本給一之間、不レ可レ有二相違一之狀如レ件、

天正十年

十一月廿七日　井伊兵部少輔(直政)奉之

飯島半右衛門尉殿

〔譜牒餘録〕六　保科肥後守

飯島半右衛門尉は信濃伊奈郡高遠の保科越前守正直の家臣である。正直が家康に加擔して本年十月二十四日伊奈郡半分を宛行はれたことは曩にこれを述べた。尋でその家臣飯島半右衛門尉も、この日井伊直政の奉書を以て、甲斐の寄田・田中

の内合計十八貫文を宛行はれたのである。尚、同じく家臣河西作右衞門尉が本年十二月九日、所領を宛行はれたことは後に述べる（寛政重修諸家譜二百五十）。

矢崎又右衞門尉に與へたる本領安堵状（天正十年十一月二十七日）

信州改替於二甲州一四貫文・曲輪田内壹貫五百文・有野内名田内徳分三貫文等之事
右爲二本給一之間、不レ可レ有二相違一者也、仍如レ件、
天正十年
十一月廿七日（家康）朱印（印文福德）　井伊兵部少輔（直政）奉之
矢崎又右衞門尉殿
〔矢崎文書〕○甲斐

矢崎又右衞門尉のことにつき、甲斐國志によれば、矢崎氏は靑木氏より出で、信州諏訪郡矢崎を知行したので矢崎氏を稱した。又右衞門は土屋衆であり、この文書によつて信州改替として曲輪田内・有野の内名田内徳分等合計八貫五百文の本給を安堵せしめられた。子孫は巨摩郡西郡筋有野村の里長である。別に矢崎源右衞門といふものが、やはり西郡筋の六科《むじな》郷にゐたことが記してあり、古府淸運寺過去帳には西郡飯野に矢崎長兵衞といふもののゐたことが記してあるので、西郡筋に一族が多かつたと見える（甲斐國志百十四士庶部十三巨摩郡西郡筋參照）。

武藤嘉左衞門尉に與へたる本領安堵状（天正十年十一月二十七日）

駿州上方藏出壹貫五百卅文餘、於二甲州一藏出三貫五百六拾文・万力内九貫文・國衙内壹貫六百文等之事

右爲二本給一之間、不レ可レ有二相違一之狀如レ件、

天正十年

十一月廿七日（家康）朱印（印文福德）　井伊兵部少輔（直政）奉之

武藤嘉左衞門尉殿

〔武藤文書〕○甲斐

武藤嘉左衞門尉につき、甲斐國志百五士庶部四八代郡大石和筋の部に、國衙村の苗字帶刀の浪人武藤五兵衞が、天正十年十一月二十七日、武藤嘉左衞門宛、万力國衙並に藏出等にて十五貫餘の本領を賜った御朱印を所藏してゐるが、嘉左衞門が死し、男鄕藏が幼少であつたので、これより本村に浪人したと記してある。

石黑將監に與へたる本領安堵狀（天正十年十一月二十八日）

甲州西保之內山諸役共貳拾貫文・同所法遊庵勘寮免・佛供免共三貫文、並夫壹人、鎌田之內二日市場三神治部右衞門分卅貫文・駿州本領爲二改替一甲州里吉不動庵分之內拾六貫三百文・鹽田之內有賀分八貫五百文之事

右爲二本領一之間、如二前々一不レ可レ有二相違一、彌守二此旨一、可レ抽二忠信一之狀如レ件、

天正十年

十一月廿八日　御朱印　井伊兵部少輔（直政）奉之

石黑將監とのへ

〔譜牒餘錄〕二十五　井伊掃部頭附家臣　石黑三太夫

石黑將監は天正十年十二月秋葉寺起請文署名の一員で、井伊直政に仕へ、その家臣となつた。本書はこれより先、直政の

奉書を以て、四箇所合計七十七貫八百文の本領を安堵せしめられたものである（井伊家譜）。尋で翌十一年九月二十八日、將監は更に屋敷・棟別免許を安堵せしめられた。

栗田永壽に與へたる善光寺小御堂坊中等安堵狀（天正十年十一月二十八日）

善光寺小御堂坊中、並町屋敷、佛供田油免、其外諸法度之事
右如二先規一無二相違一可レ爲二栗田計一間、不レ可レ有二他綺一者也、仍如レ件、
天正十年
十一月廿八日　家　康御在判
栗田永壽殿
〔譜牒餘錄〕三十四　酒井小五郎附家臣　栗田傳右衛門

定額山善光寺は山梨郡萬力筋板垣村（今、西山梨郡板垣村）にあり、武田信玄が、永祿年間、信州善光寺に模して造營した淨土宗の寺院で、知恩院末たり。本尊阿彌陀如來像をも移したが、武田氏滅亡の後、像は持ち去られ、織田信長の死後歸寺し、豐臣秀吉に至り、これを京都大佛殿に移したが、後信州善光寺に返されたといふ所傳がある。家忠日記には天正十一年六月五日、本尊が美濃より甲州に歸ることになつたと記してあるから、栗田永壽が本書を與へられたときは、本尊は不在であつたわけである。

石原總三郎に與へたる本領安堵狀（天正十年十一月二十八日）

甲州大下條之內八貫文・藏出三貫七百文、扶持分四貫八百文、押越《おしこし》之內夫壹人之事
右爲二本領一之由、言上之間、不レ可レ有二相違一、彌守二此旨一、可レ抽二忠信一之狀如レ件、

天正十年
□(十カ)一□□(月廿)八日　御朱印　井伊(直政)兵部少輔
奉之

石原總三郎殿
〔石原文書〕○出雲

石原總三郎の事蹟未詳。大下條は亘摩郡武川筋下條南割・下條東割・下條中割・下條西割の地方。今亘摩郡下條村がある。その下條の内にて合計十六貫五百文の本領を安堵せしめられた。月を十一月と推定する。

市川源五郎に與へたる本領安堵狀（天正十年十二月一日）

東照宮御判物

甲州長塚之內、鹽田分四拾貫文、并夫丸壹人之事

右爲二本領一之間、所二宛行一不レ可レ有二相違一、彌守二此旨一、可レ抽二忠信一之狀如レ件、

天正十年
十二月一日　御朱印　本田(多)彌八郎(正信)
奉之

市川源五郎殿
〔古文書〕窪田○記錄御用所本　窪田忠兵衞房重拜領、同喜左衞門房昌書上

本書は市川源五郎宛で、その拜領者は窪田忠兵衞房重になつてゐるから、記錄御用所本古文書の他の例によれば、市川源五郎と窪田忠兵衞房重とは同一人になるのであるが、寬政重修諸家譜市川氏・窪田氏の條には、いづれも該當者が見出せない。

窪田忠知に與へたる本領安堵狀（天正十年十二月二日）

窪八幡内山以下宗覺分並窪田分十二貫文・古上條内手作三名文、(マヽ)石田屋敷、被官等之事

右本給不レ可レ有二相違一之状如レ件、

天正十年

十二月二日

(正一)成　瀬

(定吉)日下部　奉之

(忠知)窪田右近殿

〔花輪村内藤盈清氏所藏文書〕○甲斐、中巨摩郡志文書誌所收

窪田右近は本年八月九日本領安堵狀を與へられた窪田右近忠知と同人と思はれる。

市川昌忠に與へたる本領安堵狀（天正十年十二月三日）

甲州八代内下分五拾貳貫文・藏科内貳拾壹貫六百八十文・万力内斗作(手カ)分拾貳貫九百五十文、并山林・竹居内三貫文・高家内四貫貳百五十文、高畠本在家三百・新在家貳百、棟別諸役等之事

右本領不レ可レ有二相違一之狀如レ件、

天正十年

十二月三日

日下部兵衛(定吉)門(右脱カ)尉

奉之

(市川昌忠)以清齋

〔古文書〕○記錄御用所本　市川　市川備後守昌忠拜領、同瀬兵衛昌章書上

寛政重修諸家譜卷二百二十五市川氏の條に、昌忠は、平左衞門・備後守、號以清齋とあり、武田信虎、同信玄に仕へ、勝頼沒落の後、家康に仕へ、十二月三日の本書により本領九十三貫八百文餘の地を與へられ、二十一日、成瀬吉右衞門正一

・日下部兵右衞門定吉に副うて、國中の巷說を聞いて言上せしめられたとある。代々甲斐市川庄に住したので市川氏と稱した。市川庄は中巨摩郡にあつたと推定せられる。しかしこれより先、十一月十七日、昌忠は提出したる指出によつて、本領六十二貫文を安堵せしめられたのであるが、重修譜には、その記載が落ちてゐる。

依田三郎左衞門に與へたる本領安堵狀（天正十年十二月三日）

甲州市川本所之內、篠尾分七拾貫文、別而恩棟（爲別恩而棟別カ）三貫文之事

右爲二本領一領掌、不レ可（有脫カ）二相違一之狀（マヽ）仍如レ件

天正十年

十二月三日　御朱印

依田三郎左衞門殿

〔古今消息集別本〕

依田三郎左衞門は跡部大炊助衆である。甲斐國志百五十士庶部十四、高田村の條によれば、信州小縣郡の士依田右衞門信蕃の二男右衞門信重（玄忠）の男が三郎右衞門信正だといふことになるけれど、時代が合はない。とにかく小縣郡依田氏の同族であらう。その安堵せしめられたる本領甲州市川は八代郡西郡筋にあり、古く市川鄕・市川庄の名も見えるが、甲斐國志、市川大門村の條には「本村昔時駿州路河內に出る驛場なり、市河大門宿と云、古蹟部に委し、宿內七町、又鬼石《おにいし》・大門・穗積・他屋《たや》・野中・化河原等の小名あり」（甲斐國志十五村里部十三）とあり、その古蹟部には、「天正中の文書に、市川本所・市川新所とあり」と見える。

小田切昌重に與へたる本領安堵狀（天正十年十二月三日）

甲州上村之内拾五貫五百文・巨瀨村之内拾四貫文・市河之内高野分三貫九百文・持丸之内小津兵部丞分三貫百文、東光寺分夫丸壹人、并石(名)田・被官之事
右爲ニ本領一之旨、如ニ前々一可レ令(不可有カ)ニ相違一狀如レ斯(件)、
天正十年　　井伊兵部(直政)少輔
　　　　　　　　奉之
十二月三日　御朱印
小田切(昌重)次太夫殿　〔古文書〕小田切○記錄御用所本　小田切次太夫昌重拜領、同次太夫昌長書上

小田切次太夫昌重は、同孫右衞（門）昌吉の子、先祖は信濃佐久郡小田切村の住人であつたといふ。昌吉は初め村上義淸に屬し、のち武田信玄・同勝賴に從ひ、勝賴沒落後、家康に歸し、十二月遠江秋葉寺において諸士と共に起請文に連署し、それより甲斐國中の目付を勤めた。昌重も父と共に秋葉寺起請文に連署してゐる。本書は十二月三日附で、甲斐山梨郡内において四箇所合計三十六貫六百文の本領、并に夫免・名田・被官を安堵せしめられたものである（寬政重修諸家譜三百九十四）。

功力介七郎に與へたる本領安堵狀（天正十年十二月三日）

甲州西野分壹貫貳百文・同所壹貫貳百文、下今(マヽ)諏訪之內夫錢七百文、同所棟別壹間免許、并名田・比(被)官等之事、
右爲ニ本領一之間、不レ可レ有ニ相違一之狀如レ件
天正十年
十二月三日　家康公御朱印　井伊兵部(直政)少輔
　　　　　　　　奉之

功刀(カ)介七郎殿

〔井伊年譜〕二

功力《くぬく》介七郎（功刀助七郎）は、天正十年十二月秋葉寺起請文連署の一員で、後、井伊直政に仕へてその家臣となつた。本書はこれより先、直政の奉書を以て、三箇所合計三貫一百文、棟別免許、名田・被官等を安堵せしめられたものである。甲斐國志百十四士庶部十三、巨麻郡西郡筋の部に功力《くぬぎ》といふ氏名の出所は未詳だが、西野村の小名に椚《くぬぎ》組といふのがあり、功力氏の采地であつたかも知れず、巨麻郡紙漉河原に功力分といふのが文書に見えてゐると述べ、向山同心功力佐太夫といふ名を擧げ、功力介七といふものが家康に謁し、井伊兵部少輔に附屬せしめられ、子孫は彥根に住すと記してある。

石原昌明に與へたる所領宛行狀（天正十年十二月三日）

甲斐塚原山共拾八貫文・并慈恩寺分内七貫文、同分半夫等之事

右爲二宛行一不レ可レ有二相違一之狀如レ件、

天正十年

十二月三日　　日下部兵右衛門(定吉)　奉之

石原四郎(昌明)右衛門尉殿

〔古文書〕石原 ○記錄御用所本　石原四郎右衛門昌明拜領、石原惣左衛門廣寛書上

石原四郎右衛門尉昌明は、信玄・勝頼に仕へて公事奉行であつたが、勝頼没落後、天正十年七月江尻にて家康に見え、この日甲斐塚原・慈恩寺分内、合計二十五貫文の地、及び半夫を宛行はれた。尚、六日後の本月九日には、重ねて本領四十四貫八百文の地を安堵せしめられた（寛政重修諸家譜九百八十一）。

石原主水佐に與へたる本領安堵狀（天正十年十二月三日）

甲州大澤内馬淵分八貫文・巨東原内七貫文・二宮内五百文等之事

右本領不レ可レ有ニ相違一之狀如レ件、

天正十年

十二月三日　　高木九助（廣正）

本田（多）彌八郎（正信）
奉之

石原主水佐殿

〔武州文書〕十二　足立郡千住四丁目石原喜左衛門藏

石原主水佐につき甲斐國志には八代郡小石和筋栗原村居住苗字帶刀の浪人石原鶴五郎が、ここに掲げる安堵狀を所持する旨を記し、その家記によれば主水佐は姓は三枝、父を新五郎といひ、天正十一年正月二十七日死んだとき、嗣子は八歲であつたので、叔父竹村九郎右衛門が養育して石原家を相續させ、それより浪人したと述べてある。また主水佐守繁は法名道知、三枝丹波守守綱の兄なりとも述べてある。

坂本作右衛門尉に與へたる本領安堵狀（天正十年十二月三日）

甲州橘澤内三貫文・同内德分七貫文・龜澤内山之口壹貫五百文、并名田・屋敷・被官等之事

右爲ニ本給一之間、不レ可レ有ニ相違一之狀如レ件、

天正十年

十二月三日　御朱印　　芝（柴）田七九郎（康忠）
奉之

坂本作右衛門尉殿

〔御庫本古文書〕一　甲州巨摩郡吉澤《きつさは》村持主喜平次

坂本作右衞門尉の事蹟未詳。この文書の持主の住所吉澤村は巨摩郡北山筋にあり、文書に橘澤とあるのと同じ所であるが、甲斐國志百十一士庶部十には作左衞門尉に關する記事が見當らない。武田家二十人衆の頭十人の中にある坂本武兵衞と同族かも知れない。巨摩郡逸見筋村山北割村に坂本淸三郎といふものがをり、青沼助兵衞衆であつたことが見える（甲斐國志十二士庶部十一）。

小林助三郎に與へたる本領安堵狀（天正十年十二月三日）

甲州曲輪田村內三貫文・宮地分內諸役共五百文・平岡內二貫八百文・上今井內三貫文、在家塚今諏訪西野四貫二百文・萬力□□分一貫七百文・山神鄕野中分一貫二百文、曲輪田鄕棟別一間免許並名田・屋敷等之事

右本領不レ可レ有ニ相違一之狀如レ件、

天正十年

十二月三日（印）

芝田七九郎（康忠）

奉之

小林助三郎殿

〔曲輪田村彌一右衞門氏所藏文書〕○甲斐中巨摩郡志文書誌所收

小林助三郎の事蹟未詳。甲斐の在地武士の一人であらう。

堀內善丞に與へたる本領安堵狀（天正十年十二月三日）

甲刕河東內貳貫五百文事

右爲ニ本給一之間、不レ可レ有ニ相違一之狀如レ件、

天正十年
十二月三日（家康）（朱印）（印文福德）
堀内善丞殿
高木九助（廣正）
本多彌八（正信）奉之
〔新編會津風土記〕六　提要之三家士古文書　堀内作右衛門所藏

堀内善丞の事蹟未詳。河東《かとう》は嘉藤とも書く。巨摩郡中郡筋の郷名、上河東村・下河東村・河東中島村などがある。

田中昌道に與へたる本領安堵狀（天正十年十二月三日）

甲州鼻輪分手作拾貳貫文・藤卷内五貫文・向山内三貫文・并名田・屋敷等之事
右本領不レ可レ有ニ相違一之狀如レ件、
天正十年
十二月三日（家康）（朱印）（印文福德）
本多彌八郎（正信）奉之
高木九助（廣正）
田中彌右衛門殿（昌道）
〔甲斐國志〕百十九附記錄　一町畠村田中彌右衛門所藏

田中彌右衛門は巨麻郡中郡筋一町畑村居住の士で九一色衆に屬し、昌道と名乘る。田中兵部廣泰の子であり、天正十年七月連名の朱印にも見えてゐる。昌道の男彌右衛門昌重より浪人した（甲斐國志百九十士庶部八）。この記事を見出す以前、彌右衛門の事蹟を突きとめようとして、安堵狀の中にある地名を調べたから、贅疣ながら記しておく。鼻輪は花輪で巨麻郡中郡筋、今、中巨摩郡に屬す。東花輪村・西花輪村がある。ここは淺利山の前で笛吹川の曲折する所に當る。山の差出でたる鼻河の洲崎などの丸く廻つたところを鼻輪と呼び、鼻和とも書き、轉じて花輪になつたのであらう。藤卷は西花輪の南、馬籠の西にある。所藏者田中彌右衛門の住所一町畠村（一町畑村）は東花輪の東にある。

古屋信直に與へたる本領安堵狀（天正十年十二月五日）

東照宮御判物

甲斐千野之内百貫文、同所棟別貳百免錢等之事

右爲ニ本給一之間、不レ可レ有ニ相違一之狀如レ件、

天正十年

十二月五日

本多彌八郎（正信）

高木九助（廣正）奉之

古屋小兵衞（信直）殿

〔古文書〕古屋○記錄御用書本　古屋民部左衞門尉信直拜領　吉田幾五郎信濟書上

この古屋小兵衞はこの文書の拜領者の名により、古屋民部左衞門信直と同人としておくけれど、その事蹟は未詳。甲斐國志九十九人物部八、武田家令吏部藏前衆の中に、古屋道忠・同兵部・古屋內匠・同文六郎の名が見えてゐるから、古屋小兵衞もその同族かも知れない。同書百五十庶部四、八代郡大石和筋土塚村の條に、古屋織部といふ士があり、原隼人衆の一人で、後に井伊直政に屬したこと、太郎義信衆に古屋惣次郎といふ士がゐたことを記してある。これも小兵衞と同族であらう。山梨郡栗原筋小原村東分にも古屋甚五兵衞の記事がある。この人は三同安堵狀を與へられてゐる。

中田鍋之助に與へたる本領安堵狀（天正十年十二月五日）

甲州岩崎之鄕拾三貫文・野呂之鄕壹貫五百文・藏出壹貫文・河田之鄕七貫文之事

右爲ニ本給一之旨、不レ可レ有ニ相違一之狀如レ件、

天正十年

本多彌八郎（正信）

十二月五日　(家康)朱印(印文福德)　高木九助(廣正)奉之

中田鍋之助殿　〔内田文書〕○甲斐

中田鍋之助は甲斐國志に中田釣之助とあるのに一致する。釣之助は八代郡大石和筋下岩崎村の士で、天正十年十二月五日、甲州岩崎鄕十三貫文・野呂鄕一貫五百文・藏出一貫文・河田鄕七貫文等を安堵せしめられたと記してある。枝流の者三人、作左衞門・與次兵衞・莊兵衞とも記してあり、氷川明神天正六年彌生華表棟上の銘には、石原對馬守・野澤又左衞門・鷹野右衞門尉・内田釣之助・金井新左衞門とあるが、內田は中田であらう。釣之助は天正十年の起請文に城織部衆に屬してゐるともある(甲斐國志百五十庶部四)。岩崎・野呂等は今、東八代郡に在り、勝沼の南方地域である。

辻次郎右兵衞に與へたる本領安堵狀（天正十年十二月五日）

甲州國衙之內六貫五百文・立川之內壹貫三百文・松本之內八百文・大中寺分九百文之事

右爲㆓本給㆒之旨、不㆑可㆑有㆓相違㆒之狀如㆑件、

天正十年　本多彌八郎(正信)

十二月五日　(家康)朱印(印文福德)　高木九助(廣正)奉之

辻次郎右兵衞殿　〔辻文書〕○甲斐

辻次郎右兵衞は山梨郡萬力筋國府村の士で、甘利衆に屬し、天正十年八月三坂峠子持石の合戰に功あり、本文書により、四箇所合計九貫五百文の本給を安堵せしめられた。大中寺は國府村にある。その男太郎吉は浪人した。子孫は醫を業とした（甲斐國志百三十庶部二）。

大村次左衛門に與へたる本領安堵狀（天正十年十二月五日）

甲州倉科之郷五貫文、同所棟酌（別）貳間免許之事

右爲二本給一之間、不レ可レ有二相違一之狀如レ件、

天正十年

十二月五日　御朱印

本多彌八郎（正信）

高木九助（廣正）奉之

大村次左衛門殿

〔木曾考〕

大村次左衛門は、八月二十四日、三箇所合計十二貫五百文の本領、并に屋敷二間等を安堵せしめられたが、今度はその中より倉科五貫文だけを殘して減封になつた。屋敷二間は棟別二間になつてゐる。

市川惣十郎に與へたる本領安堵狀（天正十年十二月五日）

甲州小曾郷之内三貫之事

右爲二本給一之間、不レ可レ有二相違一之狀如レ件、

天正十年

十二月五日（家康）（朱印）（印文福德）

本多彌八（正信）

高木九助（廣正）奉之

市川惣十郎殿

〔放光寺文書〕○甲斐

市川惣十郎は山梨郡栗原筋藤木村眞言宗新義談林七寺の一で、醍醐報恩院の末寺たる高橋山放光寺の寺代官市川兵左衞門の先祖であり、この日小曾郷内三貫文の本給を安堵せしめられた。放光寺は古くは多く法光寺と書かれた（甲斐國志七十五佛寺部三）。

饗庭修理亮に與へたる本領安堵状（天正十年十二月五日）

甲州曲淵之内三貫五百文・窪八幡之内四貫七百文・龜澤之内二貫二百文・西花輪之内一貫文・淺利之内渡邊分二貫五百文・淺原之内阿住分八百文・藤田飯野分百文・市河之内□□一（マヽ）人賣十三貫文、藏出□替紙漉河原功力分一貫五百文之事

右爲二本給一之間、不レ可レ有二相違一之状如レ件、

天正十年

十二月五日　芝（柴）田七九郎（康忠）奉之

饗場修理亮殿

〔臼井河原源五右衞門所藏文書〕○甲斐中巨摩郡志文書誌所收

饗場修理亮の事蹟未詳。甲州の土著武士であらう。

小池監物丞に與へたる本領安堵状（天正十年十二月五日）

甲州西花和三十五貫文・百々之内五貫八百文・淺原之郷四貫六百文・淺原之郷棟別二間免許之事

右爲二本給一之間、不レ可レ有二相違一之状如レ件、

天正十年

十二月五日

本多(正信)彌八

高木(廣正)九助 奉之

小池監物丞殿

〔臼井河原察右衛門氏所藏文書〕○甲斐中巨摩郡志文書誌所收

小池監物丞の事蹟未詳。甲州の土著武士であらう。

朝比奈眞重に與へたる本領安堵状（天正十年十二月六日）

駿州善得寺分本領内五拾貫文之事

右領掌不レ可レ有ニ相違一之状如レ件、

天正十年

十二月六日　高木(廣正)九助 奉之

朝日奈(眞重)彦右衛門殿

〔古文書〕朝比奈○記錄御用所本　朝比奈彦右衛門眞重拜領、同小三郎眞壽書上

朝比奈彦右衛門眞重は寛政重修諸家譜によれば河内守・佐渡守とも稱し、今川義元・同氏眞父子に仕へ、氏眞没落ののち武田信玄に屬し、勝頼没落ののち家康に歸し、この日養老の料として駿州善得寺分本領五十貫文の地を安堵せしめられ、それと同時に嫡子眞直は百五十貫文の地を宛行はれた。次にこれを掲げる。

朝比奈眞直に與へたる所領宛行状（天正十年十二月六日）

東照宮御判物

駿劦下方善得寺分父彦右衛門尉(眞重)本領之内百三拾貫文、并中田本領之内貳拾貫文之事

天正十年

右所ニ宛行一不レ可レ有ニ相違一者也、(守脱カ)此旨可レ抽ニ戰忠一之狀如レ件、

天正十年十二月六日　高木九助(廣正)奉之

朝比奈又三郎(眞直)殿

〔古文書〕朝比奈〇記錄御用所本　朝比奈彥右衛門眞直拜領、右同人書上

朝比奈又三郎眞直は前掲眞重の子で、後には通稱を彥右衛門と改めた。父と共に今川氏に仕へ、尋で武田氏に屬し、更に家康に歸し、父の本領駿州善得寺分・中田内合計百五十貫文を宛行はれたのである(寛政重修諸家譜七百五十五)。

中澤主稅助に與へたる本領替地宛行狀（天正十年十二月六日）

甲州河西連久分増分・賀々美中條内三拾貫文、東郡八幡之鄕新夫錢六貫文、中郡淺利之内渡邊分貳貫文(之事脫カ)

右本給得替并重恩所ニ宛行、不レ可レ有ニ相違一之狀如レ件、

天正十年十二月六日　御朱印　高木九助(廣正)奉之

中澤主稅祐(助)殿

〔譜牒餘錄後編〕三十小普請之五中澤主稅助

中澤主稅助は、寛政重修諸家譜百三十二には、今の呈譜主稅助、後瀨兵衛丹波貞勝に作るとある。武田信玄・同勝賴父子に仕へ、後、天正十年家康に歸屬し、この日甲斐の河西連久分・加賀美中條内・東郡八幡鄕新夫錢・中郡淺利の内渡邊分等合計三十八貫文の地を本給得替等として宛行はれた。

萩原市之尉に與へたる本領安堵狀（天正十年十二月六日）

甲州窪八幡之內拾貳貫文・淺利之內渡邊分壹貫文・萩原之內五百文・窪八幡之內增分壹貫六百文・同所あきり夫錢四百文・宮窪之內散田分參貫七百文・信濃井上(内カ)九百卅五文、窪八幡之內半夫、八幡之內くるき棟別壹間免許等之事

右本給之間、不レ可レ有二相違一之狀如レ件、

天正十年

十二月六日(家康)（朱印）(印文福德)

本多彌八(正信)

高木九助(廣正)奉之

萩原市之尉殿

〔武藤文書〕○甲斐

甲斐山梨郡萬力筋笛吹川の上流に萩原鄕があった。今は神金村の大字に上萩原・大藤村の大字に中萩原、七里村(?)の大字に下萩原村がある。萩原市之尉は、この鄕出身の士と推定する。窪八幡・淺利・萩原の內等合計二十貫百三十五文、半夫・棟別等の本給を安堵せしめられたのであるが、その窪八幡は八幡北村の八幡宮のことであり、萬力筋の名社である淺利は今の東八代郡の西端に在り、豐富村の大字に地名を殘してゐる（甲斐國志村里一、神社部二等參取）。

岡民部丞に與へたる本領安堵狀（天正十年十二月六日）

甲州西尾內竹川右衞門尉闕所五貫貳百文・同分起間七百文・并松戶淸左衞門分三貫文・竹河宮內右衞門分夫錢餘(ママ)九百四十六文・棟別壹間四百文事

天正十年

右本給不レ可レ有ニ相違一之狀如レ件、

天正十年

十二月六日　御朱印

本多彌八郎（正信）

高木九助（廣正）奉之

岡民部丞殿

〔譜牒餘錄後編〕十六 御小姓組 三枝右近

岡民部丞の事蹟未詳。西尾の内以下五筆合計十貫二百四十六文の本給を安堵せしめられたのである。

澁江覺古兵衛尉に與へたる本領安堵狀（天正十年十二月六日）

甲州手作前五貫文・川口坊壹間拾五貫文・棟別壹間四百文事

右本給不レ可レ有ニ相違一之狀如レ件、

天正十年

十二月六日　（家康）（朱印）（印文福德）

芝田（柴）七九郎（康忠）奉之

澁江覺古兵衛尉殿

〔澁江文書〕○甲斐

澁江覺古兵衛尉の事蹟未詳。手作前といふ言葉はたび〳〵見えてゐるが、甲斐國志には、「此時代までは、士人都《すべ》て土著にして、名田《みやうでん》手作前と云地を有し、年貢・諸役を勤めて、常には耕業を專らにす。中間・被官・悴者（カセモノ）に至るまで僉《みな》同じ」（甲斐國志九十九人物八）とあるとほり、土著武士の自家耕作地のことをいふのである。

折井次昌に與へたる所領宛行狀（天正十年十二月七日）

本領改替甲州折居南分參拾五貫文・折居內五貫文・六科內綱藏分五貫五百文・同所山下分拾貫文・龜津內渡邊分六貫九百文・甘利內土屋出雲分拾六貫文・同所寺分貳拾七貫文・同所竹內ひろへ前五貫文・御前分廿貫文・卯時免拾貫文・相良分六貫文・新奥內貳貫文・甘利內北方分、夫丸壹人、并山屋敷等之事

右所㆓宛行㆒之所領、㝡前於㆓遠州㆒兼約之條、不㆑可㆑有㆓相違㆒、者守㆓此旨㆒、可㆑抽㆓戰忠㆒之狀如㆑件、

天正十年十二月七日　　家　康御判

折井（次昌）市左衛門尉殿

〔田中暢彦氏所藏文書〕〇武藏　〔譜牒餘錄後編〕三十一 小普請之六 折井市左衛門

折井市左衛門次昌は武川衆の一人、巨摩郡折井鄉の士である。代々武田氏の家臣で、父內記助次久は信虎・信玄父子に仕へ、軍功あり、次昌は信玄・勝頼に仕へ、天正十年勝頼沒落ののち、米倉忠繼と共に家康の庇護を受けて遠州桐山に潜居し、家康と北條氏直と若神子對陣のとき功あり、七月十五日忠繼と共に感狀を與へられた。尋で八月十七日、百三十三貫四百文の本領を安堵せしめられたが、この日また新恩百四十八貫四百文并に夫丸・山屋敷等を宛行はれたのである。次昌はのち天正十三年五月二十七日更に新恩を宛行はれた。

折井次正に與へたる本領安堵狀（天正十年十二月七日）

新知行井上內雨宮分七貫五百文押越內淸水分四貫五百文・河原內小池分拾三貫三百文・龜澤內渡邊分三貫三百文・鎭目內造酒佑分四百文事

右領掌不レ可レ有二相違一之狀如レ件、

天正十年

十二月七日（家康）朱印（印文福德）　〇奉行署名ナシ、

折井長次郎（次正）殿

〔田中暢彦氏所藏文書〕〇武藏　〔古文書〕〇記錄御用所本　折井市左衞門次昌拜領、市左衞門正等書上

折井長次郎次正は、天正十年六月折井次昌・米倉忠繼の申す旨に從ひ、武川衆一同と共に家康に歸屬し、爾來軍功あり、この日五箇所合計三十貫文を安堵せしめられた。折井市左衞門次昌拜領とあるのは、次昌が代つて拜領したのであらう。

小澤善大夫に與へたる本領替地安堵狀（天正十年十二月七日）

東照宮御判物

甲州柳澤内加藤分三貫文・牧原内飯田分四貫文・同所山口分貳貫文等事

右本給改替不レ可レ有二相違一之狀如レ件、

天正十年

十二月七日（家康）朱印（印文福德）　〇奉行署名ナシ、

小澤善大夫殿

〔田中暢彦氏所藏文書〕〇武藏　〔古文書〕〇記錄御用所本　折井市左衞門次昌拜領、市左衞門正等書上

小澤善大夫の名は天正十年十二月十一日甲斐武川衆定置注文の中にある。武川衆の有力者なる折井次昌が善大夫に代つて本書を拜領したと見え、記錄御用所本古文書には折井市左衞門次昌拜領としてある。

米倉信繼に與へたる本領安堵狀（天正十年十二月七日）

甲州白淵內拾三貫文・宮脇內拾貫文・二日市場內三貫文・藏出替淺內〇古文書集ニハ淺利內ニ作ル、三貫貳百文・窪八幡內鶴田分五貫文・三條內拾貳貫五十文・宮澤內三貫文・藏田內拾貫文・鹿野川內五百文・田村內六拾貫文・圓井內五貫文・同前拾俵、同所屋鋪壹間、和戸夫丸壹人、白淵內夫馬壹疋等事

右本給不レ可レ有ニ相違一之狀如レ件、

天正十年

十二月七日（家康）朱印（印文福德）〇奉行署名ナシ、

米藏（倉）六郎右衛門殿（信繼）

〔譜牒餘錄後編〕三十二 小普請之七 米倉助右衛門

米倉六郎右衛門信繼は武川衆の一人である。丹後守宗繼の三男であるが、兄主計助忠繼の養子となり、その跡をついで丹後守にまでなつた。代々武田氏に仕へゐた家で、宗繼は勝頼に從つてしば〳〵戰功あり、天正三年五月長篠の戰で討死した。同十年勝頼沒落ののち、忠繼は折井次昌と共に家康に庇護されて遠州桐山に潜居し、家康と北條氏直との若神子對陣のとき功あり、次昌と共に七月十五日感狀を與へられたことは曩に述べた。十二月七日次昌と同時に「甲斐國圓井鄕にて四百三十貫文を知行すべきむね御判物をたまひ、步卒をあづけられ」（寛政重修諸家譜百六十九）たが、その文書が見當らない。そして同日附で養子信繼が白淵・宮脇・二日市場・淺利・窪八幡・三條・宮澤・藏田・鹿野川・圓井等內、合計百十一貫二百文・十俵、その他の本給を安堵せしめられた本書が存在してゐる。

米倉豐繼に與へたる本領安堵狀（天正十年十二月七日）

東照宮御朱印

甲劦宮脇村百五拾貫文、同所小澤分重恩貳貫五百文之事

天 正 十 年

右領掌不レ可レ有ニ相違一之狀如レ件、

天正十年

十二月七日　(家康)朱印(印文福德)　○奉行署名ナシ、

米倉左大夫(豐繼)殿

〔古文書〕米倉○記錄御用所本　米倉左太夫豐繼拜領、同久米之助正明書上

米倉左大夫豐繼は、米倉信繼の弟で武川衆の一人である。甲斐國志百十三士庶部十二に、米倉左大夫誠俊宮脇村の條があるけれど、記事が曖昧だから採らない。兄と同日にこの安堵狀を與へられた。

米倉定繼に與へたる本領替地安堵狀（天正十年十二月七日）

東照宮御判物

本領改替河原郡(鄕カ)五拾貫文、同駒津夫丸壹人之事

右領掌不レ可(有脫カ)ニ相違一之狀如レ件、

天正十年

十二月七日　(家康)朱印(印文福德)　○奉行署名ナシ

米倉加左衞門(定繼)殿

〔古文書〕米倉○記錄御用所本　米倉加左衞門定繼○寛政重修諸家譜、滿繼ニ作ル拜領、同四郎左衞門政易書上

米倉加左衞門定繼は滿繼ともあり、米倉丹後守宗繼には六男、忠繼・信繼・豐繼には弟である。兄忠繼と共に家康に從つて軍功をあらはし、この日本領改替河原鄕五十貫文等を安堵せしめられた。以上三通の文書に出る米倉氏の諸士の系譜は次の如し。

米倉宗継　丹後守
- 晴継　主計助
- 忠継 ‖ 信継
- 信継　丹後守兄忠継の養子となる、
- 豊継　左大夫　別に一家を創立す、
- 利継（定継）　彥大夫
- 滿継　加左衛門　別に一家を創立す、

彥大夫利継も、同日（天正十年十二月七日）百十八貫文の地を宛行はれたとあるが、その文書は見當らない。これもやはり安堵であらう（寛政重修諸家譜百六十九・百七十參照）。

青木信時に與へたる本領安堵狀（天正十年十二月七日）

甲州青木郷三百貫文・新奥内拾五貫六百文・河東内三百貫文・鎮目内七百貫文等事
右本領不レ可レ有二相違一、者守二此旨一、可レ被レ勵二忠功一之件（狀カ）如レ件、

天正十年
十二月七日　〇奉行署名ナシ、
青木尾張守（信時）殿

〔譜牒餘錄後編〕二十四　大御番　青木與右衛門

青木尾張守信時は、武川衆であり、武田氏に仕へたが、勝頼沒落ののち、父信親、子信安と共に家康に歸屬し、北條氏直に屬せる小沼の小屋を攻め落し、氏直と對陣のときもしば〳〵軍功あり、八月十六日、指出の申告に基いて本領三百二十一貫文の地を與へられたことは曩にこれを述べた。本書はこれについで四箇所合計一千十八貫一百文の地を安堵せしめられたものである（寛政重修諸家譜百六十一）。尚、その子信安は翌天正十一年四月二十一日、本領の改替六十貫文の地を安

堵せしめられた。その條參照すべし。

柳澤信俊に與へたる本領安堵狀（天正十年十二月七日）

東照宮御判物

甲州柳澤鄕七拾貫文・同所水石并五味分重恩貳貫八百文事

右領掌不レ可レ有二相違一之狀如レ件、

天正十年

十二月七日　○奉行署名ナシ、柳澤兵部丞信俊拜領、同六郎左衞門政位書上

柳澤兵部丞（信俊）殿

〔古文書〕柳澤○記錄御用所本

柳澤兵部丞信俊は曩に八月十六日、本領七十貫文、新恩二貫五百文、合計七十二貫五百文の地を安堵させられたが、このたび新恩地を整理して重恩二貫八百文とし、合計七十二貫八百文の地を安堵せしめられたのである。

横手源七郎に與へたる本領安堵狀（天正十年十二月七日）

甲州横手鄕八拾貳貫文之事

右本領不レ可レ有二相違一之狀如レ件、

天正十年

十二月七日　御朱印　○奉行署名ナシ、柳澤兵部丞信俊拜領、同六郎左衞門政位書上

横手源七郎殿

〔古文書〕柳澤○記錄御用所本

横手源七郎は武川衆の一人である。横手郷は巨摩郡武川筋にあり、甲斐國志百十三士庶部十二横手村に横手監物満友の名が見えてゐる。別に柳澤村の條には靑木村の靑木義虎の二男柳澤彌十郎信興と稱し、信秀・信兼・信俊が父子相續したこと、靑木信立の三男源七郎信俊が、横手監物信國の死後、跡式を相續したことを記し、著者はこれを疑つて、柳澤信俊が横手氏を相續して、横手源七郎（信俊）になつたのだと言つてゐる。その安堵せしめられた本領は八十二貫文である。

曲淵正吉に與へたる本領安堵狀（天正十年十二月七日）

東照宮御判物

國衙并平井分五拾貳貫文・内名取分三貫文、以上内三拾八貫文者重恩事

右本給不レ可レ有ニ相違一候（狀脫カ）如レ件、

天正十年　○奉行署名ナシ、
十二月七日　○朱印ノ寫ナシ

曲淵彥助（正吉）殿

〔古文書〕曲淵○記錄御用所本　曲淵勝左衛門正吉拜領、同勝左衛門正名書上

曲淵彥助正吉は曲淵勝左衛門吉景の三男で、後にまた勝左衛門と改めた。甲州武川衆に屬し、父と共に武田家に仕へてゐたが、勝頼沒落の後、また共に家康に從ひ、八月六日、北條氏直と若神子對陣のとき功あり、父吉景は八月七日附で感狀を與へられた（前出）。そして正吉はこの日、本領・重恩の地合計五十五貫文を安堵せしめられたのである（寛政重修諸家譜百七十九）。

成島宗勝に與へたる本領安堵狀（天正十年十二月七日）

甲州二日市場手作前四貫七百文・國玉稻部分名田五貫文、屋敷壹間事

右本給不レ可レ有二相違一之狀如レ件、

天正十年

十二月七日　御朱印　井伊兵部少輔（直政）奉之

成島勘五郎（宗勝）殿

〔譜牒餘錄〕二十五　井伊掃部頭附家臣　成島彦左衛門

成島勘五郎宗勝は、天正十年十二月秋葉寺起請文に連署せるものの一員であり、後、井伊直政に仕へてその家臣となつた。本書はこれより先、直政の奉書を以て、二箇所九貫七百文の本給、并に屋敷を安堵せしめられたものである（井伊年譜・寛政重修諸家譜七百六十井伊直政條）。

末木東市祐に與へたる所領安堵狀（天正十年十二月七日）

末木淡路守跡職之事、讓與之上者、不レ可レ有二相違一之者也、仍如レ件、

天正十年壬午

十二月七日　本多彌八（正信）奉之

（附箋）「御朱印」

末木東市祐殿

〔八田文書〕○甲斐

甲斐八代郡大石和筋に末木村がある。本都塚の東、北都塚の南、一の宮の西に當り、もとは一宮莊鹽田郡垂木《すいき》村と書いたらしい（甲斐國志五村里部三）。末木東市佑・末木淡路守は、共にこの地に緣由のある士であらう。

中込又右兵衛に與へたる本領安堵狀（天正十年十二月七日）

甲州大□貫文・西條内二貫文、信州改替小源□石田四貫文・市川内道音分二貫文等之事

右本給不レ可レ有ニ相違一之狀如レ件、

天正十年

十二月七日　井伊兵部少輔（直政）
奉之

中込又右兵衛殿

〔中込氏所藏文書〕○甲斐中巨摩郡志文書誌所收

甲斐國志百十士庶部九には、「中込又兵衛」と題し、「天正壬午十二月七日の御朱印寫一通、長塚村の百姓三右衛門藏む。本書の所在を知らず。壬午の起請文に、又右兵衛は山縣衆なり、家紋丸に開扇」とある。又兵衛は又右兵衛、所在不明の本書は、ここに採錄したものであらう。

鮎河次郎左衛門尉に與へたる本領安堵狀（天正十年十二月七日）

甲州西花輪内二十七貫文・窪八幡五貫文事

右本給不レ可レ有ニ相違一之狀如レ件、

天正十年　本多（正信）彌八

十二月七日　高木（廣正）九助
奉之

鮎河次郎左衛門尉殿

〔西花輪村七郎左衛門所氏藏文書〕○甲斐中巨摩郡志文書誌所收

鮎河次郎左衛門尉の事蹟未詳。

金丸善右衞門尉に與へたる所領宛行狀（天正十年十二月七日）

新知行甲州井上内雨宮分三貫文・西野内七貫文事

右領掌不レ可レ有二相違一之狀如レ件、

天正十年

十二月七日（福德）

金丸善右衞門尉殿

〔上今諏訪村金丸利八氏所藏文書〕○甲斐中巨摩郡志文書誌所收

金丸善右衞門尉の事蹟未詳。

野澤二右衞門尉に與へたる本領安堵狀（天正十年十二月七日）

甲州岩崎之内三貫文、此外夫丸六分一、并陣扶持貳人之事

右爲二本給一之旨、不レ可レ有二相違一之狀如レ件、

天正十年

十二月七日（家康）（朱印）（印文福德）

本多（正信）彌八

高木（廣正）九助

奉之

野澤二右衞門尉殿

〔野澤文書〕○甲斐

野澤二右衞門の事蹟未詳。岩崎は八代郡大石和筋にある。同筋南八代村に野澤傳五左衞門といふ苗字帶刀の浪人がをり、本姓は信州伴野氏より出て、野澤善助が大永年間武田家に仕へ、それより七代、その間に作左衞門・四郎右衞門といふ名

のものがあることを、甲斐國志百六十士庶部五に記してあるが、二右衛門はその同族であらう。

飯室八郎兵衛に與へたる本領安堵狀（天正十年十二月七日）

甲州河東内　五貫文
同矢野馬　壹貫文
淺利村之内　貳貫文
同所東林寺分　六百文
大津分　三貫文
屋敷一間免役之事
右本給不レ可レ有ニ相違一之條如レ此（件）、
天正十年壬午
十二月七日　御朱印　井伊兵部少輔（直政）奉之
飯室八郎兵衛との

〔甲陽隨筆〕○朝野舊聞裒藁二百十所載

飯室八郎兵衛は山縣衆の一人であり、家康に歸屬し、この日五箇所合計十一貫六百文の本給を安堵せしめられた。本書は淺利村の磯右衛門といふ者の所藏であると、甲斐國志百七十士庶部六に記してある。

窪田正勝に與へたる本領安堵狀（天正十年十二月九日）

東照宮御判物

甲州本領江草鄕五拾貫文・石橋鄕三拾八貫文、夫丸壹人、小瀨村鄕三貫五百文・廣瀨內龍雲寺內五貫文・市部內壹貫文・飛竹河原間三貫文、等々力鄕夫丸壹人、麻野改替篠原八幡鄕三井豐分貳拾貳貫文、并半夫、同篠原內三拾四貫文、名田・被官・屋敷等事

右本領不レ可レ有ニ相違一之狀如レ件、

天正十年

十二月九日〇朱印ノ寫ナシ　成瀨吉右衛門尉（正一）

日下部兵右衛門尉（定吉）　奉之

窪田助丞殿（正勝）

〔古文書〕〇記錄御用所本　窪田　窪田助之丞正勝拜領　同辨次郎正永書上、

窪田助之丞正勝は曩に本年六月十七日、甲州江草・石橋鄕の本領に新知を添へて三百五貫五百文の地を安堵宛行はれ、九月一日、武田家仕官時代に支配した同心三十五人を還補せられ、今また六筆合計百五十貫文の所領を安堵せしめられたのである。この月遠州秋葉寺において志村又左衛門貞盈等九人と共に忠誠の誓書を家康に上り、これより御長柄支配となる。十一年四月十八日、濱松に召され、甲斐の國の諸務を沙汰すべき命を受け、九人の者は一紙の朱印を受け、それより甲斐に住した。正勝は吉正とも記してある（寬政重修諸家譜二百五十一參取）。

窪田正重に與へたる本領安堵狀（天正十年十二月九日）

東照宮

甲州万力內拾六貫文、并屋敷壹間、棟別・諸役免許事

右本給不レ可レ有ニ相違一之狀如レ件、

天正十年

十二月九日〇朱印ノ寫ナシ　　大久保新十郎(忠泰)奉之

窪田小右兵衛尉殿(正重)

〔古文書〕〇記錄御用所本　窪田小兵衛正重拜領、同小兵衛正武書上

窪田小右兵衛尉正重は、窪田直重の次男で、前掲正勝(吉正)の弟に當る。勝頼滅亡の後、家康に仕へ、本書によりて本領十六貫文及び屋敷・棟別・諸役免許を安堵せしめられた(寛政重修諸家譜二百五十二)。

荻原甚尉に與へたる本領安堵狀(天正十年十二月九日)

権現様御朱印之寫

甲州上井尻内七拾五貫文、同所夫丸壹人、石橋内用久分三拾八貫五百文、同夫丸壹人、飯田川原百八貫文、志田郷夫丸壹人、名田・屋敷・被官等事

右本領不レ可レ有ニ相違一之狀如レ件、

天正十年

十二月九日　(家康)朱印(印文福德)　成瀬(正一)　日下部(定吉)奉之

荻原甚尉殿

〔御庫本古文書纂〕六　荻原七郎兵衛所持

本月六日萩原市之尉が本給を安堵せられたことは曩に述べたが、萩原と荻原とは常に混用してゐる故に、この荻原甚尉は萩原甚之尉ともいつたらしく推定せられるけれど、事蹟未詳。上井尻は東山梨郡松里村の大字名にあり、石橋は東八代郡にありて今、三椚・大坪・坊が峰などと合せて圭林《たまばやし》村といふ。

河西作右衞門尉に與へたる本領安堵狀（天正十年十二月九日）

甲州林部之内八拾貫文、同所之内夫壹人之事
右爲二本給一之間、不レ可レ有二相違一之狀如レ件、

天正十年
十二月九日〇朱印ノ寫ナシ　井伊兵部少輔（直政）
奉之
河西作右衞門尉殿

〔譜牒餘錄〕六　保科肥後守、保科彈正忠

河西作右衞門尉は信濃伊奈郡高遠の保科越前守正直の家臣である。若神子對陣のとき、正直は家康に加擔し、十月二十四日伊奈郡を與へられ、十一月藤澤賴親を逐うたことは、曩にこれを述べた。このやうな事情の下に、その家臣河西作右衞門尉は、井伊直政の奉書を以て、この文書を與へられ、甲斐の本給八十貫文を安堵せしめられたのである（寬政重修諸家譜二百五十保科正直の條參取）。

大塚新尉に與へたる本領安堵狀（天正十年十二月九日）

甲州在家塚内九貫百六十文・勝沼屋敷貳貫百文・同所近松菅兵衞分八貫百六十文、藏出扶持之改替也、同所貳貫百文等之事
右本給不レ有（可脫カ）二相違一之狀如レ件、

天正十年
十二月九日〇朱印ノ寫ナシ　井伊兵部少輔（直政）
奉之

大塚新尉殿

〔譜牒餘錄〕六　保科肥後守、保科彈正忠

大塚新尉の事蹟未詳。西八代郡九一色の近くに大塚といふ村名があるが、九一色衆十七騎の中には勿論、ほかのところにも所見がない。

岡市丞に與へたる本領安堵狀（天正十年十二月九日）

甲州松尾之内四貫文之事

右爲ニ本給一之間、不レ可レ有ニ相違一之狀如レ件、

天正十年

十二月九日　御朱印

井伊兵部少輔（直政）

奉之

岡市丞殿

〔譜牒餘錄〕二十五　井伊掃部頭附家臣　岡九左衛門

岡市丞は天正十年十二月秋葉寺起請文に署名した一員であり、後に井伊直政に仕へ、その家臣となつた。本書は直政の奉書により甲州松尾四貫文の本給を安堵せしめられたものである。

辻盛昌に與へたる本領替地宛行狀（天正十年十二月九日）

甲州岩崎之内長延寺分四拾貳貫文・同所之内小山田彌五郎分内五貫八百文、圓光院分之内半夫之事

右本給之得替、久雖レ爲ニ不知行所一宛行、不レ可レ有ニ相違一之狀如レ件、

天正十年

十二月九日　（家康）朱印（印文福德）　井伊兵部少輔（直政）奉之

辻彌兵衛（盛昌）殿

〔譜牒餘錄後編〕三十八 處士之下 辻彌兵衛

盛昌はこれより先、本年八月七日、勘忍分として曲金百貫文を宛行はれた。これは新知行であつたが、今また岩崎の內長延寺分・同所小山田彌五郎分合計四十七貫八百文、及び圓光院分の內半夫を本給の得替として宛行はれのである。得替は、もと王朝時代に任期の滿了した國司や大番が後任者を得て交替する場合の用語であり、鎌倉時代以後は新領主が舊領主に替る場合に用ひた。

埴原內匠助に與へたる本領安堵狀（天正十年十二月九日）

甲州林部之內拾壹貫貳百文・中村二郎兵衛分貳貫八百文・惠林寺之內窪田新左衛門分三貫貳百廿文之事

右爲二本給一之旨、不レ可レ有二相違一之狀如レ件、

天正十年

十二月九日　（家康）朱印（印文福德）　井伊兵部少輔（直政）奉之

埴原內匠助殿

〔埴原文書〕○甲斐

甲斐國志百五十士庶部四、八代郡大石和筋の部には、成田村に苗字帶刀の浪人埴原仙右衛門といふものがあり、その家記に、本姓は佐竹氏、信玄のとき信州埴原で木曾と合戰のとき、埴原といふものが軍功によつて埴原氏を稱し、その子內匠助は天正十年家康に歸屬した。同年の起請文には一條衆とある。小牧の戰に討死し、その子萬次郎（後、源左衛門）は浪人

したと記してある。但、この安堵狀のことは見えてゐないけれど、この記事中の內匠助が與へられたものと推定する。

筒井勘右衛門に與へたる本領安堵狀（天正十年十二月九日）

權現樣御朱印之寫

甲刕南條之內壹貫五百文・狩野川之內貳貫七百文・大野之內藏出得替六百文・北條之內八百文之事

右爲ニ本給一之間、不レ可レ有ニ相違一之狀如レ件、

天正十年

十二月九日　（家康）朱印（印文福德）

井伊兵部少輔（直政）奉之

筒井勘右衛門殿

〔御庫本古文書纂〕一　増田太兵衛御代官所、甲州八代郡今井村五左衛門所持

筒井勘右衛門の事蹟未詳。本年八月二十二日本領安堵狀を與へられた筒井管右衛門とは別人らしい。この文書の所持者は八代郡今井村であるけれど、甲斐國志士庶部小石和筋の部には所見がない。小石和は、今、今井・河內《かふち》・砂川・東油川等を併せて富士見村と改められた地である。

名執淸三に與へたる本領安堵狀（天正十年十二月九日）

甲州甘利之內山手錢六貫文・同所名田手作所壹貫九百文事

右爲ニ本給一之旨、不レ可レ有ニ相違一之狀如レ件、

天正十年

十二月九日　（家康）朱印（印文福德）

本多彌八郎（正信）

高木九助（廣正）奉之

天正十年

名執清三殿

〔名取文書〕○甲斐

名執清三は武川衆の一人であり、本年八月十七日百三十六貫文の地を安堵せられ、本日重ねて二筆合計七貫九百文の地を安堵せられた。名執は名取とも書く。

長井吉昌に與へたる本領安堵狀（天正十年十二月九日）

東照宮御判物

甲州河内之郷之内五拾貫文・志田之内七貫五百文・小松屋敷所五貫文、淺利之内夫壹人之事

右爲二本領一之間、不レ可レ有二相違一之狀如レ件、

天正十年

十二月九日　本多彌八郎（正信）　高木九助（廣正）奉之

長井又五郎（吉昌）殿

〔古文書〕永井○記錄御用所本　永井又五郎吉昌拜領、同五右衛門昌純書上

長井又五郎吉昌は、本年八月十六日、指出によつて合計百五貫文三十俵の本領を安堵せられたのであつたが、その中、信州川中島五十貫文を除き、志田の内三十俵を七貫五百文とし、このたび合計六十七貫五百文を與へられたのである。夫丸は同じであつたらしい。

下條民部丞に與へたる本領安堵狀（天正十年十二月九日）

甲州小曲之郷百拾壹貫貳百文、竝夫丸貳人、同所棟別壹間免許、若尾分百拾五貫文・河原部之內堰之替八貫文・御嶽公事錢七貫文・河內慈恩寺分拾貫三百文・嶋之內下方分六貫七百文、嶋上

條之内田屋並門屋棟別竹木免許、河原部被官在之被官等之事《(マヽ)》
右本領不ㇾ可ㇾ有二相違一之狀如ㇾ件、

天正十年
十二月九日
本多彌八郎（正信）
奉之
高木九助（廣正）
下條民部丞殿

〔譜牒餘錄後編〕三十三 庶士以下之上 平位治左衞門

下條民部丞は去る十月六日、指出に基いて九十八貫二百文の本領その他を安堵せられたが、今また土地・公事錢等合計二百五十八貫二百文、并に夫丸・棟別・田屋・門屋・棟別・竹木免許、被官等を安堵せしめられ、大いに優遇された。

田澤正忠に與へたる本領安堵狀（天正十年十二月九日）

甲州熊野之内三拾貫文・里吉之内拾貫文・和戸之内五貫文、嶋上條之内夫壹人之事
右爲二本領一之旨、不ㇾ可ㇾ有二相違一之狀如ㇾ件、

天正十年
十二月九日
（家康）（朱印）（印文福德）
本多彌八（正信）
高木九助（廣正）奉之
田澤久助（正忠）殿

〔古文書〕田澤 ○記録御用所本 田澤久助正忠拜領、同久左衞門昆富書上

田澤久助正忠は父祖以來武田氏の家臣であつたが、勝賴沒落ののち、八月十一日家康に歸屬し、この日舊領の内、熊野・里吉・和戸等にて四十五貫文を安堵せしめられた（寛政重修諸家譜百五十）。

五味菅十郎に與へたる本領安堵狀（天正十年十二月九日）

甲州若尾之内横屋分貳拾三貫三百文・風祭分七貫五百文等之事

右領掌不ㇾ可ㇾ有㆓相違㆒之狀如ㇾ件、

天正十年

十二月九日　（家康）朱印（印文福德）

本多彌八郎（正信）

高木九助（廣正）奉之

五味菅十郎殿

〔信陽玉證鑑〕二　松本東町治右衛門所持

五味菅十郎の事蹟未詳。寛政重修諸家譜八百二十八には五味政義が信玄の命により、初めて五味氏を稱し、家康に歸屬して舊武田氏の兵士六十人の組頭になつたことを記し、その通稱を源次郎主殿助としてある。甲斐國志百七十士庶部六、八代郡中郡筋には心經村の支村に五味塚といふ所があり、五味六左衞門と里長が住んでゐる。五味氏の家系は明かでないが、天正十年の起請文の中に武田氏の物頭たる五味主殿助・同太郎兵衞の名があると記して、數人の名を擧げてあるけれど、菅十郎に擬すべきものが見當らない。また同書百九十士庶部八巨麻郡中郡筋の部に淺原村に五味四郎右衞門長道といふものがあり、天正十年起請文中に甘利衆に屬してゐたと記してあるが、その條にも菅十郎については觸れてゐない。

原三右衞門に與へたる本領安堵狀（天正十年十二月九日）

甲州岩下手作前拾貳貫三百文之事

右本領不ㇾ可ㇾ有㆓相違㆒之狀如ㇾ件、

天正十年

十二月九日（家康）（朱印）（印文福徳）

高木九助（廣正）
本多彌八郎（正信）奉之

原三右衛門殿

〔御庫本古文書纂〕一 甲州下岩下村浪人原淺右衛門所持

原三右衛門は山梨郡萬力筋下岩村の住人で、武田氏の近習衆であったが家康に歸屬し、本書により岩下手作前十二貫三百文の本領を安堵せしめられた。正徳元年の由緒書に曽祖父原甚右衛門より浪人すとあり、享保九年浪人改帳には岩下村原才兵衛とある（甲斐國志百三士庶部二）。本書の所持者浪人原淺右衛門も子孫の一人であらう。

石原昌明に與へたる安堵狀（天正十年十二月十日）

甲州初鹿野越中分三拾三貫文、并半夫迄（ママ）河原之内七貫文・萬力之内三貫文・小曲之内壹貫八百文、并名田・被官等之事 ○以下安堵ノ文言ナシ

天正十年

十二月十日 朱印ノ寫ナシ

石原四郎右衛門殿（昌明）

成瀨吉右衛門尉（正一）
日下部兵右衛門尉（定吉）（奉之脱カ）

〔古文書〕石原 ○記錄御用所本 石原四郎右衛門昌明拜領、石原惣左衛門變寬書上

石原四部右衛門昌明は、曩に十二月三日、二十五貫文の地を宛行はれたが、本日重ねて甲州初鹿野越中分、河原の内・萬力の内・小曲の内、合計四十四貫八百文、并に半夫・名田・被官等を安堵せしめられた。この年甲斐の國の公事奉行を勤め、天正十八年家康の關東入國のとき、命により、上總國の制法を沙汰した（寛政重修諸家譜九百八十一）。

山本忠房に與へたる本領安堵状（天正十年十二月十日）

權現樣御朱印之寫

甘利上條內拾六貫六百文・同所見出拾九貫文・同所拾貫文・同若尾內也、夫丸壹人、棟別德役替、并名田・屋敷・被官等事

右本給不ㇾ可ㇾ有二相違一之狀如ㇾ件、

天正十年

十二月十日　（家康）朱印（印文福德）

山本彌右衞門尉（忠房）

成瀨（正一）

日下部（定吉）奉之

〔御庫本古文書纂〕六　山本鐵次郎所持

山本彌右衞門尉忠房が、本年八月十一日、同九月一日に、本領・同心・その他を安堵せしめられたことは曩に述べた。本書は三度目のもので、甘利上條內・同所見出・同若尾內等で合計四十五貫文の本給及び夫丸・棟別德役替・名田・屋敷・被官等を安堵せしめられたものである。この月忠房は遠州秋葉寺において同列のもの九人と共に家康に誓書を上り、十一年四月十八日濱松において、甲斐國の諸務を沙汰すべき旨を命ぜられた（寬政重修諸家譜百三十四）。

河野助太夫に與へたる本領安堵状（天正十年十二月十日）

權現樣御朱印之寫

甲州五ケ村之內手作分拾貫五百文之事

右爲二本給一之間、不ㇾ可ㇾ有二相違一之狀如ㇾ件、

天正十年
十二月十日　(家康)朱印(印文福德)

本多彌八郎(正信)
高木九助(廣正)　奉之

河野助太夫殿

〔御庫本古文書纂〕一　増田太兵衛代官所 甲州山梨郡山村十右衛門所持

甲斐國志には河野助太夫は天正十年起請文には小山田備中衆に屬してゐる。小人頭衆河野傳之丞信吉(又通重)、その子傳右衞門信近、その子が助太夫信忠といふ所傳があるけれど、傳之丞と助太夫は時代が近いから、祖父と孫とではない。この日與へられた甲斐五ケ村とは鹽後の邊をいふ(甲斐國志百四士庶部三)とある。五ケ村とは栗原筋の千野・於曽・鹽後・井尻・三日市場をいふ(同三十九古蹟部二)。所持者の居住する山村は、やはり栗原筋にあり、牛奥・後屋敷・休息・小佐手に圍まれてゐる村である(同四村里部二)。

井口織部に與へたる本領安堵狀(天正十年十二月十日)

甲州井口郷之内二貫文・西條之内五貫四百八十文、井口之内棟別一間免許之事

右爲二本領一而不レ可レ有二相違一之狀如レ件、

天正十年
十二月十日

本多彌八(正信)
高木九助(廣正)　奉之

井口織部殿

〔花輪村内藤盈淸氏所藏文書〕○甲斐中巨摩郡志文書誌所收

井口織部の事蹟未詳。

天正十年

某に與へたる本領安堵狀（天正十年十二月十日）

權現樣御朱印之寫

甲刕窪八幡之内五貫四百文・飯田之内七百文・上い田之内壹貫六百文・神取之内井上分三貫七十文・淺利之内同分壹貫六十四文之事

右爲二本給一之間、不レ可レ有二相違一之狀如レ件、

天正十年

十二月十日（家康）（朱印）（印文福德）

本多（正信）彌八
高木（廣正）九助　奉之

〔御庫本古文書纂〕一小川新右衛門御代官所 甲州岩間村竹川金左衛門所持

窪八幡は山梨郡萬力筋八幡《やはた》南北兩村の地のことで、その北村の方に八幡宮がある。今は兩村共東山梨郡八幡村の大字となつてゐる。本分書は宛名が闕けてゐる。しかし本書の目錄には、天正十年十二月十日、本多彌八・高木九助奉之、相原兵部左衞門とある。

小尾祐光に與へたる本領安堵狀（天正十年十二月十一日）

津金十右衞門・同勘七郎本領惠林寺松尾分夫錢拾五貫文・淺川之郷四貫五百文、津金之内棟別壹間免許、堤之郷五貫文等之事

右領掌不レ可レ有二相違一、者守二此旨一、可レ抽二忠勤一之狀如レ件、

天正十年

十二月十一日　御朱印　　阿部善九（正勝）奉之

小尾監物（祐光）とのへ　　〔譜牒餘録後編〕二十四 大御番 小尾源五左衛門

小尾監物祐光が、本領・新知合計三百四十四貫五百文を安堵宛行はれたことは、本年九月七日の文書で見た。本書は再び祐光に對し、三筆合計二十四貫五百文の所領及び棟別を安堵せしめたものである。曩にも述べたごとく小尾監物は巨摩郡逸見筋津金衆の一人である。

甲斐武川衆定置注文（天正十年十二月十一日）

（家康）朱印（印文福德）

武川次衆事

曾雌藤助	米藏加左衛門尉（定継）	入戸野又兵衛（門宗）	秋山但馬守
秋山内匠助	秋山織部佑	秋山宮内助	功力彌右衛門尉
戸嶋藤七郎	小澤善大夫	同名甚五兵衛	同名縫右衛門尉
小尾與左衛門尉	金丸善衛門	同　新三	伊藤新五
海瀬覺兵衛	樋口佐大夫	若尾杢左衛門尉	山本内藏助
石原善九郎	名取刑部右衛門尉	志村惣兵衛	鹽屋作右衛門尉
山主民部丞	青木勘次郎		

右各武川衆所ニ定置一也、仍如レ件、

天正十年

天正十年十二月十一日

〔田中暢彦氏所藏文書〕○武藏　〔譜牒餘錄後編〕三十二 小普請之七 米倉助右衛門

これは朱印があるから、家康文書として扱ふことにした。曾雌藤助以下二十六人を武川衆として定め置いたものであるが、武川衆の人々のことについては、三二三頁を参照のこと。

窪田忠知に與へたる本領安堵狀（天正十年十二月十二日）

權現様御朱印寫

西郡浮分貳拾貳貫文・松林齋分内徳八貫文・龍王川原百三貫五百文・河東内中彌分貳貫文・今井内向久分八貫文・持丸拾四貫貳百七十文・古上條内手作共貳拾貫文、國中力役中嶋市役改替也、夫丸壹人、名田・屋敷・被官等事

右本給不レ可レ有ニ相違一之狀如レ件、

天正十年

十二月十二日　（家康）朱印（印文福德）

成瀨（正一）

日下部（定吉）奉之

窪田（忠知）萱衞門殿

〔御庫本古文書纂〕六 窪田庄兵衛所持

窪田萱衞門忠知は、寛政重修諸家譜卷千三百八十には、萱右衞門とあり、窪田監物忠廉の子である。父忠廉は勝賴滅亡の後、子忠知と共に駿府に赴いて家康に仕へ、本年九月一日、武田家仕官時代に支配してゐた同心を還補せられ、舊領を安堵せられた。十二月遠州秋葉寺で志村貞盈等九人と共に誓書を家康に上り、これより長柄の者を支配し、十一年四月十八日濱松に召され、甲斐國の諸務を沙汰すべきことを命ぜられた。その子忠知は十二月十二日の本書により、甲州において

七筆合計七十七貫七百六十文の地、及び夫丸・名田・屋敷・被官等を安堵せられた。

この窪田父子は、寛政重修諸家譜によれば、再々見える窪田正勝（吉正）・同正重とは全く別の家筋のものである。

河野通重に與へたる本領安堵状（天正十年十二月十二日）

東照宮

万力内貳拾五貫文・市郡内五貫文・八代内五貫文・竹居内三貫文・河原部内五貫文・飯田河原百九貫三百文・小石和内市川惣左衛門分三拾貫文、件之六ケ所役之改替也、并夫丸壹人、名田・屋敷・被官等事

右本給不レ可レ有二相違一之状如レ件、

天正十年

十二月十二日（朱印）（印文福德）　　成瀬（正一）　奉之

日下部（定吉）

河野但馬守殿（通重）

〔弘文莊所藏文書〕○東京〔古文書〕○記錄御用所本河野　河野但馬守通重拜領　同四郎左衛門通案書上

河野但馬守通重は、曩に八月二十日、同心四十五人以下、給分・陣扶持・夫丸・屋敷・名田・被官人・諸役免許等を安堵せしめられたが、今また重ねて所領改替六筆合計百七十七貫三百文の地を宛行はれた。同月通重は遠江國秋葉寺において、志村又左衛門貞盈等九人と共に、家康に起請文を奉り、十一年四月濱松において、甲斐一國の諸務を沙汰すべき旨を仰せ付けられ、九人一紙の證文を與へられた（寛政重修諸家譜千三百七十五）。遠江國秋葉寺にて忠誠の誓書に署名した人名は、家忠日記増補・井伊年譜・濱松御在城記等それ〴〵異同がある。その總人數は濱松御在城記によれば八百九十五人と數へられる。

志村貞盈に與へたる本領安堵狀（天正十年十二月十二日）

權現樣御朱印寫

高畠內鹽屋分拾八貫文・口瀬村內三貫五百文・上村內外記分貳貫五百文・林部內助次郎分拾貫文、熊野河田內夫丸壹人、向山內山共ニ四拾貫文・同五貫文、莚坐・河隔市・西部紺三役、并名田・屋敷・被官等事〇以下安堵ノ文言ナシ、

天正十年

十二月十二日（家康）朱印（印文福德）

成吉（正一）
日下部（定吉）奉之

志村（貞盈）又左衞門尉殿

〔御庫本古文書纂〕六志村勘之丞所持

志村又左衞門尉貞盈の祖先は信濃國志村の住人であつたが、貞盈は武田家に仕へて鎗の者を支配し、勝頼滅亡の後、家康に歸屬、九月朔日、もと支配してゐた同心を還補された（寬政重修諸家譜千二百四十五）。これは八月二十日河野通重が同心四十五人を、九月一日山本忠房が同心二十人を、同日窪田正勝が同心三十五人を、それ〴〵還補されたのと同樣の事柄なのだけれど、貞盈には還補されたときの文書がなく、越えて十二月十二日附で、河野通重・窪田忠知と共に與へられた本領安堵狀がある。この文書は本書ではなく、安堵の文言が闕けてゐるけれど、「本給不レ可レ有ニ相違一」とあつたと推察される。

下條主水佐に與へたる本領安堵狀（天正十年十二月十二日）

甲州下條分二貫五百文、屋敷壹貫五百文、境分貳貫文、并觀音分五百文、名田・被官等事

右本給不レ可レ有ニ相違一之状如レ件、

十二月十二日（家康）（朱印）（印文福德）

（柴）芝田七九郎（康忠）奉之

下條主水佐殿

〔下條文書〕○甲斐

下條主水佐の事蹟未詳。巨摩郡中郡筋に上《かみ》條・中《なか》條・下《しも》條・西《さい》條等の地があり、同族が繁衍した。信玄のとき下條讃岐守といふものがゐた。巨摩郡逸見筋にも上下《かみげ》條・下下《しもげ》條があり、下條民部左衛門といふものがゐた。

甲信における本領安堵と新知宛行とは、そのまま延長して、翌天正十一年のほぼ全部に及んでゐるが、治安の安定に隨ひ、その性格に多少の變化が見られる。殊に十年十二月十三日より十一年閏正月十三日までの間は、その所見がないから、この罅隙を利用して、甲信新附地の軍政・民政の局に當つた諸將を檢出して見よう。

安堵状・宛行状の大部分は奉行を通して出されてゐるが、少數のものは家康自身の署名で出されてゐる。奉行を通して出されてゐるものの中には、本書でないため、その名を逸してゐるものがある。一通の文書に奉行一人の場合もあり、二人が連署する場合もある。それらを通觀して、奉行名を檢出したのだから、その署名數は文書數とは一致してゐない。排列は初見の月日の順序に依つた。安堵狀と宛行狀との區別をせず、同樣に扱つた。

○甲斐における安堵状・宛行状に署名せる奉行の表（天正十年六月十二日より同十二月十二日まで）

奉行	通數	初見月日	（講和後の通數）
曽根昌世（下野守）	二	六月十二日	

天正十年

岡部正綱（次郎右衛門）	二	六月十二日	
大須賀康高（五郎左衛門尉）	四	六月十七日	
小笠原清有（與左衛門尉）	一	六月廿六日	
大久保忠泰（新十郎）	一七	七月十二日	（三）
戸田忠次（三郎左衛門）	一	八月七日	
成瀬正一（吉右衛門尉）	一三	八月九日	（二）
井伊直政（兵部少輔）	四一	八月九日	（三〇）
阿部正勝（善九郎）	八	八月十七日	（一）
日下部定吉（兵右衛門尉）	一三（外ニ連署一通アリ、十一月廿六日）	八月廿日	（九）
榊原康政（小平太）	二	八月廿一日	（一）
内藤信成（三左衛門）	二	八月廿四日	
高木廣正（九助）	二七	八月廿七日	（二四）
松平清宗（玄蕃允）	三	八月廿八日	
山本成氏（帯刀）	二		
本多正信（彌八郎）	三〇	十月六日	（二三）
柴田康忠（七九郎）（郎カ）	六	十一月十七日	（六）
神谷清次（彌五助）	一	十一月廿六日	（六）

同下知状・禁制・課役免許状に署名せる奉行。

	下知状	禁制	課役免許状	月日
阿部正勝	一			二月廿一日
彌三左衛門	一			二月廿一日
善阿彌	一			二月廿一日
本多庄左衛門		二		三月三日
大須賀康高	一			
大久保忠泰			一	
井伊直政			一	八月廿八日

天正十年中甲斐に下付せる諸文書の月別通數表

	安堵状	宛行状	感状	誓書	書状	下知状	禁制	免許状	定書
二月									
三月							三		
四月									
五月									
六月	三	二	一		一				
七月	一	六	二				一	一	
八月	三一	三	三					二	
九月	一三	四		一					
十月	三	三							

十一月	二〇	三	二	二
十二月	六三	五		

甲斐國志所收所領安堵宛行一覽表（天正十年・同十一年）（但、寺社を除く）

年月日	受給人名	所領貫高	合計	其他	奉行名	参考
天正十年 六月十一日	原多門	萩原内本領十五貫文	貫高 一五・〇〇〇		岡部次郎右衞門 曾根下野	士庶部第三
同六月廿三日	古屋甚五兵衞	藏科の内七十貫文	七〇・〇〇〇		岡部正綱・曾根昌世	三
同六月廿三日	河住與一左衞門	十八貫文・常雲院分云云	二七・〇〇五			十一
同六月廿四日	長田織部佐	下曾根知行の内手作前共 五十貫	五〇・〇〇〇		有泉大學奉 大須賀康高印書	六
同六月	和田八郎左衞門 内藤七左衞門	竹居の内七十貫	七〇・〇〇〇		大須賀康高印書	十
同八月十一日	〔御岳衆〕 相原内匠助友 貞	平瀬の内七十貫文・ 龜澤の内五十貫文	一二〇・〇〇〇		岡部次郎右衞門奉	九 1047 —1048
同八月十一日	〔御岳衆〕 相原兵部左衞門 同　惣左衞門 同　才兵衞 同　清三郎 同　九左衞門 同　助五郎 同　善三郎 内藤織部丞	常小地《ぜようこぢ》百貫文 牛句《うしく》七十貫文	一七〇・〇〇〇			1049

同八月十一日	〔御岳衆〕 內藤又右衛門 同　七左衛門 同　九左衛門 下條作右衛門 同　　彌兵衛 鹽入久右衛門 相原淸七郎 石原次右衛門 相原淸九郎 窪寺藤三 知野浮右衛門	百々《どうく》七十貫文 飛野《ひの》二十五貫文 福澤二十五貫文 千塚の内長塚分十貫文	一三〇・〇〇〇			
	〔御岳衆〕 惣加澤《そうかざは》の淸左衛門 同　淸四郎	千塚の内光藏寺分十八貫文	一八・〇〇〇	○惣加澤は草鹿澤村、この二人は御岳衆の部下であらう。		
同八月二十日	市川半兵衛	竈之郷五貫文・一宮五貫文八城五貫文・役知行三十五貫文	五〇・〇〇〇	木戸一間諸役等	（御朱印）	796
同八月二十日	網野因幡守	德和郷九貫文・拙尾郷六貫五百文・安部の地十八貫文	三三・五〇〇	諸役等		三 987
同八月二十日	古屋甚五兵衛	甲州原八日市場七貫文・手作前十三貫文・西原十貫文	三〇・〇〇〇	諸役	（御朱印）	二度目 三 984
同八月廿三日	渡邊半右衛門	南古《なこ》の内七貫五百文・市川大鳥居小澤分二貫文・黑澤内大木後家分五貫文	一四・五〇〇	屋敷二間・名田・山・被官		十四 116
同八月廿四日	河住與一左衛門	鍛冶田の内七澤郷三貫文・藏出五貫文		屋敷二間諸役免許二貫文復役	大久保新十郎奉御朱印	二度目十四 1111
同八月廿九日	長田織部佐	七貫三百十文	七・三〇〇	屋敷一間	（御朱印）	二度目 六 1617

天正十年九月二日	土橋左衞門尉	萬力の内常德寺分十八貫文・延命寺文七貫文	一五・〇〇〇			九一色衆六 1021
同十一月十日	河野助太夫	五ケ村の内手作分十貫五百文	一〇・五〇〇			土屋衆
同十一月廿七日	古屋甚五兵衞	手作前七貫五百文・市之諸役十三貫文	二〇・五〇〇			三度目三 984
同十二月二日	若尾新九郎	十四貫六百文	在家塚棟別免許	六月廿四日大須賀		十三 1097
同十二月三日	依田三郎左衞門	市川本所内篠尾分七十貫文・此定納二十五貫文		名田・屋敷・被官等棟別三百文	十一月一日四奉行印書ありといふ、	
同十二月三日	大垣圖書助	大宿の内手十一貫文・同所百姓分十四貫文・屋敷錢二貫五百文・向山之内三貫文	三〇・五〇〇			九一色衆六 1021
同十二月三日	河野三右衞門	向山の内朝奈分七貫五百文・藤卷の内二貫文		名田・屋敷・被官等		六 1021
同十二月五日	市川惣十郎	小曾内郷三貫文本給			藤木村放光寺代官	十・1055
同十二月五日	石原孫三郎	なし		なし	なし	
同十二月六日	荻原市之尉	窪八幡・淺利・荻原・宮窪・信州井上等	六一・八五〇	棟別免許		三 98.7
同十二月六日	中島新五左衞門	上三之藏内二貫文		棟別一間免許		十一 1076
同十二月六日	相原助之丞 同　才兵衞	金風山参錢三貫文		才助六ニハ棟別一間免許	本多彌八 高木九助奉之	九 1048
同十二月七日	武藤久左衞門	西尾の内十三貫文		西尾内屋敷二間棟別免許	(御朱印)	山縣衆九 1048

同十二月九日	相原神三	御岳参錢三貫文		井伊兵部少輔奉	九 1048
同十二月九日	萩原源五左衛門	萩原内三十二貫五百文（新恩宛行）	三二・五〇〇		三 979
同十二月九日	井尻源三	西野内十一貫文・井尻内分十貫百文	二一・一〇〇	棟別五間免許	三 982
同十二月九日	青沼與兵衛尉	増利内十八貫文・河浦寺地十二貫文	三〇・〇〇〇	市川門屋	十四 1113
同十二月十日	三科次太夫	鹽後内六貫六百文・萱兵衛名田内徳四貫文	一〇・〇〇〇		三 983
同十二月十日	渡邊但馬守	萬力内正徳寺分十八貫文・成澤關五貫文	二三・〇〇〇		六 1022
同十二月十日	渡邊次郎兵衛尉	向山内三貫・藤卷内三貫文・山の口二貫文・精進郷關共一貫文・駿州阿野莊興國寺領彌三左衛門分七貫文	一六・〇〇〇		六 1020
同十二月十一日	保坂甚五左衛門	大鳥居分手作分一貫三百文・同所小澤分一貫文・新所分手作前一貫七百文	四、〇〇〇	棟別二間免許	十四 1114
同十二月十一日	小澤管之丞	大鳥居内手作前十三貫八百文・同所尾澤分一貫文	一四・八〇〇		十四 1115
同十二月十一日	竹居與一右衛門	本給合二十三貫四十文	二三・一四〇		三 973
同十二月十一日	田草川兵部助	鹿野河・窪八幡・河内・逸見の岩下等にて十三貫文	一三・〇〇〇		三
同十二月十一日	網野新右衛門	本給三貫文	三・〇〇〇		三 986

天正十年十二月十日	土橋大内藏丞	向山内三貫文・藤巻内五貫文・古關郷平河郷關共四貫文・厚原内興國寺領右近分七貫文	一九・〇〇〇		六 1021
同十二月十三日	田邊佐左衞門	新恩小曽内十貫五十文	一〇・〇五〇		三 981
同十一年三月廿八日	若槻五郎兵衞尉	中牧・室伏等にて十八貫文	一八・〇〇〇		二 972
同三月廿八日	白井三右衞門	千野内アブスリ分・河東玄賀分・駿州藏出、合計十六貫餘	一六・〇〇〇		四 1004
同三月廿八日	今井肥後守	鎌田今井之内三十五貫文	三五・〇〇〇		七 1025
同三月廿八日	飯田甚五左衞門尉	藏田内・室伏内（貫高記載なし）			九 1057
同五月六日	甘利兵部助	岩崎内二十八貫八百七十六文	二八・八七六		五 1010
同五月六日	□□平太	西新居・長正寺分・金竹分・手作前北岡分四十貫餘	四〇・〇〇〇　棟別		五 1015
同九月二日	丸山雅樂助	新給（カ）三貫四百文	三・四〇〇		二 967
同九月十七日	網藏雅樂助	市川郷戸《がうと》手作前十貫文	一〇・〇〇〇	井伊兵部少輔奉	十六 1134
同十三年七月七日	渡邊囚獄佐	本領百七十三貫百八十五文（安堵）	一七二・一八五		六 1023

戰後の經略も一段落に達し、年末も近づいたので、家康は、大久保忠世・鳥居元忠・平岩親吉・柴田康忠・成瀬正一・日下部定吉等を留めて甲斐・信濃の庶政に當らせ、古府を引揚げて遠江濱松に歸ることにした。そのうち大久保忠世は信濃佐久郡平定の任に當り、柴田康忠は信濃諏訪郡高島城を守り、平岩親吉は甲府を守つて甲斐郡代となり、鳥居元忠は郡內に所領を與へられてゐるから、岩村城を守つたことと思はれる。但、郡內領（都留郡）は鳥居元忠の所領であり、河內領（南巨摩郡・西八代郡の一部）は穴山信君の遺子勝千代の所領であるから、平岩親吉はこれを除ける山梨・巨摩・八代の三郡を管轄したのであつた。成瀬正一・日下部定吉は甲斐の奉行となつた。正一・定吉は奉行として九年間、家康の關東移封のときまで在任した（譜牒餘錄・寛永諸家系圖傳・寛政重修諸家譜等）。

そのほか武田氏の遺臣で歸屬した諸士中の市川以清齋（昌忠）・工藤玄隨齋（喜盛）・岩間大藏左衞門を、平岩親吉・成瀬正一・日下部定吉等に召加へて國中の巷說を注進させた（御年譜微考）。甲斐國志には、四奉行として、櫻井・石四右・玄隨齋・以清齋を擧げ、櫻井は安藝守であらうし、石四右は石原四郞右衞門昌明であり、玄隨齋は工藤源左衞門喜盛であり、以清齋は市川備後守元松であるとし、二宮神社に四人連名花押の文書があるが、その他は皆黑印なので、これを四奉行黑印と稱すと記し、更に、この四人の外に今井九兵衞・跡部九郞右衞門・駒井榮富齋等を雜へ、三印・四印連署の文書もあると述べてある（甲斐國志人物部九）。家康の定めた職制は、甲州統治の機關として、天正十八年の關東移封まで續いたのである。

甲州の始末をつけておいて家康は引揚げたのだが、出發の日時や濱松歸著までの旅程はあまり明かでない。御年譜微考卷六には「十二月二十一日甲府御發駕」とあり、寛政重修諸家譜卷九百四十七、成瀬正一の條には「十二月二十一日、平岩親吉をして甲府の郡代たらしめ、正一・定好（日下部定吉）等奉行職となりて國政を沙汰し、これより彼地に在住すること凡九年に及ぶ」とあり、御年譜微考には、「十二月十二日古府中に御陣を召され、三州の諸将參候して御目見を遂らるる處に（中略）、十二月廿一日甲府御發駕、遠州濱松に還入なされける」とあるが、鳥居家中興譜には「大君十二月十二日甲州御出馬、濱松に還御、元忠猶甲州を守て留る」とあり、松平家忠の動靜を記述した家忠日記によれば、家忠は十二月十一日古府に出仕し、「明日歸陣候へ」と命ぜられ、十二日には駿河大宮に至り、十三日には宇津谷に至り、十四日には原川に至り、十五日には吉田に至り、十六日には三河深溝の居城に歸著したと記してある。これらを考へ合せた上、十二月十二日附の本領安堵狀四通を最後として、甲州に關する家康文書が見當らないことによつて推測すれば、家康は、十二日出發したとするのが正しいであらう。十二日より二十一日まで、無爲に過したとは思はれない。

多事多端を極めた天正十年は、このやうにして家康人生の背後に辷り去つてしまつた。

尙、ここに本年十二月二十三日附で家康の家臣が駿河臨濟寺に與へたる寺領寄進狀の奉書がある。それは、家康に宛てたる正親町天皇の綸旨、四辻公遠の書狀等に基くものであるから、これを家康文書に准ずるものとし、參考として左に揭げる。

〔參考〕家臣內記昌繼・古槇眞玖が駿河臨濟寺に與へたる寺領寄進の連署奉書（天正十年十二月二十三日）

林際寺（臨濟）御寄進之分

拾六貫五百貳拾文　大岩之內

除此外宮役

六貫貳百五拾文代方　　同所

拾貳貫六百拾文　　江尻七日市場之内藏福寺分

八百文　　代方　　同所

壹貫四百文　　同所東泉寺方

七百六拾文　　同所長德庵之内

此内貳百文代方

四拾五貫貳百六拾文　　長崎之内

拾六貫四百文　代方　　同所

除此外靑山神田錢

合百貫文

右御本領之内ニ付而、如レ此御寄進之旨被仰出候、仍如レ件、

（天正十年）壬午　十二月廿三日　　内記豐前守

昌繼（花押）

古槇五郎右衛門尉

眞玖（花押）

林際寺　御納所

天正十年

〔臨濟寺文書〕〇駿河

本書は家康の朱印がないから、家康文書としては扱いにくい。しかし「右、御本領之内ニ付而、如此御寄進之旨被仰出候」とあるので、内記昌繼・古槇眞玖の二人が、家康の旨を奉じた出したことが判るから、奉とも奉之ともないけれど、これを兩名の連署奉書として掲記することにした。内記豐前守昌繼・古槇五郎右衞門眞玖については、經歷や立場が明かでない。但、内記昌繼がもと武田氏の家臣であり、後に家康に歸屬したことは別の史料によつて推知せられる。

本書によれば、家康が臨濟寺に寄進したる寺領は、駿府の大岩の内をはじめ、江尻七日市場の藏福寺・東泉寺、長德庵分、長崎の内等合計百貫文の地であつた。これは八月上旬の女房奉書・四辻公遠書狀、誠仁親王令旨などに由來するのであるから、左にこれを別記する。

〔參考附載〕駿河臨濟寺の再興につき家康に賜れる正親町天皇女房奉書（天正十年八月三日）

猶とうこく《(東谷)》をしようより申され候へく候、

するかの國りんさい寺の事、せんてうのちよくくわんしよ、しさ《(い)》ある事候まゝ、このたひきつとさいこう候やうに申つけられ候はゝ、へつしてよろこひ覺しめし候はんするよし申とて候、かしく、

とく川左京の大輔《(夫)》とのへ

〔臨濟寺文書〕〇駿河

〇變體假名を普通假名に改む

大龍山臨濟寺は、駿府賤機山麓大岩に在り、今川氏親が、三男承芳のために、亡母伊勢氏北川殿のあつたところに寺を建てて善得院と號したのがはじめであり、天文五年四月ここに葬られた今川氏輝の法號臨濟寺殿用山玄公大居士に因みて大龍山臨濟寺と改名した。氏親の三男承芳は、富士郡善得寺にゐたが復飾して亡兄の後を承け、今川治部大輔義元と名乘つた。臨濟寺では大原雪齋が住持となり、本山妙心寺中靈雲院僧大休を請して開山とし、自分は第二世となつて、今川家の執權を兼攝した。大休は後奈良天皇道學の師範であり、その關係によつて臨濟寺は一國一寺の勅願所とせられ、勅東海最初禪林と稱した（靜岡市史第四卷參照）。臨濟寺は武田勝賴が駿河に侵入したとき炎上し、天正十年三月、家康がその賤機砦を攻めたときまた炎上したので、正親町天皇は、この女房奉書を下して、家康に再興を命じたのである。尚、これには日附がないけれど、次の四辻公遠の添狀により八月三日としておく。

〔參考附載〕同四辻公遠より家康に遣れる書狀（天正十年八月三日）

雖下未二申通一候上令レ啓候、抑駿刕臨濟寺之事、先皇様（後奈良天皇）勅願寺異二于他一靈場候、先年武田（信玄）入國之刻伽藍炎上候間、則被レ仰二出再興一候、然者春中（天正十年三月）又炎上由候間、建立之儀貴殿（家康）へ御奉書候、同東國（谷）和尚（宗果）へ親王様（誠仁）被レ成二御筆一候、於二其國一勅願寺限二一ケ寺一事候間、僧衆堪忍等萬端馳走候者、彌可レ爲二武運長久基一候、猶如雪齋・本田（多）作左衛門尉（重次）兩人へ申候、可レ有二傳達一候、恐々謹言、

（天正十年）八月三日　公遠（四辻）

德河（家康）殿

〔臨濟寺文書〕○駿河

四辻公遠はこのとき正二位權大納言であるが、家康とは舊知の間柄ではないから、特にこの書狀を認めるに至つた事情は明かでない。その書中には臨濟寺が後奈良天皇の勅願寺なること、先年信玄入國のとき炎上せるに付、再興を仰せ出されたこと、本年の春再び炎上せるに付、このたびは家康に對し女房奉書を下されたこと、誠仁親王よりは東谷和尚に對し、その旨を申し傳へたこと、駿河國の勅願寺は臨濟寺だけであるから、再興に盡力せられたきこと等を述べてある。誠仁親王の令旨は次の如し。

〔參考附載〕誠仁親王より東谷和尚に賜れる令旨（天正十年八月四日）

大龍山臨濟寺者、爲二後奈良院勅願所一、本光國師（大休宗休）開山、護國禪師（太原崇孚）創建也、近年伽藍罹二于兵火一、命二國司一漸可レ企二再興一者也、

（天正十年）八月四日　（誠仁親王）（御花押）

國司とは家康を指す。これは陽光院誠仁親王より東谷宗果に對し、家康をして臨濟寺を再興せしむることを傳へた令旨である。このとき臨濟寺の住持は鐵山和尚であつた。東谷宗果は大原雪齋の弟子で先住であり、當時駿河天澤寺にゐた。

東谷和尚禪室

天正十一年（1583）家康四十二歳。

天正十年における甲州經營の成功によつて、家康の社會的地位は一段と高まり、その聲望も亦四方に擴まり、天正十一年に入つては、家康は中央における政局の變動に一役を振り當てられるまでに到達した。家康はこれに關心を持つてゐたけれど、これに接觸することを避けて、甲信經營の强化に力を注ぎ、特に重點を信州經營においた。これは地理的・歴史的事情の當然の結果である。

武田氏の滅亡によりて甲信地方における勢力分布の舊體制が崩れ、これに代るべき新體制の建設が緒に著かないうちに織田信長が突然死亡したので、この地方には、土著の諸豪族の擡頭と、外部勢力の侵入との二つの現象がおこつた。深志（松本）城の小笠原貞慶、高島城の諏訪頼忠の再起は前者の著しい例であり、南よりする徳川家康と、北よりする北條氏直とは後者の例である。そのうち家康は氏直に先んじて甲州本部を占據し、尋で氏直と和睦して甲州全部を確保したから、甲州東部の郡内地方も完全にその統治下に入り、天正十一年に入つては、大きな不安を感じないやうになつた。

しかし信州は、そのやうに簡單に處理し得る所でない。土地が廣大であり、山脈と河川と湖沼とによつて多くの區域に分れ、土著の小豪族が分立してをり、北よりは上杉氏、南よりは武田氏が侵入して多年勢力を爭ひ、武田氏滅亡の後には東より北條氏が侵入し、南よりは德川氏が侵入し、土著の小豪族は、三氏の勢力角逐の渦卷の中で、去就に動搖する有様であつた。海野（上田）の眞田昌幸が、武田氏を離れてより、織田氏に從ひ、北條氏に從ひ、上杉氏に通じ、德川氏に屬するに至つたごときはその一例である。

集散去就の常なき信州經略のうち、三河・遠江と接する南信伊奈地方の綏撫は割合に早く成功した。これを除けば甲州と接する佐久郡と諏訪郡とは、一時北條氏直の掌中にあつた地方であり、佐久郡の依田信蕃の力だけでは十分でなく、諏訪郡の諏訪賴忠はまだ服屬してゐない。まして小縣・更級・東筑摩・北安曇諸郡の土豪には威令が及ばず、高井・水内二郡の北信地方には、上杉景勝の勢力が浸透している。これを放置すれば、景勝は南下して中信地域を脅す恨れがある。故に家康から見れば、北條氏侵入の危險を解消した上は、進んで上杉氏を拒否して信州の諸豪族を服屬せしめねばならず、これを成さざれば甲州の治安を維持し得ないのである。天正十一年の家康が、信州經營に重點を置き、前後二回に亘り、甲府に出向したのは、實にそのためであつた。

そこで天正十一年における家康の動靜を見ると、次の五期に分つことができる。

(1)濱松在城の時期（年初より三月二十八日まで）

(2)甲州出向の時期（三月二十八日より五月九日まで）

(3)再び濱松在城の時期（五月九日より八月二十四日まで）

(4)甲州及び駿州に出向した時期（八月二十四日より十二月四日まで）

(5)三たび濱松在城の時期（十二月四日より十二月三十日まで）

(一)濱松在城の時期

この時期を三月二十八日までとしたけれど、この日は家康が甲府で諏訪頼忠以下に宛行狀・安堵狀などを與へた日であり、甲府到著はそれより以前であつたらしく、隨つて濱松出發は、尙、その以前に遡るべきであるが、それが未詳なので、姑くこの日にかけておいたのである。

いづれにせよ、去年十二月甲州より濱松に歸つてより足掛け四ヵ月間に、中央の政局は、羽柴秀吉對柴田勝家の抗爭をめぐつて二大陣營に分れ、十二月二十日には、秀吉は西美濃の大垣に入つて岐阜を威壓し、岐阜の織田信孝は懼れて同月二十日織田秀信(三法師丸)を出して和を請うた。秀信はこれより安土城に居住した。秀吉は山崎で越年し、天正十一年正月一日、姫路に赴いたが、閏正月の初めには安土に至つて秀信及びその後見として來てゐた織田信雄に歲首を賀し、十五日上京、二月の初めには近江に在りて兵を會し、勝家に對する用意を整へておいて十日伊勢に入り、瀧川一益の諸城を攻めた。北國の雪に阻まれてゐた勝家は三月に至り近江に兵を出し、その將佐久間盛政は、三日越前北莊を發し、尋で近江の柳瀨に陣し、勝家は伊賀衆を唆かして南近江に一揆を起させやうとしたり、毛利輝元の所に身を寄せてゐる前將軍足利義昭を押し立て、輝元の援助を得て秀吉を夾擊しようと謀り、四日義昭の老臣眞木島昭光に書を遺つたりした。

これより先、義昭が京都に復歸しようと希望することを實現させようとして、輝元は柴田勝家・德川家康の助力を求めたのに對し、勝家は二月十三日輝元の將吉川元春にこれを承諾する返書を遺り、三月二十日以前に、近江に出兵すべき旨を通告しておいたのだから、この際、輝元の蹶起を促したのは尤もな次第である。家康の輝元に對する二月十四日附の返書は後に採錄してあるが、この誘引に乘じて進出すれば、家康も亦、中央政局の渦中に投ずる關頭に立つことになるのであつた。

秀吉は、二月十日以來伊勢にゐたが、柴田勢の南下を聞いて、後事を在陣中の信雄に託し(小村文書)、引返して三月十一日近江佐和山城に到り(兼見卿記)、北上して十七日賤ヶ岳を占據した(小村文書)。そして二十七日には長濱城に居り、木本・柳瀬附近一帶には、戰塵が黑く低迷してゐた。山雨將に至らんとして風樓に滿つる槪がある。

このとき家康は濱松を出でて甲府に入り、二十八日附を以て信州の諏訪賴忠に諏訪郡を宛行ひ、甲州武田氏の遺臣十二人にそれ〲甲州における本領安堵狀を與へた。乃ち、ここにいふ第一濱松在城の時期は、所謂柳瀨の役(或は賤ガ岳合戰)以前、第二甲州出向の時期は、その戰鬪・勝家滅亡・戰後處理といふ中央における重大な變革を背景としてゐることを忘れてはならない。中央におこれる乾坤一擲、龍攘虎搏の活劇をよそに見て、四十二歲の家康は、毫しも見榮えのない地方經營に矻々として骨を折つてゐたのである。

尙、この一期中、家康が正月十六日より閏正月一日まで約半ヶ月ほど、濱松を離れてゐたことを附記しておく。一月十六日家康は濱松から岡崎に來り、同十八日、尾張淸洲から來た織田信雄と星崎《ほしさき》で會見した(家忠日記)。星崎は熱田と鳴海の中間にある舊庄名で、今は笠寺の南の地方を星崎村といふ。家康は會見のために尾張に行つたのであるが、會見の內容については所傳がない。或は信雄が岡崎に來たのだといひ、信雄は秀吉・勝家の不和を語り、家康に依賴することがあつたのだといふ所傳もある(御庫本三河記・續本朝通鑑・武家事紀)。それより二十日、家康は吉良に鷹狩に行き、閏正月一日濱松に歸つた(家忠日記・御庫本三河記)。吉良に滯在中、何をしてゐたかの所傳はない。またこの濱松不在中に出した文書もない。

さて第一濱松在城期の家康文書は三月二十七日を限度として數へると、二十八通ある。その內譯は本領安堵狀十八通・新知宛行狀一通・下知狀一通・書狀八通となる。

井伊直政に遣れる書狀（天正十一年正月十二日）

急度以二飛脚一申候、高藤（遠）口甲（押カ）人數つかわし候、そのはうの同心の物主つかわし候へと申候や、忘候間、飛脚進候、申候はつは、清三郎（木俣守勝）かたれにてもつかわし候へく候、恐々謹言、

（天正十一年）卯
正月十二日　家康（花押）

井伊兵部（直政）殿

〔木俣文書〕〇近江

武田勝頼滅亡の後、家康は甲斐・信濃の經略に從ひ、天正十年十二月には、甲斐の士數十名に對し、それ〴〵本領を安堵し、或は替地を宛行つたが、天正十一年に至り、信濃の高遠口の押として、甲信の兵を動かすに方り、この自筆の書狀を井伊直政に遣り、その家臣木俣清三郎守勝を副として、出陣せしめた。本書は家康の自筆であるが、直政はこれを守勝に與へたので、木俣家に傳はつた。原本の變體假名をこゝでは普通假名に改めた。

有泉信閑・穗坂常陸介に遣れる書狀（天正十一年正月十三日）

猶々委内藤平左衛門（忠次）口上可レ申候、

急度申越候、其家中人數悉召連、甲府へ差越、岡部次郎右衛門尉（正綱）・平岩七助（親吉）令二談合一、彼指圖次第、河口・河尻ゟ、又新府迄ゟ相移、時宜可レ然之樣行等肝要候、少も不レ可レ有二由斷一候、恐々

謹言、

（天正十一年）正月十三日　家康公御判

穂坂常陸介殿

有泉（信閑）大學助殿

〔寛永諸家系圖傳〕百七十二

穴山梅雪の遺臣有泉大學助信閑・穂坂常陸介が家康に歸屬し、笛吹川の邊の一揆を討つて褒せられた六月二十二日附の書狀は曩にこれを掲げ、尋で家康の部將を案内して北上すべきことを命ぜられた七月三日附の書狀も亦これを掲げた。本書はその翌十一年正月、家康より兩人に遺れるもので、兩人共部下を率ゐて甲府に赴き、岡部正綱・平岩親吉と談合し、その指圖によりて、河口・河尻の地か、或は新府かに兵を屯すべきことを命じてゐる。その旨を傳へたのは内藤忠次である。

（寛永諸家系圖傳・寛政重修諸家譜參照）

間宮信高・小濱景隆に遺れる書狀（天正十一年正月十三日）

急度申越候、仍甲府ニ指置候岡部次郎右衛門（正綱）、手先へ指遣候間、其方兩人甲府へ罷越、留守之儀堅申付、諸事不レ可レ有ニ油斷一候、爲レ其申越候、恐々謹言、

（天正十一年）正月十三日　家康

小濱（景隆）殿

間宮（信高）殿

猶々、内藤平左衞門(忠次)口上相含候、

〔寛永諸家系圖傳〕百二十九

小濱景隆は民部左衞門尉といひ、後、伊勢守と改む。武田氏滅亡の後、家康に仕へ、駿河にて千二百石の所領を宛行はれた。間宮信高は虎之助とも造酒丞ともいふ。本書は家康が景隆・信高兩人を岡部正綱の手に屬せしめて甲府の留守を勤めしむるに方り、兩人に遣れる書狀である。このとき景隆等にその命を傳へたのは内藤平左衞門忠次であつた。（寛永諸家系圖傳・寛政重修諸家譜）本書は譜牒餘錄及び記錄御用所本古文書にも收錄してある。

飯田半兵衞に遣れる書狀（天正十一年閏正月五日）

信雄至二安土一被レ成二御著城一候御樣子、各宿老中御馳走被レ申旨、委細被二示越一、為悅候、於二此方一、我々大慶可レ有二推量一候、尙期二重音一候、恐惶謹言、

(天正十一年)閏正月五日　　家康御判

飯田半兵衞殿

〔譜牒餘錄〕五十六織田山城守〔黃薇古簡集〕五〔雜錄〕七

天正十一年閏正月四日、北畠信雄は近江安土に赴き、織田秀信が幼少なるにより、その名代として諸事を見ることとなつた（多聞院日記・秀吉事記）。本書は信雄安土到著の翌日、家康が信雄の老臣飯田半兵衞より、信雄安著の報を得て、これに答へて祝意を表せるものである。

山下内記に與へたる本領安堵狀（天正十一年閏正月十四日）

甲州本領下河原三百拾五貫文・青沼拾貫文、河東米座役五拾貫文、大野寺内壹貫貳百文、棟別

十三間、諸役免許等之事
右領掌不レ可レ有ニ相違一之状如レ件、
御朱印
天正十一年
後正月十四日
山下内記殿
〔譜牒餘録〕二十五 井伊掃部頭附家臣 山下又右衛門

山下内記は去年八月二十日指出により、八十一貫二百文の地等を安堵せられたが、本日重ねて朱印状を與へられ、下河原・青沼・米座役・大野寺內、以上合計三百三十六貫二百文を安堵せしめられた。

水上利光に與へたる本領安堵狀（天正十一年閏正月十四日）

東照宮御判物
甲州本領中條內貳百貫文等之事
右領掌不レ可レ有ニ相違一之状如レ件、
天正十一年
閏正月十四日
水上（利光）六郎兵衛尉殿
〔古文書〕〇記録御用所本 水上 水上六郎兵衛利光拜領、同帯刀正相書上

水上六郎兵衛尉利光は天正十年九月五日合計四百貫文の本領を安堵せしめられたが、この度はそのうち中條內二百貫文だ

けを安堵せしめられ、信州小松二百貫文の地を削られてある。前回は指出による申告に基いたものであつたのを再検討されたのかもしれない。

日向政成に與へたる本領安堵狀（天正十一年閏正月十四日）

大神君御判物之寫

甲刕南竹居之内三拾五貫文、村山之内安林寺分手作分七貫三百文・内分□（コノ字ハ判讀不可能）三百文、同所林敎寺分五百文・駿刕厚原之内七拾貫文之事

右爲二本領一之間、如二前々一不レ可レ（有脱カ）二相違一之條如レ件、

天正十一年

後正月十四日　　御判

日向傳次（政成）とのへ

〔古文書〕十二　日向傳右衛門家藏

日向傳次郎政成は武田勝頼に仕へ、勝頼没落ののち、岡部正綱・曾根昌世の手に屬し、北條氏の兵と戰つて功あり、信濃佐久郡の度々の合戰にも高名を現し、家康に見えて家人に列した。家康は政成の母に甲斐竹居村の地を與へ、本日更に政成にこの文書を與へて甲斐南竹居・村山・內分の內、及び駿河厚原の內で合計百十三貫一百文の地を安堵せしめた（寛政重修諸家譜百二十二）。

高林昌重に與へたる本領安堵狀（天正十一年閏正月十四日）

東照宮御朱印

甲州本領押越鄉七拾貫文・八代內六貫文・山宮內壹貫三百文・小林內貳貫文、山崎鄉棟別三間

免許等之事

右領掌不レ可レ有ニ相違一之状如レ件、

天正十一年

閏正月十四日　御朱印

高林又十郎（昌重）殿

〔古文書〕高林○記録御用所本　高林又十郎昌重拜領、同又十郎昌積書上

高林又十郎昌重は信玄・勝頼に仕へたが、勝頼没落ののち、家康に歸屬し、この日、甲斐押越郷・八代內・山宮內・小林內合計七十九貫三百文、及び押越郷棟別免許を安堵せしめられた（寛政重修諸家譜二百十七）。

西山昌次に與へたる本領安堵狀（天正十一年閏正月十四日）

東照宮

甲州本領三井分寺社領共爾三拾五貫文、并夫丸壹人、升（枡カ）役三拾貫文等之事

右領掌不レ可レ有ニ相違一之状如レ件、

天正十一年

後正月十四日　（家康）朱印（印文福德）

西山八（昌次）右兵衛尉殿

〔古文書〕西山○記録御用所本　西山八右兵衛尉昌次拜領、同勘負昌壽書上

西山八右兵衛尉昌次は武田信玄に仕へ、後、太郎義信に屬し、勝頼没落ののち家康に歸し、この日甲州三井分三十五貫文の本領、并に夫役・枡役を安堵せしめられた。家康の關東移封後、武蔵高麗郡の內において百二十石餘の所領を與へられた（寛政重修諸家譜七百九十三）。

天正十一年

大木親照に與へたる本領安堵状（天正十一年閏正月十四日）

東照宮御判物
甲刕大木郷内七貫五百文、中郡紺座五拾貫文、南條之内五貫文、泉郷内棟別壹間免許、并名田
知行付（被カ）諸官等之事
右爲ニ本給一之旨、不レ可レ有ニ相違一之状如レ件、
天正十一年
後正月十四日　御朱印
大木初千代（親照）殿
〔古文書〕大木〇記錄御用所本　大木才兵衛親照拜領、大木才兵衛親慈書上

大木初千代は去年九月七日父親忠戰死の後、遺跡を繼いで六十二貫五百文の本領を安堵せしめられたが、今年またこの安堵状を與へられた。去年のものは指出の申告に基いてゐるが、今年のものは全く同一で變化がないから、そのまま再確認されたのである。但、棟別二間免許が一間になつてゐる。これも幼名だから、やはり元服前と思へる。成人の後、才十郎・才兵衛と改め、親信・親照と名乘つた（寛政重修諸家譜二百二十四）。

牛奥昌茂に與へたる本領安堵状（天正十一年閏正月十四日）

東照宮御判物
甲州本領上石森内六拾貫文、棟別壹間免許事
右領掌不レ可レ有ニ相違一之状如レ件、
天正十一年

後正月十四日　御朱印

牛奥與《（昌茂）》三左衛門殿　〔古文書〕牛奥〇記録御用所本　牛奥與三左衛門昌茂拝領、同新五左衛門昌福書上

牛奥與三左衛門昌茂は信玄・勝頼に仕へ、武田氏没落ののち家康に歸屬し、この日上石森内六十貫文の本領並に棟別を安堵せしめられた。

長井吉昌に與へたる本領安堵状（天正十一年閏正月十四日）

東照宮御判物

甲刕本領河内之内五拾貫文・志田内參拾俵・小松屋敷五貫文、淺利内夫丸壹人等之事

右領掌不レ可レ有ニ相違一之狀如レ件、

天正十一年

後正月十四日　御朱印

長井《（吉昌）》又五郎殿　〔古文書〕永井〇記録御用所本　永井又五郎吉昌拝領、同五右衛門昌純書上

長井又五郎吉昌は去年八月十六日百五貫百文の地を、尋で十二月九日六十七貫五百文の地を安堵せしめられたが、このたび本領五十五貫文・屋敷五貫文・外に三十俵・夫丸等を安堵せしめられた。

青沼昌世に與へたる本領安堵状（天正十一年閏正月十四日）

東照宮御判物

甲州本給青沼分拾五貫文、大下條棟別拾五貫文、德役拾貫文、河内半夫事

天正十一年

右領掌不レ可ニ（有脱カ）相違一之状如レ件、

天正十一年

後正月十四日　御朱印

（昌世）
青沼縫殿介殿

〔古文書〕青沼○記錄御用所本　青沼縫殿介昌世拜領、同勘次郎政義書上

青沼縫殿助昌世は昌興ともいふ。信玄・勝頼に仕へ、靑沼郷を知行し、武田家没落ののち家康に歸屬し、この日靑沼分本領棟別・德役等合計四十貫文並に半夫を安堵せしめられた。家康の關東移封後、武藏・上總にて二百石餘を知行した（寛政重修諸家譜百四十四）。

早川彌三左衛門尉に與へたる本領安堵狀（天正十一年閏正月十四日）

甲州本領前間田參拾五貫文、同所夫丸半、一宮之内四貫文等之事

右領掌不レ可レ有ニ相違一狀如　件、

（附箋）
「權現樣御朱印寫」
天正十一年

閏正月十四日　（家康）朱印（印文福德）

早川彌三左衛門尉殿

〔早川文書〕○甲斐

早川彌三左衛門尉は甲斐國志に名を幸豐としてあり、馬場美濃守の將で、兵學に秀で、後に井伊家に屬したと記してある（甲斐國志九十八、人物部七）。武田信義の八男中尾村を領し、中尾八郎昌福となり、米倉村に住みて、その地をも中尾と

號し、後、早川氏に改めた。永祿のころ早川肥後守といふものあり、その子彌三左衞門・半兵衞の二子は、共に土屋衆である。半兵衞の男七兵衞は浪人して八代郡大石和筋中尾村に居住したともある。早川彌三左衞門は井伊兵部直政の同心衆となつた（同書百五十士庶部四）。彌三左衞門は慶長五年七月八日死し、位牌は前間田村光照寺にある（同書百六十士庶部五）。本書は彌三左衞門が前間田・一宮合言三十九貫文并に夫丸等の本領を安堵せしめられたものである。

新津彌三左衞門尉に與へたる本領安堵状（天正十一年閏正月十四日）

甲州本領前間田郷參拾五貫文、同所夫丸半、一ノ藏之内四貫文等之事

右領掌不レ可レ有二相違一状如レ件、

（附箋）「權現公樣御朱印寫」
天正十一年

閏正月十四日　朱印（家康）（印文福德）

新津彌三左衞門尉殿

〔早川文書〕○甲斐

新津氏のことにつき、甲斐國志には平賀の流三郎信資が、越後新津保を領したので新津氏と稱し、新津彥次郎義門は上杉謙信に仕へて丹波守となつた。新津右京の子某が甲州に來て武田信玄に仕へたので、甲州にも新津氏がゐるのであると記してある（甲斐國志百十四士庶部十三巨摩郡西郡筋）。新津彌三左衞門尉はその一族であらう。前掲早川彌三左衞門尉と同一人らしい。

山本十左衞門尉に與へたる本領安堵状（天正十一年閏正月十四日）

甲州本領相田郷參拾五貫文・下河原内壹貫六百文等事

右領掌不レ可レ有ニ相違一候狀如レ件、

天正十一年

後正月十四日（家康）（朱印）（印文福德）

山本十左衞門尉殿　〔古文書雜纂〕一

山本十左衞門尉の事蹟未詳。山本氏のことは甲斐國志九十六人物部五に、山本勘助・山本土佐守・彌右衞門・彌三衞門・三右衞門・孫右衞門忠房・山本帶刀成行等の名があり、同書百十三士庶部十二巨摩郡武川筋の部に山本內藏助正秀・同新八郎昌吉・同左近丞秀次、それから小人頭山本土佐の名がある。尚ほ、山本彌右衞門が所領を安堵せられたことは、天正十年八月十一日、九月一日、十二月十日の三回に亙つて見えてゐるけれど、十左衞門尉との關係は明らかでない。

雨宮昌茂に與へたる本領等安堵狀（天正十一年閏正月十四日）

東照宮御判物

甲州本領上河東內拾五貫文・同所籾子參拾俵・一宮大膳坊分八貫文、同夫丸壹人、田屋々敷、

諸役免許等事

右領掌不レ可レ有ニ相違一狀如レ件、

天正十一年

閏正月十四日　御朱印

雨宮與十郎殿（昌茂）

〔古文書〕○雨宮記錄御用所本　雨宮與十郎昌茂拜領、同濟三郎正寔書上

雨宮與十郎昌茂は勝頼に仕へ、その沒落後家康に歸屬し、信州前山城攻めに功あり、この日、上河東・一宮等合計二十三貫文の本領、籾子三十俵、夫丸・屋敷・諸役免許等を安堵せしめられた。家康關東移封ののち、上總にて百五十石の采地を與へられた（寛政重修諸家譜二百三十九）。

土屋正久に與へたる本領等安堵狀（天正十一年閏正月十四日）

甲州本領國衙內貳拾參貫文、棟別貳間、諸役免許等事

右領掌不レ可レ有ニ相違一狀如レ件、

天正十一年

閏正月十四日　（家康）朱印（印文福德）

土屋源三（正久）殿

〔原文書〕〇甲斐

土屋源三正久は武田氏の家臣である。父次左衞門正家は天正三年長篠合戰のとき討死した。源三正久は勝頼沒落の後、本書によって二十三貫文の本領と棟別・諸役免許等を安堵せしめられたが、後、武藏高麗郡に移封せしめられた（寛政重修諸家譜五百五十）。

有賀種政に與へたる本領等安堵狀（天正十一年閏正月十四日）

東照宮御朱印

甲州成田之內拾八貫文、并米藏鄉夫丸壹人、如ニ前々一令ニ還補一、成田・夏目原於ニ兩鄉一棟別、

或者普請諸役等免許如（等カ）之事

天正十一年

右爲ニ本領一之間、如ニ前々一不レ可レ有ニ相違一候狀如レ件、

天正十一年

後正月十四日　御　印

有賀式部助（種政）殿

〔古文書〕〇記錄御用所本 有賀　有賀式部助種政拜領、同吉次郎種凊書上

有賀式部助種政は勝頼に仕へたが、武田家沒落ののち家康に歸屬し、北條氏の兵と戰つて功あり、この日成田内十八貫文の本領・夫丸を還補、棟別・普請諸役等を安堵せしめられた。家康の關東移封後、武藏において二百五十石の地を與へられた（寛政重修諸家譜三百五十五）。

鷹野喜兵衛尉に與へたる本領安堵狀（天正十一年閏正月十四日）

（甲州）□□公文分拾八貫文、甘利之内七貫文之事

右爲ニ本給一之間、不レ可レ有ニ相違一候狀如レ件、

天正十一年

後正月十四日　（家康）朱印（印文福德）　井出甚之助（正次）奉之

鷹野喜兵衛尉殿

〔舊公文富士家文書〕

鷹野喜兵衛尉が本領を安堵せしめられたことは、去年八月九日の文書に見えてゐるが、再度交付せられたこの文書では、駿州大宮の内四十三貫文を除いてあるので、合計二十五貫文に減じてゐる。奉行者は井出正次である。

上井出宿中に與へたる下知狀（天正十一年閏正月十九日）

駿州富士郡上井出宿中、去年甲州郡内當方江敵對之刻、彼宿中へ夜討入、男女等討捕擊散付而、傳馬之百姓等退轉之旨令答、各屋敷家數三十間、此内問屋々敷四間、表口八間、奥へ三十間宛、並棟別諸役等、如二前々一令二免許一配二分之一、但右之宿中者、齋藤半兵衛（昌賢）爲二本知一之由言上之間、以二北山之内一所二宛行一不レ可レ有二相違一、者守二此旨一、傳馬役貳拾六疋之分、無二懈怠一可二相勤一之狀如レ件、

天正十一年

正月十九日　（家康）朱印（印文福德）

倉橋三郎五郎（政範）奉之

上井出宿中百姓等

〔上井出村文書〕○駿河

上井出宿は駿河富士郡富士大宮より富士山西麓を北上して甲斐の本栖・右左口に行く街道の要樞で、名高い人穴の洞窟のあるところである。天正十年甲州郡内地方の一揆に刧掠せられ、傳馬百姓が退轉し、交通運輸に支障を來したので、この度この文書により、問屋屋敷を興し、棟別諸役を免許し、齋藤半兵衛には北山内にて本知を安堵せしめ、就ては傳馬役二十六疋分を勤仕すべきことを命じたのである。

依田信蕃に遣れる書狀（天正十一年二月十二日）

前山番替之儀、伊奈郡衆可二相勤一候旨雖二申付一、阿江木於二出城一者、差而人數等不レ可レ入候歟、其

上近日至二甲府一出馬候間、彼表置目之儀可レ有レ之間、先之人數之儀、勞兵無レ之様被二差歸一尤候、諸事芝（柴）田七九郎（康忠）被レ遂二談合一、才覺專肝候、恐々謹言、

（天正十一年）二月十二日　　家　康（花押）

依田右衛門佐（信蕃）殿

〔蘆田文書〕○信濃

依田信蕃は天正十年十一月四日信濃佐久郡前山城を陥れて守將伴野刑部を逐ひ、自ら前山城に居つた。本書は家康が信蕃に與へて、近く甲府に出陣すること告げ、柴田康忠と談合して相木の出城の守兵を減ずべきことを命じたものである。阿江木は相木である。

毛利輝元に遣れる書狀（天正十一年二月十四日）

「（折封ウハ書）
謹上　毛利右馬頭（輝元）殿　　徳川三河守家康」

就二公方様（足利義昭）御歸洛之儀一、預二珍簡一、殊信雄（織田）、羽柴（秀吉）・其外家老之衆御請之書狀被二差添一給候、即遂二披見一候、拙者儀、各次第ニ候條、聊無沙汰不レ存候、將亦東國筋御用之子細蒙レ仰、不レ可レ有二疎意一候、恐々謹言、

（天正十一年）二月十四日　　三河守家康（花押）

謹上　毛利右馬頭殿

〔毛利家文書〕三

天正元年征夷大將軍足利義昭は織田信長に逐はれて京都を出奔し、諸所を流浪した後、毛利輝元の所に身を寄せた。然るに信長が世を去つて後、義昭は京都に復歸することを希望し、輝元はその爲に、柴田勝家・德川家康に牒して、その助力を求めた。勝家はこれに應じて二月十三日輝元の將吉川元春に書を遣つてその旨を諾し、誓書を致して、三月二十日以前に近江に出兵すべき旨を答へた。家康も亦同月十四日、本書を裁して輝元に答へ、織田信雄・羽柴秀吉その他の人々が義昭の歸洛を承認せる旨の請狀を披見せることを述べ、自分もこれに贊同することを申し送つたのである。

松平康親に與へたる所領等宛行狀（天正十一年二月十八日）

駿州於二河原東一、貳萬五千貫文、同河原二郡之郡代之事

右年來在二東境目一、苦勞仕、致二忠節一之間、彼知行分之內、山川海上野地共、一切公方綺無レ之、所二宛行一不レ可レ有二相違一、縱以來增分雖二申出一、自二其方一相改、可レ致二所務一、然者郡職之事申付候上者、於二沼津一諸公事等可レ有二異見一者也、依如レ件、

天正十一年

二月十八日　　家康御在判

松平（康親）周防守殿

〔寛永諸家系圖傳〕四十九、松井　〔譜牒餘錄〕

松平康親は駿河三枚橋城（今の沼津市內）の守將であつた。本書は家康がその功を賞して駿河の地貳万五千貫を與へ、河原二郡の郡代と爲したものである。

〔參考〕甲斐狩野原宿の住民に與へたる下知狀（天正十一年二月二十四日）

狩野原宿、去年以來退轉之由候、早々還住候て可レ致二耕作一、宿陣已下、如二前々一御請候樣ニ御出馬之刻、可レ

令ニ披露一者也、

（天正十一年）
未　二月廿四日　　（工藤喜盛）玄　隨　齋（黒印）
　　　　　　　　　（市川昌忠）以　清　齋（黒印）
　　　　　　　　　（石原昌明）石　四郎右（黒印）
　　　　　　　　　（駒井元久）榮　富　齋（黒印）

地　下　衆　　　　　　〔甲斐金川原組共有文書〕

玄隨齋（工藤喜盛）、以淸齋（市川昌忠）、石原四郎右衞門昌明は、城代平岩親吉、兩奉行成瀨正吉・日下部定吉と共に、去年末頃より、甲州の一般行政の任に當つてゐる人々である。三月十日附岡部總右衞門に與へたる新知宛行狀にも、この三人が連署してゐる。いづれも登用された武田氏の遺臣である。榮富齋駒井元久も亦武田遺臣である。彼等のことは嚢に甲斐國志によつて述べてあるが（四六一頁參照）、四人連名の黒印狀はこれが初見である。

吉野助左衞門に與へたる本領安堵狀（天正十一年三月五日）

駿州富士郡由野郷おゐて五拾貫文、同吉原之郷七拾貳貫五百文、棟別壹間免許之事、右本給不レ可レ有ニ相違一之狀仍如レ件、

天正十一癸未年
　三月五日　（家康）（朱印）（印文福德）　　本多平八郎（忠勝）
　　　　　　　　　　　　　　　　　　　　　高木九助（廣正）奉之

吉野助左衛門殿

〔山本吉野文書〕○駿河

吉野助左衛門の事蹟未詳。山本吉野文書には、これより前に、葛山氏廣より吉野九郎左衛門に與へたる感狀、葛山氏元より吉野郷三郎に與へたる感狀、同宛行狀、同吉野日向守に與へたる宛行狀がある。本書は助左衛門に對し、富士郡由野郷にて五十貫文・同吉原郷にて七十二貫五百文、合計百二十二貫五百文、并に棟別免許等の本給を安堵せしめられたものである。由野は吉野であらう。

岡部總右衛門に與へたる所領宛行狀（天正十一年三月十日）

於二去年河浦口一、晝夜相稼奉公候之間、惠林寺之內さがみ分貳貫八百文被二下置一候者也、

（天正十一年）
未三月十日

玄　随　齋（工藤喜盛）
石四郎右（石原昌明）
以　清　齋（市川昌忠）（黑印）

追而其年奉公之證人
小田切大隅守方也、

岡部總右衛門

〔甲斐國志〕百十九附錄一

甲斐國志に「柚木村岡部太郎左衛門所藏、天正十一年四奉行（マヽ）ノ黑印、」と記してある。家康の朱印の記載はないけれど、家康より宛行はれたるものと認めて採錄する。三奉行の連署である。

屋代秀正に與へたる安堵狀（天正十一年三月十四日）

信劦更科郡之事

右此度被レ對二當方江一可レ有二一味一由、被二申越一之間、則彼郡之儀、所レ令二領掌一、不レ可レ有二相違一、

天正十一年

彌以二此旨一、可レ被レ勵二忠信一者也、仍如レ件、

天正十一年

三月十四日　御居御判

屋代（秀正）左衞門尉殿

〔譜牒餘錄〕五十九 屋代越中守　〇記錄御用所本古文書・古文書集同ジ

屋代左衞門尉秀正は信濃屋代城主であつた。秀正は初め武田勝賴に屬し、その滅亡後上杉景勝に屬したが、天正十一年酒井忠次に賴つて家康に歸屬せんことを請うた。よつて家康はその請ひを許し、本書を與へて、秀正に更科郡を安堵せしめたのである（寛政重修諸家譜）。

知久賴氏に遣れる書狀（天正十一年三月二十一日）

知久賴龍に遣れる書狀（同日）

急度令レ申候、仍佐久・小縣之逆心之奴原爲二成敗一、人數差遣候間、其方人數之事、彌次郎（賴龍）爲二物主一、來一日二日ニ新府迄可レ被二差立一候、我々も至二甲府一越山へ具可二申付一候、恐々謹言、

（天正十一年）三月廿一日　家康（花押）

知久七郎（賴氏）殿

急度以二飛札一申候、然者佐久・小縣兩郡之逆心之奴原爲二成敗一、人數指遣候、就レ其而七郎（賴氏）ニハ依二用所有一レ之、甲府越山へ可レ被レ參由申越候間、人數をハ其方召連、先手江可レ被二相向一候、猶至二甲府一具ニ可二申付一候、早々かしく、

（天正十一年）
三月廿一日　　　　　家　康（花押）
知久（頼龍）彌次郎殿

〔知久文書〕○信濃

知久頼氏は信濃知久城主であり、頼龍はその弟である。天正十一年三月家康は信濃佐久・小縣兩郡の敵を撃たうとして、頼氏に自ら甲府に赴くことを告げ、弟頼龍をして兵を率ゐて甲斐に來り會せしむることを命じ、また頼龍にも書を遣つて、人數を率ゐて先手に向ふべきことを命じたのである。

（二）甲府滯在の時期（天正十一年三月二十八日より五月九日まで）

家康が甲府に到著の日及び甲府を出發の日は共に明かでない。よつて甲府において諏訪頼忠・加賀美右衞門尉・鮎澤正盛・埴原東市佑・村松采女・安倍式部丞等に、宛行狀・安堵狀等を出した三月二十八日と、濱松に歸著した五月九日とを以て上限・下限としてこの時期を定めた。

この前の時期で、羽柴秀吉陣營と柴田勝家陣營とが一觸卽發の危機に直面してゐるのを見ながら、家康はその渦中に入らず、濱松を出て甲府に入つたことを述べた。秀吉陣營には織田信雄・惟住長秀（丹羽長秀）・池田恒興（信輝）・本願寺光佐・柴田勝豐（勝家の養子）などがあり、勝家陣營には織田信孝・瀧川一益・伊勢の諸豪族・前田利家・佐々成政・四國の長宗我部元親などがある。その外郭を匝つては毛利輝元・德川家康・北條氏政・上杉景勝などがある。故に若し荏苒日を曠しくして長期戰となるならば、天下の形勢逆睹すべからざるものがあつたらうが、疾風迅雷耳を掩ふに遑なき神速機敏の用兵によつて、秀吉は一擧して大局を制壓し去つた。四月十九日、秀吉が信孝を岐阜に攻めたときから、二十日佐久間盛政が中川淸秀を大岩山に破つて賤嶽の砦に入つたのを聞いて、長驅して二十一日賤嶽の合戰で盛政を走らし、勝家の北ぐるを追うて途上利家を歸順させ、二十三日北莊城を包圍し、二十四日勝家を自殺せしめるまで、前後僅かに六日間に過ぎず、實にあつといふ間の大勝利であつて、佐々成政は降り、織田信孝は尾張野間の大御堂で二十六歳を以て自殺し、勝家陣營は泡沫のごとくに消滅し去り、四十八歳の秀吉は揚々として制覇街道を驀進した。これらはすべて家康が甲府に滯在中の出來事であつた。瀧川一益が秀吉の軍門に降つたのは、その濱松に歸著した翌月であつた。

この期間における家康文書は凡そ三十七通ある。その內譯は書狀三通・定書一通・禁制一通・本領安堵狀十二通・社領安堵狀七通・寺領安堵狀五通・新知宛行狀二通・免許狀等六通となる。そのうち特に注意すべきは寺社領を安堵せるもの合計十二通、特に寺社に諸役を免許せるものが十六通を數へ、それが四月十八日より二十四日に至る七日間に出されたことである。これに寛文御朱印帳に載せてあるもの十七通、甲斐國志に記してあるもの四十三通を加へれば四月十七日より同二十七日までの間のもの合計七十二通となる。卽ち七十二寺社がそれ〲所領を安堵されたのであり、去年、武田氏舊臣の所領安堵が一應終了した後を承けて、今度は大量の寺社領安堵を行つたのであり、甲州の治安を確立することを急いだ樣子をよく看取することができる。安堵と宛行とは、これより後も絶えず行はれるが、去年の六月乃至十二月に至る間と、今年の四月との場合のやうに多くはない。

しかしながら、家康が、このたび甲州に入つたのは、甲州の治安を强化するためばかりではなく、不安の裡に動搖せる信州に確乎たる地盤を築くのが主目的であつた。四月三日附で織田信雄の家臣飯田半兵衞に遺つた書狀の中に、「拙者儀、信州佐久・小縣之殘徒等、爲二退治一申付、到二甲府一致二出馬一候、追而如二存分之一靜謐ニ御座候間、御心安可レ被二思召一（候）」（補遺文書八一六ページ）とあるのは、その本心であらう。三月二十八日、諏訪賴忠に所領を宛行ふたのは、その第一著手と見られる。

諏訪頼忠に與へたる所領宛行狀（天正十一年三月二十八日）

信州諏訪郡之事

右今度依二一味一、處二宛行一不レ可レ有二相違一、彌以二此旨一、可レ被レ抽二忠信一者也、仍如レ件、

天正十一年

三月廿八日　御名乘御居判（權現様）

諏訪安藝守（頼忠）殿

〔譜牒餘錄〕五十二 諏訪因幡守

諏訪頼忠は信濃諏訪の士である。天正十一年三月家康が信濃の佐久・小縣兩郡地方を平定しようとして、甲斐に入つたとき、頼忠及び小笠原貞慶・眞田昌幸・保科正直等は、甲府に來りて家康に見えた（武家事紀・當代記）。本書はこの時、頼忠に與へて、諏訪郡を宛行つたものである。

加賀美右衛門尉に與へたる本領安堵狀（天正十一年三月二十八日）

甲州狩野川内光明寺分七貫文・長井内拾四貫文・藏田内五貫文・中尾内手作分壹貫文、棟別壹間免許等事

右本領不レ可レ有二相違一狀如レ件、

天正十一年

天正十一年

三月廿八日　御朱印

加賀美右衛門尉殿

〔譜牒餘錄後編〕三十三 庶士以下之上 加賀美治兵衛

家康は曩に天正十年六月十二日、同十一月七日の二回に亙り、加賀美右衛門尉に本領を安堵せしめたことがあるが、今また重ねて、この安堵狀を出したのである。總高二十七貫文及びその內譯は第二回と同じであるが、別に棟別一間免許が加へられてゐる。

鮎澤正盛に與へたる本領安堵狀（天正十一年三月二十八日）

甲州尾山黑駒內貳拾五貫文、并新屋棟別壹間免許等之事

右爲二本給一之旨、不レ可レ有二相違一之狀如レ件、

天正十一年

三月廿八日

鮎澤囚獄助殿（正盛）

〔譜牒餘錄後編〕七 諸旗本之一 小菅伊右衛門

鮎澤囚獄助正盛は武田氏の舊臣である。古文書集には「爲二本給一之旨」を「爲二本給一之間」とし、日附の下に「御朱印」の三字がある。

埴原東市佑に與へたる本領安堵狀（天正十一年三月二十八日）

甲州尾山黑駒內貳拾貳貫文・二宮內七百文、并棟別壹間事

右本領不レ可レ有ニ相違一之状如レ件、

天正十一年

御朱印

三月廿八日

埴原東市佑殿

〔譜牒餘錄後編〕十六 御小姓組 三枝右近

埴原内匠助が天正十年十二月九日安堵状を與へられたことは、既にこれを述べた。埴原東市佑の事蹟未詳。多分内匠助と同族であらう。尾山は今、東山梨郡金生《きんせい》村の大字にその名あり、黒駒はその東、二宮は錦村の三輪明神である。いづれも八代郡大石和筋に屬する。

村松釆女に與へたる本領安堵状（天正十一年三月二十八日）

甲州横根内眞如寺分拾八貫文・惠林寺内松尾分踏出三貫文、棟別壹間免許等之事

右本領不レ可レ有ニ相違一之状如レ件、

天正十一年

三月廿八日 （家康）朱印（印文福德）

村松釆女

〔諸家文書纂〕十三 村松彌右衛門所持

村松釆女の事蹟未詳。横根内眞如寺分・惠林寺内松尾分踏出、合計二十一貫文并に棟別免許を安堵せしめられた。

安部式部丞に與へたる本領安堵狀（天正十一年三月二十八日）

甲州志田内拾參貫文・同所參貫六百文事

右本領不レ可レ有ニ相違一之狀如レ件、

天正十一年

三月廿八日　御朱印

安部式部丞殿

〔譜牒餘錄後編〕三十八 處士以下 安部金右衞門

安部式部丞は天正十年十一月九日本領を安堵せしめられたことがある。それは指出による申告に基いたものであり、このたび再び安堵狀を出されたのであるが、その内容は全く同一である。この種の事例は少ない。つまり前回の安堵を再確認せられたのである。

某に與へたる本領安堵狀（天正十一年三月二十八日）

甲刕室伏内犬村分貳貫五百文・駿州藏出四貫六百八拾文餘、棟別壹間免許等事

右本領不レ可レ有ニ相違一之狀如レ件、

天正十一年

三月廿八日　御朱印　○宛名ヲ闕ク

〔御庫本古文書纂〕一 甲州三日市場村百姓 新五右衞門所持

本書には宛名が闕けてゐるので、誰に與へたものか審かでない。
このほか甲斐國志には、同月二十八日附で左の六名が本領を安堵されてゐる。

若槻五郎兵衛尉　中牧室伏等において十八貫文
網野豐後守　合七貫餘
白井三右衛門　千野内アプスリ分・河東玄賀分・駿州藏出、合十六貫餘
今井肥後守　甲州鎌田今井之内三十五貫文等
飯田甚五左衞門尉　甲州藏田内・室伏内
若尾美濃守　（本領の記載がない。）

譜牒餘錄後編に、天正十八年「權現樣甲州に被レ爲レ遊二御入國一」た時に早河彌三左衞門が前間田村三十五貫、一宮村内四貫、合三十九貫文の知行を下し置かれたとあるのも、恐らく三月二十八日のことであろう。

屋代秀正に遣れる書狀（天正十一年四月十二日）

今度被レ屬二于當方幕下一之段、忠信之至、欣悅候、彌眞田（昌幸）、依田（康國）、有二談合一、其表無二油斷一之樣御馳走肝要候、委曲大久保七郎右衛門尉（忠世）可レ申候、恐々謹言、

（天正十一年）卯月十二日　御居御判

屋代左衞門佐（秀正）（尉）殿

〔譜牒餘錄〕五十九 屋代越中守

屋代秀正は信濃屋代城主であった。天正十一年家康の幕下に屬したので、家康は曩に三月十四日これに更科郡を安堵せしめたが、今またその忠信を褒し、眞田昌幸・依田康國と談合して、信濃の事に就きて力を致すべきことを命じたのである。

內山平三に與へたる本領安堵狀（天正十一年四月十七日）

甲刕河内新田分壹貫三百文・永代分壹貫五百文・正林寺分三百文・實福寺分四百文・鍛冶田分貳貫文・增利内大間田四百文、各手作前之信州山内拾貳貫百文等事

右爲二本給一之由言上之間、不レ可レ有二相違一之狀如レ件、

天正十一年

四月十七日　御朱印

榊原虎之助附家臣

内山平三殿

〔譜牒餘錄〕二十八内山平藏

天正十一年春濱松在城の間にも、家康は去年に引きつづき、武田氏の遺臣等に多くの安堵狀を與へた。ここにはその中の二十通を採錄した程であるが、三月二十八日甲府到著（推定）後は、遺臣のほか、甲州の社寺に大量の安堵狀を與へた。内山平三の父は信濃内山城主大井駿河守であつて、武田信玄に降り、一門となつて武田兵庫介信元と改名した。武田家滅亡ののち、その子は内山平三と改名し家康に仕へた（譜牒餘錄）。

中込次郎左衞門尉に與へたる本領安堵狀（天正十一年四月十七日）

甲州中野・平岡・吉田郷桃曾根内五貫五百文事

右本領不レ可レ有二相違一之狀如レ件、

天正十一年

四月十七日

中込次郎左衞門尉殿

〔甲斐岡村中込某氏所藏文書〕○中巨摩郡志文書誌所收

屋代秀正に遣れる書狀（天正十一年四月十八日）

急度令二啓述一候、仍其表之樣子付、行等有度之由被二申越一候、依レ其芝（柴）田七九郎（康忠）差遣候、何樣にも被二相談一、可レ然樣尤候、委細大久保七郎（忠世）右衞門尉可レ申候、恐々謹言、

（天正十一年）卯月十八日　　御居御判

屋代左衞門尉（秀正）殿

〔譜牒餘錄〕五十九 屋代越中守

家康は屋代秀正に對し、四月十二日附の書狀に尋で本書を遣り、柴田康忠を遣して共に事を謀らしめたのである。

志村貞盈等九人衆に與へたる定書（天正十一年四月十八日）

定

一國中人足以下諸觸、不レ恐二權門一、無二非分用捨一、可二申付一之事

一府中近邊山林・竹木伐取事、如二前々一、堅可二停止一之事

一川端之竹木草以下不レ可二剪取一之旨、嚴蜜（密）可二申付一之事

右所レ定如レ件、

天正十一年

卯月十八日　　御朱印

九人中

〔古文書〕志村〇記錄御用所本　志村又左衛門貞盈拜領　同庄右衛門貞茂書上

この定書の宛名に「九人中」とあるのは、志村貞盈・荻原昌之・窪田吉正・窪田忠廉・原胤從・山本忠房・河野通重・石坂森通等である。この八人の氏名は、寛政重修諸家譜及び略譜に依つて明かになつたが、他の一人の氏名は未だ詳でない。「武德編年集成」には、萩（荻）原甚之丞昌友・窪田助之丞正勝・中村勘六安忠・石坂勘兵衛森通・志村又右衛門貞時・原半左衛門正元・山本彌右衛門忠房・河野傳之丞通重を擧げてゐるが、矢張り八人であり、武田信玄の小人頭としてある。而して「此時まで小人二百四十人、其頭右の八人也」と記してある。しかし「甲斐國志」には、天正十年、甲州の中間三百人が家康公に奉公したとき、横山千人の頭衆で甲州居住の九人の頭に三百人の者共を附屬させ、九組に分けた旨を記してあるから、本書の宛名に九人中とあるのが正しい。彼等は四月十八日、いづれも濱松に召され、井伊直政を以て、舊の如く、甲斐國の庶務を沙汰すべきことを命ぜられ、この定書を拜領したのである。

天正十年より十一年に亙り、家康が甲斐の諸社・諸寺・武田氏舊臣等に與へたる本領安堵狀・宛行狀等には第一類本書の現存するもの、第二類寫の現存するもの、第三類他の編纂物の中に收錄せられて傳へられるもの等がある。その他、第四類本文は失はれたけれど、他の記事によつて事實を推定し得るものがある。その中、武田氏舊臣に與へたるものは、それぞれその本文を採錄することにするが、諸社・諸寺に與へたるものは、天正十一年四月十八日より四月二十七日の間に集中してをり、本文の失はれてゐるものが多いから、これを三類に分ちて採錄する。

〔甲斐の社寺に與へたる所領安堵狀第一類〕

甲斐熊野社に與へたる社領安堵狀（天正十一年四月十八日）

甲州熊野領熊野內貳拾五貫文・於曾內壹貫四百文・廣門田內貳貫文・栗原內貳百五拾文・熊野

惣領壹貫文等之事
右領掌不レ可レ有ニ相違一之狀如レ件、

天正十一年
四月十八日
熊　野

〔土屋文書〕○甲斐

甲斐には熊野社がたくさんあり、甲斐國志には、二十四社を擧げてある。そのうちこの文書に見える熊野社は、山梨郡栗原筋熊野村鎭座であり、信玄・勝頼の禁制等をも所藏してゐる。本書は熊野・曾於・廣門田、栗原の內にて合計二十九貫六百五十文の地を安堵せしめたものである。この文書は寫である。

甲斐千塚八幡社に與へたる社領安堵狀（天正十一年四月十八日）

甲州千塚八幡領事
千塚內壹貫文・同所八百三拾三文等之事
右領掌不レ可レ有ニ相違一之狀如レ件

天正十一年未
四月十八日（家康）（朱印）（印文福德）
千塚八幡神主殿

〔藤村箴氏所藏文書〕○筑後

甲斐の八幡社は、甲斐國志に四十社擧げられてゐる。千塚は、今西山梨郡荒川峽谷の口、甲府に接する所にあり、古墳が多いので、その名を得たといふ。一貫八百三十三文の社領だから、小社と思はれる。

甲斐龍安寺に與へたる寺領安堵狀（天正十一年四月十八日）

甲州龍安寺領事
米藏內拾八貫文事
右爲二本寺領一間、不レ可レ有二相違一狀如レ件、
天正十一年癸未
四月十八日
龍安寺

〔御庫本古文書纂〕一 權現樣御朱印寫　小川竹右衛門御代官所 甲州米倉村龍安寺所持

金富山龍安寺は八代郡小石和筋米倉村にある曹洞宗龍華院末である。本書により十八貫文の寺領を安堵せしめられた。

甲斐二宮に與へたる社領安堵狀（天正十一年四月十九日）

鹽部內四貫八百文・二宮鄉內百貫文・唐柏鄉內六百文・蚫嶋內四百文・夏目原內五百文・井上
內三貫三百文・下ノ原內拾貫文・米藏代長分內貳貫文・河內之內六拾七文・觀音寺內三百文・
平井內三貫八百文・國衙內壹貫三百文・黑駒鄉內壹貫五百文・成田內三貫文・栗原內貳貫文等
之事

右如二先規一領掌不レ可レ有二相違一者守二此旨一洒掃祭祀等不レ可レ致二陵夷一之状如レ件

天正十一年四月十九日　　　御名乘御書判

二宮神主殿

〔甲斐國寺社由緒書〕〇朝野舊聞裒藁二百十四所載

甲斐二宮は八代郡小石和筋二宮村鎭座の美和明神（三《み》輪明神・神部明神）で、國衙と八代との間にあり、古來國人に崇敬せられ、一宮淺間神社に次ぎて二宮と稱せられる。武田信虎・同信玄・同勝頼・織田信長・同信忠等の多くの文書を藏す。
本書は家康が十五箇所合計百三十三貫五百六十七文の社領を安堵せしめたものである。

甲斐住吉社に與へたる社領安堵狀（天正十一年四月十九日）

甲斐國住吉大明神領大幡內七拾貫文・畔村內三百文等之事

右如二先規一領掌不レ可レ有二相違一之狀如レ件、

天正十一年

四月十九日　（家康）朱印（印文福德）

住吉神主殿

〔高岩文書〕

譜牒餘錄後編に、その來由に關する記事があるから次にこれを掲げる。

大權現樣天正十午歲、甲斐國御發向之節、信州蘆田表ニ御人數被二差遣一候刻、拙者祖父住吉之神主加賀美七郎右衞門儀、爲二御案內一彼地ニ罷出、於二御先手一走廻、望月彌五左衞門と申勇士を組討仕、頸を討捕引返申處ニ、敵多勢に被二取籠一、終打死仕ニ付、御忠節被二思召一井伊兵部少輔(直政)殿御執次を以、拙者親に候作藏幼少ニ御座候得共被二召出一、御感狀并御朱印頂戴仕、前々之通、神領七拾貫三百文之所、社務仕罷有候。

この住吉社は多分山梨郡府內の住吉明神であらう。

甲斐神座山社に與へたる社領安堵狀（天正十一年四月十九日）

甲斐國神座山領井上內參貫貳百五十文・夏目原內貳百文・觀音寺內四百文・下原內百五十文・橫手道內貳貫貳百五十文・竹居內壹貫五百文・國衙內貳百七十文餘・小窪內三百五十文・八代內貳貫貳百五十文・黑駒內七貫七百七拾五文・神鄕內三百文等之事

右領掌不レ可レ有二相違一、者彌祭祀等不レ可レ有二怠慢一之狀如レ件、

天正十一年

四月十九日　（御朱印）

神座山神主とのへ

〔御庫本古文書纂〕一　權現樣御朱印寫　小川新右衞門御代官所　甲州上黑駒村神座山神主武藤數馬所持

神座山權現は八代郡大石和筋上黑駒山中に鎭座す。祭神は少彥名命。天正十年黑駒合戰のとき、鳥居元忠は、太刀一口を奉納した。この文書は翌十一年四月十九日、井上內・夏目原內・觀音寺內・下の原內・橫手道內・竹居內・國衙內・八代內・黑駒內・神鄕內にて、十八貫六百九十五文の神領を安堵せしめられたものである（甲斐國志五十八神社部四）

甲斐法善寺に與へたる寺領安堵狀（天正十一年四月十九日）

甲斐國法善寺領加賀美內九拾八貫六百文・寺部內壹貫文・藤田內壹貫百廿文餘・加賀美中條內

壹貫五百文等之事

右所レ令二領掌一不レ可レ有二相違一者守二此旨一可レ被レ抽二國家安全之精誠一之狀如レ件、

天正十一年四月十九日　家康（花押）

法善寺

〔甲斐國志〕百十九附錄一

甲斐國志には、家康の署名花押を大きく載せてある。福德朱印をも載せ、「西郡加賀美村法善寺所藏、他寺社所二藏御判物一者多カラス。尋常所レ賜ハ福德御朱印。但取次人の名ナキ者ハ、稱二之御直判一ナリ。諸士ニモ賜之、」と記してある。加賀美山法善寺は巨摩郡西郡筋加賀美村に在り、眞言宗古義紀州高野山如意輪寺末寺である。寺寶・文書などの多くを所藏す。天正十年三月六日附家康の禁制もあるさうだ。本書は加賀美・寺部・藤田・加賀美中條などの内において、合計百二貫二百二十文の寺領を安堵せしめられたものである。

甲斐永昌院に與へたる寺領安堵狀（天正十一年四月十九日）

甲斐國永昌院領万力鄕內參貫文・同所五貫文・國衙內壹貫文・松本內號逍遥院分貳拾貫文等之事

右如二先規一領掌不レ可レ有二相違一者守二此旨一修造勤行不レ可レ有二怠慢一之狀如レ件、

天正十一年四月十九日　家康

永昌院

〔永昌院文書〕○甲斐

龍石山永昌院は甲斐山梨郡萬力筋落合村に在り、曹洞宗の寺院で、甲州常法幢七刹の一である。文明年間の草創にかかり、開山は神岳通龍禪、開基武田信昌の法號により永昌院と號す。この日家康より四箇所合計二十九貫文の寺領を安堵せしめられた（甲斐國志七十四佛寺部二）。

甲斐善光寺に與へたる寺領安堵狀（天正十一年四月十九日）

甲斐國善光寺領松本内拾貳貫文・穴山内七貫五百文・國衙内五貫五百文等事

右本寺領不レ可レ有二相違一之狀如レ件、

天正十一年

四月十九日　（御朱印）

善光寺

〔善光寺文書〕○甲斐

定額山善光寺は甲斐山梨郡萬力筋板垣村に在る知恩院末、甲州淨土一派の觸頭で淨智院と號した。本書は三箇所二十五貫文の寺領を安堵せしめたものである（甲斐國志七十四佛寺部二）。

甲斐鹽山向岳寺に與へたる寺領安堵狀（天正十一年四月二十日）

甲刕鹽山寺領鹽後之内五貫文・千野之内拾貫百五十文・歌田内六百文・萩原之内 貳貫文 ・小曾之内八貫貳百文之事

右爲二本寺領一之間、領掌不レ可レ有二相違一之狀如レ件、

天正十一年
卯月廿日　家　康（花押）
鹽　山

〔福地源一郎氏所藏文書〕

鹽山向岳寺は甲斐山梨郡栗原筋、千野・於曾・鹽後・井尻・三日市場の五村の中間に在る臨濟宗法燈派の一本寺である。開山は拔隊得勝和尚（惠光大圓禪師）、開基は武田刑部大輔信成、本書は鹽後・千野・歌田・萩原・小曾の内において合計二十五貫九百五十文の寺領を安堵せしめたものである（甲斐國志七十五佛寺部三）

甲斐三宮に與へたる社領安堵狀（天正十一年四月二十四日）

甲州三宮領國玉郷九拾貳貫五百文・臣世村内四貫文・上河原内五百文・鹽部内五貫文・酒依内壹貫文等之事

右如㆓先規㆒領掌不㆑可㆑有㆓相違㆒、者守㆓此旨㆒、洒掃祭祀等不㆑可㆑有㆓怠慢㆒之狀如㆑件、

天正十一年
四月廿四日　（家康）（朱印）（印文福德）
三宮神主殿

〔大坪正義氏所藏文書〕

甲斐三宮は西山梨郡國玉《くたま》に在り、甲斐國魂神を祀る。國玉は今、里吉と併せ國里村といひ、日本武尊の酒折宮址のある酒折の南、濁川の東邊に當る。山梨・巨摩・八代の三郡交會の地なので國魂神を祀り、甲斐第三宮と稱したといふ。

甲斐府中八幡社に與へたる社領安堵狀（天正十一年四月二十四日）

一甲斐國府中八幡領千塚鄉內拾貫文・帶那（郡カ）內貳百文・河東之內八貫文・田嶋鄉內貳百文等之事

右領掌不レ可レ有ニ相違一者守ニ此旨一祭祀等可（不脫カ）レ存ニ如在一之儀之狀如レ件、

天正十一年

四月廿四日　權現樣御朱印

八幡別當

〔今澤文書〕〇甲斐

甲斐府中八幡宮は元城屋町・元紺屋町の間。八幡山の南麓に鎭座す。舊府城の北に當る。このとき四箇所合計十八貫四百文の社領を安堵せしめられた。當社にはこのほか多くの文書を藏してゐる（甲斐國志五十五神社部一山梨郡府內）

甲斐廣濟寺に下せる禁制（天正十一年四月）

（家康）（朱印）（印文福德）

禁制　　廣濟寺

一山林放ニ牛馬一濫剪ニ採草木一事

一俗徒綺之事

一諸沙汰閣住持出ニ門外一事

一殺生事
一門前諸役事
付山守宿事
右條々於レ違犯□一處二嚴科一者也、仍如レ件、

天正十一年
四月

〔廣濟寺文書〕○甲斐

寶林山廣濟寺は甲斐八代郡小石和筋奈良原村に在る臨濟宗の寺院であり、開山は虎溪道龍、檀那武田信春が廣濟寺殿と號したので寺名が出たと思へる（甲斐國志七十七佛寺部五）

〔甲斐の社寺に與へたる所領安堵狀第二類〕 十七通（天正十一年四月十八日―四月二十六日）

これは御朱印帳に採録してあるものである。同書にある寛文五年七月十一日附の安堵狀十七通（内二通は日附が闕けてゐる）は、それ〲天正十一年四月十八日・同十九日・同二十日・同廿一日・同廿六日の安堵狀を最初の依據として下されたものであるから、今まで當時の安堵狀を列敍したのに因み、これを一括して、玆に附載することとする。

甲斐宮原八幡宮

甲斐國巨麻郡宮原村八幡宮領同所之内七石九斗九升・押越村内二石八斗八升・紙漉村之内二石五斗二升餘・山梨郡大津上今井村之内壹石四斗七升、都合拾四石二斗餘事、并宮廻竹木諸役等免除、任二天正十一年四月十八日、慶安元年十月廿四日兩先判之旨、永不レ可レ有二相違一者也、

天正十一年

寛文五年七月十一日　〔御朱印帳〕八諸社

御朱印

宮原八幡宮は巨摩郡中郡筋宮原村に在る。附近十二村の鎮守である。（甲斐國志六十一神社部七）

甲斐國菅田天神社

菅田天神社領甲斐國山梨郡於曾村之内拾壹石八斗餘事、并社中山林竹木諸役等免除、任二天正十一年四月十八日、寛永十九年八月十七日兩先判之旨、永不レ可レ有二相違一者也、

寛文五年七月十一日　〔御朱印帳〕八諸社

御朱印

菅田天神社は山梨郡栗原筋上於曾村に鎮座、天正十一年四月十八日の安堵狀は、所藏古文書中に見えない（甲斐國志五十七神社部三）。

甲斐國熊野權現社

熊野權現社領甲斐國八代郡北八代村之内三拾七石四斗餘㕝、并社中諸役等免除、任二天正十一年四月十九日、寛永十九年七月十七日兩先判之旨、永不レ可レ有二相違一者也、

寛文五年七月十一日　〔御朱印帳〕八諸社

御朱印

この熊野權現社は八代郡小石和筋北八代村に鎭座、天正十一年四月十九日の安堵狀には、三十三貫八百五十文・小石和内百文としてあるといふ（甲斐國志五十九神社部五）

甲斐國大泉寺

甲斐國山梨郡古府中内三拾壹石六斗餘事、并寺中門前・山林竹木・諸役等免除、任二天正十一年四月十八日、寛永十九年七月十七日兩先判之旨一、大永《(泉)》寺進止、永不レ可レ有二相違一者也、

寛文五年七月十一日　御朱印

〔御朱印帳〕十四曹洞宗

御朱印帳には大永寺とあるけれど大永寺という寺が見當らず、却って古府中に在る萬年山大泉寺に「天正十一年卯月十八日」「寺領合四十七貫三百六十文、山林・寺内・門前屋敷、並に諸末寺之事本寺領云々」とある「御諱御判物」をいただいたという記事が甲斐國志七十三佛寺部一に見えてゐるから、この寺名は大泉寺が正しいと思ふ。

甲斐國明王院

甲斐國山梨郡山宮村之内貳石八斗餘事、并院内山林・竹木・諸役等免除、任二天正十一年四月十八日、慶安二年八月十七日兩先判之旨一、明王院進止、永不レ可レ有二相違一者也、

照澤山明王院は山梨郡北山筋山宮村に在る眞言宗金剛三昧印末御朱院二石八斗餘の寺院であることが甲斐國志八十二佛寺部十に見えてゐる。但同書には天正十一年四月十八日安堵狀の記事がない。

天正十一年

寛文五年七月十一日

御朱印　〔御朱印帳〕十二 眞言宗古義

甲斐國一蓮寺

甲斐國山梨郡遠支寺村内百八十石事、并寺中竹木・諸役等免除、任二天正十一年四月十九日、寛永十八年六月十八日兩先判之旨一、稲文山一蓮寺進止、永不レ可レ有二相違一者也、仍如レ件、

寛文五年七月十一日

御朱印　〔御朱印帳〕十 時宗

稲久山一蓮寺は甲斐府中に在る時宗の寺院で一條道場福應院と稱す。相州藤澤清淨光寺末である。多くの文書を藏す。

（甲斐國志七十三佛寺部一）

甲斐國法華寺

甲斐國山梨郡上村内拾八石七斗事、并寺中竹木・諸役等免除、任二天正十一年四月十九日、寛永十九年七月十七日兩先判之旨一、法華寺進止、永不レ可レ有二相違一者也〇日付並に御朱印の文字なし　〔御朱印帳〕十五 日蓮宗受不施

藤光山法華寺は府中細工町に在り、日蓮宗武州池上本門寺末に屬す（甲斐國志七十三佛寺部一）。

甲斐國惠運院

甲斐國山梨郡塚原村之内十三石八斗餘叓、并寺中山林・竹木・諸役免除、任二天正十一年四月十九日、寛永十九

年七月十七日兩先判之旨ニ惠運院進止、永不レ可レ有ニ相違一者也、

寛文五年七月十一日

御朱印

〔御朱印帳〕十四 曹洞宗

長松山惠運院は山梨郡北山筋塚原村に在る曹洞宗の寺院である。この安堵狀の日附については甲斐國志には四月十五日とある（甲斐國志八十二佛寺部十）。

甲斐國大藏寺

甲斐國山梨郡松本村之內貳拾九石五斗九升事、幷寺中山林・竹木・諸役等免除、任ニ天正十一年四月廿日、寛永十九年七月十七日、兩先判之旨、大藏寺進止、永不レ可レ有ニ相違一者也、

寛文五年七月十一日

御朱印

〔御朱印帳〕十一 眞言宗新義

松本山大藏寺は山梨郡萬力筋松本村に在る新義眞言宗檀林七箇寺の一、京都智積院末である（甲斐國志七十四佛寺部二）。但甲斐國志には天正十一年安堵狀に關する記事がない。

甲斐國慈眼寺

甲斐國山梨郡末木村之內拾五石四斗事、幷寺中竹木等免除、任ニ天正十一年四月廿日、寛永十九年七月十七日兩先判之旨ニ慈眼寺進止、永不レ可レ有ニ相違一者也

寛文五年七月十一日

天正十一年

御朱印　〔御朱印帳〕十二 眞言宗古義

金剛山慈眼寺は八代郡大石和筋末木村に在る眞言宗新義醍醐報恩院末に屬し、實相院と號す（甲斐國志七十六佛寺部四）。但甲斐國志には天正十一年安堵狀に關する記事がない。

甲斐國松雲院

甲斐國巨麻郡南大師村之内九石壹斗餘事、并寺中竹木・諸役等免除、任二天正十一年四月廿日、寛永十九年七月十七日兩先判之旨一、松雲院進止、永不レ可レ有二相違一者也、

寛文五年

七月十一日

御朱印　〔御朱印帳〕十四 曹洞宗

補陀山松雲寺は巨摩郡西郡筋大師村に在る曹洞宗深向院末の寺院である。天正十一年の安堵狀には、「北原之内九貫文之事云々」とある（甲斐國志八十五佛寺部十三）。

甲斐國國長象寺

甲斐國巨麻郡若細子村内七石貳斗事、并寺中諸役等免除、任二天正十一年四月廿日、寛永十九年七月十七日兩先判之旨一、長象寺進止、永不レ可レ有二相違一者也、○日付並に御朱印の文字なし、　〔御朱印帳〕十 時宗

甲斐國志には長象寺が見當らない。

甲斐國八幡寺

甲斐國巨麻郡清水村八幡寺領同村之内七石貳斗餘事、并寺中竹木・諸役等免除、任二天正十一年四月廿日、慶安二年十月十七日兩先判之旨一、進止永不レ可レ有二相違一者也、

寛文五年七月十一日

御朱印

〔御朱印帳〕十二眞言宗古義

清水山八幡寺は巨摩郡西郡筋清水村に在る眞言宗古義加賀美山末である（甲斐國志八十五佛寺部十三）。但、甲斐國志には天正十一年の安堵狀に關する記事がない。

甲斐國隆昌院

甲斐國巨麻郡江原村之内五石三斗餘㝡、并寺中竹木・諸役等免除、任二天正十一年四月廿一日、寛永十九年七月十六日兩先判之旨一、隆昌院進止、永不レ可レ有二相違一者也、

寛文五年七月十一日

御朱印

〔御朱印帳〕十四曹洞宗

江德山隆昌院は巨摩郡西郡筋江原村に在る曹洞宗傳嗣院末の寺院である。天正十一年の安堵狀には「隆昌院分三貫七百文」とある（甲斐國志八十五佛寺部十三）。

甲斐國隆圓寺

甲斐國巨摩郡下金井村之内壹石四斗餘事、并寺中山林・竹木・諸役等免除、任二天正十一年四月廿一日、寛永十九年九月十七日兩先判之旨一、隆圓寺進止、永不レ可レ有二相違一者也、

寛文五年七月十一日

御朱印　〔御朱印帳〕十四曹洞宗

甲斐國志巨摩郡西郡筋には隆圓寺といふ名が見えず、下今井村充富山隆國寺の條に曹洞宗寺領一石四斗四升とあり、もと龍淵寺といつたとあり、これと並んで同寺南補山慶昌院は同宗隆圓寺末とある。これらにより隆圓寺は隆國寺と同じ寺かと思ふ。

甲斐國聖應寺

甲斐國八代郡大黒坂村四拾九石四斗事、幷寺中山林、竹木、諸役等免除、任二天正十一年四月廿六日、寛永十九年六月十八日兩先判之旨一、聖應寺進止、永不レ可レ有二相違一者也、

寛文五年七月十一日

御朱印　〔御朱印帳〕十三禪宗

長谷山聖應寺は八代郡小石和筋大黒坂村に在る曹洞宗鹽山向岳寺末である（甲斐國志七十七佛寺部五）。但、甲斐國志には天正十一年安堵狀の記事がない。

甲斐國雲興寺

雲興寺

當寺領甲斐國巨麻郡小林村之內貳拾石五斗餘（内九斗鎮守領）事、幷寺中山林・竹木・諸役等免除、任二天正十一年四月廿六日、寛永十五年七月十七日兩先判之旨一、進止永不レ可レ有二相違一者也、仍如レ件、

寛文五年七月十一日　御朱印　〔御朱印帳〕十四曹洞宗

巨痲郡小林村は巨摩郡西郡筋に在り、西は春米《つきよね》村、北は落合村に境する。しかし甲斐國志八十五、佛寺部十三巨摩郡西郡筋の部を閲するに小林村には三箇寺があるが、雲興寺はない。その中の補陀山南明寺の條に、「天正十一年四月廿六日御朱印合拾五貫文也、」とあるので、南明寺が即ち雲興寺なのだらうと思ふ。

〔甲斐の社寺に與へたる所領安堵状第三類〕 四十四通（天正十一年四月十八日―四月二十七日）

これは「甲斐國志」に載せてある四月十八日より同二十七日までの十日間に出された四十四通の寺社領安堵状である。左にこれを表示する。

武田八幡宮（巨摩郡西郡筋）	合五十三貫七百文	四月十八日
南宮明神（巨摩郡武川筋上條東割村）	甘利の上條・下條の内二十六貫六百文	四月十八日
日光權現（山梨郡萬力筋鎭目村）	五貫八百三文	四月十八日
篠原八幡宮（巨摩郡北山筋西八幡村）	篠原鄕内五貫六百六十六文	四月十八日
志田村諏訪明神（志田村）	五貫三百三十三文	四月十八日
穴山村諏訪明神（巨摩郡逸見筋穴山村）	五貫三百文	四月十八日
駒井村諏訪明神（巨摩郡ヵ駒井村）	三貫七百九十九文	四月十八日
松尾明神（巨摩郡北山筋）	大下條村・長塚村二貫五百六十五文	四月十八日
四阿山權現（山梨郡萬力筋鎭目村）	一貫二百文	四月十八日
八幡北村八幡宮（山梨郡ヵ八幡北村）	二百貫文	四月十九日
御崎明神（八代郡西郡筋上野村）	市川・新所・大津・河東・三條・曾根・淺利・東花輪二十八貫六百文	四月十九日
石和八幡宮（八代郡大石和筋）	四日市場・唐柏・蓬澤・廣瀨・蚫島・鑄物師屋・石和十三貫三百八十五文	四月十九日
三輪明神（巨摩郡西郡筋）	十一貫三百文	四月十九日

賀茂春日兩社明神（山梨郡萬力筋賀茂村）三貫五百三十文　四月十九日
橋立明神（八代郡大石和筋）林部内三貫文　四月十九日
府内八幡宮（山梨郡府内）十八貫四百文　四月廿四日
岩間明神（山梨郡栗原筋上萩原村）一貫二百五十文　四月
天澤寺（巨摩郡北山筋龜澤村）十八貫文　四月十七日
大泉寺（古府中）四十七貫三百六十文、山林・寺内・門前屋敷並諸末寺等　四月十八日
福壽院（府中手子町）四十七貫三百六十文・山林・寺内・門前屋敷並諸末寺等　四月十八日
海島寺（山梨郡栗原筋上栗原村）十二貫百六十文　四月十八日
長松寺（巨摩郡北山筋長松寺村）長塚内三貫文　四月十八日
法泉寺（山梨郡北山筋和田村）和田内三十六貫文・飯田内一貫五百文　四月十九日
明王寺（巨摩郡西郡筋春米村）十四貫二百文　四月十九日
清光寺（巨摩郡逸見筋大八田村）十貫文　四月十九日
寶生寺（巨摩郡武川筋上條南割村）五貫二百文　四月十九日
廣嚴院（八代郡大石和筋中澤村）五十八貫文　四月二十日
深向院（巨摩郡西郡筋宮澤村）三十貫六百五十文　四月二十日
明安寺（巨摩郡島上條村）三十貫六百五十文　四月二十日
藥王寺（八代郡西郡筋上野村）市川新所十貫文・本所十貫文　四月二十日
興因寺（山梨郡北山筋下積翠寺村）十九貫五百四十四文　四月二十日
福光園寺（八代郡小石和筋大野村）十八貫三百三十文　四月二十日

慈照寺（巨摩郡北山筋龍王村）五貫六百文　四月二十日
観音寺（八代郡大石和筋石和宿）黒駒・馬淵三貫文　四月二十日
棲雲寺（山梨郡栗原筋初鹿野村）二貫九百二十五文　四月二十日
傳嗣院（巨摩郡西郡筋上宮地村）○御朱印帳ニハ上宮地村内六石三斗餘　四月廿一日
東陽軒（山梨郡栗原筋）○同小曾村内十石八升　四月廿四日
円樂寺（山梨郡右左口村）二十貫五百文　四月廿六日
南明寺（巨摩郡西郡筋小林村）十五貫文　四月廿六日
寶珠院（府中元城屋町）千塚内塛本坊油免共三貫百文、同所八王子分一貫四百文・金竹内四百文等　四月廿六日
大善寺（山梨郡栗原筋）○寛文御朱印帳ニハ柏尾村内三十二石六斗餘　四月廿六日
成就院（巨摩郡西郡筋小室村）三貫文・脇坊六供・門前五間除棟別　四月廿七日
雲峯寺（山梨郡栗原筋上萩原村）觀音領一貫五百文　四月廿七日
大公寺（巨摩郡武川筋上條南割村）五貫三百五十文　四月

中村彌左衛門尉に與へたる本領安堵状（天正十一年四月二十一日）

甲州千塚内手作分九貫文・河東内手作分貳貫文・石橋内三功力山共に七拾八貫五百文、同夫丸壹人、并名田・屋敷・被官人等事

右本領不ㇾ可ㇾ有㆓相違㆒之狀如ㇾ件、

天正十一年

天正十一年
四月廿一日　御朱印
中村彌左衛門尉殿
〔御庫本古文書纂〕六 中村勘六所持

中村彌左衛門尉は山梨郡栗原筋中村の士で、小人頭横目付衆である。中村は上栗原村と下栗原村との中間に在り、北は後《ご》屋敷村鴨居《かもゐ》寺《でら》組に堺す。この文書により彌左衛門尉は三箇所合計八十九貫五百文并に夫丸・名田・屋敷・被官人等の本領を安堵せしめられた。子孫は武州八王子に住んだといふ（甲斐國志百四士庶部三）

青木信安に與へたる本領安堵狀（天正十一年四月二十一日）

本領改替甲州大田輪內六拾貫文・同所跡部紀伊守分山西保內、有賀右衛門（分脫カ）夫丸壹人等事
右本給不ㇾ可ㇾ有ニ相違一之狀如ㇾ件、
天正十一年　御朱印
四月廿一日
青木彌七郎（信安）殿
〔譜牒餘錄後編〕二十六 青木平助 小普請之一〔寛政重修諸家譜〕

青木彌七郎信安は甲斐巨摩郡武川筋青木村に居住した武川衆の一人で、父與兵衛信時と共に武田氏に仕へてゐたが、勝賴沒落ののちはまた父と共に家康に歸屬し、北條氏直と對陣のときしば〳〵軍功あり、この日、本領を改替して、甲州大田輪の內六十貫文、その他を安堵せしめられた。父信時が天正十年八月十六日三百二十一貫文、同十二月七日一千十八貫一

百文の本領を安堵せしめられたことは曩にこれを述べてある。

保科惣左衛門尉に與へたる諸役免許狀（天正十一年四月二十一日）

分國諸商壹月ニ馬壹疋分之役、幷本棟別壹間分、向後抱來田地、如二軍役衆檢使一、鄕次之人足、普請（役脱カ）等事、

右如二先證一令二免許一之狀如レ件、

天正十一年癸未

四月廿一日　成瀨吉右衛門尉（正一）

日下部兵右衛門尉（定吉）奉之

保科惣左衛門尉

〔大泉叢誌〕七十三古文書

保科惣左衛門尉の事蹟未詳。先證によつて免許せられた事項は普通の所領安堵と異り、(イ)分國中の諸商賣一箇月に付馬一疋分の役、(ロ)本棟別一間分、(ハ)向後抱へ來れる田地、(ニ)鄕次の人足、普請役等である。

羽柴秀吉に遺れる書狀（天正十一年四月二十二日）

江北之境目へ柴田（勝家）差出付而、卽至二長濱一被二馳移一之由候間、樣子無二御心元一候之條、急度以二飛脚一令レ申候、定而敵之行差儀不レ可レ在レ之候、將又久太郎（堀秀政）方取出へ、柴田取懸候之處、卽及二合戰一被二切崩一、數多被二討捕一候者、定無二比類一儀、心地好候、其表之儀、具示給、可レ爲二本望一候、

此方之儀も、信（州脱カ）表悉屬ニ存分一隙明候間、頓而可レ納レ馬候、可ニ御心安一候、尙重而可ニ申述一候、

恐々謹言、

（天正十一年）卯月廿二日　家康

羽柴筑前守（秀吉）殿

御陣所

〔古今消息集〕五

これより先、天正十一年四月、神戸信孝は美濃岐阜城に據りて兵を擧げ、淸水城主稲葉一鐵・大垣城主氏家直通等の邑に放火した。羽柴秀吉はこれを聞いて、信孝を攻めようとして、四月十六日大垣城に入つた。然るに同月二十日、信孝に策應する柴田勝家の將佐久間盛政は、秀吉の將中川淸秀を近江大岩山に襲つてこれを斃したので、秀吉は直に大垣を發して近江木本に到り、二十一日盛政を賤ケ嶽に破り、更に勝家の本營に迫りて、これを越前北莊に走らせ、二十二日進んで越前府中の前田利家を降し、北莊に向つた。本書は、二十二日賤ケ嶽大勝の報の未だ達せざるとき、家康が秀吉に遺つて、北近江の戰況を慰問したものであり、書中「久太郎方取出へ柴田取懸候之處、卽及ニ合戰一被ニ切崩一數多被ニ討捕一候者云々」とあるのは、本月五日、勝家が秀吉の將堀秀政の陣を襲ひて敗れたことを指したのである。

蘆澤兵部左衛門尉に與へたる諸役免許狀（天正十一年四月二十四日）

分國諸商一月ニ馬壹疋之役、幷本棟別壹間分、抱來田地、如ニ軍役衆檢使一、鄉次之人足、普請役等事

右向後別而可レ致ニ奉公一之旨、言上之間、任ニ先證一免許不レ可レ有ニ相違一之狀如レ件

天正十一年

卯月廿四日　成瀨吉右衛門尉（正一）

日下（部脱）兵右衛門尉（定吉）

奉之

蘆澤兵部左衞門尉　〔古文書〕三ノ上 甲州 別田村百姓重兵衛所持

蘆澤兵部左衞門尉の事蹟未詳。この免許狀も、本月二十一日保科惣左衞門尉の場合と同一である。

川窪信俊に與へたる本領安堵狀（天正十一年四月二十四日）

甲斐國松尾鄕貳百貫文・片瀬名村內百七十貫文・秋山分四貫八百文・千通寺分八百（衍カ）貫文、并夫丸五人等之事

右本領不レ可レ有二相違一、者守二此旨一、可レ被レ勵二忠勤一之狀如レ件、

天正十一年　家康御判

四月廿四日

川窪新十郎（信俊）殿〇慶元古文書、集古文書大抵同ジ　〔古文書集〕十七

本書のうち、「千通寺分」とあるところ、集古文書には「久遠寺分」とあり、「八百貫文并夫丸五人等之事」とあるところ、寛政重修諸家譜には「甲斐國松尾鄕巨勢村等のうちにおいて三百八十二貫八百文の地」とある。川窪新十郎信俊は甲州武田の住人で代々武田氏であつたが、武田信虎の七男信實（信玄の弟）の子新十郎信俊に至り、家康に歸屬し、川窪の地を領するに及び、川窪氏を稱することとなつた。天正十年十一月柴田康忠に從つて信濃に轉戰して功あり、十一年二月小諸・岩尾の兩城を攻めたときも軍功をあらはし、この日松尾鄕以下四箇所合計三百八十二貫八百文の本領并に夫丸五人等を安堵せしめられた（寛政重修諸家譜百四十六）。本書に「千通寺分八百貫文」とあるのは「八貫文」の誤りである。

田草川新左衛門尉に與へたる諸役免許狀（天正十一年四月二十四日）

分國諸商一月に馬壹疋之役、幷本棟別壹間分、抱來田地、如二軍役衆檢使一、鄕次之人足、普請役等事

右向後別而可レ致二奉公一之旨、言上之間、任二先證一、免許不レ可レ有二相違一之狀如レ件、

（家康）朱印（印文福德）　天正十一年

卯月廿四日　　日下部兵衛門尉（定吉）

成瀨吉衛門尉（正一）奉之

田草川新左衛門尉

〔武州文書〕十　多摩郡杤久保村里正新四郎家藏

甲斐國志百四士庶部三山梨郡栗原筋に牛奧村田草川兵部助が、天正十年十二月十一日、鹿野河・窪八幡・河内・逸見の岩下等にて、十三貫文の所領を賜はれる記事があり、田草川は曾根氏の分流なるべしといひ、同年十二月の起請文には、田草川藤九郎・同源右衛門等、曾根下野衆により云々と記してある。田草川新左衛門の名は見えないけれど、多分同族であらう。田草川は菱山より發源し、牛奧村を歷て流れる川の名ださうだ。但、この文書の所藏者は武藏多摩郡杤久保村の里正新四郎である。

八田村市丞に與へたる安堵免許狀（天正十一年四月二十六日）

抱來田畠屋敷、如二先規一、定年貢諸役地頭江令二辨濟一、可二相抱一、幷被官以下棟別十三間、諸役等免許

事右如ニ前々ハ、不レ可レ有ニ相違一者也、仍如レ件、

天正十一年未

四月廿六日

八田村市丞とのへ　〔八田文書〕○甲斐

（朱書）「附箋ニ御朱印」

八田《はった》村は巨摩郡西郡筋にあり、今、中巨摩郡百田村の大字に上八田《うへはった》の名を殘してゐる。百田は百々《どうどう》と八田《はった》とを併せた村名である。百々は駿州より河内路を北上して、釜無川の谷、武川筋を經て信州に行く街道の小驛で、龍王の西にあり、八田は百々の東、龍王との中間に當る。本書は八田村の市丞に與へた安堵狀であるが、同日に出された次の文書は、街道の傳馬に關するものである。

八田村市丞に與へたる役所免許狀（天正十一年四月二十六日）

壹月ニ馬五疋宛役所免許之事

右領掌不レ可レ有ニ相違一之狀如レ件、

天正十一年未

四月廿六日

八田村市丞とのへ　〔八田文書〕○甲斐

（朱書）「附箋ニ御朱印」

前述のごとく八田村は百々の接續村なので毎月傳馬役を出したのについて、市丞に對し馬五疋分の役所を免除したのである。役所は關所のことで、こゝでは關所税の意味である。

折井次忠に與へたる所領宛行狀（天正十一年四月二十六日）

甲斐國有野郷內貳拾參貫文・河東內東光寺分拾九貫五百八十文・白須內大輪助三分九百文・甘利上條內散使免貳貫八百文・折井郷寺社領壹貫貳百七十文餘・武田宮地內五味分　貳貫四百四十文餘等之事

右所二宛行一不レ可レ有二相違一之狀如レ件、

天正十一年

四月廿六日　（朱印）（印文福德）

折井九郎次郎（次忠）殿

〔田中暢彦氏所藏文書〕○武藏〔譜牒餘錄後編〕三十一 小普請之六 折井市左衞門〔御庫本古文書纂〕

折井九郎次郎次忠は甲斐武川衆の有力者なる折井市左衞門次昌の子である。次昌が家康に歸屬し、本領改替百三十三貫四百文の地を宛行はれたことは去年八月十七日の文書について、再び百四十八貫四百文の地を安堵せしめられたことは同十二月七日の文書について申し述べてある。その子次忠は去年七月二十四日、甲州樫山の陣中で家康に見え、本年この日、六筆合計四十九貫九百九十文の所領を宛行はれたのである。

水野忠重に遺れる書狀（天正十一年五月三日）

於二江北表一合戰之模樣幷繪圖被二差越一、卽令二披見一、得二其意一候、仍柴田（勝家）討死之儀、方々同說注進候、次勢劦へ在二出陣一之由、御辛勞候、尙期二來音一候、恐々謹言、

（天正十一年）
五月三日　　家　康（花押）

水野（忠重）惣兵衛尉殿

〔水野文書〕

これより先、三河刈屋城主水野忠重は、北近江の戰況を家康に報じたので、家康は本書を裁してこれに答へ、その勞を犒つたのである。書中に「柴田討死之儀方々同說注進候」とあるのは、四月二十四日、柴田勝家が越前北莊において自殺したことの通報が、諸方より到達したことを言つてゐるのである。

石川佐渡守・太田伊賀守等に與へたる普請役免許狀（天正十一年五月三日）

於二向後城責之時節一、㝡前ニ馳參、可レ勤二奉公一旨言上之間、鄕次之普請役、如二前々一一切令二免許一者也、仍如レ件、

天正十一年癸未

五月三日　　井出（正次）甚之助奉之

太田伊賀守

竹川藤左衛門

石川佐渡守

金山二十二人衆

〔竹川文書〕

石川佐渡守・竹川藤左衛門・太田伊賀守等の事蹟未詳。金山衆二十二人衆ともあるから、坑山採掘の仕事に從つてゐた人

々であらう。彼等は家康に歸屬し、城攻めのとき前線に馳せ參じて奉公する旨を言上したので、今まで通り、鄕次の普請役を免許せられたのである。

坂本忠豐に與へたる本領安堵狀（天正十一年五月六日）

東照宮御判物

甲州本給河東紺之ろめ役高百貫文、定納七拾五貫文、信𠔥之改替、藏田之內壹貫九百四十三文、同國替同所之內眞々部主膳分百四十文、嶋三條之內夫丸三分壹之事

右本領內得替領掌、不ㇾ可ㇾ有ニ相違一之狀如ㇾ件、

天正十一年

五月六日　朱印

坂本武兵衞（忠豐）殿

〔古文書〕坂本〇記錄御用所本　坂本武兵衞忠豐拜領、同武平太忠敬書上

坂本武兵衞忠豐の事蹟未詳。その安堵せられた事項のうちに河東《かとう》（嘉藤）紺の甕役百貫文があるのは異色である。安堵せしめられた貫高の合計は百七十七貫八十三文である。三分一夫丸も今までは初めてである。

（三）濱松在城の時期

家康が五月九日甲府から濱松に歸著してより、八月二十四日再び甲州に入るまで約三箇月半間における中央の形勢は、大風一過、昨日までの緊張感が解け、餘波の起伏はあつても、羽柴秀吉の前進を阻止する何物も見出すことができない有樣であつた。

この間、秀吉は、五月十一日、近江坂本城に入つて軍を休め、それより、四國の長宗我部元親を擊つ支度を開始

し（土佐國編年記事略）、毛利輝元との舊盟を固くし（毛利家文書萩藩閥閲錄）、攝津高槻の高山重友、山城勢多の山岡景隆を逐ひ（多聞院日記）、六月一日坂本城を發して京都に入り（兼見卿記）、翌二日信長一周忌の法會に參じ（兼見卿記）、尋で大坂に赴いて、七月七日城中に茶會を催し（今井宗久茶湯書拔）二十日京都に入り、翌日また坂本城に歸り（兼見卿記）、八月一日諸將士に曩に降服せる瀧川一益の故地をはじめ、新に領國を頒ち（太閤記）、四日再び大坂に赴き（兼見卿記）、十七日には有馬の湯治に行つてゐる（同上）。何やら伸び〱した氣分である。

濱松に歸つた家康は、五月二十一日、老臣石川數正を、坂本在城中の秀吉の許に遣し、初花の小壺を贈つて戰勝を賀した（家忠日記・武德大成記）。この石川數正は後に家康を離れて秀吉の許に出奔し、周邊に大きな動搖を起した人である。越えて八月六日、大坂在城中の秀吉は、使を在濱松の家康のところに遣して、不動國行の刀を贈つた（家忠日記）。多分、五月の贈物の返禮であらう。かくして家康は西の方、秀吉と親善關係を保つてゐた。

東の方北條氏に對しては、去年十月二十九日若神子對陣の終りに結んだ約束に基き、家康は、その第二女督姬を相州小田原に送り、八月十五日著輿、氏政の嗣子氏直と結婚させた（名將之消息錄・御年譜微考）。氏直は二十二歲、督姬は十九歲であつた。これにより東方においても平和が確立した。

このやうな期間における家康文書は餘り多くなく、安堵狀二・免許狀一・宛行狀一・定書一、それから北條氏との緣組に關する書狀數通が見えてゐるにとどまる。

諸星政次に與へたる本領安堵狀（天正十一年六月二日）

東照宮御朱印寫

甲州本領靑沼次崎分高九貫文、此定納拾八貫六百文・長塚鄉三井分七貫文・中下條內三貫

文、訪方改替中條内高野分三貫文、高合貳拾貳貫文、定納合三拾壹貫六百文事
右領掌不レ可レ有ニ相違一状如レ件、

天正十一年癸未

六月二日　朱印

諸星民部右衛門(政次)とのへ

〔古文書〕諸星〇記録御用所本　諸星民部右衛門政次拜領、同万之助政長書上　〔書上古文書〕

諸星民部右衛門政次は信玄・勝頼に仕へてゐたが、家康に歸屬し、この日甲州の本領青沼次崎分・長塚郷三井分、中下條内、中條内高野分等合計二十二貫文の地を安堵せしめられた（寛政重修諸家譜千百九十九）。

堀重純に與へたる定書（天正十一年七月三日）

定

一為ニ龜(家康)千世一萬事申付處、非分有レ之由、於レ有下令ニ言上一族上者、雙方召出、遂ニ糺明一、速可ニ申付一事

一陣番等令ニ無沙汰一輩、急度可ニ申付一事

一身上不レ成面々於レ有レ之者、年寄共与相談、以ニ明所一可レ令ニ加増一事

右條々如件、

天正十一年未

七月三日　御朱印

堀小三郎(重純)とのへ　〔譜牒餘錄〕四十二 松平遠江守　〔古文書集〕〔慶元古文書〕

堀重純は三河櫻井邑主松平忠吉の家臣である。天正十年六月二十四日忠吉は二十四歳を以て歿し、嗣子が無いので、その姪家廣が六歳を以て家を繼いだ。家廣は尙、幼少なるに由り、公は重純にこの定書を與へて、家事を執らしめたのである。

池西坊に與へたる坊職安堵狀（天正十一年七月五日）

駿刕富士茂良山池西坊職之事

右如二前々一、不レ可レ有二相違一者守二此旨一、相當之修理、社役等可レ令二勤仕一之狀如レ件、

天正十一年

七月五日　(家康)(朱印)(印文福德)　(本多正信)本　彌　八　奉之

池　西　坊　〔北畠文書〕〇駿河

池西坊は駿河富士郡富士根村に在り、大日堂を支配する修驗者である。天文十一年九月四日今川義元の朱印狀に、「今度伊豆之透《とおり》、山伏被二預置一之條、駿遠兩國山伏申付、無二怠慢一番等之事、逐二次第一可レ勤レ之」とある。同十四年七月十四日附聖護院門跡より慶覺坊宛の御教書もある。同二十年二月五日今川義元の三女坊宛の判物には、「富士茂良山相拘分之事。一大宮西坊屋敷壹間・一黑田鄉淺間領貳貫文・一三女坊先達」を安堵せしめてゐる。尙、慶覺坊・東專坊などに宛てた「駿遠兩國山伏道」の安堵狀が數通ある。池西坊宛の安堵狀は永祿九年八月二十一日今川氏眞のものがある。本書は家康が池西坊に與へて坊職を安堵せしめたものである。茂良山は村山と同じ。

北條氏直に遣れる書狀（天正十一年七月五日）

〔參考〕北條氏政より家康に遣れる書狀（天正十一年八月十七日）
〔參考〕北條氏規より家康に遣れる書狀（天正十一年八月十七日）
〔參考〕足利德源院より北條氏照に遣れる書狀（天正十一年六月二十日）
〔參考〕同上（天正十一年七月五日）
〔參考〕同上（天正十一年七月五日）
〔參考〕同上（天正十一年八月八日）
〔參考〕同上（天正十一年八月八日）
〔參考〕北條氏直より三田百姓中に與へたる下知狀（天正十一年七月四日）

先度御祝言之爲、御使者河尻下野守被二差越一候間、委細御報申入候之處、御祝著之由蒙レ仰候、寔大悅不レ過レ之儀候、如レ仰向後之儀、彌深重可二申談一所存無二他事一候、尙重而自レ是可二申達一候間令二省略一候、恐々謹言、

（天正十一年）七月五日　德川家康（花押）

北條左京大夫（氏直）殿

〔北條元子爵家文書〕○東京〔譜牒餘錄後編〕二十二 大御番北條伊勢守

天正十一年八月十五日、家康の第二女督姫は、北條氏直に婚嫁のため、相模小田原に抵つた。本書はこれに先ち、七月五

日附を以て、家康より氏直に遣つたものである。督姫の母は西郷局であつた。督姫は後、天正十八年小田原落城後岡崎に歸り、氏直死去の後、文祿二年九月池田輝政に再嫁し、元和元年二月四日播州姫路にて歿した。年五十一歳。以下この婚嫁に關係のある文書が多くあるが、その中左に二通を採錄する。

先段以二飛脚一如二申述候一、此度御輿入成就、誠大慶滿足何事歟可レ過レ之候哉、爰元之様子爲レ可レ洩二堅(賢カ)聞一、以二川尻下野守一申候、委細令レ附二與彼口上一候、就レ中當秋行之儀、御輿之儀ニ付而、令二延引一候、此上者三日之内、氏直可レ致二出馬一由候、愚拙事者、爰元爲二仕置一候間、令二在留一候、猶期二後音之時一候、恐々謹言、

(天正十一年)八月十七日　(北條)氏政

(家康)徳川殿　人々御中

〔名將之消息錄〕

本書は氏直の父氏政より家康に遣れるもので、婚嫁の成立を賀し、川尻下野守を使として小田原方の狀況を陳述せしむること、當秋の出陣は婚禮に由りて遲延すること、氏直は三日以内に出馬すべきことを述べてある。

御札拜見申候、昨日以二飛脚一如下被二申入一候上、去十五□(日)御著輿、氏政歡喜不二大形一候、御狀之趣、石□一口上承届、具氏政ゟ爲二申聞一候、何篇にも可レ被二任置一之由被レ申候、拙者事大細内外毛頭無二疎意一無二無三可二走廻一候、乍レ恐可二御心安一候、委細朝比奈彌太郎(泰勝)傳二口上一候之條、重而可レ得二御意一候、恐々謹言、

(天正十一年)八月十七日　(氏規)北條美濃守

(家康)徳川殿　人々御中

〔名將之消息錄〕

本書は北條氏規より家康に遣れる書狀で、督姫が十五日著輿、氏政滿悅のことを報じ、自分も疎意なく盡力すべき旨を申し送つたものである。

一昨(六月)十八糊付之御狀、今廿日令二披見一候、然者爲二御兵談一、去(六月)朔日小田原へ御參府之儀、先段被二仰越一候キ、其

已後御出馬ニ御落著候處、自二遠州一（遠州濱松德川家康）御祝言御使者來著ニ付而、御出馬被二相延一候樣躰、始中終蒙レ仰候、委細承屆候、殊ニ沼田已下迄、急速ニ御當方可レ有二御本意一由候哉、誠以目出度御肝要令レ存候、此上御手透ニ御覽被レ合、可レ預二御左右一之由、尤令レ得二其意一候、何も判來之外、不レ可レ致二他言一之段、是又存二其旨一候、恐々謹言、

（天正十一年）六月二十日　（北條氏照）奥　州

各

〔喜連川家文書案〕二下野〇

この書狀の宛名の奥州は、北條陸奥守氏照である。氏照は兵談の爲、六月一日小田原に行つてゐた。差出人は下總古河城主足利氏（德源院）方の者である。これに依り、德川氏との婚嫁のため、氏直の出馬の遲延したことがわかる。

去（七月）三日之糊付之貴札、今五日到著、能々令二披閱一候、然者御用有レ之而、從二小田原樣一御申候歟、御參府之段蒙レ仰候、先段粗承候キ、自二遠州一御祝言之御落著、既當月中可レ被レ入二御輿一之由、誠以目出度、御肝要令レ存候、北西如二御存分一成來候、就レ中沼田屬二御本意一之段、目出度珍重候、此上者、東口御靜謐、不レ可レ有レ程候、將亦一兩輩參府之儀、御祝言時節候間、可二著合一旨、被二仰越一候、尤無二御餘儀一存候、何篇時節被二御覽合一、可レ預二御左右一候、委曲重而可二申達一候、恐々謹言

（天正十一年）七月五日　（北條氏照）奥　州

各　々

〔同上〕

本書に依れば、督姫は七月中に入輿の豫定であり、眞田昌幸の上野沼田城は北條氏に歸したことがわかる。

御祝言御取籠故、御糺明御遲々之所、無二餘儀一存候、〇上下略、七月五日附、北條氏照宛足利氏書狀〔同上〕

これは同じく足利徳源院より、氏照に宛てたる七月五日附書状の一節であり、婚禮に取紛れて、徳源院より申し入れたる下總木瀬足輕の横暴に對する糺明の遲延したことがわかる。

急度以二脚力一令レ啓候、然者御輿之儀、近日之洪水故、御日限御遲之由承及候、無二御心元一令レ存候、御模様承度存候〇下略、八月八日附、北條氏照宛足利氏書狀〔同上〕

これも同じく徳源院の八月八日附の書狀であり、洪水に由りて婚禮の延引したことがわかる。

其已來遙々不二申達一候、然者從二遠州一被レ入二御輿一之由承及候、誠以目出度御肝要奉レ存候、〇下略、八月八日附、北條氏政宛足利氏書狀〔同上〕

これは徳源院の八月八日附北條氏政宛書狀の一節であり、それに依れば八月八日頃に入輿濟の風說のあつたことがわかる。

今度御祝言之御用人夫五人、於二郷中一、すこやかなる者撰出、來廿一日無二風雨嫌一、三嶋へ打著、翌日廿二、於二沼津一、奉行如二申付一荷物ヲ請取、小田原迄可二持届一候、ありきやうの躰にて、見立よく、此時可二走廻一者也、仍如レ件、

(天正十一年)
癸未
七月四日
(北條氏虎印)

三田
百姓中

〔相州文書〕八 愛甲郡　愛甲郡三田村 百姓並子久右衛門藏

これは北條氏の虎朱印を押捺せる文書で、祝言御用の人夫五人を選定して差出すべきことを三田の百姓中に命じたもので

天正十一年

ある。この年七月諸國大雨にて洪水、「家忠日記」には「七月廿日、庚子大雨降、五十年已來大水ニて、御祝言も延候」と記してある。八月十五日、督姫入輿のとき隨從したのは、酒井忠次・平岩親吉・本多忠次等であり、永く附屬せしめられたのは矢部芳英・鵜殿長次・秋鹿政朝・石川吉次等であつた。

城意庵・同昌茂父子に與へたる所領宛行狀（天正十一年七月九日）

越後國古志郡事

右一圓所二宛行一、永不レ可レ有二相違一、守二此旨一、彌可レ被レ抽二忠信一者也、仍如レ件、

天正十一年
七月九日　御名乘御書判

意　庵（城景茂）
城織部佐殿（昌茂）

〔譜牒餘錄後編〕三十二 城萬之助 小普請之七　古文書集、集古文書、慶元古文書同ジ

城意庵は本名を景茂といふ。昌茂はその子である。城氏は越後の舊家であるが、景茂父子は甲州武田氏に仕へ、武田氏沒落の後、天正十一年家康に歸屬し、その舊領たる越後古志郡の地を宛行はれたのである。但、このとき家康は新に甲信兩國の經營に著手したばかりであり、越後には上杉景勝が居たのだから、本書は他日舊領を與へんことを約したものと見るべきであらろう。

駿河人穴宿に與へたる免許狀（天正十一年七月十三日）

駿州富士郡人穴宿中之事

右田畠共爾爲二不入一之間、守二此旨一、可レ致二居住一者也、仍如レ件、

天正十一未年

七月十三日（家康）（朱印）（印文福德）　本多彌八郎（正信）奉之

人穴年寄へ

〔人穴共有文書〕○駿河

本書は駿河富士郡上井出人穴宿の年寄に宛て、宿中並に田畠共、不入地たる特權を與へたものである。人穴宿は富士郡富士大宮より山麓を北上して甲斐の本栖・右左《うば》口《ぐち》に至る通路の小驛で、人穴と呼ばれる洞窟があり、そのころの文書に上井出とあるのも人穴宿のことと考へられる。天正十一年閏正月十九日、倉橋三郎五郎政範が家康の命を奉じ、甲州郡内一揆のため上井出宿が掠奪せれたのにつき、宿中取立の朱印狀を上井出宿中百姓等に下したことは曩にこれを述べた。

三河東漸寺に與へたる寺領安堵狀（天正十一年七月十七日）

伊奈東漸寺住職之事

右寺領等、寺中門前以下此外至二屋敷等一迄、如二前々一、永可レ令二寺務一、林者就中付候分、境者東西之道切仁可レ有二支配一、從二先來一不入之地候間、橫相之申事候共、一切許容有間敷候、若違亂之輩候者、從二此方一可レ加二異見一之者也、仍如レ件、

天正十一年癸未

七月十七日　本多彥八郎

忠次（花押）

東漸寺周廓和尚

〔古文書〕二十一 參州

本書は家康の部將本多忠次の出したものであるが、家康の命を奉じてゐると認めて、ここに收める。東漸寺は三河寶飯郡伊奈村に在る。伊奈村は牛久保・佐脇とあまり遠くない。

(四)甲駿兩國に出動した時期

東西兩面における後顧の憂のなき時に當り、家康は八月二十四日再び甲府に入り、凡そ三十數日間滯在してより駿河の江尻に移り、ここに四十數日間滯在して更に駿府に移り、ここに十數日間滯在して十二月四日濱松に歸著した。合せて凡そ百日間ほど濱松を離れてゐたのである。

これより先、五月、上杉景勝が南下して信濃更科郡に侵入し、屋代城に屋代秀正を攻めたけれど勝たずして退いたことがあり(譜牒餘錄)、信濃方面の責任者たる酒井忠次が、七月松平家忠に對し、家康が川中島に出陣の旨を申し越したことがある(家忠日記)ことなどによれば、この度の出動も、信州經營を目的としたやうに見えるが、武德編年集成に、北條家は和融したけれども信濃佐久郡の一揆に密かに糧食を送つて援助するため、治安の確保ができないから、自ら出馬してこれを殲滅し、更に川中島四郡を征服しようとして、佐久郡及び川中島附近の地圖を書かせたが、甲信兩國先方の士の力で佐久郡は平定したから、景勝が占有してゐる川中島四郡の征服は他日に讓ることとしたと記してあるのは、ほぼ當を得てゐるらしい。凡そ百日間のほどのうち、家康が甲府にゐたのは三十數日にとどまり、早く引揚げて駿河に六十數日を費したのを見ても、信州經營に全力を注いだのではない。甲州における本領安堵も、武田遺臣を主とする昨年の分と、寺社を主とする本年四月の分とで、大量授與は一通り終つたと見え、このたび出されたものは、甲信共その數が少なく、補足的のものと思はれる。

要するにこのたびの出動は、從來に比し低調の感があるが、それは駿甲信共に、治安の度が多少增進したためなのであらう。以下この期間の文書を斷片的に解說する。

（a）以下十一通は甲府滯在中のものである。安堵狀三通・宛行狀四通・免許狀一通・感狀一通・定書一通・書狀一通を含む。以上の中九通は甲斐の士に出したものである。

山下勝忠に與へたる所領宛行狀（天正十一年九月二十一日）

東照宮御判物

甲州觀音寺內拾八貫文、倉科坂（東山梨郡）上內十貫文事

右河東爲二鹽之座替地一、領掌不レ可レ有二相違一之狀如レ件、

御朱印

天正十一年九月廿一日

加々爪甚十郎（正尚）
本多千穗（正純） 奉之

山下又助（勝忠）殿

〔古文書〕山下〇記錄御用所本 山下又助勝忠拜領、同庄三郎義峯書上 〔書上古文書〕

山下勝忠は家康の御小姓を勤仕したもので、甲斐の鹽座を領してゐたが、その替地として、この日同國東山梨郡觀音寺內及び倉科坂上の內合計二十八貫文の地を宛行はれた。家康の關東移封ののち、武藏幡羅郡內で百五十石の知行を與へられた（寛政重修諸家譜千四百四十二）。

保科喜右衞門尉に與へたる所領宛行狀（天正十一年九月二十一日）

甲州万力內繼統院分拾八貫文・蛇嶋內大熊分貳貫文新給、幷岩下改替千塚夫丸半夫等之事

天正十一年

右所ニ宛行ハ、不レ可レ有ニ相違一之狀如レ件、

天正十一年

九月廿一日（家康）（朱印）（印文福德）

（井伊直政）井兵部少輔奉之

保科喜右衛門尉殿

〔木村文書〕

（懸紙）保科喜右衛門尉殿

保科喜右衛門尉の事蹟未詳。萬力は東山梨郡上萬力村、岩下は上岩下村・下岩下村である。五月六日坂本忠豊安堵狀中の夫丸三分一を今までは初見だと記しておいたが、この文書は夫丸半夫とある。この例は他にもあつた。夫丸一人、または二人は普通である。四月二十四日川窪信俊安堵狀の夫丸五人は多い方である。この文書で喜右衛門尉の宛行はれた貫高は合計二十貫文である。

八田村新左衛門尉に與へたる所領等安堵狀（天正十一年九月二十一日）

年來拘置田畠屋敷永代買等、如ニ先規之一、年貢地頭方江速於ニ納所一者、如ニ前々一、向後不レ可レ有ニ異儀一、然者棟別拾間免許幷被官等可レ爲ニ國次一之事、

右領掌不レ可レ有ニ相違一之狀如レ件、

天正十一年

九月廿一日

本多（正信）彌八郎奉之

（朱書）「附箋ニ御朱印」八田村新左衛門尉殿

〔八田文書〕○甲斐

八田村は巨摩郡西郡筋にあり、駿州・甲州・信州を通ずる街道の百々《とうとう》村の東に接續し、今は兩村合して百田村となり、その大字に上八田《うへはった》の名を殘してゐる。この村の市丞が本年四月二十六日、安堵狀・免許狀を與へられたことは曩に記したが、八田村新左衛門尉も、同村出身であらう。甲斐國志九十九人物部八武田家令吏部の藏前衆三十五人の中に、その名が見えてをり、藏前衆とは代官衆のことであるとしてゐる。

八田村新左衛門尉に與へたる諸役免許狀（天正十一年九月二十一日）

壹月ニ馬五疋、如二先規一、諸役免許不レ可レ有二相違一者也、仍如レ件、

天正十一年

九月廿一日　本多彌八郎（正信）奉之

（朱書）「附箋ニ御朱印」八田村新左衛門尉殿

〔八田文書〕○甲斐

八田村は街道に添うてゐるので毎月傳馬を出したが、これに對し諸役免許を安堵せしめたのである。

栗原內記に與へたる感狀（天正十一年九月二十二日）

其方代々所持之雖レ爲二寶器一、今度風留之鞭獻レ之、忠志之段甚感悅之至候、仍脇指一來國次遣候、于二子孫一可レ申二傳一狀如レ件、

天正十一年

九月廿二日　（家康）朱印（印文福德）

天正十一年

栗原內記殿

〔御庫本古文書纂〕一 御感狀之寫　甲州山梨郡下栗原村 浪人栗原伴助所持

栗原內記は山梨郡栗原筋の士であり、代々所持の家寶風留の鞭を家康に獻じたので、家康は來國次の脇指を與へて、その忠志に酬いたのである。

栗原氏は山梨郡五十餘箇村の總稱栗原筋に蟠據せる族黨で、そのうちから出て武田氏の部將となつたものも少くないが、栗原內記のことは明かでない。

屋代秀正に遣れる書狀（天正十一年九月二十八日）

就二當表在陣之儀一、度々飛脚被二差越一、令二爲悅一候、彌可レ任二存意一候間、於二模樣一可二御心安一候、恐々謹言、

家康　御書判

（天正十一年）九月廿八日

屋代左衞門尉殿（秀正）

〔譜牒餘錄〕五十九 屋代越中守〔書上古文書〕

屋代左衞門尉秀正は信濃屋代城主で、曩に家康に歸服して居り、家康が天正十一年八月二十四日、再び甲斐に出馬せるに就き、屢、使者を遣して、その起居を候したので、家康はこの書狀を裁してこれに答へたのである。尙、家康は十月二日甲府を發して駿府に入り、十二月四日遠江濱松に歸著したことが、家忠日記に見えてゐる。

石黑將監に與へたる屋敷等安堵狀（天正十一年九月二十八日）

知行西保鄕屋敷壹間、幷鎌田二日市場屋敷壹間、棟別免許事

右如二先規一、不レ可レ有二相違一之狀如レ件、

天正十一年

九月廿八日　御朱印　　井伊兵部少輔（直政）奉之

石黒將監とのへ

〔譜牒餘錄〕二十五 井伊掃部頭附家臣石黒三太夫

石黒將監は去年十一月二十八日、七十七貫八百文の本領を安堵せしめられたが、このたびは更に屋敷二箇所と棟別免許とを安堵せしめられたのである。

以上の外甲斐國志に依れば、この頃、櫻井信忠は所領を宛行はれ、或は加增せられ、または安堵せられ、山梨郡大工村天神宮は社領を寄進せられた。同郡山宮村青松院・八代郡稱願寺も寺領を寄進或は安堵せられたらしい。

廣瀨景房に與へたる所領安堵狀（天正十一年九月二十八日）

甲州小河内七拾貫文・鹽子内拾貫文、此外諸役錢共、原八日市場内三貫文、此外諸役錢共、鹽原内六貫文・熊野惣領分内秋山源三分四拾貫文、新知行也、鹽子内七郎右衛門名田内德屋敷共拾貫文、白井河原夫丸壹人、棟別三間、幷諸役免許之事

右以二知行内一、弟一騎召連、可レ勵二奉公一之狀如レ件、

天正十一年

九月廿八日　御朱印　　井伊兵部少輔（直政）奉之

天正十一年

廣瀨美濃(景房)守殿

〔譜牒餘錄〕二十五 廣瀨主殿 井伊掃部頭附家臣

廣瀨美濃守景房は通稱を鄕左衞門尉といふ。勝賴の旗本に屬し、美濃守と改め足輕隊長となつたさうだ。勝賴沒落ののち家康に歸屬し、井伊直政の家臣となる。本書は小河原內(諸役錢共)・原八日市場內(同上)・鹽原內・熊野惣領分內・秋山源三分以上新知行計百二十九貫文、鹽子內七郎右衞門名田內德屋敷共十貫文、并に夫丸・棟別・諸役免許等を安堵せしめその知行內を以て奉公を勵むべきことを命じたものである。

禰津信光に與へたる本領安堵狀（天正十一年九月二十八日）

信州本領之事

右年來被㆓抱置㆒知行分、如㆓前々㆒領掌之上者、永不㆑可㆑有㆓相違㆒、彌以㆓此上(旨カ)者㆒、可㆑被㆑存㆓忠功㆒者也、仍如㆑件、

天正十一年

九月廿八日　　權現樣御名乘御判

禰津宮內大輔(信光)殿

〔譜牒餘錄〕三十八 眞田伊豆守附家臣　先公實錄御事蹟類典同じ

禰津宮內大輔信光は信濃國禰津の士である。加澤平次左衞門覺書に依れば、天正十一年秋、家康は信濃伊那郡に出陣したので國中の武士が多く欵を通じ、家康はこれに對し安堵狀を與へたとある。本書はその一であり、これと同文のものが、眞田氏・矢澤氏・常田氏・蘆田氏・保科氏・小泉氏・室賀氏・八代氏・浦野氏にも與へられたさうだ。尙、次に列擧するものも、この時のものである。

禰津松鷗軒に與へたる所領宛行狀（天正十一年九月二十八日）

甲州黑澤三百貫文・駿州厚原之内五拾貫文之事、
右鶴千世丸儀、松鷗軒可レ有二養育一之間、言上候而、所二宛行一不レ可レ有二相違一、彌以二此旨一可レ被レ存二忠信一之狀如レ件、

天正十一年
九月廿八日　御書判
禰津松鷗軒

〔譜牒餘錄後編〕三十八 禰津式部

禰津松鷗軒の祖先は信濃小縣郡禰津（根津）から出た。禰津流鷹術の名家である。天文年間、禰津宮内少輔に至り、甲斐に移り、武田氏に仕へ、長篠の戰で討死した。宮内少輔の弟美濃守某、除髪して松鶴軒常安と號した。（甲斐國志九十八人物七、禰津氏の條參取）。甲斐國志には、この松鶴軒常安につき、「常安の名見二下ノ鄕起請文一、并ニ禰津家中九人ノ名押アリ、但シ松鷗軒ニ作レリ、校二之他書一、全ク作レ鷂者アリ、草體ノ不正ナリ、未レ能レ采レ決」とあり、この文書の松鷗軒は、松鶴軒・松鷂軒とも記されてゐることがわかる。尙、「壬午ノ後幕府ニ歸ス、其男鶴千代改二五郎信政一、稱二美濃守一、慶長七年正月加增シテ賜二壹萬石一、男神平吉直、寛永三年四月夭して無嗣收公セラル」とある（同上）。

坂本武右兵衛・塚原六右衛門尉に與へたる甲府屋敷定書（天正十一年九月二十八日）

甲府屋敷事
一退轉之人屋敷之儀者、地子等可レ爲二藏納一之事
天正十一年

一於レ有二屋敷相論之儀一者、可レ附二于去年午之三月迄拘主人道理一事

右堅可二申付一者也、仍如レ件、

天正十一年

九月廿八日　御朱印

塚原六右衞門尉殿

坂本武右兵衞殿

〔古文書〕三ノ上 甲州　甲斐國府村浪人 辻次郎兵衞所持

塚原六右衞門尉は曩に天正十年十一月七日九十貫四百文の本領を安堵せられたが、ここに至り甲府の屋敷のことについての下知狀を與へられたのである。坂本武右兵衞のことは未詳。本年五月六日附本領安堵狀の坂本武兵衞（忠豐）とは別人らしい。

（b）以下十五通は、江尻滯在中の文書で、安堵狀十通・宛行狀二通・免許狀一通・許可狀一通・書狀一通を含む。その中の九通は、駿河の社・寺・人に出したものである。

駿河富士大宮に與へたる別當領等安堵狀（天正十一年十月五日）

駿州富士大宮別當領並供僧領、其外寺內諸役免許之事、

右如二先規一、不レ可レ有二相違一之狀如レ件、

天正十一年　（家康）朱印（印文福德）

十月五日　井出甚之助（正次）奉之

〔舊富士別當寶幢院文書〕

富士大宮とは駿河富士郡大宮町に在る淺間神社のことである。今、大宮町は富士宮市になつてゐる。本書は舊富士別當寶幢院所藏文書の一つで、その他のものには、大宮寶幢院何某、または寶幢院と宛名したものが多いが、これには宛名がないから、ただ富士大宮と標示しておいた。その別當領・供僧領、その他の諸役免許については、今川義元・同氏眞・武田信玄・同勝頼等の判物・朱印狀が出てゐるので、家康はこれにより「先規の如く」安堵せしめたのである。

駿河永明寺に與へたる寺領安堵狀（天正十一年十月五日）

駿州富士郡原田之郷永明寺領八石、幷寺内諸役免許事

右如二前々一不レ可レ有二相違一之狀如レ件、

天正十一年

十月五日　家康朱印寫

井出甚之助（正次）奉之

永明寺

〔永明寺文書〕○駿河

永明寺は駿河富士郡原田村に在り、永祿二年六月八日今川義元の判物によつて、田地八石分の寺領を安堵せられ、檢地による增分及び門前棟別五間其外の諸役を年來のごとく免除せられ、尋で永祿三年四月二十二日今川氏眞の判物によつてこれを再確認せられ、元龜四年（天正元年）十一月二十八日には、武田信玄の朱印狀によつて、更に寺領八石、門前の家三間、棟別幷に普請役免許等を安堵せられた。家康はこの先蹤を追うて、この安堵狀を與へたのである（永明寺文書）。

駿河先照寺に與へたる寺領安堵狀（天正十一年十月五日）

駿州富士上方先照寺領拾貫三百六十文、幷寺内・門前・山林・竹木諸役等免許之事

右如二先々一、不レ可レ有二相違一之狀如レ件、

天正十一年

天正十一年

十月五日（家康）朱印（印文福德）　井出甚之助（正次）奉之

先照寺

〔先照寺文書〕

先照寺は駿河富士郡富丘村大中里にあり、今川義元・同氏眞・武田勝頼・豐臣秀吉等の文書を所藏してゐる。

駿河妙蓮寺に與へたる諸役免許安堵狀（天正十一年十月五日）

駿州富士郡上野々鄕妙蓮寺、寺內諸役免許之事

右、爲二無緣所一之間、如二前々一不レ可レ有二相違一者也、仍如レ件、

天正十一年

十月五日（家康）朱印（印文福德）　井出甚之助（正次）奉之

妙蓮寺

〔上野妙蓮寺文書〕

妙蓮寺は富士郡上野鄕堀內に在り、武田家文書をも數通所藏してゐる。

駿河西山本門寺に與へたる諸役免許等安堵狀（天正十一年十月五日）

駿刕富士西山本門寺規矩法度、幷寺內諸役等之免許之事

右爲二無縁所一之間、如二舊規之一、不レ可レ有二相違一之狀如レ件、

天正十一年

十月五日　　御朱印　　井出甚之助（正次）奉之

本門寺

〔西山本門寺文書〕○駿河

西山本門寺は富士郡芝富村にある日蓮宗の寺である。

駿河蒲原傳馬人等に與へたる傳馬屋敷諸役免許安堵状（天正十一年十月五日）

駿刕蒲原傳馬屋敷三十六間棟別以下之諸役免許之事

右如二前々一、不レ可レ有二相違一之狀如レ件、

天正十一年

十月五日（家康）朱印（印文福德）　　井出甚之助（正次）奉之

蒲原

傳馬人等

〔草谷文書〕○駿河

草谷文書には、元龜三年五月十一日武田勝賴の部將山縣昌景が蒲原衆に宛てて、傳馬屋敷の諸役を免じ、傳馬役を勤めしめた奉書、天正三年十月十六日同跡部釣閑齋・武藤三河守が蒲原三十六間傳馬衆に宛てて、公用私用の傳馬の印判を區別すること、傳馬は一日四疋たるべく、火急の公用は臨時に下知すべきこと、私用の傳馬は一里六錢の口付錢を取るべきこと、口付錢を難澁するものには傳馬を出すべからざること、傳馬役を勤めざる者が密かに駄賃を取るを禁ずること、棟別

天正十一年

以下の諸役を免許することの六箇條の條規を下した奉書がある。家康は舊來の如く、傳馬屋敷三十六間の諸役免許を安堵せしめたのである。

駿河根原郷傳馬人に與へたる屋敷分宛行狀（天正十一年十月五日）

駿刕富士上方根原之郷、前々傳馬屋敷無レ之由言上之間、於二駿河大宮之内一、屋敷分七貫文、爲二新給一所レ遣レ之、不レ可レ有二相違一、彌守二此旨一、傳馬役無二懈怠一可二相勤一之狀如レ件、

天正十一年

十月五日（家康）朱印（印文福德）　　井出甚之助（正次）奉之

根原

傳馬人等

〔富士根原文書〕○駿河

本書は駿河根原郷傳馬人に、同國大宮の内において、傳馬屋敷分七貫文を、新給として宛行ひたるものである。根原郷は富士大宮より北上して甲斐の本栖湖・右左口に通ずる山道の要路なので、その傳馬人に傳馬屋敷を設備させるために七貫文の屋敷分を宛行つたのである。尙、天正十年八月二十八日小林佐渡守に根原郷の家、三十間の諸役を免許せしめた文書を參照せよ。

守隨信義に與へたる秤座免許狀（天正十一年十月五日）

（懸紙）「守隨彥太郎殿」

分國中以二守隨秤一、黃金可レ令二商買一、若或用二私之秤子一、或於二拵直輩一者、可レ處二罪科一者也、仍如レ

件、

天正十一年

十月五日（家康）朱印（印文福徳）　　榊原（康政）小右兵衛尉奉之

守隨（信義）彦太郎殿

〔守隨文書〕

この守隨彦太郎は、守隨秤座記に依れば、二代目吉河彦太郎信義である。信義は實は武田太郎信義の子であるが、守隨家に入り、天正十年十一月二十六日家康より甲州金の秤子を管掌せしめられた。（四〇一頁参照）。榊原小右兵衛尉は小平太康政と同人かと思ふけれど、榊原家譜・寛政重修諸家譜等に小右兵衛尉が見えないから、疑問のまゝ後考を待つ。

小笠原貞慶に遣れる書状（天正十一年十月五日）

被レ對二石川（數正）伯耆守一來札、具遂二披見一候、抑木曾谷義昌居城其外宿中悉有二放火一、敵數多被二討捕一之由、無二比類一儀共候、殊凶徒楯二籠山城一、無レ程可レ為二落居一之由、本望此事候、彌無二油斷一御行肝要候、委細伯耆守可レ申候、恐々謹言、

（天正十一年）十月五日　　家康御判

小笠原右近大夫（貞慶）殿

〔譜牒餘錄〕三十四 小笠原遠江守　笠系大成附錄書簡并證文集同ジ

小笠原右近大夫貞慶は信濃松本城に據り、しば〳〵兵を出して同國木曾に木曾義昌を攻め、居城福島を陥れ、板敷野・上松等に放火し、義昌を興禪寺に籠らしめ、家康の家臣石川數正に、その捷報を致した。本書は家康がこれを褒して遣れる書状である。文中「義昌居城」とあるのは福島城、「凶徒楯二籠山城一」とあるのは興禪寺である。

駿河安養寺に與へたる寺領等安堵狀（天正十一年十月六日）

駿州有度郡安養寺領貳拾貫文、并諸末寺如二舊規一寺中山林見伐・殺生禁斷・狼藉、其外門前三間・國次人足諸役等免許之事

右如二前々一領掌不レ可レ有二相違一候者也、仍如レ件、

天正十一年
十月六日　家康（花押）

安養寺
玄徹長老

〔安養寺文書〕○駿河

安養寺は駿河安倍郡長田村小枝に在る。本文書は寺領二十貫以下舊來の特權を安堵せしめたものである。

石切市右衞門に與へたる石切屋敷安堵狀（天正十一年十月七日）

庵原郷坂下村石切屋敷貳間分、如二前々一無二相違一被レ下候、然上四分一人足諸役共御免乙候、是者御納馬之刻、於二江尻一天野三郎兵衞殿（康景）前々之筋目被レ成二御披露一候、依レ其、駿國中可レ爲二石切大工一候、彌守二此旨一無二々沙汰一可レ被レ勤二奉公一者也、仍如レ件、

天正十一年未　小栗二右衞門（黑印）
十月七日　倉橋三郎五郎（黑印）

名倉若狹（花押）

石切
市右衞門殿

〔青木文書〕○駿河

本書には家康の署名、朱印等が現れてゐないが、代官等が家康の旨を奉《うけたまは》りて出したものであるから、茲に採録する。文意は駿河庵原郷の石切市右衞門に、石切屋敷を安堵し、市右衞門を駿河國中の石切大工となしたものである。

岩間大藏左衞門尉に與へたる本領安堵狀（天正十一年十月二十一日）

甲州本領聟善藏讓置上者、彼善藏本領村上下鹽田拾八貫文・國玉五貫文・花輪五貫文、かゝ美夫錢十五貫文、高四拾三貫文、此定納參拾七貫八百文等之事

右領掌不レ可レ取（有カ）二相違一、此上者於二甲州一奉行共相談、不レ憚二親疎一、萬事可二申上一者也、仍如レ件、

天正十一年未

十月廿一日　御朱印

岩間大藏左衞門尉殿

〔古文書〕岩間○記錄御用所本　岩間善九郎正明拜領、今福伊織勝巳書上

岩間家のことにつき、甲斐國志百五十士庶部四八代郡大石和筋、岩間萱兵衛東原村の條に、「(上略) 家系に岩間大藏昌賴。其子大藏左衞門爲昌、其子將監信昌又萱兵衛と改む、壬午（天正十一年）の乱に戰死す、年三十二、男源之助昌秀幼にして浪人す、年十左衛門と改む(下略)」とある。この宛名の岩間大藏左門尉は、ここにいふ爲昌であらう。また同書百十七士庶部十六八代郡東河內領、巖間大藏左門尉の條には、「信玄の時、惣訴人と云役名を命じ、親の跡三百貫を與ふと軍鑑

に見ゆ、壬午の後幕府に奉仕、壬午起請文近習衆に岩間監物重治、曾根下野衆に岩間杢左衞門あり、駿州大宮神馬奉納の記に岩間幸心と云者見えたり」とある。岩間將監のことは寛政重修諸家譜九百六十四に、正勝（正久）として、天正十年十二月、秋葉山起請文衆の中に入れてある。しかしここに採錄した文書の拜領者たる岩間善九郎正明のことは、未だ所見がない。去年九月十九日正明は指出を提出して本領百二十六貫五百文を安堵せしめられたから、これを參照せよ。もしこの岩間善九郎正明と大藏左衞門尉爲昌とが同一人だとすれば、すべては解決せられるが、今のところ旁證がない。

この安堵狀は、大藏左衞門尉が聟善藏に甲州の本領を讓り渡したことについて、相續者たる善藏に對して所有權を承認する手續きを取らず、養父大藏左衞門尉に對して、本領讓渡を承認し、善藏の所有權を確實ならしめてゐる。このやうな場合もあるといふ一例となるものである。

尙、岩間大藏左衞門については、甲斐國志九十九人物部八武田家令吏部小人頭十人の條に、「訴人、岩間大藏左衞門尉、此頃新人と云も目付衆の類なり」とあり、また去年十二月家康が甲府を引揚げるとき、「甲州先方の士」として、市川以淸齋・工藤玄隨齋と共に、三人にて「國中の巷說を聞いて注進すべき旨を命ぜられ」たことが御年譜微考六に見えてゐる。これは情報係である。また大藏左衞門が「信玄時代より諸事の目付を勤め」本領安堵のための指出提出に付、曾根・岡部・成瀨の三奉行を輔佐せしめられたことが岩淵夜話別集に出てゐる。家康に信任されたと見える。

村岡大夫に與へたる所領安堵狀（天正十一年十一月十日）

駿州府内淺間領村岡大夫分之事

右如二先例一之領掌訖、者守二此旨一、流鏑馬御神事等無二怠慢一可二相勤一之狀如レ件、

天正十一年

十一月十日　（家康）朱印（印文福德）

大久保新十郎（忠泰）奉之

村岡大夫

〔村岡大夫文書〕○駿河

朝野舊聞裒藁二百十七所載「駿府古文書」によれば、この文書の日附は、十二月十日になつてゐる。

鵜殿孫次郎に與へたる所領安堵狀（天正十一年十一月十一日）

甲斐國之內熊野領之事

右如二前々一、領掌不レ可レ有二相違一之者也、仍如レ件、

天正十一年

十一月十一日　　家　康（花押）

鵜殿孫次郎殿

〔熊野早玉神社文書〕○紀伊二

これは家康が鵜殿孫次郎に甲斐における熊野速玉社（新宮權現）の神領を前々の如く安堵せしめた文書である。甲斐國內には熊野社の主なるものが二十二社あり、小さなものを加へればもつと多くなるほどに、熊野信仰が行きわたつてゐた。（甲斐國志參照）

遠江可睡齋に與へたる僧錄司許可狀（天正十一年十一月二十八日）

三河・遠江・駿河、幷伊豆國、右、四箇國爲二僧錄一之上、曹洞之寺院可レ致二支配一者也、仍狀如レ件

天正十一癸未年

天正十一年

十一月廿八日　　家　康（花押）

可睡齋等膳

〔可睡齋文書〕○遠江

可睡齋は遠江周智郡久能郷に在り、萬松山可睡齋といふ。日本曹洞宗の初祖道元和尚第八世恕仲和尚が後小松天皇の應永年中遠江に來り、久野城下に草廬を營み、大通庵と號したが、後、奥山に華藏庵を建て、橘谷山大洞院と號したといふ。宗風大いに振ひ、六流を生じたので、世にこれを大洞六派といふ。五世大路和尚のとき、夢告により、永正年間、別に萬松山可睡齋を創立し、大年和尚を開山とし、大路和尚はその二世となる。その十一世を等膳和尚といひ、家康の眷顧を受け、中興開山となる。

等膳和尚は尾張篠島石橋氏の裔で、篠島妙見齋に住し、天文年間、松平廣忠が松平信定に窘迫せられて岡崎を退去するとき、これを妙見齋に匿まひ、石橋氏族黨と共にこれを伊勢神戸に送り屆けた。天正年間、等膳が可睡齋に住したとき、家康は濱松城に在り、築山夫人（關口氏）の死後、その怨靈が蛇となつて寢殿に蟠るのを調伏して成佛せしめ、德風遍く、つひに三遠駿豆四箇國の僧錄司となるに至つたのである（可睡齋由緒書）。

（c）以下五通は駿府滯在中のものである。安堵狀四通・宛行狀一通を含む。全部、人・寺・社に出したものである。

駿河惣社に與へたる社領安堵狀（天正十一年十一月三十日）

駿州府内惣社領之事

右如二先規一令二領掌一不レ可レ有二相違一之者也、仍如レ件、

天正十一年

十一月晦日　（家康）（花押）

惣社神主殿

〔淺間神社文書〕○駿河

本書は駿河惣社に、その社領を安堵せしめたものである。「駿河國志補遺」にも採つてある。

稲河大夫に與へたる大夫職安堵狀（天正十一年十一月三十日）

駿州稲河大夫職之事

右如二先規之一領掌、不レ可レ有二相違一之者也、仍如レ件、

天正十一年

十一月晦日　　家康（花押）

稲河大夫殿

〔稲川文書〕○駿河

尙、朝野舊聞裒藁所載「駿府巡見記」及び「駿府覺書」に依れば、同年十一月晦日、家康は有渡郡八幡村八幡社に社領を安堵せしめたけれど、その文書は所見が無い。

駿河顯光院に與へたる寺領宛行狀（天正十一年十二月一日）

駿刕（安倍郡）中田之内上嶋鄕醫王寺屋敷之事

合五貫七百文、（但、門前沙彌屋敷三間共二跡役御免許者也、）

右居屋敷永被二下置一候、是者去午之年（天正十年）、江城穴山殿（信君）ゟ御使被レ申候、御奏者榊原小平太（康政）殿被二仰付一候之者也、仍如レ件、

天正十一癸未年　　名倉若狹（花押）

十二月朔日

倉橋　三郎　五郎（政範）（黑印）

小栗二（仁）右衛門尉（吉忠）（黑印）

顯光院

〔顯光院文書〕○駿河

本書は代官等が家康の旨を奉じて顯光院に駿河醫王寺居屋敷五貫七百文を宛行へるものである。顯光院は去年使僧として穴山信君の許に赴いた功があるので、榊原康政が奏者番として、これを扱つた。

駿河安西寺に與へたる諸役等免許安堵狀（天正十一年十二月二日）

駿河國府內安西寺、寺中門前屋敷拾五間之地子令レ寄ニ符（附）之一、殊於ニ寺內一切伐ニ採竹木一狼藉之族禁法之、並寺中棟別以下之諸役免許等之事

右如ニ前々一、領掌不レ可レ有ニ相違一、彌以ニ此旨一有ニ梵宇建立一勤行等不レ可レ有ニ怠慢一者也、仍如レ件、

天正十一年

十二月二日（家康）（朱印）（印文福德）　　三宅（正次）彌次兵衛尉奉之

安西寺

〔安西寺文書〕○駿河

安西寺は現在は靜岡市丸山町にあるが、もとは馬場町にあつた寺だといふ。本書は安西寺に寺中門前屋敷十五間の地子の寄附、寺中棟別以下の諸役等の免許の特權を、前々の如く安堵せしめたものである。

（五）三たび濱松在城の時期

石川家成の母妙西尼に遣れる消息（天正十一年十二月三十日）

〔参考〕本願寺光佐より榊原康政に遣れる書状（天正十一年十一月二十日）

本くわんし門との事、このたひしやうめんせしむるうへは、分こく中前々よりありきたるたう（道場）ちやうさういあるへからす、しからは、このむね申こさるへく候、仍如件、

天正十一年

十二月卅日　（家康）朱印（印文福徳）

ひうかのかみ（石川家成）

はゝかたへ（妙西）（変體假名を普通假名に改めた）

〔本願寺文書〕一〇山城　〔本證寺記録〕

三河の一向宗徒は、永祿六年一揆を起して家康を苦しめ、同七年二月の頃、降服したが、それより後、家康は一向宗に彈壓を加へ、その寺院には改宗を命じ、教團勢力を一掃することに力めて、二十年の歳月を過した。その間に天下の形勢は大いに變じ、一向宗の政治的權力は次第に切り崩された。元龜三年八月上杉謙信は越中に入つて一向一揆を攻めた（歴代古案）。天正元年二月足利義昭が武田信玄・朝倉義景・淺井長政・本願寺光佐等を動かして信長を討たせようとしたとき、信長の兵は攻めて石山本願寺を破り（原本信長記・顯如上人御書札案留）、同年九月信長は伊勢の門徒を討ち（原本信長記）、天正二年四月光佐が兵を擧げて信長の屬城を陥れた（原本信長記・多聞院日記・年代記抄節）のに對し、信長は七月伊勢長島の一向宗徒を攻めて、九月これを全滅せしめた（原本信長記・年代記抄節）。信長は同三年十月、本願寺光佐より申し入れられた和議を承諾したけれど（吉川家文書）、同四年五月には四天王寺の戰で光佐の軍を破るなど、兩者の死闘は容易に終らず、つひに天正八年閏三月に至り、勅命を奉じて和議が成立することとなり、光佐は石山城を退去して紀伊雜賀に移つた（御湯殿上日記・本願寺文書・多聞院日記・原本信長記）。光佐の石山退城は一向宗教團の牙城の没落

を意味する。この間に、天正三年、越前の一向一揆は討滅せられ、天正五年紀伊雑賀の門徒も彈壓せられたが、光佐退城の後、天正八年十一月加賀の一向一揆も平定せられ（原本信長記・北越軍記）、一向宗徒の武力鬪爭は、新たに勃興し來れる統一的政治力の下に終熄せしめられるに至つた。このやうな推移の間において、家康は往年の家康でなく、三河も往年の三河ではなかつた。天正十一年、家康は秀吉との對決を前にして本願寺と握手しようと思ひ、年來の政策を改め、三河における本願寺門徒の復歸を許し、石川日向守家成の母妙西等の請願を容れて、分國内の一向宗徒を赦免した。それが本書に現れてゐる。「三州土呂一揆濫觴記」には、「石川日向守母公の發起に依て、御前の面々歎き申さるるによりて、前々の如く、一向宗門御免有り、最前の御忠節有に依て、祐金坊早速歸參仕り、岡崎御城下に屋敷を賜けるに依て、是を一番の道場とは申すなり。夫より御分國中本の如に一向宗門の寺々を再興し、御慈悲を悅ひ奉る」とあるから、寺々の再興も、やがて行れたと見える。この祐金は「武德香勲錄」には、一向宗亂のとき家康の命を奉じて宗徒と和融の交渉を試み、宗徒に殺されようとしたので、他國に逃亡した祐觀と同人であるらしい。祐觀はこのとき歸參して、岡崎に屋敷を與へられ、一番の道場を建てたが、それが岡崎の專福寺である。尙、家康の一向宗徒赦免に就ては、本願寺光佐の斡旋もあつたらしく「榊原家文書」の中に、次の書狀がある。

只今家康へ以二一翰一申候、宜樣取成可レ爲二喜悅一候、仍連々一禮之儀、乍二存知一、莵角遲引、失二本意一候、就レ其以二使節一申候、右之趣被レ得二其旨一、此已來別而預二御入魂一樣馳走憑入候、隨而太刀一腰・馬一疋・縮廿端進レ之候、祝儀計候、猶下間（頼廉）刑部卿法眼可レ令二傳語一候、穴賢、

（天正十一年）
霜月廿日　光佐（花押）

榊原小（康政）平

〔榊原家文書〕

これに依れば光佐は、榊原康政に使を遣して物を贈り、何事かに就き、家康への斡旋を依頼したのである。その上、家康に對しても別に書狀を遣つたと記してあるが、それは見當らない。その後間もなく、家康が分國内の一向宗徒を赦免したのを見れば、光佐の書狀は、多分この事に關係のあるもののやうに思はれる。

石川日向守家成の母は三河刈屋城主水野左衞門大夫忠政の女で、石川安藝守清兼の妻となり、日向守家成を生んだ。その異母妹お大の方は松平廣忠に嫁して家康を生んだから、彼女は家康の伯母に當る。そして忠政の歿後、その跡を相續した子信元が織田信秀に屬し、今川義元と結べる廣忠よりお大の方を離別せしめるに及び、彼女は岡崎で母に代つて家康を養育した。故に四十二歳に達した家康にとりても、彼女は懷しい思ひ出の伯母であつたにちがひなく、その愁訴を容れて、「本願寺門徒の事、このたび赦免せしむる上は、分國中前々ありきたる道場、相違あるべからず」と筆を走らせたときの胸中には、温かな思ひやりが流れてゐたであらう。彼女は野寺本證寺の門徒なのであつた。

天正十二年（1584）家康四十三歳。

天正十年・十一年を、甲州・信州の經營に專念した家康は、中央の政界における風雲の卷舒を白眼視してゐるやうに見えるけれど、その餘波はしばしば身邊に及び、天正十二年に入ると、家康自身が立役者として登場するに至つた。敵手は柴田勝家を斃して以來、殆んど無敵の觀のある羽柴秀吉であり、兩雄各々軍を勒して尾州の平野に角逐したのは、眞に一代の壯觀であつた。これは小牧・長久手の戰と稱せられるものであり、殆んどこの年の大部分に亙つてゐる。

小牧・長久手の戰は、家康生涯の六大合戰の第四回であり、從來の合戰に比すれば、その規模が頗る雄大であるけれども、決戰的な勝敗がなく、長久手の戰以外には戰鬪らしきものがなく、寧ろ外交戰・心理戰という方に特色が存する。また從來の合戰においては、三方ヶ原の合戰の場合も、姉川の合戰の場合も、長篠の合戰の場合も、合戰に關係する家康文書を殆んど見出し得なかつたのに反し、小牧・長久手の戰に關するものは、非常に多く殘存してゐることも、また特色として注意することができる。

このやうな性格を有する戰爭關係の文書をどのやうに排列すべきかには工夫を要する。前文において戰爭の顚末を大觀し、文書をこれに對照せしめるのは一つの方法である。しかしここでは戰局の推移を幾つかの段階に分ちて敍述しつつ、その時々に文書を提示して見ようと思ふ。戰爭に直接の關係なき文書は、月日の順に隨つて適宜その間に挿入する。

戰前の家康文書

小牧・長久手の役は、三月六日、伊勢長島の織田信雄が德川家康と謀つて、その老臣たる伊勢松島の津川雄春、尾張星崎の岡田重孝、同國苅安賀の淺井田宮丸(長時)を斬つて、羽柴秀吉と斷交したときから、開始されたと見るべきである(吉村文書・香宗我部家傳證文・當代記・豐鑑等)。

三月六日以前を戰前とすれば、その間に見出した家康文書に、岡崎の念誓(松平親宅)に與へた藏役・酒役等の免許狀がある。茶壺初花の獻上に酬いる恩賞である。

念誓(松平親宅)に與へたる諸役免許狀(天正十二年三月一日)

〔附〕德川秀忠より念誓(松平親重)に與へたる諸役免許安堵狀(元和三年三月十七日)

〔附〕德川家綱より松平親正に與へたる諸役免許安堵狀(寛文五年七月十一日)

〔參考〕千宗易より島井宗叱に遣れる書狀(天正十一年六月二十日)

此度初花壺令二所持一差上之條、甚以神妙也、其付而知行可レ遣レ之旨候之處、及二斟酌一、望之子細言上之間、任二其儀一、藏役・酒役其外一切諸役免許等之事

右子々孫々永領掌不レ可レ有二相違一之狀如レ件、

天正十二年

三月一日　　家康御書判

（松平親宅）念誓

去天正年中小壺、依二進物之子細一、諸役一圓免許事、任二先判旨一、永不レ可レ有二相違一之狀如レ件、

元和三年

三月十七日　　（秀忠）御朱印

（松平親重）念誓

三河國額田郡岡崎念誓事、任二天正十二年三月朔日、元和三年三月十七日兩先判之旨一、諸役免許永不レ可レ有二相違一者也、

寛文五巳

七月十一日

（家綱）御朱印

〔德川幕府文書〕

以上三通の文書の中、家康の與へたる天正十二年三月一日附のものに依れば、念誓より初花の茶壺を家康に差上げ、家康はこれを嘉賞して知行を與へようとしたが、その望に任せ、「藏役・酒役其外一切諸役」を免許したのである。それが「此度初花壺」とあるので、この文面のままでは天正十二年三月一日の直前、二月頃と考へるのが穩當であるが、實は家

康は去年、天正十一年五月二十一日、家臣石川數正を羽柴秀吉の許に遣して、賤ケ嶽の戰勝、越前の平定を賀し、名器初花を贈つた（家忠日記）。左に掲載する千宗易（利休）自筆の書狀に依れば、天正十一年六月、秀吉は大坂城に在り、「唯今は初花、近日德川殿より來候、珍唐物到來に候」とある通り、先月（五月二十一日）初花は既に秀吉に贈られてゐるのである。尚ほまた寬政重修諸家譜四十一松平親宅の條には、「十一年四月濱松にまいりて、東照宮にまみえたてまつり、初花と名つけし茶入を獻す、御よろこびのあまり、知行をたまはるへしとありしかど、かたく辭し申云云」とあつて、明かに天正十一年四月、獻上となつてゐる。されば本書の「此度」とあるのは、天正十二年三月の直前の意味ではなく、去年のことに溯つて使用したのである。千宗易（利休）の書狀といふのは、次のものである。

追申候、ふくさのきぬ一包十ヶ進之候、何ニ（て脱カ）も御用之事候ハヽ可レ承候、御ゆろしく候〳〵、以上、

御狀拜見誠に御床しく存、折節本望之至候、仍卷物一端贈給候、爰調法ニ候、御下後、以二書狀一成共可二申入一處ま、好便無レ之故、無二其儀一候、其方珍御事も無レ之候哉、唯今ハ秀吉公從二山崎一大坂へ移被レ申候、細々見舞を申事候て、堺にもしろ〳〵と無レ之候、おろしき躰共ニ候、然者細々秀公御うむさ共まて候、あわれ今一度御上候へろしと、今より朝暮存儀ニ候、秀公もゆろしかりまて候、

一子細候て宗久（津田）茶入秀吉へ被レ上申候、定而各々可レ被レ申候、

一去年ハかうあむの事度々候つる、唯今ハ初花近日德川殿より來候、珍唐物到來ニ候、我々ろさたへは不レ珍候、年來す（ママ）迄樣々迷惑迄ま候、人の上まて候ハヽ可レ申物をと申事ま候、唯今大坂ニ少用候て、立あから一筆申候、恐惶謹言

（天正十一年）六月廿日　宗易（花押）

從二大坂一申

（島井）
宗叱尊老らる回答　　易　〔島井文書〕○筑前乾

念誓は長澤松平家の二代目親宅《ちかいへ》のことである。親宅は初め家康の嫡子信康に仕へたが、後、事によりて仕を辭し、天正七年信康の自害を聞いて出家し、念誓と號した。同十一年四月〃初花〃を家康に獻上して後、額田郡土呂鄕を與へられ、茶園を營み、爾後每年茶を製して獻上することを例とし、天正十四年三河の目代となつたが、天正十八年家康の關東移封後も土呂鄕に住して製茶に從事し、慶長五年九月、關ケ原役後、再び三河の目代となり、同九年八月七十一歲を以て歿した。その子親重が相續したが、同十七年職を辭し、歿年は不明だけれど、また出家して念誓と號したから、元和三年三月秀忠から朱印狀を與へられた念誓は、三代目親重であらう。親重の死後、その子七郞兵衞は病者たるによつて仕へず、子孫相續いで土呂鄕に住した。そして家系は親重の弟親正に移つた。親正は寬永六年德川秀忠に仕へて代官となり、藏米五百俵を賜り、寬文六年四月二十九日致仕し、法號を淨入と號し、同九年七月十三日七十五歲で歿した。德川家綱の朱印狀は寬文五年七月十一日附で親正致仕の前年に當るから、この朱印狀は親正に與へられたものと思はれる（寬政重修諸家譜四十一參取）。

天正十一年五月家康は秀吉に名器を贈つて戰勝を賀したが、同十二年に至つて、時局は非常に緊迫を示した。それは信雄と秀吉との不和より發する。

本能寺の事變のとき、信長より少しくおくれて死んだ嫡子信忠の異母弟信孝・信雄のうち、信孝は柴田勝家の死後、尾張の內海で自刄せしめられた。信雄も夙に秀吉に慊らず、去年（天正十一年）一月には、家康と星崎で會見したことがあり、戰後ますます秀吉の壓迫を感じ、家康に依賴するに至つた。信長と連盟してゐた家康は、その部將たる秀吉とは何等恩怨の關係なく、信長の死後、通信交通の儀禮を生じたとはいふものの、相互の間には對抗意識が成長してをり、秀吉が信雄を壓迫するときには、その背後に在る家康を計算の內に入れてゐるし、信雄と親近する家康は、またその背後に在る秀吉を計算の內に入れてゐるのだから、信雄を中間の緩衝地帶として、兩雄は以前より心理戰爭に突入してゐたのであつた。それが激發するに至つた直接の動機は家康に對する信雄の依賴であつても、間接には秀吉に對する包圍圈の勢力の動きがあつたからである。

嘗て信孝・勝家は、四國の長宗我部元親を味方として秀吉の背後を衝かしめようと企て、前將軍足利義昭を押し立てて毛利輝元と秀吉を挾擊しようとも企て、家康と結んで秀吉を脅かさうとも企てた。それらの企ては畫餠に歸したけれど、元親は依然として秀吉の敵國であり、紀伊の根來・雜賀の一揆も油斷のできぬ强敵であり、越前の佐々成政も乘ずべき間隙を窺つてをり、その他の諸雄も必ずしも秀吉に從順であるとは限らない。信雄が賴みにしたのは、家康ばかりではないのであつた。

家康もこの形勢を利用し、元親・成政・根來・雜賀の諸勢力を連結して、秀吉を包圍しようとした。それは往年、信玄が信長に働きかけたのに似た外交戰である。これに對して秀吉は淡路の千石秀久をして元親に當らしめ、備前の宇喜多秀家をして毛利輝元と家康との間を妨げしめ、成政に對しては前田利家・惟住長秀をして正面を抑へ、上杉景勝をして背後を牽制せしめ、蜂須賀家政・黑田孝高、及び和泉岸和田の中村一氏をして根來・雜賀の一揆に備へしめた。これはまた信玄の包圍外交に對する信長の外交戰に似てゐる。

小牧・長久手の戰は、このやうな外交戰の駈引の間に戰はれた軍事戰である。故に軍事戰の方だけより見れば、さつぱり見榮えがないが、戰爭の性格の複雜さからいへば、非常に興味がある。敵も味方も宣傳に憂き身を窶してゐるからである。戰爭に關する家康文書が豐富なのはその結果である。

ところでこの年の正月朔日の朝、根來・雜賀の一揆は、恰も年頭の挨拶であるかのやうに岸和田の中村一氏を襲擊し、三日には、その答禮でもあるかのやうに、一氏方より敵の附城を攻擊した（中村一氏記）。二月、濱松の家康は使を長島の信雄の許に遣して、「密事の御旨を」告げた。(岩田氏覺書)。「人、其故を知らず」(家忠日記增補)といはれるが、その眞相は推測に餘りがある。秀吉が誘惑した信雄の三重臣に對し、信雄が斷乎たる處置に出たのは、三月六日のことであり(五六〇頁參照)、而してその日は秀吉が根來・雜賀の一揆を撃たうとして、和泉貝塚に在る本願寺光佐に使を遣してこれと結んだ日である(顯如上人貝塚御座所日記)。

その翌七日、信雄は書狀を元親の弟香宗我部親泰に遺つて秀吉との斷交を報じ、元親の援助を求めた(香曾我部家傳證文)。八日には、秀吉は堀尾吉直に、十五日北伊勢に出兵する豫定を報じ、出陣の用意をさせた(木村文書)。信雄を攻撃するためである。そして十日には大坂より京都に入り、尋で、近江の坂本に移つた(兼見卿記)。

この時にあたり、美濃大垣城主池田勝入(恒興)、その女婿たる同兼山城主森長可の嚮背は、敵味方共に多大の關心を寄せたものであつた。信雄はこれを招いた。秀吉もまたこれを招いた。十日、勝入は意を決して秀吉に應じた。長可もまた秀吉に應じた(太閤記)。それは秀吉が勝入には、美濃・尾張・三河の三カ國を與へ、長可には遠江・駿河を與へることを約したからだといふ(太閤記・森家系譜)。これは長久手の合戰のおこる所以であり。また勝入・長可共に戰死するに至つた所以である。

信雄は部下の將士の人質を徵した(小牧戰話)。その將神戸正武は伊勢龜山城の關萬鐵(盛信)・同一政父子を攻めたけれど撃退された。戰爭の火の手は先づ北伊勢より揚つたのであつた。

このとき信雄に屬する尾張の諸城及びその城主を、後に文書を理解する便宜があるから記しておく。

犬山(中川勘右衞門)　一ノ宮(關小十郎右衞門)
竹鼻(不破源六)　黑田(澤井左衞門)　苅安賀(森勘解由)

加賀野井（加賀野井彌八）　星崎・岡田・大高（水野大膳）　小折（生駒八右衛門）
常滑（水野監物）　英比（久松佐渡）　大野（佐治與九郎）
岩崎（丹羽勘助）　緒川・苅屋（水野宗兵衛）　蟹江（佐久間駿河守）
前田（前田勘七）　下市場（本多與平次）　大野（山口長次郎）
（長久手戰話）

家康は出陣に際し、信濃・甲斐・駿河・遠江等の各地に、部將を配置して守備せしめ、上杉景勝に備へ、北條氏政に對しては援軍を求めた。

三河　岡崎（本多重次）　吉田（酒井忠次）　西尾（大久保忠世）
遠江　濱松（大久保忠世）　懸川（掛川）（石川家成）　横須賀（大須賀康高）
二股（酒井重忠）
駿河　久野（久野宗能）　田中（高力清長）　深澤（三宅康貞）
駿府（內藤信成）　長窪《久保》（牧野康成）　沼津（松平康重）
興國寺（松平清宗）
甲斐　甲府（平岩親吉）　郡內（鳥居元忠）
信濃　伊奈（菅沼大膳）　佐久（柴田重政）　小諸（蘆田信守）
（御當家記年錄・御年譜微考・小牧戰話・長久手戰話・寛永諸家系圖傳・寛政重修諸家譜）

家康は三月七日濱松を出發し、八日岡崎に入り、九日岡崎出發（家忠日記）、十三日清洲において信雄に會見した

（吉村文書）。而して、この日は岐阜の池田之助、金山の森長可が、信雄の屬城犬山を陷れた日に當る（吉村文書）。犬山城主中川勘右衞門は、このとき伊勢の嶺城の番手として出向して不在だつたので、城は容易く奪はれたのであつた。大垣城主池田勝入（恒興）も子之助と共に入城したといふ所傳がある（太閤記）。勝入父子は、十五日には南下して小牧山近邊に放火して引揚げたが、この日信雄・家康は淸洲を去つて小牧山に陣を移した。尾張西南部より北伊勢にかけて發展しさうに思はれた戰局は、序戰たるにとどまり、池田勝入父子・森長可の犬山占領によつて、急轉回を遂げて、本戰は尾張の北部地方に展開した。（淸洲は、この頃の文書には概ね淸須とあるが、本文では淸洲にしておく）。

小牧の役は、武力戰の方面から見ると、三段の推移がある。戰爭は北伊勢方面からはじまつたけれど、これは序戰たるに過ぎず、尾張北部戰で本戰に入り、轉じて尾張西部戰となり、更に轉じて尾張西南部戰となり、再び北伊勢方面に移つて終戰となつた。この間を通じて家康・信雄は常に守勢に立ち、秀吉は常に攻勢に立つた。守勢に立つた家康・信雄は、淸洲を中心として、北は小牧山、南は長島に至る一線を確保し、家康は遙々濱松より出張して主として小牧山に據り、信雄は居城長島を據點としてゐた。これに對し攻勢に立つた秀吉は、また遙々大坂より出張して、第一期戰には尾張北部に侵入して功を成さず、第二期戰には尾張西部戰場に臨んでまた功をなさず、第三期戰なる尾張西南部戰場には姿を現すことなくして終つた。つまり秀吉は尾張國の周邊を駈けまはつただけであり、つひにその內部に侵入することができなかつたのである。その上、戰場と大坂との間を、三度往復したのだから、殆んど席の暖まる遑すらなかつた。家康が終始戰場にとどまり、その行動距離の延長が、極めて短い南北線上に限られてゐたのと比較すれば、またこの戰役の特殊性を指摘することができる。

第一期、尾張北部戰は、三月中旬より四月末にまで及ぶ。その中には長久手の合戰があり、小牧山の家康・信雄に對する秀吉の攻擊戰があるのだから、これは兩軍主力の對爭であり、この戰役の主要部をなしてゐる。よつて先づ、この期間の家康文書を檢討する。

尾張北部戰は羽黑合戰にはじまる。羽黑は犬山の南方一里弱のところにある。家康が小牧山に移つた翌々十七日、その部將酒井忠次・奧平信昌等は、羽黑に陣せる北軍の將森長可・池田之助を攻めてこれを破つた（尾張德川文書・佐竹文書）。家康にとつては開戰の劈頭、幸先のよい勝利であつた。當代記・太閤記・小牧御陣長湫御合戰記等によれば、このとき家康は出陣してをり、忠次・信昌は先鋒として戰つたのである。信雄は參加してゐる形跡が見えない。

同日附を以て發した宛名不明の文書を左に掲げる。

某に遣れる書狀（天正十二年三月十七日）

〔參考〕織田信雄より家康に遣れる書狀（天正十二年三月十七日）

今日羽黑乘崩、數多討捕付而、早々示給候、爲悅之至候、然者甲賀之儀皆々山上御通路相止之由、彌以大慶候、尙追々可レ蒙レ仰候、恐々謹言、

（天正十二年）
三月十七日　家康（花押）

〔尾張德川文書〕○尾張

本書は宛所が切取られてあるので、誰に出したものであるか明かでない。これは、森長可・池田之助が尾張の羽黑に陣してゐたのを、家康の先鋒酒井忠次・奧平信昌等が三月十七日攻めてこれを破つた當日のもので、何某から「早々」祝賀さ

れたのに答へてゐるのだから、何某は遠方の人ではないらしい。その上、甲賀では皆々が山上の御通路を止めたのを大慶だといつて祝してゐるのだから。何某は御といふ敬語を用ゐるに値ひする人らしい。それでこれを假りに信雄と推定しておく。太閤記・家忠日記增補には、信雄は十五日、家康と共に小牧山に出陣したとあるけれど、總見寺文書には、十六日附で、家康に宛てたる左の書狀を載せてある。

(飯田)半兵衛御一書之趣、何モ其覺悟仕候、由斷無レ之候、委曲之段、祝彌三郎申二進之一候、

三月十六日　　　　(織田)信雄(花押)

家康様

〔總見寺文書〕○近江

この書狀が天正十二年のものならば、十六日には信雄は既に小牧山には居ないのである。そして十七日の羽黒合戰のとき、家康の陣中には居ないのだから、即日戰況を知り得る程の近距離の場所に居て、書狀の往復が行はれたのだと推定するのである。但、十六日の書狀の文面の様式について多少の不審もあるから、これを採用しないならば、この推定は自ら動搖する。

緒川・常滑の諸士に與へたる本領安堵狀(天正十二年三月十八日)

東照宮　御朱印

緒川先方衆并常滑先方衆、此度歸參候間、即令二扶持一、然者本領如二前々一無二相違一可二所務一、只今水野宗兵衛(忠重)桑名ニ差遣候條、令二同陣一、諸事彼差圖次第可レ令二馳走一、依二忠信一、重而新知可二申付一者也、仍如レ件、

天正十二年

天正十二年

三月十八日　　御朱印

緒川先方衆中

常滑先方衆中

〔古文書〕水野○記録御用所本　水野彈正忠分長拜領 同右近元風書上

緒川先方衆・常滑先方衆は、いづれも尾張の諸士であり、この頃家康に歸屬したので、家康はこれに本領を安堵せしめ、桑名に派遣する水野忠重麾下に屬せしめた。尙、本書を受領せる水野分長は、寛政重修諸家譜に依れば、忠重の甥であり、小牧の役のとき、緒川・常滑の諸士と同じく、家康に歸屬し、忠重に屬せしめられとある。緒川は知多郡知多灣の北端、境川を隔てて三河の刈谷と相對してゐる。常滑は知多半島の西岸中央部、古來陶器の産地である。

加藤順政・同景延に遣れる書狀（天正十二年三月十九日）

急度令ㇾ啓候、仍其方兩人早々人質被ㇾ出候事、眞令ニ爲祝(悦カ)一候、然者千秋(喜七郎)事、人質急速被ㇾ出尤候、其外質物共取候て可ㇾ然かたをは、千秋方被ニ相談一、速に出候様御才覺專一に候、無ニ其沙汰一者共、自然後日表裏之子細候ては、各油斷之様可ㇾ有ㇾ之、火急に可ㇾ有ニ落著一、次宮中儀前々上様(信長)如ニ御時之一、諸事不ㇾ可ㇾ有ニ相違一候旨、申調候間、可ニ御心易一候、恐々謹言、

天正十二年

三月十九日　　家康（花押）

加藤又八(順政)殿

〔熱田加藤家史〕

加藤隼人《景延》殿

本書は家康が尾張熱田の加藤順政・同景延が人質を出したのを褒し、更に千秋喜七郎の人質を徴した書狀である。尙、家康が千秋喜七郎に與へた三月二十三日附の熱田大宮司職安堵狀、及び順政・景延に與へた三月二十五日附の德政免許狀は、それぐ〵後に載せる。

吉村氏吉に遣れる書狀（天正十二年三月十九日）

〔參考〕織田信雄より吉村氏吉に遣れる書狀（天正十二年三月十六日）

〔參考〕同上（三月二十六日）

自レ是以二飛脚一可二申入之處、爰元無案内之儀付、無二其儀一候節、一章令二祝著一候、殊鯉送給候、令二賞翫一候、兼又其元無二異儀一被二相拘一之由、無二比類一候、彌此節候之條、對二信雄一可レ被レ抽二忠信一候事專要候、然者御身上之儀者、何篇仁も請召可レ申候、委細者榛原方可レ被レ申候、恐々謹言、

（天正十二年）三月十九日　家康（花押）

吉村又吉郎《氏吉》殿

〔現在弘文莊所藏文書〕〇東京　三六、五、八　〔大阪城天守閣所藏〕　四二、六、一〇　〔吉村文書〕〇肥前

吉村氏吉は美濃脇田今尾城主である。小牧の役にあたり、書狀を家康竝に織田信雄に遺つて好意を寄せた。本書はこれに對する返書であり、その欵を通じたるを悦び、信雄のために忠節を致さんことを囑し、氏吉の身上の安泰を保證したものである。この文書は所藏が轉々とした。

尙、三月十六日及び三月二十六日附の信雄より氏吉に遣れる書狀を次に附載する。

其表之樣子如何、無二心元一候、萬事才覺簡要候、此方之儀、無二別條一候、定而桑名表可二相働一候歟、不レ猛事候、諸方相卜候間、萬端可二心易一候、猶追々可二申越一候、恐々謹言、

（天正十二年）三月十六日　（織田）信雄（花押）

（氏吉）吉村又吉郎殿

〔吉村文書〕○肥前

これによれば、家康と共に小牧山に行つたと思はれる翌日の十六日、信雄の心は犬山方面にはなく、顧みて北伊勢に向つてをり、桑名に出動する意圖を示してゐる。二十六日のものは左の如し。

書狀之趣披見候、三ヶ條之儀尤、只今雖下可二申付一候上、何茂堺目者共望之知在レ之事候、忠節次第与申遣候、其方之儀、別而才覺候て、其許引付可レ申儀專要候、知行之儀者、如レ望可二申付一候、猶兩人可レ申候、恐々謹言、

（天正十二年）三月廿六日　（織田）信雄（花押）

（氏吉）吉村又吉郎殿

〔吉村文書〕○肥前

氏吉より申し越したる三箇條の要求の内容は明かでないが、知行に關する事らしい。氏吉に對しては、特に希望の通り與へる旨を確答してゐる。

鈴木重次に與へたる所領宛行狀（天正十二年三月十九日）

濃州之内依（惠）那郡・土岐郡事、右一圓所二宛行一不レ可レ有二相違一、彌守二此旨一、可レ被レ抽二忠信一之狀如レ件、

天正十二年

三月十九日

鱸《鈴木重次》喜三郎殿

家　康（花押）

〔川邊氏舊記〕二

本書は鈴木喜三郎重次に、美濃の惠那郡・土岐郡を與へんことを約したものである。家康は今、犬山・羽黑・小牧の戰線で、美濃の軍勢と張り合つてをり、美濃の國内には一指をも觸れてゐないのに拘らず、事前に豫約して軍忠を勵ましたのである。

尾張の戰況を知つた秀吉は、三月二十日犬山城の池田勝入の來書に答へて、伊勢の戰況を語り、天氣次第、明二十一日美濃の池尻（安八郡）に著くから、犬山城には留守居をおいて池尻に來會すべく、尾張を勝入に與へることを約束した（池田文書）。二十日附の書狀で、二十一日には池尻に着陣するといへば、池尻より一日里程の處に進軍してゐるわけだが、秀吉が大坂を發したのは二十一日であり、犬山に入つたのは二十七日であつた。

その二十日、信雄は香宗我部親泰に書を遺つて、濃尾の形勢を報じ、兄長宗我部元親が攝津に出兵して、秀吉の背後を脅かさんことを求めた（香宗我部家傳證文）。その中には、秀吉が美濃に入るため、近江の境目まで出陣してゐるといふ情報を記してある。

秀吉の背後を脅威するものは、元親のほか、紀伊の諸氏、根來の僧兵などがある。それにつき家康・信雄連署の書狀がある。

紀伊保田花王院・寒川行兼に與へたる書狀　織田信雄連署

（天正十二年三月二十一日）

今度羽柴(秀吉)悉之砌付而、為レ可レ加二成敗一、西國・北國按合覃レ行候間、本意掌候、然者一日も急二其國一、被二才覺一、始二湯川(直春)一其方案內者候而、早々至二泉河表一出レ勢候様ニ可レ有二調談一候、次身上之儀、連々佐久間(正勝)甚九郎演說之通聞届候、望之儀有レ之候ハヽ、無二如在一可二申付一條、此節忠儀専一候、猶佐久間かたより可二申越一候、恐惶謹言、

(天正十二年)三月廿一日　御諱御判

信(織田)雄　判

保田花王院

寒川(行兼)殿

〔譜牒餘錄〕二 紀伊殿藩士上 寒川孫八

織田信雄は家康と共に紀伊名草郡の諸氏及び根來の僧徒等を招いて、羽柴秀吉の背後を攪亂せしめようとし、井上正就・佐久間正勝を使者として、保田花王院・寒川行兼にこの書狀を遣り、紀伊衆をして和泉・河內を襲はしめたのである（譜牒餘錄）。寒川は日高郡に在り、寒川氏は代々その地を領した豪族であつた。根來・雜賀の一揆は、この日の三日前なる十八日にも、海陸兩手にて泉州岸和田に押寄せ、進んで大津附近に至つた（顯如上人貝塚御座所日記）。二十二日にも岸和田に來襲したが守將中村一氏に擊退された（佐竹文書）。その報告を秀吉は二十四日岐阜で受取つた（生駒家寶簡集）。

近江甲賀郡石部一揆に與へたる書狀二通（天正十二年三月二十三日・同年五月九日）

一翰令レ啓、仍為二內證一被二申越一候通、令レ得二其意一候、然者此節在々被二示合一、時分相叶、可レ有二忠節一事専一候、於レ有二望之子細一者、何篇ニも可レ任二存分一事、不レ可レ有二相違一、尙榊原小平太(康政)可レ

申之狀如レ件、

天正十二年

三月廿三日　御朱印

一揆中

使者被ニ指越一候、口上之通則得ニ其意一候、仍於ニ其表一可レ有ニ馳走一之由候、誠本望此事候、然者彌無ニ御油斷一調策專要候、委細具榊原小平太（康政）可レ令レ申候、恐々謹言、

五月九日　御諱御判

石右（石部右馬丞）

〔二通共譜牒餘錄〕五　松平上野介家臣

石部右馬丞は近江甲賀郡石部の地侍である。一揆を率ゐて家康に欵を通じたので、家康はこれを嘉納し、所在の衆を糾合して、忠節を致すべき旨の返書を與へたのである。尙、この二通は、日附が違ふけれど、便宜ここに合敍した。

多羅尾光俊に與へたる所領宛行狀（天正十二年三月二十三日）

東照宮御判物

上山城三郡、但此內大內御領并公家領、上樣（織田信長）御判形給、到ニ只今一其旨存知に除レ之、江刕進藤跡職、同國本領田上、大石可レ爲レ如ニ前々一事

右此度依ニ忠節一、爲ニ其賞一所ニ宛行一、永不レ可レ有ニ相違一、彌以ニ此旨一可レ被レ勵ニ軍功一者也、仍如レ件

天正十二年

三月廿三日　　　　　　家康御書判

多羅尾四郎《光俊》兵衛尉殿

〔古文書〕多羅尾〇記錄御用所本　多羅尾四郎兵衛尉元綱同作兵衛光正書上

多羅尾四郎兵衛尉光俊は近江信樂の士である。家康に應じて忠節を盡したので、その賞として、上山城三郡の中、御料・公家領、及び信長の他に與へたる知行分を除き、その他の地を與えたものである。倘ほ序を以て、その子光雅に與へたる宛行狀をも載せる。

多羅尾光雅に與へたる所領宛行狀（天正十二年八月二十四日）

條々

一山城國醍胡《醐》・山科谷惣鄉叓

一西岡三拾餘郡《鄉カ》事

一馬迫之事

右領知才《被賞行カ》行當上者、知行不ㇾ可ㇾ《有脫カ》ニ相違一者也、仍如ㇾ件、

（天正十二年）
八月廿四日　　　　家康御書判

多羅尾作《光雅》兵衛尉殿

〔譜牒餘錄後編〕十三　諸旗本之七　多羅尾久八郎

家康は光雅に對しても、山城の地を與へんことを約したのである。

千秋喜七郎に與へたる熱田大宮司職安堵狀（天正十二年三月二十三日）

熱田大宮司職之事

右上様（織田信長）幷信雄（織田）任二御判形之旨一訖、但、所々有レ之大宮司領、為二其改替一野波之郷三百五拾貫文、於二向後一不レ可レ有二相違一、殘而不足之所百貳拾貫文之得替、三介殿（信雄）江申上可レ遣候所（仍カ）如レ件、

天正十二年

三月廿三日

家康御書判

千秋喜七郎殿

〔熱田大宮司由緒記〕○尾張

千秋喜七郎は尾張熱田大宮司であつた。本月十九日加藤順政・同景延に與へた書狀において、家康は喜七郎の人質を徴してゐるが、この日織田信長・同信雄の判形の旨に任せ、喜七郎に熱田大宮司職を安堵し、替地を給したのである。

遠山半左衛門尉・同佐渡守・同與助に遣れる書狀（天正十二年三月二十三日）

遠山半左衛門尉に與へたる本領安堵狀（天正十二年三月二十五日）

（懸紙）
遠山半左衛門尉殿」

度々注進令二祝著一候、明知（恵那郡）之模様具得二其意一候、殊有二夜討一、敵數多被二討捕一之儀、無二比類一事共候、彌無二油斷一稼等專要候、尙替儀候者、追々可レ有二注進一候、恐々謹言、

（天正十二年）
三月廿三日

家康（花押）

遠山佐渡守殿

遠山與助殿
遠山半左衞門尉殿

前々拘持之本領不レ可レ有ニ相違一、然上者向後守ニ此旨一、於レ抽ニ忠信一者、新知可ニ宛行一者也、仍如レ件、

天正十二年
三月廿五日　　家康（花押）
遠山半左衞門尉殿
〔二通共上原準一氏所藏文書〕

遠山半左衞門尉等は美濃遠山の士であつた。これより先、半左衞門尉等は羽柴秀吉の將森長可の屬城同國惠那郡明知を攻め、夜襲を試みて功あり、家康は三月二十三日の書狀においてこれを褒し、三月二十五日の安堵狀において半左衞門尉に本領を安堵せしめた。

譜牒餘錄所載遠山伊兵衞書上には、三月廿三日附書狀の宛名「遠山與助殿」の下に、下ケ札、「與助儀ハ佐渡守聟ニ而御座候」とあり、三月廿五日附書狀の年月日の上に下ケ札、「本領東美濃之内ニて御座候」とある。

遠山半左衞門尉が戰死したのについて、父遠山佐渡守に遺つた本年十月十八日附の弔慰の書狀を參照せよ。

加藤順政に與へたる德政等免許狀（天正十二年三月二十五日）

就ニ商賣之儀一、德政、年記要脚、國役之事令ニ免許一畢、殊永代諸買德（得）田畠屋敷野濱等之儀、縱賣主、或闕所、或雖レ爲ニ被官退轉一、不レ可レ有ニ異儀一、然者年貢色成諸（運）等上年貢之事、任ニ證文之旨一、可レ有ニ其沙汰一、幷質物之儀雖レ爲ニ盜物一、藏之不レ可レ成ニ失墜一、本利遂ニ算用一可レ請レ之、於ニ藏失質之事一、如ニ

大法ニ、本錢以ニ一倍一可ミ相ニ果之一、次付ニ沙汰一、不レ可レ有ニ理不盡之使一、自然如レ此免許之類、雖レ令ニ棄破一、御代々任ニ免狀之旨一、此度信雄（織田）ら申上所御領掌也、　不レ混ニ自餘一、於ニ末代一、聊不レ可レ有ニ相違一之狀如レ件、

天正十二

三月廿五日　　家康

加藤圖書助（順政）とのへ

右之御本書、加藤隼人佑（景延）同前ニ雖レ致ニ頂戴一、爲ニ囘祿一依レ令ニ燒失一、任ニ御意一、爲ニ後證一以レ寫各令ニ判形一者也、

寛永三

五月朔日

成瀬半左衞門尉
之成（花押）

阿部河內守
正興（花押）

瀧川豐前守
忠征（花押）

竹腰山城守
正德（花押）

加藤圖書助（順政）殿

〔加藤景美氏文書〕○尾張

これは景延と同日に與へられたる次の德政等免許狀で殆んど同文である。尙ほこの本書は燒失したので、寛永三年五月一日、その寫しに多くの人々が證明を加へてゐるのである。順政が景延と共に人質を出したことを褒する三月十九日附の書

狀は前に載せてある。

加藤景延に與へたる德政等免許狀（天正十二年三月二十五日）

就二商買之儀一、德政、年記要脚、國役事令二免許一畢、殊永代諸買得之田畑屋敷野濱等之儀、縱賣主、或闕所、或雖レ爲二披（被）官退轉一、不レ可レ有二異儀一、然共年貢色成諸□（運）上年貢事、任二證文之旨一、可レ有二其沙汰一、幷質物之儀、雖レ爲二盜物一、藏之不レ可レ成二失墜一、本利遂二算用一可レ請レ之、於二藏失質之事一、如二大法之一、本錢以二一倍一可二相二果之、次（付）時二沙汰一不レ可レ有二理不盡之使一、自然如レ此免許之類、雖レ令二棄破一、御代々任二免狀之旨一、此度卽信雄（織田）ゟ申上所御領掌也、不レ混二自餘一、於二末代一聊不レ可レ有二相違一之狀如レ件、

天正十二年

三月廿五日　　　家　康（花押）

加藤隼人（景延）佐（佑）殿

〔加藤景鄰氏文書〕○尾張

本書は加藤景延に與へたる德政等免許狀であつて、年期の要脚及び國役を免除すること、買得の田畑屋敷等を賣主に返すに及ばざること、年貢物成を出さしむること、質入の贓物に倉の損害とならざること、紛失せる質物は倉に賠償せしむること、代々の免狀に任せ德政より除外すること等前掲せる同日附同族順政に與へたるものと全く同一である。

この日、家康は下野皆川城主皆川山城守廣照に書を遺つて、羽黑の戰況を報じた。

皆川廣照に遣れる書狀（天正十二年三月二十五日）

〔附〕大久保忠隣より皆川廣照に遣れる書狀（天正十二年三月二十五日）

先書具申入候處、從二中途一馳歸之條、重而以二中河市介一申來候、仍其表之樣子委細彼口上相含候、將又羽柴（秀吉）日來餘不儀（義）相動付而、信雄・我等申合、彼等之爲可レ及二存分一、去十三日、到二尾州清須一出馬、同十七日尾濃之境羽黑と號所、池田紀伊守（勝入）・森武藏守（長可）楯籠在之處、押寄卽時乘崩、千餘人討捕候、彼兩人等敗北、前代未聞之躰候、然者五畿內・紀州・西國・中國悉調略之子細數多候條、萬方按合、上洛不レ可レ有レ程候、於二樣子一（者カ）可二御心安一候、具市助可レ爲二演說一候、恐々謹言、

（天正十二年）三月廿五日　　家康　御判

皆川山城守（廣照）殿

〔佐竹文書〕五乾

本月十七日、家康の先鋒酒井忠次・奥平信昌等は羽柴秀吉の將森長可を羽黑に擊ち破つた。家康はこの書狀において羽黑の戰勝の顚末を廣照に報じたのである。尙、本書には大久保忠隣の添狀があるからこれを附載する。

去比中河市介被二差越一候處、自二中途一罷歸候、其表樣子先書申達候間、不レ及二重說一候、將又此表被レ致二出馬一之儀、羽柴筑前（秀吉）餘ニ恣之振廻、甚以不儀（義）之動共、背二仁道一候間、爲レ可レ有二退治（術カ）一、信雄・家康被二申談一上洛候、行之樣子諸方被レ任二存分一候、去十七日、到二于濃州口一被レ動候所ニ、境目羽黑之地ニ、池田紀伊守・森武藏守

被レ持二出構一候間、以二先勢一即刻乗破、敵千餘被二討捕一之候、右之兩將敗北、比興前代未聞候、中々捨儀(マヽ)不レ及二一防戰一逃散之間、兩人不レ被二討留一候事、無念不レ過レ之候、依二右之威風一、地利三ヶ所自落候、將又上方之調略、五畿內・北國・紀州・四國・西國被二示合一候、入洛不レ可レ有レ程候、根來・雜賀・四國相談、到二泉州・河州表一及レ行候間、筑前守到二途中一雖二罷出候一、失二治術一、無二一行一、徒在滯候、今少如何樣ニも引出、無レ被レ遂二合戰一可レ被二討果一候間、一途候、何樣本意案之內候、於二首尾一者、可二御心安一候、猶追々可二申入一候間、令二省略一候、恐々謹言、

(天正十二年)三月廿五日　　大久保新十郎(忠隣)

皆川山城守(廣照)殿

御宿所　　〔同上〕

本書にも、家康が紀伊の根來・雜賀及び四國と連絡して、和泉・河内に行動を起し、秀吉の背後を攪亂しようとする旨を述べてある。

凡そこれらの文書は、この戰爭が、宣傳戰の性格を有してゐることを示してゐる。遙か遠方なる下野の皆川廣照に對して、先月の使者が中途より馳せ歸つたので、重ねて使者を派遣して、羽黑戰勝について詳細に報道し、畿內・紀州・西國・中國・四國・北國とも提携して不日上洛すべく、出動した秀吉も施すに術なく、困惑してゐる。その中に快心の勝利を擧げるであらうと申し送つて、自己に對する信賴感を强化せしめようとしてゐる。これは反家康の立場にある上杉景勝に對する示威にもなり、東方諸豪の蠢動を抑へることにもなる。

秀吉は二十一日、大坂を發したといはれる（太閤記・小牧御陣長湫御合戰記）。美濃の池尻に到著した秀吉は、犬山城の池田勝入と連絡して、木曾川を渡つて南下しようとしてをり、羽島郡の竹鼻城主不破廣綱は、その動靜を偵察して、刻々にこれを小牧山に在る家康に報告した。家康はこれを喜び、次の答書を遺つた。

不破廣綱に遣れる書狀（天正十二年三月二十七日）

節々羽柴（秀吉）様躰被二示越一、具被レ入二御精一儀、無二申計一候、然者渡之兩方ニ構拵之由候、彼等憶意敗北之覺悟無レ疑候、次朶柿一折是又爲悦候、尙西尾（吉次）可二申進一候、恐々謹言、

（天正十二年）三月廿七日　　家康（花押）

不破源六（廣綱）殿

〔不破文書〕

不破源六廣綱は美濃竹鼻の城主であり、羽柴秀吉が木曾川の渡の兩岸に塞を構へたことなどにつき、しばしばその動靜を家康に報告した。本書はこれに答へて、その好意を謝したものである。

近江多賀大社町に下せる禁制（天正十二年三月二十九日）

禁　制　　多賀大社町

一當手軍勢甲乙人等濫入狼藉之事

一陣取放火、相ニ懸臨時非分課役一事

一三社森伐ニ採竹木一事

天正十二年

右條々於レ違背之輩一者、速可レ處二嚴科一者也、仍如レ件、

天正十二年

三月廿九日　家康公御書判

〔譜牒餘錄〕三十五稲葉丹波守

多賀大社町は近江の多賀神社の門前町である。日が不明であるが、信雄も亦、三月日附で多賀社及びその町屋に禁制を下した。近江は敵地であるが、戰時、敵地に禁制を下す例は少くない。

小笠原貞慶に遣れる書狀三通（天正十二年四月三日・同月十九日・同月二十三日）

去月廿八日至二麻績・青柳一被レ及レ行、二曲輪迄攻入、隨一之者數輩被二討取一之由、注進喜悅候、定而落去不レ可レ有レ程候、彌無二油斷一可レ有二御馳走一事肝要候、恐々謹言、

（天正十二年）卯月三日　（家康）御諱

小笠原右近太夫殿（貞慶）

〔小笠原系圖〕地〇元伯爵小笠原忠春氏所藏

小笠原貞慶は信濃松本の城主であり、本年三月二十八日、上杉景勝の屬城なる同國麻績・青柳を攻め、四月四日再びこれを攻めて功あり、家康のために景勝を抑へ、尋で長久手の戰勝（四月九日）を賀する使者を遣したので、家康は四月二十三日附の書狀を以てその好意を謝し、景勝方の押へを囑した。これら三通の書狀を、便宜玆に併錄する。

去ル四日、信州之内麻績・青柳城二之廓迄責寄、能者數輩討取、注進之段神妙之至ニ候、彌可レ抽二忠信一者也、

（天正十二年）四月十九日　家康（花押）

小笠原右近(貞慶)太夫とのへ　〔書簡并證文集〕○笠系大成附錄所收

就二今度合戰(長久手合戰)一、芳札令二祝著一候、先書委申候間、不レ能二重說一候、此表近日任二存分一候、近々至二長沼一、羽柴(秀吉)可レ令二敗北一條、必今度可二討留一之候、可二御心易一候、次景勝(上杉)可レ令二蜂起一候哉、不レ可レ有二差切(マヽ)一、乍レ去其表各致二相談一、無レ之二由斷一可レ被レ及レ行事肝要候、尚期二後信一候、恐々謹言、

(天正十二年)卯月廿三日　　家康（花押）

小笠原右近(貞慶)太夫殿　〔書簡并證文集〕○笠系大成附錄所收

永田久琢に與へたる所領宛行狀（天正十二年四月四日）

〔參考〕織田信雄より永田久琢に與へたる所領宛行狀（同日）

此度令二歸參一候上、以二緒川領之內三千貫文一、所二宛行一不レ可レ有二相違一條、全可レ令二知行一者守二此旨一、可レ勵二軍忠一狀(之狀カ)之如レ件、

天正十二年

卯月四日　　家康御判

長田(永田久琢)彌左衛門殿

〔古文書〕永田○記錄御用所本　永田彌左衛門久勝拜領　同權八郎尚賢書上

永田久琢は織田信長に仕へ、天正十二年小牧役のとき、信雄に歸屬した。信雄は四月四日附で、左の宛行狀を與へた。

領知方儀、以二緒川領内一可レ令二扶助一候間、不散人相抱、可レ勵二軍忠一事專一候也

（天正十二年）卯月四日　　（織田）信雄　書判

（久琢）長田彌左衞門殿

〔同上〕

家康の安堵狀はこれと同日に與へたものである。信雄が所領を與へるとはいふものの實際は家康がこれを附與したのであらう。緒川は尾張知多郡に在り、その中に三千貫文の地を明示してゐる。尙、久琢は久勝とも記してある。

熱田宮祝師に與へたる免許安堵狀（天正十二年四月四日）

〔參考〕織田信雄より熱田祝師に與へたる免許安堵狀（同日）

熱田宮祝遺（進）物之神田并敵味方預ケ物俵物、爲レ何闕所之地候共、不レ可レ有二異儀一、殊門外ゟ使入之事、竹木所望、鄕質取立之事、（織田信長）上樣御判形明鏡之上、此度信雄ゟ申上、如二前々一、自今以後、御免許不レ可レ有二相違一之狀如レ件、

天正十二年

卯月四日　　家康（花押）

熱田祝師殿

〔田島仲吉氏所藏文書〕○尾張

本書は同日附織田信雄より出だせる熱田社領不入免許安堵狀に添へて出したものである。信雄の免許安堵狀は次の如し。

熱田宮祝進物神田并敵身方預ケ物俵物、爲レ何闕所地候共、不レ可レ有二異儀一、殊門外ゟ入使之事、竹木所望、鄕質取立之事、（織田信長）上樣御判行明鏡上は、如二先々一令二免許一者也。

天正拾貳年
卯月四日　　　　　　　　　　　　　　　　　　　　信　雄（花押）
熱田祝師殿　　　　　　　　　　　　　　　　　　　　〔同上〕

秀吉は二十七日犬山城に入ると傳へられてゐるが（太閤記・小牧御陣長湫御合戰記）、生駒家寶簡集所收木曾義昌宛秀吉書狀によれば、秀吉が木曾川を渡つたのは二十八日であり、二十九日午前八時頃には樂田に居るのだから、犬山に一泊して、すぐ樂田に本營を進め、小牧山に在る家康の本營と二十餘町を隔てて相對峙したことになる。兩軍の人數を、當代記には、秀吉方十萬、家康・信雄方一萬六七千と記してある。信雄は二十九日、川内より小牧に移つたのである（家忠日記）。そして四月に入つたが、主力の衝突は起らずして、遙かに南方なる長久手において、秀吉の派遣部隊が家康軍に擊破されて大敗した事件が起つた。これは小牧の役における最大武力戰であり、これあるがためにこの役は小牧長久手の役とも呼ばれ、而してこれによつて秀吉の制覇が挫折し、家康の地步が確立し、今後の歷史の展開が決定づけられた。その重要性において、後の關ヶ原合戰と比較して論評し得るものである。

羽黑の合戰で不覺を取つた森武藏守長可（二十七歲）は、池田勝入（恒興）（四十九歲）の女婿である。秀吉到著の後、勝入は、家康を小牧山に押へておいて、三河に攻め入る策を獻じたので、秀吉はこれに從ひ、自分は樂田の古城に據つて小牧山を押へ、勝入は、子之助・女婿長可・堀秀政・長谷川秀一・三好信吉（後秀次）と共に南下して三河に向つた。大軍が三河に入れば家康は小牧山を引揚げるであらうし、殘された信雄は急速に無力化するだらうといふ推測から出た行動である。樂田と小牧山との直徑距離は一里半强、兩軍の接近距離は五六町に過ぎない（以上松井家譜）。勝入等の出動の日は六日夜半とも（太閤記）、七日とも（豐鑑）、八日とも（三河物語）いはれるが、樂田より岩崎の直徑距離は七里前後ゆゑ、七日發で宜からうと思ふ。勝入は岩崎城を陷れ、守將丹羽氏重（十六歲）を斃したが、第五陣三好信吉が家康の大須賀康高・榊原康政等に襲擊されて長久手方面に敗走したので、勝入の本隊は北轉して長久手に到つたところ、家康の本隊と衝突して大敗し、勝入・之助父子、及び森長可は戰死し、餘衆は散々に潰走した。

秀吉軍が三河に侵入するだらうといふ情報は、夙に家康の手に入つてゐたといふ（小牧御陣長湫御合戰記）。勝入部隊の南下を知つて、家康が小牧山を出發したのは八日の夜半であつた（同書・松井家譜）。そして矢田川北岸の小幡城に入り、九日辰刻（午前八時前後）大須賀康高・榊原康政等は小幡城を出でて信吉を長久手方面に走らせた。家康は本多廣孝をして小幡城を守らせ、長久手に進出して大勝を博したが、追擊を許さず、急いで引き返してまた小幡城に入つた（同書・三河物語・太閤記）。

秀吉の陣營樂田に長久手の戰報の達したのは午刻（正午前後）であつたといふ。秀吉は直に出馬して龍泉寺に至り、合戰は既に終り、家康は小幡城に引揚げたことを知つた。家康は卽夜出發して十日夕刻小牧山に歸り、秀吉は、その夜は龍泉寺に泊つて樂田に歸つた（當代記・豐鑑・安藤直次覺書等）。兩雄指呼の間に接近しながら、家康の神速にして時宜を得たる行動により、秀吉をして手を空しうせしめた。

この勝敗について、家康方は大々的に宣傳した。

平岩親吉・鳥居忠政に遣れる書狀（天正十二年四月九日）

今日九日午之刻、於二岩崎之口一及二合戰一、池田紀伊守（勝入）・森庄藏（長可）・堀久太郎（秀政）・長谷川竹（秀一）、其外大將分悉人數一萬餘討捕候、卽可レ遂二上洛一候間、本望可レ被レ察候、恐々謹言、

（天正十二年）卯月九日　申刻　　　　家　康（花押）

平岩七之助（親吉）殿

鳥居彦（右脱カ）衛門尉（元忠）殿

〔尾張德川文書〕○尾張

長久手合戰の大勝は午刻（正午頃）であり、この書狀は申刻（午後四時頃）と記してあるから、激戰直後のものである。但、堀秀政・長谷川秀一は戰死者ではない。平岩親吉は甲斐の甲府、鳥居元忠は同郡内の守將である。戰場を「岩崎之口」としてある。長久手といふ地名は、それまでは重要なところではなかつた。

吉村氏吉に遣れる書狀（天正十二年四月十日）

昨日於二岩崎之口一合戰之儀付、早々飛脚令二祝著一候、頓而可レ令二上洛一候間、彌可レ被レ任二存意一候、於二其表一、今度被レ抽二忠節一之儀、無二比類一候、尚以無二油斷一於レ有二馳走一者、可レ爲二本懷一候、恐々謹言、

（天正十二年）卯月十日　　　　家　康（花押）

吉村又吉郎（氏吉）殿

〔吉村文書〕○肥前〔現在弘文莊所藏〕○東京〔大阪城天守閣所藏〕四二、六、一〇

これは長久手合戰翌日のものである。美濃脇田城主吉村又吉郎氏吉は戰勝を聞いて、直に慶賀の使を寄越したので、この

日織田信雄はこれに答書を遣り、家康も亦この書状を遺つたのである。これにも戰場を「岩崎之口」としてある。

蘆田時直に遣れる書状（天正十二年四月十日）

就二其國(丹波)之様子一、使者被二差越一候、委細令レ得二其意一候、抑今度以二才覺一、一揆等令二蜂起一、兩城(氷上郡久留井・余田)被レ持之由、無二比類一儀候、彌何分ニも於レ有二馳走一者、信雄(織田)ヘ申上、其方可レ任二御存分一候間、此度可レ被レ抽二戰忠一候、兼又此表模樣、昨九日及二合戰一、池田勝入父子三人(勝入・之助・照政)を始、森武藏守(長可)・堀久太郎(秀政)・長谷川藤五郎(秀一)・三好孫七郎(信吉)、其外大將分を十人餘、以下之者一萬餘討于(申イ)候、羽柴(秀吉)儀も通路留、不レ洩二一人も一追籠置候間、不レ移二時日一、可二根切一事眼前之條(候イ)、上洛不レ可レ有レ程候、尚使者可レ爲二演說一候、恐々謹言、

(天正十二年)卯月十日　　　御諱御書判

蘆田彌平兵衛尉(時直)殿

〔譜牒餘錄後編〕二十六 小普請之一 杉浦内藏允組之上 赤井五平次

本書は丹波氷上郡の豪族蘆田時直が、遙かに家康に應じて一揆を起し、使者を送つてその旨を報じたのに對する返書である。蘆田氏は以前には井上萩野とも稱し、氷上郡久留井（黒井とも書す）新郷等の地を中心として郡内に勢威を張つた豪族であつたが、時直の兄家清の嫡子忠家の代に至つて、織田信長の將明智光秀の丹波經略に反抗して沒落した。然るに偶々天正十二年三月、小牧の役が起るや、時直は久留井及び余田の古城に據り、故舊を糾合して遙に家康に聲息を通じた。これに對し家康は織田信雄に申上げてその地のことは時直の存分に任すべきことを約して戰功を勵まし、四月九日の長久手の勝利を報じ、間もなく秀吉を討滅して上洛すべきことを述べた。尚、長久手において戰死した秀吉方の部將は、池田

勝入、その子之助・森長可の三人であつて、家康が勝入の第二子照政（後輝政）、堀秀政・長谷川秀一・三好信吉（後秀次）等をも擧げてゐるのは勝利を有利に傳へんとする目的に出た戰略上の揚言である。一萬餘討取るといふことも亦同様である。

この書狀により、秀吉との對陣が天下の耳目を聳動したこと、家康の聲望が遙かに丹波の敗殘の土豪をも動かした樣子を看取することができる。尙、五月十四日附で時直に與へた書狀は下に收めてある。

このやうに諸方に戰勝を宣揚した家康は、十日附で北條氏政・氏直父子にも、これを報告することを忘れなかつた。その書狀は傳らないから、參考として、父子より家康に遣つた返書を掲げておく。父子は共に上州に出陣中であつた。

〔參考〕北條氏政より家康に遣れる書狀（天正十二年四月二十三日）

十日之御狀、昨廿二至二于上州一參著、抑於二岩崎口一被レ遂二一戰一、爲レ始二池田《勝入・之助》父子・森庄三《長可》・堀久太郎《秀政》・三好孫七郎《信吉》一、一万餘被二討捕一由、誠以目出、大慶何事歟可レ過レ之候哉、心腹更難レ述二筆紙一候、併此度之御戰功、前代未聞候、先段朝彌太《朝比奈泰勝》書狀披見、則以二川尻《下野守》一氏直申達候、猶以レ使可二申述一候、恐々謹言、

（天正十二年）卯月廿三日　氏政《北條》（花押）

徳川《家康》殿

〔古證文〕五

〔參考〕北條氏直より家康に遣れる書狀（天正十二年四月二十三日）

十日之御狀、昨廿二至二于上州一參著、披見申候、去九日、於二岩崎表一被レ遂二一戰一、爲レ始二池田父子三人・森庄

三・堀久太郎・三好孫七郎一、一万餘討捕由、誠以大慶此事候、御戰功之至、無二比類一存候、不レ承合一、従レ是以レ使申達畢、彌御本意不レ可レ有レ程候、委曲期二來信一候、恐々謹言、

卯月廿三日(天正十二年)　　氏直(北條)（花押）

德川殿(家康)

〔古文書〕甲州五

右の二通の書狀は北條氏政・同氏直父子が家康に遺つた返書である。家康は四月九日、岩崎・長久手の邊に戰つて池田勝入父子及び長可を討捕り、秀政・信吉を敗走せしめ、翌十日、兼て締盟の間柄なる北條氏政父子にこの大勝を報じた。この時、北條氏は、上野・下野の諸所において、佐竹義重・宇都宮國綱・皆川廣照等の兵と對陣して居り、氏政父子は上野の陣中に在つたが、早速返書を裁して、その大勝を祝したのである。文中堀秀政・三好信吉をも討捕つたとあるのは、前にも述べたごとく戰況を有利に傳へんとする常套手段であり、この二人は、戰死してはゐない。また氏直の返書に、池田父子三人とあるのは、勝入・元助・及び元助の弟照政（後輝政）を指したものであらうが、照政はこの戰闘に、手を負傷したのみで、無事に退却した。尙、氏政の返書にある朝彌太及び川尻は朝比奈彌太郎泰勝及び川尻下野守で、共に北條氏の部將である。

本願寺に遺れる書狀（天正十二年四月十日）

〔參考〕織田信長より本願寺に遺れる朱印狀（天正八年閏三月二日）

〔參考〕織田信長より庭田重保・勸修寺晴豐に遺れる誓書（天正八年三月十七日）

〔參考〕織田信長より本願寺光壽に遺れる誓書（天正八年七月十七日）

今度信雄(織田)被レ遂二御入洛一、御本意之上、大坂之儀、如二先規之一可レ被二進置一候、殊賀劦之儀者、信

長如二御判形之一、是又不レ可レ有二相違一候、委細者彼口上相含候、恐々謹言、

（天正十二年）
卯月十日　　家康（花押）

本願寺

〔大谷派本願寺文書〕○山城

本書は家康が織田信雄を援けて、秀吉と尾張小牧に對陣中、本願寺を味方に附けんために遣つた書狀である。本願寺は天正八年織田信長との講和の後、大坂石山の地を去つて紀伊鷺森に移り、尋で和泉貝塚に移り、門跡光佐（顯如上人）は此處に居住した。家康は天正十二年三月逸早く、紀伊根來の衆徒・雜賀・湯川等の一揆を誘つて、秀吉の本據攝津・河內を窺はしめたが、長久手戰勝の翌日、更に本願寺をも味方せしめようと思ひ、信雄が入洛して、本意を遂げたる上は、舊の如く大坂を返し與へ、且信長の判形の如く加賀の地も相違あるべからざる事を約した。しかし本願寺は家康の誘引に應ずる氣配を示さずして終つた。尙判形とあるのは、天正八年光佐が石山退去の際、信長より講和條件を記して與へた三月二日附の朱印狀を指すものである。參考のため左にその朱印狀を掲げ、尙同樣のことを誓約した三月十七日附庭田重保・勸修寺晴豐宛起請文、八月十七日附本願寺光壽宛起請文をも併せて掲載する。

當寺赦免之上者、加賀國事、如二先々一可二返付一之、聊以不レ可レ有二相違一候也、謹言、

（天正八年）
閏三月二日　　（織田）信長（朱印）

本願寺

〔本願寺文書〕○山城

覺

一惣赦免事

一天王寺北城、先近衞殿（前久）人數入替、大坂退城候刻、太子塚をも引取、今度使衆を可二入置一事

天正十二年

一人質為二氣仕一可レ遣事
一往還末寺如二先々一事
一賀州二郡大坂退城以後於レ無二如在一者、可二返付一事
一月切者七月盆前可レ究事
一花熊・尼崎、大坂退城之刻可レ渡事

（天正八年）
三月十七日　　（織田）信長（朱印）

敬白　起請

右意趣者、今度本願寺赦免事、為二叡慮一被二仰出一之條、彼方於レ無二異儀一者、條數之通、聊以不レ可レ有二相違一、
若此旨偽申者、
梵天帝釋四大天王・惣日本國中大小神祇・八幡大菩薩・春日大明神・天滿大自在天神・愛宕・白山權現・殊氏神可レ罷二蒙御罰一候也、此由可レ有二奏進一候、謹言、

（天正八年）
三月十七日　　（織田）信長（花押血判）

（重保）庭田大納言殿
（晴豊）勧修寺中納言殿

〔同上〕

條々

一人質為二氣仕一可レ遣事

一往還末寺如二先々一事
一賀州之儀、大坂退城以後於レ無二如在一者、可二返付一事
一町人等可二立置一事
一月切八月十日以前相究事
(天正八年)七月十七日 信(織田)長(朱印)

敬白 起請 (同上)

右意趣者、今度光壽赦免事、其方於二(無脱カ)異儀一者、條數之通、聊以不レ可レ有二相違一、若此旨於レ僞者、
梵天帝釋四大天王・惣日本國中大小神祇・八幡大菩薩・春日大明神・天滿大自在天神・愛宕・白山權現・殊氏
神可レ蒙二御罰一候也、仍起請如レ件、
天正八年七月十七日 信(織田)長(花押血判)
本願寺新門主(光壽) (同上)

尾張熱田社惣中に遺れる書狀(天正十二年四月十一日)

其地被二普請一、堅固被二相拘一之由、寂前註進、至レ于レ今猶令二祝著一候、向後不レ可レ有二疎略一候、
各可二御心易一候、彌被レ對二申于信雄(織田)一、無二可レ有二馳走一事專要候、恐々謹言、

（天正十二年）卯月十一日　家　康（花押）

熱田宮惣中

〔加藤文書〕○尾張

本書は尾張熱田社惣中が、家康に應じて、熱田の防備を嚴にし、その旨を注進して來たのを賞し、彌〻織田信雄に對し馳走すべきことを命じたものである。熱田は海道筋の要地で、信雄及び家康の本據地長島及び清洲と、家康の本國三河とを繋ぐ地點でもあつたので、家康は特に熱田社の惣中を味方に附けて警備せしめたのであらう。これより先、三月十九日、家康は熱田社大宮司千秋喜七郎を初め、同地の豪族加藤順政・同景延より人質を徴し、更に同月二十三日には、喜七郎に大宮司領の替地を給し、越えて二十五日には、順政・景延に對して德政免除の證狀を與へた。これによりて家康の用意の程を知ることが出來よう。

尾張曼陀羅寺に下せる禁制（天正十二年四月十一日）

一當手軍勢甲乙人亂入狼籍（藉）之事

一剪二採山林竹木一事

一刈二取作毛一事

右條々於二違犯之輩一者、速可レ處二嚴科一者也、仍如レ件、

天正十二年四月十一日

〔尾張曼陀羅寺記錄〕

本書は差出人の署名が無いが、「東照神君御朱印」と記してある文書である。曼陀羅寺は尾張葉栗郡宮田村前飛保《ひぼ》にある淨土宗の巨刹で、所謂本邦六檀林の一、元德元年の創建にかかる。家康が秀吉と小牧に對陣するに方り、この地も亦戰場

となつたから、軍兵の亂暴狼藉より免れしめんがために、家康はこの禁制を下したのである。尙、秀吉が本月附を以て下した禁制がこの寺の所藏文書の中にあるが、これは附近の地が兩軍の前衞勢力の相接する地帶であつたため、このやうに双方から禁制を下すに至つたものであらう。

皆川廣照に遺れる書狀（天正十二年四月二十一日）

遠境之處芳墨、殊爲ニ御音信一黒鞭（駿カ）之馬被ニ差上一給候、乘心馬形等勝候間、別而自愛不レ斗儀候、眞上洛之節候之間、祝著無ニ申計一候、將又其表惣無事、由良（國繁）・長尾（上杉景勝）儀付而、先度中川市助差越候キ、定可レ爲ニ參著一候間、不レ能ニ重說一候、從去九日及ニ合戰一、始ニ池田父子（勝入・之助）・森庄三（長可）・木下勘解由・同助左衞門（助休）一、大將之者共悉、其外一萬餘討取候、羽柴（秀吉）儀使者如ニ見聞之一、地利ニ引入在レ之間、一途遲延之儀候、乍レ去此度討留無ニ異儀一可レ令ニ上洛一候、於ニ樣子一者可ニ御心安一候、尙使者口上相含候、恐々謹言、

天正十二年

卯月廿一日　　家康（花押）

皆川山城守（廣照）殿

〔皆川文書〕〇下野

下野方面の和平、由良國繁と上杉景勝との間柄に就き、下野皆川城主皆川廣照は、遙に使者を家康に遣してこれを報し、駿馬を贈つた。よつて家康はこの書狀を裁して、好意を謝し、戰況を報じたのである。廣照は長久手戰勝のことを知らずに使者を家康に遣したのである。皆川は下野下都賀郡にあり、今、栃木市の西方皆川村城内《じようない》に舊城址がある。

土山右近大夫に遣れる書狀（天正十二年四月二十四日）

〔附〕榊原康政より土山右近大夫に遣れる書狀（同日）

兩人ゟ之書狀并口上之趣、得二其意一候、近頃尤之才覺眞祝著之至候、彌以無二油斷一御馳走可レ爲二本望一候、然者被二申越一通於二首尾一者、聊不レ可レ有レ別候、委細兩人・同榊原小平太（康政）可二申達一候、恐々謹言、

（天正十二年）卯月廿四日　　御諱御判

土山右近大夫殿

〔譜牒餘錄〕二紀伊殿藩士上土山長三郎

本書は近江甲賀の土山右近大夫に與へたる返書で、右近大夫の奔走を褒し、尙、一層馳走すべきことを命じ、その願の通り、一身上のことに就いては疎意なきことを約束したものである。土山右近大夫は甲賀侍の一人である。甲賀の地は伊勢龜山方面に連絡する要路に當り、家康が秀吉の軍に對する戰略上、中部伊勢を背面より脅すに足る所である。下に掲げる右近大夫の子孫の書上に依ると、この時家康は右近大夫をして一揆を催し、龜山を窺はしめた旨を記してあるが、さもあるべきことと思はれる。この書狀に兩人云云とあるのは、恐らく家康の部將酒井忠次・本多忠勝・本多正信あたりの人々であらう。尙、榊原小平太康政の添書を次に掲げる。

急度令レ啓候、仍今度於二其元一、萬事可レ有二御馳走一之由、兩人方へ被二仰越一候て、家康大慶被レ存候、然上者、引二寄其邊一之御才覺專一存候、御存分之通無二可二申調一候、此時之條、何分ニも御分別之前ニ候、委曲自二兩人一可二申入一候、恐々謹言、

榊原小平太
康政　判

（天正十二年）卯月廿四日

土右（土山右近大夫）
人々中

〔同上〕

以上の両書については、「一權現様小牧御陣之節、高祖父土山右近、甲賀侍を催、勢州龜山城を攻取才覺仕様ニと御内意有レ之ニ付、一味之者共五六百人相催注進仕處、尾州表和議ニ成候故、不レ及二調略一、其節被レ成下一御書并榊原小平太添状共二通所持仕候寫」との説明が記してある。

三雲成持に與へたる本領安堵狀（天正十二年四月二十五日）

〔参考〕織田信雄より三雲成持に與へたる宛行狀（天正十二年四月十三日）

其方身上之儀、江州本知如二前々一申付候條、彌無二油斷一諸方令二調略一、忠節肝要候者也、仍如レ件、

（天正十二年）卯月廿五日
家康御判

三雲新左衛門尉殿（成持）

〔寛永諸家系圖傳〕九十二

三雲新左衛門尉成持は、小牧役のとき織田信雄の命により、部下を率ゐて、瀧川雄利と共に、伊勢松ケ島城を守り、後また共に濱田城を守る。信雄はこれを賞して、左の宛行狀を與へ、近江の本領を與ふべきことを約した。

今度於レ抽二忠儀一者、江州本知之分、如二前々一可二宛行一之條、可レ盡二戰功一事專一候、恐々謹言、

（天正十二年）卯月十三日
（織田）信雄　判

三雲新左衛門尉殿（成持）

〔寛永諸家系圖傳〕九十二

本書は右の信雄の宛行狀に添へて、所領を安堵せしめたものである。しかしやがて和議が成立したために、この豫約は實行されず、成持は蒲生氏郷の許に寓居した（寛政重修諸家譜）。

不破廣綱に遣れる書狀（天正十二年四月二十六日）

筑前《秀吉》うるま《宇留間》へ罷越ニ付而、重而、子細示給候、節々被レ入ニ御念一之段本望候、異説等何時も御注進待入候、恐々謹言、

卯月《天正十二年》廿六日　　家康（花押）

不破源六《廣綱》殿

〔不破文書〕〇東京

不破源六廣綱は織田信雄の將で、尾張中島郡竹鼻（今は美濃羽島郡に屬す）を守り、木曾川・長良川に沿うて南下せんとする秀吉の軍を監視した。本書は廣綱が秀吉の美濃宇留間に到つたことを報じたのに答へたものである。宇留間は現在の稲葉郡鵜沼の地に當り、木曾川を隔てゝ尾張丹羽郡犬山に對し、美濃・尾張連絡の要地である。秀吉は四月九日長久手の一戰に敗れてより、再び兵を樂田・二重堀の本據に集結して自重し、尋で五月一日に至り、戍兵を殘して、犬山より木曾川を渡つて美濃に撤兵した。廣綱はこの秀吉軍の動靜を探知して報告したのであらう。

山口光廣に與へたる本領安堵狀（天正十二年四月二十六日）

東照宮御判物
ほんりやうの事

一山しろのくにをいて、宇治たはら《田原》・ならひに松井・いひをか《飯岡》の事

一おなし國かも(賀茂)・みかの原(瓶原)・たうのを(富尾)の事
一あふみくりもと(栗太)のこをり大いし(石)の事
一やまとのくにつた(蔦)(岡)をかの事
一かわちのくにつたをかの事
右ほんりやうさをひあるへからざるの狀如レ件、

天正十二年四月廿六日　御はん(德川家康)

山口とうさゑもん(光廣)のせうとの

○變體假名を普通假名に改めた〔古文書〕山口○記錄御用所本　山口藤左衛門光廣拜領　同藤左衛門光寅書上

本書は山城宇治田原の住人山口藤左衛門尉光廣に與へたる知行安堵狀である。光廣は近江信樂の多羅尾四郎兵衞光俊の子であるが、山口甚介長政の跡を繼ぎ山口を稱した。多羅尾・山口兩氏は、嘗て天正十年六月、當時和泉堺に遊歷中の家康が、本能寺の變報に接して、急遽歸國の途に就き、山城より近江・伊賀の間道を通過した時、家康のために奔走して道中の安全を計つたことがある。爾來、家康は兩氏の功を德としてゐたが、天正十二年三月小牧の役が起るや、兩氏に內意を通じ、三月二十三日には光俊及びその子光雅に本領を安堵せしめ、尋でこの日、光廣にも本領安堵の旨を下したのである。尙、光廣の子孫の書上を左に揭げる。

一天正拾貳年、權現樣尾州長久手御合戰之刻、多羅尾(光俊)・山口御味方仕候故、御墨付兩家江被二下置一候、權現樣与秀吉御取合ニ付、其以前明智(光秀)叛逆之節、權現樣江御味方仕、其上實父四郎兵衞(多羅尾光俊)方迄供奉仕候、此段秀吉にくしミを以、養父山口甚介(長政)跡職藤左衞門ニ不レ被レ下、牢人仕罷在候付、權現樣江被二召出一、先信樂之內ニ而五百石被二下置一、其以後大坂御陣出來仕候故、永井右近大夫(直勝)組ニ而、大坂兩御陣相勤、其以後病氣故在所ニ罷有候、右天正拾年・同拾貳年被二下置一候御墨付、奉レ願二上覧一以二(大久保英勝)内縁ヲ一、永正院殿迄差上置候處、駿河御城炎上之刻燒失仕候、天正拾貳年ニ被二下置一候御墨付之寫シ、ユレ今所持仕候、以上、

天和四年子正月　　高七百石 山口藤左衞門（花押）

大久保豐前守殿

加藤源左衞門殿

〔譜牒餘錄後編〕十六 御小姓組八番 大久保豐前守組山口藤左衞門

屋代秀正に遣れる書狀（天正十二年四月二十七日）

芳墨祝著之至候、仍今度合戰樣子先度委細申候之間、令二省略一候、追日任二存分一候、可二御心易一候、其表各被二調談一、無二油斷一可レ被レ及レ行事肝要候、恐々謹言、

(天正十二年)卯月廿七日　　(家康)御名御判

(秀正)屋代左衞門尉殿

〔古文書〕屋代○記錄御用所本

屋代左衞門尉秀正は信濃の村上氏の一族で、武田勝賴に服屬してゐたが、天正十年武田氏沒落の後、上杉景勝に屬し、信濃埴科郡海津《かいづ》（松代）を守つてゐた。然るに天正十二年三月、小牧の役が起るに及び密に意を家康に通じ、四月一日突然、海津の守備を放棄して同國荒砥の砦に據り、景勝に背いた。本書は家康が秀正よりの來狀に答へ、尾張の戰況は追日有利に進展しつつあること、信濃表のことに就いては、味方の諸將と調談の上、油斷なく行動すべきことを指示したものである。

第二期尾張西部戰場

既にして五月一日、秀吉は、小牧山に對する陣を撤し、樂田には堀秀政をおき、犬山には加藤光泰をおいて美濃に退いた。その退陣が見事なのを見て、家康は追撃しなかつた（家忠日記・當代記・豐鑑）。四月九日の長久手合戰より四十日程の間、家康は小牧山に在りて、たびたびの挑戰に對し、陣を堅くして取合はず、今また敵の退却を追擊せざるにつき、當代記には、「是も名譽の仕置也」と賞讃してある。

秀吉はそれより岐阜に移り、方向を轉じて南に下り、木曾川と長良川とに挾まれてゐる羽島郡大浦の東藏坊に入つた（太閤記）。大浦城には勝入の子池田照政がゐた。これより西部戰場は俄然活氣づいた。

五月二日。羽柴秀勝は竹鼻城の攻擊を開始した。五月七日には加賀野井城が陷り、五月十日には秀吉自ら竹鼻城を攻圍した。よつて秀吉が北部戰場を撤退してから西部戰場の舞臺の正面に立つまでの十日間における家康文書をここに揭げる。それは秀吉の撤退に關するものが多いからである。そして次に西部戰局の進展を見ることにしよう。

大槻久太郎に遣れる書狀（天正十二年五月三日）

〔附〕酒井忠次より大槻久太郎に遣れる書狀（同日）

〔附〕本多忠勝より大槻久太郎に遣れる書狀（同日）

就ニ當表出馬之儀一、一章令ニ披閱一候、敵退散討洩候事無念候、將又其方各被ニ相談一可レ被レ及レ行之由祝著候、無レ程可レ爲ニ上洛一候之間、可レ被レ屬ニ存意一候、恐々謹言、

（天正十二年）五月三日　御諱御判

大槻久太郎殿

〔譜牒餘録〕三十六 稲葉丹後守之下附家臣

大槻久太郎の名乗は詳かでないが、丹波天田郡六人部・雀部等の諸郷に居つた豪族大槻氏の一族であらう。小牧の役に久太郎が同國氷上郡の蘆田時直と共に一揆を起して家康に應じたことは、次に參考として掲げる本多忠勝の書狀に依つて知ることが出來る。蘆田時直に對しては、家康はしば／＼書狀を遣つて、戰功を勵ましてゐるが、久太郎も亦遙かに書狀を呈したので、家康はこれに答へて秀吉軍の退却を告げ、更に時直・久太郎等の擧兵を賞し、來春上洛すべきことを述べた。尙、本書に添へて、家康の將酒井忠次及び本多忠勝は、各々次の如き書狀を與へた。

御札本望存候、仍當表出馬被レ申候、及二合戰一、二万餘討果候、依レ之敵無二正躰一、一昨朔日退散申候、其表各被二仰談一、御行肝要至極候、於二家康一無二沙汰被一レ存間敷候、恐々謹言、

（天正十二年）五月三日　酒井左衛門 忠次 判

大槻久太（郎脱）殿

御報

〔同上〕

本書に長久手の勝利を述べて、二萬餘討取ると記してあるのは、戰略のための揚言である。五月朔日、敵軍退散の事は、秀吉がこの日尾張二重堀《ふたへぼり》の陣を撤し、木曾川を渡つて美濃に兵を收めたことを指す。

尙々先度も書狀相屆申候、御報申候間、定參著たるへく候、彌平兵（蘆田時直）被二仰談一、可レ然御才覺專肝候、

就二家康出馬之儀一、遠路飛脚被二差越一候、及二披露一、委細以二直談一被レ申候、將又其元各被二相談一、可レ被レ及レ行之（由脱カ）祝著被レ申候、種々調略之儀共候間、上洛不レ可レ有レ程候、彌無二油斷一被レ遂二御忠節一候ハヽ、其元可レ屬二御存分一候事候、期二後音之時一候、恐々謹言、

（天正十二年）
五月三日　　　　本多平八郎
　　　　　　　　　忠勝　判

大槻久太郎殿
　　　御返報　　〔同上〕

ここにまた五月三日附で家康より大和衆の越智頼秀に遣つた書状があるから採録する。

越智頼秀に遣れる書状（天正十二年五月三日）

預二芳翰一候、遂二披閲一候、依下此度従二信雄一被上レ成二御書付一而、即被レ及二御請一、於二其國一可レ有二忠儀一由承存候、寔為悦之至候、左様候者、无二御油斷一調策肝要候、向後之儀、是非共疎心不レ可レ有候、委細石川伯耆守（數正）可二申達一候、恐々謹言、

（天正十二年）
五月三日　　　　家　康（書判）

越知修理進殿（頼秀）

〔越智家譜傳〕三

越智修理進頼秀は大和衆の一人であり、天正十二年四月、信雄に招かれてこれに屬し、家康にもまた書を遣つて懇志を通じたので、家康はこの書を裁してこれに答へたのである（越智家譜傳）。しかし頼秀はやがて歿したらしく、その子家政は高野山に隠れたが、後に家康に通じた。七月一日、家康より高野山清淨心院に遣つた書狀を參照。

伊勢無量壽寺（専修寺）に下せる禁制（天正十二年五月三日）

禁制　　　　　　　　　一身田
　　　　　　　　　　　無量壽寺

天　正　十　二　年

一當手軍勢甲乙人等亂入狼籍（藉）事
一陣取放火之事
一伐採之事
右條々堅令停止畢、若於違背之輩者、速可處嚴科者也、仍下知如件、
天正十二年五月三日　家　康（花押）
〔專修寺文書〕○伊勢

無量壽寺は伊勢河藝郡一身田にあり、眞宗高田派の本山專修寺のことであり、別に專修阿彌陀寺の稱を以ても呼ばれる。もと宗祖親鸞上人が關東遍歷のとき、嘉元元年下野高田に草創したものであるが、後寛正五年に至つて一身田に移つた。小牧の役の際、戰線は尾張・美濃の堺より北伊勢方面にも及んだので、家康は由緒ある同寺を戰禍より免れしめんがために、この禁制を出したのである。越えて六月二十六日、秀吉よりも禁制が出た。これによりこの方面が兩軍勢力の衝突地帶であつたことを知ることができよう。

間宮信高・小濱景隆に遣れる書狀（天正十二年五月五日）

於今度勢州生津・村松、敵數多打捕之由、注進得其意候、無比類事候、各高名之者共此内可申候、彌無油斷可相稼儀肝要候、恐々謹言、
（天正十二年）五月五日　家　康

小濱(景隆)民部左衛門尉殿
間宮(信高)造酒丞殿

〔寛永諸家系圖傳〕百二十九 小濱　〔譜牒餘錄後編〕十二 諸旗本之六 小濱孫三郎

本書は伊勢生津《おいつ》・村松において間宮信高・小濱景隆の兩名が戰功を樹てたので、これを褒した書狀である。信高・景隆は共に武田氏の遺臣であつて、天正十年、勝頼滅亡の後、來つて家康に屬し、天正十二年三月、小牧の役が起るや、戸田忠次麾下の水軍の將として軍に從つた。然るに秀吉方の九鬼嘉隆は、志摩・鳥羽より兵船を發して伊勢灣內に勢威を張り、四月の頃には三河渥美半島の沿岸を襲つて家康の本據を脅したこともあつた(常光寺年代記)。これに對して、景隆・信高は尾張・三河の沿海の警備に任じたのであるが、生津・村松が度會郡の海濱に近き土地であるところから見ると、彼等は遠く伊勢灣を横斷して、敵地を脅したのである。これによりこの役における彼我水軍の活動振を知ることができよう。

藤方朝成に遣れる書狀(天正十二年五月五日)

預二芳墨一候、則披閲候、爲悅之至候、此表敵敗北候、構二切所一、築二土手一間、討洩候事無念候、乍レ去方々調策之子細數多候之條、上洛不レ可レ有レ程候、於二樣子一可二御心易一候、將又此節兩地堅固被二相抱一儀、寔無二比類一候、彌丈夫被二相調一肝要候、尙本多彌八郎(正信)可二申達一候、恐々謹言、

(天正十二年)五月五日　家康樣御判

藤方(朝成)刑部少輔殿

〔譜牒餘錄後編〕二十九 小普請之四 藤方勘右衛門

藤方刑部少輔朝成は北畠氏の支流で、伊勢多氣郡陸田《ろく》城に住してゐたが、信長の伊勢平定後、沒落した。然るに小牧の役に際し、再起の機會を得て家康に應じ、兵を擧げ、書狀を遣つたので、家康はこれに對してこの返書を與へたのである。

文中兩地云々とある朝成の擧兵の地が何處であるかは、徴すべき傍證がないので詳かでないが、恐らく舊緣の陸田附近の地であらう。家康は朝成に尾張における敵方の敗北を報じ、要砦を構へたため秀吉を討洩したけれども、やがて諸方の計策によつて上洛程なきことを述べ、朝成を激勵した。尙ほ、本書に添へて家臣本多正信をして更に書狀を遺らしめた。秀吉軍の敗北、要砦構築のことは、四月末より五月初にかけて、秀吉が家康の本陣小牧山に對して、諸所に砦を構へ、守備の兵を殘して美濃に撤兵したことを指すものである。

西部戰線の地域は今は美濃に屬してゐるところが多いけれど、そのころは尾張國內であり、大凡そ織田信雄の領土であつた。そして羽島郡竹鼻城には不破廣綱が居り、長良川と揖斐川とに挾まれる安八郡・海津郡地方には今日、今尾町の大字に名を殘してゐる脇田の城に吉村氏吉が居つた。その吉村氏吉は、本年三月書狀を家康に遺り、鯉を贈つて好意を表し、家康は同月十九日返書を遺つてこれを謝し、信雄のために忠節を致さんことを囑し、その身上を保證し、信雄はまた同月二十四日氏吉からの來狀に答へて、知行を與ふべきことを約束した（前出）。尋で長久手の戰勝を聞いた氏吉は、直に飛脚を以て信雄・家康に祝賀の書狀を遺つたので、信雄・家康はそれぞれこれに答へた（前出）。これは信雄に忠實な與黨である。

竹鼻城の不破廣綱も同じく忠實な與黨であり、三月下旬、秀吉が大坂より來つて美濃に入り、犬山方面に向ふ動靜についてしばしば書を家康に遺つて報告したのに對し、家康は、同二十七日返書を送つてこれを謝し（前出）、尋で四月下旬、秀吉が、犬山より木曾川を渡つて美濃の鵜沼に至つたことに就いての情報を遺つたので、家康は二十六日返書を裁してまたこれを謝し、今後の報告を期待する旨を申し送つた（前出）。秀吉が鵜沼に至つたのは、總軍の撤退前、木曾川に船橋をかけるため、自ら視察に赴いたものらしい（武家事紀）。

秀吉が美濃に撤退した翌二日の朝、羽柴秀勝は、竹鼻城の攻擊を開始し、守將不破廣綱はこれを防いで戰ひ、信雄は即日書を遺つて激勵を加へた。參考としてその書狀を掲げる。

〔參考〕織田信雄より不破廣綱に遺れる書狀（天正十二年五月二日）

今朝次（羽柴秀勝）其表へ相働、數剋相戰候處、堅固之上、於二手前一少々被二討捕一之由、殊可レ然者も有レ之通、尤之仕置候、野口ニ敵たまり候旨、相替事候ハヾ、追々可レ有二注進一候、無二由斷一其構之儀、可レ被二申付一候也、謹言、

（天正十二年）五月二日　　信雄（花押）

不破源六（廣綱）殿

〔不破文書〕○東京

脇田城の吉村氏吉も、敵來攻の危險を感じて、加勢を信雄に求め、これに對し、信雄は五月五日返書を遺つた。次に掲げておく。

〔參考〕織田信雄より吉村氏吉に遺れる書狀（天正十二年五月五日）

加勢之儀申越、相意得候、今にも以二猛勢一取卷候はゝ、少々加勢遣候共、可レ有二如何一候間、前かど、外搆などは引退候て、本城計を專一ニ相拘候樣ニ覺悟尤候、彼等其地へ相働事能節候間、家康相談令二出馬一、可二打果一候、可二心易一候、謹言、

（天正十二年）五月五日　　信雄（花押）

吉村又吉郎（氏吉）殿

〔吉村文書〕○肥前

これは秀吉の大軍で包圍されることを豫期し、少しぐらゐの加勢は無益だから、最初から本城死守の覺悟をせよといふのである。そして七日加勢として寺西忠左衞門等を赴かしめ、氏吉が防禦の普請に專念する旨を申し來れるに對し、工事促進のため明日、榊原康政・丹羽氏次を派遣することを報じ、同日また別の書狀においては、「竹鼻取詰有レ

之内ハ、其地へ取詰候事、不レ可レ有歟、若又五千・三千人數分候て取懸候事にハ、加勢に及へからず候、竹鼻引拂、其方へ取懸るニ付而ハ、則人數可レ遣候、」（吉村文書）と申し送つた。六月二日にも二通の書狀を遣つた。

しかし秀吉は、竹鼻城の周邊を清掃しようとして、五月三日加賀野井城を攻めた。ここは竹鼻の東南、木曾川畔に在る今の西加賀野井の地で、伊勢衆・尾張衆が籠城してゐた。竹鼻城の不破廣綱は信雄に書を致して、小牧山に在る家康の加賀野井城來援を請ふたが、七日加賀野井は落城し、尋で奥城もまた陷つた（池田文書・不破文書・古文書集）。秀吉は西部戰場に家康を誘ひ出して、これを擊たうとする計略であつたが、家康は動かなかつたと批判された（諸將感狀下知狀并諸士狀寫）。

加賀野井攻略に次で來たものは、竹鼻城の水攻めであつた。

秀吉の竹鼻城攻圍は五月十日からはじまつたと見られる（古文書集五月九日附秀吉より毛利輝元宛書狀）。守將不破廣綱は大敵に攻め立てられて、信雄・家康に對し、しばしば後詰の援兵派遣を求めた。これに對する家康の書狀は五月二十四日のものがあるが、日附の順序により、丹波の蘆田時直、信濃の屋代秀正に遣れる書狀を先に掲げる。

蘆田時直に遣れる書狀（天正十二年五月十四日）

〔附〕本多忠勝より蘆田時直に遣れる書狀（天正十二年五月十六日）

追而令二啓述一（候脱カ）仍其方自二前々一被二相抱一本領之儀者不レ及二沙汰一新地之事茂被二手掛一次第、可レ任二覺悟一之條、彌可レ被レ抽二忠節一候、委細者相二含使者一候、恐々謹言、

（天正十二年）五月十四日　御諱御書判

蘆田彌平(時直)兵衛尉殿

〔寛永諸家系圖傳〕三十 赤井　〔譜牒餘錄後編〕二十六小普請之一 杉浦内藏助組之上 赤井五平次

小牧の役に方り、丹波氷上郡の豪族蘆田彌平兵衛尉時直が久留井・余田の兩城に據つて遙かに家康に聲息を通じたので、家康は四月十日附の書狀を以てこれに答へたことは旣に述べた。尋で五月十四日家康は更にこの書狀を遺つて、本領安堵は勿論、新地をも略取次第に與ふべきことを約して戰功を勵ました。この時、家康の將本多忠勝は次の如き添書を遺つて、委細に家康の意を傳へ、また秀吉の動靜を報じた。文中「惡右」とあるのは、時直の次兄赤井惡右衛門直政のことである。直政は姪忠家の後見を行ひ、天正六年に病死したが、時直はこの兄直政の遺子を取立つべきことを報じたので、家康はこれに同意したのである。

猶々、其表之儀承、一段丈夫ニ被二仰付一候段、拙者一人之様ニ令二滿足一候、兵頭此地ニ可レ有二逗留一之由、被レ仰候得共、先御歸候へと申、かへし進レ之申候、重而御吉左右可二申入一候、

內々其元之儀無二心元一被レ存候折節、御太儀ニ而、兵頭平七被二差越一候、樣子具被レ承、一段祝著被レ申、(候脫)

一久留井被レ爲二引取一、余田御堅固被二仰付一候由、尤之儀候、　一其御國之儀、御存分之通具ニ被レ得二其意一候事、

一御知行方、是茂何分ニも其方次第被レ申候事、　一其國之衆知行被レ望候共、餘人ニは可二相替一候間、貴所別條有間敷候事、　一御兵粮之儀、少茂無沙汰被レ申間敷候、御使者如二御存一、拙者簱元遙相歸、手先ニ有レ事候間、只今不二申調一候、軈而自レ是可二申調一候、　一其方御一人被レ成二御行一之儀、御手柄ニ被レ存候事、

一惡右(赤井直政)御息御取立可レ被レ成候由、是も第一尤候儀之事、

一其國御かつさ衆之儀、悉く披見ニ入候、何も御走廻尤之由候、何樣ニも疎略被レ申間敷候事、　一右之通以二直書二被申二入一候事、　一此表之儀、去一日ニ筑前(羽柴秀吉)犬山表迄引入候事、

一只今之敵陣取之儀、濃州境目おうら(大浦)、三柳と申所ニ陣取候事、

一敵國自二方々一申樣、計略數多御座候、八幡者僞にて無二御座一候事、

一此上追而存分之儀可ニ御心安一候、不レ及レ申候へ共、彌其表堅固被ニ仰付一、無ニ御由斷一樣ニ專一候、委曲彼兩人に申渡候間、不レ能レ具候、恐々謹言、

(天正十二年)五月十六日　　(本多)忠勝　書判

(時直)蘆田彌平兵衞尉殿

〔同上〕

尙、蘆田時直は後濱松に至つて家康に仕へ、赤井と姓を改めた。譜牒餘錄後編には、その子孫赤井五平次時香の書上が收められてあるから、左に掲げる。

曾祖父蘆田越前守時家、祖父蘆田刑部少輔幸家、養祖父蘆田彌平兵衞時直、是者刑部弟ニ而、拙者父太郎左衞門を彌平兵衞養子ニ仕候、

一尾州長久手御陣之節、彌平兵衞儀、本國丹波ニ罷在、御陣所に使者進上仕、御手合之儀申上候剋、從ニ權現樣一御書頂戴仕、至レ于レ今三通所持仕候、此節本多平八郎忠勝より來候狀一通、于レ今御座候、

一右之以後、彌平兵衞儀、遠州濱松に罷越、御目見仕、其後御知行拜領仕候、

一苗字之儀、先祖ゟ荻野・蘆田・赤井と名乘申候、彌平衞儀も權現樣に罷出候以後より赤井と改申候、

以上

正月　　　(時香)赤井五平次

(正綱)杉浦內藏允殿

〔同上〕

屋代秀正に遣れる書狀（天正十二年五月十九日）

態使者被ニ差越一、殊太刀一腰・馬一疋祝著之至候、然者(上杉)景勝引出付被レ及ニ一戰一、敵百餘被ニ討捕一之由、無ニ比類一事候、將亦此表之(衒カ)樣子、追日可レ任ニ存分一之間、於ニ時々(宜カ)一可ニ御心安一候、委細者

使者可レ申候、恐々謹言、

(天正十二年)五月十九日　　御名乗　御判

○天正十一年カト思フガ、シバラク十二年ニ入レテオク

屋代左衛門尉(秀正)殿

〔譜牒餘録後編〕十二　諸旗本之六　室賀甚四郎

屋代左衛門尉秀正が天正十一年三月十四日、上杉景勝に背いて海津を去り、荒砥城に據つて家康に應じたことは、既に述べた。本書は秀正が景勝の軍と戰つて勝利を得たことを報じ、太刀・馬を贈つて來たので、家康はこれに答へ、併せて尾張における戰況が有利に展開しつつあることを述べたものである。

思ひを丹波・信濃の遠國に馳せる家康は、それよりも目睫の間に在る竹鼻城攻防情勢の推移の方が、心痛であつたことであらう。

不破廣綱に遺れる書狀（天正十二年五月二十四日）

〔參考〕織田信雄より不破廣綱に遺れる書狀（天正十二年五月五日）

〔參考〕織田信雄の家臣小坂雄吉・長島三吉より不破廣綱に遺れる書狀（天正十二年五月二十六日）

〔參考〕北條氏規より朝比奈泰勝に遺れる書狀（天正十二年四月六日）

其城一段堅固被二相拘一之由其聞候、令二滿足一候、然者、後詰之儀聊無二由斷一候、關東軍勢近日罷立事候、其上敵國之内計策之子細數多候、凶徒敗北不レ可レ有レ程候、此時悉可二討留一之候、尚々城中之儀無二由斷一手立被二申付一、彌堅固被二相路(絡カ)一、後詰を可(有脱カ)二御待一候、尚西尾小左衛門尉(吉次)可レ申候、

恐々謹言、

(天正十二年)五月廿四日　　家康御判

不破源六(廣綱)殿

〔不破文書〕○東京

(端書追筆)

「此御書不破勘七方ニ有レ之、此勘七ハ前田修理(知好)殿與力也」

本書は竹鼻籠城中の不破廣綱の求援に對して答へた返書である。小牧における家康及び信雄と秀吉との對陣は長久手の合戰の後、戰線膠著の狀態に入つたが、四月末より秀吉は要地に戍兵を留めて軍を美濃に撤し、五月初旬より木曾川に沿ひて南下し、加賀野井・竹鼻等を攻め、五月九日加賀野井を陷れたけれども、不破廣綱の堅守のため、容易に竹鼻を陷れることが出來ず、遂に水攻めの策を取り、城兵の自滅を待つに至つた。そのため廣綱は甚だしく苦しみ、家康及び信雄の許に使者を遣して、敵方の背面を衝くべき援兵を求めたので、家康はこれを諾し、北條氏の軍勢も近日中に出立すべきこと、その上秀吉の領國中に種々計略を行つてゐる故、敵の敗北近きことを述べて、廣綱を激勵し、使者として西尾吉次を遣したのである。これより先、廣綱は、家康及び信雄に對し、しば〳〵竹鼻援兵派遣のことを求めてゐた。信雄がこれに答へた本月五日附の左の書狀は、五月初旬における戰況を知るに足るものがある。

(端ウハ書)「不源六殿　　信雄」

其表之儀、無ニ心元一候處、慥成者為ニ注進一指越候、口上趣相尋、様子聞届祝著候、

一筑前(秀吉)富田之寺内在レ之旨、得ニ其意一候、加々野井取巻之由、自ニ吉藤一折々注進候、同前候、

一昨日其口へ動候處、鐵炮ニて打立、即長間へ引退候て在陣候由、心得候、

一後詰可レ出人數、路次此方にて各申候も同前候、只今之被ニ申越一候趣をも、懇ニ小牧へ申遣候、定而家康可レ被ニ出馬一候條、令ニ相談一、出馬可ニ打果一候、彌其元丈夫ニ可ニ申付一候事専用候、

一従二家康一も一昨日、為二先勢一本多平八郎(忠勝)ニ鐵放之者共相添、萩原まで被二差越一候、

一源五(織田長益)・三郎兵衛(瀧川雄利)・半兵衛(飯田)吉藤へ差越候、吉藤之儀も人數丈夫ニ在レ之事候、勿論兵粮・玉薬をも遣候條、可二心易一候、委細口上ニ申聞候、謹言、

(天正十二年)五月五日

信雄(織田)(花押)

〔不破文書〕○東京

廣綱は秀吉が富田の聖德寺に本陣を置き、加賀野井を攻圍したこと、竹鼻に攻めて來たので、鐵炮を以てこれを撃退したこと等を報じて援兵を求めたので、信雄はこれに對し、家康と相談の上、援兵を派遣すべきことを述べ、家康の先鋒本多忠勝が鐵砲隊を率ゐて萩原まで到著したこと、織田長益・瀧川雄利等の諸將を吉藤へ派遣したこと、及び兵粮・玉藥をも輸送すべきことを告げて、廣綱に極力城を支ふべきことを命じた。書中、富田・吉藤・長間・萩原等は、いづれも尾張中島郡に屬する土地である。織田長益は信長の弟、信雄の叔父である。瀧川雄利は伊勢北畠氏の庶流で、信長以來織田氏に屬し、小牧の役が起るに及び、信雄の爲めに伊勢松島城を守り、四月七日、同城陷落後、尾張の戰線に參加してゐたのである。飯田半兵衛も信雄の家臣である。

右の書狀に引續き、五月二十六日、信雄の家臣長島三吉・小坂雄吉の兩名は、連署して廣綱に左の書狀を遣り、近日中に後巻の援兵を送ること、半年位籠城の覺悟をなすべきこと等を述べて、慰め且つ激勵した。

小坂孫九郎(雄吉)
長嶋彌左衛門(三吉)
兩人」

(端裏書)「不源六殿(カ)
貴報

(裏書)「追而申候、此二通北條美濃守(氏規)よりの狀にて候、關東勢之儀自然不案ニ思召候んかとて、家康より被レ遣レ之候、」

返々、長三《(不破)》何事なく候、御使ニもみせ申候、御うしろまきの事、さいそく申候、五三日中たるへく候、又申候、そち又六《(曾我)》以二書狀一可二申入一候へ共、御まへにて、貴殿さまへ御狀したゝめ申候とて如レ此候、此狀も御しつけニ御まへにて書進申候間、書中早々申候、

無二御心元一存、折々外かまへまて人を進候へ共、不レ致二參著一罷歸申候、一段迷惑申候處ニ、小右《(左カ)》衞門尉殿被レ參、樣子承屆、もちろんニ候へ共、御けんこの旨尤ニ存候、御使札則殿樣《(信雄)》・いへやすさま《(家康)》へ令二披露一候、御氣嫌不レ斜候、御うしろまきの儀、則被レ成候間、其段御心得可レ在候、何事も口上ニ申渡候〳〵、御長三無二何事一候、可二御心安一候〳〵、各々へ以二書狀一申度候へ共、此人持參間敷之由被レ申間、如レ此候、猶々さま〳〵御調略之儀も御座候、先半年は御ろう城尤ニ存候、今まて御うしろまきなき事は、先日吉內參、五三日中ニ落居之樣被レ申候間、さては何之御儀も出來《(不脫カ)》与思召延申候、恐々謹言、

五月廿六日

雄吉《(小坂)》（花押）
三吉《(長島)》（花押）

〔同上〕

書中小右衞門尉とあるのは、前出西尾小左衞門尉（吉次）の誤かとも思はれるが、信雄の家臣に水野小右衞門尉といふものもあるから、或はこの人であるかも知れない。長三といふのは、不破廣綱の嫡子長三郞のことで、この時信雄の許に人質となつてゐたから、三吉等はその無事を傳へて、廣綱を慰めたものである。曾我又六は信雄の近臣である。尙、本書の裏面に認めた追書に據れば、北條氏より援兵派遣のことに就いて、廣綱を安心させるため、この時家康の所より廻送して來た北條氏規の書狀二通をも一緒に送つたことが知られる。氏規は氏政の弟であり、この頃家康の所に、援兵派遣のことを報じて來たのである。左の書狀はこの時廻送の中の一通であらうと思はれる。

態以二飛脚一申入候、仍御加勢之儀、先日河尻（下野守）ニ具ニ承候、則氏政（北條）（氏直）父子へ為二申聞一候之處ニ、家康御存分次第、親子之内一人成共御立可レ被レ成之由候、上方御本意ニ候へハ、關東迄之覺ニ候之間、急度御加勢可レ被レ申存分ニ候、就レ其拙者儀、當地韮山ニ被二指置一候間、此趣於二御前一ニ堅御請尤ニ候、委曲其地之模様御報待入候、恐々謹言、

美（北條美濃守）
氏規（花押）

（天正十二年）
四月六日
（朝比奈泰勝）
朝彌太参

〔不破文書〕○東京

朝比奈彌太郎泰勝は今川氏の舊臣で、家康に仕へて駿河に所領を與へられ、常に北條氏との通交の任に當つてゐた。この書狀に據れば家康は北條氏の家臣河尻下野守に宛てゝ加勢のことを依賴し、これに對して北條氏は應諾の意を示し、氏政・氏直父子の中一人自ら出陣すべきことさへ約したのである。しかし實際は北條氏の援兵派遣は實現されなかつた。

屋代秀正に遣れる書狀（天正十二年五月二十五日）

大神君御書

就二在陣之儀一、節々飛脚被差越、令二祝著一候、此表之儀、逐日任二存意一候間、可二御心安一候、将亦其元様子之儀、於二來札一、各被二相談一、無二油斷一手立等肝要候、尚期二後音一候、恐々謹言、

（天正十二年）
五月廿五日　御判（家康）

屋代左衛門尉（秀正）殿

〔諸家感狀錄〕二十四 屋代阿波守藏　〔慶元古文書〕二十四

本書は、五月十九日附の書状に引き續いて、更に屋代秀正に遣れる返書であつて、尾張方面の戰況の有利なることを報ずると共に、信濃における上杉景勝の軍との對戰に就いて、諸方と相談し、油斷なく計策を廻すべきことを述べたものである。

齋藤信利に與へたる所領安堵狀（天正十二年六月二日）

（越中）其國御本領事、聊不レ可レ有ニ相違一者守ニ此旨一可レ被レ勵ニ戰功一之狀如レ件、

天正十二年六月二日　御（家康）判

齋藤次（信利）郞右衞門殿

〔譜牒餘錄後編〕十八齋藤左源太書上　〔古文書集〕十二齋藤伯耆守家藏

齋藤次郞右衞門信利は越中婦負郡蛇尾《じやのを》城の人である。本書は家康が小牧の役の最中、信利の本領を安堵し、戰功を勵ましたものである。一說には、信利は佐々成政・神保氏張のために敗れて蛇尾を沒落し、暫く美濃に流浪し、後家康に仕へたといはれてゐるから（越登加三州志九）、或はこのとき美濃に在つて戰功を勵むことにより、他日の本領安堵を約束せられたものかとも考へられる。しかし寬政重修諸家譜齋藤信利譜には、信利の沒落を天正十三年となして居り、他に確かなる根據がない限り、俄に斷定することができない、尙、本書の日附は寬永諸家系圖傳及び記錄御用所本古文書には、二日を十二日につくつてあるが、譜牒餘錄後編及び古文書集には、共に二日とあるから、今はこれに從つた。また寬永諸家系圖傳には「そのゝち遠州濱松にをもむき大權現につかへたてまつる」とあるから附記しておく。

竹鼻城の不破廣綱は、しば〳〵信雄・家康に援兵の派遣を求めたけれど、兩將共に掛聲ばかりで來援せず、秀吉の水攻めを防ぎかねて、籠城一カ月餘で城を秀吉に明け渡し、伊勢長島の信雄の許に引揚げた。竹鼻城は木曾川と長良

川との中間に在り、木曾川沿ひの大浦・加賀野井一帶の地域は、既に秀吉の手に收めてあるから、不用意に出援すれば、秀吉の思ふ壺にはまつて、野戰で痛擊を蒙ることが明かなので、兩將共に動くことができず、廣綱を見殺しにせざるを得なかつたらしい。

しかし竹鼻城は周邊に幾重にも水堀をめぐらしてをり、防備が堅固なので攻擊の手に窮し、秀吉はつひに高松城水攻めの故智を用ひ、城の西北の間島村より南下して本郷・淺平より東に折れ、江吉良を經て東北の方狐穴村に至るまで彎曲一里半程の堤を築いた。高六間幅二十間とある（諸將感狀下知狀并諸士狀寫）。北方の柳津村より今西流してゐる境川の分流が、當時竹鼻城の東を南流するのを堰とめて、城を水浸しにした（尾濃葉栗見聞集）。そのために「水漫々として溢れて宛も海城の如く」になり（美濃古蹟考）。秀吉に從軍せる小早川秀包が六月二日附にて棚守元行に遺れる書狀には、「廻三里堤被二築上一、其間付城十四五ヶ所被二申付一、兩國境之大河被二關懸一、漸水入候、固二屋中一者、一兩日沈候、驚レ目たる手遣、無二申計一候」（野坂文書）と記してある。それで信雄はあきらめて、六月三日附で廣綱に開城承諾の通知を遣つた。

〔參考〕織田信雄より不破廣綱に遺れる書狀（天正十二年六月三日）

其城之儀、水積候付而、可二相渡一旨、聞屆候、不レ及二是非一事候、か樣に早速に詰り候ハんとは思之外ニ候、
此上無二了簡一候條、一類悉一人も不レ殘召具候て、此方へ可レ來候、恐々謹言、

信雄（花押）

（天正十二年）六月三日

不破源六（廣綱）殿

〔不破文書〕○東京

信雄の承諾を得た廣綱は、六月十日城を明け渡して長島に退いた。秀吉は自身攻圍一カ月にして城を受取つたのである。廣綱は長島より書を家康に遣つて退去を報告したので、家康は六月十三日これに答へて慰撫した。

不破廣綱に遺れる書狀（天正十二年六月十三日）

去十日至二長嶋一参著之由、一章令二披見一候、無レ程又可レ爲二本意一候間、心安可レ被レ存候、恐々謹言、

（天正十二年）六月十三日　家康（花押）

不破源六殿（廣綱）

〔不破文書〕○東京

四月九日、長久手の敗戰後、秀吉は專ら西尾張にある織田信雄の屬城攻擊に鋒を轉じ、五月十日に尾張（今は美濃）竹鼻を攻圍したが、力攻の不利を覺つて、水攻めの策を取り、城の周圍に堤を築き廻し、木曾川の水を注いでその自滅を待つた。それで城兵は大いに苦しみ一箇月餘り籠城した後、守將不破廣綱は部下の將兵の生命を保障されることを條件として城を明け渡し、尾張長島にゐる主君織田信雄の許に退いた。本書は家康がこの時の廣綱の心情を案じて、これを慰撫したものである。

竹鼻城を占領した秀吉は、次に脇田城の吉村氏吉の攻擊に著手し、その兵は十日すでに長良川を渡つて安八郡に入り、幡長《はたおさ》・者結《じやけつ》に陣し、六月十二日脇田城に迫つた。

信雄は夙にこの事を察し、竹鼻開城の六月十日、二回書を氏吉に遣つて激勵し、十二日、敵の近接、十三日敵の擊攘について重ねて激勵した。氏吉は刻々敵狀を信雄に報告した。その報告は家康のところにも屆いた。それで家康は十三日、左の書狀を氏吉に遣つた。

吉村氏吉に遣れる書狀（天正十二年六月十三日）

其表（脇田）へ敵相動之由候之間、昨日至二當地（清洲）一寄レ陣候、然而昨晩其城へ取懸之處、手負數十輩被二仕出一引退之旨注進候、殊兼日無（緩脱カ）堅固之由其聞候つる、如レ此之儀粉骨無二比類一候、尚異子細候者、可レ有二御注進一候、恐々謹言、

（天正十二年）六月十三日　　家康（花押）

吉村又吉郎（氏吉）殿

〔吉村文書〕一〇肥前〔現在弘文莊所藏文書〕三六、五、八　〇東京〔大阪城天守閣所藏〕四二、六、一〇

六月十日竹鼻を陥れた秀吉の軍は、勢に乘じて更に南下し、海西郡幡長《はたおさ》・者結《じやけつ》の邊に進出して脇田に至つた。脇田は揖斐川の東岸に位する要害の地であり、織田信雄の家臣吉村氏吉が秀吉方の部將池田照政（後輝政）の兵と對陣したが、氏吉はその間におこれる戰闘の模樣を報告して來たので、家康は酒井忠次等を小牧に留守せしめ、自ら清洲に赴いてこれに備へ、この旨を氏吉に傳へて戰功を勵ましめた。

吉村氏吉に遣れる書狀（天正十二年六月十三日）

來簡披見候、敵之樣躰具注進、得二其意一候、差行不レ可レ有レ之由令二校量一候、節々被レ入二御精一被二申越一候儀、眞感心本望候、彌無二由斷一樣尤候、恐々謹言、

（天正十二年）六月十三日　　家康（花押）

吉村又吉郎（氏吉）殿

〔吉村文書〕一〇肥前〔現在弘文莊所藏文書〕三六、五、八　〇東京〔大阪城天守閣所藏〕四二、六、一〇

本書は前掲の書狀に引續いて、氏吉の許より秀吉方の動靜を報じて來たので、直にこれに與へた返書である。

第三期尾張西南部戰場

家康は六月十二日、酒井忠次を小牧山の守備として、自分は清洲に移つた（家忠日記）。脇田救援のためかも知れない。しかし秀吉もまた脇田攻擊は部兵に任せて、十三日大垣に引揚げ（細川家記）、二十一日には近江に入り（家忠日記）、二十七日には坂本に著き（兼見卿記）、二十八日夜大坂に歸つた（顯如上人貝塚御座所日記）。これは脇田の吉村氏吉の籠城はつづいてゐるとしても、西部戰場が、一應片づいたことを意味する。よつてこれより尾張西南部戰場に赴く。

尾張の西南部は、信雄の居城長島附近一帶の水鄉であり、長島東面の木曾川以東には、鍋田川あり、筏川あり、明光川あり、庄內川あり、長島西面の長良川以西には、これに合流する揖斐川あり、その西に伊勢の町屋川あり、朝日川あり、海藏川あり、三瀧川あり、隨つてこの西南部戰場には、水軍が參加し、伊勢北部戰場と連關するといふ特徵が存する。

その中、長島城以東の尾張部について見るに、淸洲と長島との中間、日光川に沿うて蟹江の要地があり、佐久間正勝がその守將であつた。然るに正勝は信雄の命により伊勢萱生の砦の築造のために赴くこととなり、叔父前田與十郎をして蟹江城の留守たらしめたところ、伊勢の神戶に在る瀧川一益は、與十郞及び下市場の前田與平次、前田の前田長種等を誘うて、それぞれ秀吉に屬せしめ、九鬼嘉隆の水軍を語らひ、與十郎と謀を通じ、白子を出船して海上より日光川を溯り蟹江に入城した（豐鑑・太閤記）。その日は六月十六日の夜であつた（太閤記）。これは一大事である。家康は清洲に在つてその報を聞くや、直に出動して、一益の軍の半分を遮つて入城せしめず、一益は上陸と同時に攻め立てられたのであつた。清洲と蟹江との距離は三里弱位である。

このときの家康の行動は神速機敏であつた。「老人雑話」には、「志津ヶ嶽の軍は太閤一代の勝事、蟹江の軍は東照宮一世の勝事也」と讃へ、「東照宮は、敵瀧川左近一益、伊勢蟹江の城に取籠るよし注進をきき、沐浴して有しが、浴衣を著ながら馬を出し給ふ、跡に隨ひ行者は井伊兵部計也、瀧川船より上る、軍兵とも祕藏の小性抔は猶船にあり、東照宮の軍兵とも既に至て、急に攻む、船中の精兵多く討る」と記してある。

その翌々十八日夜、家康は信雄と共に、下市場城を攻め崩した。この城に居た九鬼嘉隆は船に乘つて逃れた（家忠日記）。家康は取敢ず、その戰況を脇田の吉村氏吉に報じた。

吉村氏吉に遣れる書狀（天正十二年六月十八日）

急度以二飛脚一令レ啓レ之候、仍此表之儀、外構迄悉令二放火一、一城計之躰候、落居不レ可レ移二時日一候之間、於二様子一心安可レ被レ存候、然者其表之儀肝要候間、手置等不レ可レ有二由斷一候、人數者入候者、何樣にも可二差越一候、恐々謹言、

（天正十二年）六月十八日　家　康（花押）

吉村又吉郎（氏吉）殿

〔吉村文書〕〇肥前〔現在弘文荘所藏文書〕三六、五、八〇東京〔大阪城天守閣所藏〕四二、六、一〇

これは家康が尾張の蟹江・下市場・前田等の諸城を攻圍する陣中で認めた書狀である。これ等の諸城は織田信雄及び家康の據點たる長島・清洲連絡線上の要衝であり、信雄の家臣佐久間正勝が守備してゐたのであるが、その部將前田與十郎・

前田與平次・前田長種等は瀧川一益に誘はれて秀吉方に內應し、六月十六日、正勝の不在を窺ひ、一擧に諸城を奪ひ、一益を蟹江に入城せしめた。これを知つた家康は直に淸洲より出動して奪還を計り、下市場の外構を破つたので、取敢ずこれを氏吉に報じ、脇田方面の戰況を尋ね、援兵の必要あらば差遣すべきことを述べて、激勵したのである。

その翌十九日夜、下市場城は陷り、守將前田與平次は家康の兵のために斬られた（寛永諸家系圖傳）。家康はまた卽日これを氏吉に報じた。

吉村氏吉に遣れる書狀（天正十二年六月十九日）

敵□□□□付而早々書狀令二爲悅一候、悉不レ殘討留候間、於二樣子一者可二御心安一候、其地彌丈夫ニ可二申付一事專一候、恐々謹言、

（天正十二年）六月十九日　　家康（花押）

吉村又吉郎（氏吉）殿

〔吉村文書〕〇肥前一〔現在弘文莊所藏文書〕三六、五、八〇東京

前掲せる家康の書狀に對し、氏吉は早速返書を呈したので、家康は折返して戰況を報じ、下市場の陷落を告げた。このとき下市場の守將前田與平次は戰死した。

この間も西部戰場では、秀吉方の脇田攻擊はやまず、守將吉村氏吉は、信雄に援兵の派遣を求めたが、信雄は六月十八日、これに答へて、敵が引取つたさうだから援兵を召還する旨を申し送つた。

〔參考〕織田信雄より吉村氏吉に遣れる書狀（天正十二年六月十八日）

加勢事、敵引取候由候付而、此方へ召よせ候、何時も今尾口へ敵相働付而ハ、注進次第可二申付一候也、謹言、

六月十八日　　　　　　　　信　雄（花押）

吉村又吉郎（氏吉）殿

〔吉村文書〕一〇肥前

援兵を召還したのは、蟹江城攻撃に使用するためであらう。今尾は脇田である。しかし敵はときどき攻め寄せるので、氏吉はまた加勢を申し越したから、信雄は二十日これに承諾の旨を答へ、蟹江城陥落の近いことを報じた。

〔参考〕織田信雄より吉村氏吉に遺れる書状（天正十二年六月二十日）

今尾表へ敵人數少々就二相働一、加勢之儀申越候、頓而可レ遣レ之候、可二心易一候、此表（蟹江）之儀、今明之間、可二責崩一候、其地（脇田）彌丈夫覺悟専要候、猶追々吉左右可二申聞一候、謹言、

六月廿日　　　　　　　　信　雄（花押）

吉村又吉郎（氏吉）殿

〔同上〕

同日、家康もまた氏吉に次の書状を遺つた。

吉村氏吉に遺れる書状（天正十二年六月二十日）

敵方模様、被レ入レ精御注進令二祝著一候、於レ備者聊無二由斷一候、人數事即申付候、替儀候者、重而可レ承候、恐々謹言、

（天正十二年）六月廿日　　　　　　　　家　康（花押）

吉村又吉郎《(氏吉)》殿

〔吉村文書〕○肥前一　〔現在弘文荘所藏文書〕○東京三六、五、八　〔大阪城天守閣所藏〕四二、六、一〇

本書は氏吉の敵情報告を諒とし、援兵の派遣を報じたものである。

いづれにしても蟹江城攻略は當面の重要問題であり、荏苒して日を過すことができない。それで家康は二十一日、同二十二日に亙り、津島の祖父江秀重、同脇田の吉村氏吉、美濃駒野の高木貞利等にそれ〴〵書を遣つて、その陷落の近きことを報じた。

祖父江秀重に遣れる書狀（天正十二年六月二十一日）

節々使者被ㇾ入ㇾ精被ㇾ越候、殊五色到來候、祝著候、此表《(蟹江)》之儀、今明日之内敵可ㇾ爲二落城一候、可二御心安一候、尚期二後音一候、恐々謹言、

六月廿一日《(天正十二年)》　家康（花押）

祖父江五郎《(秀重)》右衞門尉殿

〔氷室光太夫氏所藏文書〕○尾張

祖父江五郎右衞門尉秀重は織田信雄の家臣で、尾張津島にゐた。津島は木曾川の東岸に近く、木曾・長良兩河附近の尾濃境の戰線に接する要地であり、秀重はしば〳〵使者を遣して、敵の動靜を家康に報告したので、家康はこれを褒し、併せて蟹江の陷落の近きことを報じたのである。

吉村氏吉に遣れる書狀（天正十二年六月二十二日）

敵之樣子節々注進被ㇾ入ㇾ精儀、令二悦喜一候、此表之儀、今明之内凶徒落城勿論候、可二御心安一

候、尚重而可レ令レ申候、恐々謹言、

（天正十二年）六月廿二日　　家康（花押）

吉村又吉郎（氏吉）殿

〔吉村文書〕○肥前　〔現在弘文荘所藏文書〕三六、五、八　○東京　〔大阪城天守閣所藏〕四二、六、一〇

前掲祖父江秀重宛の書状と同じ趣旨を吉村氏吉に報じたものである。

高木貞利等に遣れる書状（天正十二年六月二十二日）

書狀披見、仍敵之樣子注進、得二其意一候、此表蟹江之儀、今明之內可レ令二落城一候、可二御心安一候、尚期二後音一候、恐々謹言、

（天正十二年）六月廿二日　　家康（花押）

高木權右衞門尉（貞利）殿

同名衆中

〔高木文書〕○美濃

高木權右衞門尉貞利は美濃石津郡（今海西郡）駒野の豪族である。夙に織田氏の幕下に屬し、吉村氏吉と同じく、東部方面の戰線において、秀吉の軍と對峙してゐた。本書の內容は前掲のものと同じく、貞利の敵情報告を褒し、蟹江の戰況を報じたものである。

蟹江城はまだ落ちなかつたが、下市場城はすでに十九日に落城した。前田城には十八日以來、家康の將石川數正・榊原康政等が、信雄の兵と共にこれを攻めてゐたが、守將前田長種は力屈して六月二十三日、城を明渡して退去し

た（家忠日記・寛政重修諸家譜・寛永諸家系圖傳）。殘るのは瀧川一益の籠れる蟹江城だけである。

七月になつた。

その一日、家康は紀伊高野山清淨心院に書を遺つて、米田愛俊・越智家政に對し、家康に應ぜんことを説かしめた。

紀伊高野山清淨心院に遣れる書狀（天正十二年七月一日）

芳札歡悅之至候、抑今度爲ニ凶徒追討一、至ニ尾州一出馬、遂ニ合戰一、得ニ勝利一、爰元近日任ニ存分一候、可ニ御心易一候、猶又米田隱岐守（愛俊）・越智又太郎（家政）身上可ニ取立一之由尤候、上洛不レ可レ有レ程候之間、必可レ令ニ馳走一候、此時候之條、手合肝要之由、御助言專一候、委曲松下源左衛門尉（之綱）可レ申候、恐々謹言、

（天正十二年）七月一日　家康（花押）

清淨心院

〔清淨心院文書〕

越智又太郎家政は同玄蕃頭賴秀の子である。賴秀は本年四月のころ信雄に屬したが（本年五月三日家康より賴秀に遣れる書狀參照）その歿後、家政は高野山に隱れ、清淨心院正泉法印・米田隱岐守愛俊と談合して志を家康に通じた（越智家譜傳）。本書は家康が清淨心院の請に答へて、家政・愛俊の身上を取立てんことを約束したものである。

尙、清淨心院と家康との文通については十二月九日の家康文書がある。

さて蟹江城では、六月十六日以來、瀧川一益は、前田與十郎と共に、信雄・家康に攻め立てられながら、籠城をつづけてゐたが、下市場城も前田城も陷落した後、力竭きて七月三日に至り、前田與十郎を自殺せしめ、城を明け渡して伊勢三重郡楠に退去した（池田文書・新編會津風土記・家忠日記）。一益はこれより落魄の晩年を送ることになる。この落城に關し、秀吉文書は二通あるけれど、家康文書は一通も見當らない。そして七月十日附で、家康より、北伊勢に侵入したことを脇田の吉村氏吉に報じた書狀がある。

吉村氏吉に遺れる書狀（天正十二年七月十日）

爲㆓爰許見廻㆒書狀到來怡悅候、南邊深々令㆓放火㆒、濱田普請申付候、可㆓御心安㆒候、其元用心以下不㆑可㆑有㆓由斷㆒事專一候、恐々謹言、

（天正十二年）七月十日　家　康（花押）

吉村又吉郎（氏吉）殿

〔吉村文書〕〇肥前　〔現在弘文莊所藏文書〕三六、五、八　〇東京　〔大阪城天守閣所藏〕四二、六、一〇

七月三日、瀧川一益は、蟹江の守將前田與十郎を自殺せしめ、城を致して伊勢に退いた。家康は蟹江奪還の勢に乘じ、七月五日織田信雄と共に、伊勢の神戸・白子附近に進出し、砦を濱田及び四日市に築いて、北伊勢を壓へようとした。本書はこの時吉村氏吉の見舞狀に答へたものである。信雄もまた同日附で氏吉に書を遺つた。かくして戰線は尾張西南部より延びて北伊勢に及んだ。そしてその翌々十四日、家康は、木造具政・戸木入道に次の書狀を遺つた。

木造具政・戸木入道に遣れる書狀（天正十二年七月十二日）

至二其城（木造城）一粮米可二相籠一之由存レ之處、打續依二難風一、先於二當地一濱田取出申二付之一候、其地堅固可レ被二相踏一事肝要存候、恐々謹言、

（天正十二年）七月十二日　家康（花押）

木作（造）左衛門（具政）佐殿

戸木入道殿

〔小笠原文書〕○紀伊

木造具政は伊勢國司家北畠氏の支族で、一志郡の木造・戸木《へき》の城に據り、中部伊勢に勢威を張り、織田信雄のために、秀吉の將安濃津の織田信包・松島（今松坂）の蒲生賦秀（後氏郷）と戰を交へた。文中其城云云とあるのは、木造城に兵粮を輸送しようとする計畫が、海上の風波により不可能であることを述べ、その代りに濱田に砦を築いたことを報じて、遙に聲援を送つたものである。尙、宛所の中、戸木入道とあるのは、戸木城に居る具政の父具康のことかと思はれる。

家康は七月十三日、伊勢を引揚げて淸洲に歸つた（家忠日記）。そしてその翌十四日には、苅屋喜左衞門尉に命じて伊勢に赴かしめた。

苅屋喜左衞門尉に下せる下知狀（天正十二年七月十四日）

（懸紙）「苅屋喜左衞門尉殿」

木造左衛門佐（具政）陣所之儀、其方次第何程も可二申付一候、何迄も別有間敷候也、

（天正十二年）七月十四日　家　康（花押）

苅屋喜左衛門尉殿

〔苅屋文書〕○相模

苅屋喜左衛門尉のことは、詳でないが、家康が木造具政の許に赴援せしめた部將であるらしい。前述の如く、この頃具政は織田信包・蒲生賦秀（後氏郷）と交戰中であつたから、家康は喜左衛門尉を赴かしめ、具政の爲めに陣所を選定することを命じたのである。

この時にあたり、曩に六月、兵を美濃に留めて大坂に歸つた秀吉は、七月九日、また大坂を發して近江坂本に入り（兼見卿記）、十八日再び美濃に入つて岐阜に陣した（兼見卿記）。第二回の東下である。

吉村氏吉に遺れる書狀（天正十二年七月十八日）

追々注進、羽柴（秀吉）岐阜迄引出候由、得二其意一候、被レ入レ精儀爲悦候、此方之事無二由斷一候間、可二御心安一候、恐々謹言、

（天正十二年）七月十八日　家　康（花押）

吉村又吉郎（氏吉）殿

〔吉村文書〕○肥前一〔現在弘文莊所藏文書〕三六、五、八○東京〔大阪城天守閣所藏〕四二、六、一〇

脇田に在つて敵の動靜を監視してゐた吉村氏吉は直に秀吉著陣のことを家康に報じた。よつて家康はこれを褒し、且萬事油斷なき故安心すべきことを申し遞つた。同日附で信雄も二通の書狀を氏吉に遺り、その報告を嘉賞し、脇田城の防備を

嚴重にすべきことを命じた。氏吉は秀吉が大垣に著いたこと、曾禰に至つたことなどを刻々報告したのである。

秀吉は再び東下して七月十八日岐阜に著陣したけれども、殆んど何の爲すところもなく、同月二十九日には、既に大坂に歸著した（前田家藏古文書所收七月卄日附秀吉より下間賴廉に遣れる書狀）。七月下旬には越中の佐々成政は、秀吉に對して兵を擧げた。

第四期外交戰

越えて八月十六日、秀吉はまた美濃大垣に來た。第三回の東下である。そして八月二十八日には、犬山口より尾張に入り、思ひ出の深い樂田に陣し、それより兩軍の間に小競合があつたけれど大事に至らず、九月十七日には秀吉はまた大垣に行き、九月三十日には近江坂本に移り、十月十六日また大坂に歸著した。往復まで、すべてで二カ月近い日時を費したが、戰局には何等の發展も見えず、大勢は秀吉に不利なる方向に動いた。

九月二十七日、家康と信雄とは共に清洲に入つた。そして十月十七日に至り、家康は岡崎に歸り、信雄は長島に歸つた。三人それ〴〵戰場から引揚げてしまつたのは、武力戰が終末に近づきつつあることを示す。

武力戰が沈滯したのに反し、外交戰は活潑に繼續せられ、八月上旬以後の家康文書には、信濃高遠の保科正直、土佐の香宗我部親泰、河内の保田安政、紀伊の高野山金剛峯寺、信濃松本の小笠原貞慶、越中の佐々成政の部將らしき不破勝光、丹波の蘆田時直等に遣つた書狀が含まれてゐる。香宗我部親泰に遣つたものは特に多い。親泰は長宗我部元親の弟であり、これによつて元親を動かし、秀吉の背後を脅かさしめたのである。長宗我部元親や紀伊の根來・雜賀の僧衆が大坂を窺ふことは秀吉の大きな懸念であつた。これに對抗して、秀吉も盛んに外交戰を展開してゐるが、ここでは家康側のものだけを次々に列擧し、その間に家康の出した宛行狀・兵役賦課狀・免許狀・禁制・宛行狀、その他の書狀を交へて採錄する。

保科正直に遺れる書狀（天正十二年八月五日）

今度小笠原右近大夫（貞慶）至二木曾谷中一（西筑摩郡）被二相挌一、悉放火之由候、然者被レ任二菅沼小大膳（定利）指圖一、各有二調談一、彼表へ被二打出一、此時木曾（義昌）被レ遂二討治一之様、於レ被レ勵二戰功一者、可レ爲二欣悅一候、恐々謹言、

（天正十二年）八月五日　家康（花押）

保科越前守（正直）殿

〔保科元子爵家文書〕○東京

本書は家康が信濃伊奈郡高遠の保科正直に遺つた書狀で、松本の小笠原貞慶が、木曾義昌を攻めるため、西筑摩郡木曾谷に侵入したことを報じ、正直に、伊奈の鎮將たる菅沼定利の麾下に屬して木曾谷に入り、義昌を討治すべきことを命じたものである。貞慶は從來、木曾福島の義昌としばしば、戰を交へ、小牧・長久手の役には、織田信雄及び家康に味方し、秀吉に與した義昌及び越後の上杉景勝の兵を南北に引受けて攻戰に力めた。それで家康は貞慶の木曾谷侵入を援けんがために、定利及び正直を赴かしめたのである。

香宗我部親泰に遺れる書狀（天正十二年八月八日）

〔參考〕織田信雄より香宗我部親泰に遺れる書狀（天正十二年三月二十日）

〔附〕本多正信より香宗我部親泰に遺れる書狀（天正十二年四月三十日）

〔附〕同上（天正十二年八月九日）

〔參考〕北條氏直より太田越前守に遺れる書狀（天正十二年九月七日）

〔參考〕北條氏政より酒井忠次に遺れる書狀（天正十二年十一月十七日）

（懸紙）「香宗我部左近大夫殿（親泰）　　家　康」

為㆓先段之御返答㆒示預候、即披見本望之至候、仍讃州表敵拘之城何も被㆓責詰㆒、一城被㆓成置㆒之由候、無㆓比類儀候、然者彼地落居之上、到㆓淡州㆒可㆑有㆓渡海㆒之由專一候、此表之樣子無㆓替子細㆒候間、不㆑能㆓懇說㆒候、將亦當秋關東之諸勢相立候條、尚々諸口相示可㆓押上㆒候、時宜可㆓御心安㆒候、彌其節御手合肝要候、尚本多彌八郎（正信）可㆑令㆑申候、恐々謹言、

（天正十二年）八月八日　　家　康（花押）

香宗我部左近大夫殿（親泰）

〔香宗我部家傳證文〕五

本書は家康が土佐の長宗我部元親の弟香宗我部親泰の返書に對して、折返して與へた書狀である。家康は小牧の役が起るに方り、逸早く四國の雄長宗我部元親と結び、元親をして淡路に出兵せしめ、更に紀伊根來寺の僧徒、雜賀の一揆と策應して、秀吉の本據たる攝津・播磨・和泉等を窺はしめんとした。當時元親は伊豫・讃岐・阿波の三國を蠶食して、將に四國を併呑せんとする勢を示してゐたのである。文中「讃州表敵拘之城、何も被㆓責詰㆒云々」とあるのは、元親の兵が、阿波・讃岐に勢威を張つた三好氏の族十河存保の屬城を攻落し、存保を同國虎丸に圍んだことを指す。親泰がこのやうな形勢を報じて來たので、家康は大いに悅び、この上は更に淡路に進出すべきことを促したのである。次に「當秋關東之諸勢相立候條云々」とあるのは、北條氏の兵が來援する筈であることを指してゐる。家康は西は長宗我部氏と結ぶと同時に、東は北條氏と締盟して後顧の憂を除いたのである。

本書に「本多彌八郎（正信）可㆑令㆑申候」とある本多正信は、翌九日附の添狀を親泰に遺つてゐるが、これより先、三月二十日附織田信雄の書狀、四月三十日附本多正信の書狀があるから、この二通を先に揭げ、それより八月九日附本多正

信書狀に及ぶこととする。また本書に「當秋關東之諸勢相立候」とある北條氏の援兵に關し、北條氏にその意圖があつたと思はれる書狀二通を、その後に附加する。

織田信雄が親泰に遺つた本年三月二十日附書狀は次の如し。

（懸紙）
「香宗我部安藝守殿三介信雄」

先書ニ委曲申越候、參著候哉、就二入洛一徳川參河守（家康）至二于尾州一著陣候、池田紀伊守（勝入）・森勝藏（長可）已下端々相支候之處、即追崩、數多討捕候、依レ之羽柴濃州表爲レ可二相働一、江州堺目迄打越之由候、幸之儀候間、此節可二討果一候、從二其方一も、至二淡州一有二出勢一、攝州表深々与可レ被二相働一候、不レ可レ有二御油斷一候、恐々謹言、

（天正十二年）
三月廿日　　信雄（織田）（花押）

香宗我部安藝守（親泰）殿

〔同上〕

本書は先づ尾張方面の戰況を報じてゐるが、これより先、本月十七日、尾張丹羽郡羽黒において、秀吉方の先鋒森長可と、家康の先鋒酒井忠次・奥平信昌等との間に最初の衝突が行はれ、忠次等の勝利に歸した。信雄はこの勝利を告げ、次に秀吉の出陣を述べて、その留守を窺つて元親に淡路に出兵し、あはよくば攝津に進出せんことを求めたのである。

本多正信より香宗我部親泰に遺れる書狀は左の如し。

（懸紙）
「香宗我部左近大夫（親泰）殿　　本多彌八郎
御宿所　　正信」

如レ仰未二申通一候處、御懇書承悦之至候、仍元親（長宗我部）樣へ自二家康一被二申達一候處、依二遠境一、從二中途一井上主計（井上主計頭正就）被レ爲二差返一、殊樣子具被二仰越一候、貴殿御内存一々不レ可レ有二別條一候、猶井上可レ進之處、自二元親樣一御使僧慥なる仁ニて候間、即被レ及二御報一候、其表之儀、御動等之事、可レ被レ任二御存分一候、將亦此表之儀、一途不レ可レ有レ程

候、於二首尾一可二御心易一候、恐々謹言、

(天正十二年)
卯月卅日　　　　正(本多)信（花押）

香宗我部左近大夫殿(親泰)
　　御報

〔香宗我部家傳證文〕四

本書は家康の近臣本多正信より長宗我部元親の弟香宗我部親泰に遺つた書狀である。元親は當時伊豫及び阿波に兵を出して、著々四國平定の業を進めつつあつた。小牧の役が起るや、家康は信雄と謀つて元親と結び、秀吉を東西より挾擊せんことを企てたのである。卽ちこの正信の書狀の文面に依れば、家康は元親の許に近臣井上主計頭正就を使者として差遣したのであり、これに對して元親より使僧を送り、親泰も亦答へるところがあつた。そこで正信は使僧の歸國に託して本書を遣り、四國の事は元親の存分に委すべきこと、秀吉との對戰はやがて勝利を收めるべきことを述べたのである。尋で八月九日、本多正信より親泰に遣れる書狀は左の如し。

(懸紙)
「　　　　本多彌八郞
香宗我部左近大夫殿(親泰)　　　正信」
　　御報

乍二御報一示預候、委細令二披見一恐悦之至存候、仍其表之御樣子、十河之城被二取局一之前夜、義堅(十河存保)懸落、殘党之備無二正躰一之由候、萬方御行、可レ被二差急一之條、落居被二仰付一、大智表被二取寄一之由、誠ニ雖レ不レ始儀候、御粉骨不レ及二是非一候、其上至二濃(淡)州一可レ被レ及二御行一之段肝要候、將又此表之儀、先日重而筑前(羽柴秀吉)雖二罷出候一、無二差行一引返候、今秋中一途之行可レ被二申付一之旨候間、尙以其許之御調儀可レ被二差急一之儀肝要存候、爲二使者一井主(井上主計頭正就)罷越候處、御懇意之段〻、重而彼仁参候事候間、可レ被レ加二御詞一候、尙口上申渡候間、令二省略一候、恐々謹言、

(天正十二年)
八月九日　　　　正(本多)信（花押）

香宗我部左近太夫殿
　　御宿所

〔同上〕

十河城は讃岐における十河存保の本據、義堅は存保のことである。親泰は十河落城、存保の逃亡及び大智城攻圍のこと等讃岐における戰況を詳細に正信に書き送つたもののごとく、正信はこれに對して淡路出兵を促し、且尾濃における情勢を報じて、秀吉がまた進出したけれども、何等爲すなくして引き返したこと、今秋中には秀吉を退治すべきことを告げた。尙、これより先、家康は近臣井上主計頭正就を使者として遙かに四國へ遣したが、この時も亦正就が使者となつたから、正信は詳細のことは正就が口上で申す筈であると附け加へてゐる。

因に八月八日附家康の書狀にある北條氏加勢云々のことに就いてはつひに實現されなかつたが、北條氏側に援兵派遣の用意があつたことは、次の朱印狀によつて知られる。

西衆至二尾州表一打出之由候、依二様子一家康へ可レ爲二加勢一候、其心懸專肝候、少も無二油斷一急速可二支度一候、仍如レ件、

（天正十二年）
九月七日
（北條氏虎印）
朱印　太田越前守殿

〔新家勝雄氏所藏文書〕〇三河

本書は北條氏直が、太田越前守に對し、様子の如何によつては、家康に加勢するから、その支度をせよと命じたものである。尙、十一月十五日、秀吉と織田信雄との間に講和が成立したとき、家康の家臣酒井忠次が北條氏政の弟氏規にその旨を報じ、これに對して氏政より忠次に送つた書狀がある。參考のため左にこれを錄する。

對二美濃守《（北條氏規）》一給候書狀披見申候、抑重而家康御出馬之由其聞候間、無二御心元一候處、羽柴《（秀吉）》悃望、因レ玆被レ遂二和親一由、誠以肝要之至、不レ及二申立一候、委細模様承度候、爲レ其氏直以二飛脚一申候條、及二一翰一候、具回報待入候、猶重而可レ申候、恐々謹言、

（天正十二年）
十一月十七日　（北條）氏政（花押）

酒井(忠次)左衛門尉殿

〔田島文書〕○肥前

吉村氏吉に遣れる書状（天正十二年八月十七日）

急度注進之旨、令レ得二其意一候、其元無二由斷一摸様被二聞屆一、相替儀候者、可レ被二申越一候、恐々謹言、

(天正十二年)八月十七日　家康（花押）

吉村(氏吉)又吉郎殿

〔吉村文書〕○肥前一　〔現在弘文荘所蔵文書〕三五、六、八〔大阪城天守閣所藏〕四二、六、一〇

七月下旬、秀吉は美濃・尾張に兵を駐めて、一旦大坂に歸つたが、八月中旬、再び美濃に赴き、十五日、大垣に到著した。この形勢を脇田の吉村氏吉が家康の許に注進したので、これに答へたものが本書である。

香宗我部親泰に遣れる書状（天正十二年八月十八日）

〔附〕井伊直政より香宗我部親泰に遣れる書状（同日）

(懸紙)「香宗我部左近太夫殿　家康」

去六月十一日、對二井伊(直政)兵部少輔一芳札今披見候、喜悦之至候、將亦其表近日被レ任二御存分一之由、珍重候、兼又濃州表羽柴(秀吉)雖二差出候一、無二差子細一候、此時凶徒可二討果一事掌握候、彌其元無二御由斷一御行専要候、恐々謹言、

家　康（花押）

（天正十二年）八月十八日

香宗我部（親泰）左近大夫殿

〔香宗我部家傳證文〕五

本書は家康が、前掲八月八日附の書狀を出して後、香宗我部親泰より六月十一日を以て、家臣井伊直政に宛てた書狀が屆いたので、再びこれに對して與へられた返書であり、讃岐表の勝利を祝し、且秀吉の美濃出馬を報じ、これを討果すべきこと掌の中にありと述べてゐる。尙、この時直政も亦親泰に左の返書を與へた。

（懸紙）「香宗我部左近大夫殿　貴報

井伊兵部少輔
直政」

去六月十一日之御芳札、今日十八披閲仕候、恐悅之至存候、將亦羽柴（秀吉）重而濃州表雖二差出一候、無二異子細一候、然者關東士卒可ㇾ爲二著陣一候之間、當秋中入洛無ㇾ疑候、其表深々御動肝要之由被ㇾ申候、次彼三ヶ國事信雄御判幷家康一行、元親（長宗我部）へ被ㇾ進ㇾ之候、御身上聊不ㇾ可ㇾ被ㇾ存二疎略一候、可二御心易一候、尙彼御使者口上申含候、恐々謹言、

（天正十二年）八月十八日　直　政（花押）

香宗我部（親泰）左近大夫殿　人々御中

〔同上〕

この書狀にも、秀吉の美濃出馬のこと、やがて北條氏の援軍が來著する筈である故、今秋の中には秀吉を破つて入洛が出來るであらうから、長宗我部氏の方でもこれに策應して深々と攻上るべきことを促してゐる。そして恩賞として三箇國を與ふべきことを約して、信雄及び家康の判物を元親に與へた。「彼御使者」とあるのは井上正就であらう。

香宗我部親泰に遣れる書状（天正十二年八月十九日）

〔附〕本多正信より香宗我部親泰に遣れる書状（同日）

六月十一日之芳札、今日十九遂ニ披見一候、仍羽柴(秀吉)濃州表へ雖ニ差出候一、差子細無レ之候、此節凶徒等可レ遂ニ對治一事無レ疑候間、可ニ御心安一候、兼又其元彌無ニ御由斷一被レ廻ニ御計策一之由、寔以專要之至候、猶於ニ無レ緩條一者、可レ爲ニ本望一候、委曲本多彌八郎(正信)可ニ申入一候、恐々謹言、

(天正十二年)八月十九日　　家　康（花押）

香宗我部左近大夫(親泰)殿

〔香宗我部家傳證文〕五

八月十九日、家康は前日の書状に引續いてまたこの書状を親泰に遣つた。それは親泰が元親の誓書を致したためであり、その事は次に掲げる本多正信の書状によつて明かである。

御芳墨到來、披見得ニ其意一候、仍自ニ貴國一御誓詞被ニ差越一候、悅喜之旨被レ存候、就レ中𡚁元之様子、近日以ニ井上主計頭(正就)一如レ被ニ申入一候、至レ于ニ勢州一早々可レ被ニ出馬一之處、筑前(羽柴秀吉)濃州筋相動之條、先々延引候、依ニ摸様一不圖可レ被レ及レ行候、方々申樣共數多候之間、於ニ首尾一者可レ有ニ其聞一候、其表之儀淡・攝播(淡路・攝津・播磨)之間御手寄次第御行之儀可レ在レ之旨、肝要至極候、彌無ニ御由斷一之様專一候、尚期ニ後音一候、恐々謹言、

本多彌八郎
正信」

(切封ウハ書)「香宗我部左近大夫殿
御報

八月十九日　　　　　　　　　　　　　　（本多）正信（花押）

香宗我部左近大夫殿（泰親）　　　　　　　　〔同上〕

御報

本多正信は、元親より誓書を送致したことに就いて家康の意を傳へ、秀吉との對陣の模樣は、使者たる井上正就が述べるであらうが、家康は伊勢に出馬する豫定であつたところ、秀吉が美濃に出動したため延引したこと、情勢次第直に伊勢に兵を進めるであらうこと等を告げ、元親に淡路・攝津・播磨の諸國を衝いて、秀吉の背後を脅すべきことを勸めた。このやうに家康は元親と策應して、東西より秀吉挾撃の計畫を進めたのであるが、元親の方では讃岐・伊豫の侵略に主力を注ぎ、且又秀吉に味方する毛利氏の兵が中國より伊豫に侵入したので、挾撃の計畫を實現することが出來なかつた。そして十一月に入つて漸く機が熟したので、元親は紀伊根來及び雜賀の一揆と牒し合せて大坂を衝かうとしたが、同月十五日、秀吉と信雄との間に、和議が成立したため、これも亦實現されなかつた。

駿河志太郡郷民に下せる軍役賦課狀（天正十二年八月二十六日）

一揆ニ可二罷立一在々

一方上惣郷（駿河志太郡）、一大覺寺、一八楠、一越後嶋、一ふち斗うち、一せき（關）方うち、右之郷中有二談合一、大さし壹本、面々ニこしさし壹本ほと〻、もんハ中くろ、もち道具者弓・てつほう・やり、其支度候て、十五をさしめ、六十をかきり、壹人も不レ殘、御一左右次第可二罷立一候、何きも年寄分者のりくら、物主者原河（原川）新三郎ニ被二仰付一候間、彼人指圖次第さしりめくりあるへく候、陣取之儀も新三郎一所さるへく候以上、

（天正十二年）申八月廿六日　　　　　駒帶（駒井帶刀勝盛）（黑印）

（坂本豐前守貞次）
坂豐（黑印）

〔原川文書〕〇駿河

右之郷年寄衆

本書は駒井帶刀勝盛・坂本豐前守貞次連署の奉書であるので、家康文書として扱つた。これは方上惣郷・大覺寺・八楠以下駿河志太郡の諸郷の年寄衆に宛て、郷内の者に軍役を課したもので、卽ち郷中幟を一本づつ、各人毎に腰指の小旗を持ち、紋は中黑を用ふべきこと、武器は弓・鐵砲・槍を持ち、十五歳より六十歳までの者は殘らず一揆に罷り立つべきこと、年寄分は乘馬し、原川新三郎を指揮者として、すべてその指揮に從つて行動すべきことを命じてゐる。このやうな軍役を課したのは、秀吉との對戰によつて、手薄となつた駿河方面の警備の用に宛てるためであらう。駒井勝盛・坂本貞次は共に武田氏の遺臣で、天正十年主家滅亡の後、家康に來屬し、駿河の郡代に任ぜられた者である。尙、本書には次の如き說明が附け加へられてゐる。

大權現樣天正十二申年、秀吉公ト及㆓御合戰㆒、尾州表に被㆑爲㆑成㆓御出陣㆒候御時、駿州之郡代駒井帶刀殿・坂本豐前守殿御奉を以、村數十七ケ村、人數及㆓千人㆒、原川新三郎召連罷出候、然共御和睦被㆑遊、御歸陣之由申傳候。

澤井雄重に遺れる書狀（天正十二年九月一日）

書狀到來披見候、將亦（候脫カ）今朝至㆓嶋東㆒被㆓相格（カ）㆒敵被㆓討捕㆒之旨、各雖（カ）不（マヽ）㆓注進㆒、誠感悅之至候、其表無㆓御由斷㆒之由肝要、異說候ハヽ、追而可㆑被㆓申越㆒候、恐々謹言、

（天正十二年）
九月一日　　家康　御書判

澤井左衞門尉（雄重）殿

〔譜牒餘錄〕一尾張殿藩士澤井三左衞門

澤井左衞門尉雄重は尾張葉栗郡黑田城主である。四月九日の長久手の戰には、直に家康の許に馳せ參じて戰勝を賀し、それより以後居城黑田が木曾川の東岸に近く、戰略上の重要地點であるので、これを守つて絕えず敵情を偵察してゐた。然るに九月一日たま〳〵秀吉軍の尖兵が、黑田より半里程離れた嶋村に現れたのを擊退し、その旨を家康に報じた。仍つて家康はこれを褒し、一層警備を嚴重にすべきことを命じたのである。

尙、譜牒餘錄一所收、子孫澤井三左衞門の書上に、本書の由來に就き、左の如き記事がある。

覺

權現樣御書寫

右者天正拾貳甲申年三月、長久手御陣之以後、同年之秋、重而秀吉尾州ニ御出勢之砌、尾州葉栗郡黑田城ヨリ、祖父澤井左衞門尉雄重、同郡嶋村之東ニ相働、敵討捕候ニ付、御書被二下置一、于レ今所持仕候、以上、

天和四年甲子二月十五日　　澤井三右衞門

紀伊高野山金剛峯寺に與へたる寺領宛行狀（天正十二年九月十三日）

今度鷹山鵜左衞門尉相談、鐵炮五百丁被レ持レ之、於レ被レ勵二忠信一者、和州(大和)內貳萬斛之所可二渡置一之、然者當山聖以下回(廻)國不レ可レ有二異儀一之狀如レ件、

天正十二年

九月十三日　　家康御書判

高野山

惣分中

〔三寶院文書〕〇山城七十一

家康は尾濃及び北伊勢の平野において、秀吉と對陣をつづける一方、諸方に聲息を通じて、秀吉を牽制することに努めた。本書はその一つであり、教權と共に强大なる俗權をも有する高野山金剛峯寺を味方に附けようとしものである。鷹山鶏左衞門尉のことは詳かでないが、本書はこれと謀つて鐵砲五百挺を持つて戰功を勵むことを命じ、その代償として、大和の國内二萬石の地を與へることを約し、且高野聖の分國内廻國を免許したのである。

保田安政に遣れる書狀（天正十二年九月十五日）

對ニ榊原小平太（康政）一來札、令ニ披見一候、仍河州（河内）表被ニ打出一、度々之一戰、被レ得ニ勝利一之旨、無ニ比類一候、彌盡ニ粉骨一、於下被ニ相稼一候上者、信雄（織田）御前之儀、聊も不レ可レ存ニ疎略一候、猶小平太可レ申候、恐々謹言、

（天正十二年）九月十五日　　家康公御判

保田久六郎（安政）殿

〔譜牒餘錄後編〕九 諸旗本之三 佐久間安房守　〔慶元古文書〕「佐久間軍記」

保田久六郎安政は安次とも稱し、柴田勝家の甥で、佐久間玄蕃盛政には弟に當る。天正十一年四月、賤ケ嶽の戰により、勝家が亡びて後、紀伊・河内の間に流寓して、時機を窺つてゐたが、小牧の役が起るに及び、家康の招きに應じて、河内國見山の古城に據り、紀伊根來・雜賀の一揆と策應して、和泉岸和田の鎭將中村一氏としば〳〵戰を交へ、南河内を擾亂した。本書は安政が河内における戰功を、家康の家臣榊原康政に報じて來たので、家康は、これを褒し、織田信雄に對しても、懇に申上ぐべきことを告げたものである。

尙、譜牒餘錄後編九所收、子孫佐久間安房守の書上には本書の由來を説明した左の如き前書がある。

天正十二甲申年長久手御陣之刻、保田久六郎織田信雄卿被レ頼、紀州より人數を集、河州ニ出、國見山之城を築楯籠候、秀吉方より中村式部少輔一氏を泉州岸和田城ニ遣、三月より十月迄及ニ合戰一候、此時節從ニ權現樣一被レ下候御書於レ今私

方ニ御座候、

吉村氏吉に遣れる書狀（天正十二年九月十八日）

（附箋）「權現樣御書寫、大塚三郎右衞門所持」

來章披見候、仍此表之樣子、替子細無レ之候、筑前（秀吉）者河田ニ陣取候、其元無ニ由斷一之由肝要候、恐々謹言、

（天正十二年）九月十八日　御名乘御書判

吉村又吉郎（氏吉）殿

〔譜牒餘錄後編〕四十 處民之下 大塚三郎右衞門書上

本書は脇田城主吉村氏吉の來狀に對する返書である。この時家康は尾張中島郡重吉に陣を取り、西尾張方面に進出した秀吉の大軍と對峙中であつたが、秀吉は十七日頃から兵の移動を開始した。そこで家康は秀吉が葉栗郡河田に至つたことを告げ、氏吉に戒嚴せしめたのである。しかし秀吉のこの移動は、兵を美濃に引揚げる準備行動であつたもののごとく、織田信雄は同日、氏吉に宛てゝ、秀吉が、岐阜に退却した旨を報じた。かくして木曾川と長良川とに圍まれた西尾張方面（今は一部分は美濃に入る）の脅威が薄らいだので、同月二十七日、家康は信雄と共に、重吉から淸洲に歸つた。

〔參考〕本多廣孝より尾張陰葉鄕天神社に下せる禁制（天正十二年九月二十四日）

禁　制

一陰葉之鄕天神社破取事

一植木伐採之事

一神主屋敷菜薗執之事

天正十二年

右條々於ニ違犯輩一者、堅可レ被レ加ニ御成敗一者也、仍如レ件、

天正十二年九月廿四日　　本多豐後守
廣孝（花押）

〔朝見眩太郎氏所藏文書〕○尾張

本多豐後守廣孝は家康の宿將で、この時には既に家督を子康重に讓つてゐたが、小牧對陣中、小幡城を守つて小牧より三河への通路を固めた。この禁制は尾張陰葉天神社に下したものである。この社の所在は詳かでないが、恐らく春日井郡小幡附近の社であらう。

紀伊高野山金剛峯寺に遣れる書狀（天正十二年九月二十四日）

一章令ニ啓達一候、仍河内表行之儀、遊佐与被ニ申合一、此節御馳走肝要候、將又爰元之樣子、能々得ニ見聞一之條、不レ能ニ巨細一候、旁期ニ後音之時一候、恐々謹言、

（天正十二年）
九月廿四日　　家　康　御書判

金剛峯寺
惣分中

〔三寶院文書〕七十一○山城

九月十三日、高野山金剛峯寺に對し、恩賞を約して戰功を勵ましめた家康は、二十四日に至り、本書を遣つて南河内の豪族遊佐氏と共に河内に侵入することを命じた。尙、尾濃における戰況に就いては、よく見聞してゐるであらうから、委細の事は記さないと述べてある。

小笠原貞慶に遣れる書狀（天正十二年十月五日）

被レ對二石川伯耆守(數正)一來札、具遂二披見一候、抑木曾谷義昌居城其外宿中悉有二放火一、敵數多被二討捕一之由、無二比類一儀共候、殊凶徒楯籠山城、無レ程可レ爲二落居一之由、本望此事候、彌無二油斷一御行肝要候、委細伯耆守可レ申候、恐々謹言、

(天正十二年)十月五日　　家康御判

小笠原右近太夫(貞慶)殿

〔書簡并證文集〕○笠系大成附錄所收

八月五日、家康が保科正直に對し、小笠原貞慶の木曾谷侵入を傳へて、これを赴援すべきことを命じた文書は、先に掲げた。本書は、その後、貞慶が木曾義昌の居城福島に迫り、町屋を放火して多くの敵を討取り、落城遠からざることを家康の家臣石川數正に報告したので、家康がこれに答へたものである。數正は當時東美濃方面の戰線を指揮してゐたのであるが、木曾谷の形勢は直に東美濃に影響するから、家康は數正に命じ、豫め貞慶と連絡せしめてゐたものであらう。尙、この文書の後書の說明を見ると、「右小笠原忠雄君家藏、按天正十一年癸未十月五日也、左近太夫殿者貞慶君也」とあつて、これを天正十一年としてあるが、それは十二年の誤である。

西鄕家員に與へたる扶持方宛行狀（天正十二年十月十六日）

赤見在城之事

右扶持方五百人之通、每月無二相違一可二相渡一候、以二此旨一、人數相當程可レ被二相抱一候、諸拔(被)官令二

闕荷(落)一雖レ有ニ何方一、不レ及ニ異議一可レ被ニ召返一候也、仍如レ件、

天正十二年

十月十六日　御朱印

西郷孫九郎(家員)殿

〔古文書〕○西郷記録御用所本

西郷孫九郎家員は初め員好と稱し、三河渥美郡西郷の人である。家康は秀吉の軍の進出に備へんがために、家員をして尾張丹羽郡赤見の砦を守らしめ、從兵の數を增す料として扶持方五百人分を與へた。その從兵の中には、戰場より逐電する者があつたらしく、これ等は異議なく召返すべき旨を附け加へてゐる。因に本書の前書に「台德院殿、西郷彈正左衞門尉家員拜領」とあつて、台德院殿秀忠より拜領としてあるのは誤で、明らかに家康が與へたものである。

不破直光に遺れる書狀（天正十二年十月十六日）

佐々木陸奥守(成政)被ニ申越一之趣委細得ニ其意一候、此上彌被レ盡ニ戰功一、奉レ對ニ信雄(織田)一、於レ被レ抽ニ忠節一者、年來別而申談之上者、御身上之儀涯分無ニ疎意一可ニ引立申一、於ニ時宜一者、可ニ御心易一候、猶期ニ後音之時一候、恐々謹言、

(天正十二年)十月十六日　御諱御判

不破彦三(直光)殿

〔譜牒餘錄〕六　松平加賀守家臣

佐々木陸奥守は即ち佐々成政のことである。この文書のほかにも、佐々成政を指す場合に佐々を佐々木と記してある例が

二三見受けられるが、佐々氏はもと佐々木氏の庶流であるので、このやうにいはれることもあつたのであらう。宛所の不破彥三は名を直光と稱し、もと柴田勝家の部將であつた。天正十一年四月、勝家滅亡の後、前田利家に仕へたが、この文書に據れば、この時は成政に仕へてゐたやうに思はれる。成政は小牧・長久手の役が起るに及び、信雄及び家康に味方して、北陸方面における豐臣秀吉の鎭將前田利家と對峙したが、九月十一日末森城の攻圍戰に敗れてより勢が振はず、その上、上杉景勝が前田利家と同盟の約に依つて背面より越中に侵入して來たので、全く窮境に陷り、これを打開しようとして、家康に書狀を遣つたらしい。この文書はこれに對する家康の返書であつて、今後も信雄に忠節を抽んづるならば、年來別して昵懇の間柄である故、成政の身上の儀は決して疎略には扱はぬことを答へてゐる。然るに十一月十五日、秀吉と信雄との間に講和が成立して後、成政の立場はます〳〵不安となつたので、成政は信雄及び家康に說いて飽くまで秀吉と戰はしめようと欲し、十二月二十五日居城富山を發し、雪中さらさら越の難所を越え、飛驒路より遠江濱松に至つて家康と會見し、尋で信雄にも面會したが、時すでに遲く、遂に志を得ずして空しく歸國した。

戰爭の終局

十月十七日、家康は、酒井忠次を清洲に、菅沼定盈を小幡に、榊原康政を小牧にとどめて岡崎に歸り、信雄も同日長島に歸つてから、東西兩軍の間は、しばらく休戰狀態を呈したところ、十月二十日近江坂本に歸つた秀吉は、方向を轉じて北伊勢に向ひ、羽津・白子に出で、桑名の西南繩生《なをふ》に蒲生賦秀（氏鄕）を置き、その西方なる桑部に蜂須賀家政を置いて信雄に對せしめた。

信雄はこれを知つて清洲に在る酒井忠次に報じ、忠次は更にこれを岡崎に在る家康に報じた。よつて家康は十一月九日また清洲に赴き、酒井忠次・榊原康政等を桑名に遣して西軍に備へさせた。秀吉もまた十一月七日繩生に來たけれど、兩軍は徒らに對陣するだけであつて、花々しい戰爭はおこらず、その間に秀吉は富田知信・津田信勝を遣して信雄と講和の交涉を開かせ、その結果十一月十一日に至り、秀吉は桑名の東郊町屋川原において信雄と會見し、和議が成立した。家康はこの和議を承認し、十一月十六日、石川數正を秀吉の許に遣して祝賀し、清洲を去つて岡崎に赴き、十七日諸將をそれぞれの城邑に就かしめ、二十一日久しぶりに濱松に歸つた。秀吉もまた兵を撤して伊勢を去り、十七日近江坂本に退き、尋で京都に歸つた。これで戰爭は完全に終了した。

しかしこれは信雄と秀吉との講和であつて、家康と秀吉との講和ではなかつた。よつて秀吉は十一月二十一日、富田知信・瀧川雄利等を使者とし、家康の來賀に對する答禮をも含めて和議を謀らしめたが、家康は肯んぜず、ただ秀吉が信雄の勸告に基き、家康の子を養ひたいといふのを諾したので、第二子義伊（於義丸）は十二月十二日濱松を發し、石川數正の子勝千代・本多重次の子仙千代を伴ひて大坂に赴いた。義伊は時に十一歲、後年の結城秀康である。

十四日、信雄は濱松に來つて援軍の勞を謝した。

二十五日、越中の佐々成政は、山を踰え雪を踏んで遙々濱松に來り、秀吉を伐つことを勸めたけれど時すでに遲く家康は應ぜず、成政は更に清洲に赴いて信雄に說いたけれど信雄もまた應ぜず、空しく故國に歸つた。

このやうな終戰顚末に關する家康文書は一通も見當らない。家康の岡崎歸還の翌日よりの書狀五通は、いづれも別の事である。

和田光明に遣れる書狀（天正十二年十月十八日）

於ニ其表一、今度被レ盡ニ粉骨一之由、察入候、其元之樣子石川伯耆守（數正）任ニ差圖一可レ被レ入レ精專肝要候、
恐々謹言、

（天正十二年）十月十八日　　權現樣

御名乘御書判 〔譜牒餘錄〕四十 ○松平丹波守

和田助右衞門尉殿（光明）

和田助右衞門尉光明はもと美濃の土岐氏の庶流で、同國小里《をり》に住し、小里氏を稱して織田氏に屬してゐた。小牧・長久手の役の際には、秀吉の招きに應じないので、その屬將森長可のために逐はれ、濱松に來つて家康に仕へ、姓を和田と改め、一子光直と共に家康の家臣石川數正に屬して、專ら東美濃方面で森氏の兵と戰つたが、光直は五月六日戰死した。本書は光明に與へた感狀である。因に、光明は後に和田姓を止めて、舊姓小里に復した。

遠山佐渡守に遺れる書狀（天正十二年十月十八日）

〔附〕井伊直政より遠山佐渡守に遺れる書狀（天正十二年十月十七日）

今度於二其表一晝夜之辛勞令レ察候、仍半左衞門（遠山）討死之儀、無二是非一儀候、御心底押計候、乍レ去次男（茂兵衞）在レ之由候條、彌忠儀專一候、尙井伊兵部少輔（直政）可レ申候、恐々謹言、

（天正十二年）十月十八日　家康（花押）

遠山佐渡守殿

〔上原準一氏所藏文書〕○讃岐　〔譜牒餘錄〕四 松平讃岐守家臣 遠山伊兵衞

遠山佐渡守は、東美濃の豪族遠山氏の一族で、一子半左衞門尉と共に同國遠山に住し、小牧・長久手の役には家康の麾下に馳せ參じ、石川數正の手に屬して森長可の兵を惠那郡明知・岩村等に攻め、武功を現した。然るに不幸にして半左衞門尉が討死したので、家康は佐渡守に書を與へて懇にこれを弔し、次男茂兵衞がゐるから、彌〻忠義專一たるべしと激勵したのである。尙、この前日、井伊直政をして次の書狀を寄せて佐渡守を弔慰せしめた。

返々、半左衞門尉殿之儀、不レ及二是非一事とハ申なから、御せうし(笑止)にて候、御書を被レ遣候ハんか、明日御馬を被レ納候間、御取紛之時分ニ候條、我々より申越候、なさま(に脱カ)分、遠州より重而可二申入一候、其元御存分之由、先以目出度候、以上、

其表之様子急度御注進、則披露申候、仍半左衞門尉殿打死之由驚入候、御勝事千萬(笑止カ)ニ候、殿様(家康)一段御をしみ被レ成候、其方ゟ被二仰越一候様、一段神妙成儀ニ候由ニて候、是以御かんし被レ成事候、半左衞門尉殿之儀中々不レ及レ申候、乍レ去定事候間、不(及脱カ)二是非一候、御弟子(茂兵衞)候之上者、少も御無沙汰被レ成間敷之由被二仰出一候、返々右旨我々方ゟ相心得可二申入一候之由候、恐々謹言、

(天正十二年)十月十七日　　直(井伊)政(花押)
□□□□(井兵部少)
□□(直政)
〔同上〕〔同上〕

遠山佐渡守殿
御返報

この文中、「明日御馬を被レ納候間」云々と見えてゐるのは、これより先十月九日、秀吉は兵を美濃に引き揚げ、尋で大坂に歸つたので、家康も亦清洲・小幡・小牧等の要地に守將を置いて遠江濱松に歸つた。それでこの書狀には、明十八日歸國の途に就かれるので、家康は多忙だから、自分から委細申送ると認めてある。これによつて考へると、家康は最初は直政に命じて十七日附の書狀で弔慰させたのであつたが、翌十八日、自ら書狀を認めて懇切の意を表したのである。尙、參考として、譜牒餘錄後編四十所收子孫遠山伊兵衞の書上「遠山伊兵衞由緒之覺」を左に掲げる。

遠山伊兵衞由緒之覺

一遠山佐渡守子半左衞門、是ハ東美濃之内領知仕候、半左衞門討死以後、追付佐渡守も致二病死一候、其節次男茂兵衞并半左衞門子平兵衞も幼少付而、跡目立不レ申候、其後平兵衞儀由緒有レ之、生駒雅樂頭(親正)殿へ罷越候、生駒讃岐守(一正)殿・同壹岐守(高俊)殿

代迄罷在、其後浪人仕、致二病死一候、茂兵衞儀者、其後備前中納言（宇喜多秀家）殿罷出、中納言殿配所江御越已後、土州松平土佐守（山内忠義）殿へ罷出、彼地致二浪人一、豫劦松平隱岐（定行）殿江罷出、致二病死一候、其子孫致二相續一、于レ今豫州罷在候、以上、

尙ほ本年三月二十三日附遠山佐渡守・同與助・同半左衞門尉に與へたる本領安堵狀を參照せよ。

蘆田時直に遺れる書狀（天正十二年十一月三日）

遠境之處、使者被二差越一之儀、令二祝著一候、殊其元無二御由斷一被レ遂二才覺一之由、本望之至候、來春者必可レ令二上洛一候間、委曲期二面之時一候、恐々謹言、

（天正十二年）十一月三日　御諱御書判

蘆田彌平兵衞尉（時直）殿

〔譜牒餘錄後編〕二十六小普請之一杉浦内藏允組之上　赤井五平次

蘆田彌平兵衞尉時直は先にも記した通り、丹波氷上郡の豪族であるが、小牧の役が起るに及び、遙かに家康に應じて使者を派遣し、これに對して家康は四月十日及び五月十四日の兩度に亙り、返書を送つて戰功を勵ました。然るにその後時直の許より更に使者が來て、油斷なく計策を廻らしてゐる旨を報じたので、家康はまたこれに答へ、來春には必ず秀吉の軍を破つて上洛すべきことを述べたのである。

水野忠重に遺れる書狀（天正十二年十一月八日）

就二其表之様子（桑名）一、使札被二差越一候、令レ得二其意一候、明日九、出馬之事候之間、以レ面可レ申候間、不レ能二巨細一候、恐々謹言、

（天正十二年）霜月八日　　家　康（花押）

水野（忠重）宗兵衛尉殿

〔水野文書〕

本書は三河碧海郡刈屋の水野宗兵衛尉忠重に宛てた返書である。忠重はこの時家康の命によつて桑名を守り、北伊勢方面の警戒に任じてゐた。然るに秀吉は東尾張攻撃の方針を變じて、北伊勢における信雄の屬城を攻めようとし、十月二十八日、三重郡濱田を圍み、越えて十一月に入つて羽津・萩原等に砦を築いて桑名附近に進出し、六日桑部・柿多等の砦を占領した。そこで桑名の守將たる忠重はこの事を遠江濱松に歸つてゐる家康に急報したところ、家康はこの返書を認めて、明九日出馬すべきことを報じ、そして再び清洲に赴き、北伊勢方面の事を指揮したのであつた。

紀伊高野山清淨心院に遣れる書狀（天正十二年十二月九日）

芳墨殊眷數、守、并五種送給候、祝著之至候、去夏之節も預ニ音章一候、度々御懇意爲悅候、尚松下（一定）源左衛門尉可ニ申達一候、恐々謹言、

（天正十二年）十二月九日　　家康（花押）

清淨心院

〔清淨心院文書〕

清淨心院が米田愛俊・越智家政の身上を取立てられんことを家康に申し入れ、家康がこれを承諾した本年一月の書狀を参照すべきである。

かくのごとくして天正十二年は終つた。

天正十三年（1585）家康四十四歳。

去年、信雄・家康と尾張に戰つて、武力戰では勝つことのできなかつた秀吉は、年末に近きころ、先づ信雄と和し、家康の第二子を養子として迎へることに成功したので、たとへ家康との和平の形式が備はらないにしても、一應の安心感を得て今年を迎へた。そこで尾張戰爭中、絶えず後方を脅かして、力を戰爭に集中させなかつたことに對する憤りも加はつてゐたであらうが、秀吉は三月紀伊に入り、根來・雜賀の一揆を滅ぼし（顯如上人貝塚御座所日記・多聞院日記・根來破滅因緣）、また弟秀長等を遣して四國の長宗我部元親を伐たしめたところ、元親は力及ばずして八月六日軍門に降つた（朝比奈文書・多聞院日記・元親記）。これを見屆けておいて八月二十日、秀吉は越中に入つて佐々成政を降服させた（兼見卿記・多聞院日記・川角太閤記）。これではまるで戰爭中における家康の羽翼を絶つて、これを孤立に陷れたものである。去年十一月信雄を家康から引き放ちて以來、家康を孤立化させる一連の政策が著々實現されたのであつた。

その間に五月三日、秀吉は大坂天滿の地を本願寺に與へてこれを懷柔し（顯如上人貝塚御座所日記）、七月十一日には關白に任ぜられ、姓を藤原と改めしめられ（公卿補任・秀吉事記）、勢望隆々として天下を壓する概がある。結局、外交戰において、秀吉は家康に勝つたといふべきであらう。

秀吉の家康に對する壓迫は、信州上田の眞田昌幸が家康に背いて秀吉の麾下に屬した機會において表面化して來た。昌幸は武田氏滅亡の後、轉々して家康に屬したが、上野に入りて沼田以下の八城を取り、長子信之をして沼田城を守らしめたところ、北條氏政より、上野は先年、氏直の領國たる契約があるといふ抗議にあへる家康は、北條氏を敵とすることを好まず、沼田城を氏直に還付すべきことを昌幸に命じた。然るに昌幸はこれに從はず、七月背いて秀吉に従つたのであるが、秀吉は上杉景勝をして昌幸を助けしめ、家康は秋閏八月、大軍を發して上田を攻め、却つて敗れて軍を退けた（眞田軍功家傳記・三河物語）。

越えて十一月十三日、家康譜代の老臣石川數正は、妻子を携へ、信州松本城主小笠原貞慶の質子を伴ひ、岡崎を出奔して大坂に赴き、秀吉に從屬した（家忠日記・三河物語）。これは實に意外な出來事であつて、德川王國の人心の動揺測り知るべからず、これと前後して刈屋の守將水野忠重も背いて秀吉に從ふあり、尋で松本城主小笠原貞慶がまた背くあり、諸般の情勢は家康に向つて深刻なる難色を示すものがあつた。

このやうな情勢下における天正十三年の家康文書約四十二通は、十五通の感狀・九通の安堵狀・二通の宛行狀・二通の禁制・一通の定書・十三通の書狀を含んでゐる。これを天正十年・同十一年の文書が・莫大なる安堵狀、宛行狀を含んで甲信經營に全力を注いだことを物語り、天正十二年の文書が重要なる多くの書狀を含んで小牧役の全貌を示すのにくらべれば極めて散漫であり、焦點が定まつてゐない觀がある。それは家康の行動にもまた現れてゐる。家康はこの一年間に五たび濱松を離れて、岡崎に行き、甲斐に行き、駿河に行き、田原に行き、岡崎・西尾に行き、三・遠・駿・甲の領内統治に奔走した。甲信經營・小牧役のごとき明確な焦點が存在してゐない。

一、濱松　一月十五日發…………岡崎行…………二月某日濱松歸城（家忠日記）
二、濱松　四月某日發…………甲斐行…………六月七日濱松歸城（家忠日記・武德編年集成）
三、濱松　七月十九日發…………駿河行…………九月十五日濱松歸城（家忠日記・神君年譜・創業記考異）
四、濱松　九月廿五日發…………三河吉良・田原行…西尾行……三十日岡崎行……十月三日濱松歸城　（同上）
五、濱松　十一月十五日發……吉田行……岡崎行………十一月廿二日西尾行………十一月廿七日岡崎（以下未詳）

以上のことを心得ておいて文書の検討に移る。尚、見出し得た文書は、八月以前は僅かに四通にとどまり、それによつて家康の動静を知ることはできない。上田城攻めは七月から始まつてゐるが、關係文書は退陣後の閏八月以後のものである。

駿河建穂寺に下せる禁制（天正十三年二月二十二日）

禁制　　　　建穂寺

一當手軍勢甲乙人等濫妨狼藉事
一堂塔放火之事
一一切人取之事

右條々於㆓違犯之輩㆒者、堅停止之上可㆑處㆓嚴科㆒者也、仍如㆑件、

天正十三年

二月廿二日　（家康）（朱印）（印文福德）

〔鈴木文書〕○駿河

建穂《たけふ》寺は駿河安倍郡に在り、羽島の西方に當る。曩に天正十年甲州に出動するに當り、二月二十二日附を以て、家康は當寺に禁制を下した。

遠江普濟寺に下せる定書（天正十三年四月十二日）

一對二普濟寺に一、諸末寺近年無沙汰之所、可レ被レ改也、殊輪番不レ可レ有二懈怠一事

一輪次之時造營、不レ可レ有二無沙汰一事

一寺普請之時、材木芽（茅カ）屆繩出各普請可レ出、并客殿等再興之出錢、不レ可レ有二無沙汰一事

一借住錢并祠堂錢無沙汰之方、可レ有二催促一事

一入院過三日之祝儀五貫文并點〔轉〕衣之祝儀三貫文、何も可レ被レ引二造營一事

右條々開山以來舊規之任二法度一相定畢、者輪次住持可レ被二相計テ之、若於二違背之僧侶一者、速可レ加二下知一者也、仍如レ件、

天正十三年
卯月十二日　　家　康（花押）

普濟寺

〔普濟寺文書〕○遠江

普濟寺は遠江濱名郡富塚村濱松澤（今濱松市廣澤町）にある曹洞宗の寺院で、永仁元年の創建にかかり、今川氏の崇敬の厚かつた名刹である。然るに元龜三年、三方原の戰の時、兵燹に罹つて烏有に歸したので、家康は天正十年八月、その客殿を再興し、尋でその家臣稻垣長茂及び牧野康成は各々衆寮及び庫裡を再興した。そして同十三年に至つて寺規を確立するために、開山以來の舊規に依つて定書を出だし、第一に諸末寺の義務の懈怠を戒め、次に造營・普請等に關する心得及び借住錢・祠堂錢・入院點衣の祝儀等の支出に就いて指示したのである。

折井次昌に與へたる所領宛行狀（天正十三年五月二十七日）

本領改替、甲州折居南分參拾五貫文・折居內五貫文・六科內綱藏分五貫五百文・同所山下分拾貫文・龜津內渡邊分六貫九百文・甘利內土屋出雲分拾六貫文・同所寺分廿七貫文・同所竹內ひかへ前廿五貫文（山屋敷河原共）、御前分貳拾貫文・卯時免拾貫文・相良分六貫文・新奥內貳貫文、甘利內北方分夫丸壹人、并山屋敷等事

右所二宛行一之所領、㝡前於二遠州一秉約之條、不レ可レ有二相違一者守二此旨一可レ抽二戰忠一之狀如レ件、

天正十三年五月廿七日　　御名乘御居判（花押）

折居（井）市（次昌）左衛門尉とのへ

〔田中暢彦氏所藏文書〕○武藏　〔譜牒餘錄後編〕三十一 小普請之六 松平縫殿頭組之下 折井市左衛門　〔御庫本古文書纂〕四

本書は甲斐折井鄉以下數ヶ所の地を折井次昌に與へた宛行狀である。家康は天正十三年四月、甲斐を巡視したから、その途次與へたものと見える。折井次昌は曩にも述べたごとく甲斐巨摩郡武川衆の一人で、もと武田氏に屬してゐたが、天正十年武田氏滅亡の後、他の甲州侍と同じく家康に歸屬し、天正十年七月十五日感狀を與へられ、同八月十七日百三十三貫四百文の本領を安堵せしめられ、同十二月七日新恩百四十八貫四百文を宛行はれた。その後天正十二年三月、小牧の役が起るに及び、次昌は命を奉じて、眞田昌幸の押へとして信濃勝馬を守り、尋で尾張に參陣して長久手の戰に功を勵み、一宮・樂田等に轉戰した。これにより家康は秉約のごとく、本領武川に對する替地として、本書に擧ぐる諸所を與へたのである。尙、これより先、天正十一年四月二十六日には、次昌の子九郎次郎次忠に對し、甲斐有野鄉その他を宛行つた。

渡邊守に與へたる所領安堵狀（天正十三年七月三十日）

甲州心經寺之内四拾四貫百八拾五文・同所夫丸壹人・本栖村各田壹貫文・向山之内一右衛門分七貫文・高家之内七拾貫文、同所夫丸壹人、駿州大宮之内五拾貫文等事、

右如二前々一、諸役等不レ可レ有二相違一者守二其旨一、向後可レ存二忠信一者也、仍如レ件、

天正十三年乙酉

七月卅日　家康御書判

渡邊(守)囚獄佐殿

〔諸將感狀下知狀并諸士狀寫〕一　〔書上古文書〕一

本書は渡邊守に本領甲斐心經寺、本栖・向上・高家及び駿河大宮の地等を安堵せしめたものである。渡邊守は武田氏の舊臣で、甲斐西八代郡本栖の住人であるが、天正十年武田氏滅亡の後、家康に歸屬し、その甲斐平定に戰功を勵み、天正十一年七月九日には命を受けて甲斐・駿河の路次往還の警固を承り、山中在住の侍十七騎及び歩行同心二十人を附屬せられた。この安堵狀は、その行賞として與へられたものであらう。それまでは行賞のことが見えてゐない。

駿河智滿寺に與へたる寺領安堵狀（天正十三年八月十二日）

駿州志駄《(マヽ)》郡智滿寺領事

右如二前々一、不レ可レ有二相違一者以二此旨一、修理勤行不レ可レ有二怠慢一者也、仍如レ件、

天正十三年

八月十二日　（家康）（朱印）（印文福徳）

〔智満寺文書〕○駿河

智満寺は駿河志太郡大津村千葉に在る天台寺の寺院である。島田市の北凡そ一里半ばかり、川根郷内の山中である。

駿河智満寺に下せる禁制（天正十三年閏八月十四日）

禁　制　　　智満寺

一伐ニ採竹木一事

右堅令ニ停止一畢、若於下背ニ此旨一輩上者、可レ処ニ厳科一者也、仍如レ件、

天正十三年

後八月十四日

〔智満寺文書〕○駿河

前掲八月十二日附の安堵状下附につづいて、下された禁制である。

以上六通の文書で、天正十三年の三分の二以上を経過した。以下、信州上田城攻撃関係の文書に移る。

小笠原信嶺等に遣れる書状（天正十三年閏八月二十日）

急度申候、仍各小縣へ被ニ出陣一、鳥居彦衛門尉（元忠）・大久保七郎右衛門尉（忠世）・平岩七之助（親吉）令ニ相談一、一同

行専一候、敵幸之所へ引出候間、此度根切肝要候、一刻も被二差急一、出陣尤候、不レ可レ有二由断一

候、恐々謹言、

（天正十三年）後八月廿日　家　康（花押）

小笠原（信嶺）掃部大夫殿

松岡右衛門佐殿

下條牛千世殿

飯嶋辰千代殿

大島新助殿

〔渥美義路氏所蔵文書〕

本書は天正十三年家康が眞田昌幸を信濃上田城に攻めたときに出した書狀である。昌幸はもと武田氏の部將で、その滅亡後家康に歸したが、武略を以て上野沼田の地を併せて有力となり、上野において北條氏と抗爭して敢て下らなかつた。然るに家康は北條氏との約に依つて、この年昌幸に對し、沼田の地を北條氏に割讓することを命じたところ、昌幸は肯んぜず、却つてその處置を怨んで好みを秀吉に通じた。家康と秀吉との間は、前年の小牧役以來、なほ未だ釋然たらざるものがあつたが、たま〳〵この事件に絡んで事態が險惡となり、家康が大久保忠世・鳥居元忠・平岩親吉等に命じて上田城を攻擊せしめたのに對して、秀吉は川中島四郡の地に勢力を張る越後の上杉景勝をして、上田城の後詰をなさしむるに至つた。ここにおいてこの年七月より同八月に亙り、上田を中心として、兩軍相對峙し、家康の兵はしば〳〵城に迫つたけれど、昌幸は力戰して容易に屈せず、特に八月二日には寄手を逆擊して多大の損害を與へたので、閏八月末に至り、家康は一部の兵を押へとして殘しておき、軍を撤せしめた。

この書狀の宛名の小笠原信嶺以下の者は、いづれも信濃伊奈の侍である。家康はこれ等の人々に小縣郡（上田はこの郡内に在る）に出陣を命じ、元忠・忠世・親吉の指揮に從はしめたのである。

岡部長盛に遺れる書狀（天正十三年閏八月二十六日）

今度於二丸子表一、自身手碎働之儀感入候、殊其方家中之者共、無二比類一之由、是又神妙候、即首尾合者等感狀遣候、彌無二由斷一軍忠專一候、尚村上（勝重）彌右衛門尉可レ申候、恐々謹言、

（天正十三年）後八月廿六日　　家　康（花押）

岡部（長盛）彌次郎殿

〔岡部元子爵家所藏文書〕

本書は上田攻圍の陣中、丸子における岡部彌次郎長盛及びその部下の戰功を褒し、村上彌右衛門尉勝重を使としてそれぞれ感狀を與へたときのものである。丸子は上田の南約四里の地點にあり、依田川一名丸子川の沿岸に當る要地である。この丸子における戰鬪は、上田城の攻圍に倦んだ寄手の軍に對して、閏八月二十日城中より輕兵を發してその不意を襲つたのであつた。このとき寄手の中、岡部長盛・柴田康忠等は力戰してこれを斥けた。長盛は駿河の人で、父正綱と共にもと今川氏に仕へ、その滅亡後家康に歸屬したものである。同じ場合の感狀が合計十六通あるから、以下これを採錄する。

大井又五郎に與へたる感狀（天正十三年閏八月二十六日）

今度於二丸子表一懸合之處、最前合レ鑓無二比類一之條、太以神妙也、彌可レ勵二軍功一之狀如レ件、

天正十三年

後八月廿六日　　御名乘御書判

大井又五郎殿

〔朝野舊聞裒藁〕

大井又五郎は岡部長盛の部下である。

大塚兵右衛門尉に與へたる感狀（天正十三年閏八月二十六日）

今度於二丸子表一懸合之處、卽宬前鑓合之（マヽ）無二比類一之旨、尤以神妙也、彌可レ勵二戰功一之狀如件、

天正十三年

後八月二十六日　家康御書判

大塚兵右衛門尉殿

〔岡部元子爵家所藏文書〕

大塚兵右衛門尉は岡部長盛の部下である。

稻垣善三に與へたる感狀（天正十三年閏八月二十六日）

今度於二丸子表一懸合之處、無二比類一弓仕之條、太以神妙也、彌可レ勵二軍功一之狀如レ件、

天正十三年

後八月廿六日　家康（花押）

稻垣善三殿

〔織田文書〕○播磨

稻垣善三は岡部長盛の部下である。

所具勝に與へたる感狀（天正十三年閏八月二十六日）

今度於㆓丸子表㆒懸合之處、卽於㆓鑓下㆒遂㆓高名㆒之條、尤以神妙也、彌可㆑勵㆓軍功㆒之狀如㆑件、

天正十三年

後八月廿六日　　家康花押

所藤内（具勝）殿

〔古文書集〕二一之　〔中村不能齋採集文書〕三

所具勝は岡部長盛の部下である。

小鹿又五郎に與へたる感狀（天正十三年閏八月二十六日）

今度於㆓丸子表㆒懸合之處、合㆑鑓之條、其方一心之覺悟勝㆓諸手㆒神妙之至也、彌可㆑勵㆓軍功㆒之狀如㆑件、

天正十三年

後八月廿六日　　御判

小鹿又五郎殿

〔朝野舊聞裒藁〕〔武家事紀〕三十二續集

小鹿又五郎は岡部長盛の部下である。

奥山新六郎に與へたる感狀（天正十三年閏八月二十六日）

今度於二丸子表一懸合之處、鑓脇之弓尤以神妙也、彌可レ勵二軍功一之狀如レ件、

天正十三乙酉
後八月廿六日　家康判
奥山新六郎とのへ

〔武家雲箋〕一名通徵書案　〔武家事紀〕續集三十二

奥山新六郎は岡部長盛の部下である。

近藤平太に與へたる感狀（天正十三年閏八月二十六日）

今度於二丸子表一懸合之處、殊場中之高名、其心懸一入勝而尤以神妙也、彌可レ勵二軍功一之狀如レ件、

天正十三乙酉
後八月廿六日　家康判
近藤平太とのへ

〔武家雲箋〕一名通徵書案　〔武家事紀〕續集三十二

近藤平太は岡部長盛の部下である。

向山久內に與へたる感狀（天正十三年閏八月二十六日）

今度於二丸子表一懸合之處、於二崩際一遂二高名一之條、尤以神妙也、彌可レ勵二軍功一之狀如レ件、

天正十三乙酉

後八月廿六日　　家康花押

向山久內殿

〔中村不能齋採集文書〕九

向山久內は岡部長盛の部下である。

內藤久五郎に與へたる感狀（天正十三年閏八月二十六日）

今度於二丸子表一懸合之處、於二崩際一遂二高名一之條、尤以神妙也、彌可レ勵二軍功一之狀如レ件、

天正十三乙酉

後八月廿六日　　家康判

內藤久五郎殿

〔武家事紀〕三十二續集

內藤久五郎は岡部長盛の部下である。

笛吹十助に與へたる感狀（天正十三年閏八月二十六日）

今度於二丸子表一懸合之處、殊打留之高名、其方抽而一人（入）之心懸、尤以神妙也、彌可レ勵二軍功一之

狀如レ件、

天正十三年乙酉後八月廿六日　家康

笛吹十助とのへ

〔武家雲箋〕一名通徵古案〔武家事紀〕三十二續集

笛吹十助は岡部長盛の部下である。

大久保忠世に與へたる感狀其一（天正十三年閏八月二十八日）

今度於二丸子河原一、被官人金澤杉千代敵陣前江押詰、頸一討捕之由、粉骨之至候、彌可レ勵二軍忠一之旨可二申聞一之狀如件、

天正十三年

後八月廿八日　家康御書判

大久保七郎右衞門殿（忠世）

〔朝野舊聞裒藁〕〔貞享書上〕

本書は上田城攻擊の部將大久保忠世の被官金澤杉千代の丸子河原における戰功を褒して、その主忠世に與へたる感狀である。

同上其二（天正十三年閏八月二十八日）

今度於二丸子河原一、被官人松井孫一郎敵陣へ押詰、頸一討捕之由、粉骨之由候、彌可レ勵二戰功一之

旨可㆓申聞㆒之狀如㆑件、

天正十三年

後八月廿八日　家康御書判

大久保七郎(忠世)右衞門尉殿

〔朝野舊聞裒藁〕〔貞享書上〕

本書も大久保忠世の被官松井孫一郎の丸子河原における戰功を褒して、その主忠世に與へたる感狀である。

屋代秀正に遣れる書狀（天正十三年閏八月二十八日）

今度其方被㆑入㆑情(精)、殊家中之者共、動已下無㆓比類㆒之由、大久保七郎(忠世)右衞門尉ろさより申越候、御辛勞察入候、外ニ無㆓油斷㆒樣肝要候、委細內藤四郎(信成)左衞門尉・大久保次(忠佐)右衞門尉可㆑申候、恐々謹言、

(天正十三年)壬八月廿八日　御名御判

屋代(秀正)左衞門尉殿

〔書上古文書〕〔貞享書上〕

屋代左衞門尉秀正は嘗て上杉景勝のために、信濃埴科郡海津城を守つてゐたが、天正十二年四月、景勝に背き家康に歸屬し、翌十三年には、上田城攻圍の軍に加はり、殊に景勝の上田後詰に備へた。本書は大久保忠世より秀正の戰功を報告して來たので、內藤信成・大久保忠佐を遣してこれを犒つたものである。

海野彌吉に與へたる感狀（天正十三年閏八月二十八日）

今度於二丸子河原一、敵陣前へ押詰、頸一討捕之由、粉骨無二比類一候、彌可レ勵二戰功一之狀如レ件、

（天正十三年）
後八月廿八日　御名乘御書判

海野彌吉とのへ

〔朝野舊聞裒藁〕

海野彌吉の丸子河原における戰功を褒して與へたる感狀である。

大澤勘兵衛尉に與へたる感狀（天正十三年閏八月二十八日）

今度於二丸子河原一、敵陣前へ押詰、頸一討捕之由、粉骨無二比類一候、彌可レ勵二戰忠一之狀如レ件、

天正十三年
後八月廿八日　家　康（花押）

大澤勘兵衛尉殿

〔立花家舊臣文書〕

大澤勘兵衛尉の丸子表における戰功を褒して與へたる感狀である。

井伊直政の麾下に遣れる書狀（天正十三年閏八月二十八日）

今度於二其表一、動已下晝夜之辛勞察レ之候、彌無二由斷一樣專一候、恐々謹言、

（天正十三年）
壬八月廿八日　　　　家　康（花押）

井伊兵部少輔（直政）
　　同心中

〔木俣文書〕〇近江〔貞享書上〕

本書は上田城攻圍の際、家康の部将井伊直政麾下の兵が、信州計略のため、伊奈郡高遠口方向に出動したのに對して、その軍勞を犒つたものである。

松平（依田）康國に遣れる書状（天正十三年閏八月二十八日）

今度於㆓禰津口㆒、敵數多被㆓討捕㆒殊生取已下迄被ㇾ入ㇾ情（精）、粉骨之旨、寔御辛勞令ㇾ察候、彌無㆓由斷㆒之様肝要候、委細内藤四郎左衛門尉（信成）・大久保次右衛門尉（忠佐）可ㇾ申候、恐々謹言、

（天正十三年）
閏八月廿八日　　　　御名乘御書判
　　　　　　　　　　權現様

松平源十郎（康國）殿

〔朝野舊聞裒藁〕

本書は上田城攻撃の際、内藤信成・大久保忠佐を遣して禰津口における松平源十郎康國の軍勞を犒つた書狀である。康國は依田信蕃の後をついで依田氏を稱したが、後、松平氏を賜つた。依田康國・蘆田康國・松平康國は同一人である。

松井宗直に與へたる感狀（天正十三年九月十一日）

今度於㆓丸子河原㆒、致㆓先懸㆒、盡㆓粉骨㆒之處、無㆓比類㆒働、甚以神妙之至也、彌可ㇾ被ㇾ抽㆓軍忠㆒者也、仍如ㇾ件、

天正十三年

天正十三年

九月十一日　　家　康　判

松井與兵衛尉(宗直)とのへ

〔古文書集〕四 依田五兵衛家藏

本書は松井與兵衛尉宗直の丸子表における戰功を褒して與へたる感狀である。宗直は駿河の人で今川氏に仕へ、後家康に歸屬した。この時岡部長盛の指揮下にあつたもののやうである。

正親町天皇の綸旨に奉答せる書狀（天正十三年九月十二日）

(懸紙)「進上　(萬里小路充房)左中辨殿　左京大夫家康」

就二山門御再興之儀一、被レ成二下綸旨一候、畏頂戴仕候訖、叡慮之旨令レ存候、此等之趣宜レ預二奏達一候、家康恐惶謹言、

(天正十三年)九月十二日　　左京大夫家康（花押）

進上　(萬里小路充房)左中辨殿

〔延曆寺文書〕一 ○近江

本書は正親町天皇より比叡山延曆寺再興のことに就き、綸旨を下されたので、謹んで拜受の旨を奉答したものである。延曆寺は元龜二年、淺井・朝倉兩氏に味方し、信長に攻められて一山燒亡してより、久しく荒廢してゐたが、天正十年信長の死後、施藥院全宗・探題豪盛・觀音寺詮舜等が再興を志して秀吉を動かし、秀吉も亦、宗教政策の上より斡旋するところあり、それより漸次に再興の機運に赴いたのであつた。そして天正十二、三年の頃には、綸旨及び座主宮の令旨が諸國の將士に下され、分國中の奉加に盡力すべきことを命ぜられた。家康は天正十三年、綸旨及び靑蓮院尊朝法親王の令旨を拜受し、直に長壽院法印を使僧として奉答し、同時に大藏卿五辻爲仲及び山門別當代の書狀に對しても返書を遣つた。

五辻爲仲に遣れる書狀（天正十三年九月十二日）

（懸紙）「進上　大藏卿殿（五辻爲仲）　　左京大夫家康」

尊翰襲拜見仕候、抑就二山門御再興之儀一被レ成二下綸旨一候、謹頂戴仕候、過分至極候、仍家康分國中奉加事、叡慮之旨令二存知一候、雖レ然無二關白御下知一而御請憚存候、心緒不レ可レ存二疎略一候、此等之趣可レ然之樣可レ預二御披露一候、恐惶謹言、

（天正十三年）九月十二日　　左京大夫家康（花押）

進上　大藏卿殿（五辻爲仲）

〔延曆寺文書〕〇近江

綸旨拜受の旨を奉答した家康は、別に大藏卿五辻爲仲の來書に答へて、分國中奉加のことに關して叡慮拜承の旨を告げ、但し關白の下知なくしては御請するに憚あることを述べた。これは公式の手續として、奉加に就いては、關白の下知狀を必要としたためであらう。當時の關白は是年七月十一日二條昭實に代つた豐臣秀吉であるが、家康が秀吉を指したものかどうか疑はしい。當時兩人の間はまだ釋然たらざるものあり、或は家康が關白に藉口してゐるのかも知れない。

延曆寺別當代に遣れる書狀（天正十三年九月十二日）

〔附〕本多正信より延曆寺別當代に遣れる書狀（天正十三年九月十二日）

〔附〕大久保忠隣より延曆寺別當代に遣れる書狀（天正十三年九月十二日）

（懸紙）「山門別當代　　家康」

就二山門御再興之儀一、綸旨并座主宮（青蓮院門跡尊朝法親王）令旨謹頂戴仕候、仍御狀同卷數・杉原・鷹大緒等贈賜候、怡

悦之至候、然者分國中奉加事、無二關白殿御下知一而御請憚存候、思緒不レ可レ存二疎意一候、巨細長壽院可レ有二演說一候、恐々謹言、

（天正十三年）九月十二日　　家　康（花押）

山門別當代

〔延曆寺文書〕〇近江

本書は延曆寺別當代に答へた書狀で、綸旨及び令旨拜受のことを告げ、卷數・杉原紙・鷹の大緒等の贈遺を謝し。尙、分國中奉加のことは、關白の下知なくしては御請するに憚あることを述べてゐる。延曆寺では、このとき、家康の家臣本多正信及び大久保忠隣にも書狀及び物を遺つて周旋を依賴したので、正信及び忠隣も、これに答書を遺つた。

因に延曆寺再興の事業は、次第に進み、橫川中堂・根本中堂等の假堂及び日吉大宮の社殿等が次々に落成し、文祿・慶長の頃の漸次の再興を經て、寬永の頃まで及んだ。

本多正信より延曆寺別當代に遣れる書狀は次の如し。

（懸紙）「山門　別當代　尊報　　本多彌八郎　正信」

尊墨并兩種被レ懸二御意一、恐悦之至存候、抑就二山門御再興之儀一、綸旨并座主宮御令旨、家康謹而被レ致二頂戴一候、然者分國中奉加之事、有二存旨一被二申上一候、御才學（覺）肝要存候、委細者長壽院法印へ被二申談一候間、可レ有二御演說一候、可レ得二貴慮一候、恐々敬白、

（天正十三年）九月十二日　　正　信（花押）

〔延暦寺文書〕一〇近江

山門
別當代
尊報

大久保忠隣より延暦寺別當代に遣れる書狀は次の如し。

（懸紙）
「山門
別當代
尊報　　大久保新十郎
忠隣」

尊札并兩種被レ懸二御意一候、恐悅之至存候、抑就二山門御再興之儀一、綸旨并座主宮令旨、家康謹而被レ致二頂戴一候、然者分國中奉加之事、聊不レ被レ存二疎略一候、雖レ然樣子委細長壽院法印に被二申談一候間、可レ有二御演說一候、可レ得二貴慮一候、恐々敬白、

（天正十三年）
九月十二日　　忠隣（花押）

山門
別當代
尊報

〔同上〕

本願寺に與へたる安堵狀（天正十三年十月二十八日）

三州馬頭寺內之事

右諸式法度以下前々如二土呂一、自今以後、不レ可レ有二相違一、但家康於二勘氣之者一、於二寺內一不レ可レ有二御許容一、者以二此旨一、佛法御興隆可レ爲二肝要一候者也、仍如レ件、

天正十三年

十月廿八日　家康御判

本願寺

〔本願寺文書〕九○山城

本書は三河における本願寺の末寺馬頭寺に就いて、本願寺に與へた安堵狀であり、馬頭寺が以前額田郡土呂にあつたときと同じく、諸式法度以下相違あるべからざること、但し家康の勘氣を蒙つた者を、寺内に居住せしめざることを述べてある。

三河本證寺に與へたる安堵狀（天正十三年十月二十八日）

野寺道場屋敷之儀、自今以後不レ可レ有二相違一、并家來卅間之儀、諸役令二免許一者也、仍如レ件、

天正十三年

十月廿八日　家康（黒印）○寫眞版によれば楕圓形の黒印である。印文不明確。

本證寺

〔本證寺文書〕○三河

雲龍山本證寺は、三河碧海郡櫻井村野寺にある眞宗大谷派の巨刹で、親鸞上人の弟子敎圓坊の開基にかゝり、三河三院家の一である。家康はこれに對して、道場屋敷を安堵し、家來三十間分の諸役を免許したのである。野寺の本證寺は永祿六年の一向一揆爭亂のとき、佐崎の上宮寺・針崎の勝鬘寺と共に、その中心になつた寺であつたが、年月が經過し、情勢が變化し、家康の勢力が强大となり、その地位が上昇するに及び、小牧の役のおこる前年十一年十二月、家康は本願寺敎團の三河復歸を許した（前掲、天正十一年十一月二十日、同十二月三十日文書參照）。これより先、天正十一年十二月三十一日、土呂の本宗寺は先づ復歸を許されたのであつたが、前掲の三寺の復歸は天正十三年まで遲れてゐたらしい。

三河財賀寺に與へたる寺領等安堵狀（天正十三年十一月三日）

三州財賀寺領并自二所々一寄附之諸供僧田・油佛供田、如二前々一不レ可レ有二相違一、兼又彼寺衆僧中自然退轉之子細有レ之者、衆徒中として可二相立一之、殊深山竹木以下猥不レ可レ伐レ之、其外諸公事臨時之課役四分一拾人、任二先規一令二免除一事、

右爲二祈願所一之條、如二舊例一、爲二不入一永不レ可レ有二相違一者以二此旨一、修造勤行不レ可レ有二怠慢一之狀如レ件、

天正十三年

十一月三日　　家康御書判

財賀寺

〔三川古文書〕〔諸將感狀下知狀并諸士狀寫〕一

財賀寺は眞言宗高野山金剛峯寺の末寺で、三河寶飯郡八幡村財賀にあり、陀羅尼蘇悉地院と號し、寺記に據れば、行基菩薩の草創にかゝり、弘法大師を中興の開山となしてゐる。家康はこの寺に對して、寺領その他寄進の田地等を安堵せしめ、諸公事・臨時の課役等を免除し、竹木の伐採を禁じ、寺内の住僧の中退轉する者があれば、衆徒の中から補ふべきことを定めた。

北條氏直に遣れる書狀（天正十三年十一月十五日）

以二飛脚一申入候、重而仁科太郎兵衞尉指越申候、去十三日石川伯耆守（數正）尾州へ退散候、信州小笠（貞慶）

原人質召連候、上方申合子細ニ付、如レ此之様子と存候間、不レ可レ有ニ御油斷一候、委曲太郎兵衛尉口上ニ申含候、恐々謹言、

（天正十三年）
十一月十五日　　家康

北條（氏直）殿

〔武江創業錄抄寫〕

本書は北條氏直に宛てゝ石川伯耆守數正の尾張に退散したことを報じた書狀である。石川數正は右近大夫康正の子で、家康の老臣であり、西三河の旗頭として、酒井忠次・榊原康政・本多忠勝等と共に重んぜられてゐたが、天正十三年十一月十三日、突然、當時留守に任じてゐた岡崎を出奔し、信濃松本の小笠原貞慶の人質を携へて尾張に赴き、尋で大坂なる秀吉の所に身を寄せた。これは家康にとつて非常な打擊であり、麾下の士の間に多大の動搖のおこるのを免れなかつた。これを知つた家康は、直に岡崎に入つて內外の警備を嚴にし、不慮の難に備へ、且家臣仁科太郎兵衛を締盟關係のある北條氏直に遣して、事の次第を報じた。書中上方云々とあるのは、數正の出奔が秀吉と牒し合せた結果であることを述べたものである。家康と秀吉との間は、天正十二年十一月、織田信雄と秀吉との講和成立につづいて和平を結んだのであるが、內實は兩者未だ釋然たらず、本年閏八月家康が信濃上田の眞田昌幸を攻めたとき、秀吉は陰に昌幸を助けたので、相互の間柄は頗る險惡な狀態を呈した。石川數正は小牧の役に際し、家康に對して秀吉との和平を勸め、十二月家康の次子於義丸（後結城秀康）が秀吉の養子となつて大坂に赴いたときは、男康長をして供奉せしむる等、終始家康と秀吉との間を周旋してゐたが、今や兩者の不和の間に挾まつて、進退に窮するに至つたものらしく、加ふるに內心の不平もあり、秀吉の誘引に乘つて遂に家康に背くに至つたらしい。その事情の詳細に就いては、史料が闕けてゐるので、古來史家の間に、種々の憶測が行はれてゐるが、右のごとき推測は、ほぼ眞實に近いものと思はれる。これより家康は三河の諸城を修築し、また數正を通じて德川氏の軍法が秀吉に知られることを惧れて軍法の改正を企てなどして、萬一の場合に處する用意をなしたが、秀吉は妥協策を取り、信雄を介して和平を計つた。一方、石川數正は、大坂に至つて秀吉に仕へ、天正十八年には信濃松本城主となり、文祿元年に卒した（家忠日記・同增補・武德大成記・神君年譜・落穗集・創業記考異等）

下條牛千世に遣れる書狀（天正十三年十一月十九日）

今度石川伯耆（數正）尾州へ退散候、乍レ去不レ苦候條、可ニ御心安一候、將亦老母、同家中人質已下、菅沼小大膳（定利）かた迄被ニ差越一候由候、令ニ祝着一候、自然敵於ニ相動一者、彌小大膳と被ニ相談一、其行專一候、尚兩人かたより可レ申候、恐々謹言、

（天正十三年）十一月十九日　　家康（花押）

下條牛千世殿

〔下條文書〕○信濃

本書は信濃伊奈郡下條の下條牛千世に石川數正の出奔を報じ、人質の提出を襃した書狀である。下條氏は累代伊奈の谷に住する豪族、所謂伊奈侍の一人であり、下條兵庫頭信正は武田氏に屬してゐたが、天正十年武田氏滅亡の際、信正は戰死し、嫡子牛千世丸は未だ幼少であつたので、叔父頼安が後見して家康に歸屬した。然るに同十二年正月、頼安は同郡松尾の小笠原信嶺に殺され、以後牛千世は老臣等に傳立てられてゐた。石川數正の出奔の時には、他意なきことを示さんため、伊奈地方鎭撫の任を帶びて飯田にあつた菅沼定利の所に、老母及び家中の人質を送致したので、家康はこれに答へ、且定利の指揮に從つて萬一の場合を警戒せしめたのである。なほ書中「兩人かた」とあるのは、下に收めた十一月二十一日附牛千世老母宛の書狀に依れば、本多忠勝及び大久保忠隣であらうと思はれる。牛千世は、同十四年、家康より諱の一字を與へられて康長と名乘つた。石川數正の出奔により、牛千世が人質を提出した理由は、後の十二月十四日附保科正直に與へたる書狀に見えるごとく、數正が岡崎から連れ出した人質幸松丸の父松本城主小笠原貞慶が、兼てより家康を怨望して居り、この機會に伊奈に亂入する惧れがあつたので、伊奈侍である下條氏は、貞慶と同腹する嫌疑をかけられることを氣遣ひ、急遽、老母以下を證人として提出することによつて、忠誠の心を表したのであらう。

下條牛千世に遣れる書狀（天正十三年十一月二十一日）

兩人ゟさへ之書狀卽披見候、仍伯耆《（石川數正）》退散付而、其家中爲二證人一妻子共早々小大膳《（菅沼定利）》かたへ被二差越一、其上去十八日、自身知久へ罷越被レ入レ精候段、別而令二祝著一候、然者先書如二申候一、其方之事、不レ可レ有二疎略一候間、可二御心安一候、委細兩人可レ申候、恐々謹言、

十一月廿一日《（天正十三年）》　　家　康（花押）

下條牛千世殿

〔下條文書〕○信濃〔譜牒餘錄〕三十四小笠原遠江守

本書は十九日附の書狀に追ひかけて、牛千世に與へた返書で、人質の提出及び牛千世自身知久（伊奈郡）に出張して警備に當つた勞を褒し、身上に就いて疎略に思はぬことを約束したものである。

下條牛千世の母に遣れる消息（天正十三年十一月二十一日）

なを〳〵、はうき《（石川伯耆守數正）》のき候へ共、くるしからず候まゝ、御心やすく候へく候、よく〳〵かちうのしをき共ゆたんなきやうニあん用候、うし千世事上下すこしもふさた候ましく候、くはしくほんたいや八《（本多彌八郞正信）》、大くほしん十郞《（大久保新十郞忠隣）》申候へく候。

兩人かたへの文すなはちみ（まいらせ候）さてはそこもとかちうの人しちこと〳〵くこたいせん《（菅沼小大膳定利）》かたへこされ、ことニ牛千世十八日ニ自身ちく《（知久）》へこされ候て、はしりまはり候よし、ゑつき《（悅喜）》申候、なに

やうこも、うし千世事そりやくあるましく候まゝ、御心やすく候へく候、このときにて候まゝ、かちうのてをきなに事もゆたんなくおほせつけ候へく候、

(天正十三年)
十一月廿一日
いゑ康(花押)

うし千世との
御らうおまゐる申給へ(變體假名を普通假名に改めた)

〔下條文書〕○信濃
いゑ康か

〔譜牒餘錄〕三十四 小笠原遠江守

本書は上に掲げた下條牛千世宛の返書と同時に、その老母に與へた返書である。思ふに石川數正の出奔は、伊奈にも動揺を及ぼしたものの如く、下條氏は家康に人質を提出したのであるが、この時自ら質となつた牛千世の老母は、それでも尙、下條氏の安否を憂へて、親しく家康に依賴するところがあつたから、家康は牛千世一身に就いては疎略に取扱はざることを述べて慰撫し、また家中の仕置を嚴重に心懸くべきことを命じたのだある。追書に「はうきのき云々」とあるのは、伯耆守數正の出奔に就いて心配せぬやうにと述べたものであらう。この下條文書は寫しであるので、譜牒餘錄を參照して判讀した。

下條牛千世に與へたる所領宛行狀(天正十三年十二月二日)

濃州之內上村七拾五貫文・落合七十五貫文、彼兩郷之事者、寂前遠山久兵衞・明知勘左衞門被ㇾ遣候條、其改替可ㇾ進置ㇾ者也、仍如ㇾ件、

天正十三年
十二月二日 朱印(印文福德)

下條牛千世殿

〔下條文書〕○信濃　〔譜牒餘錄〕三十四 小笠原遠江守

下條牛千世の所領美濃惠那郡遠山等を明知勘左衞門に與へ、その替地として上村・落合合せて百五十貫文の地を牛千世に與へたものである。尙、本書は寫しである。

下條牛千世に與へたる本領安堵狀（天正十三年十二月二日）

信州之内被二拘來一本領之事

右如二前々一、不レ可レ有二相違一、尙忠信於レ在レ之者、重而新知行可レ進レ之者也、仍如レ件、

天正十三年

十二月二日　家　康（花押）

下條牛千世殿

〔下條文書〕○信濃

前掲の宛行狀の如く、美濃における下條牛千世の知行を改替した家康は、同日特に信濃における本領を安堵し、尙、忠信の次第に依つて、新知をも與ふべきことを約した。この頃松本の小笠原貞慶が伊奈に亂入したので、牛千世の忠信を促すため、この安堵狀を出したのであらう。尙、本文書は寫しである。

本多成重に與へたる感狀（天正十三年十二月八日）

今度作左衞門（本多重次）無二之奉公之處、忠節祝著畢、然者其方進退之儀、知行同心以下無二疎略一、彌可二執（取）立置一候條、猶可レ抽二忠勤一者也、仍如レ件、

御名乘　御判

〔書上古文書〕一 本多丹下繁文書上

天正十三年十二月八日

本多丹下(成重)とのへ

本書は本多丹下成重に對して、父作左衞門重次の功を褒し、そのため成重の身上に就いて知行附屬の同心以下疎略なく、彌ゝ取立つべきことを約束したものである。本多重次は家康の老臣で、天正十二年四月、小牧の役には尾張星崎城を守り、次で六月同國蟹江城攻撃には、先鋒となつて戰功を立て、同年十一月、信雄及び家康が秀吉と和睦し、翌十二月、家康の次子於義丸（後秀康）が秀吉の養子として大坂に赴くに及び、重次の子成重はこれに隨伴した。然るに本年に入つても、家康と秀吉との間は依然和融せず、十一月には家康の老臣石川數正が岡崎城を棄てゝ大坂に出奔し、秀吉に仕へる事件がおこり、麾下の將士は甚だしく動搖した。このとき重次は數正の出奔に依つて空虚となつた岡崎城に馳せつけ、逸早く警備の任に當り、動搖せる人心の鎭撫に努めた。家康はその功を褒し、特に老年の故を以て、成重にこの沙汰を下したのである。

保科正直に遣れる書狀（天正十三年十二月十四日）

今度小笠原右近太夫(貞慶)企二逆意一、遂二一戰一、敵陣一之者數多被二討捕一由、酒井左衞門尉(忠次)所へ注進狀、得二其意一候、誠粉骨之至、無二比類一候、仍刀一腰包永進之候、猶左衞門尉可レ申候、恐々謹言、

(天正十三年)十二月十四日　家　康　在判

保科彈正忠(正直)殿

〔武江創業錄抄寫〕〔譜牒餘錄〕

本書は保科彈正忠正直が小笠原貞慶と戰つて、家康の部將酒井忠次の許に勝利を報告したので、家康がこれを賞して包永の銘刀を與へたときの書狀である。保科正直は正俊の子で、信濃高遠に居り、その室は家康の異父妹久松氏多刧姫であ

る。小笠原貞慶は同國松本の城に住し、小牧の役には家康に應じて、上杉景勝・木曾義昌の兵と筑摩郡及び木曾谷において戰つたが、嫡子幸松丸を岡崎城に質たらしめてより、家康に對して快からず、たま〳〵石川數正が本年十一月十三日家康に背き、貞慶の人質幸松丸を携へて秀吉の許に走つたのを機會として家康と絕ち、伊奈に亂入して正直を高遠城に攻めた。正直は防戰してこれを退け、勝報を致したのである（譜牒餘錄・二木壽齋記・古今消息集・當代記・寛永諸家系圖傳・寛政重修諸家譜・家忠日記增補・武德大成記等）。

駿河修福寺慶阿彌に與へたる安堵狀（天正十三年十二月二十一日）

駿州府內修福寺旦過堂叓
右自二舊規一慶阿彌持來之上者、如二前々一不レ可レ有二相違一之狀如レ件、
天正十三年十二月廿一日　御朱印
慶阿彌
全阿彌　奉之
〔駿河志料〕八十

全阿彌の奉書を以て、駿河府內修福寺の旦過堂を、舊規に依り、所有主慶阿彌をして安堵せしめたものである。

駿河長谷寺に與へたる安堵狀（天正十三年十二月二十一日）

駿河國府內長谷寺屋敷之事
右如二前々一不レ可レ有二相違一之狀如レ件、
天正十三年十二月二十一日
御朱印

長谷寺

善阿彌
奉之
〔舊長谷寺文書〕

舊長谷寺文書は靜岡市音羽町淸水寺保管とされてゐるもので、今川氏親禁制・今川氏輝寺領安堵判物・今川義元判物・天正三年十月十三日武田家朱印狀等があり、武田氏の庇護が厚かつた。それで、家康もこの文書により「前々の如く」屋敷を安堵せしめたのである。

駿河眞珠院に與へたる安堵狀（天正十三年十二月二十四日）

於二當院一、甲乙人等濫妨狼藉、禽獸殺生、并門前棟別以下始終免許、山林竹木伐採事、堅停二止之一、
同長勝院寄附田地等事
右任二先證之旨一、領掌不レ可レ有二相違一之狀如レ件、

天正十三年
十二月廿四日　善阿彌　奉之
眞珠院
〔眞珠院文書〕

眞珠院は駿州庵原郡高部村梅ケ谷に在り、永正四年九月八日今川氏親の禁制・永正十一年五月九日關口氏兼の判物・天文三年八月十四日今川氏輝の判物等によつて、寺領・門前・棟別免許のことなどは既定の事實になつてゐる。家康はこの「先證の旨に任せ」て、この安堵狀を出してゐるが、本文の文言は、今川氏輝の判物の文言と略ゝ同一である。

天正十四年（1586）家康四十五歳。

一昨年の十一月、秀吉が信雄と矢田河原に會見して和議を成立させて以來、秀吉と家康との武力戰は終つたけれど、兩者の間は尙、釋然たらず、天正十三年には、嘗て家康の味方であつた紀伊の雜賀・根來の一揆、四國の長宗我部元親、越中の佐々成政は相ついで討平せられ、信濃の眞田昌幸は家康に背きてその征討軍を擊退し、しかのみならず、禍は蕭墻の下に起り、多年の老臣石川數正が主君に背いて秀吉の許に出奔するに及んで、家康は、一步を誤れば、鼎の輕重を問はるべき危地を釀成され、秀吉に對する勢力の均衡は著しく不利なる方向に傾斜していつた。

その不利なる情態の裡にあつて迎へた天正十四年の正月十日、家康は濱松より岡崎に行つた（家忠日記・創業記考異）。そして同月十三日岡崎にあつて、遙かに甲州の武川衆に書を與へて、人質の提出を感悅し、去年秋の上田合戰の勞を犒つた。

甲斐武川衆に遣れる書狀（天正十四年正月十三日）

〔附〕大久保忠隣・本多正信より甲斐武川衆に遣れる書狀（天正十四年正月十三日）

今度證人之事申越候處、各有二馳走一、差圖之外、兄弟親類駿府に差越、無二之段、寔感悅候、殊去秋之於二眞田表一萬事入レ情（精）、走廻リ候旨、大久保五（七）郎右衞門（忠世）披露候、是亦令二悅喜一候、委細兩人可レ申候、恐々謹言、

（天正十四年）正月十三日

武川衆中

〔古文書集〕十二〔貞享書上〕

本書は天正十四年、甲斐巨摩郡武川《むかは》の武川衆に證人の提出を命じたところ、直にこれを駿河に送致したこと、また前年なる天正十三年八月、信濃上田城に眞田昌幸を攻めたとき、武川衆が大久保忠世の麾下に屬して忠戰を勵んだことを褒したものである。屢〻述べたごとく、武川衆は武田氏の舊臣で、巨摩郡武川の邊に住し、武川六十騎とも稱せられ、天正十年、武田氏滅亡の後、折井次昌・米倉忠繼が旗頭として衆中を指揮し、家康に歸屬したのである。尙、本書に兩人とあるのは、大久保新十郎忠隣・本多彌八郎正信のことであり、左に參考として兩人の添書を掲げる。

因に武川衆に人質の提出を求めたのは、この前年（天正十三年）十一月に、老臣石川數正が家康に背いて大坂に出奔した事件があり、それが甲州にも動揺のおこすことを憂へたためであらう。同年十二月、信濃伊奈郡の下條氏に對して人質を提出せしめたことを併せ考へると、この推測は誤らないと思ふ。

今度證人之儀ニ付而、從二平七（平岩七之助親吉）・成吉（成瀬吉兵衛正成）一、其斷被二申越一之處ニ、御差圖之外、若衆迄妻子駿州へ引越候而、無二可レ有二御奉公一之由、卽覃二披露一候處、不二大形一御祝著ニ思召候、殊ニ（去）秋於二眞田一、大久保七郎右衛門（忠世）被二申上一候、毎度御無沙汰不レ被レ存候間、御喜悅被レ成候、依レ之各へ御直書被レ遣候、彌御奉公無二御油斷一體、肝要ニ候、恐々謹言、

（天正十四年）正月十三日　　大（大久保忠隣）新十郎
本（本多正信）彌八郎
岡崎ヨリ

武川衆中御宿所

有二公御朱印一

〔武家事紀〕續集三十二〔貞享書上〕

○貞享書上には十四日と記し、その他袖書に「尙々、各無二可レ有二御奉公一旨、不二大形一候、祝着之旨可二御心安一候、彌各可レ被二相談一候、以上」などと異同がある。

信州は常に動揺したけれど、甲州は確實に把握せられ、武川衆の面々のごときは、要求以外の兄弟親類まで、人質として駿河に提出するごとき歸服振を示してゐる。これは家康の強味であるが、秀吉方の關心事であらう。同月二十

七日、信雄が兩者の間に立ちて和を謀り、岡崎に來訪して家康と會見した（兼見卿記・當代記・武德編年集成）のは、信雄の自主的な發意であるよりも、寧ろ秀吉の意を受けたか、或はその意を迎へてのことであるだらうが、二月上旬における和議の成立（伊豫小松一柳文書）は、家康にとりては、機宜を得た決斷と思へる。

それにしても家康は、背後を安全ならしむべき必要を感じ、三月九日には、伊豆三島において北條氏政と會盟して交誼を重ねた（家忠日記・當代記・創業記考異・寛政重修諸家譜）。尋で三月二十七日、安房の里見義康及びその子梅霸丸に對して表裏別心なく、これを引立つべきことを約した（羽柴文書）。このとき里見義康に遺つた誓書は次のやうなものである。

里見義康に遣れる誓書（天正十四年三月二十七日）

〔附〕本多正信より里見義康に遣れる誓書（天正十四年三月二十七日）

墨付覺之事

一年來申談候ニ付而、蒙レ仰候條、相心得存候、殊一性（姓）之儀ニ候間、義康樣御身上一廉引立可レ申事

一貴所御身上、何樣之儀出來候共、無二表裏一別心見除有間敷事

一御息梅霸丸殿、當意行末迄茂義康ニ不二相替一引立可レ申事

起請文之事

右三ケ條書付之趣、於二相違一者、梵天帝尺四大天王、惣而日本國中六十餘州之大小之神祇、別而伊豆箱根兩所權現・三嶋之大明神・八幡大菩薩、部類眷屬神罸冥罸、各可二罷蒙一者也、仍起請文如レ件、

天正十四年
戌子二月廿七日　　　　　　　家　康（花押）

里見（義康）殿

〔羽柴文書〕○豊後

本書は家康が安房の里見義康に遣つた誓書である。義康は義頼の長子で、左馬頭、安房守に任じ、父祖以來の勢威をもつて、安房に盤據してゐた。これに對し家康は、德川と里見とはもと一姓卽ち新田氏の出であるから、厚く義康の身上を引立つべきこと、如何なる事があつても、表裏別心あるまじきこと、義康の子梅靍丸（後忠義）の將來については、義康と同じく引立つべきことを約束したのである。天正十四年三月にこのやうな誓書を遣つたのは、小牧の役以來、羽柴秀吉との間が未だ釋然たらず、殊に前年十一月には、老臣石川數正の大坂に出奔した事件があつて、大に戒心を要した時だから、以前北條氏と盟約を結んだのにつゞいて、更に里見氏とも結んで、後顧の憂へを絕つたのであらう。里見氏としても、先年の下總國府臺の一戰以來、家運が衰頽しかけてゐたときであるから、德川氏との締盟を欲したのであらうと思はれる。尙、このとき、家臣本多正信が義康に遣つた誓書をも、參考として左に掲げる。

墨付覺之事

一義康様御身上之儀、一廉引立被レ申候様ニ、可二走廻一事
一義康様御身上、何様之儀出來候共、家康同前ニ見除申間敷事
一御息様梅靍丸殿、當意行末迄も、義康様ニ不レ可二相替一馳走可レ申事

天　正　十　四　年

一大細事ニ付而、家康前之儀、無二表裏別心一、馳走可レ申事

一義康様・家康御間之儀、誰人侫人候共、無二殘所一爲レ知可レ申事

起請文之事

右五ヶ條書付之趣、於二相違一者、梵天帝尺四大天王、惣而日本國中六十餘州之大小之神祇、別而伊豆箱根兩所之權現・三嶋大明神・八幡大菩薩、部類眷屬神罰冥罰各可二罷蒙一者也、仍起請文如レ件、

天正十四年　　本多佐渡守
戌子二月廿七日　　正信（花押）
里見太郎（義康）殿　〔同上〕

四月になつて、家康は三河極樂寺に寺領を安堵せしめ（三河國曹洞寺院御判物寫）、十六日には三河長澤城を修築せしめ（家忠日記）たが、その二十三日に至り、本多忠勝を秀吉の許に遣して、その妹旭姫との婚嫁につき納采の禮を行はしめた（家忠日記・創業記考異・落穗集）。家康は初め駿河の關口氏（築山夫人）を娶り、信康・龜姫の一男一女を擧げたが、天正七年、關口氏を殺し、信康を自殺せしめたのち、正室を有しなかつたのである。旭姫は大和大納言秀長と共に筑阿彌の子であり、秀吉の異父妹にあたる（德川幕府家譜）。旭姫が濱松に來て婚儀を修めたのは五月十四日であつた（家忠日記・言經卿記・當代記・榊原文書）。家康は四十五歳、旭姫は四十四歳であり、德川・羽柴の兩家は、これによつて結合されたわけだけれど、家康は依然として秀吉に屈從しない。秀吉は手を代へ品を代へて、十月二十七日に至り、これを大坂城に誘致することに成功した（多聞院日記・家忠日記・當代記）。

この間における家康の動靜には、七月信州上田の眞田昌幸を討つため駿府に出陣したけれど、秀吉が兩者の間を調

停したので、進撃を中止して濱松に歸つたことのほか、特筆すべきものがない。十月の初め、上洛に先んじて、京都の邸宅の普請につき、藤堂高虎に書狀を遣るまでの約半年間に、元服の際「康」の字を與へた一字狀が二通あるほか、禁制・免許狀・條規等、平凡な文書が多い。但、遠江大通院・同龍潭寺・同鴨江寺に出した三通の文書に、三位中將藤原家康と署名してあることと、駿河淺間社造營の勸進朱印狀は多少異とすべきものであり、特に藤原家康と署名してあるものは、冐稱の事例として注目されてゐる

以下、月日を追うて、これらの文書を檢討する。

松平(蘆田)康貞に與へたる一字狀（天正十四年四月十六日）

天正十四年
卯月十六日　　家　康（花押）

康

（蘆田）（康貞）
松平新六郎殿

〔蘆田文書〕○信濃

松平新六郎は蘆田信蕃の次子である。蘆田氏は武田氏の遺臣であつたが、武田氏の歿落後家康に仕へ、天正十一年三月、信蕃の信濃岩尾城における忠死の功によつて、松平姓を稱することを許された。信蕃の歿後長子康國が家を繼いだ。新六郎は康國の弟で、家康より諱の一字康を與へられ、これより康貞と稱し、後、右衞門太夫になつた。康國・康貞共に、依田氏・蘆田氏・松平氏を稱してゐる。

下條六郎次郎に與へたる一字狀（天正十四年六月十六日）

康

天正十四年

六月廿日　家　康（花押）

下條六郎次郎殿

〔下條文書〕○信濃

下條六郎次郎は信濃伊奈郡下條の下條康長の一族であらう。但しその元服名は明らかでない、因に家康はこの前年十一月康長をして人質を提出せしめ、十二月には本領安堵狀を與へた。

甲斐向嶽寺に下せる禁制（天正十四年八月九日）

禁　制　鹽　山

一於二當山一、剪二採竹木一、放二牛馬一事

一寺內殺生狼籍（藉）事

一門裏諸沙汰、出二門外一事

一寺家之儀、俗徒綺之事

一門前普請以下諸役事

一風呂堰難澁事
一不ニ上表一寺產末派令レ爲ニ他派一事
右條々於ニ違犯之輩一者、可レ處ニ嚴科一者也、仍如レ件、

天正十四年八月九日　（家康）（花押）

〔福地源一郎氏所藏文書〕

本書は甲斐東山梨郡の鹽山に在る臨濟宗の名刹向嶽寺に下した禁制である。向嶽寺は至德元年、武田信成の建立にかゝり、開山は拔隊和尙で、拔隊得勝一派の本山であり、先に天正十一年四月二十日附を以て、安堵狀を下してあるが、今、重ねてこの禁制を下し、竹木の伐採、牛馬の放飼、殺生狼藉等を禁じたのである。

甲斐神部社に與へたる諸役免許狀（天正十四年八月十日）

神主居屋敷門内幷二之宮之鄕社人之事
右如ニ前々一諸役等免許、不レ可レ有ニ相違一之狀如レ件、

天正十四年
八月十日　（家康）（朱印）（印文福德）
二之宮神主

全阿彌
奉之

〔大坪文書〕○東京

二宮社は、大坪文書に、天正十一年四月二十日附を以て、與へられた安堵狀に、甲州二宮とある故、甲斐國の二宮たる

天正十四年

神部《みわ》社であることが明かである。神部社は三輪明神ともいひ、東八代郡の國府址に近き錦村に鎭座する式内社で、一宮たる淺間社と共に、國中の崇敬の篤い神社である。本書はこの社に神主屋敷及び社人の諸役を免除したものである。全阿彌は家康の取次役で、主として寺社の事を掌つてゐた人である。

小川孫三に與へたる諸役免許狀（天正十四年八月十四日）

山西藤枝白子町之事、云ニ新所一、云ニ他國者一、旁以爲ニ憐愍之一、棟別并人足押立以下令ニ免除一候畢、但在之者共、爲レ遁ニ公方役一、彼町ヨ於レ在レ之者、急度改、出役等可ニ申付一、用之子細有レ之者、對ニ朱印一可ニ申付一之狀如レ件、

天正十四年八月十四日　（家康）朱印（印文福德）

全阿彌　奉之

小川孫三

〔小川文書〕○駿河

本書は志太郡藤枝白子町小河玄庵といふ醫師の所藏にかゝる。全阿彌は先に記した通り、家康の側近の取次役である。山西とは駿河の國の西部地方の總稱である。藤枝は志太郡に屬する東海道の宿驛であり、この所に新開せられた白子町に對して、特に棟別役・人夫役等諸役を免除したのである。但し、除外例として、公役を遁れんがために同所に住む在方の者には諸役を賦課すべき旨が述べてある。

小川孫三に對し、これを「他國者」と呼んで「憐愍」の情を垂れてゐるのは、これより四年前、天正十年六月伊賀越の難のとき、白子の百姓孫三が舟を出して家康を三河の大崎に送り届けたことがあつたが、その後、孫三は故ありて駿河に來り、子細を訴へ、土地を與へられて居住し、その地を新白子といつた（駿河記）。それで孫三を「他國者」といひ、白子町を「新町」といつたのである。

駿河妙慶寺に與へたる諸役安堵狀（天正十四年八月十四日）

當寺中竹木見伐幷棟別五百四拾五文、同屋敷地子田地一段四斗五升之所、殊點役・押立・諸役等之事

右如二前々一、永不レ可二相違一者也、仍如レ件、

天正十四年

八月十四日　（家康）朱印（印文福德）

妙慶寺

〔妙慶寺文書〕○駿河

妙慶寺は駿河清水に在る日蓮宗の寺である。本書は同寺中の竹木伐採・棟別錢・屋敷地子・點役等の諸役賦課の權利を安堵した福德の朱印狀である。

駿河中院內に與へたる聲聞士普請役免許狀（天正十四年八月十八日）

駿刕聲聞士等、自二先規一、鄉次之普請役不二相勤一之由、言上仕候條、如二前々一令二宥免一之者也、仍如レ件、

天正十四年

八月十八日　（家康）朱印（印文福德）

全阿彌

奉之

駿河中
院内

〔野村文書〕○駿河〔駿河志料〕

本書は駿河國内居住の聲聞士の普請役を、先規に任せて免除した朱印狀である。聲聞士は聲聞師、または唱門師とも記し、中世以來存在する賤民の一種であつて、特殊の部落を形成し、專ら賤業に從ふ傍ら、遊藝を以て生活してゐた者である。全阿彌は前記の如く、家康の取次役である。

遠江大通院に下せる禁制（天正十四年九月七日）

遠州濱松庄新橋之郷大通院於㆓寺中門前㆒、狼籍（藉）幷山林竹木猥伐採、放㆓牛馬㆒儀、一切停㆓止之㆒、然者在々所々諸末寺輪番出仕、如㆓前々㆒不㆑可㆑有㆓懈怠㆒事

右條々、如㆓先規㆒、至㆓于寮舍以下㆒迄、永令㆓領掌㆒訖、者守㆓此旨㆒、修造勤行等不㆑可㆑有㆓怠慢㆒者也、仍如㆑件、

天正十四年
九月七日　　三位中將藤原家康（花押）

大通院

〔大通院文書〕○遠江

大通院は遠江濱名郡新津村に在る臨濟宗方廣寺派の寺院で、應永八年の草剏にかゝる。家康はこの寺に對して寺中門前の狼藉・山林竹木の伐採・牛馬の放飼等を禁じ、末寺の輪番出仕を怠ることなからしめた。署名に三位中將藤原家康とあるのは、注意すべきことである。德川氏の氏姓は新田氏の流を汲み、源姓を稱したのであるが、藤原姓を稱したこともあつた事實が、本書の署名に依つて知られると言はれてゐる。同日附の次の二通にも、同じく藤原姓の署名がある。尙、大通院文書は燒失したが、影寫本によれば疑點はないさうである。靜岡縣史料にはこの事が見えない。

遠江龍潭寺に下せる條規（天正十四年九月七日）

遠州井伊谷龍潭寺之事

一彼寺爲二直盛（井伊）菩提所一、新知令二建立一候條、如下令二直盛寄進一時上、寺領以下末寺等迄山林四壁竹木見伐等堅令二停止一事

一諸末寺雖レ爲二誰領中一、不レ可レ有二相違一、然共末寺看坊等申付者、越訴直望、坊主職儀令二停止一事

一門前在家棟別諸役等一切免二除之一、（云脱カ）直盛公私所一、云二無緣所一、不レ可レ准二（寺カ）他事一事

一祠堂錢・買地・敷錢地・取引米穀・國次之德政、又者地頭私德政雖レ令二出來一、於二彼寺務一、少も不レ可レ有二相違一事

一惡黨以下號二山林一走入之處、住持等無二其屆一、於二寺中一不レ可二成敗一事

右條々任二直盛寄進之旨一、於二後孫一不レ可レ有二相違一、者守二此旨一、修行勤行不レ可レ有二怠慢一者也、仍如レ件、

天正十四年

九月七日　　三位中將藤原家康御判

龍潭寺

〔龍潭寺文書〕遠江　〔井伊年譜〕元

本書は遠江引佐郡井伊村字井伊谷の龍潭寺に下した條規である。龍潭寺は臨濟宗妙心寺派に屬し、元中三年の草創にかゝる名刹で、井伊谷の豪族井伊氏との由緒が深く、特に井伊氏第二十二代直盛の時、篤く本寺に歸依し、直盛は永祿三年桶狹間で戰死したとき、この寺に葬られた。家康はかゝる由緒に依つて、特に直盛寄進の旨に任せて、山林竹木の伐採を禁じ、末寺を安堵し、その越訴直望を停止し、以下諸役免除、德政及び惡黨の處分に關する掟等を定めたのである。

遠江鴨江寺に與へたる諸役免許狀（天正十四年九月七日）

遠州濱松庄鴨江寺領、同寺中門前・其外山林一切爲二不入一、諸公事棟別四分一、人足等免除之事

右綸旨并數通之證文爲二明白一之間、任二舊規之例一、領掌早、者以二此旨一、可レ被レ抽二國家安全之懇祈一者也、仍如レ件、

天正十四年

九月七日　　三位中將藤原家康（花押）

鴨江寺

〔鴨江寺文書〕○遠江

鴨江《かもえ》寺は濱松市東鴨江に在る眞言宗高野山派の末寺で、俗に鴨江觀音の名を以て聞えてゐる。家康は本寺に對して、綸旨及び數通の證文の旨に依り、先規の如く寺領、寺中門前等を不入とし、諸公事役・棟別・人夫役等を免除した。棟別四分一とあるのは、賦課を減額したものである。明治二十二年まで德川家康寺領安堵朱印狀案が現存し、史料編纂所の寫によると前掲文書と同一で、その文書の包紙の裏面に「此證文本紙は信州千石越前殿領分に有レ之候以（歟）上」と記してある。

右三通の文書は、氏姓冒稱の實例として有名なものであり、常に引合ひに出されるのであるが、(1)この種の内容と性格とを有する文書に特に「三位中將藤原家康」と署名することはあまりに仰山であり、且、他に類例がなく、作爲的な感じがするではないか。家康が官名を記した文書は、この前後では天正十三年九月十二日正親町天皇の綸旨に答へ奉つて左中辨

萬里小路充房に遣れる書狀と、同日大藏卿五辻爲仲に遣れる書狀に、いづれも「左京大夫家康」と署名してあるのを見るだけである。(2)六箇月以前、三月二十七日附里見義康に遣れる誓書には、德川氏は里見氏と一姓であると言ひ、共に新田氏の支流であり、源姓であることを認めてゐるのとの食ひちがひは何によるか。(3)九月七日といふ日、遠州西部の三箇寺に出した禁制・條規・免許狀の三通に限り、堂々として三位中將藤原家康と署名する必要は何によりて生じたか。いづれも不可解の疑義である。

駿河淺間社造營勸進につき遠江國中に下せる朱印狀（同文三通）

（天正十四年九月十四日）

（懸紙）
「遠江國中」

就㆓駿河在國㆒、以㆓奇瑞㆒、淺間造宮勸進之事

右分國中、不㆑撰㆓貴賤㆒、在家壹間八木壹升宛可㆑出㆑之、但別而奉加者、可㆑任㆓其志㆒者也、仍如㆑件、

天正十四年

九月十四日（家康）朱印（印文福德）

遠江國中

〔駿河淺間神社文書〕〔志貴鐵次郎氏所藏文書〕

同甲斐國中に下せる朱印狀（一通）（天正十四年九月十四日）

（懸紙）
「甲斐國中」

就㆓駿河在國㆒、以㆓奇瑞㆒、淺間造宮勸進事

天正十四年

右分國中、不レ撰二貴賤一、在家壹間八木壹升宛可レ出之、但別而奉加事者、可レ任二其志一者也、仍如レ件

天正（十四年脱）

（家康）朱印（印文福德）　九月十四日

甲斐國中

〔志貴鐵次郎氏所藏文書〕

同三河國中に下せる朱印狀（同文三通）（天正十四年九月十五日）

（懸紙）「三河國中」

就二駿河在國一、以二奇瑞一、淺間造營勸進之事、

右分國中不レ撰二貴賤一、在家一間八木壹升宛可レ出之、但別而奉加之事者、可レ任二其志一者也、仍如レ件

天正十四年

（家康）朱印（印文福德）　九月十五日

三河國中

〔駿府古文書〕〔志貴鐵次郎氏所藏文書〕

右七通は、天正十四年九月十四日竝に十五日附を以て、遠江・甲斐・三河の三箇國に對し、駿河淺間社の造營につき、身分の高下を問はず、一戸當り米一升づつを寄進させ、特志を以て、それ以上奉加することは、各自の任意たるべき旨を令したものである。家康は元龜元年正月濱松に移り、前後十七年間在城中、天正十二年四月、織田信雄を助けて羽柴秀吉と尾張の小牧・長久手に戰ひ、同年十一月信雄が秀吉と和するに及びて、亦秀吉と和し、同十三年閏八月駿府城を修め、同

十四年五月秀吉の妹を娶り、十月大坂に至りて秀吉と會し、十二月駿府に移つたのであつた。この七通の文書は、家康が秀吉と和睦した後、多年住み馴れた濱松を引拂つて駿府に移轉する準備中に下したもので、それ故「駿河在國に就き」と記してある。「奇瑞」とあるのは、何があつたのか判らないが、いづれ何か目出度いと思ふことがあつたので、淺間社造營を發願し、分國中に令して遍く寄進を勸めたのである。當時家康の領國は三河・遠江・駿河・甲斐・信濃の五國であつたから、この七通のほか、駿河・信濃の國中に下したものもあるだらうと思ふが、その文書は、まだ手に入らない。因に謂ふこの七通は、靜岡市淺間町志貴鐵次郎氏の所藏にかゝり、昭和十一年三月二十七日、本書より直接に寫したものであり、いづれも「福德」の朱印を押捺してある。志貴氏は舊惣社神主家である。

既にして十月四日、參議德川家康は、權中納言に任ぜられた（公卿補任）。これは言ふまでもなく秀吉の奏請によるものであるが、秀吉は更に旭姫を見舞ふためといふ名義で、生母大政所を家康の許に送つて人質たらしめたので、家康は岡崎に赴いて、十八日その來著を迎へ、井伊直政・大久保忠世・本多重次等をして岡崎城を守らしめ、二十日、酒井忠次・本多忠勝・榊原康政等を率ゐて西上し、京都を經て二十六日大坂に到り、羽柴秀長の亭に宿し、夜、秀吉の來訪を受け、二十七日大坂城に登つて秀吉に恭敬の意を表し、近江國で在京料所を與へられ、十一月一日辭して京都に入り、五日、正三位に敍せられた（兼見卿記・多聞院日記・創業記考異・家忠日記・伊豫小松一柳文書・言經卿記・顯如上人貝塚御座所日記等）。京都における家康滯留の邸宅の造營には、秀長の長臣藤堂高虎が監督の任に當つた。次に掲げる十月八日の書狀は、その工事につき、高虎の來狀に答へたものである。

藤堂高虎に遺れる書狀（天正十四年十月八日）

書狀具披見候、仍屋敷普請之儀付而被レ入レ情（精）候由、眞以爲悅此事候、彌被レ加ニ異見一候者可ニ祝

著一候、將亦家之儀、人足之事申付候、尙榊原式部太輔(康政)かたり(よ脱カ)可ㇾ申候間、不ㇾ能ニ委細一候、恐々謹言、

家　康（花押）

(天正十四年)十月八日

藤堂與右衛門尉(高虎)殿

〔高山公實錄〕三

本書は家康より藤堂高虎に遣つた書狀で、天正十四年十月、羽柴秀吉と和親して以來、始めて上洛する以前のものである。このとき高虎は秀吉の弟秀長に屬して居り、秀長が秀吉の命に依つて、家康のために屋敷を京都に造作するに方り、主としてその普請を督した。家康は高虎よりの來書に答へて、普請入精のことを謝し、家臣榊原康政と協議すべきことを依賴した。高虎は後に、佐渡守、また和泉守を稱した。伊勢津の藤堂氏の祖である。

家康の京都滯在中、十一月七日、正親町天皇は讓位あり、後陽成天皇が受禪せられた（御湯殿上日記・兼見卿記・本朝皇胤紹運錄等）。そして家康は十一月十一日無事岡崎に歸著し、翌十二日井伊直政をして秀吉の生母大政所を護衞して大坂に赴かしめ、十八日著京したことを知つたのち、二十三日岡崎より濱松に歸つた（言經卿記・多聞院日記・家忠日記增補・顯如上人貝塚御座所日記・兼見卿記・當代記等）。次の書狀は濱松歸著後、十一月十九日、元三會領のことにつき延曆寺別當代に遺れる書狀である。

延曆寺別當代に遺れる書狀（天正十四年十一月十九日）

〔附〕酒井忠次より延曆寺別當代に遺れる書狀（天正十四年十一月十九日）

「(懸紙)三門

別當代　　　家康」

就二元三會領之儀一、使僧并杉原十帖、段子壹巻贈賜、令二祝著一候、座主宮（青蓮院宮尊朝法親王）御判形之差符（マヽ）到來、遂二拝閲一候、彌可レ被レ抽二天下之御祈禱・子孫繁昌之精祈一候、恐々謹言、

（天正十四年）
霜月十九日　　家康　御判

三（山）門　別當代　御房

〔延暦寺文書〕○近江

本書は延暦寺より元三會を執行するための寺領のことに就いて、使僧を下向せしめ、座主青蓮院宮尊朝法親王の御判形を以て、家康に依頼したことに對する返書である。これは家康の分國内にある元三會領が、戰亂のため退轉したので、その還付を依頼したものであらう。これに對し家康は使僧の下向と、且杉原紙十帖・段子一巻の贈遺とを謝し、別に、酒井忠次をして、寺領に就いては、諸國いづれも還付するならば、自分も聊も疎かにせざることを傳へさせた。この年は諸國の元三會領の還付を命じた年であり、家康もこれを奉じたが、そのとき忠次は次の添書を山門別當代に遺つた。

（懸紙）
「山門
別當代
尊報
酒井左衛門督
忠次」

猶以家康へ御音信、祝著被レ申候、

元三大師領之儀付、御使僧被二指越一候、様子具ニ申聞候、以二直覧一被二申入一候、然者三（山）門領諸國何れも於二還付一、家康儀も聊以不レ可レ被レ（脱アルカ）存候、委細之旨御使僧へ具申入候間、定而可レ有二演説一候、恐惶謹言、

（天正十四年）
霜月十九日　　酒井左衛門督
忠次（花押）

山門
別當代
尊報

〔同上〕

酒井忠次は久しく左衞門尉であつたが、天正十四年十月二十四日、家康に從つて在京中、從四位下左衞門督に敍任せられた。そして「天正本山再興之記」に、「同（天正）十五年正月三日、行二元三會一、請二勅詔一屆二請三塔大衆一、德川家爲二武運長久・子孫繁榮一、法會御參勤、家臣酒井忠次蒙レ仰往復之」とあることによつて見れば、翌年正月三日元三會が復興し、酒井忠次は家康の命を受けてこれに參列してゐるのであり、隨つて忠次の添狀は天正十四年でなければならず、家康の書狀も同じく天正十四年と推定せられるのである。特に、「德川家の武運長久・子孫繁榮の爲め」とあるのを見れば、家康は逸早く、命に應じ、忠次を代參させたと見える。尙、忠次は天正十六年十月、六十二歳のとき、致仕して、家督を長子家次に讓り、それより一智と號し、京都櫻井の館に隱居した（家忠日記）。慶長元年十月二十八日、七十歳を以て櫻井屋敷で卒した。

早崎平兵衞に遣れる書狀（天正十四年十一月三十日）

就二今度京都普請一船之儀被二馳走一之由、內藤二右兵衞（脱アルカ）門申候、一段令二悅喜一候、委細彼者可レ申候也、

（天正十四年）十一月卅日　　家　康（花押）

早崎平兵衞殿

〔太田文書〕○攝津

本書は前掲藤堂高虎宛の書狀と同じく、天正十四年家康上洛のときの京都における屋敷の普請に關する書狀であるらしく、早崎平兵衞が普請用の船を馳走したのを謝してゐる。早崎平兵衞は近江に居住、秀吉の船奉行の一族かもしれない。

このやうな次第で、多年低迷してゐた秀吉・家康間の暗雲は一掃せられ、秀吉は安んじて九州征伐の用意に著手することができ、家康の生涯にも大きな轉換が生じた。この新しい事態に對處するため、家康は同年十二月四日、十七年來住み馴れた遠州濱松城を去つて、駿府城に移つた（家忠日記・落穗集・藩翰譜・寛永諸家系圖傳・寛政重修諸家譜等）。

乃ち、このときを以て家康の濱松在城の時代を終ることにする。

第四篇　駿府在城の時代

天正十五年（1587）家康四十六歳。

天正十四年十二月四日、濱松城を去つて駿府城に移つてより、天正十八年七月十三日、關東移封の定まつた日まで、凡そ三年八箇月程の間を、家康の駿府在城の時代とする。

駿府は今川氏の居所であり、家康が少年時代十二年間を過した第二の故郷であり、天正十年以來しば〳〵往つたところであり、去年七月にも眞田昌幸討伐の目的でここに出陣したことがあり、駿府城を修造して、九月十一日、ここに來たことがあり、濱松を去つてここに本據を移すことは、對秀吉關係の進展に伴つて、夙に考慮せられたことであつた。

家康が駿府に移つてより十五日の後、天正十四年十二月十九日、關白羽柴秀吉は太政大臣に任ぜられ、豐臣の姓を賜つた（公卿補任・近衛家文書）。秀吉は名實共に天下取りになりつつある。そして翌十五年正月元日親ら軍を指揮して九州薩摩の島津義久を討伐するため、諸將の部署を定め、尋で軍令を路次に下し（薩藩舊記雜錄・中村文書・千賀文書等）、二月十日、羽柴秀長をして大和を發せしめ（多聞院日記・黑田家譜等）、三月一日、大坂を發して西征の途につき（兼見卿記・言經卿記・九州御動座記・太閤記等）、二十五日長門赤間關、二十八日豐前小倉、四月十六日肥後隈本（熊本）城に進み、島津義久の軍を破つて、五月八日これを降伏せしめた（九州御動座記・太閤記・薩藩舊記雜錄・古文書類纂・豐前覺書・薩摩兵亂記等）。そして九州の封域を定め、博多町を再興し、天主教を禁じ、大坂に凱旋したのは七月十四日であつた（九州御動座記・太閤記・兼見卿記・多聞院日記、萩藩閥閲錄・日本耶蘇會年報等）。それは花々しき凱旋であり、一たび足を擧ぐるや、五箇月半の間に、西日本全部を雌服せしめたのである。

秀吉が造營した京都內野の聚樂亭は、その間に竣工したので、九月十三日大坂城よりここに移り、十月一日には北野の大茶會を催し（言經卿記・兼見卿記・多聞院日記・北野大茶湯之記等）、太平の氣象融々たるものがあつた。

このやうな豪壯華麗な秀吉の行動と對照すれば、天正十五年の家康には、殆んど何等の光彩を見出すことができない。春の間には松平家忠をして工事を督せしめた駿府城の修築が二月十三日に竣工したこと（家忠日記）、三月十日遠州で鷹狩したこと（家忠日記・創業記考異）、三月十八日秀吉の命によつて駿府に來た上田の眞田昌幸・松本の小笠原貞慶に面會したこと（家忠日記・眞田家譜）などがある。昌幸と貞慶とは、天正十年、いづれも家康に背いて秀吉に從つたものであり、殊に昌幸は家康の出征軍を散々な目にあはせたのであつたが、それが面會のために駿府にまで來たことによつて時勢の推移を察することができる。

秋になると八月のはじめ、家康は秀吉の凱旋を賀するために上京した。秀吉の大坂凱旋は七月十四日であつたが、二十五日京都聚樂亭に來たので、わざ〳〵近江大津に出でて家康を迎へ、八月五日共に入京し（兼見卿記・家忠日記・當代記）、七日奏請して家康と秀長とを正三位權中納言より從二位權大納言に敍任し（公卿補任・御湯殿上日記・兼見卿記・家忠日記）たので、家康は面目を施し、八月十日、近衞龍山（前久）に見送られて京都を發し、十四日岡崎に著き、十七日駿府に歸つていつた（兼見卿記・家忠日記）。

それより後は、九月十日、三河の田原で鷹狩したこと（家忠日記）十一月二十三日、三河で鷹狩したこと（同上）、また松平家忠に命じて修築せしめた駿府城の工事が、十一月三十日竣工したこと（同上）、十二月九日、更にまた三河の西尾で鷹狩したこと（同上）などがあり、無聊だから鷹狩で日を過すといつたやうな感じである。隨つて本年中の家康文書にも精彩を發するものは見當らず、免許狀・安堵狀・定書・禁制・寄進狀・年貢皆濟狀・傳馬朱印狀、及び書狀などが散見するにとどまる。次にこれを列擧する。

山田七郎左衞門に與へたる諸役免許狀（天正十五年正月十五日）

駿遠兩國鑄物師、惣大工職之事

右七郎左衞門ニ定上者、小工共可ニ相隨一、小工・同鑄物師・商人并炭竈五口之通、諸役免許之事、

不レ可レ有ニ相違一者也、仍如件、

天正十五年

（家康）（朱印）（印文福德）　正月十五日

（山田）七郎左衞門

かな屋

〔山田文書〕○遠江

本書は「福德」印のある朱印狀で、鑄物師山田七郎左衞門に對し、駿河・遠江兩國の鑄物師・惣大工職を命じて小工を支配せしめ、諸役を免許したものである。山田七郎左衞門は、先祖由緒書に據れば、遠江周智郡森町村に住し、鑄物の用を勤め、特に天正十二年の小牧の役には家康に從つて、軍中鍛冶役を奉仕したので、功に依つてこの免許狀を與へられたのである。この後、小田原の役及び大坂の役にも從軍したといふ。

駿河下方等百姓に下せる定書（天正十五年二月二十日）

下方・厚原并久爾郷事

一年來畠・屋敷向後雖レ成二田地一、貳ケ年之分者、畠年貢、從二翌年一者可レ爲二田地年貢一事

一新開作之田畠等開發次第貳ケ年之間、年貢令二赦免一、至二其上一者、以二奉行人一令二檢見一、雖二開發之分量一、可レ遂二納所一事

一當地新宿出來次第、是又貳ケ年諸役免許事

右條々不レ可レ有二相違一之狀如レ件、

天正十五年

二月廿日　（家康）朱印（印文福德）

百姓

廿二人中

〔植松文書〕〇駿河

本書は駿河富士郡下方・厚原・久爾郷の百姓二十二名に對して下した福德朱印の定書であり、從來畠・屋敷であつた土地が田地となつても、二年間は畠年貢とし、三年目より田地年貢として徵收すべきこと、新開の田畠は二年間年貢を許し、その以後は奉行の檢地を以て徵收すべきこと、新に宿驛を立てる場合は、二年間無年貢たるべきこと等を定めてある。家康の民政の一端を知るべき資料である。

伊勢高田專修寺堯眞に與へたる住持職安堵狀（天正十五年四月二十八日）

〔附〕酒井忠次より高田專修寺雜掌慈智院に遣れる書狀（天正十五年五月二日）

下野國高田專修寺住持職相續叓、綸旨并關白殿御證判炳焉也、然者分國中末寺諸門徒別而三河國妙〔明〕眼寺等御進退事、聊不レ可レ有二相違一者也、仍如レ件、

天正十五年四月廿八日　　家康判

高田專修寺堯眞之御防〔房〕

〔三川古文書〕

高田專修寺は伊勢河藝郡一身田に在り、眞宗高田派の本山である。堯眞はその第十三世で、天正八年、師堯慧の後を承けて、傳燈を繼ぎ、正親町天皇の綸旨及び關白九條兼孝の證判を授けられ、在住四十年に及んだ。元來高田派は永祿六・七年三河一向一揆と關係がなかつたので、德川氏と好く、家康はこれに分國中の末寺、特に三河矢作町桑子の明眼寺支配の權利を安堵したのである。明眼寺は三河一向一揆の爭亂のとき、菅生の滿性寺と共に家康に心を寄せ、しば〳〵その危難を救つたことがあつた。高田專修寺第十二世堯慧上人は正親町天皇より天正二年十一月二十八日、初めて門跡號を勅許せられたので、第十三世堯眞上人も門跡と呼ばれた。
家康のこの朱印狀は酒井忠次の斡旋によるものであつたから、次に忠次より專修寺雜掌慈智院に遣れる書狀を附載する。

御末寺并御門徒之事、具家康江申入、分國中不レ可レ有二異儀一之判形申調、進レ之候、別而明眼寺等之事、卽參詣被レ仕候、於二末代一無二相違一之樣可レ致二馳走一候、於二子細一者、可レ被二任置一候、此等之趣相心得可レ被二申入一候、仍狀如レ件、

天正十五年

天正十五年

五月二日　　酒井左衛門督

高田專修寺雑掌　　忠次（花押）

慈智院

（專修寺文書）○伊勢五

即ち忠次は專修寺から依頼を受けて、その末寺や門徒のことにつき家康に申入れて、四月二十二日附の朱印狀を出してもらひ、堯眞の住持職の確認、末寺・門徒の安全等の保障を得たのである。

藤堂高虎に遣れる書狀（天正十五年五月四日）

其後御様子如何候哉、承度候間、重以二飛脚一申候而已、追而平均可レ被二仰付一候由、令二推察一候、

晝夜別而御辛勞共候、恐々謹言、

（天正十五年）五月四日　　家康（花押）

藤堂與右衛門尉殿（高虎）　　〔高山公實錄〕三

本書は藤堂高虎に遣つた書狀で、文面より推考するに、天正十五年、高虎が豐臣秀吉の九州征伐に從軍中、その戰況を尋ね、高虎の勞を見舞つたものである。當時高虎は秀吉の弟秀長の老臣で、豐前方面より島津義久の兵を攻擊中であつた。文面に依れば、家康は以前にも、飛脚を以て高虎に書狀を遣つたことがあり、本書も亦、高虎との交際が、極めて昵懇であつたことを語るものであらう。

駿河報土寺に下せる禁制（天正十五年六月二日）

（家康）
（朱印）
（印文福德）

禁制　　　　報土寺

一於二寺内一殺生叓
一寺中伐二採竹木一事
一法事之節、諸末寺出仕無沙汰并障㝵（碍）事

右條々堅令二停止一訖、若此旨於二違背之輩一者、則可レ加二下知一者也、仍如レ件、

天正十五年

六月二日　〔報土寺文書〕○駿河

報土寺は、淨土宗で宮崎山と號し、最初駿河安倍郡長田村に在つたが、天正十五年、駿府に移り、今日に及んでゐる。駿府は卽ち今の靜岡市である。この禁制は次に收載した寄進狀と共に、移轉の際、新に下したものであらう。

駿河報土寺に與へたる寺領寄進狀（天正十五年六月二日）

駿河國府内報土寺之事、寺中幷大門地子三貫文、同塔頭安才之内興善寺增田分六百文、松井分三百文、所レ令二寄進一也、然者兩寺如二前々一、自今以後諸役等免許不レ可レ有二相違一者也、仍如レ件、

天正十五年

六月二日　（家康）（花押）

報土寺　〔報土寺文書〕○駿河

これは駿府の報土寺に與へて、寺中及び大門の地子錢及び塔頭領地子錢を寄進した判物である。安才は安西であつて、現今靜岡市の一部となつてゐる。

萩原源五左衞門に與へたる年貢皆濟狀（天正十五年十一月五日）

〔參考〕大久保長安等連署の年貢割付狀（天正十五年十月二十五日）

右　六百五拾文籾三拾俵五升納相濟者也、

（天正十五年）
丁亥
十一月五日
（家康）
御朱印

〔御庫本古文書纂〕一

本書は次に採錄せる十月二十五日附の文書と同じく萩原源五左衞門といふ者に與へた年貢皆濟狀である。尙、このとき家臣大久保長安等三名連署の年貢割付狀があるから、參考として左に揭げる。

（免）
面付五拾分壹積六百五拾文、爲㆓地頭役㆒三日一場御藏江可㆑有㆓進納㆒候、來月共過候者、可㆑有㆓切錢㆒者也、

（天正十五年）
亥
十月廿五日
（大久保十兵衛長安）
大十兵　印
大主　印

（石原新左衞門正元）
石新（印）
〔御庫本古文書纂〕一

萩原源左衞門殿（下脫）

遠江・駿河の宿中に與へたる傳馬手形（天正十五年十一月二十八日）

人壹人、自二中泉一駿府迄無二相違一可レ出者也、仍如レ件、

天正十五亥年十一月廿八日

遠駿宿中

〔書上古文書〕四

本書には「水野孫助信久拜領、同藤右衞門信之書上、東照宮より賜候人馬之御朱印」とある。遠江中泉より駿府までの道中、人足一名を出すべきことを遠江・駿河の宿驛に命じた朱印狀である。これら少數の文書を殘して、駿府在城第一年は穩かに過ぎた。

天正十六年（1588）家康四十七歲。

先づ秀吉の動靜を見るに、四月十四日、後陽成天皇を聚樂亭に迎へたてまつり、同十八日まで五日間に亙り、饗應しまゐらせたことは、眞に一代の盛儀であつた（御湯殿上日記・言經卿記・聚樂行幸記・多聞院日記・太閤記）。閏五月十四日には、陸奥守佐々成政を攝津尼崎で自殺せしめ、翌十五日その領國たる肥後を二つに分け、半を加藤清正に與へて隈本（熊本）に居らしめ、半を小西行長に與へて宇土に居らしめた（立花文書以下諸家文書・佐々成政墓碑・豐鑑・清正

記・肥後國志略・九州記等)。七月八日、京都方廣寺大佛殿造營に託して、諸國百姓の武具を所持することを禁じ、諸大名をしてこれを沒收せしめた(小早川家文書以下諸家文書・多聞院日記・後編薩藩舊記雜錄・萩藩閥閲錄等)。その中武具沒收は「刀狩」と稱せられる大規模なものであつた。

次に關東を見る。關東では小田原の北條氏政・氏直父子が、北條早雲以來の積威を恃んで盤據してゐるので、秀吉は、聚樂亭行幸の直後、五月、富田左近將監知信・津田隼人正信勝・妙音院一鷗軒を使者として入朝を促したが、氏直は六月五日、一鷗軒に書を遺つて、本年十二月上旬を期して氏政が上洛すべき旨を答へた(寛政重修諸家譜・古簡雜纂)。氏政は天正元年家を氏直に讓り、隱居して截流齋と稱してはゐるが、尙、國政を見て居り、二箇年後に上洛するといつて婉曲に拒否したのを、使者に强要されたので、氏直は閏五月使を駿府に遣り、家康に調停を請ひ、つひに年末に氏政上洛の旨を答へて一時を糊塗したのである。そして八月氏直は家康の斡旋により、叔父北條氏規を上洛させ、氏規は二十二日秀吉に謁し、氏政の上京以前に、上州沼田に關する眞田昌幸との爭議を決裁されたいと請うた(家忠日記・多聞院日記・豐鑑・北條五代記等)。而して氏政は遂に上京せずして天正十六年は過ぎた。

更に奧羽地方を見る。奧羽地方の動搖の中心は若き伊達政宗の侵略にあつた。政宗は伊達輝宗の子で米澤に居り、その母は山形の最上義守の女、義光の妹であるから、伊達氏と最上氏とは姻戚であるけれど、政宗と義光とは互に敵視し、大崎義隆・蘆名義廣・相馬義胤・佐竹義重・岩城常隆等も政宗と爭つたが、七月、伊達・佐竹・蘆名・大崎諸氏の間の和議成りて、二十一日互に陣を撤した(伊達家文書・伊達成實記・伊達貞山治家記錄等)。この和議の成立には、秀吉に依囑せられた家康の斡旋によることが大きかつた。

この間における家康の動靜を摘記すれば次のやうになる。

正月十二日、權大納言兼左近衞大將の兼官を罷められた(公卿補任)。○二十九日遠江中泉で鷹狩す(家忠日記)。

三月五日夫人旭姫上京、尋で十八日家康上京(家忠日記・多聞院日記・神君年譜)。秀吉が大坂より入京したので、これを東寺に迎ふ(家忠日記・親綱卿記)。○二十九日、秀吉と共に京都の近郊で鷹狩す(家忠日記)。

四月三日、秀吉より茶器及び米二千俵を贈らる(家忠日記・神君年譜)。○十五日後陽成天皇の聚樂亭行幸に方り、他の諸將と共に、御料所を違亂せざること、秀吉の命に違背せざることを誓ふ(御湯殿上日記・聚樂行幸記・多聞院日記・鳥丸家文書以下諸文書)。○二十七日京都より三河岡崎に歸る(家忠日記)。

五月十四日、兼て修築中の駿府城天守閣竣工す(家忠日記)。

七月、秀吉の生母大政所の病氣により、見舞のため二十二日夫人旭姫は駿府を發し、家康も上京す(家忠日記・御年譜微考)。二十七日朝廷より縣袋を賜る(家忠日記)。

八月八日、毛利輝元・小早川隆景・吉川廣家が七月中に入京してゐたが、この日、家康は、織田信雄・羽柴秀長と共に、輝元の旅宿を訪問した(輝元公御上洛之日記・吉川家譜)○二十二日、北條氏直に勸めて一族北條氏規を秀吉に使せしめた(家忠日記・多聞院日記・豐鑑・北條五代記等)。

九月四日、京都を發し、駿府に歸る(家忠日記)。○十三日伊達政宗に物を贈る(伊達貞山治家記錄)。

十月二十六日、伊達政宗に書を遣り、奥羽諸氏と和議の調ふたことを祝した(伊達家文書)。

十一月二十一日、駿府より三河岡崎に赴く(家忠日記)。

十二月二十二日、三河吉良で鷹狩す(家忠日記)。

そしてこの年間に採錄し得た文書は、誓書一通・書狀十通のほか、傳馬朱印狀二通・諸役免許狀二通・扶助朱印狀一通・定書一通・年貢皆濟狀一通等である。書狀の中、最上義光に遺つたものが五通、伊達政宗・片倉景綱・北條氏直・淺野長吉・朝比奈泰勝に遺つたものがそれ〴〵一通づつある。

駿府・岡崎間の宿中に下せる傳馬手形（天正十六年二月三日）

（家康傳馬朱印）
朱印　傳馬壹疋自駿府岡崎迄可出之者也、仍如件、

（天正十六年）戊子貳月三日

右宿中

〔龍海院文書〕〔參州寺社古文書〕〔參州岡崎領古文書〕

本書には「權現樣より被下候傳馬御朱印寫一通」とあり、岡崎の極樂寺の所藏にかかる。

最上義光に遺れる書狀（天正十六年三月九日）

出羽庄內之儀付而、冨田（一白）方迄被申越候通、則披露被申候處、於上意、聊無御別條御懇之由、此方ゟも自左近（冨田一白）方申來候、爲御一覽彼書狀進候、先以目出候、京都之樣子、其方之使者淵底候、家康も聽而上洛申候條、彌可申上候、定殿下（豊臣秀吉）不可有御異儀候之間、可御心安候、雖然境目聊爾之御行御無用候、將又伊達（政宗）之儀、骨肉之御間之由、御入魂ょて尤候、其由伊達へも申越候間、玄悅可申候、委細彼口上ニ候、恐々謹言、

（天正十六年）三月九日　　家康御判

（最上義光）山形出羽守殿

本書は出羽最上郡山形城の最上義光に遣つた書狀である。義光は山形を根據として、米澤の伊達政宗、庄內の大寶寺義高（前名義興）、大崎の大崎義隆、黒川の蘆名義廣等と相拮抗し、早くより豐臣秀吉及び家康に年々音問を通じてゐた。然るに庄內の大寶寺義高は、越後の上杉景勝と好を通じ、景勝の屬將本庄の本庄繁長の息千勝丸（後義勝）を養子となしたが、本家中紛亂して統御の術を失ひ、家臣の中、義光の援助を得て義高に抗するものがあるに至つた。仍て天正十六年二月、本庄繁長は兵を率ゐて庄內に亂入し、大寶寺氏の所領を侵略する勢を示したので、最上義光も亦出兵して、戰つたけれど、敗れて兵を撤し、庄內の大半は、終に上杉氏の有に歸する情勢となつた。最上義光の妹は伊達政宗の母であるから、最上氏と伊達氏とは姻戚であるけれど、このやうな形勢のなかにおいて、この年三月、義光は政宗と交を絶ち、交戰狀態に入り、秀吉の臣富田左近將監知信（入道一白）を通じて、秀吉及び家康に庄內の事情を訴へ出た。仍て家康は本書を以てこれに答へ、秀吉の內意を報じ、自分もやがて上洛する豫定故、秀吉に周旋すべきことを述べ、義光に政宗とは姻戚の間柄だから、和平すべきことを勸めた。末尾に玄悅とあるのは、義光の使者である。家康はその後、三月十八日上京した。

最上義光に遣れる書狀（天正十六年三月十七日）

庄內之儀、日々京都へ申上候處、委被レ達二上聞一、無二御別條一可レ被二仰付一之旨、其方に被レ成二御書一候、先度富田（一白）方より返書候間、卽爲二御一覽一進候、重而可レ被レ得二其意一候、左樣候へ者、其方之仁躰一人早々被二差上一尤候、家康事も頓而上洛申候間、御前之儀、彌可レ然樣可二申上一候、於二時宜一者可二御心安一候、猶期二後音一候、恐々謹言、

（天正十六年）三月十七日　家康御判

天正十六年

山方出羽守（最上義光）殿

〔書上古文書〕七

本書は三月九日の書状に引きつづいて、最上義光に遣つたものであり、庄内の事に關する富田一白方よりの返書を義光に送付し、尚、早々然るべき者を使者として上洛せしむべきことを勸めた。この書状を出した翌十八日家康は上洛した。

最上義光に遣れる書状（天正十六年三月十七日）

従㆓殿下（豊臣秀吉）㆒其方江被㆑成㆓御朱印㆒候之間、自㆓此方㆒も書状差添候、然者庄内之儀付而、本庄（繁長）横惑之段、能々可㆑被㆑達㆓上聞㆒、聊無㆓御別儀㆒可㆑被㆓仰付㆒候旨ニ候之條、於㆓様子㆒者可㆓御心安㆒候、委細小關ニ申含候間、不㆑能㆑詳候、恐々謹言、

（天正十六年）三月十七日　　家康御判

山方出羽守（最上義光）殿

追而小袖一段（領カ）進候、祝儀計候、

〔書上古文書〕七

本書は豊臣秀吉より義光に朱印状を遣つたのに添へて、前掲書状と同日附を以て、義光に遣つたものである。これに依つて、家康が義光のために斡旋に力めたことが窺はれる。小關は使者である。

最上義光に遣れる書状（天正十六年四月六日）

飛脚被㆓差上㆒候、紙面口上得㆓其意㆒候、則上洛申候て、其表之様子委關白（豊臣秀吉）様江申上候處、右御

朱印被レ成候上者、彌少も無二御別條一候、然者其方自二最前一、殿下へ無二依レ被二申寄一、其元國人偏執候由申上候へ者、一段御懇之御意候、御身之上之儀、何様ニも被レ成二御不沙汰一間敷由被二仰出一候、時宜可二御心安一候、將又自二此方一案內者進候者、早々御上洛專一候、尙口上相含候之條、不レ能レ筆候、恐々謹言、

家康御判

（天正十六年）
卯月六日

（最上義光）
山形出羽守殿

〔書上古文書〕七

家康は三月十八日上洛して滯京中、庄內の事件に就いて、義光のために秀吉に周旋し、これを義光に傳へ、秀吉が義光に對して厚意を持つてゐる旨を述べて、その上洛を勸めた。

浅野長吉に遺れる書狀（天正十六年四月二十七日假入）

御狀委細披見申候、自二此方一以二使者一申入候、未參著不レ申候哉、仍此方ニハ無二御越一旨御思慮如何ニも承届候、來秋者可レ爲二御働一之間、御苦勞雖二勿論候一、其迄者御在留可レ爲二肝要一候、此等之趣使者ニ申付候間、定而具可二申披一候、將又此度上洛、常ニ相替御懇切之儀共ニ候間、先段も申述候間、猶期二後音一候、恐々謹言、

（天正十六年カ）
卯月廿七日　　家康（花押）

（長吉）
浅野彈正少弼殿

〔浅野文書〕一○安藝

本書は豐臣秀吉の臣淺野長吉（後長政）が、天正十六年、秀吉の命に依つて肥後在留中に家康に遣つた書狀に對する返書であらう。長吉が兵を率ゐて肥後に下向したのは本年正月であり、家康が上洛したのは同三月であり、肥後の長吉より尙、暫時滯留すべき旨を申來つたのに對して、その勞を犒ひ、且上洛中、秀吉より懇篤なる歡待を受けた旨を申し送つてゐる。文中、「來秋御働」云々とあるのは、明らかでないが、これを小田原征伐の豫定の意味に取るならば、本書は天正十七年に入れた方が至當であるかも知れないけれど、姑く疑を存して、天正十六年と推定して置く。天正十六年とすれば、これは聚落亭行幸の盛儀に參列した後、岡崎に歸るため、京都を發した日の發信となる。

最上義光に遣れる書狀（天正十六年五月三日）

今度寒河𛀁外記依レ被ニ差上一、芳簡委細預示、殊若大鷹給候、爲悅之至候、兼又庄內之儀付而、自ニ
殿下一（豐臣秀吉）被レ成ニ御書一、如ニ御存分一被ニ仰付一、一段御懇之御樣躰、難レ盡ニ紙上一儀共ニ候、誠御本望目出
候、然者其方御上洛之儀遲延候而も不レ苦之由御意候間、御領內無ニ異儀一候樣ニ御仕置肝要存
候、其元之時宜、家康直々申上候處、御懇之旨不ニ大形一候、具外記口上相含候、尙追而可ニ申達一
候間、令ニ省略一候、恐々謹言、

（天正十六年）
五月三日　家康御判

（最上義光）
山形出羽守殿

〔書上古文書〕七

天正十六年二月以來、最上義光は上杉景勝と出羽庄內の地を爭ひ、これを豐臣秀吉に訴へた。このとき家康は始終義光のために斡旋の勞を取り、四月六日附の書狀では、その上洛を勸めたところ、義光は家臣寒河江外記を上洛させ、大鷹を贈つたので、本書を裁して、これに荅へた。この書狀に依れば、庄內の事に就いて、秀吉は義光に書狀を與へて、その希望

の通り裁可したので、家康はこれに祝意を表しゐるのであるが、秀吉の書狀が見當らないので裁可の內容は詳かでない。

北條氏政・同氏直に遣れる誓書（天正十六年五月二十一日）

敬白　起請文

一其方御父子之儀、於二殿下（豊臣秀吉）御前一、惡樣申なし、佞人之覺悟を構へ、御分國中毛頭不二相望一事

一今月中、以二兄弟衆一、京都へ御禮可レ被二申上一事

一出仕之儀、於レ無二納得一者、家康娘可二返給一事

右條々存二曲折一、令二違犯一者、

梵天帝釋・四大天王・惣日本國中六十餘州大小神祇・別伊豆箱根兩所權現・三嶋大明神・八幡大菩薩・天滿大自在天神・部類眷族神罰冥罰可レ被レ蒙者也、

仍起請文如レ件、

天正十六年五月廿一日　家康（花押）

北條左京大夫殿（氏直）

北條相模守殿（氏政）

〔鰐淵寺文書〕○出雲

天正十六年四月中旬聚樂亭行幸の盛儀に際し、北條氏政・氏直父子は秀吉に會釋せず、これに關し北條氏に對する强硬意

見も出たが、娘督姫を氏直に嫁せしめてゐた家康は、歸國後、氏政・氏直父子にこの起請文を遣り、自分は秀吉に對して、父子のことを悪しざまに申さざること、北條氏の領國を所望せざることを述べ、氏政の兄弟衆が今月中に上京すべきことを勸告し、若し出仕を拒絶するならば、督姫を離婚してもらひたいと申しおくつた。一面には十分の好意を示しながら、他の一面には斷乎たる決意の程を示し、それを普通の書狀を以てせず、神明に誓つて赤心を吐露する起請文を以て通達したのは、極めて重要な事實である。若しこの勸告を容れなければ、北條・德川兩家は手切れとなり、北條父子は敵國と境を接することになるだらう。それで北條家では、取敢ず氏政の弟北條美濃守氏規を上京させることにしたのだが、なか〳〵實行に移らず、七月十四日、家康は氏直の家臣朝比奈泰勝に書狀を遣つて、「一刻も早く」上京することが肝要だと切言した。氏規が上京して秀吉に謁したのは八月二十二日であるが、事をここまで運ばせた家康の苦心が、この起請文に滲み出してゐる。本書は熊野牛王の裏に記してある。

淺倉六兵衞に與へたる諸役免許狀（天正十六年閏五月十四日）

駿州安倍三ケ村中、棟別諸役如二先規之一令二免許一訖、然者材木以下御用之節、不レ存二由斷一可レ相下一者也、依如レ件、

天正十六年
後五月十四日　（家康）○
淺倉六兵衞トノ

〔諸家文書纂〕十一〔朝倉文書〕

本書は淺倉六兵衞に對し、安倍三ケ村の棟別諸役を免じ、材木輸送の役を勤めしめた印判狀である。朝倉文書の中には今川文書が三通あり、宛名は朝倉彌三郎・朝倉六郎右衞門尉とあるから、本書の淺倉は朝倉と同一であらう。今川文書は中河內長津俣五ケ村の預職の安堵、安倍西河內棟別の免許に關するものなどであるが、それによりては家康文書にいふ安倍三ケ村を揣摩することができない。尙、武田文書が三通含まれてゐるが、いづれも軍役に關するものである。

遠江志都呂在留瀬戸者に與へたる課役免許狀（天正十六年閏五月十四日）

遠州志都呂致ニ在留一瀬戸之者等、於ニ御分國中一燒物商賣之役等、被レ成ニ御免許一之處、不レ可レ有ニ相違一之旨被ニ仰出一候者也、仍如レ件、

天正十六

後五月十四日（家康）朱印（福德朱印）　淺井（道多）雁兵衞

瀬戸者等

〔加藤文書〕〇遠江

志都呂《しづろ》は遠江榛原郡五和《ごくわ》村大字志戸呂《しどろ》の地で、金谷驛の北方の山中をもと質侶《しづろ》郷といひ、今の志戸呂は金谷驛の北西一里程の所に在る。尾張瀬戸の陶工がこの地に來て陶器を造り出し、志戸呂燒と呼ばれた。この文書は志戸呂に在住する瀬戸の陶工に對し、分國中において商賣の課役を免許し、陶業の發達を保護したものである。

淺井雁兵衞道多は刈屋城主水野信元の家臣淺井六之助道忠の子である。永祿三年五月十九日桶狹間合戰で今川義元が戰死したとき、松平元康（德川家康）は大高城に居た。信元は家康の生母の兄なるを以て、淺井六之助を遣して、これを元康に報告させ、六之助は元康を嚮導して危機を脱して岡崎に歸らしめた。このとき元康は扇子を割いて六之助に與へ、後に百貫文の地を賞賜したとのことである（武德編年集成四）。

金谷・駿府間の宿中に下せる傳馬手形（天正十六年閏五月二十日）

傳馬壹疋、自ニ金谷一駿府迄可レ出者也、仍如レ件、

（天正十六年閏）戊子壬 朱印（家康傳馬朱印）（印文傳馬之調）　淺井（道多）雁兵衞　奉之

五月廿日

右之宿中

〔加藤文書〕○遠江

これも淺井雁兵衞の奉書である。

朝比奈泰勝に遺れる書狀（天正十六年七月十四日）

濃州（北條氏規）上洛依二遲延一、重而其方差越候、一刻も早く被レ上候樣可レ申事肝要候、此方逗留中上洛候へ者、仕合可レ然候間、其通能々可レ申、若於二相延一者、先可二歸國一候、委細日限待入候也、

（天正十六年）七月十四日　　御書判（家康）

朝比奈彌太郎（泰勝）とのへ

〔書上古文書〕六

本書は天正十六年七月十四日家康が家臣朝比奈泰勝に遺つた書狀である。この年の三月、家康は上洛し、四月歸國、五月二十一日北條氏政・同氏直父子に誓書を遺り、赤心を吐露して秀吉に會釋すべきことを勸めた。北條氏はその勸告を容れ、氏政の弟で一族中に重きをなせる伊豆韮山城主北條美濃守氏規を上洛させることに定めたが、容易に實行されないので、家康はこの日、朝比奈泰勝に宛てて本書を遺り、一刻も早く上洛すべきことを催促した。家康は當時秀吉母大政所の病氣見舞のため上洛中であつたから、自分の逗留中に氏規が上洛すれば好都合の旨を記したのである。泰勝は早くから、家康と北條氏との間に介在して、取次の任に當つてゐた人である。氏規はその催促に依つて翌八月二十二日上洛したけれど、氏政は秀吉の數度の命と、家康の斡旋に拘らず、遂に上洛せず、天正十八年の小田原役を誘發してしまつた。

植松右近に與へたる朱印狀（天正十六年九月二十八日）

下方・厚原・久爾鄕掛樋之事、於下爲二物主一者上、其所におひて野錢とも永貳拾貫文令二扶助一訖、

彌守ニ此旨一、永々不レ可レ有ニ怠慢一もの也、

天正拾六年

九月廿八日（家康）（朱印）（印文福徳）

植松右近とのへ

〔植松文書〕○駿河

駿河富士郡の下方・厚原・久爾郷は當時盛に開墾事業の行はれた村であり、天正十五年二月二十日には百姓二十二名に宛てたる定書が出て田畑開墾に關する規則が定められたのであるが、家康は今また重ねて朱印狀を同地の名主植松右近に與へて、水利の用に敷設する掛樋の費用として二十貫文を補助して開發を促進せしめられた。尙、この後、天正十七年十二月四日には、年貢諸役に關する定書が出された。

伊達政宗に遺れる書狀（天正十六年十月二十六日）

（折封ウハ書き）「伊達左京大夫殿　家康」
（切封）「――」

其表惣無事之儀、家康可ニ申曖一旨、從ニ殿下（豐臣秀吉）一被ニ仰下一候間、御請申、則以ニ使者一和與之儀可ニ申曖一由存候處、早速御無事之由、尤可レ然儀候、殊義光（最上）之儀、御骨肉之事候間、彌向（後）御互御入魂專要候、將亦羽折・一無上茶三斤進レ之候、委細玄越口上相含候、恐々謹言、

（天正十六年）十月廿六日　家康（花押）

伊達左京大夫殿（政宗）

〔伊達家文書〕一

本書は伊達政宗が最上義光等と講和したことを悦んで家康より政宗に遺つた書狀である。天正十六年三月、政宗は出羽山形の最上義光と交を絶ち、また會津黑川の蘆名義廣、常陸太田の佐竹義重、その外大崎義隆・岩城常隆・石川昭光等奥州仙道、會津地方の諸豪族と交戰狀態にあつた。奥羽におけるこの形勢に對し、豐臣秀吉は和平斡旋の勞を取るべきことを家康に依賴したところ、七月に入つて、政宗は最上義光・大崎義隆等と和睦したので、家康は悦んで、この書狀及び羽織と茶とを政宗に贈遺したのである。文中、義光と政宗とは骨肉の間柄故、特に入魂すべき旨を記してあるが、これは前揭のごとく、義光の妹が政宗の母に當ることを指してゐるのである。尙、このとき家康は政宗の老臣片倉景綱にも書狀を寄せた。

片倉景綱に遺れる書狀（天正十六年十月二十六日）

其表惣無事之儀、家康可レ被レ噯之旨、從二關白殿（秀吉）一被二仰付一候間、及二其御請一、即以二使者一、和與之儀可二申噯一由存候、早速無事之由珍重候、然者先相二止使節一、殊政宗・義光（最上）之事ハ、御骨肉之事候間、彌無二異儀一御入魂可レ然候、向後政宗与別而可二申談一候間、連々取成相任候、其通委玄越口上ニ相含候、將又其國へ毎年鷹所望使下候條、往還指圖可レ為二喜悦一候、上方所用等不レ可レ有二疎意一候也、

（天正十六年）十月廿六日　家康（御書キ判有）

片倉小十郎（景綱）殿

〔片倉家譜〕

本書は家康より伊達政宗の老臣片倉景綱に與へて、政宗と最上義光・大崎義隆等との講和成立を賀し、向後兩家の和融すべきこと、自分も政宗と懇意に申し談ずべきことを述べたものである。

甲斐久遠寺に下せる定書（天正十六年十一月十一日）

甲州身延山之事

一久遠寺寺中、同門前殺生禁斷并竹木免許事

一寺中并門前諸役等、任二舊規例一免除之上、(者脱カ)法度以下如二前々一從二大坊一可レ被二申付一事

一大坊并僧坊之被官人之外、令レ徘二徊寺家町中一不レ可レ借二俗家之權威一事

一分國中久遠寺末寺等、如二前々一可レ爲二住(持)寺上人一事、若寺僧末寺對二本寺一於下相二企不儀一之覺悟上者、則從二大坊一可レ有二追放一其上於二分國中一不レ可二許容一事

一信立寺寺內諸役免許事

右條々永領掌、不レ可レ有二相違一以二此旨一彌佛法興隆無二怠慢一修行肝要也、仍如レ件、

天正十六年十一月十一日　(家康)(御直判)

〔身延山久遠寺文書〕一〔御制法〕

この掟書は「權現樣」と記してあり、日蓮宗の總本山甲斐南巨摩郡身延村の身延山久遠寺に下したものである。第一條には、寺中及び門前の殺生禁斷・竹木伐採を免許し、第二條には、寺中門前の諸役を免除し、法度以下大坊より指圖を爲すべきこと、第三條には、大坊及び各僧坊の被官人の外、寺家及び町中を徘徊し、俗家の權威を借りてはならぬこと、第四條には、家康の領國內の久遠寺末寺は、住職は上人たるべく、寺僧や末寺が本寺に對して善からぬ企をなす者があつた場合は、大坊より命じて追放し、その上領國內に居住するを許さぬこと等を規定し、最後に、信立寺境內の諸役免許のことを定めてある。信立寺は甲府市內に在る久遠寺の末寺で、大永二年の開基にかゝり、久遠寺第十三世日傳上人がその開山である。

北條氏直に遣れる書状（天正十六年十一月十五日）

〔參考〕北條氏直より妙音院に遣れる書状（天正十六年六月五日）

關東惣無事之儀付而、從二羽柴方(秀長)一如レ此申來候、其趣先書申入候間、只今朝比奈彌太郎(泰勝)爲レ持爲二御披見一進之候、好々被レ遂二御勘辨一御報可二示預一候、此通氏直にも可二申達一候處、御在陣之儀候之條、不レ能二其儀一候、樣子御陣に被二御屆一可レ然之樣專要候、委細彌太郎口上申含候、恐々謹言、

(天正十六年)十一月十五日　家康（花押）

北條左京大夫(氏直)殿

〔武州文書〕十六

秀吉と氏政・氏直父子との間の外交交渉は、天正十六年四月聚樂亭行幸の翌五月、秀吉が富田知信・津田信勝・妙音院一鷗軒を使者として、氏直の入朝を催促したときに始まつた。然るに氏政父子は言を左右にしてこれに應ぜず、閏五月、氏直は使を駿府に遣して家康の調停を求め、六月五日書を妙音院に遣つて、十二月上旬、氏政が小田原を發して上洛すべき旨を申し入れた。本文中に「氏直云々」とあるから、氏政に遣つたものらしい。

拙者父子一人、可レ令二上洛一旨、御兩使(富田知信・津田信勝)御演說之條々、具得心仕候、然者老父氏政可レ致二上洛一由申候、年内者雖下可レ爲二無調一候上、涯分令二支度一、極月上旬、爰元可レ致二發足一候、委細直ニ可二申述一候、可レ然樣賴入候、恐々謹言、

（天正十六年）
六月五日

氏直（北條）（花押）

妙音院一鷗軒

〔古簡雜纂〕

そして同年八月、氏直は、叔父北條氏規を上京させた。家康の斡旋によつたのである。これより先秀吉の生母大政所が病氣のため、七月下旬、家康は夫人旭姫と共に、見舞のため上京して不在中であつたので、駿府に立寄つた氏規は、榊原康政と共に上京し、八月二十二日秀吉に謁し、兄氏政の上洛以前に、上州沼田に關する眞田昌幸の爭議を決裁せられたしと請うた（家忠日記・豐鑑・北條五代記）。しかし秀吉は、それは德川・北條間の問題だから、ともかく關係者を上京せしめよといつて氏規を歸らせ、十一月再び妙音院を小田原に遣して氏政の上洛を促した。本書はこのやうな形勢の裡にあつて、家康が朝比奈泰勝を北條氏政に遣して秀吉の意を傳へ、和平を慫慂した書狀である。

萩原源五左衛門に與へたる年貢皆濟狀（天正十六年十一月十五日）

〔參考〕大久保長安等より萩原源五左衛門に與へたる年貢割付狀（天正十六年十月十七日）

（家康）
御朱印

右之千籾納也、

（天正十六年）
戊子

十一月十五日

（家康）
御朱印

〔御庫本古文書纂〕一

萩原源五左衛門が天正十五年十一月五日年貢皆濟狀を與へられたことは曩に述べた。これも同じやうな年貢皆濟狀であり、このときも前同と同じく大久保長安等三名の連署せる年貢割付狀があるから、參考としてこれを次に掲げる。

天正十六年

面（免）付五拾分壹積六百五拾文、爲二地頭役一早々可レ有二進納一候、來月共過候者、可レ有二切錢一者也、

子（天正十六年）
十月十七日

大十兵（大久保十兵衛長安）㊞
石新（石原新左衛門正元）㊞
相喜㊞

萩原源五左衛門殿

〔御庫本古文書纂〕一

天正十七年（1589）家康四十八歲。

元旦、廷臣や諸侯は、續々大坂城に登つて豊臣秀吉に對し新春を賀した（後編薩藩舊記雜錄・日本耶蘇會年報）。その秀吉は、正月十日大阪城より入京し、十四日参內して新春を賀し奉り、十六日には京畿諸寺の住持たちが聚樂亭に到つて秀吉に新春を賀した（言經卿記・御湯殿上日記・鹿苑日錄・多聞院日記）。關白太政大臣豊臣秀吉の威望は、隆々として旭日昇天の概がある。

箱根山脈以西は、秀吉の威風の光被するところとなつたが、その以東は、依然として群雄割據の舊態を脱してゐない。奥羽では新興の伊達政宗が動搖の中心であり、關東では北條氏直が五代の積威を恃んで蟠踞してゐる。去年四月後陽成天皇聚樂亭行幸の機會に、天皇の御前において、諸侯をして、「關白殿被二仰聽一之趣、於二何篇一聊不レ可レ申二違背一事」を誓約せしめた秀吉は、これにより名分を正して、關東奥羽の諸侯に威壓を加へるに至つた。而して家康は

京畿と關東・奥羽との中間地帶に占據し、その動向は微妙なる影響を四方に及ぼすが故に、この間の苦心は頗る大なるものがあつた。

しかしながら家康は、天正十七年の秀吉が既に天正十二年小牧役當時の秀吉でないことを熟知した。天正十四年、十分の地步を占めながら秀吉に屈した家康は、爾後力めて恭順を事とし、關東・奥羽の紛爭に捲きこまれて、自己を失ふがごとき愚を敢てすることなく、姻戚の關係ある北條氏直を救護する態度も、自存の限界を越えざることに細心の注意を拂ひ、奥羽の諸雄に對しては、秀吉との間を斡旋して恩を賣るやうな行動を取つた。

伊達政宗の相手は大崎義隆であり、蘆名義廣であり、相馬義胤である。最上義光や、佐竹義重も、直接間接に驅けまはつてゐる。それ〴〵の部將たちの集散離合は紛然雜然たる形相を呈し、全國統一の大きな潮流が、澎湃として押し寄せてくるのを知らないかのやうに見える。それは邊境諸將の視野の狹さにもとづく悲哀である。

北條氏直の事情は少しくこれに異る。氏直も父氏政も、中央政界の推移に無知であつた筈はない。しかし大勢の推移に對する洞察力に乏しく、この推移に適處する人材が居らず、五代九十年の傳統の威力を過重評價して、恃むべからざるものを恃みとなし、結局自ら墓穴を掘ることとなつた。その恃むべからざる恃みの一つは德川家康であつた。これは家康にとりては迷惑至極であつたが、幾多の人生經驗を積んで練達の域に達した四十八歲の家康は、秀吉側からは疑惑の眼を注がれ、氏直方からも不信の思ひを寄せられながら、擧措を誤ることなく、爲すべきことを爲し、竭すべきことを竭し、而して自存の計を全くすることができた。

このやうな形勢の中にありて、家康は正月を駿府で迎へたらしい。その二十八日、家臣松平家忠等に命じて駿府城を修理せしめた(家忠日記)。二月十三日には信州上田城主眞田昌幸の長子信之を人質として受取つた(家忠日記)。これより先、昌幸は家康に背いて秀吉に屬し、家康は天正十三年八月、諸將をして上田城を攻めさせたが敗れ、同十四年、再び兵を發しようとしたけれど秀吉の斡旋により中止し、昌幸は同十五年三月、駿府に來りて家康に謝罪したので、家康はその請により、酒井忠次を副へて大坂に到り、秀吉に謁せしめた（寛政重修諸家譜）。その後も、上州における所領沼田城の歸屬につき、北條氏直との間の紛爭が解決せず、かたぐ昌幸は、この年信之を駿府に提出したのであらう。

三月七日、家康は入京し（家忠日記）、四月二十九日、家忠に命じて、また駿府城を修理せしめ（同上）、五月二十二日、織田信雄・羽柴秀長・宇喜多秀家と共に參內して、太刀・馬などを獻上した（御湯殿上日記）。

これより先、秀吉は、天正十四年四月二十二日、京都東山に大佛殿を建立しようとして、諸國に木材を課徵したが、前田玄以が總奉行となり土佐・九州・信州木曾・紀州熊野より巨材を伐り出し、水路を利用して大坂・淀・鳥羽に運び、五畿內・山陰・山陽二十一國より人夫を集め、これを三隊に分ち、地形を修め、石垣を造り、築山を營み、天正十六年五月十五日居礎式を行つた（高山公實錄・小早川家文書・兼見卿記・多聞院日記・太閤記・言經卿記・當代記）。家康はその棟木とするため、富士山の大木を供出すべき命を受け、八月二十七日駿府を發して駿河大宮に到り、その木材を見分したが、これは海路、熊野浦を經て大坂に廻漕せしめられた（家忠日記・創業記考異）。家康は序でに甲斐の新府にまで到つた。

九月十八日には、甲斐淨居寺に城き、尋で內藤信成をしてこれを守らしめた（家忠日記增補・落穗集・寛政重修諸家譜）。かれこれしてゐる間に、秀吉對北條氏の關係は逼迫を加へ、秀吉は討伐を決意して、その理由を明示せる宣戰布告狀を草し、十一月二十四日、家康に命じてこれを北條氏に傳達せしめ、尙、諸大名に小田原出陣の準備を令した（家忠日記・創業記考異・多聞院日記・豐鑑・太閤記等）。これより年末に至るまでの對北條氏關係は、本年十一月十四日附藤堂高虎に遣れる書狀の後に記述することとする。

小笠原秀政に遣れる書狀（天正十七年正月七日）

就㆓今度其方代替之儀㆒、關白（秀吉）殿御意之條、兩郡之事、如㆓先規之㆒、不㆑可㆑有㆓相違㆒候、然上ハ軍役等堅申付、別而可㆑被㆑抽㆓忠信㆒儀肝要候、謹言、

（天正十七年）正月七日　　家康御判

小笠原信濃守（秀政）殿

〔書簡并證文集〕○笠系大成附錄所收

本書は天正十七年正月信濃松本城主小笠原貞慶が隱居し、その嫡子秀政が父の封を嗣いだので、家康が關白豐臣秀吉の意を傳へて、小笠原氏の領地筑摩・安曇兩郡を相違なく知行すべき旨を述べたものである。貞慶は、父長時沒落ののち、諸國を流寓し、天正十年七月深志（松本）城を囘復して、筑摩・安曇の二郡を領し、男幸松丸（秀政）を人質として家康に從屬したが、小牧役ののち、天正十三年十一月、家康の家臣石川數正は家康に背いて羽柴秀吉の許に走つたとき、幸松丸を伴れてゆき、貞慶も家康に背いて伊奈郡高遠城を攻めた。しかし同十五年三月、秀吉の斡旋により、貞慶は駿府に來て家康に會ひ、同十七年正月七日、秀政に家督を相續させて隱居したのである。秀政は同年八月十三日秀吉の命により、家康の長子故岡崎三郎信康の女を娶つた。

甲斐久遠寺に下せる免許狀（天正十七年正月九日）

甲州身延山會式之開之事

天正十七年

右永所々令ニ免許一、不レ可レ有ニ相違一者也、仍如レ件、

天正十七年正月九日　朱（家康）印

久遠寺大坊

〔身延山久遠寺文書〕〇甲斐

この朱印狀には「權現樣」と記してある。日蓮宗の總本山身延山久遠寺の大坊に宛て、御會式擧行に就いて出した免許狀である。

駿府・岡崎間の宿中に與へたる傳馬手形（天正十七年二月十日）

傳馬壹疋自ニ駿府一岡崎迄可レ出者也、以如レ件、

（家康傳馬朱印）朱印　（天正十七年）己丑貳月十日　御つほね

右宿中

〔參州寺社古文書〕

本書には「權現樣ゟ被下候傳馬御朱印寫一通」と記してある。所藏者は岡崎の極樂寺である。

井出正次に與へたる年貢請取狀（天正十七年二月二十日）

覺

天正十六子

一四まい四兩二分　十俵　いなか目

天十七丑
一壹まい三拾三俵　京目
以
右分請取也、
天正十七
丑十二月廿日
(井出正次)
甚　介

〔井出甚三郎氏所藏文書〕

本書は井出甚助正次に與へた家康自筆の年貢請取狀である。正次は今川氏の舊臣で、天正十年家康に歸屬し、駿河の代官として民政を司つてゐた。この請取狀は正次が所管の地の年貢を納入したので、これに對して出したものである。

諸鄕村に下せる七箇條定書二通（天正十七年七月七日以下）

其一例

(家康)
(朱印)
(印文福德)

定

一御年貢納所之儀、請納證文明鏡之上、少も於レ無沙汰一者、可レ為二曲事一、然者、地頭遠路令二居住一

者、五里中年貢可二相届一、但地頭其領中在レ之者、於二其所一可レ納之事

一陣夫者貳百俵ニ壹疋壹人充可レ出之レ、荷積者下方升可レ爲二五斗目一、扶持米六合・馬大豆壹升宛地頭可レ出レ之、於レ無レ馬者、歩夫貳人可レ出也、夫免者以二請負一札之内壹一、段ニ壹斗充引レ之可二相勤一事

一百姓屋敷分者、百貫文ニ參貫文充、以二中田一被レ下之事

一地頭百姓等雇事、年中ニ十日充、并代官倩《やとひ》三日充、爲二家別一可レ出レ之、扶持米右同前事

一四分一者百貫文ニ貳人充可レ出レ之事

一請負申御納所、大風大水大旱年者、上中下共以二舂法一可二相定一、但可レ爲二生籾之勘定一事

一竹藪有レ之者、年中ニ公方へ五十本、地頭へ五十本可レ出之事

右七ケ條所レ被二定置一也、若地頭及二難澁一者、以二目安一可レ致二言上一候者也、仍如レ件、

天正十七年七月七日　　　天野三郎兵尉

景能（花押）

駿州

岡部

〔仁藤文書〕

家康は天正十七年七月七日以後、領國の諸郷村に對し、貢租・夫役等に關する七箇條の條規を頒つた。ここに揭げるものは、七月七日附のもの二通で、文言は大同小異であり、それより後の文書も同樣であるから、最初の二通で代表させることにする。これは家康の民政を知るべき好史料である。

この定書の第一條は年貢納入を怠る者は處罰し、近隣居住の地頭にはその所で納入し、遠所居住の場合は、五里以内に限

り運搬すべきことを定め、第二條は、軍役は收納二百俵毎に陣夫一人・人馬一疋を出すべく、荷積は下方升を以て五斗目たるべきこと、地頭よりは陣夫に對して、扶持米六合・馬糧大豆一升宛出すべきこと、馬を所有せざる者は代りとして、歩夫二人を出すべきこと、人夫に徵收せられた者は、夫免として、一段に就き一斗年貢を引くべきことを定め、以下第三條より第七條まで、百姓屋敷の年貢、地頭代官の人足徵集、請負地の年貢、竹年貢等に關する規則を定めてある。この文書は後に揭げる靜岡縣史料より纂輯せる定書一覽表の中にも採つてある。

其二例

（家康）朱印（印文福德）

定

一御年貢納所事、請納證文明鏡上、少も於二無沙汰一者、可レ為二曲事一、然者、地頭遠路ニ令二居住一者、五里中年貢可レ相二届之一、但地頭其知行ニ在レ之者於二其所一可二相納一事

一陣夫者貳百俵ニ壹疋壹人充可レ出レ之、荷積者下方升可レ為二五斗目一、扶持米六合・馬大豆壹升充地頭可レ出レ之、於レ無レ馬者、歩夫貳人可レ出也、夫免者以二請納一札内一、壹段ニ壹斗充引レ之可二相勤一之事

一百姓屋敷分者、百貫文ニ參貫文充、以二中田一被レ下之事

一地頭百姓倩事、年中ニ十日充、并代官倩三日充、為二家別一可レ出レ之、扶持米右ニ同前事

一四分壹者百貫文ニ貳人充可レ出之事

一請納之御年貢、大風大水大旱年者、上中下共ニ以二春法一可二相定一、但可レ為二生籾之勘定一事

天正十七年

一竹籔有レ之者、年中ニ公方へ五十本、地頭へ五十本可レ出之事

右七ケ條所レ被ニ定置一也、若地頭有ニ難澁儀一者、以ニ目安一可ニ言上一者也、仍如レ件、

天正十七己丑年

七月七日　丹羽源（氏久）左衞門尉（花押）

〔石上文書〕

これには宛所がない。これも靜岡縣史料より纂輯せる定書表中に採つてある。以下ことごとく省略し、次にその一覧表を掲載する。

諸鄕村に下せる徳川家七箇條定書一覧表

〔A〕御庫本古文書纂所收六十六通（内六十四通遠州・二通甲州）

年月日	奉行者	宛所	文書所藏者住所
天正十七年七月七日	伊奈熊藏家次（後忠次）	やとたしま形部右馬	遠江豐田郡彌藤太嶋村（名主）
同	同	お保鄕下村右衞門・左近三郎左衞門	同　山名郡下大之鄕村（庄屋）
同	同	西島孫兵衞・孫左衞門・六郎右衞門	同　山名郡西島村（名主）
同	同	寺谷、平松、兵左衞門・源右衞門・孫右衞門	同　豐田郡平松村（名主）
同	同	鷺坂中村、右衞門太夫・七右衞門・五郎兵衞	同　豐田郡匂坂中村（百姓）
同	同	鷺坂上分、藤大夫・助兵衞	同　豐田郡匂坂上村（名主）
同	同	海老塚藤右衞門	同　豐田郡海老塚村（名主）
同	同	こたて野孫左衞門	同　磐田郡見付町惣社明神
同	原田佐左衞門尉種雄	遠州東かい塚百姓等	同　山名郡東貝塚村（名主）
同	同	遠州かなさし村百姓等、同石岡百姓等	同　引佐郡金指村（名主）

天正十七年七月七日	原田佐左衛門尉種雄	遠州法田百姓等	遠江引佐郡祝田村（百姓）
同	同	くるめき五郎右衛門・谷衛門三・川な四郎兵衛、たつさ太郎左衛門・わしさハ太郎右衛門みたけ九郎右衛門	同 引佐郡久留米木村（名主）
同	同	遠州瀬戸村百姓等	同 引佐郡瀬戸村（名主）
同	同	遠刕芝本百姓等	同 豊田郡柴本村（名主）
同	同	遠州中江百姓等	同 山名郡長江村（百姓）
同	小栗二右衛門尉吉忠	遠州原高山百姓等	同 佐野郡桑地村（名主）
同	同	遠州大池百姓等	同 同 大池村（名主）
同	同	遠州福田地百姓等	同 豊田郡福田地村（名主）
同	同	原本鄉百姓等	同 佐野郡本鄉村（名主）
同	同	遠州原桑地百姓等	同 城東郡中村之鄉公文村（百姓）
同	神屋彌五助重勝	にしかたの鄉	同 城東郡西方村（名主）
同	彥坂小刑部（元正）	一色村	同 周知郡一色村（名主）
同	同	森鄉	同 周知郡森町村（百姓）
同	同	內田鄉	同 城東郡中內田村（名主）
同	同	鄉戸村	同 城東郡合戸村（庄屋）
同	天野三郎兵衛景能	曾我梅橋	同 佐野郡梅橋村（百姓）
同	同	遠州曾我	同 佐野郡領家村（名主）
同	同	遠州篠原	同 豊田郡篠原村（名主）
同	同	遠州沓部	同 山名郡久津部村（百姓）
同	大久保次右衛門尉忠古	遠州深見鄉百姓等	同 周知郡深見村（名主）
同	同	遠州城東郡中村之鄉百姓等	同 城東郡中村之鄉公文村（百姓）

同	同	同	遠州深見郷百姓等	同	周知郡深見村（名主）
同	同	同	遠州不入斗百姓等	同	城東郡入山瀬村（名主）
同		阿部善八郎正次	益田村	同	佐野郡增田村（名主）
同		同	赤根村	同	周知郡赤根村（百姓）
同		同	赤根村	同	周知郡赤根村
同		同	日坂	同	佐野郡日坂町（問屋）
同		酒井與九郎重勝	遠州植原地頭方百姓等	（欠）	
同		同	遠州源助村百姓等	同	榛原郡源助新田（名主）
同		水野平右衛門尉秀忠	遠州霧山百姓等	同	榛原郡切山村（布施孫兵衛家來）
同		同	遠州柏原百姓等	同	榛原郡柏原村（名主）
同		同	遠州川崎百姓等	同	榛原郡川崎町（名主）
同		渡邊彌之助光	あめのミや	同	周知郡雨之宮村（百姓）
同		同	三澤	同	周知郡三澤村（名主）
同		大久保與一郎忠利	遠州たんなうの郷百姓等	同	城東郡丹野村（百姓）
同		芝田七九郎（康忠）	さいたま村	同	榛原郡前玉村（名主）
同		丹羽源左衛門尉氏久	結縁寺	同	佐野郡結緣寺村（名主）
同		渡邊忠右衛門尉守綱	道場村百姓等	（欠）	
同		森川金右衛門秀勝	中田村	同	周知郡中田村（百姓）
同	七月九日	酒井與九郎重勝	遠州上河原百姓等	同	榛原郡川尻村（百姓）
同	八月廿四日	倉橋長右衛門尉昌次	（欠）	同	敷知郡和地村（庄屋）
同	九月三日	同	（欠）	同	周知郡大日村（名主）
同	同	同	大島村	同	山名郡大島村（名主）
同	同	伊奈熊藏家次	なほ之郷上村太右衛門・與大夫	同	山名郡上大之郷村（百姓）

天正十七年九月五日	倉橋長右衛門尉昌次	上山梨郷	遠江周知郡上山梨村（名主）
同　九月十三日	伊奈熊蔵家次	（欠）	同　敷知郡楊子村
同　同	同	天龍宿方左衛門二郎	（欠）
同　同	同	中野村四郎馬	同　豊田郡中野村（百姓）
同　十月廿八日	伊奈熊蔵家次	大窪郷惣十郎・與四衛門	甲斐大窪村小川新右衛門御代官所
同　十一月十七日	同	中萩村	（欠）
十一月廿一日	寺田右京亮泰吉	都塚之郷　右近丞・孫四郎・助七郎・六郎左衛門・四郎左衛門・理右衛門	同　八代郡北都塚村
同　十一月廿四日	神屋彌五郎重勝	谷河之村	遠江城東郡清ケ谷村（百姓）
天正十八年二月十五日	伊奈熊蔵家次	助信之郷、三郎四郎・藤右衛門	同　敷知郡助信村（神主）

〔B〕 静岡縣史料より纂輯せるもの六十四通

（但、御庫本古文書纂所收のものと重複せるもの四通を除けば六十通となる）。

年月日	奉行者	宛所	文書名	所蔵者	巻頁
天正十七年十一月十七日	天野三郎兵衛尉景能	泉東方	舊久米田村民八郎右衛門文書	駿河（今駿東郡清水村久米田）	一ノ五四五
同　十一月廿七日	天野三郎兵衛尉景能	上石田村	舊上石田村民與惣右衛門文書	（同今駿東郡大岡村）	五四六
同　十一月廿七日	天野三郎兵衛尉景能	中石田	舊中石田村民多次郎兵衛文書	（同今駿東郡大岡村）	五四五
同　十一月廿七日	天野三郎衛尉景能	木瀬河村肝煎	舊木瀬河村民九郎兵衛文書	（同今駿東郡大岡村）	五四九
同　十一月廿七日	天野三郎兵衛尉景能	清水村八幡	清水八幡神社文書	同駿東郡清水村八幡神社	六一三
同　十二月廿四日	渡邊彌之助光	大森・ふから（深良）	大庭文書	同駿東郡深良村大庭小次郎	六四一

同	十一月廿七日	天野三郎兵衛尉景能	大岡庄	舊沼津宿民九郎左衛門文書	同(今沼津市)	七八〇
同	十二月一日	大久保與一郎忠利	三枚橋四村	舊沼津宿民九郎左衛門文書	同(今沼津市)	七八〇
同	十二月廿八日	天野三郎兵衛尉景能	大淵	大淵村共有文書	同富士郡大淵村共有	二ノ九五
同	十二月四日	天野三郎兵衛尉景能	植松右近殿	厚原植松文書	同富士郡鷹岡村厚原植松弘司	一〇〇
同	十一月廿三日	伊奈熊藏家次	中野行蓮・葛山六郎左衛門・遠藏木工助・後藏惣右衛門・石河甚左衛門	中野文書	同富士郡富士根村小泉中野三郎	一四
同	十二月十三日	寺田右京亮(泰吉)	長貫の年寄佐野善兵衛殿	舊長貫村之民長兵衛文書	同(今富士郡芝富村)	五七三
同	十一月十五日	酒井與九郎(重勝)	駿州庵原庄由比	由比文書	同庵原郡由比町由比宿由比習治	六三〇
同	七月七日	大久保與一郎忠利	(宛名欠)	舊草薙里長文書	同(今安倍郡有渡村草薙)	三ノ一五
同	七月七日	大久保治右衛門尉忠左	駿州小坂百姓等	舊小坂村之民五郎右衛門文書	同（安倍郡長田村小坂)	一一三
同	七月七日	神谷彌五郎重勝	靑木之鄕	舊靑木村之民市兵衛文書	同今安倍郡長田村靑木	一一三
同	七月七日	丹波源左衛門尉氏久	(宛名欠)	石上文書	同安倍郡服織村羽鳥石上巖太郎	二一五
同	七月七日	神屋彌五郎重勝	中田之鄕	萩原文書	同今靜岡市西脇萩原秀吉	三六二
同	七月七日	渡邊彌之助光	下島	舊有渡郡下島村傳兵衛文書	同(今靜岡下島)	三六二
同	七月七日	渡邊彌之助光	石田	天野文書	同靜岡市石田天野傳太郎	三六六
同	七月七日	森河金右衛門秀勝	いけがや村	半兵衛文書	同元安倍郡宮中村半兵衛舊藏	六六二
同	七月七日	加藤喜助正次	(宛名欠)	片山文書	同志太郡廣幡村片山重左衛門	六九〇
同	七月七日	丹羽源左衛門尉氏久	鬼島百姓等	靑山文書	同志太郡廣幡村靑山榮枝	六九〇

天正十七年七月七日	加藤喜助正次	下當麻村	下當麻之民七郎兵衞文書	駿河元益津郡下當麻村七郎兵衞舊藏	六九一
同　七月七日	天野三郎兵衞景能	駿州岡部	仁藤文書	同志太郡岡部町仁藤爲藏	六九二
同　十一月廿三日	伊奈熊藏家次	下鄕市右衞門	舊子持村民市右衞門文書	同（今志太郡岡部町）	六九七
同　七月七日	伊奈熊藏家次	大か惣右衞門殿	石田文書	同志太郡大長村相岡石田憲	七五二
同　七月七日	伊奈熊藏家次	（宛名欠）	成岡文書	同志太郡六合村岸成岡隆一舊藏	七八二
同　七月十七日	伊奈熊藏家次	青島	青島文書	同元青嶋村里民五郎左衞門舊藏	七八八
同　七月十七日	伊奈熊藏家次	大木	青島文書	同上	七八八
同　七月七日	渡邊忠衞門尉守綱	鄕百姓中	原川文書	同志太郡東益津村石脇原川新作	七九九
同　七月七日	酒井與九郎重勝	駿河方上百姓中	山田文書	同志太郡東益津村方上山田熊太郎	八〇〇
同　七月七日	水野平右衞門尉秀忠	遠州高尾百姓等	板倉文書	遠江榛原郡坂部村板倉甫十郎	四ノ一〇六
同〔重出〕七月九日	酒井與九郎重勝	遠州上河原百姓等	久保田文書	同榛原郡吉田村久保田恭	一三〇
同　七月七日	小栗二右衞門尉吉忠	遠州大池百姓等	後藤文書	同小笠郡掛川町後藤武平	一七八
同　七月七日	阿部善八郎正次	日坂	伊藤文書	同小笠原日坂村伊藤文次郎	一三九
同　七月七日	彥坂小刑部（元正）	內田鄕	八木文書	同小笠郡下內田村稻荷部八木彥右衞門	二四七
同　七月七日	嶋田次兵衞尉重次	土方へ	尾白文書	同小笠郡土方村下土方尾白惇藏	二六五
同　七月七日	渡邊彌之助光	土方三郎右衞門へ	同上	同上	二六五
同　七月七日	大久保次右衞門忠左	遠州不入斗百姓等	角替文書	同小笠郡土方村角替太郎市	二六六
同　七月七日	大久保次右衞門尉忠左	遠州城東郡中村之鄕百姓等	岸文書	同小笠郡中村岸次郎作	二六七
同　七月七日	小栗二右衞門吉忠	遠州原桑地百姓等	同上	同上	二六八
同　十一月廿四日	神屋彌五郎重勝	横須賀村彌平	戸塚文書	同小笠郡笠原村山崎淸ケ谷戸塚九平	二九七

同	七月七日	酒井與九郎重勝	遠州植原地頭方百姓等	榑松文書	同小笠原平田村下平川榑松富彌	四二
同	七月七日	加藤喜助正次	(宛名欠)	榑松文書	同上	
同	七月七日	神屋彌五助重勝	友田之郷	鈴木文書	同小笠郡河城村鈴木半六	四三
同〔重出〕	九月五日	倉橋長右衞門尉昌次	上山梨郷	村松文書	同周智郡山梨町村松高助	六三六
同〔重出らし〕	七月七日	彦坂小刑部(元正)	一色村	富永文書	同周智郡宇刈村富永藏兵衞	六七七
同〔重出〕	九月三日	倉橋長右衞門尉昌次	(宛名欠)	小野田文書	同周智郡宇刈郡宇刈村宇刈小野田田三郎	六八〇
同	七月七日	阿部善八郎正次	谷崎村	北島文書	同周智郡一宮村北島哲四郎	六九〇
同	七月七日	丹波源左衞門尉氏久	天方	小澤文書	同周智郡天方村大島居小澤由太郎	七三九
同〔重出〕	九月三日	倉橋長右衞門尉昌次	大嶋村	内野文書(殘缺)	同磐田郡豐濱村内野陸平	五ノ六
同	七月七日	神屋彌五助重勝	長溝之郷	桑原文書	同磐田郡西淺羽村長溝桑原重好	七
同	七月七日	天野三郎兵衞尉景能	遠州沓部	江塚文書	駿河(今靜岡市)綠町江塚咲太郎	三三
同	七月七日	渡邊彌之助光	ひこじま六郎右衞門	名倉文書	遠江磐田郡田原村名倉貫一	七〇
同	七月七日	原田佐左衞門尉種雄	遠州鎌田神明領百姓等	鎌田神明社文書	同磐田郡御厨村鎌田神明宮	七一
同	七月七日	同上	遠州鎌田い王寺領	醫王寺文書	同磐田郡御厨村醫王寺	七五
同	七月七日	伊奈熊藏家次	於保鄕東村之内上村孫右衞門尉	鈴木文書	同磐田郡磐田町天龍上岡田鈴木勢太郎	二三三
同	九月十七日	同上	氣子嶋惣領方左近衞門尉	伊藤文書	同磐田郡井通村氣子島伊藤庄五郎	二五八
同	七月七日	天野三郎兵衞尉景能	遠州篠原	向笠役場文書	同磐田郡向笠村役場藏「古文書」調書	二九五
同	七月七日	島田次兵衞尉重次	遠州河江百姓等	久野文書	同磐田郡三川村上川會久野照次郎	二九九
同	十一月三日	彦坂小刑部(元正)	小見鄕	土屋文書	同元濱名郡鷲津町土屋廠吉	五三〇

天正十七年七月七日　寺田右京亮泰吉　遠州入野本所方百姓等　龍雲寺文書　遠江濱名郡入野村龍雲寺　六三

同　九月廿五日　伊奈熊藏家次　篠ケ瀨二郎左衞門　篠ケ瀨文書　同濱名郡和田村篠ケ瀨篠ケ瀨良一郎　六〇

靜岡縣史料は文書を地域別に排列してあるので、この表もこれに從つた。奉行者と擔當地域との關係を見るのに便利だからである。(a)御庫本古文書纂所收のものは年月日順に排列してあるので、兩者の形式が一致しない。そこで(b)靜岡縣史料のものの中より、aと重複するもの四通を除き、月日による通數を數へておく。これをaの通數と合算すれば、採錄し得た範圍內において、その日に出された定書の數を知ることができる。但、次の(c)のものは少數でもあり、今問題にしてゐない。

年月日	御庫本古文書纂所收	靜岡縣史料所收（但重出を省く）	合計
天正十七年七月七日	五一	四〇	九一
同　七月九日	一	—	一
同　七月十七日	—	二	二
同　八月廿四日	一	—	一
同　九月三日	四	—	四
同　九月五日	一	—	一
同　九月十三日	三	—	三
同　九月十七日	—	一	一
同　九月廿五日	—	一	一
同　十月廿八日	一	—	一
同　十一月三日	—	一	一
同　十一月十五日	—	一	一

天正十七年

同	十一月十七日	一	一	二
同	十一月廿一日	二	|	二
同	十一月廿三日	|	二	二
同	十一月廿四日	一	一	二
同	十一月廿七日	|	五	五
同	十二月　一日	|	一	一
同	十二月　四日	|	一	一
同	十二月十三日	|	一	一
同	十二月廿四日	|	一	一
同	十二月廿八日	|	一	一
天正十八年	二月十五日	|	一	一

以上總計百二十七通

尚、(a)御庫本古文書纂の方は所藏者住所だけ採つて氏名を略した。(b)靜岡縣史料の方は現所藏者の住所氏名を載せてある。

〔C〕諸種文書より纂輯したもの七通

年月日	奉行者	宛所	文書
天正十七年九月廿三日	水野平右衞門秀忠	宮地村	(參州岡崎領古文書)
同　十月廿七日	阿部善八郎正次	大岡之郷（三河碧海郡）	參州寺社古文書
同　同	同	三川本郷蓮華寺（三河碧海郡本郷村）	同
同　十月廿八日	伊奈熊藏家次	向山郷　左近丞・彌左衞門・市右衞門・六郎衞門・源五左衞門・九郎左衞門・新八郎・源四郎・善三郎・宮内丞・主水助・孫二郎（甲斐八代郡）	池田文書(甲斐)

同　天正十七年　同　辻次郎右兵衛　辻文書
同　十一月三日　彦坂小刑部(元正)　西大窪村（三河渥美郡）　参州寺社古文書
同　十一月廿四日　神屋彌五郎重勝　加茂之郷（三河八名郡）　同

〔附記〕以上見出すことのできたもの全部百三十四通を一つに纏めて、これを年月日順に排列整理して見たいと思ふけれど、今は原稿再検討の日時の餘裕がとれないので、このままにしておく。この資料を扱つて(a)年月日の順によつて多少の異同があること、(b)頒布された地域、(c)奉行名とその頒布地區、(d)それらの組合せによる考察、(e)参・遠・駿地方における保存の狀況等を考察することができる。

七箇條定書は甲斐の郷村にも下された。甲斐國志百人物部九に次のやうな記載がある。

「天正十七年、伊奈熊藏家次は、河内領と都留郡とを除いて、甲州九筋に亙つて検地を行ひ、同年十一月國中の寺社・諸士にして家康の朱印狀を有するものに一貫文に付、籾四俵當りで印書を出し、また村毎に七箇條掟書を頒つた。それは今でも往々保存されてゐる。その掟書には、東郡は寺田右京亮、西郡は原田佐左衛門種雄の署名がある。稀に酒井與九郎署名のものもある。編年集成には、天野以下三奉行をして御分國中六ケ條の掟書を定められたとあるけれども、甲州は百姓屋敷分は百貫文に三貫文宛、以二中田一被レ下レ之事といふ一ケ條を加へて七ケ條になつてゐる」（取意）云々。但、この一ケ條は駿・遠・三に下したものにはすべて含まれてゐるから、六ケ條といふのは誤りである。尚ほ伊奈熊藏家次は後に忠次と改名し、備前守になつた地方《ぢかた》の巧者である。

駿府・岡崎間の宿中に與へたる傳馬手形（天正十七年十月二十四日）

傳馬壹疋自二駿府一岡崎迄可レ出レ之者也、以如レ件、

（家康傳馬朱印）朱印（印文傳馬之調）

（天正十七年）己丑 神無月廿四日

おつほね

右宿中

〔參州寺社古文書〕

本書には「權現樣より被下候傳馬御朱印寫一通」と記してある。所藏者は岡崎の極樂寺である。

藤堂高虎に遣れる書狀（天正十七年十一月十四日）

其元被ㇾ入二御精一（候脱カ）て、兩度迄預二飛脚一候、爲悅候、仍來十五日之上洛可ㇾ申候由存候處、近日上樣（秀吉）爲二御忍一、爲ㇾ可ㇾ被ㇾ遣二御鷹一、吉良へ可ㇾ有二御成一之由承候間、先令二遲々一候、將亦亞相（羽柴秀長）御煩氣之由候て、至二有馬一御湯治之由、いろ〱無二御心元一候、次女共（豐臣氏）煩之儀少能候由、大慶此事候、頓而可二罷上一候間、其節萬事以ㇾ面可ㇾ申候、恐々謹言、

（天正十七年）十一月十四日　　家康（花押）

藤堂佐渡守（高虎）殿

〔高山公實錄〕三

本書は藤堂高虎に對し、來る十五日に上洛の豫定のところ、秀吉が鷹狩のため三河吉良に下向するといふことだから、延期したことを報じた返書である。亞相とあるのは、秀吉の弟大和大納言羽柴秀長のことで、病氣療養のため攝津有馬に湯治中との報を得て、その病狀を問うたのである。女共とあるのは家康の室たる秀吉の妹旭姫を指したものである。旭姫は天正十四年、家康に嫁し、十六年、秀吉の許に歸り、聚樂亭に住んでゐて病氣に罹り、久しく藥餌に親んでゐたが、その病狀が少し輕快になつたことを高虎から聞いて、悅んだのである。しかし旭姫は十八年正月に歿し、秀長は翌十九年正月に薨じた。

そこで羽柴秀長の動靜を見ると、秀長は天正十六年十月九日京都に入り（多聞院日記）、十一月十六日には宮中に美

濃柿を獻上し（御湯殿上日記）、同二十六日には大和春日社に參詣して米百石を永代寄進し（多聞院日記）、天正十七年正月六日、大坂より郡山の居城に歸り（同上）、同二十六日大和春日社に參詣（同上）、四月十九日には舊に依りて大和法隆寺の學侶をして、同寺惣山の山木下苅のことを管せしめ（法隆寺文書）、同二十一日には、夫役を奈良に課して、山城木津より大和郡山まで鹽を運送させ（多聞院日記）、本年春山城淀城の修築を命ぜられたので、それより淀に行ったらしく、五月十二日には淀より郡山に歸り（多聞院日記・增補筒井家譜・異本塔寺長帳）、同十六日にはまた春日社に詣し（多聞院日記）、二十二日には織田信雄・德川家康・羽柴秀次・宇喜多秀家と參內して太刀・馬等を獻し（御湯殿上日記）、二十八日には單獨で瓜を獻上し（同上）、六月十二日、また淀城に赴いた（同上）。この間淀城では、五月二十七日、秀吉の嫡子鶴松が生れた（御湯殿上日記・言經卿記・鹿苑日錄等）。六月二十九日には秀長はまた春日社に參詣（多聞院日記）、八月十八日には仙洞御所において猿樂を張行（御湯殿上日記・鹿苑日錄）、十月五日には奈良より米一萬石を徵し（多聞院日記）たが、十一月四日、病により攝津有馬の入湯に赴いた（同上）。このやうに見て來ると、その病氣は、天正十七年十一月ごろよりのことと思はれ、この書狀は、發病轉地後、間もないときのものであることがわかる。

以上を通じて、北條氏に關する文書がないから、去年十一月以降のことをここに記述しよう。

去年十一月十五日、家康は朝比奈泰勝を小田原に遣し、北條氏政に書狀を遣つて秀吉の意を傳へ、和平を講ずべきことを慫慂したけれど、氏政は、十二月下旬に上洛するといつた約束に違つてつひに小田原を出でず、空しく年を越した。

そして天正十七年の春に至り、氏直は板部岡江雪齋を使者として沼田事件について具申せしめた。どこまでも渉たる沼田の歸屬に拘泥してゐるのである。これに對し秀吉は裁決を與へて、（1）沼田三萬石の地を兩分し、（2）三分の二を氏直に與へ、(3)三分の一に當る名胡桃は眞田氏墳墓の地たる故に、これを眞田領とし、(4)眞田氏に對しては、放棄せる沼田の替地を家康をして代償せしめるから、(5)氏政、氏直父子のうち、いづれか速かに上洛せよと命じた。これで多年の懸案たる沼田城歸屬問題は一應の解決に達したわけである。

　これにより氏直は、父氏政が本年十二月上洛すべき旨の一札を提出したので、秀吉は七月二十一日富田一白(知信)・津田信勝を上田に遣して眞田昌幸を諭し、氏直は沼田城を受取つて、叔父武州鉢形城主北條氏邦をしてこれを管せしめ、氏邦は部將猪俣範直を城代として沼田に入らしめた。

　然るに猪俣範直は、前後の思慮もなく、同年十月、名胡桃に押寄せ、これを奪取したから、眞田昌幸はこれを秀吉に報じた。その報告が十月二十九日京都に達したので、秀吉は最後の決心をなし、十一月上旬、大谷吉繼を家康のもとに遣してこれを示した。そして十一月二十四日附を以て發した北條氏に對する宣戰布告狀は、今までに例のない堂々たる大文章であり、氏直に手渡しした本書のほか、同一文書に秀吉の朱印を捺したものを諸家に頒け與へて、出兵の趣旨を天下に公布した。その中、氏直に手交したものは亡びて傳はらないから、ここでは眞田文書(寫か)のものを參考として採錄する。伊達家文書・小田原日記・言經卿記のものは、ほぼこれと同一である。但、この布告狀は僞作の疑があるといふ人もゐる。

〔參考〕豐臣秀吉より北條氏直に遣れる宣戰布告狀(天正十七年十一月二十四日)

條々

一、北條事、近年蔑二公儀一、不レ能二上洛一、殊於二關東一、任二雅意一、狼藉條、不レ及二是非一、然間去年可レ被レ加二御誅罰一處、駿河大納言家康卿依レ爲二緣者一、種々懇望候間、以二條數一被二仰出一候へば、御請申付而被レ成二御赦免一、則美濃守(北條氏規)罷上、御禮申上候事

一、先年家康被二相定一條數、家康表裏之様ニ申上候間、美濃守被レ成二御對面一、上ハ、境目等之儀被二聞召届一、有様ニ可レ被二仰付一之間、家之郎從差越候へと被二仰出一候處ニ、江雪(板部岡)差上訖、家康與二北條(氏直)一國切之約諾儀、如何と御尋候處ニ、其意趣者、甲斐信濃之中、城々ハ家康手柄次第、可レ被二申付一、上野之中ハ北條可レ被二申付一之由相定、甲信両國ハ則家康ニ申付候・上野沼田儀者北條不レ及二自力一、却而家康相違之様ニ申成、寄二事於左右一、北條出仕迷惑之旨申上候歟と被二思食一、於二其儀一者、沼田可レ被レ下候、乍レ去上野のうち眞田(昌幸)持來候知行三分二、沼田城ニ相付、北條ニ可レ被レ下候、三分一ハ眞田ニ被二仰付一候條、其中ニ有レ之城を眞田ニ可二相拘一之由、被二仰定一、右之北條ニ被レ下候三分二之替地者家康より眞田ニ可二相渡一旨、被レ成二御究一、北條可二出仕一との一札出候者、則被レ差二遣御上使一、沼田可二相渡一と、被二仰出一、江雪被二返下一候事

一、當年極月上旬、氏政(北條)可レ致二出仕一旨、御請一札進上候、因レ玆被レ差二遣津田隼人正・富田左近將監一、沼田被二渡下一候事

一、沼田要害請取候上ハ、右之一札ニ相任則可二罷上一と被二思食一候處、眞田相拘なくるみ(名胡桃)の城を取、表裏仕候上者使者(石巻康敬)ニ非下可レ被レ成二御對面一儀上候、彼使雖レ可レ及二生害一、助レ命返遣候事

一、秀吉若輩之時、孤と成て、信長公屬二幕下一、身を山野ニ捨、骨を海岸ニ碎、干戈を枕として、夜ハよ寝、夙におきて、軍忠をつくし戰功をはけます、然而中比より蒙二君恩一、人ニ名を知らる、依レ之、西國征伐之儀被二仰付一、對二大

敵一争二雖雄一刻、明智日向守光秀以二無道之故一奉レ討二信長公一、此注進を聞届、彌彼表押詰、任二存分一不レ移二時日一令二上洛一、逆徒伐二光秀頸一、報二恩惠一、雪二會稽一、其後柴田修理亮勝家、信長公之厚恩を忘、國家を亂し叛逆之條、是又令二退治一、早一此外諸國叛者討レ之、降者近レ之、無下不レ屬二麾下一者上、就レ中秀吉一言之表裏不レ可レ有レ之、以二此故一、相二叶天命一者哉、予既擧二登龍揚鷹之譽一、成二鹽梅則闕之臣一、關二萬機政一、然處乙氏直背二天道之正理一、對二帝都一企二奸謀一、何不レ蒙二天罰一哉。、古諺云、巧詐不レ如二拙誠一、所詮普天下逆二勅命一輩、早不レ可レ不レ加二誅伐一、來歳必携二節旗一令二進發一、可レ刎二氏直首一事、不レ可レ廻レ踵者也、

天正十七年十一月廿四日　朱（秀吉）印

北條（氏直）左京大夫とのへ

〔眞田文書〕

この布告狀は五箇條より成つてゐる。第一條は北條氏の緩怠を責めたものである。第二條は眞田昌幸の所領たる沼田城の處分に關して論ぜるものである。第三條は北條氏政上洛の約束について言へるものである。第四條はその約束にもかかはらず、上洛を實行せず名胡桃城を奪ひたる罪を鳴らし、その誠意なき旨を論じて、征討軍進發の理由を明かにしたものである。第五條は秀吉が自己の閲歴・皇室の恩遇を說き、主義主張を示して宣戰を布告したものである。このやうな堂々たる大文章を天下に公布したことによつて、秀吉が小田原征伐を重大視したことを知り得る。

秀吉は新庄直頼を駿府に遣して、この絶緣の宣戰狀を家康に交付し、家康をしてこれを小田原の北條氏直に傳達せしめ、また諸侯に小田原出陣の準備をなすべきことを令した（家忠日記・多聞院日記・創業記考異・天正記・太閤記等）。家康はこれを氏直に送致し、氏直父子が速かに謝罪の實を示すべきことを忠告し、富田一白（知信）・津田信勝も、十二月

五日、書を氏直に遣つて、秀吉の忌諱に觸れたる妙音院を竊かに招致しようとしたことを詰問したところ、氏直は、七日兩人に返書を遣り、父氏政の上洛、名胡桃城奪取の件などにつき辯疏した（諸家感狀錄）。參考として左にこれを掲げる。

〔參考〕北條氏直より富田知信・津田信勝に遣れる辯疏狀（天正十七年十二月七日）

條々

一老父（氏政）上洛遲々之由有レ之間、至二沼津一御下向、一昨五日之御紙面案之外ニ候、抑去夏妙音院一鷗軒下國之刻、截（氏政）流齋於二罷上儀一者勿論ニ候、併當年者難レ成候、來春夏之間可二發足一之由、條々雖二御理候一、不レ可二相叶一旨、頻承候、公儀之儀不レ及二了簡一、極月（卒爾）半途迄も罷出、正月中可二著京一由候キ、就レ中先年家康上洛之砌ﾅﾚ、被レ結二御骨肉一、猶大政所ヲ三州迄御移之由承屆候、然而名胡桃仕合ニ付、御腹立、或永可レ被二留置一、或國替、ヶ樣之惑說ニ付方々申來候條、二度下國存切之由、截流齋申候、父子之困、可レ有二御察一候、依レ之妙音院一鷗（相）招申、縱此儘在京候共、晴二胸中一、心安上洛爲レ可レ申ニ候、更非二別條一候事、

一、此度爲二祝儀一爲二指上一候石卷（康敬）御取成之模樣、於二都鄙一失二面目一候、更以氏直相違之扱、毛頭有間敷候、御兩所（富田知信・津田信勝）へ恨入候、去四日妙音院此方へ招申儀（者）、石卷御取成不審ニ而、內々可二尋申一存分故ニ候、然ﾓ半途ニ而被二相押一之由、無二是非一存候條、以二書付一申述候事、

一、此上も無二疑心一至二御取成一ﾅﾚ、無二猶豫一、截流齋可二上洛一旨申候間、御兩所有二御分別一、可レ然樣ニ所レ希候、

一、名胡桃之事一切不レ存候、彼城主ニ候歟、中山（九郎兵衛）書付進レ之候、旣眞田手前へ相渡內（申）ニ候間、雖レ不レ及二取合一候上、

越後衆半途へ打出、信州川中島と知行替之由申候間、御糺明之上、従二沼田一其已來、加勢之由申候、越後之事ハ、不レ成二一代一古敵、彼表へ相移候者、一日も沼田安泰ニ可レ有レ之候哉、乍レ去彼申所實否不レ知候、自二家康一も先段(承候間)、尋極爲レ可レ申ニ召遣候キ、定而二三日中ニ可レ來候、努々非二表裏一、名胡桃當時百姓屋敷、淵底、以前御下國之砌、可レ有二見分一歟之事、

一、以前渡給候吾妻領、眞田以二取成一、百姓等押拂、一人も不レ置候、剩號二中條(a)一北面旨（?）臺詰不二相渡一候、ケ様之儀、少事ニ、可二申達一様無レ之候間、打捨置候、猶名胡桃之事ハ、對決之上、何分も可レ任二承意一事、以上、

(a) 武家事紀には「其儘人前旨（?）臺詣不相渡」とあり、武徳編年集成には「其儘人別壺詰不相渡」とあり、東武談書には「前旨（?）臺之諸不相渡」とある。

氏　直花押

十二月七日

(b)富田平右衛門(知信)殿

津田四郎左衛門(信勝)殿

〔諸家感狀録〕〔武家事紀〕中三十三

(b) 武家事紀・武徳編年集成には、富田左近將監殿・津田隼人正殿としてある。

氏直はこれに次ぎ十二月九日附にて家康に答書を遣つた。同日附氏政・氏規の書狀と共にこれを左に採録する。

〔參考〕北條氏直より家康に遣れる書狀（天正十七年十二月九日）

従二京都之一御書付給候、并御添狀具披見、内々逐(遂)一雖レ不レ可レ及二貴答一指還相ニ似慮外一候歟之間、先令二閉口一候、畢竟自二最前之旨趣一、貴老淵底御存之前委細被二仰披一候者、可レ爲二本懐一、猶罪之被レ糺二實否一候様所レ希候事、

一兩日以前以二使者一申候キ、津田(信勝)・富田(知信)方へ申遣五ケ條御披見上、重說雖二如何候一猶申候、名胡桃努自二當

方ニ不ニ乘取一候、中山書付進レ之候キ、御紀明候者可ニ聞召届一事、

一上洛遲延之由、露ニ御狀一候、無レ曲存候、當月之儀正(月)・二月にも相移候者尤候歟、依ニ惑説一妙音一鷗相招、可レ晴ニ胸中一由存候處、去月廿余日之御腹立之御書付誠驚入候、可レ有ニ御勘辨一事、

右之趣御取成所レ仰候、恐々謹言、○旁註東武談叢（但、人名を除く）。

(天正十七年)
十二月九日　　氏(北條)直（花押）

(家康)
徳川殿○御感證文集には「徳川御殿」

〔古證文〕五

〔參考〕北條氏政より家康に遣れる書狀（天正十七年十二月九日）

(貴)御札披見本望候、抑今度之樣子案外至極候、已前以ニ鈴木一氏直申達候キ、能々初中後有ニ御工夫一、可レ然樣ニ御取成專要候、何篇ニも氏直無ニ表裏一所分明可レ被ニ仰立一候事、年來之筋目、此節候、悉皆貴老可レ有ニ御指引一候、恐々謹言、

(天正十七年)
十二月九日　　氏(北條)政（花押）

(家康)
徳川殿

〔古證文〕五

〔參考〕北條氏規より家康に遣れる書狀（天正十七年十二月九日）

貴札之趣、氏直父子具爲ニ申聞一候、委細直被ニ申達一候、有ニ御得心一、可レ然御取成所レ仰候、可レ得ニ御意一候、恐惶々

謹言、

（天正十七年）
極月九日　　北條美濃守氏規（花押）

（駿府公・家康）
駿　府

（貴報）
尊報人々御中　〔古證文〕五

以上括弧の中の右註は「御感證文集」に據つた。

しかしこのとき家康は不在であつたから、この書狀は何の効果をも齎さなかつたと思ふ。家康は、十一月二十四日の宣戰布告狀を氏直に傳達したのち、十一月二十九日駿府を發して上京し、十二月十日聚樂亭に赴きて秀吉に會ひ、在京中の上杉景勝・前田利家等と共に北條氏討伐の議に與つた（家忠日記・同增補・創業記考異等）。十二日には後陽成天皇より煉香の下賜を拜した（御湯殿上日記）。尋で十三日には酒井家次に命じ、使を駿府に下して小田原出陣の用意をなさしめ、二十二日駿府に歸著した（家忠日記・同增補・神君年譜・創業記考異）。秀吉の態度は確定し、家康の態度も確定し、これに應じて氏直も戰備を修め、戰雲が箱根附近に低迷する間に天正十七年は暮れていつた。

天正十八年（1590）家康四十九歲。

天正十八年になつた。この年は小田原陣に勝ちて北條氏を滅ぼし、奥羽を席捲して全國統一の大業を完成したことによりて、秀吉の生涯に重大なる轉機を劃した年なると同時に、多年經營した三遠駿甲信の五箇國を放棄して、北條氏の故地及び群小諸侯の領地を含む關東に移封せしめられたることによりて、家康の生涯にもまた重大なる轉機を劃した年であつた。但、異るところは秀吉にとりては完成の轉機であるのに對し、家康にとりては創業の轉機であることであつた。

家康の關東移封決定は、天正十八年七月十三日であり、その江戸入城は八月一日である。この間の十七日間、家康は駿府に歸ることなく、秀吉の北上に先んじて、二十七日陸奥白河に著陣し（淺野家文書）、秀吉の宇都宮在陣中、引き返して八月一日江戸城に入つたのであつた。故に家康文書の編次を整理するに當り、駿府在城の時代と江戸在城の時代との境界を何月何日に置くべきかについては、多少の考慮を要する。江戸時代においては、天正十八年八月朔日を以て、「權現樣御入國」の記念日とし、「八朔」を以て祝祭日としたから、江戸在城の時代を、この日より始めても差支へないけれど、さうすれば駿府在城の時代を、家康が最後に駿府城と別れた天正十八年三月二十二日においてはどうだらうといふ見解が出るかも知れない。そこでここでは天正十八年七月十三日關東移封の決定した日を以て、二つの時代の境目とすることにきめる。隨つて七月十六日附で舊北條家臣遠山直吉に與へて妻子の安全を保障した「御墨判」は、これを江戸城時代のものとして扱ふ。

このやうに範圍を限定すれば、駿府在城時代中、天正十八年の部に收められる文書は、正月の禁制より六月二十五日本多忠勝等に與へたる直書までの約二十二通ほどになる。その期間の大部分は、小田原陣で費されてゐるが、これに關するものは極めて少なく、奧羽諸侯との往復文書及びその他のものの方が多い。故にここにはこの期間內の概說をやめて、各文書に卽して說明する方針を取らう。

とはいふものの天正十八年初めにおける家康の最大關心事は、何といつても小田原征伐であつたから、この間に處せるその行動を見ることは必要事である。秀吉に同調してはゐるけれど、氏直の外舅であることは、家康の立場を微妙な不安の裡にあらしめたからだ。

家康は無益な嫌疑を避けることに力め、天正十七年十二月十日、秀吉に會つて東征の軍議に與り、十三日使を駿府に遣して出陣の用意を命じ、二十二日駿府に歸著し、天正十八年正月十三日、第三子長丸を上洛せしめた。長丸は十二歳であり、井伊直政・酒井忠世・靑山忠成等が附添ふた。秀吉は、十五日、聚樂亭で長丸に會ひて非常に喜び、元服させて秀忠と名け、織田信雄の女を養ひて二十一日聚樂亭で秀忠と婚儀を擧げさせ、尋で秀忠を駿府に歸らしめた(家忠日記・多聞院日記・晴豐公記・武德編年集成等)。

その前日なる正月十四日、兼て病氣のため聚樂亭で療養中の家康夫人旭姫は、四十八歳で歿した。しかし東征の大事に際會してゐるので秘して喪を發せず、これを東福寺に埋葬した(當代記・創業記考異・慧日規箴・家忠日記増補・以貴小傳等)。南明院夫人と號する。家康はその後また正室を迎へない。

曩に秀吉より東海道の先鋒を命ぜられた家康は、正月二十一日、秀忠婚儀の日、諸將を駿府に會して軍議を運らし(家忠日記・武德大成記等)、二十七日、甲斐の武川衆に所領を加增し(譜牒餘錄)、二月四日、出羽の最上義光に秀吉の小田原出陣を待ちて來謁することを勸め(東京國立博物館所藏文書)、七日、酒井家次・本多忠勝・榊原康政・平岩親吉・鳥居元忠・大久保忠世・井伊直政をして駿府を發せしめ(家忠日記・朝野舊聞裒藁・武德編年集成)、[十日家康自ら駿府を發して賀島《かじま》に出陣した(家忠日記・創業記考異・落穗集等)。二十一日には富士川に架けた舟橋の竣工を見たが、この日織田信雄の駿府に著するあり、二十四日、信雄の先鋒は駿府の三枚橋(沼津)に至り、家康は長久保に著陣した。長久保は駿東郡長泉村長窪の地で黃瀨川に面する交通上の要所であつた。尋で二十六日には家康が秀吉のために諸將に課して宿驛に造らせた茶亭のうち、駿府吉原の茶亭が竣工した(家忠日記・落穗集・神君年譜・譜牒餘錄・武德大成記等)。

而してこの月家康は松平清宗をして駿府吉原城を、山口直友をして同興國寺城及び蘆原・舟橋を、成瀬正一をして甲斐甲府城を、市岡忠吉をして信濃飯田城を、小田切昌吉をして同岩村田城を守らしめ（譜牒餘錄・寛永諸家系圖傳・寛政重修諸家譜）、また軍法を定めて諸將に頒つた（鳥居家文書・德川家康軍法書・神君年譜）。

このやうにして二月は過ぎた。ここで踏みとどまつて正月・二月の家康文書を見る。

平野重定・同武平に下せる禁制（天正十八年正月）

禁制

一軍勢甲乙人等亂妨狼藉（藉）事

一放火事

一對二地下人百姓一、非分之儀申懸事

右之條々、若於二違犯之輩一者、忽可レ被レ處二罪科一者也、

天正十八年正月日　御朱印（家康）

〔書上古文書〕七

本書には「平野三郎右衛門重定拜領、同茂十郎武平拜領、關東御入國之節東照宮御判物」と記してある。しかし家康の關東入國は、この年八月のことであるから、これは、小田原出陣前に下した禁制である。但、淺野文書には、全然これと同文の禁制が、天正十八年正月日として秀吉からも出されてゐる。秀吉の禁制は、遠江・駿河等の社寺に下されたものであ

つた（淺野家文書・吉川家文書以下諸家文書・法藏寺文書・蒲神社文書以下諸社寺文書等）。

駿府・濱松間の宿中に與へたる傳馬手形（天正十八年二月四日）

傳馬壹疋、駿府ゟ濱松迄、上下無二相違一可レ出者也、以如レ件、

天正十八寅年二月四日　〔淺草文庫本古文書〕水野

右宿中　〔書上古文書〕四

本書には「水野孫助信久拜領、同藤右衛門信之書上、東宮より賜候人馬之御朱印」と記してある。拜領者は水野信久である。

最上義光に遣れる書狀（天正十八年二月四日）

舊冬兩度鷹上給候、喜悅此事候、仍其方上洛、殿下（秀吉）へ申上候處、先以御無用之由御意ニ候、去年御意之御鷹三連、則備二上覽一候、一段御自愛御機嫌不レ斜候、於二家康一大慶不レ過レ之、（脫）將又關白殿相州御動座三月上旬必定ニ候、落去不レ可レ有レ程候、其刻早々御越可レ被二仰上一儀專一候、猶重而可二申入一候、恐々謹言、

（天正十八年）二月四日　家康御判

（最上義光）山形出羽守殿

〔書上古文書〕七

本書は天正十八年二月、小田原出陣のため、進發する直前、以前より懇意なる出羽山形城主最上義光に對し、舊冬、鷹を贈られたことを謝し、秀吉が三月上旬、北條氏征伐のため相模に出馬することを告げて、その軍と會すべきことを勸めた書狀である。これより先、義光は、伊達政宗及び上杉景勝と領域を爭ひ、家康の斡旋によつてこれを秀吉に訴へ、家康及び秀吉に國產の鷹を贈り、また自ら上洛することを報じて來たのであるが、家康は秀吉の意を傳へて上洛を止め、小田原に參會することを申し入れたのである。

井伊直政に與へたる直書（天正十八年二月十五日）

急度如レ此御朱印被レ下候、可レ有二披見一候、早々妻子被レ越尤候、油斷有間敷候也、

（天正十八年）二月十五日　大納言（家康）（花押）

井伊侍從殿（直政）

〔中村不能齋採集文書〕一

本書には「徳川家康書 天正十八年二月十五日代筆、井伊伯藏」と記してある。この月、家康は小田原出陣に際して、十五箇條より成る軍法を麾下の將士に頒つたか、本書はこの時の添書であらうと思はれる。その軍法には日附がないが、鳥居元忠に與へたものを、便宜ここに採錄する。直政に與へたこの直書によれば、軍法は、二月十五日以前に頒布されたものであらう。

諸將に頒與せる十五箇條の軍法（天正十八年二月）

軍法事

一御朱印御掟之旨、於二違背申輩一者、其身の事ハ不レ及二沙汰一、妻子共ニ罪過ニをこなふへき事、

一喧嘩口論堅令二停止一畢、然上及二鬪諍一者、不レ論二理非一、左右方共ニ可レ令二成敗一、或傍輩或知音

の好を以、令ニ荷擔一者、其科不レ輕條、其主人として急度可レ致ニ成敗一、若令ニ用捨一、不レ加ニ成敗一者、縱後日乙聞出といふ共、背ニ禁法一の上は、令ニ最負一者の知行を可ニ沒收一事、

一無ニ下知一而、先手を、さしをき、物ゝをつかはす儀可レ爲ニ曲事一、

一先手をさしこゑ、高名せしむといふ共、軍法をそむくの上は、妻子以下まて可ニ成敗一事、

一無ニ子細一而、他の備へ相交輩在レ之者、武具馬共乙可レ取レ之、主人及ニ異儀一者、共以可レ爲ニ曲事一、但用所あるにをひてハ、うちのけて可レ通事、

一人數押之時、わき道すへからさるよし、堅可ニ申付一レ之、若みたりに通るにをひてハ、其物主可レ爲ニ曲事一、

一諸事奉行人差圖をそむかは、是又可レ爲ニ曲事一、

一爲ニ時之使一差遣人申旨、いさゝかも違背すへからさる事、

一小荷駄押事、兼而相觸の上ハ、軍務に不ニ相交一レ樣よ、堅可ニ申付一レ之、若みたりよ相交者、其者を可ニ成敗一事、

一於ニ陣取一、馬を被レ放者、可レ爲ニ曲事一、

一無ニ下知一而、男女不レ可ニ亂取一、若取レ之、陣屋乙隱置者、其物主可ニ相改一レ之、他より聞出、令ニ闕落一者、主人知行を可ニ沒收一事、

付、敵地家、無二下知一而、先手者不レ可レ放レ火レ之、
一無二下知一而、不レ可二陣拂一之事、
一人數押之時、小旗・鐵炮・弓・鑓、次第を定、奉行を相添可レ押レ之、みたりよをさは可レ爲二曲事一、
一持鑓ハ、軍役の外たるの間、長柄をさしをき不レ可レ令レ持レ之、但長柄の外令レ持レ之者、主人馬廻ニ、一丁たるへき事、
一諸商買押買狼藉令二禁止一畢、若於二違背之族一者、可レ處二嚴科一事、
右條々、令二違犯一者、日本國中大小神祇照覽、無二用捨一可レ加二成敗一者也、仍如レ件、

天正十八年
二月吉日　(家康)(花押)

鳥居(元忠)彦右衛門尉殿

〔鳥居家文書〕〔德川家康軍法書〕

この軍法は、諸將に頒與したもので、ここには鳥居元忠宛のものを採つたが、このほか淺野家文書・書上古文書・中村不能齋採集文書等にも見えてゐる。いづれも大同小異である。

三月になつた。その朔日秀吉は華麗なる行裝を整へ、堂々として京都を進發し、後陽成天皇は四足門前の假樓に出御ありて、これを叡覽あらせられた（御湯殿上日記・晴豐公記・言經卿記・當代記・太閤記等）。その東下を聞きつつ、家康は八日伊豆韮山に進擊すべき命令を諸將に下し、十四日松平家忠に命じて駿河の吉原に秀吉の陣屋を作らしめ、十九日秀吉が駿府に入城するに及び、二十日駿河長久保より駿府城に到つて秀吉に會ひ、これを饗應した（家忠日記・創業記考異・落穗集等）。長久保は駿東郡黃瀨川の東岸、三島の北に在る地點だから、家康は北條氏の勢力圈まで進出し、その前衞と接觸してゐたのである。

家康は秀吉を饗應した翌々二十二日長久保の陣地に還り、二十七日秀吉が三枚橋城（沼津）に著いたときには、信雄と共にこれを出迎へた（家忠日記・島垣文書・古今消息集等）。そして二十八日秀吉と共に伊豆山中城の地形を巡視し、秀吉の命により小田原口の先鋒となり、元山中の間道より進んだ（家忠日記・創業記考異・關八州古戰錄等）。

二十九日羽柴秀次等は山中城を攻め、守将松田康長を斃してこれを陥れ、北條氏勝を相模玉繩城に走らせ、織田信雄等は北條氏規を韮山城に攻めて、その外郭を破つた（毛利家文書以下諸家諸寺文書・古今消息集・家忠日記・當代記・前橋舊藏聞書・小田原日記・北條五代記等）。

このやうにして三月は過ぎた。その間における家康文書には次の數通がある。

山内氏勝に遣れる書狀（天正十八年三月八日）

態預二使者一、祝著之至ニ候、今度与二伊達（政宗）一御手合候條、被レ為二心配一之段、所二察入一候、（山内）大學儀郎（而カ）差遣候間、可レ被レ遂二本意一候、仍而具足一領・栗毛馬一疋・國俊之太刀一腰進之候、尚追々自二（正信）本多方一可二申入一候、恐々謹言、

（天正十八年）三月八日　家康（花押）

（氏勝）山内刑部太輔殿

廻報

〔山内家譜古文書〕

山内氏勝は會津黒川の蘆名義廣の屬將で、横田城にゐた名族である。天正十七年六月、義廣は伊達政宗と磨上原に戰つて大敗し、その領邑を失ひ、常陸に走つたが、氏勝は横田城に留まり、政宗の兵を引受けて拒戰に努めた。その家譜の記載に依ると、氏勝は使者を馳せて秀吉に援助を乞ひ、また家康に仕へてゐる弟大學を通じて家康にも援助を求めた。本書はこのとき家康が遣つた返書であつて、大學を赴援せしめることを述べてある。本書の文體については些か疑しいところがあるけれども、姑く家康の書狀として收載して置く。因に氏勝は間もなく政宗のために本城を失ひ、輾々として最上・蒲

生・上杉等の諸氏に身を寄せ、流浪生活の中に白河で歿したといはれる（家譜）。

武藏本門寺・相模妙本寺に遣れる書狀（天正十八年三月十日）

當表在陣、爲レ屆二使僧一、殊褶貳端到來、祝著候、猶全阿彌可レ申候、謹言、

（天正十八年）
三月十日　　御花押（家康）

妙本寺

本門寺

〔新編武藏風土記稿〕貳 卷四十五 荏原郡七

本書は日蓮宗の本山たる武藏荏原郡池上の本門寺及び鎌倉比企谷の妙本寺が在陣見舞として使僧を遣し、褶二反を遣ったのに對して出した禮狀である。天正十八年三月、小田原征伐のため、將に相模に攻め入らうとしてゐた頃のものであらう。さうだとするとすれば三月十日は長久保在陣中である。このとき池上本門寺の住持は第十二世日惺上人（風土記稿）。

羽柴秀長に遣れる書狀（天正十八年三月十八日）

御懇札委細令二拜見一候、仍此表無二相替儀一候、近日上様（秀吉）可レ爲二御著座一條、奉レ得二御下知一、可レ及レ行所存候、我等案內者之儀候間、彼表之儀、不レ可レ入二御手間一候之間、可二御心安一候、將又御煩追日被レ得二驗氣一由、大慶不レ過レ之□彌養生專一候、猶期二後音之時一候、恐々謹言、

（天正十八年）
三月十八日　　家康（花押）

大和大納言殿（羽柴秀長）

〔圓光寺文書〕○山城

本書は天正十八年小田原征伐のとき、秀吉の異父弟羽柴秀長に遺つた書狀である。家康は二月十日駿府を出て長久保まで進んだが、秀長の來翰に接し、自分は案内を知つてゐるから、秀吉の下知を待つて、直に小田原に攻入るべきことを述べ、秀長の病氣を見舞つたのである。秀長は十七年の暮頃より病にかかり、大和郡山の居城で療養中であつた。この書狀の日附の翌十九日秀吉は駿府に著陣、その翌二十日家康は駿府に歸つて秀吉を饗應した（家忠日記）

最上義光に遺れる書狀（天正十八年三月二十二日）

芳墨并鷂御意給候、遠路殊喜悦之至候、於二關白様（秀吉）へ年頭之御祝儀一者、申上（候脱）、就二北條御成敗一、御動座候之間、爲二其方上洛一被レ上候御鷹、卽於二駿府一上申候、一段御悦思召候、關東御靜謐不レ可レ有レ程候、然者御身上之義、一途可レ被二仰付一候條、可二御心安一候、委細彼使節可レ有二演說一候、恐々謹言、

（天正十八年）三月廿二日　家康御判

山方出羽守殿（最上義光）

〔書上古文書〕七

本書は最上義光が年頭の祝儀として、書狀及び鷂を贈つて來たのに對する返書である。義光はこのとき、家康を通じて、秀吉にも鷹を贈つたが、丁度秀吉が小田原征伐のため駿府に著いたので、家康はこれを取次ぎ、また義光の身上に就いては、秀吉より近く安堵せしめられるであらうから安心すべきことを申し送つたのである。秀吉が駿府に著いたのは十九日、家康が長久保陣から歸つて秀吉に會つたのは二十日、また長久保に歸陣したのは二十二日であるから、この書狀は、再び駿府を出發した日に差出したものである。

四月になつた。この月の大事は、ことごとく小田原城包圍に集中してゐる。

四月一日、秀吉は軍を進めて箱根山に陣し、家康は二子山の北方にある鷹巣城を攻略し、脇坂安治・九鬼嘉隆・加藤嘉明・長宗我部元親の率ゐる水軍は伊豆下田城を攻め、家康の水軍向井正綱は同田子の壘を攻め、本多重次は同阿蘭の砦を陥れた。二日秀吉は箱根山を下りて湯本に陣し、家康も諸將と共に参會、三日秀吉は軍を小田原に進め、家康は諏訪原に移つた。四日家康は秀吉の命により子秀忠を駿府より陣中に招いた。五日ごろより秀吉は石垣山に本營を築きはじめたらしいが、家康が信雄と共に北條氏に內通するといふ風說がおこつたので、十五日、秀吉は近臣數人を從へて家康の營を訪ひ、更に家康と同道して信雄の營に臨み、以て他意なきを示し、風說を解消せしめた。既にして上州松井田城の大道寺政繁先づ降り（二十日）、同箕輪・厩橋・石倉等の諸城もついで降り、相州玉縄城の北條氏勝もまた降り（二十一日）、武州江戸城も降り（二十二日）、家康の將本多忠勝・鳥居元忠・平岩親吉は秀吉の將淺野長吉（長政）等と共に武藏・上總・下總等の諸城の攻略に向つた（以上、家忠日記・古今消息集・創業記考異・朝野舊聞裒藁・北條五代記・關八州古戰錄・太閤記・北條記・島垣文書・吉川家文書・鳥居文書・淺野家文書・眞田家文書等諸家文書・寛永諸家系圖傳・寛政重修諸家譜・譜牒餘錄等）。

家康をしてその子秀忠を招かしめた秀吉は、十三日京都にゐる北政所杉原氏（高臺院）の來書に答へて、十三日小田原の戰況を報じ、側室淺井氏（淀殿）を陣に中下向せしめるやうに取計らはれたいと求めた（高臺寺文書）。これは名高い書狀であり、その中に「大名共に女房を呼ばせ、小田原にあり著き候へと申し觸れ、右とう〳〵ら(衍カ)の如くに長陣申しつけ候云々」とあることにより、諸將にもその妻女を召さしめて長圍の計をなしたといはれるが、北條五代記によれば、包圍されてゐる小田原城中の士女も、酒宴遊舞を催し、賑やかで落著いてゐたさうだ。このやうな情勢の下で、この月の家康文書を四通採錄した。

上杉景勝に遺れる書狀（天正十八年四月二日）

木下半介（吉隆）方迄書狀指越候處、如レ此返札参候、爲ニ御披見一進候、此書狀先々早々御届可レ被レ成候、恐々謹言、

（天正十八年）卯月二日　家康

（上杉景勝）越後宰相殿

〔別本歷代古案〕十五

上杉年譜の記事に依れば、本書は天正十八年、小田原征伐の陣中より上杉景勝に遺つた書狀である。木下半介吉隆は秀吉の家臣であるが、軍議内談のため、吉隆よりの返書を諸將に廻覽せしめたものであらう。吉隆の返書は審かでない。景勝は前田利家と共に、三月二十八日、上野松井田城の攻擊に著手した。秀吉は四月一日軍を進めて箱根山に陣し、その戰況を景勝・利家に報じて上野の諸城の攻略を命じ（島垣文書・上杉年譜）、家康は四月一日或は二日の頃、箱根山中の宮城野城を攻略したらしい。そこでこの書狀の文意を按ずるに、これより以前家康が木下吉隆に書狀を遺り、吉隆より返書が來たので、これを景勝に回送したのであるが、その用向は軍議の內談であり、「先々早々御屆可レ被レ成候」とあるから、その返書を、尙、諸將に廻覽せしめたらしく思はれる。但し、吉隆の返書の內容は審かでないけれど、箱根山中の險路を敵兵を追散らしながら進軍の途中にこの書狀を添へて急使を出したのだから、緊急重要事項を含んでゐたものであらう。秀吉はこの日湯本に著陣し、家康は翌三日山を下つて小田原城の丘陵地に達した。それは強行軍であつた。

淺野幸長に遺れる書狀（天正十八年四月五日）

急度申入候、仍内々此口可レ被レ押ゥと待入候處、早川口へ被ニ相向一之由候、其表之様子承度候、

當手之儀、敵惣構向之山崎ニ陣取候、敵一人も不ニ相見一、無ニ正躰一候、諸事行等同事可ニ申合一候、尚期ニ面謁之時一候、恐々謹言、

(天正十八年)卯月五日　家　康(花押)

浅野左京大夫(幸長)殿

〔浅野家文書〕

本書は天正十八年、小田原攻圍中、淺野幸長(長政の長子)に遣つた書狀である。このとき幸長は早川口より向つたので、その方面の戰況を問ひ、自ら小田原城惣構正面の山の突端に陣取したことを告げ、敵情を報じたのである。家康は三月二十八日、元山中の間道より進んで、四月一日鷹巣城を略し、尋で宮城野城を取り、明神嶽の中腹を東下して足柄村久野諏訪原に出で、小田原城の北部に達した。家忠日記四月三日の條に「小田原迄をしこみ候」とある。それより半里ほど東南に下ると、小田原城の外郭と相對する丘陵に出る。家忠日記四月四日の條に「城ちかく陣取候」とあるのは、この丘陵に進出したことを意味する。多分多古か荻窪の丘陵であらう。五日附の本書に「敵惣構向之山崎ニ陣取候」とあるのは、この地點を指してゐるのである。

しかしここは暫定的の陣所であつた(家忠日記)。本陣所は四月七日ごろより工事を始め、二十二日ごろ竣工した。その場所は小田原城外郭の東面、酒匂川の河口に近き西岸、今井村の地であり、城から東に向ふ東海道と、北に向ふ足柄往還との中間に位し、居ながら兩道を監視することができ、江戸口・澁取口を抑へた。新編相模國風土記稿卷三十三によれば、この陣の廣さは、東西一町半、南北二町餘、周圍に高さ一丈・幅八間の土壘をめぐらし、その外側に幅十二間の堀があつたといふ。多古の丘陵地には織田信雄が陣所を構へて足柄往還の井細田口を抑へた。

三河大樹寺に遣れる書狀(天正十八年四月十日)

猶々此表之儀急速可レ令ニ落著一候、隨而種々送給之而(候カ)悦之至候、以上、

芳翰披閲喜悅之至候、仍此表之儀、俄敵城構限ニ押詰候、北條滅亡不レ可レ有レ程候、猶期ニ歸陣之時一候、恐々謹言、

（天正十八年）卯月十日　　家康御判

大樹寺

〔大樹寺文書〕○三河

本書は天正十八年、小田原征伐中、三河大樹寺よりの陣中見舞に對して遣つた返書であり、敵城の外郭のぎり〳〵のところまで押詰めてをり、北條氏の滅亡の遠からざることを述べてある。このとき家康は城外今井村の陣所の造營に著手してゐた。宛所の大樹寺は三河額田郡岩津村に在る淨土宗の巨刹で、德川氏歴世の菩提所である。

桑山重晴に遣れる書狀（天正十八年四月十九日）

當地爲ニ見廻一示給候、披閲本望候、然者大納言（羽柴秀長）殿御煩、彌御本服之由、目出候、次其家秘方之虫藥被レ入レ念候而給候、重寶爲悅之至候、尚重而可レ令レ申候、恐々謹言、

（天正十八年）卯月十九日　　家康（花押）

桑山修理大夫（重晴）殿

〔篠岡文書〕

本書は天正十八年四月羽柴秀長の老臣桑山重晴より主君秀長の病氣本復を報じ、且蟲藥を贈つて來たのに對する返書である。秀長は天正十七年疾にかかり、十八年に入つて一旦回復したが、再び病床に臥し、同十九年正月二十二日遂に歿した。

五月になつた。城は中々落ちない。

秀吉は小早川隆景を尾張清洲より招き寄せて小田原城攻略についての策を諮問し、長期包圍の作戰を決定し、七日側室淀殿を招致した(小早川家記・吉川家文書・太閤記等)。二十九日には陣中で茶會を催した(津田宗及茶湯日記)。

六月になつた。城は依然として落ちない。

それでも北條氏はやうやく頽勢を示し、七日家康が韮山城の北條氏規に對し、下城して氏政・氏直の父子のために謝罪することを勸めたとき、氏規はこれに應じなかつたけれど、氏直の將松田憲秀が、小田原城中より內應したのに就き、八日秀吉がこれに伊豆・相模を與ふべきを約したことあり、前田利家・上杉景勝等に圍まれた武州鉢形城主北條氏邦が、十四日開城して降服したるあり、松田憲秀の陰謀が發覺して、十六日氏直のために囚禁せらるるあり、北條氏照の家臣横地監物の守れる武州八王子城が、利家・景勝に包圍せられ、監物の逃亡により二十三日陷落せるあり、家康の將本多忠勝・平岩親吉等が二十五日相州筑井城を攻略せるあり、二十六日秀吉は落成した石垣山の陣營に移り、諸陣に命して一齊に小田原城中に威嚇射擊を加へた(以上、諸家感狀記・古文書集・古今消息集・小田原日記・家忠日記增補・太閤記・武州文書・北條記・天正日記・當代記・前田創業記・上杉年譜・武德編年集成・新編相模國風土記稿等)。

これより先、伊達政宗の行動は西軍諸將の重大關心事であり、政宗も諸將の慫慂に從ひ、五月上旬小田原に赴いて秀吉に謁する決心を定め、諸口を固め、不在中の不慮に備ふる用意をめぐらし、五月九日會津を發し、越後路に出で十六日彌彥に著き、それより信濃路を經て二十四日甲府に到り、六月五日秀吉の陣中に達し、秀吉の命により箱根の底倉山中に宿したが、七日秀吉は、政宗が恣に會津を攻略し、佐竹・相馬の諸氏と戰つた非違を責め、尋で會津を沒收した。しかしこのとき政宗は十分に觀念してゐたので、その前日の六日には岩城常隆に速かに小田原に來て秀吉に謁することを勸告するほどであり、九日秀吉に陣中に引見せられ、十日その饗應を受け、尋で歸國を許されたときには、心より秀吉の器量に推服してゐた。岩城常隆もまた小田原に來て秀吉に謁した。政宗は十四日辭去して二十五日會津黑川城に歸り、二十六日には秀吉の命を奉じて、相馬義胤討伐の準備に著手し、また大里城の攻略を部將に命じた。最上義光もまたこの月小田原に來て秀吉に謁した（以上伊達貞山治家記錄・伊達成實記・伊達政宗記錄事蹟考記・伊達家文書・會津四家合考・陸前仙臺伊達家譜・片倉代々記等）。政宗・義光等と多年文通を交した家康の配慮は、この情勢を誘致するのに與つて力があつた。

家康は武藏江戸城の守將川村兵衞大夫に諭して降服せしめ、戸田忠次を遣して、四月二十二日城を受取つた。越えて六月二十八日秀吉は江戸を家康の城地と定めた（以上天正日記・聞見集・本多家武功聞書・淺野家文書・創業記考異・その他）。小田原城の最期の近づくのを見抜いた秀吉の胸裡には、既に家康關東移封の成算が熟してゐたのである。

小田原城に對しては、秀吉は、六月二十四日、羽柴雄利・黑田孝高に命じて、井細田口の守將太田氏房に勸めて、氏政父子に和議を說かしめた。目先のきく韮山城の守將北條氏規も小田原に來て和議に贊同した。このやうに和議を慫慂しながら、一方秀吉は二十六日一齊射擊を以て城兵に威嚇を加へ、斯波義近が氏政・氏直父子の助命を請ふたのを斥けたが、これら一連の事實を通して、小田原包圍戰が終幕に近づきつつあることを看取することができる。

以上のやうな形勢の中における五月・六月に亘る家康文書は凡そ次のごとくである。

伊達政宗に遺れる書狀（天正十八年五月三日）

幸便之條、染二一翰一候、仍去秋源悅下候刻、委細令レ申候ッ、然者其方義光(最上)御間柄之儀候間、彌以御入魂、於二家康一も大慶不レ可レ過レ之候、被レ對二山形(最上義光)一、殿下(秀吉)一段御懇候之間、尚々無二御別意一、被二仰談一專肝候、尚具片倉小十郎(景綱)可レ申候、恐々謹言、

(天正十八年)五月三日　　家　康（花押）

伊達(政宗)左京大夫殿

〔伊達家文書〕一

本書は伊達政宗に遺り、政宗と最上義光との講和を悅んで祝意を表した書狀である。最上義光は出羽山形城主で、その妹は政宗の母に當るから、伊達氏とは緣戚の間柄であつたが、天正十六年三月兩氏の間に戰端が開かれてより、兩家はしばしば兵を出して境域を爭つた。家康はこれを憂慮し、兩者の和融を斡旋し、七月に至つて和睦が成立したので、十月二十六日、家康は政宗に書を遺つてこれを賀し、本年に入つて、再び書狀を遺り、最上義光は秀吉も懇意の人であるから、今後ますます懇にすべきことを勸告したのである。尙、書中に、政宗の老臣片倉景綱にも書狀を與へた旨を記してあるが、このことは片倉文書・片倉代々記等には見えてゐない。貞享伊達左京大夫書上には、本書を天正十七年五月三日としてある。ここには「伊達家文書」の推定により、天正十八年とした。文中の源悅は玄悅・玄越ともある。

松平康貞に與へたる家督安堵狀（天正十八年五月十一日）

修理大夫(松平康國)跡職事、如二前々一、新六郎(康貞)ニ申付候條、人數等、不レ散樣堅可二申付一候、然者其元陣中之儀、羽柴中將(上杉景勝)殿任二差圖一可二走廻一候也、

(天正十八年)五月十一日　　(家康)(花押)

〔蘆田文書〕

新六郎殿（松平康貞）

秀吉は北條氏討伐に當り、東海道方面より進んで直に小田原城に迫るほか、信濃より關東北部に入り、上野・武藏の敵城を攻略して、小田原城を孤立せしめるため、加賀金澤の前田利家・越後春日山の上杉景勝に出動を命じた。これにより景勝は二月十日、家康が駿府を發して賀島に陣したのと同日、春日山を發して十五日信濃の海津に著陣したが、利家はその子利長と共に、二月二十日金澤を發し、北越の深雪を避けて越前・美濃を迂回し、信濃に出でて景勝に合した。上田の眞田昌幸、小諸の松平康國もこれに加はつた。

時に西上野における北條氏の屬城のうち、最も有力なものは、碓氷峠の東麓なる松井田城と、南佐久郡より峠を越えて北甘樂に入る要所を扼する西牧《さいもく》城とであつた。碓氷郡に侵入した西軍は、三月二十八日より松井田城の攻撃を開始したけれど、北條氏の老臣大道寺政繁の防戰堅固にして容易に攻略することができず、包圍持久戰の餘儀なきに至つたところ、松平康國・同康貞の兄弟は、四月中旬、西牧城を攻めてこれを陷れ、尋で景勝の一部隊は、十七日西牧城の東方、富岡の南方にある國峯城を降し、利家の一部隊は十九日利根川東岸の厩橋城を降したので、西軍は大擧して松井田城を攻めたて、二十日つひに守將政繁を降し、城を略取した（眞田家文書・古今消息集・蘆田文書・依田記・前田創業記・上杉年譜等）。

これに續いて箕輪城・石倉城も風を望んで降つた。その石倉城の守將金井淡路が參陣したとき、奔馬のため混亂がおこつたのを、淡路は欺かれたと思ひ違へて松平康國を斬殺したので、康國の弟新六郎康貞は淡路を討取つた。そのとき淡路の弟で長根城主たる小林左馬允が奮戰したが、これは依田信守（信政）が討取つた。淡路と左馬允の家人で討死したものは百餘人あつたといふ。康國は眞に不慮の死を遂げたのであつた（近代諸士傳略）。

康國・康貞の兄弟は依田信蕃の子である。信蕃の家系は曩に收錄せる天正十年七月十九日附依田信守に與へたる感狀の解說中に記したとほり、下野守信守に右衞門佐信蕃・伊賀守信幸の二子あり、依田氏または蘆田氏を稱したが、信蕃は戰功により小諸城主となり、天正十一年二月戰死の後、その子康國は松平姓をもらひ、小諸城を領したのであつた。康國が依田康國・蘆田康國・松平康國と記されるのはこのためである。本書は康國の死後、家康が康國の遺跡の相續を弟康貞に安堵せしめ、且、今後上杉景勝の指揮下に屬すべきことを命じたものである。景勝はこのころ羽柴越後宰相中將と稱されてゐた。

常陸鹿島社に遺れる書狀（天正十八年五月二十二日）

就二此表在陣一卷數到來、令二悅喜一候、委細は榊原式部《（康政）》太《〔大〕》輔可レ申候也、

（天正十八年）五月廿二日　家康（御判）

鹿嶋神主殿

〔賜蘆文庫文書〕二十七

本書は常陸鹿島社神主より在陣の祈禱の卷數を送つて來たのに對して答へた書狀である。天正十八年小田原征伐のときのものと推定してここに採錄する。

北條氏規に遺れる書狀（天正十八年六月七日）

態令レ啓候、仍最前も其元之儀及二異見一候之處ニ無二承引一候へき、此上者令レ任二我等差圖一兎角

先有二下城一氏政父子之儀御詫言專一ニ候、猶朝比奈彌三郎(彌太郎泰勝)口上相添候、恐々謹言

(天正十八年)六月七日　御諱(家康)御判

北條美濃守(氏規)殿

〔古文書集〕十

本書は天正十八年六月七日、北條氏規に宛てて、北條氏政・氏直父子が小田原城を開城して降服すべき旨を諭した勸降狀である。このころ關東諸國における北條氏の屬城は次々に陷り、小田原は孤城落日の觀を呈するに至ったので、家康は重ねて氏規に勸告したところ、氏規はこれに從ひ、二十四日家康の陣に赴いた。それで秀吉は七月三日氏規の韮山城を攻圍してゐた諸隊を小田原に引揚げさせた。

鳥居元忠に與へたる直書（天正十八年六月七日）

今度於二岩付(槻)一粉骨無二比類一旨、淺野彈正少弼(長吉)殿被二仰遣一候條、能々御禮可レ申候也、

(天正十八年)六月七日　御書(家康)判

鳥居彦右衛門尉(元忠)殿

〔古文書集〕六

本書には「大神君御書」と記してある。鳥居元忠は小田原征伐にあたり、秀吉の家臣淺野長吉（後長政）等を援けて上野にある北條氏の屬城を徇へ、進んで上總の諸城を攻略し、五月二十日には、武藏の要衝たる埼玉郡岩槻城を略取した。この岩槻城攻略の際、元忠は搦手より向ひて功を立て、長吉は秀吉に對して、特にこれを報告したので、家康はこの旨を元忠に傳へ、長吉に禮を申し述ぶべきことを命じたのである。

諏訪頼水に與へたる所領安堵狀（天正十八年六月十日）

信州諏方(訪)郡之事

右如下遣二安(諏訪頼忠)藝守一先判上、自今以後所二宛行一不レ可レ有二相違一、彌守二此旨一、可レ被(抽脱カ)二忠信一者也、仍如レ件、

天正十八年
六月十日　御(家康)居判

諏訪(頼水)小太郎殿

〔古文書集〕六

本書には「大神君御書之寫」と記してある。家康が信濃諏訪郡高島の諏訪頼水に與へた安堵狀である。頼水の父頼忠は天正十一年、家康に屬し、同年十一月二十八日、所領諏訪郡相違なき旨の安堵狀を與へられたが、本書はこの先判の旨に任せて再び所領を安堵せしめたものである。

本多忠勝等五名に與へたる直書（天正十八年六月二十五日）

筑井城之義、早々可(被脱カ)二請取一之(候)由上意ニ候間、急度請取置候、然者矢たて、兵粮以下能々しらへ肝要候、委細杉浦藤八郎口上相含候也、

(天正十八年)六月廿五日　(家康)御書判

本多（忠勝）中務太輔殿
平岩（親吉）七之助殿
戸田（忠次）三郎右衛門殿
鳥居（元忠）彦右衛門尉殿
松平（康貞）（六）新太郎殿

〔古文書集〕六

本書には「大神君御書」と記してある。部將本多忠勝・平岩親吉等が相模筑井城を攻略したとき、家康が忠勝以下四名の者に與へた直書であり、秀吉の意を傳へて、筑井城を受取り、兵器・兵粮等を調査すべきことを命じてゐる。筑井城は津久井郡の津久井城であり、北は相模川に面し、本丸は三十五米の高所にある。甲斐の武田氏が相模に進出するのを抑へるために八王子城と並んで取立てられた要害で、城主内藤大和守景豐は小田原城に籠り、老臣等が守備してゐた。

下總東昌寺に下せる禁制（天正十八年六月）

下總國
東昌寺

條々

一當寺、同門前百姓等急度可㆓還住㆒事
一寺家門前不ㇾ可㆓陣取㆒、并田面立毛不ㇾ可㆓刈取㆒事
一對㆓寺中門前輩㆒、狼藉非分之族於ㇾ有ㇾ之者、可ㇾ爲㆓一錢切㆒事

天正十八年

右若於ニ違犯之輩一者、忽可レ被レ處ニ嚴科一者也、

天正十八年六月　日　御諱(家康)花押

〔下總舊事〕ニ

四月下旬、小田原城包圍の態勢のととのつたころ、秀吉は家康と相談して、武藏・下總・上總等の北條氏方の諸城を攻略するため、淺野長吉(長政)・木村常陸介及び家康の將本多忠勝・鳥居元忠・平岩親吉を發遣した。家康の將內藤家長・酒井家次もこれに加はり、五月十日家長は下總印旛郡臼井城を、家次は同佐倉城を攻略した(以上家忠日記・當代記・創業記考異・天正日記・千葉臼井家譜・臼井由來拔書等)。家康が武藏の江戸城を收めたのは、これよりも早く四月二十二日である(家忠日記)。このやうな情勢の裡において、家康はこの禁制を東昌寺に下したのである。東昌寺は江戸に近き下總東葛飾郡八幡町の曹洞宗寺院である。

この禁制の第三條に見える「一錢切」は、そのころ行はれた刑罰の一種であり、その語義については、一錢に至るまで財產を沒收するといふ過料錢だといふもの(伊勢貞丈の說)、一錢を奪ひ取つたものでも斬罪に處するのだといふもの(新井白石の說)などの解釋があるが「一粒をも刈捨」てるものは「速に誅せらるべし」(太平記)とあるやうに、刧掠を防止するに嚴科を以て臨むことは、武將の間に行はれた通念であるから、それが威嚇的な禁止令であるとしても、白石のやうに文字通り受取つても宜からう。秀吉の禁制には、この文字は多く見えてゐる。

七月になつた。小田原城攻擊の大詰は急速に進行した。

秀吉は小田原落城を眼前に見つつ、奥羽征伐の實行に著手し、七月二日西川八右衞門等を遣して、豫め道路・橋梁を修築せしめ(伊達家文書・伊達貞山治家記錄・伊達政宗記錄事蹟考記)、また韮山城攻の兵を小田原に移した(淺野家文書)。

越えて五日、北條氏直は、小田原城を出て羽柴雄利・黑田孝高に賴り、自殺して罪を謝し、以て父氏政以下の一命を助けられたいと請ふた。しかし秀吉はこれを容れず、氏直の死を宥し、氏政・氏照及び老臣大道寺政繁・松田憲秀に

自殺を命じ、六日片桐直倫(且元)・脇坂安治、家康の部將榊原康政等をして小田原城を受取らせ、家康は十日入城した。氏政・氏照の兄弟は十日城を出て家康の陣所に入り(淺野家文書)、十一日醫師田村安栖の家で自殺した。氏政は五十三歳であつた。氏直は秀吉の命により、十二日紀州高野山に放たれ、二十日氏規・氏邦・氏忠・氏堯等三十人、卒三百餘人を從へて小田原を發した。氏直は二十八歳であつた(以上小早川家文書・吉川家文書・淺野家文書・家忠日記・天正記・當代記・太閤記・小田原日記・本願寺文書・諸家感狀記・豐鑑等)。

早雲以來五代九十年の間、關東に雄飛した北條氏はこのやうにして亡びた。

秀吉は七月十三日小田原城に入り、家康の領國三河・遠江・駿河・甲斐・信濃の五箇國を收めて、これを信雄に與へ、家康には、北條氏の舊領たる關東諸國を與へ、別に近江・伊勢等で十一萬石を給した。然るに信雄は新領を受けず、舊に依りて尾張・伊勢をそのまゝ領したいと申し出たので、秀吉は怒つて信雄を下野の那須に放ち、佐竹義宣に預け、尾張と北伊勢五郡とを羽柴秀次に與へ、羽柴雄利に伊勢神戸の舊領を安堵させ、三河・甲斐・信濃を諸將に頒ち與へた(家忠日記・天正日記・小田原日記・三河物語・創業記考異・當代記・太閤記・落穗集その他)。

これにより家康は、祖先以來の故國三河をはじめ、青年時代より慘澹たる苦心を重ねて經營し來れる舊領の全部を失ひ、從來一度も旅行したことすらなき全然未知の關東に移封せられ、四十九歳を境界として、新しき人生行路に踏み出すことになつた。よつて天正十八年七月十三日を以て駿府在城の時代を閉ぢ、同時に江戸在城時代を開くこととする。

補遺文書

序言

以下採錄するものは、下巻之一の印刷以後に見出した文書である。中卷及び下卷之一の印刷中に見出したものは、それ〳〵入れたけれど、ここに採つたものは、入れる方法がないので、一括して、ここに補遺文書としたのである。補遺文書の數量の多いのには我ながら驚いてゐる。中には蒐集當時に當然見出すべくして、而して見落したものすら少なくない。現に今でも、あちらより、こちらより、思ひがけなく貴重な文書を發見することがある。上卷の印刷にかかるときの原稿に比べれば、下卷之二を終了するに至る四年間に、採錄數量が殆んど二倍を越えてゐるのに鑑がみ、今後同じ心がけを持ちつづけるならば、尚ほどれ程の增加を見るか、測り知るべからざるものがあると思ふのは、强ちに誇張の言ではあるまい。若し健康が許されるならば、今後も蒐集を怠らないつもりである。

さてここの補遺文書は、年時の明瞭なものと、その不明なものとに分れる。そこで先づ年時の明瞭なものを年月日の順に排列した。考證穿鑿の結果、確定には達しないけれど、ほぼ推定し得るものは、例へば慶長元年かとか、慶長二・三年の頃かといふやうに表出して、後日の考究の便宜に供した。全然判らないものは、餘儀なく別の一類を設けて寄せ集めたが、この方は一つの基準によつて排列することが出來ないので、聊か不秩序になるのを免れなかつた。尤もこの類の文書の重要性は、あまり大きくないものが多い。

由つて先づ年時の明瞭なものから始める。

補遺文書　（A）年時の明らかなるもの

ここに収録したのは、初版本において上・中・下之一の三冊に採り入れることの出來なかつた文書約百七十通である。初版においては一括して下巻之二の巻末に収めてあつたが、今回の新訂版においては年時ごとに各巻に分けて巻末に収録した。年時の不確定なものは蓋然的に取りきめて入れたものも若干ある。

（B）年時の明らかならざる補遺文書は下巻之二に収録した。

松井忠次（松平康親）に與へたる誓書（弘治二年六月六日）

起請文之事

一其家中之儀、ひくゐん以下申様候共、取上ましき事

一龜千代領中ひくゐん以下諸事、年來のとく、其方可ㇾ爲二異見一之事

一龜千代成人之時、志せん何ろと被ㇾ申事候共、其方之儀、見そふし申ましく候事

一此方之宿老中、其家中之儀、何ろと申事候共、取上ましく候事

一諸公事之儀、一切筋目次第可ㇾ有二異見一、又用事直談ニも可ㇾ有事

若此儀少もいつそり候者、御誓言略ㇾ之、仍如ㇾ件

松藏

(弘治二年)六月六日　元康御判

松井左近(忠次)殿

〔松平家譜〕〔松井河越家譜〕

この松井左近忠次(松平康親)は、六條判官源爲義の男松井冠者維義の末裔忠直の子である。忠直は松平清康・同廣忠に仕へた。忠次は大永元年三河幡豆郡相場村に生れたが、弘治二年二月、松平右京亮義春が、三河日近の城において討死し、その子龜千代が幼少なるところ、忠次は、その緣者たるにより、家康の命を受けて龜千代の家老となり、東條の兵を掌り、家康よりこの誓書を賜つたのである(寛政重修諸家譜三百七十三)(上卷四一頁參照)。この誓書の文末に「御誓言略ㇾ之」とあるのは、松平家譜の編者の註記で、神誓の文言を省略したといふのである。

三河法藏寺に與へたる定書(永祿三年七月九日)

山中法藏寺領之事

一彼寺領本成六拾俵也、但此内三拾俵餘、自㆓先代㆒雖ㇾ爲㆓相違㆒、唯今爲㆓新寄進㆒令㆓還附㆒訖、此内ニ出生寺領幷鉢底分在之、

一寺内門前之棟別・押立・陣僧・飛脚・徳政之貧錢・諸役等、永免許之事 付、於㆓有ㇾ之所々㆒、諸旦那爲㆓祠堂寄進㆒事、至㆓向後㆒、元康無㆓判形㆒者、可ㇾ爲㆓相違㆒事、

一鉢底山ニ寺内門前之人馬、取ㇾ薪苅ㇾ草、毎日出入任㆓先規㆒免許之事

右條々令㆓領掌㆒上、於㆓子孫㆒不ㇾ可ㇾ有㆓相違㆒者也、仍如ㇾ件、

永祿三年庚申
七月九日　　　　　　松平藏人佐
　　　　　　　　　　　元康御在判
山中
　法藏寺参　　　　　〔古今消息集〕五

二村山法藏寺は三河額田郡山中村舞木に在る淨土宗西山派京都圓福寺末の寺院である。もと行基菩薩が開基して出生寺と名け、法相宗であつたが、永享三年敎空龍藝上人に至り、淨土宗に改めた。本尊は正觀音である。松平親氏は觀音を信仰した。信光のとき本堂を建立し、祈禱料永三十貫文を寄附す。家康は幼少のとき、この寺で手習を學んだといふ。大樹寺・大林寺と並んで三河における淨土宗三檀林の一つである。後に慶長八年四月二十八日、家康の妹矢田姫卒去のとき、この山中法藏寺に葬り、長光院殿と號した（參河志二十七・改正後風土記）。

都築右京進に與へたる所領宛行狀（永祿四年四月五日）

東照宮御書ノ寫

今度東條之儀、忠節無二是非一候、然者張忠（廣カ）より本給幷乙中之名宗八郎分出置也、仍如レ件、

永祿四年辛酉
四月五日　　　　　　元康（花押）
都築右京進殿　　　　〔雜錄〕八

都築右京進のこと、寛政重修諸家譜に所見なし。この年以下における松井忠次宛數通の文書を參照すれば、右京進も東條城攻めに參加して功あり、所領を宛行はれたことが判る。

松井忠次（松平康親）に遺れる書状（永祿五年四月十三日）

東條定（城）代之儀申付候、此方へ一札祝着候、委細酒井雅樂（正親）助可レ申候、恐々謹言、

永祿五年

四月十三日　元康御判

松井左近（忠次）とのへ

〔松平家譜〕

永祿五年三月今川氏眞は、鵜殿長照をして、三河西郡の城を守らせたので、松井忠次は、家康の命を受け、久松俊勝と共にその城を攻め落して、長照の二子及び従類を捕へた。家康はその功の速かなるを感じ、後、忠次に東條の城代を命じ、四月十三日この書状を遺り、同日また次の誓書を與へた（寛政重修諸家譜三百七十三）。

松井忠次（松平康親）に與へたる誓書（永祿五年四月十三日）

起請文事

一（白山牛王）龜千世殿無沙汰有間敷事

一ぬき公事有間敷事

一左近（松井忠次）進退無沙汰有間敷事

一龜千世殿家中之儀、左近可レ爲ニ異見一候、縦傍輩之者雖ニ申様（候脱カ）一、許容有間敷事

一龜千世殿若氣ニ而、於ニ如在有一レ之者、左近儀我等扶助可レ申事

於條々相違者
右上者、梵天・帝釋・四大天王、惣而日本國中大小神祇、別而天滿大自在天神之可レ蒙二御罰一者也、仍起請文如レ件、

永祿五

四月十三日　　元康（花押）

松井左近(忠次)とのへ

〔光西寺文書〕○武藏

これは前掲の書状と同日、松井忠次に與へて、松平龜千代及びその家臣等の事に至るまで、異見を加へ沙汰すべき旨を明かにせる誓詞である。

松井忠次(松平康親)に遣れる書状（永祿四年十一月）

その平儀、其方一ゑんいたしおき候、かめ千代とのへ、何用もか中の衆何さる事申候共、とりあけ候ましく候、もしふ志んき候ハヽ、たつ祢可レ申候、恐々謹言、

(永祿四年)
十一月吉日　　元康御判

(マヽ)
奏上
松井左近(忠次)とのへ

〔松平家譜〕

裏
松藏人
元　康

松井左近忠次は、松平龜千代の後見として、東條の兵を掌つたが、永祿四年、吉良義昭が東條において元康に背いたと

き、忠次は砦を津之平に築き、東條を攻めて義昭を降し、六月二十七日、その戰功に對し、津之平鄕を與へられた（寛政重修諸家譜三百七十三）（上卷四〇―四一頁參照）。本書はこれにつき、津之平鄕の安全を保證したものである。

松井龜千代・松井忠次（松平康親）に與へたる誓書（永祿六年十月二十四日）

幡豆取出之依二忠節一、出二置知行一之事、并一書永不レ可レ有二相違一、若雖レ爲二一事一、於レ令二違犯一者、御誓言略レ之、仍起請文如レ件、

永祿六年亥
十月廿四日　家康御判

松平龜千世殿
松平左近（忠次）とのへ

〔松平家譜〕〔水月明鑑〕松平周防守家藏

永祿六年九月に至り、三河に一向一揆が起つた（上卷五四頁以下參照）。このとき吉良義昭は一向一揆に通じて、東條より起りて國中をおびやかし、津之平より岡崎に至る四里の間の通路が容易でなかつたが、松平龜千代及び松井忠次は、幡豆の鄕に取出（砦）を構へ、しばしば東條と戰つて功あり、家康はその忠節を嘉賞して、この日、龜千代に知行を宛行ふべき旨のこの誓書を與へたのである（寛政重修諸家譜三百七十三）。

松井忠次（松平康親）に遺れる書狀（永祿六年十月二十四日）

「松井左近（忠次）との　藏人」

衆儀ニ付候て、志んろう祝著ニ候、ゟめ千代との少地行(知)可レ進候、いさい雅樂助(酒井正親)申候、恐々謹言、

(永祿六年)十月廿四日

家康（花押）

〔光西寺文書〕○武藏〔松平家譜〕

これは前掲の誓書と同日、松井忠次に遣れる書狀である。同年閏十二月八日、忠次に與へたる所領宛行狀は、上卷五九―六〇頁に採錄してある。永祿七年一揆平定し、吉良義昭が駿河の今川氏眞のもとに出奔せる後、この宛行狀に記せる通り、忠次は東條城及び九百貫の地を與へられ、總計三千五百貫文の地を知行し、松平の稱號を許されるに至つた（寛政重修諸家譜三百七十三）。

舟大工甚左衞門に與へたる安堵狀（永祿七年十一月）

瀧川切吉田於二奥郡一舟大工之事、可レ爲レ如二前々一者也、仍如レ件

永祿七甲子十一月　日

家康（花押）

舟大工甚左衞門

〔舟大工甚左衞門所藏〕○渥美郡史所收

舟大工甚左衞門の事未詳。渥美郡の大工であらう。家康が東三河を經略したころのものである。

三河高隆寺惠定坊に與へたる同海問寺寺領寄進狀（永祿七年十二月）

（　）ハ「德川家康と其周圍」上卷四三四頁ニ依ル

大平郷三木勺(マヽ)(名田)之内大西海問(門)寺領之事

右依レ為ニ先代高隆寺末寺一、田畠令ニ寄進一畢、近年智敎取ケ（箇）之書立分、於ニ末代一相違有間敷者也、
并棟別・門次、一切諸役令ニ免許一者也、仍如レ件、

永七甲子十二月　日　　家康（花押）

高隆寺恵定坊　〔高隆寺文書〕○三河

高隆寺のことは、上巻二四―二五頁に収録せる弘治三年五月三日附「三河高隆寺に下せる定書」の解説を参照せられたし。大西海問寺は高隆寺の末寺である。

牟呂兵庫助・千賀與五兵衛等に與へたる改替新地宛行狀（永祿八年三月十九日推定）

被ニ書立一之御人數十八人之分へ、為ニ改替一以ニ新地一、如ニ前々員數一可レ出之筈、土肥与申合候上者、
聊不レ可レ有ニ相違一如レ此候也、仍如レ件、

松　藏

（永祿八年カ）三月十九　　家康御判但略ス

牟呂兵庫助殿

千賀与五兵衛殿

同　衆中　　〔千賀家文書〕○鶴舞圖書館

家康が藏人と署名した文書は、今のところ、永祿二年十一月二十八日三河常行院等七箇寺に與へたる寺領寄進狀が初見で

ある（上巻三二頁參照）。そのときは元康であつたが、永祿六年七月六日家康と改名し、同年十二月七日本多廣孝に與へたる所領宛行狀には、藏人家康と署名してある（上巻五七―五八頁）。但ここに採錄した本文書は、三月十九日附で改名以前だから、永祿六年のものではない。尋で永祿九年十二月二十九日三河守に任ぜられたから、本文書は、永祿七・八・九年のいづれかに屬する。

この三年間に、家康にとつて大きな厄難であつたのは、永祿六年九月より同七年三月まで繼續せる三河の一向一揆であつた（上巻五四―五七頁參照）。その平定後、家康に忠誠であつた家臣たちは、それぞれ褒賞せられた。爾後家康は三河一國を平定することに力を盡したが、この千賀家文書に見える牟呂兵庫助・千賀與五兵衞は、いづれも三河の國衆であるらしく、牟呂は渥美郡に在り、今は豐橋市内に屬し、渥美灣の奥なる海濱の地名である。牟呂氏は姓氏家系大辭典によれば、鵜殿氏の一族であり、その中には牟呂城主鵜殿兵庫頭・牟呂兵庫頭正茂などの名が見える。永祿七年五月十三日、家康は吉田城の附近なる喜見寺に砦を築いて、鵜殿七郎三郎長照をしてこれを守らしめた。千賀與五兵衞・同衆中も、また東三河の住人と假定すれば、家康の勢力が東三河に進出する狀況を考へて、本文書の年を推定するたよりとすることが出來さうだ。さて家康が三河一國を平定した徑路を見ると、宗徒をして和を講はしめたのは永祿七年二月二十八日であり、尋で松平家次を降し、荒川義廣・吉良義昭・酒井忠尙を出奔させ、異分子を一掃して矢矧川の流域額田郡・碧海郡・幡豆郡の地方、卽ち三河の中部・南部・西部を完全に制壓したのち、馬首を轉じて今川氏眞の地盤たる東三河に進出し、その重要據點たる吉田（豐橋）を攻略したのが六月二十日であり、上巻には、永祿七年中の家康文書として渥美郡に關するもの六通、同八年には同じく二通を收めてある。この形勢の中に本文書を入れて考へれば、これは永祿七年か、或は八年のものと推定することが出來る。但、吉田城攻略以前、七年四月に渥美郡東觀音寺に禁制を下したのと異り、その前月なる三月十九日に、所領の改替に關する命令を下すのは、少しく早まり過ぎる嫌ひがある。これは翌八年に置けば、難が無い。卽ち牟呂兵庫助・千賀與五兵衞等十八人は、在來の所領を改替せられ、これと同額の新地を與へられることになつたことに違變が無いから安心せよといふ文面と思はれるのであるから、その解決までに若干の時日の經過したに違ひないからである。これを九年まで下げる必要もない。よつてここでは、本文書を永祿八年三月十九日のものと推定した。

千賀與五兵衞も渥美郡の豪族であつてくれればまことに都合が宜いけれど、今のところその實證がないばかりでなく、却つて知多郡のものらしいので說明に困却する。これも姓氏家系大辭典によれば、千賀氏はもと志摩鳥羽の士で、千河氏といひ、知多郡の師崎村に移住し、孫兵衞重親のとき、三河の戶田氏に敗れたが、後、德川氏に屬し、關原役のときは九鬼氏の海船を破り、子孫は尾州侯に仕へたといふことであり、尙ほ天野信景の所說を引いて、千賀はもと千川で、九鬼氏の族であると記し、また千賀孫兵衞は、小濱・向井等の諸氏と共に、相州三浦三崎に居つて、水軍の隊長であつたと述べてある。牟呂氏とは何の關係もないらしい。所詮本書の解說は、不十分であるから、後日更に考究を要する。

松平淨賢（親廣）・同康忠に遣れる書狀（永祿六年乃至九年の八月二十八日）

配津野境之事承候、無二餘儀一候、如二前々一境之儀、双方百姓相尋可二申付一候、又日記之地、細河へ引得置候田地分、其方へ遣之候、爲レ其如レ此候、恐々謹言、

（永祿六年乃至九年）八月廿八日　　岡藏

家康御判

長澤

淨賢（親廣）

同源七郎殿（康忠）

參

〔譜牒餘錄後篇〕三十七 處士之上

本書には、「三州ニ罷在候浪人松平市郎右衞門、祖父康忠被二下置一候、御書并御證文寫」と題してある。家康が岡崎に在城した期間中、以前に引きつづいて藏人を稱したのは、永祿六年六月より永祿九年十二月までであり、それより後は三河守となる。さすればこの本文書は、永祿六年より同九年までの四年間のものである。

宛名の淨賢・同源七郎とあるのは、寛政重修諸家譜卷四十二、「親廣、源七郎・善兵衞・上野介・入道號淨賢、母は某氏、永祿三年五月十五日、今川義元尾張國桶挾間にうち出しとき、男政忠と共に東照宮にしたがひ、政忠は討死せしかば、嫡

孫康忠を嗣にさだむといへども、いまだ弱年なるにより、親廣すでに致仕せしかども、これをたすけて家政を沙汰す。元龜二年二月二十四日死す。法名淨賢。妻は菅沼織部正定村が女」とあるにより、長澤系の松平源七郎親廣入道淨賢及びその孫康忠なることを知る。

文意は配津といふところの境界の爭論に就き、双方の百姓の言分を尋ねた上で裁決しよう。手日記に書き出してある田地分は汝に與へるといふ意味である。さてこれだけでは、年を定めることが出來ず、さりとて年未詳もいかがと思ひ、永祿六年乃至九年の八月二十八日と表出して、九年の末のところに入れておくことにした。尙、康忠に與へた所領宛行狀は、上卷四八頁に、淨賢（親廣）並康忠に與へた所領宛行狀は、同四九頁に收めてある。但、この連名宛行狀を親廣だけに與えたるものとしたのは誤である。念のためここに正誤しておく。

尾上正長に與へたる所領宛行狀（永祿十二年閏五月二十日）

今度宛行犬居之内給分方本知之事、
一熊切之内牧野　　一同葛澤
一同田口之内　　一同堀之内
一くつそ（葛巣）　　一氣田之内里原
已上
右任㆓先判形㆒如㆓前々㆒領掌訖、幷竹木見切等、可㆑停㆓止之㆒、天野宮内（景貫）右衛門尉令㆓同心㆒、可㆓走廻㆒之間（旨）、永不㆑可㆑有㆓相違㆒者也、仍如㆑件、
永祿十二己巳年

閏五月廿日　家康筆判

尾上彦(朝)十郎(正長)殿

〔尾上文書〕○遠江

尾上彦十郎正長の事蹟未詳。犬居は遠江山香郡秋葉山の南麓、氣多川の谷に在り、天野宮内右衞門尉景貫は犬居城主である。家康が景貫に、犬居參ケ村・雲名・横川合計五百貫文の地を與へたことは、上卷一一五―一一六頁に見えてゐる。

松平眞乘に與へたる所領宛行狀（永祿十二年十二月十三日）

（附）同知行目錄（永祿十二年十月十四日）

今度於二榛原郡一宛行知行之事

一吉永　一西島　一さいたま　一殿窪

一ほしくほ　一柏原

並山川・舟市

已上貳千貫文、

右領掌永不レ可レ有二相違一、縦雖レ有二横妨人申事一、於下令二知行一領中上之、一切許容有間敷者也、仍レ如件、

永禄十二年己巳年

十二月十三日　家康判

松平左近（眞乘）丞殿

〔松平家所藏文書〕河〇三

松平左近丞眞乘は、同和泉守親乘の子であり、家康より永祿十二年八月十二日遠江笠居島在陣を命ぜられた書狀、同年九月十六日同懸川城の守備を命ぜられた書狀は、上卷一四八頁・同一四九頁にそれぞれ採錄してある。尚、譜牒餘錄により、同年十二月十三日、戰功により、吉永以下六箇所二千貫文の所領を與へられたことを、同一四九頁に記しておいたが、書狀の本文を見出したので、補遺としてここに追加する。前掲二つの書狀と對比せられたい。これより先、同年十月十四日、岩本三郎左衞門尉通與・長谷川宗兵衞尉吉廣の署判を以て、眞乘に渡せる知行目錄があるから、左に附載する。

左近尉（松平眞乘）へ渡申候知行方之事

一百四拾九貫貳百五拾文　前玉兩郷

此俵三百九拾八俵　但百七拾四俵は青池方 貳百廿四俵は朝比奈方延米共に

一百拾參貫文　　殿窪村

此俵三百壹俵壹斗

一五拾貳貫三百八十七文　　星窪村

此俵百參拾五俵五升

一貳百拾壹貫參百貳拾七文　　西島村

此俵四百貳拾參俵

一壹貫七百八拾五文　　溝代　同所代方

此內　壹貫五拾文河尻　貳百文高島　五百參拾五文飯淵

以上五百貳拾七貫七百五拾文

一貳拾壹間　此內拾四間大日村、四間新田村內 三間西島之內屋敷

一壹間　　秀雲庵

永祿十二年十月十四日

岩本三郎左衛門尉

通與（書判）

千貳百五拾七貫五拾文　　吉永

貳百拾五貫貳百文　　柏原

合貳千貫文

長谷川宗兵衛尉
吉廣（書判）

大河原吉太夫殿
松平隼人佐殿
宇野傳左衛門尉殿
参

〔松平家所蔵文書〕○三河

平岩親吉に遺れる書状（元龜元年十月二日）

返々三郎（徳川信康）き、その方まゟせ申候、此ゟさふのきハ、ふんとよ御おね候へく候、一ゑもん可ㇾ申候、

その方儀ハ三郎よ付、るすの事尤候、此國衆人志ちゐせ置と（マヽ）〱く取申候、御心やすく候へく候、三郎事其方まゟせ申候、恐々謹言、

（元亀元年）十月二日　家康（花押）

○宛所闕ク、平岩親吉ト認メル。

〔關戸守彦氏所蔵文書〕○三河

この書狀は全文家康の自筆であり、年の記載がなく、宛所が闕けてをり、讀みにくく、また解しにくい。文章の主人公となつてゐる「三郎」は、岡崎三郎信康であり、脇役になつてゐる宛名人「その方」は誰だか判らないが、ここではこれを平岩親吉と見て推考を進めて見る。

岡崎三郎信康は家康の長子である。母は關口氏。永祿二年三月六日駿府で生れ、幼名を竹千代といつた。そのとき家康は

十八歳。關口氏の年齢は未詳である。家康との間には、更に後に奥平信昌に嫁したる龜姫が生れた。

關口氏は今川義元の姪女、今川氏の一族關口刑部少輔親永の女である。武德編年集成には、「其心偏僻邪佞にして嫉妬の害甚し」と記してある。後に天正七年、その子信康をして非命に死せしむるに至つた悲劇の原因の一半は、彼女の性格と行動とに歸せしめられる。

永祿三年今川義元の歿後、家康が岡崎に歸りて獨立するに及び、竹千代もまた岡崎に移り、永祿十年三月、九歳のとき、織田信長の女德姫と結婚した。德姫も同じく九歳のようだ。この夫妻の間には二人の女子が生れた。

家康と關口氏との間は餘り睦じくなかつた。家康が岡崎に歸つて後も、彼女は尙ほ駿府に殘つて居り、永祿六年に至つて岡崎に迎へられ、築山といふところに住んだので、世に築山殿といはれた。そして元龜元年六月、家康が濱松に移つてからは、夫妻離れ離れに別居の生活を送つた。このとき家康は二十九歳、竹千代は十二歳である。

家康が濱松に移つたとき、竹千代は代つて岡崎城主となり、同年八月元服して岡崎次郎三郎信康と改めた。平岩親吉がその傅となつたのは、恐らくこのときであらう。

平岩七之助親吉は、松平長親・信忠・淸康の三代に仕へた親重の子で、天文十一年家康と同年に三河に生れ、幼時より家康に近侍し、家康が駿府に赴く途中、織田方のものに奪はれて尾張に連れて行かれたときもその側を離れず、尋で岡崎に歸り、更に駿府に赴くときも扈從し、永祿二年尾張大高城兵粮入れ以來概ね從軍して武功を立つること多く、家康より多大の信任を受けてゐた。ここまで檢討して來るとこの書狀は、元龜元年十月二日平岩親吉に遺つたものであらうと考へることに妥當性があるやうに思へる。

「その方儀は三郎に付、留守の事尤候」といふのは、親吉は三郎信康に附き添うて、岡崎城を留守せよといふのである。「此國衆人しち」は三河の國衆の人質である。その次の文字は讀みにくいが、「あせ[illegible]と〳〵く取申候」といふやうに讀めば、國衆の人質は悉く取つたことになり、それで「御心やすく候へく候」とつづいて文意は通ずる。「三郎事其方まかせ申候」とあるのは、十二歳の少年を親吉に託したのであり、絶大なる信任を示してゐる。その信任の表示は、返し書の方にまでつづき「返々、三郎き(儀)、その方まかせ申候」と繰り返してゐる。「此かたなのきは、なんとに御おき候へく候」は、誰れのつくつた名刀だかわからないが、この刀は納戸に置いて大切にせよといふのである。要するに、「その方は三郎信康に附いて岡崎城を留守せよ。三河の國衆の人質は、悉く取つてあるから安心して宜しい。信康のことは、その方に任せる。この名刀は納戸に藏めて置け。委細はこの使者が申し述べるであらう」といふのである。使者の名は「一ゐもん」と

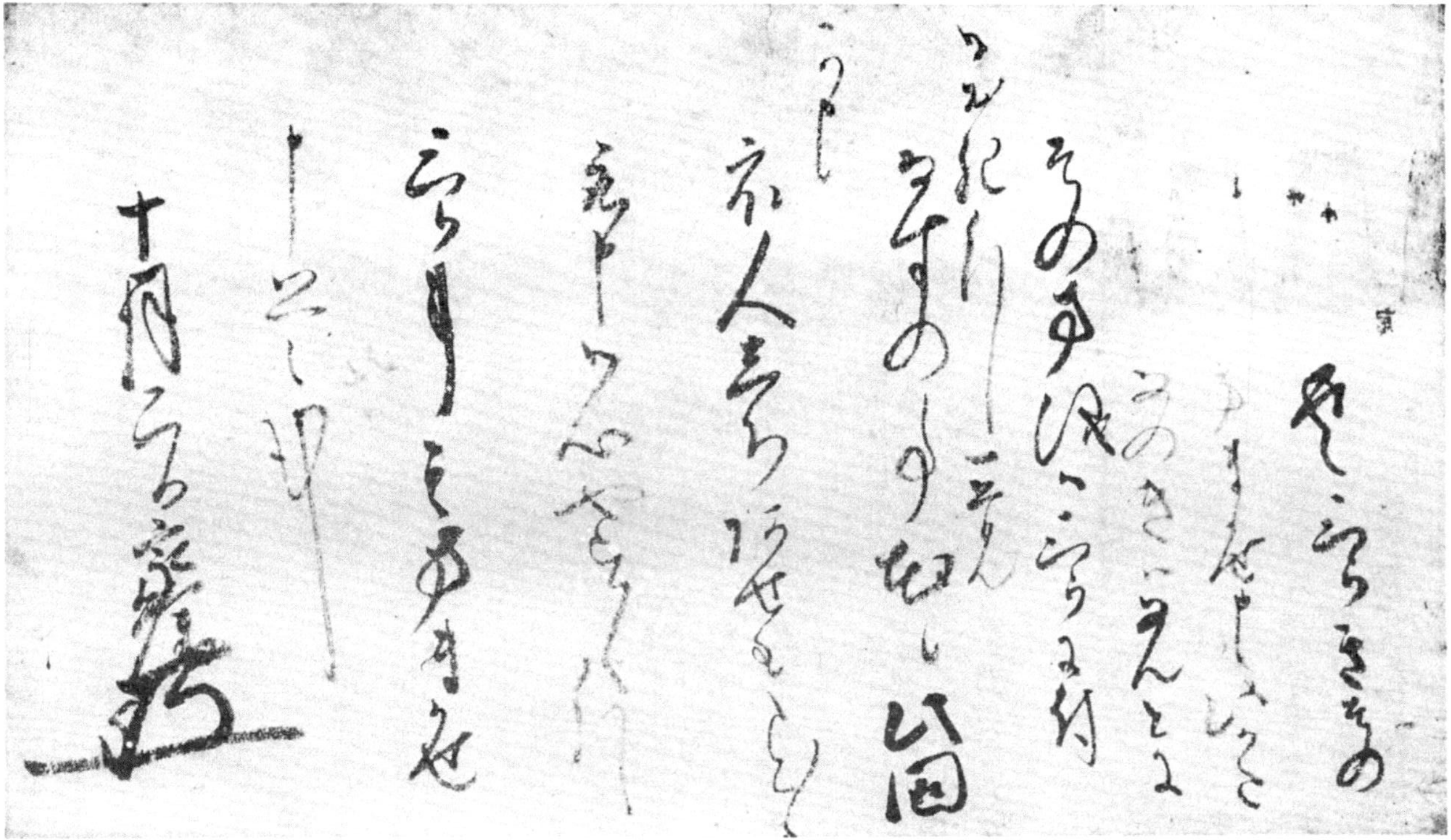

（史料編纂所所藏寫眞轉載）

平岩親吉に遣れる書狀（元龜元年10月2日）　關戸守彥氏所藏文書

讀める。

これだけ考證しておいて、敢てこの書狀を元龜元年十月二日のものと推定して表出した。これより別に他の正しき論證が出れば、これを改めよう。

序でに信康のこの後の事を簡單に記しておく。天正三年信康十七歳のとき、長篠合戰の後、家康は高明・諏訪の二城を陷れ、進んで小山城に迫つたので、武田勝賴は大軍を率ゐて九月十九日甲州を出で、南下して駿河の岡部・藤枝まで進出したため、家康は進退兩難に陷るのを恐れて退却したとき、信康は自ら進んで殿軍となり、見事なる武者振を示して、家康をして賞歎せしめたことがある。このやうにして信康は夙に豪勇の名を馳せたが、放埓自恣の所業少なからず、加ふるに生母築山殿關口氏が家康を怨望し、信康夫人織田氏を憎み、甲斐の武田勝賴と通じて、家康・信長を傾ける陰謀を運らし、信康は夫人織田氏に冷酷であるといふので、信長は家康に迫つて、關口氏及び信康を殺さしめるに至つた。この事件は、多くの傳說が混入して居り、眞相を把握することが困難であるが、結果からいへば、關口氏は、天正七年八月二十九日、遠州敷智郡昌塚において殺され、濱松の西來院に葬むられ、信康は八月三日岡崎より大濱に、九日大濱より遠州堀江城に、尋で同二俣城に移され、九月十五日切腹せしめられた。享年二十一歳。このとき平岩親吉は、自分が身代りとなつて信長の怒を散じたいと請うたけれど、家康は、それは無益であると言つて許さなかつたといふ。

尙ほ信康が岡崎城を出て後、八月十二日、岡崎城の留守は本多重次となり、三遠の人質は悉く重次に預けられた。これは元龜元年十月二日の家康書狀によつて、平岩親吉が岡崎城の留守となり、人質を預かつたのと對照して、考慮せられることである。

伊良湖の六郎左衞門に與へたる漁網免許狀（天正元年十二月六日）

於二伊良湖一、網貳條、爲二不入一永扶助候也、仍如レ件、

天正元癸酉年十二月六日　（家康）（朱印）

伊良湖　六郎左衞門

〔糟谷六郎左衞門所藏文書〕〇渥美郡史所收

伊良湖は三河渥美郡、渥美半島の突端にある漁村である。六郎左衛門はその網持であらう。これは六郎左衛門に對し、貳條の網の特權を認めた文書である。

余語勝久に遣れる書狀（天正九年二月五日）

就二高天神之儀一使者本望、殊兩種送給候、祝着之至候、於二京都一御馬揃御用意奉レ察候、猶使者へ申渡候、恐々謹言、

（天正九年）二月五日　御諱（家康）御判

余語久兵衛殿（勝久）

〔譜牒餘錄〕五 松平出羽守附家臣

余語久兵衛に就いて、寛政重修諸家譜卷千百三十九余語家譜には、「某、久兵衛、今の呈譜勝久に作る。織田右府につかふ」とあり、その孫「正重、久兵衛、今の呈譜勝盛に作る」とあるが、正重の條には、「幼稚のときより、駿府において東照宮につかへたてまつる（中略）。貞享三年十二月九日死す。年八十九」とあるから、生れたのは慶長三年になり、家康の高天神城攻めのときはまだ世に居ない。さうすればこの久兵衛は正重の祖父久兵衛勝久になる。その久兵衛勝久については、「織田右府につかふ」と記してあるだけであるけれど、文意の辻褄は合はせられる。試みに推測すれば、遠江高天神城の攻防戰は、家康對武田勝賴の抗爭の第二期に屬するものであり（上卷一九二頁參照）、天正三年五月の長篠合戰後、天正九年三月の高天神落城に至るまでに亘つてゐる。城は武田方のものであり、攻めたのは德川方である。このときにおいて、京都に盛大な馬揃ひの行はれたのは天正九年二月二十八日であつた。さすればこの書狀は天正九年二月五日のものとなる。思ふに久兵衛勝久は、落城間近の高天神城攻めに就き、使者を家康の許に遣し、物を贈つて來たので、家康はその好意を謝し、勝久が京都の馬揃ひに關する用意の程を推察して、この返書を遣つたのである。よつてこれを天正九年二月五日余語久兵衛勝久に遺つた書狀として表出した。

貞享元年四月四日松平出羽守書上には、本書を與へられた余語久兵衛につき、「是者余語源右衛門と申者之祖父」と記し

である。

三河今濟寺に與へたる寺領寄進狀（天正九年十月十二日）

西條之內一色今濟寺領之事

右都合四貫百文、居屋敷米錢共ニ、如㆓前々㆒永不㆑可㆑有㆓相違㆒勤行以下不㆑可㆑有㆓怠慢㆒者也、仍如㆑件、

天正九辛巳年

十月十二日　　権現様

三河守（家康）御判物

今濟寺

〔三河國朱印狀集〕

今濟寺は三河幡豆郡一色村に在り、淨土宗鎮西派に屬する寺院である。後に寺領四石一斗になつた（參河志二十七）。以下七通、三河幡豆郡西條領內の諸寺に與へたる所領寄進狀である。

三河福泉庵に與へたる寺領寄進狀（天正九年十月十二日）

西條之內行用福泉庵寺領之事

右都合七貫百文、此內壹貫百文ゟりやとニ在之寺屋敷踏出米錢共ニ、如㆓前々㆒永不㆑可㆑有㆓相違㆒、

勤行以下不レ可レ有ニ怠慢一者也、仍如レ件、

天正九辛巳年

十月十二日　権現様　三河守（家康）御書判

福泉庵

〔三河國朱印狀集〕

福泉院は、三河幡豆郡寺津村刈宿に在る寺院で、淨土宗西山派苅宿淨福寺末に屬する。後、寺領七石一斗となつた（參河志二十七）。

三河阿彌陀院に與へたる寺領寄進狀（天正九年十月十二日）

西條之內楠阿彌陀院領之事、

右都合四貫三百七拾文、此內三百文踏出、寺屋敷共、如ニ前々一永不レ可レ有ニ相違一、勤行以下不レ可レ有ニ怠慢一者也、仍如レ件、

天正九辛巳年

十月十二日　権現様　三河守（家康）御書判

阿彌陀院

〔三河國朱印狀集〕

阿彌陀院は三河幡豆郡楠村に在り、淨土宗西山派中島村養壽寺末である。後に寺領四石三斗七升となつた（參河志二十七）。

三河岩松庵に與へたる寺領寄進狀（天正九年十月十二日）

西條之内岩松庵寺領之事

右都合四貫五百文、踏出共ニ、如二前々一永不レ可レ有二相違一、勤行以下不レ可レ有二怠慢一者也、仍如レ件、

天正九辛巳年

十月十二日　　　權現樣
　　　　　　　　三河守（家康）御書判

岩松庵

〔三河國朱印狀集〕

岩松庵は參河志には岩松寺とあり、三河幡豆郡對込村に在る寺院で淨土宗西山派下矢田村養壽寺末である。後、寺領八石九斗二升になつた。

三河道興寺に與へたる寺領寄進狀（天正九年十月二十六日）

西條之內道興寺領之事、

右都合四貫四百七文、寺屋敷踏出米錢共、如二前々一永不レ可レ有二相違一、勤行以下不レ可レ有二怠慢一者也、仍如レ件、

天正九辛巳年

十月廿六日　　　三河守（家康）御書判

道興寺堅盧藏主

〔三河國朱印狀集〕

道興寺は三河幡豆郡西ノ町村に在る禪宗開山派京都妙心寺末に屬する寺院である。後、寺領十四石四斗四升となつた（參河志二十七）。

三河長久院に與へたる寺領寄進狀（天正九年十月二十六日）

西條之內中田長久院寺領之事
右都合拾六貫百九拾文、寺屋敷踏出米錢共、此內七百文毘沙門領、如二前々一永不レ可レ有二相違一、勤行已下不レ可レ有二怠慢一者也、仍如レ件、

天正九辛巳年
十月廿六日　三河守（家康）御書判
長久院

〔三河國朱印狀集〕

長久院は三河幡豆郡中田村に在る禪宗開山派の寺院である。後、寺領十六石一斗九升となつた（參河志二十七）。

三河光粒庵に與へたる寺領寄進狀（天正九年十月二十八日）

西條之內□籠光粒庵寺領之事
右都合八貫九百廿文、此內壹貫百五拾文、寺屋敷・隱居屋敷、五百六拾文、大師領米錢踏出共、如二前々一永不レ可レ有二相違一、勤行以下不レ可レ有二怠慢一者也、仍如レ件、

天正九辛巳年

十月廿八日　　權現樣 三河守（家康）御書判

光粒庵　　〔三河國朱印狀集〕

光粒庵は三河幡豆郡五條村に在る淨土宗の寺院である。參河志によれば對込村に在り、淨土宗西山派下矢田村養壽寺末とあり、後、寺領八石九斗二升となつた。

三河向春軒に與へたる寺領寄進狀（天正九年十月二十八日）

向春軒寺領之事

西條之内西尾康全寺開山塔中

右都合壹石五斗代物百廿文、如二前々一永不可有二相違一、勤行以下不レ可レ有二怠慢一者也、仍如レ件、

權現樣
天正九辛巳年

十月廿八日　　三河守（家康）御書判

向春軒　　〔三河國朱印狀集〕

向春軒は、三河幡豆郡西尾に在る禪宗曹洞派の寺院である。後、寺領二石一斗となつた（參河志二十七）。

三河遠江の宿中に下せる傳馬手形（天正九年十一月八日）

[傳]馬七疋、三遠宿中無二相違一可レ出也、相州御使者乙、仍如レ件、

天正九年巳霜月八日

〔皆川文書〕野〇下

字面の第一行と第二行との上部に朱印が押してある。印文は判讀することができない。四角の印形の上部に馬の首がある。これは三河・遠江の兩國の各宿中より、傳馬七疋を仕立てて、相州小田原北條氏政の使者の用途に供せしめることを命じたものである。傳馬手形としては、古いものに屬する。織田氏のものかといふ疑もあるやうだ。

遠江濱松宿中に下せる傳馬手形（天正九年十一月十二日）

[傳馬]六疋、可レ令レ出者也、仍如レ件、

天正九辛巳霜月十二日

濱松宿中

〔皆川文書〕野〇下

傳馬の字面に大きな四角の朱印が押してある。印文は「傳馬之調」と讀める。上卷七二三頁所收天正十六年閏五月二十日附淺井雁兵衞道多奉、金谷・駿府間の宿中に下せる傳馬手形（加藤文書）にも、これと同一の印章が押捺してある。但、これには（家康傳馬朱印）と註しておいたが、この機會に、これを「印文傳馬之調」と改める。

三河義光院に與へたる寺領寄進狀（天正九年十二月五日）

西條之內寺津義光院領之事
右都合五貫六十文、踏出米錢共ニ、如二前々一永不レ可レ有二相違一、勤行以下不レ可レ有二怠慢一之者也、
仍如レ件、

天正九辛巳年

十二月五日

權現樣
三河守（家康）御判

義光院

〔三河國朱印狀集〕

以下三通は、三河幡豆郡西條內の諸寺に與へたる所領寄進狀である。

三河樂善庵に與へたる寺領寄進狀（天正九年十二月五日）

西條之內行用樂善庵領之事
右都合貳貫七百文、此內貳斗□（不用）そ禰に在之寺屋敷踏出米錢共ニ、如二前々一永不レ可レ有二相違一、勤行
以下不レ可レ有二怠慢一者也、仍如レ件、

天正九辛巳年

十二月五日

權現樣
三河守（家康）御書判

樂善庵

〔三河國朱印狀集〕

三河安養寺・惠海庵に與へたる寺領寄進狀（天正九年十二月六日）

西條之内小寺二ケ所
　寺領之事
貳貫六百文　　德永 安養寺
壹貫八百文　　矢田村 惠海庵
右都合四貫四百文、各寺屋敷米錢踏出共ニ、如二前々一永不レ可レ有二相違一、可レ為二本寺儘一候、勤行以下不レ可レ有二怠慢一者也、仍如レ件、

　　　權現樣
　天正九辛巳年
御朱印（家康）　十二月六日
　　　小寺中

〔三河國朱印狀集〕

安養寺は三河幡豆郡德永村に在り、淨土宗西山派矢田養壽寺末である。後、寺領二石五斗となつた。また惠海庵は同郡下矢田村に在り、同養壽寺末である。後、寺領一石八斗となつた（參河志二十七）。

信濃諏訪上社に下せる禁制（天正十年六月十三日）

禁　制

（家康）
（朱印）（印文福德）

一甲乙人濫妨狼藉事

一陣執放火之事

一對ニ地下人ニ成レ煩事

付、四壁剪採之事

（天正十年）
六月十三日

〔諏訪上社文書〕諏訪史料叢書十五所收

これは信濃諏訪上社の所藏なるにより、同社に下せる禁制と推定する。この年二月・三月、家康は、駿河・甲斐の諸寺に禁制を下した。三月十一日武田勝賴の自殺後、家康は濱松に歸り、上洛して織田信長に會ひ、堺にて信長の死を知り、危難を冒して岡崎に歸り、六月十四日信長の弔合戰のため西上した。本文書はその前日のもので、家康はすでに信濃の經營に志したことを推想し得る。

筒井順慶・森本左馬助・竹村道淸・外嶋加賀守・和田助太夫に與へたる感狀

（天正十年六月）

東照宮御判物

今度大和越之節、越度なき樣めされ給り、忝存候、重而越智玄蕃允迄可ニ申入ニ候、以上

天正十年午六月　御諱御判

筒井順慶老
森本左馬助殿
竹村九兵衛（道清）殿
外嶋加賀守殿
和田助太夫殿

〔古文書〕竹村〇記錄御用所本　竹村九兵衛道淸拜領　同彌九郎正義書上

天正十年五月二十九日、家康は穴山信君と共に和泉の堺に到り、遊歴中、六月二日の朝、京都本能寺にて信長が自害した事變の突發したことを知り、急遽歸國の途に就き、大和路を經て伊賀越の難を冒したとき、筒井順慶以下大和の諸士が助力してくれたのを謝した感狀である。順慶は大和郡山の城主である。竹村九兵衞道淸は大和廣瀨郡細井戸の城主細井戸右近某に仕へて、その城を預かつた輿吉兵衞善春の子であり、父善春が元龜元年七月二十九日落城のとき討死した後、道淸は幼年であつたので、弟嘉理と同じく外祖父富松因幡の許に寓居し、信長の命により、兄弟人質として近江安土城に居たことがある。天正十年六月、家康が堺を逃れて大和竹内峠を越えるとき嚮導し、明智光秀の黨輿たる萬材藤太郎が追うて來たのを突伏せた。家康はその功を嘉し、歸國ののち、順慶及び森本左馬助某・外島加賀守某・和田助太夫某連名のこの感狀を與へた。後、慶長年中、道淸は弟嘉理と共に伏見城に召され、知行千石を與へられ、石見の奉行となり、寛永十二年六月十二日石見國において死んだ。年七十五。七十三ともいふ（寛政重修諸家譜九百七十一）。

市川又兵衞に與へたる所領宛行狀（天正十年九月二十三日）

今度信州於二蘆田古屋一、無二比類一依二忠節一、爲二加恩一、甲州山梨之郡國府分拾五貫文、夫壹疋、永代被二下置一者也、

（天正十年）
九月廿三日　　御諱御判（家康）

市川又兵衞殿

〔譜牒餘録〕五 松平上野介家臣

松平上野介貞享元年四月四日の書上によれば、家臣市川又四郎の曾祖父がこの文書に見える市川又兵衞であり、甲州没落の後、信州蘆田古屋において、北條氏直より野伏まで付けおかれたのを切拂つて家康に伺候したので、この感狀を頂戴したと記してある。氏直が信州を經て南下したのは天正十年のこと故、この文書を天正十年とする。

祝田新六に與へたる沙汰書（天正十年十一月十一日カ）

今度別而忠節可レ仕之由、神妙至也、忠節之上、急度やうひ可レ有レ之者也、仍如レ件、

〇以下闕ク

〔祝田文書〕〇遠江

本書は遠江國引佐郡中川村祝田《ホウダ》一郎氏所藏のものである。「今度」といふ文字の上に、福德の朱印があり、包紙に「御本書御添書共に紙は西の內歟と存候、本書末は切而無レ之候」とあるが、これだけでは、年時宛所共に不明である。しかし次に收錄した本多平八郎忠勝の添狀により、十一月十一日祝田新六に與へたものなることを推定した。

〔參考〕祝田新六に與へたる本多忠勝署判の沙汰狀（天正十年十一月十一日カ）

今度御忠節可レ有レ之候由候間、則披露申候處、一段御祝著之御意候、いよ〳〵ろせき一形御忠節

可レ被レ仕候、涯分申立、御ほうひ等之儀、我々まろせおろき候へく候、少茂如在有ましく候、仍
如レ件、

（天正十年カ）十一月十一日　本平八
忠勝（花押）

（祝田）ほう田
新　六

〔祝田文書〕○遠江

平尾三右衛門尉に與へたる本領安堵狀（天正十年十二月十二日）

（懸紙）「平尾三右衛門尉殿」

岩崎内新田分七貫八百文、一宮内貳拾三貫文事、
右本給并藏出得替（不脱カ）可レ有ニ相違ニ之狀如レ件、

天正十年　井伊兵部少輔（直政）奉之
十二月十二日（家康）朱印（印文福德）

平尾三右衛門尉殿

〔早稲田大學荻野研究室所藏文書〕

平尾三右衛門尉は、信濃佐久郡平尾の人、武田信玄に仕へ、天正十年武田氏滅亡ののちは家康に歸屬した。本書はこのとき井伊直政をして、本給の地及び藏出（扶持方）の替りとして、甲斐東八代郡岩崎の地を與へしめたものである。尙、これとは別に、元龜三年十月二十一日武田氏の所領宛行狀も存在する。

松平康次（康重）に與へたる一字狀（天正十一年三月十六日）

字

康

天正十一年

三月十六日　　家康（花押）

松平左近（康次）丞殿

〔光西寺文書〕○武藏〔松平家譜〕

松平左近丞康重は松平康親の子である。康親は弘治・永祿のころ、松井左近（忠次）・松井左近將監（忠次）として、しばしば文書に現れたが、永祿七年松平の稱號を許されてより、松平姓になつた。その子康重は永祿十一年三河東條に生れ、天正十一年三月十六日、家康の諱の一字を賜りて康次と名乘つた。本書はそのときのものである。後また康重と改めた。

北條氏政・同氏直に遣れる書狀（天正十一年三月十九日）

其地江被ㇾ納ニ御馬ㇾ之由、先以目出度存候、仍拙者儀、駿甲爲ニ見廻與ㇾ、此地迄令ニ出馬ㇾ候、程□（近カ）候之間、節々可ニ申談ㇾ候、委細猶濃州（北條美濃守氏規）迄申入候條、不ㇾ能ㇾ詳候、恐々謹言。

（天正十一年）
三月十九日　家康

○宛所闕ク　北條氏政／同　氏直ト認ム

〔舊後權鎰取鎖是氏文書〕

本書には宛所が闕けて居り、また旁證となるべき他の文書及び記錄が見當らないため、年時を推定することが困難であるが、文意を按ずるに、家康は、駿河・甲斐の狀況を視察するために「此地」まで來たところ、某から書狀が來て、「其地」に馬を納めたことを知らせたので、兩地は近い所だから、節々申し談じたい。委細は美濃守まで申し入れるといふのである。そこで先づ三月中に家康が駿河・甲斐に赴いた年を尋ねて見る。

天正十年二月十八日濱松を發し、信長勢が信濃より甲斐に迫るのに呼應して駿河より甲斐に向ひ、武田勝賴は窮餘逃れて三月十一日田野で自殺した。家康はその前日十日市川に著き、十九日信長が信州諏訪に著いたときは、出迎へ旁々來會した。この狀況を見れば、この書狀は天正十年のものではない。

天正十一年、家康は濱松に居つたが、その出發した日は不明であり、三月二十八日諏訪賴忠以下に宛行狀・安堵狀などを與へたのは、甲府においてであると思ふ。然れば三月十九日附のこの書狀は、甲府に赴く途中の某地、恐らく駿河の富士川附近かと思はれ、本書を天正十一年に置く可能性はある。

天正十二年三月七日、家康は濱松を發して西上し、十三日淸須において織田信雄に會見し、それより小牧役に突入した。

天正十三年、家忠日記によれば、四月某日濱松を發して甲斐に行き、六月七日歸城した。

天正十四年三月九日、家康は北條氏政と伊豆三島に會盟し、尋で濱松に歸つた。駿甲地方に行つたことがない。

天正十五年三月十日には遠州で鷹狩をしてゐる。

天正十六年三月には上京してゐる。

天正十七年三月にも上京してゐる。

天正十八年は、小田原攻めの年であり、上京もせず、まして駿甲地方にも行かず、七月には舊領五箇國を放棄して關東に移封せしめられた。

以上を歷覽すると、本書は天正十一年三月十九日の書狀であることは決定的である。

年時を定めておいて、次に「濃州」が誰であるかを見ると、先づ北條美濃守氏規を思ひ出す。氏規は北條氏政の弟で幼少のとき質子として駿府なる今川義元の許に赴き、同じく質子たる家康の居宅の隣宅に住居し、互に友情あり、去年甲州にて甥氏直と家康とが若神子で對陣のとき、相互の間を往來して講和を成立せしめ、後、小田原陣のときには伊豆韮山城主として勇名を馳せた。その氏規に委細を申し入れるとすれば、本書の宛所は北條氏政か或はその子氏直であらう。

そこで氏政・氏直父子の動靜を見ると、これより先、氏政・氏直父子は上野に出馬したところ、二月十九日、厩橋城主北條《キタジョウ》芳林（高廣）は、越後の上杉景勝の臣上條宜順にこれを報告し、景勝を勸めて早く上野に出兵すべきことを促した（歴代古案）。この北條芳林の書狀には、去年十月二十九日、甲州若神子に對陣せる德川・北條兩家の和睦が成立した翌月、氏政父子は上野に出張して臼井表に在陣したとある。甲斐で志を得なかつた北條方は、上野に勢力を扶植しようとしたらしく、十一年三月七日氏政は上野補陀洛寺に禁制を下し（補陀洛寺文書）、三月二十八日武藏鉢形城主北條氏邦は同極樂寺に禁制を下した（住心院文書）。そのやうな形勢の中で、遲くも三月中旬には、父子共に小田原に引揚げたと思はれる。書中の「其地」は卽ち小田原である。そしてその次第を家康に通報したのである。その時たまたま家康は甲斐に赴く途中、富士川下流の某地例へば蒲原・島田あたりに到著してゐたのであらう。それが「此地」であらう。「程近」いといふのは、駿河東部における兩家の勢力範圍の境界線は、富士山南麓の地方であるから、濱松にくらべれば非常に近いのである。去年講和の時の約束の一つなる家康の女督姫が氏直に嫁ぐことは、氏直が小田原に歸城すれば實行に近づき得る故、「節々申し談ずべき」事が多いであらうし、それには北條美濃守氏規を煩すことがまた多いであらう。

家康は五月九日甲府より濱松に歸著した。七月五日家康は書を氏直に遺つて婚儀のために差遣されたる使者河尻下野守に對し委細を申入れたところ諒承されたことを悅ぶ旨の書狀を遺つた（北條元子爵家文書）。八月十七日氏政と弟氏規とは、それぞれ書を家康に遺つて、婚儀の成立を悅んだ。特に氏規の書狀には、督姫が八月十五日小田原に著き「氏政歡喜不ㇾ大形」と述べ、「拙者事大細内外毛頭無二疎意一無二無三可二走廻一候、乍ㇾ恐可二御心安一候」（名將之消息錄）と記してあるのを見合はせれば、本年三月十九日甲州行の途中より、小田原に引揚げた氏政・氏直父子に遺つた本書狀の背景には、髣髴として督姫婚儀の姿が浮んで來る（上卷五三〇―五三四頁參照）。

それにより宛所を北條氏政・同氏直父子の連名と考へて表出した。

飯田半兵衛尉に遣れる書状（天正十一年四月三日）

急度以二飛脚一申上候、仍去月廿七日之御返書、委細如二拝見仕候一此所二字不レ誦得被レ為レ入二金堀本丸土居際迄一、依二堀入申一、彼城中之者とも致二迷惑一、種々雖二御詫言申上一、更不レ能二御許容一、是非共可レ被レ為二干殺一之由、此所二字不レ誦落居不レ可レ有レ程存候、將又江北表差尤(越カ)候越州之者共、一向無二正躰一此下二字不レ誦可レ仕候様子候、御書羽柴(秀吉)具被二申付一候、然者相州筋へ堆(惟)住被二給付一、敦賀町其外所々放火之由、諸口如レ此候迄、柴田(勝家)敗北無レ疑候、就レ中拙者儀、信州佐久・小懸(縣)之残徒等為二退治申付一、至二甲府一致二出馬一候、過日如二存分一静謐御咄候由、御心安可レ被二思召一候、尚追々可レ得二御意一候間、可レ然様御披露所レ仰候、恐々謹言、

(天正十一年)卯月三日　三河守
家康御判

飯田半兵衛尉殿

〔雑録〕七〔黄薇古簡集〕

飯田半兵衛尉は織田信雄の老臣である。これより先、信雄は近江安土に赴き、織田秀信が幼少なるを以て、その名代として諸事を見ることとなり、半兵衛はこれを、遠江濱松在城の家康に報告し、家康は、天正十一年閏正月五日これに答書したことがある（上巻四七二頁参照）。このころ中央の政局では、羽柴秀吉對柴田勝家の抗争が激化し、勝家は三月に至り、近江に出兵し、これに對し、秀吉は同月十七日賤ケ岳を占據し、二十七日には長濱城に居り、木本・柳瀬附近一帶には戰雲が低迷した。

このとき家康は濱松を出て甲府に入り、信州・甲州の綏撫を事としてゐた。四月三日附飯田半兵衛尉宛の本書は、このや

うな形勢の裡において認められたものである。その前半に依れば、安土在城と思はれる半兵衞よりの返書を、甲府在城と思はれる家康は、三月二十七日受取り、金掘を以てする攻城のこと、秀吉勢のことを知つた旨を述べてゐる。この攻城は、伊勢龜山城か、或は峯城攻めのことであらう。秀吉は北國の雪が深くて、勝家の出兵の困難なときに乘じ、勝家の與黨たる伊勢の瀧川一益を撃破しようとして自ら出陣し、二月十六日龜山城に殺到し、短兵急に攻めたてたけれど、城將佐治新介は堅く守つて屈せず、秀吉は連日猛攻をつゞけ、金掘數百人を使役して坑道を穿ち、多數の死傷者を出だしながら、しだいに本城に迫り、終に三月三日新介をして城を明け渡して長島に赴かしめた。これは激烈なる攻圍戰であつたが、四月三日附家康の返書には、坑道作戰の最中のやうに記してあるから、或は瀧川儀大夫の籠れる峯城攻撃のことかも知れない。峯城攻撃の主將は羽柴秀長であり、ここにも金掘人足を使役して、四月十七日開城せしめた。それならば、「落居不ㇾ可ㇾ有ㇾ程存候」といふ言葉がよく理解できる。

秀吉は勝家南下の報を得て北伊勢の戰場を引揚げ、三月十一日近江佐和山城に入り、前進部署を定めた。「越州之者共、一向無二正體一」といひ、「柴田敗北無ㇾ疑候」といつたのは、南軍方の揚言である。これらのことを家康に報じた飯田半兵衞尉は信雄の家臣であり、信雄は陷落後の龜山城に入り、峯城以下の諸城の攻撃に參加してゐるから、半兵衞尉は、陣中より家康に書を遺つて戰況を報じたのであらう。

家康の返書の後半は、甲州における自己の行動を信雄に報告した部分である。これによれば、家康は信州佐久・小縣地方を平定するために、甲府に出陣し、成功を收めてゐるから、安心するやうに信雄に披露してもらひたいといふのである。家康は正月十八日尾張の星崎で信雄と會見して昵懇を重ね、閏正月四日信雄は尾張淸須より近江安土に赴いて織田秀信の名代となり、飯田半兵衞尉がこれを報じたのに對して、家康は閏正月五日附の書狀を半兵衞に遺つて祝意を表した（上卷四七二頁參照）。このやうに兩者の間には、絶えず氣脈が通じてゐたのである。翌十二年小牧・長久手の合戰において、家康が信雄を援けて秀吉と對抗した友情は、すでにこの年の往復書狀の中にも流れてゐると言ひ得る。

下條頼安に遺れる書狀（天正十一年四月十三日）

急度令ㇾ申候、仍其表普請以下、彼是以御辛勞押計候、猶々無二由斷一專一候、委細小田切・坂本可ㇾ申

候、恐々謹言

（天正十一年）卯月十三日　家康（花押）

下條兵庫助殿（頼安）

〔龍嶽寺文書〕〇信濃

下條兵庫助頼安は、信濃伊奈郡下條城主である。天正十年七月五日家康は、甲斐に入るため駿河の江尻に著陣し、七日大宮に抵つて頼安に書狀を遣り、一兩日中に諏訪に入るべきことを告げて、その諏訪出兵を促し（上巻三一二―三二三頁參照）、頼安が家康に歸屬し、小笠原貞慶と謀つて、箕輪城主藤澤頼親を誘降し、高遠を奪取したので、家康は同七月十五日書狀を頼安に遣りてその功を褒し、尙、高嶋の形勢及び上杉景勝の川中嶋出張のことを報じ（同三二二頁參照）、八月十二日には二通の書狀を遣つて、伊奈郡の中、小笠原信嶺・知久頼氏の所領以外の地を與へ、また北條氏直の軍と對戰中の頼安に使者並に鐵砲彈藥を送ることを告げ（同三四二頁參照）、八月二十二日には、木曾の玄徹を援助すべきことを命じた（同三五六―三五七頁參照）。これらはすべて家康の信濃經略の一環をなすものであるが、天正十一年に至り、伊奈郡の雄族たる下條氏が、築城の工事を起すに及び、四月十三日、家康はここに採錄した書狀を頼安に遣つてその勞を犒つた。尙、文書の所藏者龍嶽寺は下條村の寺院である。

下條頼安に遣れる書狀（天正十一年四月十八日）

今度其表御普請事、被ㇾ入ㇾ精之由、大窪七郎右衛門尉申越候、御辛勞無㆓是非㆒候、猶以早速出來候樣尤候、委曲重而可ㇾ申候、恐々謹言、

（天正十一年）卯月十八日　家康（花押）

下條兵庫助殿（頼安）

〔龍嶽寺文書〕〇信濃

尋で同月十八日家康はまた本書を遣つて、築城の勞を犒ひ、その竣工の速かならんことを希望した。

甲斐大泉寺に與へたる寺領安堵狀（天正十一年四月十八日）

甲州大泉寺領之事、南都之内三拾壹貫五百九拾文、平井之内九貫七百七拾文、河田内三貫文、淨古寺之内三貫文、山林・寺内・門前屋敷幷諸末寺等之事、
右爲二本寺領一之間、領掌不レ可レ有二相違一之狀、如レ件、

天正十一年
卯月十八日　家康御直判
大泉寺
〔權現樣御朱印寫〕

上巻五〇九頁所收御朱印帳の中の大泉寺に下せる安堵狀の本書である、上巻編集のとき、權現樣御朱印寫を入手しなかつたので、寛文五年の御朱印帳によつたのであつた。尙、その前後の文書出典書名に、寛文御朱印帳とあるのは、書名としては、たゞ「御朱印帳」とする方が正しい。

甲斐石和八幡宮に與へたる社領安堵狀（天正十一年四月十九日）

甲〔　〕（四日市場）内壹貫〔　〕文唐柏内〔　〕貫廿五文・蓬澤内九百〔　〕文・廣瀨内壹貫五百文・蚫嶋内貳貫七百□十文・鑄物師屋内壹貫文・石和内五貫文等事、

右領掌不レ可レ有二相違一之狀如レ件、

天正十一年

四月十九日（家康）○（印文福德）

石和八幡

別當

〔西角井家所藏文書〕○武藏

石和八幡宮は甲斐八代郡大石和筋石和に在る。上卷五一九頁所收御朱印帳には、合計十三貫三百八十五文とある。この安堵狀は、その本書である。

甲斐松雲院に與へたる寺領安堵狀（天正十一年四月二十日）

甲刕松雲院領北原之內九貫文之事、

右爲二本院領一之間、領掌不レ可レ有二相違一之狀如レ件、

天正十一年

卯月廿日（家康）○（印文福德）

松雲院

〔西角井家所藏文書〕○武藏

松雲院は甲斐巨摩郡西郡筋大師村に在る曹洞宗深向院末の寺院である。上卷五一二頁所收御朱印帳十四には、「巨摩郡南

大師村之内九石一斗餘事」とあるが、天正十一年四月二十日の本書には、「北原之内九貫文之事」とある。この方が本書だから、天正十一年現在ではこの方が正しく、後、改替されたのであらう。

池田東市佑に與へたる諸役免許狀（天正十一年四月二十四日）

（端裏書）「權現樣御證文」

分國諸商一月ニ馬壹疋之役、幷本棟別壹間分、抱來田地、軍役衆檢使、鄕次之人足、普請等之事、

右任二先證一免許不レ可レ有二相違一之狀如レ件、

御朱印（印文福德）

天正十一年　　成瀨吉右門（正一）

四月廿四日　　日下部兵右門（定吉）

池田東市佑殿

文化十年頃カ
小田內彈正方ゟ寫之也

〔史料館所藏文書〕

上巻五一九頁に、これと同日附日下部定吉・成瀨正一より保科惣左衞門尉に、同五二二頁に同田草川新左衞門尉に與へたる諸役免許狀を收めてあり、辭句內容共に大同小異である。

甲斐鹽山東陽軒に與へたる寺領安堵狀（天正十一年四月二十四日）

甲州中牧之內寶珠寺領七貫文事、

右爲ニ本寺領一之間、領掌不レ可レ有ニ相違一之狀如レ件、

天正十一年
夘月廿四日　權現樣御朱印
鹽山
東陽軒

〔權現樣御朱印寫〕

甲斐鹽山向嶽寺に與へたる天正十一年四月二十日附寺領安堵狀（上卷五〇四頁）參照。

甲斐聖應寺に與へたる寺領寄進狀（天正十一年四月二十六日）

甲斐國聖應寺寄進分境事、

右任ニ先證之旨一不レ可レ有ニ相違一之狀如件、

（天正十一年）
四月廿六日　權現樣御朱印

〔權現樣御朱印寫〕

本書には年號がないが、上卷五一四頁所收「寛文」御朱印帳の安堵狀に依り、これを天正十一年四月二十六日のものと認める。聖應寺は甲斐八代郡小石和筋大黑坂村に在る曹洞宗鹽山向嶽末の寺院である。

織田長益・瀧川一盛・中河祐忠・土方雄良・飯田半兵衛尉に遣れる書狀

（天正十二年八月二十六日）

御陣之模樣無ニ御心本一候之條、以ニ飛脚一申候、委細示給候者可レ令ニ祝着一候、尙高木九助（廣正）可レ申

候、恐々謹言、

(天正十二年)八月廿六日　　家康御判

織田源五(長益)殿
羽柴三郎兵衛尉(瀧川一盛)殿
中河勘衛門尉(祐忠)殿
土方彦三郎(雄良)殿
飯田半兵衛尉殿

〔譜牒餘錄〕五十六 織田山城守〔雜錄〕七

これは天正十二年小牧役に當り、織田信雄の家臣達に對し、戰況の報告を求めた書狀である。小牧の役は三月に始まり(1)三月中旬より四月末までの戰場は尾張北部であり、この間に長久手の合戰があり、秀吉方と家康・信雄の連合軍との主力の對爭であつたが、(2)五月一日秀吉が小牧の陣を撤退したのち、戰場は尾張西部に移り、竹鼻城の水攻めがあり、次で(3)六月に至り、戰場は尾張西南部に移り、蟹江城の防守戰があり、そして(4)八月には武力戰よりも外交戰の方が活潑になり、結局十一月十一日の秀吉・信雄の桑名の東郊町屋川川原における會見によりて、和議の成立を見たものである。この書狀の日附のある八月二十六日は、そのうちの第四期に屬する。

家康は第三期戰のとき、信雄と共に尾張西南部戰場に在り、六月十八日夜下市馬城を攻め崩し、七月十三日清須に歸つた。その十八日秀吉は再び東下して岐阜に來たけれど、間もなくまた大坂に引揚げ、八月十六日三度目に東下して大垣に來り、八月二十八日には尾張に入つて小牧山に近い樂田に陣した。その間、信雄は居城長島に居たから、この書狀の當日、秀吉は大垣、家康は清須、信雄は長島と、鼎立の形をなしてゐたのである。

この形勢において、家康は尾張西南部の戰況を憂慮し、この書狀を、信雄には叔父なる織田長益以下に遣つて詳細に報告せんことを求めたのである。長益は茶人として有名なる有樂齋である。

諏訪頼忠に遣れる書状（天正十二年十一月四日）

急度飛脚差越候、然者有二様子一、三州迄出馬候、俄可二申越一候間、陣用意候而可レ被二相待一候、少茂油断有間敷候、恐々謹言、

（天正十二年）十一月四日　家康（花押）

諏方（訪）安藝守（頼忠）殿

〔諏訪家譜所收文書〕諏訪史料叢書十六所收

天正十二年小牧役の末ごろ、十月十七日、家康は、酒井忠次を淸須に、菅原定盈を小幡に、榊原康政を小牧にとどめて、三河岡崎に歸り、信雄も同日長島に歸つたから、東西兩軍の間は、しばらく休戰狀態を呈した。然るところ、十月二十日近江坂本に歸つた秀吉は、方向を轉じて北伊勢に進出したので、信雄はこれを酒井忠次に報じ、忠次は更にこれを岡崎に在る家康に報じた。よつて家康は十一月九日また淸須に赴き、忠次・康政等を桑名に遣して西軍に備へさせた。このころは敵味方ともに、盛んに外交戰を展開してゐたときだから、家康が十一月九日淸須に赴く直前、十一月四日、諏訪頼忠に急飛脚を以てこの書狀を遣り、萬一に備へて出陣の用意をなすべきことを命じたのはあり得ることである。しかし文中には、様子があつて三州まで出馬したとあるから、居城濱松から三河に出馬したことのやうに思へるけれど、家康が戰爭のため、十一月ごろ、濱松から三河だけに出馬したことは他に所見がないから、しばらく本書を天正十二年小牧役のときのものとしておく。

飯田半兵衛尉に遣れる書狀（天正十三年二月二十四日）

（織田信雄）殿様御上洛之儀、様子不レ承候條、以二飛脚一申入候、其元御仕合之模様を被二示越一候者、可レ為二祝

着一候、恐々謹言、

(天正十三年)二月廿四日　　家康御判

飯田半兵衞尉殿

〔譜牒餘錄〕五十六織田山城守〔雜錄〕七

飯田半兵衞は織田信雄の重臣である。これより先、去年十一月秀吉は信雄と講和ののち、本年その上洛を促し、二月十日には、石清水八幡惣中に命じて、その路次を普請させた（片岡文書・石清水文書）。このころ家康は岡崎に在り、十四日信雄の老臣瀧川一盛に書を遣りて、信雄の上京について問合するところあり（加藤文書）、二十四日更に同じく老臣飯田半兵衞尉に本書を遣つて、その實狀を知らせてもらひたいと申し入れたのである。この日附よりも二日早く、信雄は伊勢長島の居城を出て、大坂に抵り（兼見卿記・多聞院日記・譜牒餘錄）、二十六日には大坂より入京して、正三位權大納言に敍任せられたのであつた（言經卿記・顯如上人貝塚御座所日記・公卿補任）。

保科正直に遣れる書狀（天正十三年閏八月二十八日）

其表晝夜之辛勞令レ察候、千々(マヽ)無二油斷一候樣、肝要候、內藤(信成)四郎左衞門(尉カ)殿・大久保(忠佐)次右衞門ヱ差遣候間、委細可レ申候、恐々謹言、

(天正十三年)後八月廿八日　　家康（花押）

保科彈正忠(正直)殿

〔新編會津風土記〕二提要三

保科彈正忠正直は、天正十三年、大久保忠世・鳥居元忠等と共に、信濃上田城の眞田昌幸を攻め、閏八月二日、加野川を越えて、城の大手の門際まで押寄せたところ、昌幸の逆襲にあひ、寄手の諸軍はそのため敗走した。そのとき正直は川の附近で、自ら指揮して諸軍を激勵し、敵を追ひくずして、殿軍となつて退いたが、その部兵から十餘人の戰死者を生じた

（寛政重修諸家譜二百五十）。上田城攻めのことは上巻六五五頁及び六六三―六七一頁に見えて居り、閏八月二十八日にも六通の感状と一通の書状を採録してあるのだが、本書を見落したので、ここに補充するのである。

紀伊高野山成慶院に遣れる書状（天正十五年五月七日假入）

去々年者芳墨、殊預ニ音信一候、祝著之至候、委細酒井左衛門尉（忠次）可レ令レ申候間、令ニ省略一候、恐々謹言、

（天正十四五年カ）五月七日　家康（花押）

成慶院

〔南行雜錄〕一

成慶院は高野山の一院である。本書は同院より家康の許に書状及び物を贈ったのに答へたものである。恐らく天正十四五年の頃のものと思はれるが、確なことは明かでないけれど、今、天正十五年として表出した。

金山衆に與へたる山金等採掘その他に關する免許狀（天正十六年閏五月十四日）

一分國中、山金・川金・柴原諸役免許之事

一分國中、在留所棟別諸役免許之事

但金掘之外可レ除レ之事

一譜代之者、何方有レ之共、如ニ前々一可レ返之事

右條々不レ可レ有二相違一者也、仍如レ件、

天正十六年

潤五月十四日　　本田中務

金山衆

〔大泉叢誌〕七十三

中巻二四〇頁所収文祿二年十二月十六日附市川眞久に與へたる山金等採掘その他に關する免許狀、并に中巻補遺文書A所収文祿二年十一月九日附黑川衆・安部衆に與へたる山金等採掘その他に關する免許狀を參照せられたし。

遠江西傳寺に與へたる寺領安堵狀（天正十七年七月七日）

遠刕蒲西傳寺領之事、

右役寺領御繩之上、出目共、并末寺居屋舗等、如二前々一御寄進之所、不レ可レ有二相違一、御達之旨如レ件、

天正十七己丑年

七月七日　　伊奈熊藏

忠次判

〔西傳寺文書〕〇遠江

本書は濱松市西傳寺町西傳寺所藏のものである。伊奈忠次の出したものであるが、「御達之旨如レ件」とあり、全文家康の意志を奉じてゐるのであるから、これを家康文書として採錄した。

三河蘇美郷に下せる七箇條定書（天正十七年九月十三日）

（家康）朱印（印文福德）

定

（本文略す）

天正十七年九月十三日　嶋田次兵衛尉

重次（花押）

すゝの郷

〔蘇美神社文書〕○三河

この七箇條定書は、上巻七三五―七三八頁に實例二通を擧げ、七三八―七四七頁に亙りて、一覧表を掲げておいたものである。その中、天正十七年九月十三日附のものは伊奈熊藏家次が遠江に下したもの三通が収めてあり、島田次兵衛尉重次が奉行したものは、同年七月七日附遠江小笠郡・同磐田郡に下したもの二通が收めてあるだけであり、本書は落ちてゐたから、補遺としてここに採錄した。但、本文は便宜省略したから、上巻の實例二通を參照せられたし。伊奈家次は忠次と同人であり、このときは家次といつてゐたやうである。

〔參考〕甲斐一蓮寺に與へたる伊奈忠次署判寺領安堵狀（天正十七年十一月二十三日）

甲州一條一蓮寺領之事、

一千拾俵八舛者、　一條之郷内ニ而、

（者トイフ字ノアタリニ、忠次ノ黑印ガアル）

己上

右依レ有二御判形一、任二面付之員數一、如レ此全可レ被レ成二所務一候、取高之外ニ、田畠上中下共ニ壹段ニ壹斗宛之夫錢有、右之分百姓請負一札有レ之、仍如レ件、

天正十七己丑年

十一月廿三日　伊奈熊藏（忠次）（花押）（黒印）

一蓮寺

〔一蓮寺文書〕○甲斐

一蓮寺は甲斐府中に在る遊行念佛の道場である（上巻五一〇頁参照）。

〔参考〕甲斐向嶽寺に與へたる伊奈忠次署判の寺領安堵狀（天正十七年十一月二十三日）

甲州栗原筋鹽山領之事

一百參俵壹斗六舛（伊奈忠次）（黒印）　小曾郷　兩郷內ニ而　鹽後

己上

右依レ有二御判形一、任二面付員數一、如レ此全所務可レ被レ成候、取高之外、田畠上中下共ニ壹段ニ壹斗宛之夫錢有、右之分百姓請負一札有レ之、仍如レ件、

天正十七己丑年

十一月廿三日　伊奈熊藏（忠次）（花押）（黒印）

鹽山

〔向岳寺文書〕○甲斐

鹽山向嶽寺は甲斐東山梨郡鹽山に在る臨濟宗の名刹である（上卷五〇四―五〇五頁參照）。尙、これより先、天正十四年八月九日向嶽寺に禁制を下したことがある（上卷六九二頁參照）。

織田信雄に遺れる書狀（天正十八年二月十八日）

（包紙）
「北畠殿　三河守
御報　家康」

如二御芳札一、久敷不レ申上一候處、忝奉レ存候、仍關東江、就二御船之儀一、三遠諸湊之儀、無二異儀一申付候、此式御用等於レ被二仰越一者、不レ可レ有二疎意一候條、期二後音時一候、恐惶謹言、

（天正十八年）
二月十八日　家康（花押）

（織田信雄）
北畠殿御報

〔入木道系譜〕

「開東江御船之儀」といふのは、豐臣秀吉の小田原征伐のことをいふ。信雄はこのとき尾張淸須城に居り、尾張・伊賀・南伊勢五郡を領して居た。御船といふのは、軍勢を東下せしむるための兵船のことであらう。その船が三河・遠江の港灣を使用することにつき依賴して來たので、家康はこれを快諾したのである。信雄は信長の子で、伊勢の國司北畠具敎の養子となり、北畠氏を冒したので、北畠殿ともいはれたのである。

三河信龍寺東之坊に與へたる寺領相續下知狀（天正十八年三月十七日）

三州西條信龍寺東之坊領拾俵九升、田畑屋敷并むろへ置田畑、殊家財下人等之事、弟子式部卿ニ

可二相讓一者也、仍如レ件、

權現樣
天正十八年

三月十七日　御朱印（家康）　　神屋彌五助（重勝）
奉之

東之坊　　〔三河國朱印狀集〕

本書は三河西條信龍寺東之坊の住持に對し、寺領等を弟子式部卿に相續せしむべきことを下知したものである。

相模阿夫利社に下せる禁制（天正十八年四月八日）

禁制　大山

一當手軍勢亂妨狼籍（藉）事

一剪二取竹木一事

一放火之事

右條々於二違犯之輩一者、可レ處二嚴科一者也、仍如レ件、

天正十八年

卯月八日　（家康）朱印（印文福德）

〔阿夫利神社文書〕新編相州古文書一 大住郡文書所收

大山は大住郡（今、中郡）の北邊にある山で、近世雨降《アメフリ》山といひ、阿夫利《アフリ》山ともいふ。阿夫利社はその山頂に在り、その別當僧院を大山《オホヤマ》寺といふ。本書は天正十八年小田原陣のとき出した禁制である。同月秀吉の出した三箇條の定書もある。

下總大巖寺に遺れる書狀（天正十八年五月二十三日）

就二當表出陣一、芳翰并一折到來、遠路殊怡悅候、委細者使僧可レ有二演說一候、恐々謹言、

（天正十八年）五月廿三日　家康（花押）

大巖寺

〔大巖寺文書〕○下總〔檀林誌〕酉

本書は天正十八年五月二十三日家康が小田原包圍陣中より、下總大巖寺の見舞に對して遺れる禮狀である。龍澤山玄忠院大巖寺は、下總生實鄉に在り、近世百石の寺領を有し、關東十八檀林に屬する淨土宗の名刹であり、開祖は聲蓮社道譽貞把上人といひ、天正二年十二月七日四十七歲を以て遷化し、第二世穩蓮社安譽虎角上人が法嗣を繼いだ。生實・臼井兩城主原式部大輔胤榮は、夙に安譽に歸依し、天正五年五月二十一日、寺領・屋敷等に對する安堵狀を下し、その寫しが大巖寺に保存されてゐる。天正十八年小田原陣のとき、胤榮は千葉氏の一族と共に北條氏に應じて小田原城に入り、安譽より出城を勸告されたけれど承諾しなかつたところ、安譽は家康を知つてゐたので、家康に對し、寺檀の衰亡を歎いて訴願するところあり、家康はこれを諒として、胤榮が投降する場合には庇護を與ふべきことを約束したといふ（檀林誌酉）。このやうな事情の下にありて、安譽は小田原に出陣中の家康に「芳翰并一折」を贈り、これに對し家康は、五月二十三日附の本書を以て答禮したのである。家康の部將は、これより先、すでに下總の諸城を攻略してゐるから、大巖寺附近は、その勢力範圍内に入つてゐたと思へる。

市橋長勝に遺れる書狀（天正十八年五月二十五日）

其地御在番御辛労察入候、仍大巌寺之儀、於二田舎一我等本寺之事候間、諸事御心付頼入候、委細西尾小左衛門(吉次)可レ申候間、不レ能レ詳候、謹言、

(天正十八年)五月廿五日　家康(花押)

一橋兵吉(長勝)殿

〔大巌寺文書〕○下総〔檀林誌〕酉

一橋兵吉は市橋兵吉長勝である。長勝は市橋長利の嫡男、弘治三年美濃青柳に生れ、小字は兵吉、後、九郎左衛門と號した。初め織田信長に仕へ、のち豐臣秀吉に歸し、天正十四年九月二十一日從五位下下總守に敍任、同十七年福塚城より美濃今尾城に移る(西大路市橋家譜)。但、寛政重修諸家譜卷九百十六には、天正十五年今尾城に移り、一萬石を領すとある。天正十八年現在では、長勝は秀吉の部將であり、小田原役のときには下總方面に軍を進めて、五月には生實を攻略し、その守備の任に當つてゐたのであらう。檀林誌酉には、本書の文辭につき「此御書の中に、我等本寺とある事ハ、増上寺の本寺と云にハあらず。宗門白旗流傳法の義に付て、道譽流・感譽流の二派この頃起りけるに、國師は感譽上人の弟子故、緣山は感譽流を傳ふといへとも、感譽の師匠道譽故、二師の流異途ある事なし。かねて此事を滿譽大僧正・觀智國師、又は大樹寺住持なと言上ありしかハ、此御文言あり。かくまて宗門を扶起し給へる御神慮の事、此文を見ても落涙に及へり。宗門の徒、御神恩を仰感し奉り、微志深恩を謝し奉るへし」と記してある。本文書は辭句の使用に就き多少の疑義があるけれど、筆意その他より見て、本書と認めてここに採錄した。

青蓮院宮尊朝法親王に遣れる書状(天正十八年七月十一日)

尊翰拜見、其旨存候、仍一宮之儀承候、彼宮之事者、社領并證文以下雖二出申候一、火事ニ致二紛失一候、神主種々雖二申候一、我々關東へ被二仰付一候間、只今申上候儀ハ遠慮存候、彼宮者、先年亂入、悉燒失申候へ共、拙者如二前々一建立申儀候、委細局可レ申候、恐惶謹言、

（天正十八年）七月十一日　家康

（尊朝法親王）青蓮院　尊報

〔天宮神社文書〕○遠江

青蓮院宮尊朝法親王は、伏見宮邦輔親王の第六王子、天文二十一年八月二十日誕生、弘治元年青蓮院相續に決し、十一月入室、永祿元年十二月正親町天皇の猶子となられ、同五年十二月得度、尊朝と號す。天正九年十二月平等院を管領、同十三年二月、曩に燒亡せる叡山を再興して第百六十七代の天台座主に補せられ、護持僧となる。慶長二年病により座主を辭し、二月十三日歿せられた。年四十六。

一宮は遠江天宮（あめのみや）のことである。天宮大明神は、遠江周智郡三倉川（森川）の山谷、森町の附近、天方（あまかた）鄕に在り、次に掲げる尊朝法親王の來旨によれば勅願所であるのに、退轉してゐるので、天正十七年冬以來、神主が在京して訴訟に及んでゐるけれど、證據となるべき先判がないため、家康は朱印を與へなかつたのである。この事につき、尊朝法親王は、先度內々家康の存意を尋ねたことがあつたが、容易に朱印を與へられないため、またこの書狀を遣つて、寺社領寄進の事實が確實ならば、これを認めてやつてもらひたいと申し入れた。しかしこれに對し家康は、證文は火事で紛失し、神主は種々陳情するけれど、自分は關白秀吉より、關東に國替を命ぜられたから、この際自分の手で處理することは遠慮する。さればといつて、かの宮を粗略に思ふのではない。現に先年兵火のため社殿が悉く燒失したけれども、自分は以前と同樣に建立してあげた。このたび思召に添はない事情を諒とせられたいと答へた。このとき家康は小田原攻圍の陣中に在り、關東移封は既に內定してゐたのである。尊朝法親王の來書は左の如し。

〔參考〕青蓮院宮尊朝法親王より家康に遺れる書狀（天正十八年六月十八日）

先度內々得二賢意一候、就二遠州一宮天宮同社僧蓮花寺々社領之儀一、自二舊冬一、神主令二在京一、及二訴訟一候處、先判依レ無レ之、御朱印令二遲滯一由候、御分國之刻、寺社領御寄進候段、於レ無二其紛一者、被レ加二尊意一、落着候樣御取成尤可レ爲二神妙一候、彼宮異二于他一、勅願所之儀候條、如レ此候、今度以二亞相（家康）尊詞一兩社共建立成就由申候、不レ然

者永代及ニ斷給一候段、歎敷次第候、被レ廻ニ賢慮一寺社於ニ御興隆一者、併可レ爲ニ國家安全御懇祈一候、穴賢、

（天正十八年）
六月十八日　　　　　　　　　　　　　　　　　　尊朝（青蓮院宮）

江戸大納言殿（徳川家康）

〔天宮神社文書〕○遠江

〔參考〕大久保長安・原さ左衛門尉より出だせる大巖寺寺領目錄

（天正十八年十一月四日）

生實大巖寺領事

一七貫五百五文　　　　生實之内

一四貫百文　　　　　　千葉之内

一壹貫百九十五文　　　らも之内

一五百文　　　　　　　同所らやむ

一五貫文　　　　　　　森之内屋敷分

右前々御所務之由候間、任ニ證文一書出申候也、

（天正十八年）
ヲ十一月四日　　　　　大十兵（大久保十兵衛長安）（花押）（黒印）

原さ左衛門尉（花押）（黒印）

生實之内

大巖寺

〔大巖寺文書〕○下總

これは天正十八年七月二十八日大巖寺に與へたる寺領安堵狀に（中卷一六頁參照）附帶して、その內譯を書出したる寺領目錄と認められる。包紙上書に「繩奉行衆之印判」とあり、大久保十兵衞長安と原さ左衞門尉とが檢地奉行として寺方より提出せる證文に依つて書出したものである。原さ左衞門尉に就いては、檀林誌酉所收の原氏系譜にも、寬政重修諸家譜にある原家譜にも所見がない。寬政重修諸家譜卷八百七十六に見える原三左衞門某（重國・重胤）らしくもない。天正十八年小田原北條氏に屬して滅亡した臼井城主原胤榮の一族の中で、歸順して檢地の仕事を勤めたものかとも思はれるが何の證據も見當らない。

遠江馬籠渡船場船守に下せる定書（天正元年十一月十一日）

遠州馬籠渡船之事

一川上・川下雖レ爲二何之知行一、地形於二可レ然地一、船可二通用一之事

一棟別貳拾四間、此屋敷分扶持被二出置一、并拾貳座ニ付役等竹木不レ可二見伐一事

一於二分國中一、夏秋兩度升を入、致二勸進一之由申定之間、可レ爲二先規一事

右條々、有二河原一晝夜令二奉公一之條、停二止諸役一、永爲二不入一免許、然者彼拾人之者共、爲二雜色分一上者、聊不レ可レ有二非分一、於下背二此旨一輩上、急度申出之上、可レ加二下知一者也、仍如レ件、

天正元年辛（癸）酉年

十一月十一日　家康（花押）

船守中

〔水野文書〕○遠江

上巻二〇一―二〇二頁に、遠州池田村文書・御庫本古文書纂に依り、天正元年十一月十一日附遠江池田渡船場に下せる定書を收錄したとき、同日附馬籠渡船場船守に下せる定書を見落したので、ここに補遺として追錄する。この二つの定書の本文は大同小異であるが、辭句に若干の相違がある。尙、天正三年二月十六日附馬籠渡船場船守に下せる令書は、上巻二三一頁に收めてあるから、對照せられたい。

江馬時成に與へたる知行宛行狀（永祿九年二月十日）

一入野之郷貳百五拾貫
一神谷兩郷貳百拾貫
一阿多古之郷七十貫此外百文六人給恩有レ之
一山崎鹽濱五拾貫
一寺嶋百貫給共ニ
一爪內之郷五拾貫
一志とろ（志戸呂）郷米參百五拾俵
一嶋之郷貳百五拾貫此代七十貫
一里之郷百貫給共ニ
一鹽之郷百貫
一人見之郷米百俵此代貳拾貫
一舞坂內まこめり貳十貫舟共
一引間宿中諸役共、屋敷如ニ前々一貳十貫餘、

合千貳百貳拾貫文
右條々爲ニ引間本領之内一間、出置之上、永不レ可レ有ニ相違一者也、仍如レ件、
永祿九丙寅年
二月十日　　松藏
家康（花押）
江間加賀（時成）守殿
〔江馬某氏所藏文書〕○紀伊

江馬時成・同泰顯に與へたる誓書（永祿九年二月十日）

敬白起請文之事
一加勢可レ申事
一其城代意得之事
一濱松庄知行幷善六郎跡職、松下一類跡職、何も同前可ニ申付一之事
一美薗之郷之事
一河東へ被レ出、彌於レ有ニ忠節一者、五千貫之知可ニ申付一之事
右條々於レ僞者
上梵天・帝釋・四大天王、惣而日本國中之大小神祇、別而伊豆箱根兩所之權現、富士・白山・天

満大自在之神之蒙二御罸一於レ現者白癩・黒癩可レ請レ之者也、仍如レ件

永祿九丙ヿ
二月十日　　　　　　　　　松藏
　　　　　　　　　　　　　家康（花押）

江　安（江馬安藝守泰顯）
同　加（江馬加賀守時成）
ゟ

〔江馬某氏所藏文書〕○紀伊

この宛行状及び誓書は、永祿九年二月十日、當年二十五歳の松平藏人家康が、江馬加賀守時成・その從弟江馬安藝守泰顯に與へたるものである。但、誓書は兩人の連名であり、安堵狀は加賀守時成だけに宛ててある。このとき家康の居城は三河岡崎であつた。

江馬時成は通稱を彌三といひ、駿河今川義元・同氏眞の家臣飯尾豐前守致實に仕へ、義元戰死ののち、永祿七年五月、氏眞が三河吉田に出陣するとき、致實に從つて發向した。このとき致實は、時成の進言によつて志を家康に寄せ、時成を岡崎に遣して、その旨を通ぜしめたところ、家康より、自分の居城に歸るべき命を受けたので、夜中、遠江の荒井・白須賀に放火して引間《ヒクマ》（濱松）に引揚げ、これにより今川勢は周章して駿河に退いた。その翌八年、氏眞は致實の變心を怒り、これを駿府に誘致して殺害したので、時成は、從弟江馬安藝守泰顯と共に、家康に對して二心なき旨を岡崎に告げたところ、家康はこれを諒承し、十二月晦日、その臣石川內記數正・酒井左衞門尉忠次をして、連署の起請文を與へしめ、同九年正月六日には、更に渡邊庄右衞門勢をして起請文を授けしめた。ここにおいて二月、家康は時成・泰顯に命じて引間城を守らしめ、十日、時成に、ここに採錄せる宛行狀を以て、その本領引馬領のうち千二百二十貫文の地を與へ、同日また時成・泰顯の兩人に、ここに採錄せる誓書を與へて、五箇條を誓約したのである。

この二通の文書のうちには、十鄕・一庄の記載がある。その庄は濱松庄であり、四年ののち元龜元年六月、岡崎より引間に移つたとき、家康は、その庄名を採つて、引間を濱松と改めたのであつた。また河東とあるのは、天龍川以東の地方を指すのである。

爾來、時成・泰顯は引間城を守つて今川氏に對峙してゐたが、永祿十一年十二月氏眞に攻められ、家康より加勢を送られたけれど、防守が困難となり、泰顯は、氏眞方より和議を申し入れたのを受け容れたので、時成は已むを得ずしてこれに同意しながら、密かに使者を岡崎に遣して事情を告げ、自分は本心を以て同意したのでない旨を述べて罪を謝し、家康はまたこれを諒承し、許容の旨を達した。そこで時成は、家康の旨を泰顯に語つたところ、泰顯は、自分に相談しなかつたことを怒り、家康が遠江に出馬することを聞いて、これを害しようとし、時成はこれに反對して、家康を引馬城に迎へ入れようと主張し、兩人爭論の結果、泰顯は時成を殺したが、時成の家臣小野田彥右衞門某のために刺殺された。彥右衞門は直に安間《アンマ》村の陣營に馳せつけて、事の顚末を家康に告げ、また、今川氏の人質となつて駿府にゐた時成の子彌三にもこれを告げた。それで彌三は逃れて引間に至り、翌十二年二月二日父の舊領のうち五百五十三貫文を與へられ、のち元服して一成《カズナリ》と稱した。

このやうな次第で、ここに採錄した二通の文書を與へられた兩名は、同時に自滅してしまつたのである（寛政重修諸家譜千三百四十二）。

水野直盛（守次）に遣れる書狀（天正七年六月二日）

稍無音之處、御懇狀、殊爲二音信一、見事之新伽羅壹斤、并鐵炮藥拾斤、送給候、祝着之至候、將亦先度此方歸陳以來、京都在留之由、珍事共令レ察候、又近々安土へ御上之由候、歸路之時分、尚自レ是可二申入一候、委曲石川日向守（家成）可レ申候、恐々謹言、

（天正七年）六月二日　家康（花押）

水野監物殿（直盛・守次）

〔水野文書〕○遠江

水野監物直盛は、三河水野氏の一族で尾張常滑城主であつた。織田信長に仕へてゐたが天正十年六月二日京都本能寺事變のとき明智光秀に心を寄せ、擧措不明瞭であつたため、羽柴秀吉に改易せられ、嵯峨の天龍寺に隱棲し、慶長三年四月二十一日歿した（水野家系譜）。寛政重修諸家譜卷三百三十九には、「守次、監物、從五位下、今の呈譜守尚、後守隆に作る。常滑城に住し、彼城落去の後、山城國嵯峨に住し、慶長三年四月二十一日死す。法名全慶、嵯峨天龍寺の妙智院に葬る。妻は水野下野守信元」とあり、直盛といふ名が見えないが、今、同一人として扱ふ。

この書狀のうちに、「安土」に上るとあるが、信長が安土城に移つたのは、天正四年二月二十三日であり、また「石川日向守（家成）」が委曲申し述べるとあるが、家成は天正八年某月致仕した（寛政重修諸家譜百十八）。故にこの六月二日附書狀の年時の上限は天正四年であり、その下限は天正八年とすべきである。この期間における家康の居城は遠江濱松であり、「先度此方歸陳」とあることにより、某年前半に家康は何處かに出陣し、遲くも六月二日以前に濱松に歸着して、この書狀を書いたことになる。それで年時を追うて家康の行動を檢討して見ると、天正四年には六月歸陣のことなく、同五年には八月武田勝頼に對して出陣したが六月歸陣のことなく、同六年には勝頼に對して三月出陣、五月・七月ごろ連戰、十一月歸陣、同七年には、三月及び四月に出馬したので六月歸陣のことがあつたかも知れず、同八年には三月乃至六月連戰してゐる。それで蓋然的に本書を天正七年のものと認めて表出しておいた。

拾遺集例言

一、「徳川家康文書の研究」四冊、三千二百四十六頁は昭和三十三年三月上巻発行、同三十六年三月下巻之二発行を以て全部出版を終つた。収載の家康文書及び参考文書は二千九百五十八点に達した。

一、右四冊出版の後、新たに発見した家康文書及び参考文書を、個人雑誌「歴史と趣味」に昭和三十八年一月号から逐次解説掲載し、「歴史と趣味」昭和四十三年十月終刊、翌四十四年一月「静苑」創刊により、更に「静苑」に続載して、昭和四十五年一月号を以て終つた。

一、著者は「静苑」一月号の編集を終えて印刷に付したのち、発病して、昭和四十五年二月五日八十五歳を以て永眠した。

一、「歴史と趣味」「静苑」掲載の家康文書及び参考文書と解説を一冊の書物にまとめて「徳川家康文書の研究」拾遺集と題して公刊することは、著者生前の志であつた。仍つてこの度、右雑誌掲載の文書一四五点と解説を年月日順に整理編集して、印刷に付し、広く学界の利用に供する次第である。

一、原稿の整理に当たつては、既刊の本篇の体裁を基準とし、文書には句点、返り点を付け、変態仮名のうち字型の複雑なものは現代仮名に改めた。

一、元来これら拾遺文書は随時得るにしたがつて雑誌に発表したものであるから、その時々の事情により、解説に精粗があり、又重複の部分もある。更に病気療養中の執筆に成るものなどには後日の再検討を期した文書もある。今整理編集に際して、なるべく著者その時々の苦心研究の状況をありのまま伝えるため、多少の重複、精粗の部分、検討未了の部分はそのまま存する方針を取つたが、いくらか調整、補訂を加えたところもある。

一、巻末に、著者の年譜と著作目録を附載した。

一、本篇四冊に引き続き、この拾遺集の刊行を快く引き受けられた日本学術振興会の御厚志に深く感謝する。

昭和四十五年九月三十日

今回新訂版に当り、拾遺集文書は、補遺文書と同様、年時別に各巻の終りに付載することとした。なお旧版においては「拾遺集」に限り、現代かなづかい、新体漢字を使用してあり、新たに活字を組むことが困難であるので、今回もそれに従つたことをお断りする。

拾遺集所載

第一篇　流寓時代

元康と署名してある文書

永禄二年（1559）元康十七歳

長田与助・同喜八郎に与えたる三河熊野社領寄進状

（永禄二年十一月二十八日）

大濱郷兩熊野領、元康代仁雖レ落ニ置之一、只今令ニ寄進一畢、縦百姓等雖レ令ニ買得一、爲ニ新寄進一返付上、於ニ末代一不レ可レ有ニ相違一、神社之修理不レ可レ有ニ無沙汰一者也、仍如レ件、

永禄弐年己未

十一月廿八日　　　　蔵人佐

元　康（花押）

長田與助殿

同喜八郎殿

〔京都大学国史研究室所蔵文書〕

本書は上巻三三二頁に採録した同日附「三河常行院等七箇寺に与えたる寺領寄進状」と同時に採録すべきものであつた。それは「大浜惣寺方」に宛てたものであり、大浜郷七箇寺に寺領を寄進したものである。そしてこれは大浜熊野社に社領を寄進

したものである。永禄二年元康十七歳。この年三月六日嫡子信康が生れた。八月今川義元はその将を尾張大高城に入れ、信長の居城清須に迫る足掛りとした。大浜はそれより見れば遙かに南方なる知多湾衣ケ浦に臨める海港であるが、松平氏の遠祖親氏とゆかりの土地であり、元康が自己の意志を以て、その地の寺社に所領を安堵せしめたのは、義元の勢力圏において、岡崎がしだいに自主権を回復しつつあることを示している。

第二篇　岡崎在城の時代

元康と署名してある文書（つづき）

永禄三年（1560）元康十八歳

浅井道忠に与えたる所領宛行状（永禄三年五月二十二日）

今度依二忠節一、約束之旨、無二相違一可レ令二扶助一、在所之儀従二年寄一可二申届一者也、仍如レ件、

（永禄三年）五月廿二日　　元康御判

浅井六之助（道忠）とのへ

〔朝野旧聞裒藁〕五十九〔武徳編年集成〕四

浅井六之助道忠は、三河に生れ、三河刈谷城主水野信元の家臣であつた。永禄三年五月十九日桶狭間合戦で今川義元が戦死したとき、元康（家康）は尾張大高城に在り、夕方になつて、その情報を得たが動かないでいたところ、浅井六之助が来て、信元の意を伝え、速かに退くべきことを勧めた。しかし元康は更に確報を得てから、夜半、信元の家臣上平平六近正の案内により、浅井六之助をも従えて城を出で、二十日岡崎城北の大樹寺に入つた。本書はこのときの功を賞して、二十二日六之助に与えたものである。翌二十三日家康は岡崎城に帰つた。其後道忠は騎馬同心十人を預り、小栗仁右衛門と三河・遠江両国の奉行職を司つた。（寛永諸家系図伝）又道忠の子雁兵衛道多は、後に家康に仕え、天正十六年閏五月十四日遠江志都呂在留瀬戸者に与えた課役免許状、同月二十日金谷・駿府間の宿中に下した伝馬手形を奉行した。（上巻七一三頁参照）。

三河妙唱寺に下せる禁制（永禄三年カ）（九月）

禁制　　妙唱寺

一甲乙人等濫妨狼籍（藉）事
一竹木所望事
一寺内放火事
右條々堅令三停止ラ之一訖、若於二違犯之輩一者、速可レ處二罪科一者也、仍如レ件、
（永禄三年カ）九月　日　　蔵人
元　康　花押
〔妙昌寺文書〕〇三河

妙唱寺のこと、参河志・大日本地名辞書に所見がないが、松平村簗山妙昌寺のことである。元康と署名してある文書は、永禄元年七月より同六年六月に至るまでの前後六年間に十五通採録してある（上巻二八―五二頁参照）。そのうち寺に下した禁制は永禄五年四月十八日幡豆郡無量寿寺に下したもの一通だけである。家康と改名したのは永禄六年七月六日であるから、本書は永禄元年より同五年の間における五年間の九月に出したものであろう。但、禁制・定書・安堵状・宛行状のごとき公的性格の文書は、原則的に、ほとんどすべて年号年時を記載してあるのが常例であるが、本書は何故か月日だけしか記してない。

「徳川家康と其周囲」上巻三二五頁には、永禄三年五月桶狭間合戦後元康（家康）が岡崎城に帰ってより、刈谷城外に兵を出して水野信元と戦い、更に挙母・梅坪・広瀬・沓懸方面にも兵を発して、西に北に活動したらしいと述べ、この妙昌寺所蔵の禁制については、「恐く此当時、東加茂郡方面にも活動の余勢を及ぼしたものと思はるゝ」と記してある。いづれにせ

よ確証がないから、今この推定に随い、（永禄三年カ）として表出した。

永禄四年（1561）元康二十歳

河合勘解由左衛門に与えたる代官職安堵状（永禄四年九月十八日）

作岡代官之事、如二前々一申付訖、一度領掌之上、不レ可レ有二相違一者也、仍如レ件、

永禄四年辛酉　　元康（花押）

九月十八日

河合勘解由左衛門とのへ

〔河合文書〕○播磨

書上には「岡村之城主板倉弾正、築手江立退候後、河合勘解由左衛門に、岡村之城屋敷御預被レ成、以来は御代官可レ被二仰付一旨二而、御墨付拝領仕候」とある。又、作岡《さくのおか》なる地名は、「作岡ハ即チ岡村ナリ、三河物語永禄六年一向宗乱ノ条ニ太平造岡岡即作ト連書セリ、地図ヲ検スルニ、岡村、太平ト相隣ス、而シテ、別ニ作岡ナシ、則チ岡村ハ即作岡ナルヘシ」、（大日本史料稿本）とある。板倉弾正は名を重定という。今川氏真に属し、碧海郡中島城に在り、近郷を攻掠したので、永禄四年三月頃、元康は松平好景をして攻めて岡村城に奔らしめ、尋で元康自らこれを攻めて築手に逃れしめた（二葉松・肥前島原松平家譜）。勘解由左衛門は天正六年十月の時、まだ作岡の代官であった。（家忠日記）。

この文面には聊か疑があるけれど、採録しておく。

本多広孝に与えたる書状（永禄四年十月一日）

今度合戰、御手前御高名無二比類一候、殊山之手へも早々御上候つる由、左衛門（酒井忠次）尉申候、祝着此事

候、猶重而可ニ申入一候、恐々謹言、

（永禄四年）十月一日　　　（岡崎蔵人佐）岡蔵 元康　御判

（本多豊後守広孝）本　豊　参

〔寛永諸家系図伝〕九十

これは永禄四年九月十三日本田豊後守広孝が、幡豆郡東条城を攻め、藤波畷手において、吉良義昭の家老富永忠元を討取り、大いに城兵を破って義昭を降服せしめた武功に対し、元康が与えた感状である。「山之手へも早々御上候つる」とあるのは、藤波畷手に勝って、直ちに東条城に攻め上つたことをいうのである。

署名に「松蔵」（松平蔵人）というのは多いが、「岡蔵」（岡崎蔵人）というのは、これが初見である。同年六月二十七日広孝に与えたる所領宛行状は、上巻三九頁に採録してある。

永禄六年（1568）元康二十二歳

松平伊忠に与えたる所領安堵状（永禄六年五月九日）

従ニ鵜殿一（三郎長持）其方ゟ為ニ假辨田一永代譲置之下地事

一西郡八幡方岡下地六石六斗内半分、并屋敷三、年貢三貫文内半分

一貴布禰方貳拾俵成

一濱道下三反貳石四斗成之分

右任二彼譲状一従二何方一雖レ有二申様一、永不レ可レ有二相違一者也、仍如レ件、

（永禄六年）
五月九日　　　　岡藏

（松平又八郎伊忠）
松　又　参　　　源元康（花押）

〔松平千代子氏所蔵文書〕○東京

松平又八郎伊忠は深溝松平家の第三代であり、永禄五年五月二十二日作岡《さくのおか》・長良等の本領を安堵せしめられた。これには岡蔵源元康と署名してある（上巻四七―四八頁参照）。同六年五月九日本書によって鵜殿三郎長持より譲られた西郡八幡方岡下地六石六斗内半分、屋敷三、年貢三貫文内半分、貴布祢方二十俵成、浜道下三反二石四斗成の分の所領を安堵せしめられた。鵜殿長持は三河西郡城主であり、弘治三年九月十一日死去し、その子長照が相続して西郡城を守ったが、永禄五年家康の部将松井忠次に攻められて落城し、その二子氏長（三郎、新七郎とも）、某（氏次、藤四郎）は虜にされた。この二子は駿府の今川氏真のもとに抑留されている関口氏（築山御前）・信康と交換されて義元のもとに帰されたが、氏真没落の後、いづれも家康の家臣となり、兄氏長は千七百石余を領し、寛永元年六月十四日七十六歳を以て歿し、弟氏次は慶長五年八月一日伏見落城のとき、松平伊忠の子家忠と同じく戦死した（寛政重修諸家譜巻千百八十七）。

今川義元―氏真
　├女
鵜殿長持＝女
　├三郎
　└長照　藤太郎
　　　├氏長　三郎　新七郎（以下略）
　　　└某（氏次）藤四郎
　├某　藤九郎
　├長忠　藤助
　└女＝松平伊忠―家忠

〔寛政重修諸家譜巻千百八十七〕

このような次第で、鵜殿氏の末路は頗る振わないのであつたが、長持・長照の二代は西郡城主として重きをなしており、長持はその女を深溝松平伊忠に娶はせ、生前譲状を作成して、本書に記載してある土地・屋敷・年貢米等を譲与したのである。その死後五年目に西郡は落城し、城主鵜殿氏は滅亡したのであり、その機会において六年五月九日家康は伊忠に本書を与へて、長持より譲与せられた所領の所有権を更確認してやつたのであつた。この月、伊忠は家康の命を受けて長沢城を守備し、武田信玄を近づけなかつたので、その功により六月一日村松給・千本給・星野給・公田方政所・御祝所諸給を加増せられた（上巻五一一頁参照）。

元康と署名してある文書は、本篇では永禄元年七月十七日（十七歳）六所大明神神主に与えた社領安堵状を初見とし、同六年六月二十二歳松平直勝に与えた所領安堵状に至るまで前後六年間に亘り十五通を採録し得たのであつたが、この拾遺で六通を加えて総計二十一通を数えるに至つた。そのうち松平伊忠に宛てたものは、本書を合せて三通である。

署名は

たゞ元康とあるもの四通		編纂書
松次元康（花押）とあるもの一通		原本
蔵人佐元康とあるもの二通		原本
蔵人佐源元康あるもの一通		編纂書
松平蔵人佐元康とあるもの一通		写し
同上	二通	編纂書
松蔵源元康とあるもの二通		編纂書
岡蔵源元康（花押）とあるもの二通		原本
松平蔵人元康とあるもの一通		編纂書
蔵人元康とあるもの一通		編纂書

原本は五通ある。

(1) 永禄二年五月十六日岡崎の家臣に与えたる定書〔弘文荘所蔵文書〕　松次元康

(2) 永禄二年十一月二十八日三河常行院等七箇寺に与えたる寺領寄進状〔福地源一郎氏旧蔵文書〕　蔵人佐元康

(3) 永禄二年十一月二十八日長田与助・同喜八郎に与えたる社領寄進状〔京都大学国史研究室所蔵文書〕　蔵人佐元康

(4) 永禄五年五月廿二日松平伊忠に与えたる本領安堵状〔島原松平文書〕　岡蔵源元康

(5) 永禄六年五月九日松平伊忠に与えたる所領安堵状〔松平千代子氏所蔵文書〕　岡蔵源家康

これらの文書の花押の形は後年のものとは異なっているが、（下巻之二、花押集参照）永禄二年より同六年に至る間使用されたことは確かである。菅沼家譜所載永禄四年七月二十四日菅沼定盈に与えた所領宛行状の花押がこれとちがっているのは、写しであるためだろう。それは家康と改名したのちの初見文書と思われる永禄六年閏十二月大樹寺進誉上人宛に下した定書の花押が、この全生涯を通じて一貫せる形の基本型となったものとくらべれば、両者の中間に位するごときものであるが、後世の作為が加わっているようにも思える。但しこの写しが正当なものであるとすれば、その花押は過渡的な形であるだろう。今は断定を差しひかえておく。

次に、参考のため、家康の改名、改姓の時期を記しておく。

家康の改名した時期

竹千代	一五四二—一五五六	天文十一年—弘治二年	一—十五
元信	一五五六—一五五九	弘治二年—永禄二年	十五—十八
元康	一五五九—一五六三	永禄二年—永禄六年	十八—二十二
家康	一五六三—一六一六	永禄六年—元和二年	二十二—七十五

家康の改姓

松平家康が徳川家康になったのは、永禄九年（一五六六）十二月二十九日二十五歳の時。

永禄七年（1564）家康二十三歳

松平直勝に与えたる覚書（永禄七年二月二日）

一中納言、今度別條仕、上宮寺ゟ罷成候ニ付、彼跡職如來寺分之内ニ有レ之、其方ゟ進置候事
一於ニ上宮寺落着一者、雖ニ不レ及レ申候一、彼寺内之儀、其方可レ爲レ計事
一於ニ敵方寺内一、其方借用之米錢等、縱雖ニ無事罷成候一、不レ可レ有ニ御返辨一候事
右之條々永不レ可レ有ニ相違一者也、依如件、

永禄七年甲子　　御名（家康）乘　御判

二月三日

松平三藏（直勝）殿

〔古文書〕四○記録御用所本　〔古文書〕○浅草文庫本

松平三蔵は直勝とも、忠就とも、信次ともしてある。ここでは上巻五二二頁所収永禄六年六月蔵人元康より松平三蔵に与えた所領安堵状に直勝としてあるのに対照させて、やはり直勝としておく。直勝は松平三左衛門忠倫の弟という。「徳川家康と其周囲」上巻三八六頁には、三蔵忠就とし、〃諸書多く信次となす〃と註してある。御庫本三河記には「一揆御赦免ノ後、三州ヲ去テ、所々漂泊シテ加藤主計頭カ家に来テ、加藤左助ト号ス」とある。これは永禄七年二月三日一向一揆の争乱が終熄に近づいたとき、松平直勝に与えた三箇条の覚書である。中納言（不詳）所領の如来寺分の内にあるものを与えること、上宮寺内の処理を任せること、一揆方の寺内において借用した米銭等は返済すべからざることを定めてある。浅草文庫本古文書には、その来由につき、「松平三蔵忠就拝領、内藤治左衛門政守書上、東照宮御判物」と記してある。

〔参考〕　酒井政家（正親）より三河無量壽寺に遣れる覺書　（永禄七年三月九日）

今度御元儀就ニ御取相い一、其御寺内雖ニ敵味方被レ成候一、只今土呂殿を初而被レ致ニ惣無事を一上者、如ニ前々一、別而

御等閑有間敷候、若此上於二御寺内一、諸事狼籍（藉）致候於二輩有一者、不レ及二御届一、急度御成敗可レ被レ成者也、但此方之儀、於二御無沙汰一者、不レ及二是非一候、此一札相立間敷者也、仍如レ件、

永禄七

三月九日　　酒井雅楽助

政　家（花押）

平坂

無量寿寺　参

〔無量寿寺所蔵〕○三河

無量寿寺は三河幡豆郡平坂に在る一向宗の寺院である。この覚書の「御取相」というのは、永禄七年一向一揆争乱のことであり、「敵味方成され候」とあるのは、そのとき無量寿寺が敵方即ち一揆方に味方したことを指すのである。「土呂殿」は土呂の本宗寺であり、一揆軍の有力者であつたが、争乱の鎮定後、家康はその僧俗一同の罪を赦したので、その事を「土呂殿を初めとして、惣無事を致され」たと書いたのである。然る上は無量寿寺は争乱以前と同様に扱つてやるから、もし寺内で狼藉をはたらく輩があれば、届け出でずに成敗して宜しい。但し徳川家に対して無沙汰するならば、この宥免の申し渡しは無効であるから、左様心得よという趣意の文面であると思う。

酒井雅楽助政家は後に正親と改めた。酒井両家のうち雅楽頭酒井家の第六代であり、松平清康の是字寺（竜海院）建立のとき、命により浄土宗より禅宗に転じ、それよりこの寺を酒井家の菩提所となした。清康の死後幼少なる広忠を補佐し、広忠の死後また幼少なる家康のために画策すること多く、家康が岡崎帰城ののち、一向一揆の争乱鎮定に功あり、乱後無量寿寺にこの覚書をおくつたのであつた。当時の文書等には、雅楽助とあるけれど、子孫は雅楽頭に任ぜられたから、この家系の酒井家は、ここでは雅楽頭家と呼んで、酒井忠次の左衛門尉家と区別することにする。

永禄九年（1566）家康二十五歳

三河伊賀八幡宮戸帳奉納銘（永禄九年十二月）

三州額田郡井賀郷

奉懸戸帳八幡宮御神前

永禄九年丙寅十二月吉日　　大施主家康

〔伊賀八幡宮所蔵〕○三河

伊賀は今岡崎市内であるが、その八幡宮は文明年間、松平親忠が三河井賀郷に勧請したのが創始であるという。その霊験については、松平清康が守山崩れで死んだのち、織田信秀が八千の兵を以て大挙して岡崎に迫り、大樹寺に陣したとき、味方は僅かに八百の兵を以て対陣したのであつた。然るに「伊賀之八幡之方より、白羽之矢が敵之方え降る雨の如く走り渡り」これに力を得たる味方の小勢は、「南無八幡」と駆け向い、敵を追い退けたと伝えている（三河物語）。これは天文四年十二月十一日のことであり、井田野合戦と呼ぶ。家康も崇敬厚く、永禄九年十二月二十九日勅許をいただいて徳川姓に復し、従五位下三河守に叙任せられたとき、戸帳に自書して伊賀八幡宮に奉献し、神恩を報謝したのである。その後慶長十六年社殿を増営し規模を整え、更に寛永十三年将軍家光のとき、岡崎城主本多忠利を奉行として社殿を造営した。戸帳とは斗帳のことである。易林節用集上、食服門に「斗帳、トチヨウ、神前、斗ヲ戸ニ作ルハ非ナリ」とある。帳台の上方の四面に張りめぐらす横一幅の布帛で、斗《ます》を覆《おお》い被《かぶ》せたような形であるので、斗帳と呼び、神仏の龕の上などに垂れる帳をも斗帳と呼ぶようになつたと思われる（大言海）。

永禄十年（1567）家康二十六歳

西尾吉次に遺れる書状　（永禄十年カ）（三月三日）

（前文闕）相詰申候間、落居不レ可レ有レ程候、境目之儀も無二別条一候、可二御心易一候、此旨御披露

専一候、恐惶謹言、

（永禄十年カ）三月三日　　　　　　三河守

家　康（花押）

西尾小左（吉次）衛門尉殿

〔古典籍展観会出陳〕

本書は昭和三十八年六月二十二日東京古典会主催にて東京上野公園内清水堂において開催せられたる古典籍展観会の出品中より採録したものである。

家康が三河守に任ぜられたのは、永禄九年十二月二十九日（二十五歳）であり、永禄十一年正月十一日（二十七歳）には、左京大夫に任ぜられているから（東照宮文書）、家康が三河守時代の三月三日は永禄十年（二十六歳）の外は無い。しかるに本書は前文が闕けており、全体の意味がよく通じないが、どこかの城攻めの時、落城が間近かなことを織田信長の家臣西尾吉次に報せて信長に言上させたものである。併し永禄十年三月頃、家康がどこかの城を攻めた事は見当らない。暫くここに収めて後考を俟つ。

永禄十二年（1569）家康二十八歳

〔参考〕鳥居忠吉・大須賀康高・植村正勝・柴田康忠連署、西郷清員に与えたる知行目録（永禄十二年八月二十一日）

榛原郡之内

一参百俵　　九合、三斗五升俵下方ニ積

　此代百五拾七貫五文　下　　江留伊定分

同　積
一七十五俵　此代参拾九貫三百七拾五文　市　場
同
同　積
一百九拾四俵　此代百壱貫八百六拾五文　本　郷
同
下方三斗俵
一百拾八俵　此代四拾四貫弐百六拾五文　足あらひ分
同
升拾壱合
一百拾四俵　此代五拾七貫文　三輪方
同
合四百貫文
此外反銭・棟別御蔵入
永十二巳八月廿一日
(鳥居伊賀守忠吉)鳥　伊　判
(大須賀康高)大五郎左　同
(植村庄右衛門正勝)上　庄　同
(柴田七九郎康忠)芝　七　同
西郷(清員)左衛門佐殿

〔古文書〕十三　○記録御用所本

本書は永禄十二年三月二日家康が西郷清員に対し、河辺の替地として、遠州榛原郡において七百貫文の地を与えた時に出した替地宛行状（上巻一二七頁所収）につき、鳥居元忠以下の四奉行が、連署を以て、その替地の内訳を記した知行目録である。本来、替地宛行状と連絡を取つて採録すべき筈のものであるが、落ちていたから、ここに補遺として載せておく。

第三篇　浜松在城の時代

元亀二年（1571）家康三十歳

佐久間正勝・佐々一兵衛尉に遣れる書状（元亀二年カ）（十一月二十六日）

尚々、其表之躰、委大六ニ可レ被ニ仰越一候、此方人衆之事可レ爲ニ御さ右次第一候、

信長御馬向ニ江北一被レ出之由承候、寔寒天之中如何、無ニ御心元一存候て、大六進レ之候、模様具可レ承候、人衆等於ニ御用一ハ、何時も可ニ申付一候、信長へ直札以申上候、御取成憑入候、猶彼口上ニ申含候、恐々謹言、

（元亀二年カ）十一月廿六日　　家　康（花押）

佐久間（正勝）甚久（九）郎殿

佐々一兵衛尉殿

〔松平千代子氏所蔵文書〕○東京

本書は家康が佐久間甚九郎正勝・佐々一兵衛尉の両人連名宛にて、信長が近江の北部地方に出馬することにつき、寒中であることが心配なので大六を使者として遣わすから、委細の事情を話してもらいたい。御必要があれば、加勢の人数はいつでも出動させる。信長へも直札で申し上げるが執成しを頼む。詳しくは大六から聴き取ってもらいたいと申し送った書状である。家康は信長出兵の事情をよく知らないと見え、返し書きにおいて、重ねて、委細を大六によって知らせてもらいたい。

こちらから差出す加勢の人数は御申越し次第用意すると繰りかえして述べているのである。

この文書の日附は十一月廿六日であるから、その月のころ信長が江北に出馬したことのある年を調べて、年時を定めようと思つた。江北出馬の相手は浅井長政であろう。長政を相手に出馬するとすれば、左のごとくになる。

元亀元年四月二十日信長が朝倉義景を伐つため京都を発し、越前に入り、金崎城を陥れたとき、浅井長政が義景に応じ、信長の背後を襲うとの報を得て、朽木谷より京都に引揚げ、五月二十一日岐阜に帰つた。六月十九日姉川の戦があつた。八月二十六日信長は大坂天王寺に陣し本願寺と戦つた。九月十九日朝倉・浅井氏の両勢が近江宇佐山城を攻めた。信長は大坂より帰り、九月二十四日坂本合戦で朝倉・浅井の連合軍を破つた。十一月二十四日六角承禎は宇佐山の本営に来て信長に降つた。十一月二十日朝倉義景が足利義昭に頼んで申し入れた和談を信長が承諾した。十二月十四日人質の交換があり、十五日義景は越前に退き、十七日信長は岐阜に帰つた。

この事実から見れば、十一月廿六日に、「信長御馬江北に向ひ出ださるの由」は元亀元年のことではない。

元亀二年を見る。信長は二月二十四日佐和山城主磯野丹波守員昌を降して代りに丹羽長秀を入れ、長秀をして横山城の羽柴秀吉と共に、太尾城・浅尾城等を降さしめた。これと対抗するため、浅井長政は大坂本願寺と連絡を取り、近江の本願寺門徒を集め、これを率いて五月六日姉川に出陣し、部将をして箕浦城を攻めしめた。しかし横山より来た秀吉に破られた。八月十八日信長は横山に陣して小谷城を攻め、余吾・木之本に放火し、八月二十八日軍を佐和山に収め、九月三日常楽寺に移り、近江本願寺一揆の立籠つている金ヶ森を屠り、九月十二日急に比叡山を攻め、火を上坂本に放つて全山を焼討にした。大坂本願寺は驚き且つ怖れて、十一月二十四日以後、朝倉義景に書をおくつて浅井長政を援助すべきことを求め、浅井長政にも書をおくつて、義景と協力すべきことを求めた。しかし信長が十一月中江北に出動したことはない。

元亀三年になると、信長は江北に出動したけれど、それは三月六日のことであり、横山に陣し小谷城に迫り、余吾・木之本に放火したが、浅井長政は出て戦わなかつた。武田信玄の西上を待望したのであろう。信長は三月十二日上洛した。河内若江城の三好左京大夫義継・大和信貴山城の松永弾正少弼久秀・同多聞山城の松永右衛門佐久通（久秀の子）が、大坂本願寺に通じ、足利義昭を援けるために兵を挙げたので、信長は部将を遣わして討伐せしめ、まもなく久秀・久通の父子を降し、十一月義継を自殺させた。

七月十九日信長は近江に入り、二十一日小谷城に迫り、虎御前山に陣して民家に放火し、二十三日人数を越前国境に押出して諸所に放火し、二十七日より虎御前山に要塞を造り、朝倉義景が来援したので使者を遣わして決戦を挑んだけれど、義景は応じなかつた。義景も武田信玄の西上を待望していたのであろう。

信玄は十月三日大挙して西上の途に就いた。信州伊奈郡より南下して遠州に入り、十二月二十二日三方原の合戦にて大いに家康を破り、西進して三河に入つた。この合戦には信長の援軍も参加した。これで見ると十一月二十六日の掲出書状は元亀三年のものでは無い。

翌年**天正元年**八月信長は越前に入り、朝倉義景は二十一日大野郡六坊賢松寺で自殺し、朝倉氏は亡びた。九月一日小谷城は秀吉に政められて陥り、浅井長政は自殺し、浅井氏も亡びた。さればこの年十一月信長が江北に出動するいわれはない。以上四年間の中の十一月ごろは、天正元年には江北出動のいわれがなく、元亀三年には信長・家康共に遠州で信玄を迎えるのでその余裕がない。残る二年間のうち元亀元年には信長にその余裕が無い。さすれば本文書は元亀二年のものでなくてはならなくなる。然るに元亀二年十一月信長が北征した事実は無いのである。

何か手がかりを得られるかと思つて、使者に立つた「大六」につき丹念に捜し求めたけれど、結局徒労に終つた。宛名人のひとり佐久間甚九郎正勝は信長に仕え、弱年のときからしば〳〵軍功をあらわしたが、天正八年明智光秀に讒言せられ、父信盛と共に高野山に逃れた。十年正月二十四日信盛が死んでのち、正勝は許されて、信長の嫡男城介信忠に附属せしめられた。まもなく信長・信忠父子が死んだのちは、信雄に仕えたらしく、天正十二年小牧長久手の戦には、信雄の居城たる長島城に近い蟹江城の守将であり、信雄の命により伊勢萱生砦の築造に赴いた不在中、叔父前田与十郎を蟹江城の留守としておいたところ、与十郎は伊勢神戸城将滝川一益を誘うて蟹江城に入らしめた。但し家康の機敏な行動によつて蟹江城はすぐ取戻されたが、信雄と秀吉との和議に当り、秀吉は正勝を自殺せしめることを要求した。信雄が困り抜いているのを見て、正勝は剃髪して三河の笹原に隠遁し、三年後に秀吉に赦免せられた。秀吉の死後、関原戦争には、弟信実を家康に供奉せしめたから、信実は家康臣僚になつたのである。正勝は京都紫野に隠遁、大坂陣には秀忠の話相手になり、武蔵児玉郡・横見郡にて三千石の地を賜わり、寄合に列した。弟信実が四十八歳で死んだのち、柴田勝重の次男信勝を養子として二千石を分与したが、信勝は嗣子が無く絶家した。その後、従弟信重が養子となり、別に家を興した。信実の子孫は永く幕臣としてつゞいた。（寛政重修諸家譜巻五百三十一）。

必要以上に佐久間甚九郎正勝の事歴を長々と書いてしまつたのだが、この書状を受取つたころの正勝は、父信盛と共に、失脚する天正八年以前信長に仕えていたのである。家康にも名を知られていた。家康が父信盛宛てでなく、子正勝宛てにこの書状を出したとき、父は天正十年五十五歳で死んだのだから、元亀二年とすれば四十四歳、子は寛永八年七十六歳で死んだのだから元亀二年には二十六歳である。その子の方が宛名人にされたのは、相当の才能を認められていたのであろう。

もう一人の宛名人佐々一兵衛尉については、今のところ史料が見当らない。

この文書が深溝松平家である肥前島原松平家に伝わっている来歴はまだ考えていない。

以上の推考に依り、文書の年時を確定することができないから、ここにこれを元亀二年十一月廿六日附の書状と推定して表出することにした。思うに二年十一月信長は江北に出動しなかつたのである。しかし出動し得る可能性は存在したのである。出動したという情報が浜松に達した。家康は多少これを不審に思つた。それで大六を使者として佐久間甚九郎正勝・佐々一兵衛尉の両名に宛てて事情の報告を求め、必要があれば援軍を派遣するつもりであることを申しおくつたのである。信長が出兵した事実を尋ね求めたから年時の推定ができなかつたのだけれど、出兵の風評を聴き込んで事情を問い合せた書状だとすれば、それが事実にはならなかつたとしても、書状は真文書であり、偽文書ではないのである。それで「元亀二年か」として採録することにしたのである。

元亀三年（1572）家康三十一歳

松平真乗に与えたる下知状（元亀三年十一月六日）

敵信州表江就二罷出一候、自二岩村一被二申越一候、武節乍二御大儀一、早々可レ被二相移一候、不レ可レ有二油断一候、仍而如レ件、

（元亀三年）十一月六日　　家康

松平左近丞（真乗）殿

〔武家事紀〕三十二

岩村は美濃恵那郡の中心部に在る要地、武節は三河設楽郡に在り、長篠より信濃伊那郡に往く通路の地名、敵は武田信玄である。

本書は美濃岩村よりの通報によれば、武田氏の軍勢が甲州より信州に出動したとのこと故、大儀ながら、その三河侵入の通路に当る武節まで移動してもらいたいということを松平真乗まで申し送った命令である。年次は暫く元亀三年と推定しておく。信玄はこの年十月三日大挙して西上の途に就いた。そのコースは、本軍は信州伊那郡より秋葉路を経て遠江に向い、二俣城を囲み、山県昌景の別軍は下伊那郡より東三河に入り、吉田城を破つてから転じて遠江に入り、本軍に合した。二俣城陥落は十二月十九日である。二十二日三方原の戦がおこつた。

既に採録し得た松平真乗関係の文書六通は、永禄十二年八月十二日二十四歳のとき、家康より遠州浜名郡笠居島の在陣を命ぜられた書状が初見であり、元亀元年八月三十日附、二十五歳のとき、上杉輝虎の家臣河田長親より上杉・徳川両家の和親に関する書状を受取つたのは最終である。歿したのは天正十年三月十四日で三十七歳であるから（譜牒余録・歴代古案・寛政重修諸家譜）、もつと多くの文書があつてもいい筈だけれど、本書を元亀元年に近い同二年に置く方が、勝頼時代とするよりも落着く。

天正三年（1575）家康三十四歳

織田信長に遺れる書状（天正三年三月十三日）

今度御兵粮過分被二仰付一候、外聞實儀敵國（武田方）覺、旁以恐悦不レ及二是非一候、殊諸城爲二御見舞一、佐久間（信盛）被レ爲二差越一候、是亦過當至極候、此表様子具右衞門（佐久間信盛）可レ被二申上一候、猶從レ是以二使者一可レ得二御意一候、恐惶謹言、

（天正三年）三月十三日　家康（花押）

（織田信長）岐阜殿　人々御中

〔大阪天守閣所蔵〕

本書は昭和四十三年五月三日着にて、大阪城天守閣岡本良一氏より、退職の直前に出来上った天守閣所蔵資料第四輯の中のものであるとして寄贈された写真を読みとつたものである。家康が長篠役の直前に岐阜の織田信長におくつた書状と思うが、「徳川家康文書の研究」には採録漏れであるからお知らせすると書いてある。御親切に御教示下され、ありがたく、厚く御礼申し上げる次第である。

周知のごとく、長篠城は、信州伊那郡を経由して三河の豊川流域に入る要地であり。信玄・家康の係争地であつた。信玄の死んだ天正元年四月には、武田方の室賀信俊・菅沼正貞等が城を守つていたが、七月十九日頃より、家康は、本多忠勝・榊原康政等をして攻撃をはじめさせ、勝頼はこれに応じて八月武田信豊・甘利昌忠を三河に入れて長篠城の後詰となした。しかし前年十月信玄が遠江を侵し、山県昌景が東三河に入つたとき、信玄に降つた作手《つくで》城主奥平貞能は信玄の歿後、家康に帰順し、長篠城は元年九月十日家康の手に陥り、松平伊昌がその守将となつた。

それより三年目の天正三年二月二十八日に至り、奥平貞能の子九八郎信昌が、長篠城の守将となつた（譜牒余録・創業記考異・寛政重修諸家譜）。三月上旬、織田信長は家康に兵粮二千俵をおくつた。家康はそのうち三百俵を奥平信昌に頒与して長篠城内に貯蔵させた（創業記考異）。本書はこのとき、信長より兵粮をおくられたのを謝した家康の礼状である。書中に「佐久間」という姓と、「右衛門」という名とが記されているのを結びつけると、「佐久間右衛門」となる。寛政重修諸家譜巻五百三十一の佐久間家譜にある「佐久間右衛門信盛」は、正にこの人に該当すると思う。家譜によれば、右衛門尉信盛は信長に仕えて尾張山崎城主となり、のち近江永原城に移り、永禄十年五月二十七日信長の女徳姫が家康の嫡子信康に婚嫁のとき、嘉儀の使者として岡崎に行つた。元亀三年十二月三方原合戦のときには、滝川一益・平手汎秀と共に、援軍として浜松に赴いた。このたびの長篠合戦では、信長軍の先鋒に在り、滝川一益と共に軽卒を指揮し、三千挺の火炮を放つて挑み戦わしめたという。家康とは多年に亘り親しい間がらであつたから、長篠戦前、兵粮を宰領して家康に送り届け、その岐阜に帰るに当り、家康はこの礼状を認め、「当地の様子は委細信盛が申し上げてくれるでしょう。私よりも使者を以て御機嫌を伺います」と申し入れたのである。

天正十年（1582）家康四十一歳

蒲生賢秀・同氏郷に遣れる書状　（天正十年六月四日）

急度以二飛脚一申候、其城(日野)堅固ニ被二相拘一候由尤候、御君達(三法師、後秀信)衆御無沙汰者雖二有間敷候一、彌御馳走大慶可レ爲二滿足一候、信長年來之御厚恩難レ忘候之間、是非惟任(明智光秀)儀可二成敗一候之條、可二御心安一候、無二異儀一其國被レ拘可レ有事干要候、恐々謹言、

(天正十年)六月四日　　　　家　康

蒲生右兵衞大尉(賢秀)殿

同　忠三郎(氏郷)殿

〔山中文書〕八　○神宮文庫所蔵

本書は天正十年六月二日京都本能寺において、織田信長が明智光秀に弑殺せられた後二日目に、泉州堺より辛うじて岡崎に帰着した家康が、近江日野の蒲生賢秀・同氏郷父子に遣つた書状である。これより先、五月十一日家康は居城遠江浜松を発して、十五日近江安土に着き、信長の饗応を受け、その勧めにより、二十一日京都に入り、二十九日和泉の堺に到つたが、六月二日の朝、京都における事変の突発を知り、急遽、堺を発して帰国の途に就き、宇治田原・山田村を経て信楽の小川村で一泊し、翌三日柘植・鹿伏兎・関・四日市を経て那古に至り、白子より乗船して船中に仮泊し、四日三河の大湊に著岸し（或は大野ともいふ）、即日岡崎に帰城した。岡崎入城は多分夕刻か、或は夜分であろう（上巻三八五頁参照）。この書状は四日附であるから、帰城早々に認めたものであろう。近江日野の蒲生賢秀父子は、家康が京都・堺の遊覧に赴いたことを伝聞していたであろうけれど、その旅程等を知つていたとは思われず、京都の急変と、自分は日野城を固守してい

ることとを、逸早く、岡崎城宛てで家康に急報したのであった。帰城した家康は、直ちに来状を披読して、即日この返書を認めたのであり、その中には、日野城固守の覚悟を諒承し、信長の嫡孫三法師丸（後秀信）のために、賢秀父子が奔走することに満足の意を表し、「自分は信長年来の厚恩を忘れられないので、是非共、明智光秀を成敗するから安心してもらいたい。それについてもあなた方が、領国を確保することが肝要である」と言って、衷情を披瀝してある。

その翌々六日、家康は駿河清水城主岡部正綱に書を遣って、甲斐下山に築城すべきことを命じ（寛永諸家系図伝百四）、十四日岡崎を発して西上の途に就き、尾張鳴海に着いた（吉村文書一、現在東京弘文荘所蔵）。（譜牒余録四十九）が、秀吉より光秀誅戮の報に接し、二十一日浜松に帰着した。岡崎滞在は十日間、西上及び浜松帰城の期間は八日間である。

尚、岡崎滞在中の家康文書の数を上巻二八五頁には三通としておいたが、今、この一通を加えたから、四通と改める。

甲斐祖母口郷百姓等に与えたる諸役免許状（天正十年七月二十三日）

〔御庫本古文書纂〕一

祖母口之在家四十七間、往還之傳馬勤レ之條、關鹽・相物其外諸役、如二前々一無二相違一令二免許一候者也、仍如レ件、

天正十年壬午

七月廿三日

祖母口郷

百姓等

「権現様御朱印写」とある。祖母口は右左口（うばぐち）・姥口と同じ。ここより西八代郡九一色郷を横断し、富士裾野を経て駿河の富士大宮に通ずる山路を中道《なかみち》という、祖母口の在家四十七間は、今まで往還の伝馬を勤めていたが、家康は天正十

年二度目に甲州に入ったとき、この郷の百姓にこの文書を与え、従来通り、伝馬役を勤めるのにつき、関塩、相物その他の諸役を免許したのである。これは同年七月十二日附で、九一色郷の商人に与えた課役免許状（上巻三一七頁参照）と対照して、家康が甲駿両国の通路の安全を確保するに力めたことを見るべきものである。

木曾義昌に遺れる書状（天正十年八月九日）

急度令二啓達一候、仍而今度結失忍田（マヽ）〇木曾旧記録ニハ裁田トアリ、佐久郡幷小縣之人質之儀、此方へ於二御返一者、可レ爲二本望一候、左様ニ候ハヾ御誓詞被レ懸二御意一、其上拙者も以二神名一、彼等迎可レ進レ之候、然者、従二信長一被レ進候御知行方之儀、聊以不レ可レ存二相違一候、其付而貴所ゟ逆意之者共、是非拙身出馬申、可レ遂二御本意一候、如レ此申談上、已來疎略申間敷候、委細具御報待入存候、恐惶謹言、

（天正十年）八月九日　　徳川家康　御書判

木曾（義昌）殿

〔古今消息集〕五　〔木曾旧記録〕一

木曾義昌に遺った家康の書状は、「徳川家康文書の研究」に五通だけ採録してある。その最初のものは天正十年八月三十日附で、信長より与えられた安曇郡・筑摩郡と義昌の本領とを併せて安堵したものである。

本書はこれに次いで、同年八月九日に遺った書状であり、佐久郡・小県郡の諸氏より、義昌のもとに提出してある人質を、家康の方に返してもらいたいと要請し、義昌に対し逆意をいだくものあらば、家康自身出馬して平定に尽力すべく、かくの如く申し談ずる以上は、今後決して疎略にしないから、委細の御返事を待望していると申し述べてある。但し、この書状に誤写があるらしく、意味不明の所がある。

その次に既収せる同年九月二日附の書状が来る。このときには「重ねて御状に預り、御本望の至に候」とあるごとく、義昌よりも再三文通があり、家康は、下条頼安と談合して、諏訪に出兵すべきことを求めた（木曾旧記録）。北条氏直と甲州若

神子対陣の最中なのである。

〔参考〕阿部正勝・本多正信・大久保忠泰連署、本多重次に遣れる書状

（天正十年八月十四日）

返々、むかひ殿(向井正綱)御高名之段、御手柄不レ及レ申候、御心得可レ有、ふかく〳〵と御喜悦之御意候、万(并カ)其表三枚橋・興国寺迄、御飛脚、諸事油断無レ之様可レ被レ仰候、以上、

御注進之趣、則申上候処、一段御機嫌不レ及レ申候、何方も加様被二成合一、加様目出成儀是有間敷候と、公私之太慶不レ過レ是候、在々御放火、殊足城押破、各御高名不レ及レ申、各海賊衆情(精)被レ入候由候、是以我等相心得可レ申与之御意候、弥各情(精)を被レ出候様、御指南尤之由仰被レ出候、此等之趣可レ被二仰聞一候、然者黒駒表之頸共、今日敵陣之前懸申候者、弥無二正躰一候、何れ一両日之中ニ破軍たるべく候間、如レ仰陸奥守(北条氏照)をバ、是非生捕候て越可レ申候間、上方へ御上せ尤候、敵方よりも方々御内証之儀申上候間、若今日にも退候者、後別義之御内証申候者共、此方人数より猶々情(精)に入可レ申候間、以誠(誠以カ)敵一人も生てはかへり申間敷候間、可二御心安一候、恐々謹言、

(天正十年)八月十四日

阿　善九(阿部善九郎正勝)
本　弥八(本多弥八郎正信)
大　新十(大久保新十郎忠泰)

本作左(本多作左衛門重次)
御報

〔譜牒餘録〕三十三　〔古今消息集〕五

天正十年七月三日家康は浜松を発して再び甲州に入り、八月十日まで古府に居り、同日新府に進出して北条氏直と対陣し、十月二十九日に及んだ。

新府進出の前後、家康は三方から北条氏の脅威を感じた。正面には信濃を経由して南下して若神子に陣せる氏直の大軍があり（八月七日）、側面では都留郡を経て黒駒に出て、家康の後方を攪乱しようとする北条氏忠の一軍があり、伊豆方面では伊豆・駿河の国境附近に出動する韮山城主北条氏規があった。そのうち若神子方面は家康が新府に進出したことによって、八十日間に亘る対陣となったが、黒駒方面は鳥居元忠・水野勝成・三宅康貞・松平清宗・内藤信成等の諸将が反撃して、これを潰走せしめた（八月十二日）。そして伊豆方面の戦況を伝えたものがここに採録した本多重次宛三将連署の書状なのである。

連署の三将、阿部正勝・本多正信・大久保忠泰（後忠隣）は、このとき家康の幕下にいた。宛名の本多重次は、このとき駿河の沼津城を守っていた。書中に見える向井正綱は水軍の将である。本書は本多重次より伊豆の海陸両面における戦況を報告して来たのに対し、三将が家康の意を受けてその戦功を嘉賞し、併せて黒駒の戦勝を報告し、大いに士気を鼓舞したものである。このとき北条氏規は兵を出して伊豆戸倉城を攻めたところ、本多重次は沼津城より出て逆襲し、韮山城まで追い詰めて大いに敵を破った。同時に水軍の将向井正綱は伊豆の足之城を破ったのであった。

真田昌幸に与えたる知行宛行状（天正十年九月二十八日）

（封紙ウハ書）
「真田安房守殿　家康」

上州長野一跡、於二甲州一貳千貫文、諏方郡并當知行之事

右今度被レ遂二一味一、御忠信候間、所二進置一、不レ可レ有二相違一、彌以二此旨一、可レ被レ抽二軍功一者也、

仍如レ件、

天正十年

九月廿八日

眞田安房守《（昌幸）》殿

家康（花押）

〔矢沢文書〕○信濃

信州小県郡海野（上田）の真田安房守昌幸が、家康に「一味」したことに関する書状はこの文書と同日なる九月二十八日附で、加津野隠岐守信昌に宛てた家康署名の書状二通、同じく大久保新十郎忠泰署名の書状一通、九月二十九日附加津野隠岐守信昌宛大久保新十郎忠泰の書状一通が採録してある。この加津野隠岐守信昌は、即ち真田信昌と同一人であり、真田安房守昌幸の嫡男である（上巻三七八—三七九頁参照）。然るところ、ここに収録したものは、直接に真田昌幸に宛てて、「一味」したことの褒賞として、上州の長野の一跡、甲州において二千貫文、信州諏訪郡等を与えることを記せる宛行状である。「上州長野の一跡」は、多分群馬郡箕輪城主長野業盛滅亡後の旧領地であろう。甲州二千貫文といっても、当時家康は北条氏直と巨摩郡の若神子で長期対陣の最中であるから、二千貫文の地の所在を明示していない。諏訪郡高島城主諏訪頼忠は、このころ北条氏政に款を通じ、氏政は七月十三日その所領を安堵し、今もなお家康の勢力圏外であるから、この三項共、昌幸に対して、他日の恩賞を予約したのに過ぎない。殊に遠く離れた上州長野氏の旧領を与えるというごとき、全体に空手形を振出したにとどまるごとき観がある。九月二十八日附の前掲加津野隠岐守宛の文書などが皆書状であるのに、昌幸宛のこの一通は書状の様式を取らず、「天正十年九月廿八日」と年号を明記し、公文書の性質を帯ばしめたのもその為めであろう。若神子対陣が長引いている今の場合、信州佐久郡芦田の依田信蕃をして昌幸に説かしめ、自分に帰属させて氏直の背後を攪乱せしめようとするのだから、この位の予約をして、ついに「一味」せしめたのである。しかし昌幸にしては、それは取らぬ皮算用に終った。

〔参考〕 井伊直政の徳川・北條両家和睦覺書 （天正十年十月二十八日）

一御ゐんきよ様《（北条氏政）》御せいく《（誓句）》之事
家康へ可レ給候事

天正十年

一 さたけ(佐竹義重)・ゆふきゐ(結城晴朝)、ひきやく(飛脚)御通可レ被レ成之事
　これお、おふしう(奥州)(北条陸奥守氏照)へ御そうしやニ御馬入候て、御と(通)しあるへき之事
一 みなかわ(皆川広照)方、水之や(水谷正村)両人、御通候て可レ給候事
一 しよのおりへ(城織部昌茂)さいし(妻子)御渡可レ給候事
一 あしだかた(依田信蕃)へのひきやく(飛脚)之事
　以上
　(天正十年)十月廿八日
一 小田原へ御ひきやく之事
一 七郎右(大久保忠世)之儀、あわれ小田原までさしこされ候由、濃州(北条氏規)一代御おん(恩)に可レ被レ請候由被レ仰候事

〔木俣文書〕○近江

本書の上包に「甲州若御子(神)之原ニ而、北条氏政ト神君御和睦相調、直政公執筆之五ヶ条、氏政懇預御書壱通」とある。天正十年甲州若神子対陣が長びき、戦線は膠着して動かず、やがて厳寒が近づこうとする十月二十九日、北条氏直の遣わせる北条氏規と家康の遣わせる井伊直政との間に和議が成立し、(1)甲州都留郡・信州佐久郡を家康に渡し、上州沼田の地を北条氏に渡すこと。(2)家康の女を氏直に嫁せしめ、両家姻戚になること、(3)今後互に入魂の間柄となることを約した（小田原記）。

本書はその前日井伊直政が講和の附帯条件を自筆で認めたもので、前半五箇条は家康方より提出した条件（一箇条毎に肩に斜線を付けている）、後半二箇条（左上に細字で記入）は氏直方より提出した条件である。家康方よりは、(1)北条氏政が家康に誓書を遣る事、(2)北条氏照がその軍を退けて、家康より常陸の佐竹義重、下総の結城晴朝に差立てる飛脚を通行せしめる事、(3)下野皆川の皆川広照に遣わす使者及び常陸下館の水谷《みのや》勝俊のもとに赴く水谷正村の両人を通行せしめる事、(4)城織《じょうの》部佑昌茂が北条氏に人質として提出せる妻子を返還すること、(5)信濃の依田信蕃に遣わす飛脚を通行せしめる事を要求し

た。文中にある依田信蕃に遣つて北条氏と講和の事を申し送つた十月二十七日附の書状（譜牒余録）、同じく水谷勝俊に遣つた十月二十八日附の書状（記録御用所本古文書）は、共に上巻三八五―三八六頁に収録してある。

両書共に講和に至つた理由を、信長の子信雄・信孝より信長の死後、上方が忿劇であるから、和平を希望する旨懇々申し入れがあつたので、信長の厚恩を思つて講和するに至つたと説明してある。そして信蕃には依田信守が詳細申し送るべく、勝俊には水谷正村（蟠竜斎）が使者となり、口上を以て申し述べるから、結城晴朝の諒解を得たいと記している。水谷勝俊は結城晴朝に属せる下館城主水谷正村の子である。その父正村入道蟠竜斎は、夙に家康に心を寄せており、天正十年本能寺の変後、浜松にて家康に謁し、七月家康が再び甲斐に入るとき供奉して新府に在り、今自ら使者となつて帰国し、口上を以て講和の真相を子勝俊に伝え、以て結城晴朝を動かそうとしたのである。

氏直方より提出した条件は、(1)小田原へ飛脚を差立てる事、(2)北条氏規は大久保忠世が小田原まで派遣されたことを聞き、一生恩に着ると言つている事という二箇条である。この和睦は人質時代の幼少より家康と親しくしている氏規が両方の面目を立てながら和親せしめようと企図したものであるから、その苦心の程が察せられるのである。木俣土佐守勝は、井伊直政に副として和議に参画した人である。

羽柴秀吉に遣れる書状（天正十年十二月二十六日）

あうみ（近江）迄出陣之由承候間、模様好々爲レ可レ承、以ニ西尾（吉次）一申入候、其表之儀、慥被ニ仰越一、可レ爲ニ本望一候、此方之儀も、内々陣觸之事存候間、御左右次第、出勢可レ申候、將又此節信雄（織田）引立御申之事被ニ仰越一、大悦不レ過レ之候、委曲具西尾可レ申候、恐々謹言、

家康（花押）

（天正十年）十二月廿六日

羽柴筑前守（秀吉）殿

御陣所

〔弘文荘所蔵〕○東京

本書は昭和三十八年十二月十三日文車《ふぐるま》の会主催東京白木屋七階にて開催された古書籍大即売展覧会出品より採録したものである。

天正十年十二月十二日家康は甲府を発して浜松に帰つた。但し、二十一日発としたものもある（中巻四六一―四六二頁参照）。いずれにしても、二十六日には浜松に帰着していたであろう。それで本書は浜松より近江に在陣中の羽柴秀吉に宛てて出したものと思う。

西尾は小左衛門尉吉次である。吉次は天正十二年三月二十七日附不破広綱宛書状、同五月二十四日附不破広綱宛書状、下つては慶長五年六月十四日附溝口秀勝宛書状、同日附村上義明宛書状等に、申次の任に当つている。

天正十年十二月、秀吉と柴田勝家との間に隙あり、九日秀吉は兵を率いて京都を出で、近江に向つた。「三介殿為二御迎一江州へ明後日相越候条云々」と七日附蜂須賀正勝・黒田孝高宛書状にあるから、織田信雄を迎える為めと称しているのである。十一日佐和山城に入り、長浜城に迫り、城主柴田勝豊の人質を収め、美濃に入つて十六日大垣城に入り、稲葉一鉄の人質を収めた。秀吉は十八日附の書状でこれらの事を宇喜多秀家に報じ、岐阜の織田信孝に対する強硬態度を声明し、近日中に信雄を安土に迎え入れようとする意図を示している（小早川家文書一）。勝豊は勝家の養子で、勝家の甥佐久間盛政と不和であつた。岐阜の信孝は秀吉に屈して、秀信及び自分の息女、老母を人質として出した。秀吉は憐憫の心をおこし、包囲を解いて山城の山崎に帰つて越年した（秀吉事記）。家康が秀吉に遣つたこの書状の日附は、秀吉が岐阜より引揚げて山崎に帰着した頃に当るらしい。秀信は信忠の子、信長の嫡孫である。秀吉は秀信を安土に迎え、信雄をその後見とした。後年の岐阜中納言秀信である。

天正十一年（1593）家康四十二歳

真田昌幸に遣れる書状（天正十一年三月十日）

度々其元之様子被二示越一得二其意一候、仍其表（佐久・小県郡）之残徒等急度為レ可二申付一出馬候、近日可レ令二越山一

候間、於レ時在々(マヽ)可□打候、聊御(油カ)断無レ之候、委細大久保新十郎(忠泰)可レ申候、恐々謹言、

(天正十一年)
三月十日　　　家　康　御居判

眞田安房守(昌幸)殿

〔続旧記集〕下

真田昌幸が家康に帰属し、家康が昌幸に誓書を与えたのは、天正十年九月二十八日である。家康が信州佐久・小県両郡のまだ服従しないものを討伐するために、浜松を出発したのは、天正十一年三月中であるが、日時が明かでない。三月十日のこの書状に「近日越山せしむべく候」とあるから、これは浜松で書いたものと思われる。三月二十一日附知久城主知久頼氏及びその弟知久頼親におくつた書状には、「人数差遣し候」「我々も甲府に至り、越山」とあり、それだけでは家康自身の行動は明瞭でないけれど、やはり浜松から指令を出したようにも思える（知久文書）。三月二十八日には明らかに甲府に来ていて、所領宛行状一通、本領安堵状六通を出した。

このような次第で、昌幸は度々使者を浜松に遣わして、佐久・小県両郡土豪の動揺不安の様子を報告したのであつた。家康が意を決して今年三月第一回の甲府入りを為したのは、昌幸の報告に動かされたことも与つて力があると思う。

河野又一郎に与えたる本領安堵状　（天正十一年三月二十八日）

甲州五ヶ村并 西河田之内踏出四拾三貫文・竹森山之内廿五□(?)壹貫文、棟別三間免許等之事、

右本領不レ可レ有ニ相違ニ之状如レ件、

天正十一年

三月廿八日（朱印）○印文福徳

河野又一郎殿

〔弘文荘所蔵〕○東京

天正十一年

本書は下巻之二の四〇九頁に、補入として本文を収めておいたものであるが、製本のまぎわに辷り込ませたもので解説をつけられなかつたから、ここに重出せしめる。

河野又一郎は甲州武田家の遺臣である。本書は家康が、天正十一年三月二十八日附で、その本領を安堵せしめた朱印状であるが、甲斐国志の記載の中には見えていない。天正十年十一月十日、五ヶ村の内手作分十貫五百文を安堵せしめられた河野助太夫が土屋衆であるから、又一郎もその同族であろう。同年十二月三日向山の内、藤巻の内合せて九貫五百文を安堵せしめられた河野三右衛門もそれらの同族かも知れない。しかし又一郎は、天正十年の場合には安堵に漏れたらしく、天正十一年に廻つているが、三月二十八日附で若槻五郎兵衛尉・白井三右衛門・今井肥後守・飯田甚五左衛門尉が、それぞれ本領を安堵せしめられたことが記載されているのに拘らず、河野又一郎は、ここにも記載漏れになつている（上巻四五八—四六〇頁参照）。然らば河野又一郎は、この安堵状によつて、ようやく浮び上つて来たことになるのである。

踏出は増分ともいう。検地のとき、隠田を摘発したりなどして検出した地積であるから、これを認めれば貫高が増加することになる。

屋代秀正に遣れる書状　（天正十一年四月十九日）

急度令レ申候、仍眞田安房守（昌幸）此方へ令二一味一候間、自二其方一彼館へ行等、諸事御遠慮故、其段即景（上杉）勝へも委細申理候、然者敵之儀□□（今節イ）悉可二討果一候間、可レ被二御心安一候、尚期二後音時一候、恐々謹言、

（天正十一年）卯月十九日　家康　御判

（屋）八代左衞門（尉脱カ）殿

〔御感書〕二〔諸家感状録〕

信州上田真田昌幸が家康に帰属したのは、天正十年九月二十八日のことであつた。屋代城主屋代秀正が家康に帰属したの

は、天正十一年三月十四日であつた。その翌四月十八日附で家康が秀正におくつた書状を見れば、秀正は、功名手柄を立てたいと、あせつているらしい（上巻四九七頁所収）。それでその翌十九日の本書では、昌幸はこちらの味方になつたから、秀正が上田城へ働きかけることなどを諸事遠慮したので、委細の事情を上杉景勝へも申しおくつたと言つて、秀正の自重を促したように思える。それはそれとして佐久・小県の残敵共は、この際悉く討ち果すつもりだと述べてやつたのである。昌幸も秀正も、一時は景勝に服属したことがあつた。

丹羽孫一良に与えたる家屋敷等安堵状（天正十一年四月二十二日）

〔思文閣所蔵〕○京都

甲府之家屋敷・家財并名田・下人等之事、右如二先譲状一、不レ可レ有二相違一之状如レ件、

（朱印）○印文福徳　天正十一年癸未

四月廿二日

丹羽孫一良殿

本書は天正十一年四月二十二日、家康が丹羽孫一良（孫一郎カ）に与えて、その先代より受けついだ甲府の家屋敷・家財・名田・下人等のことを記載してある譲状の事項を全部承認した安堵状である。

家康は武田勝頼が滅亡し、織田信長が急逝したのち、天正十年（壬午）七月三日居城浜松を発して甲州に入り、帰属した武田氏の旧臣に本領を安堵せしめたり、新知を宛行つたりしたものが、年内だけで少なくも八十九件以上に上つているけれど、その中には甲府の丹羽孫一良に関する所見がない。ついで家康は天正十一年三月二十八日より五月九日までの甲府滞在中には、主として社寺に対して所領安堵状を与えており、旧臣たちも若干その間に入り交つているけれど、その中にも甲府の丹羽孫一良の名は見えない。甲斐国志の士庶部、甲府の住人の条にも、その他の諸所・諸氏の典籍にも同じく所見がない。そこで考えるのであるが、旧臣たちの場合には、大部分のものは所領の地名と貫高とを記してあるのに反し、丹羽孫一良の場合にはそれらの記載なく、安堵即ち所有権承認の対象となつたのは、「家屋敷」・「家財」・「名田」・「下人」等であつた。それで孫一良は武士でなく、田畑を所有する富裕な町人ではあるまいかと思う。そうだとすれば、これは興味あ

る問題であり、この平凡な安堵状は、希有なる実例を示すものとして注目に値いするであろう。丹羽族党は尾張に根ざしているのだから、何等かの機会に、その一部分が甲州に流れて来たのかも知れない。

この文書は昭和三十九年五月二十一日附で、古書売立の展示会の出品を早稲田大学教授荻野三七彦博士が写し取つて送つてくれたので、その存在を知つたところ、四十年十月京都の書店思文閣主人田中新氏より現品を送つて来て、見てくれと頼まれたので、一応この解説を書いたものである。そののち山梨大学史学研究室の友人達に取調べを依頼したが、結局、丹羽孫一良の手がかりを得られないという返答であつた。

大久保忠世に遣れる書状　（天正十一年五月十九日）

屋代左衞門（秀正）・室賀兵部大輔・鹽崎六郎次郎身上之儀、何様も可レ任二其身指圖一候間、其通態可二申遣一候、將亦、境目地利之儀、屋代・室賀兩人次第可レ令レ付候由、是又申（可脱カ）越候、恐々謹言、

（天正十一年）五月十九日　御諱御判（家康）

大久保七郎左衞門尉（忠世）（殿脱カ）

〔諸家感状宝物記〕

天正十一年四月十八日、家康が屋代秀正におくつた書状（上巻四九七頁）には信濃佐久・小県両郡の土豪平定のため、柴田康忠を派遣すること、委細は大久保忠世が申しつけることを記してあるが、五月十九日附大久保忠世宛のこの書状には、新たに帰属した屋代左衛門尉秀正・室賀兵部大輔・塩崎六郎次郎三人の身上は、忠世の指図に任せるから、その旨を三人に通告せよ、境目地利（要害）は屋代・室賀の両人の考えに依らしめるから、その旨をも併せて通告せよと記してある。屋代秀正は信濃更級郡屋代城主で天正十一年家康に来属した。室賀兵部大輔は秀正の実兄満俊であろう。（寛政重修諸家譜巻二百三十八）塩崎もその縁類であろう。

〔参考〕　某女より家康の叔母石川氏妙西尼に遣れる消息（天正十二年三月十三日）

文はいけん《(拝見)》いたし申候、御ぶんこく《(分国)》御もんと《(門徒)》衆の御事、せんと《(先途)》のことく御べちぎ《(別儀)》あるましき通り、いゑやす《(家康)》さまよりそもじ《(妙西尼)》さまへ御朱ゐんの御うつし《(写)》御のぼせなされ、くわしくひろう《(披露)》とけ《(遂)》られ候、それにつきて、たゝいまおつかい《(使)》をつかは《(遣)》され、御一札ありがたくおぼしめ《(思召)》され候へども、此比《(ごろ)》御国なみ《(並)》の御事、とり〳〵申につき候て、道やすからざる由申候まゝ、まづ〳〵御れいとして、御三人の御かたへ、きやうぶ《(刑部)》卿申され候、しかるべきやうに御申なしかんよう《(肝要)》にて御ざ候、まことにれん〳〵《(連々)》の御きもいり《(肝煎)》、とかく《(兎角)》申つくしかたく御ざ候、いよ〳〵御たい《(退)》くつ《(屈)》なく、御ちそう《(馳走)》なされ候べく候、とう《(藤)》二郎殿、長〳〵御とうりう《(逗留)》、御しんらう《(辛労)》の御事にて御ざ候、よく〳〵御てはをくわえられ、くわしき御事は、とう二郎殿御申あるべく候、かしく、

三月十三日《(天正十二年)》　　　　院《(未詳)》

後室《(妙西尼)》のかたへ

御返事たれにても

申給へ

〔慈光寺文書〕○三河

この消息文の宛名人（受信者）は石川日向守家成の生母妙西尼（家康の叔母）であり、発信者は今のところ未詳、年時は天正十二年三月十三日附と推定する。日向守家成は石川清兼の子である。清兼は松平清康・広忠・家康三代に歴仕し、家康誕生のときは蟇目の役を勤め、家康が人質となって駿河に赴くとき、供奉の人選をなし、自分は三河に留まって衣食雑事に奉仕した。妻は刈谷城主水野右衛門大

夫忠政の女である。

家成は天文三年三河の西野に生れた。家康より八歳の年長である。父清兼の歿年に明らかでないが、その死後遺跡を継ぎ、永禄元年家康の寺部城攻めのとき先鋒であつた。同三年五月桶狭間合戦ののち、家康がしばしば西三河の水野信元と戦つたとき従軍した。同年三河一向一揆のとき、その一族は多く門徒に与《くみ》したが、家成は宗旨を改めて岡崎に軍忠をつくした。一揆平定後、その中心となつた道場は破却され、僧侶は追放され、教団の勢力は一掃された。

それより二十年の歳月が流れた。天下の形勢は変じ、一向宗の政治的権力は衰え、本願寺光佐は大坂石山から退いたが、家康は秀吉と対決せんとするに及び、光佐と互いに接近することを欲した。天正十一年十一月二十日光佐は家康および家臣榊原小平太康政に書状をおくり、進物を呈して懇親を結んだ。家康宛ての書状は見当らないが、康政宛ての書状は「只今家康へ一書をおくりました。あなたからも宜しきように取成していたゞきたく存じます。疾《と》くに敬意を表すべきのところ、気がついていながら、遅延したのは不本意でございます。それで使者を差上げるのであります。この事を御諒承下され、今後は特別に御懇意にしていたゞくよう、あなたさまの御力添えをお頼みします。ついては太刀一腰・馬一疋・縮二十端進上いたします。御挨拶の心を表わすばかりであります。委細下間《しもつま》刑部卿法眼頼廉が申し上げます」（榊原家文書）という文言である。「只今家康へ一翰を以て申し候」と書き出してあるから、康政宛のものは同日附の添状である。使者は下間刑部卿頼廉である。下間刑部は光佐腹心の謀臣である。

その翌月、天正十一年十二月三十日、家康は叔母に当るところの石川日向守家成の母妙西尼に消息を与えて、本願寺門徒一同赦免の旨を伝えた。これには「福徳」の朱印を捺してあり、純然たる私信ではなく、公文書たる性格を有せしめたように思われる。文句は「本願寺門徒の事は、このたび赦免せしめるから、分国中、以前より存在した道場は、（再興しても）差しつかえがない。ついては、その旨をこちらに報告せられよ」というのである（本願寺文書）。本文は上巻五五七頁に採録してある。

そこで妙西尼と家康との姻戚関係を見ると、次頁のごとき系図ができる。

この消息の発信者が明らかでないので、以下推測するのである。本願寺光佐は下間刑部頼廉を使者として家康に書状をおくつた。用件は三河で二十年前に破却された一向宗寺院の再興、追放された僧侶の赦免を請願することであつた。下間刑部は熱心に説いたらしい。石川家成の生母で家康の叔母に当り、家康の生母於大の方が離別ののち、母に代つて幼き家康を撫育した妙西尼は、宗門復興について、更に熱心に訴願するところあり、その他いろいろの事情も加わり、家康はついに意を決して、光佐の来状より僅かに一箇月余ののち、十一年の大晦日附を以て、妙西尼に消息をおくり、門徒に対し、全面的に赦免を与えたのであった。

妙西尼はよろこんで、十二年春、諸所に吉報を伝えたであろう。本書の発信者もその一人であった。彼女も未亡人で出家していたらしい。同じくよろこんで礼に行こうと思ったけれど、三月ごろは秀吉・家康の交誼が険悪を告げ（小牧の役）、旅行が困難だというので、本願寺方の下間刑部まで申し入れる。あなたさまから宜しくお伝え下されたいと書いたのである。刑部卿は下間頼廉、藤二郎は妙西尼の弟水野藤次郎忠分である。

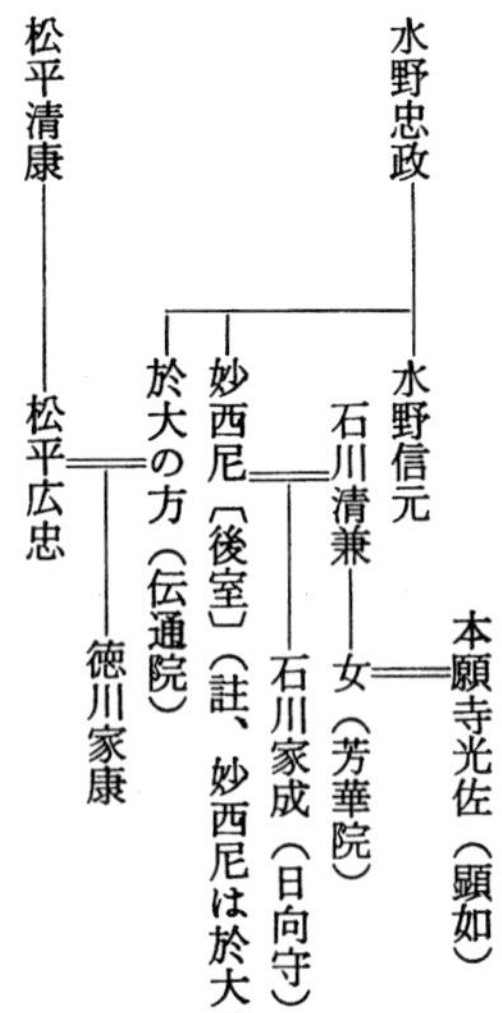
妙西尼（後室）（註、妙西尼は於大の方の妹であるが、便宜先に掲出する）

本多広孝・穂坂君吉に遣れる書状　（天正十二年三月十九日）

態申遣候、當表構堅固在城候間、可二心安一候、嶰(蟹)之清水・外山村・宇田津村之要害、留守居之者申合、夜ハかきを出し、遠構を焼、珍事在レ之付而は、至二小巻(牧)一早々注進可レ申候、謹言、

(天正十二年)三月十九日　　家康（花押）

本多豊後守(広孝)殿
穂坂常陸守(君吉)(介)殿

〔加藤英一氏所蔵文書〕○尾張

本書状は昭和三十五年八月二十五日名古屋大学教授中村栄孝氏より報告されたものである。その連名宛名の一人本多豊後守は、家康譜代の部将本多広孝である。広孝は家康の父広忠以来の功臣で、天正十年家康の甲州打入りの時、武田遺臣の招撫に活動し、十二年小牧の役にも戦功を立てた。他の一人穂坂常陸介君吉は甲斐下山城主穴山信君（梅雪）の遺臣であり、天正十年武田勝頼滅亡・織田信長急死の後、家康が泉州堺より岡崎に帰り、甲州に一揆がおこつたとき、同じく信君の遺臣有泉大学助信閑と共に、これを討伐して功あり、六月二十二日附で家康より感賞せられ、次で七月三日附で両名共に、本多広孝、その子康重・大久保忠世・石川康通と相談して、新府に進出し、信州経略に尽力すべきことを命ぜられ、翌十一年正月十一日には、両名連名の書状を以て、それぞれ家臣を引率し、岡部正綱・平岩親吉の指図を受けて、甲州の河口・河尻か、または新府かに移つて行動すべきことを命ぜられた（上巻、当該年月日の書状参照）。

このような事績により、穂坂君吉は家康の信任を受けており、小牧の戦に当つては、本多広孝に属していたらしい。家康は、三月七日浜松を出発し、八日岡崎に入り、九日岡崎を出発、十三日清須において織田信雄に会見した。その十三日秀吉方の池田元助・森長可は尾張北部の犬山城を略取し、十五日池田勝入（恒興）は、子元助と共に小牧山近辺に放火したが、同日家康と信雄とは清須から小牧山に移つた。その翌々日なる三月十七日酒井忠次・奥平信昌等は、犬山の南方羽黒において北軍の森長可・池田元助を破つた。ここに採録した本多広孝・穂坂君吉連名宛の書状は羽黒合戦より四日後の十九日附のものである。この日家康は尾張熱田の加藤又八順政・同隼人景延に書状をおくつて人質を提出したことを褒し、美濃脇田城主吉村又吉郎氏吉が味方したのを嘉し、信雄に忠節を致すべきことを嘱し、その身上の安泰を保証した（熱田加藤家史）。また同日には鈴木喜三郎重次に美濃の恵那郡・土岐郡を与うべきことを予約して軍忠を励ました（川辺氏旧記）。本多広孝・穂坂君吉に書状をおくつたのは、このような緒戦の時期であつた。

文中「当表は構え堅固に在城」しているというのは、小牧城の防備が厳重であるというのである。蠏は蟹である。「かき」は斥候のことであろう。遠篝《カガリ》火は遠巻きのかゞり火である。文意は、小牧山の本陣の防備は厳重であるから安心せよ。蟹の清水・外山村・宇多津村の要害については、留守居のものが申し合わせ、夜は斥候を出し遠篝火を盛んに焚《とも》しつらね、万一、大事件がおこつた場合には、大急ぎで小牧山の本陣に注進せよというのである。

〔参考〕 織田信雄より吉村氏吉に遣れる書状 （天正十二年四月十日）

書状委細披見候、如㆓申越候㆒、昨日巳剋於㆓岩崎表㆒及㆓一戦㆒、一万余討捕候、大将分池田（勝入・元助）父子三人・勝蔵（森長可）・久太郎（堀秀政）・竹（長谷川秀一）・三好孫七郎（信吉、後秀次）其外面々共不㆑知㆓其数㆒候、筑前（羽柴秀吉）額田（楽田）ニ追籠候、今明之間討果、頓而其左右可㆓申聞㆒候、恐々謹言、

四月十日（天正十二年）　信雄（織田）（黒印）○印文、威加海内

吉村又吉郎（氏吉）殿

〔弘文荘所蔵〕○東京

本書は昭和三十八年十二月十三日文車の会主催古書籍大即売展覧会出品中より採録したものである。天正十二年四月九日長久手合戦の翌十日、織田信雄より美濃脇田城主吉村又吉郎氏吉に宛てて、当日の戦況を報告した書状である。この戦況報告書状は、(1)当日即ち四月九日附家康より家臣平岩親吉・鳥居元忠宛書状（尾張徳川文書）、(2)四月十日附家康より吉村氏吉宛書状（吉村文書）、(3)四月十日附家康より蘆田時直宛書状（譜牒餘録後編）、(4)四月二十一日附家康より皆川広照宛書状（皆川文書）の四通が、上巻五八八・五八九・五九〇・五九七頁に採録してある。本書は織田信雄のものであるが、「参考」として五九一頁に入れるのが適当のものである。よつて拾遺として採録する。

「威加海内」という印文の印章が、はつきり捺印してある。本文中、池田父子三人とあるが、戦死したのは勝入（恒興）・元助の二人である。元助の弟照政（輝政）をも戦死者の中に加えたのであろう。勝入の婿森長可も戦死した。竹は長谷川藤五郎秀一《かず》、戦死していない。文禄三年二月朝鮮陣で病死したといわれる。三好孫七郎は、秀吉の同母姉（瑞竜院日秀尼）と三好武蔵守吉房（入道一路）との間に生れた孫七郎信吉であり、長久手の戦で大敗したが討死はせず、のち名を秀次と改め、秀吉の養子となり、関白、左大臣に昇任した。額田は楽田で小牧山の東北に在り、秀吉はここに陣所を置いた。吉村又吉郎氏吉の事については、上巻に再三説明してある。

小笠原貞慶に遺れる書状（天正十二年四月二十三日）

就二今度合戦一、芳札令二祝着一候、先書委申候間、不レ能二重説一候、此表近日任二存分一候、近々至二長沼一羽柴（秀吉）可レ令二敗北一條、必今度可二討留一之候、可二御心易一候、次景勝（上杉）可レ令二蜂起一候哉、不レ可レ有二差功一、乍レ去、其表各被二相談一、無二之由断一可レ被レ及レ行事肝要候、尚期二後信一候、恐々謹言、

（天正十二年）卯月廿三日　　家康（花押）

小笠原右近太夫（貞慶）殿

〔書簡并證文集〕○笠系大成附録

この文書は上巻の五八五頁に採録してあるが、解説が簡略で意をつくさなかつたので、再びここにとりあげた。今度の合戦というのは、天正十二年羽柴秀吉との小牧役のうちの長久手の合戦のことである。それは四月九日であり、信州深志（松本）城主小笠原貞慶は、この勝利をきいて祝賀の使者を寄越したのであつた。この戦勝を宣伝に利用した書状には、九日附平岩親吉・鳥居元忠宛、十日附蘆田時直宛、二十一日附皆川広照宛等があり、北条氏政宛のものもあつたらしいが、信州荒砥に拠つて上杉景勝に背き、家康に好みを通じた屋代秀正に遺つた四月二十七日附書状には、「今度合戦様子、先度委細申候之間、令二省略一候」とあるから、秀正に対しても、この書状以前に、やはり宣伝的な書状を遺つたと思える。それらと比較すると、小笠原貞慶に遺つたこの書状も、その以前に詳細な宣伝的書状を遺つてあるらしいことは、これにもまた「先書委申候間、不レ能二重説一候」とあることによつて知られる。

屋代秀正は上杉景勝に背いて家康に帰属したのであるが、景勝が、この機会に南下して信州内部に深入りする恐れがあつたので、家康はこの書状において小笠原貞慶を警しめ、西信地方の諸将が協力してこれに当るべきことを求めている。本書は小牧役初期のものであるから、後に採録する十一月十三日附で小笠原貞慶に遺つた書状と対照して見る要がある。

〔参考〕　織田信雄より井伊直政に遣れる書状　（天正十二年六月十九日）

昨日書状、今日到来候、誠昨日辛労共、手柄不レ始ニ于今一事候、毎事面之時可レ令レ申候条、不レ具候、恐々謹言、

（天正十二年）六月十九日　（織田）信　雄　（花押）

井伊兵部大輔（直政）殿

〔井伊家所蔵文書〕

これは小牧役第三期の尾張西南部戦場蟹江城攻防戦のときのものである。六月十六日の夜、伊勢の滝川一益は海上より日光川を溯つて蟹江城に入りかけたところ、清須にいた家康は直ちに出動してこれを阻止した。従うものは井伊直政だけであつた。十八日夜、家康は信雄と共に下市場城を攻め崩し、志摩の水軍九鬼嘉隆を追い払つた。信雄はこの書状をもつて、直政の功労を賞揚したのである。上巻六二五頁に補入すべきものである。これを中村不能斎編井伊直政歴史関係古文書一四頁より採つた。

菅沼定利に遣れる書状　（天正十二年八月二十日）

尚々、人足已下をも申付、普請不レ可レ有ニ由断一候、

今度下伊奈無ニ出陣一衆へ相触、其地之普請無ニ由断一候様可ニ申付一候、恐々謹言、

（天正十二年）八月廿日

（菅）管沼小大膳亮（定利）殿

〔菅沼祐二氏所蔵文書〕

小牧・長久手役の初期、信濃深志（後松本）城主小笠原右近大夫貞慶《さだよし》は家康に好みを通じ、三月二十八日には上杉景勝の属城たる麻績・青柳を攻め、四月九日の長久手の戦勝には賀使を家康につかわし、家康は四月二十三日返書をおくつて好意を謝し、景勝を押えることを頼んだ程であつた。

木曾福島城の木曾義昌は貞慶の宿敵であり、しばしば戦を交えた。貞慶が家康・信雄に味方したとき、義昌は秀吉に与した。それで貞慶は北方の上杉景勝と南方の木曾義昌の双方に対して、戦わなければならず、七八月のころ、南下して西筑摩郡木曾谷に入り、諸所に放火して義昌を攻めたてた。このとき家康と秀吉との戦争は、第四期外交戦に移りかけていたが、家康は貞慶を援けて義昌を圧迫しようと思った。そして伊那方面の鎮将たる菅沼小大膳定利の勢力を強化するために、八月五日伊那郡高遠城主保科越前守正直に書状をおくり、菅沼定利の指揮に従って木曾谷に打ち入り、義昌を討伐すべきことを命じた（保科家文書＝上巻六三三頁所収）。

ここに採録したのはそれより十六日後の八月二十日、家康が鎮将菅沼定利におくって、下伊那方面で出陣しなかった諸士に対し、その地方の城地の普請を堅固ならしめ、人足以下にも精励すべき旨を命じた書状である。

下条牛千世（推定）に遺れる書状（天正十二年十月二十四日）

此表之様子、為レ可レ被ニ聞届一来音事、令ニ披見一候、作手・足助被ニ相談一、無ニ異儀一之由祝着候、彌被レ廻ニ御才覚一肝要候、爰元之儀も、諸方手合候之間、敵敗北可レ為ニ五三日之内一候、巨細石河（数正）伯耆守可レ申候、恐々謹言、

（天正十二年）十月廿四日　家康（花押）

（宛名闕ク、下条牛千世ト推定）

〔下条文書〕○信濃

本書には宛名が闕けているが、信州伊那郡下条氏に遺ったものである。下条氏に関する家康文書は、天正十年七月、この年二度目の甲州入りで、七月九日甲府に到着する二日前の七月七日、駿河大宮より下条城主下条兵庫助頼安に遺って、一両日中に信州諏訪に入るから、頼安もまた一刻も早く諏訪に出兵すべきことを催促した書状が初見である（譜牒余録）（上巻三一二頁所収）。そののち下条一族には、下条牛千世・下条民部丞・下条主水佐・下条六郎次郎などという名が見えるが、この書状の宛名が誰れであるかは判明しない。下条頼安宛の家康文書は八通あり、その下限は天正十一年四月十八日附で築城の

労を犒い、竣工の速かならんことを希望した書状である（竜嶽寺文書）（上巻補遺文書参照）。

そこで系譜を洗つて見ると、下条氏は累代伊那谷に住した伊那衆の一人であり、下条兵庫頭信正は武田氏に従属し、天正十年武田勝頼滅亡のとき戦死した。牛千世はその嫡子である。しかし幼少であつたので叔父頼安が後見して家康に帰属した。されば家康が相手にしていた頼安は下条家の当主でなく、当主牛千世の後見として、下条氏を代表したに過ぎない。その頼安は天正十二年正月同郡松尾城小笠原信嶺に殺された。家康文書が天正十一年四月十八日附の書状で途切れてしまつたのは、その為めである。

それより幼少なる牛千世は老臣等にもり立てられて下条城を保つていた。牛千世の名が家康文書に見える最初のものは、天正十三年閏八月二十日附で、上田城の真田昌幸を攻めたとき、出兵を促した伊那衆五名連名の中に名を列ねてある書状（上巻六六二頁所収）である。それより牛千世関係のもの合計七通を採録してあるが、本書の次には天正十三年十一月十九日附で、その月十三日石川数正が岡崎を出奔したとき、牛千世が他意無き証として、老母及び家中の人質を飯田に在る家康家臣菅沼定利の所に提出したのについて、その誠意を嘉賞して、牛千世宛に遣つた家康書状が収めてある（下条文書）（上巻六七九頁参照）。

これに依つて推考すると、本書は頼安死後、天正十二年乃至天正十三年の十月二十四日でなければならない。その間、家康の戦争は天正十三年にはないから、本書は天正十二年小牧長久手役の終期のものとなる。その文意は、「尾張の戦局の様子を知るために遣わされた来状を披読した。あなたの方では三河の作手・足助と相談協力して平静を保つていることを報告してくれたことを感謝する。就いては更にいよいよ才覚を廻らしてもらいたい。尾張の戦場の方でも、各方面の手合せが行き届いているから、秀吉方は五日か三日のうちに敗北するであろう。詳細は石川数正が申し送る」というのである。十月十七日家康は酒井忠次を清須に、菅沼定盈を小幡に、榊原康政を小牧にとどめ、自分は岡崎に帰り、十一月九日まで滞在していたから、本書は岡崎で認めたものである。それで宛名を下条牛千世とするのが妥当であると思う。

以上の理由に依り、本書を天正十二年十月二十四日下条牛千世に宛てた書状と推定して表出した。

小笠原貞慶に遣れる書状（天正十二年十一月十三日）

就二納馬之儀一、遠路飛脚被レ差越一、令二祝着一候、於二様子一可二御心安一候、委曲追而可レ申候、恐々謹言、

（天正十二年）
霜月十三日　　家　康（花押）

小笠原右近大夫（貞慶）殿

〔岡崎市所蔵〕

本書は昭和三十八年四月三日岡崎市公園に復元された岡崎城内の家康展出品から採録したものである。宛名の小笠原右近大夫は、信濃深志（後松本）城主小笠原貞慶《さだよし》である。彼の事はこれまでもたびたび記したが、便宜ここで詳伝を記しておく。貞慶の父長時は、武田信玄と戦つて敗れ、天文二十一年、越後に逃れて上杉謙信に身を寄せ、そののち伊勢・京都を流浪して再び越後に帰り、謙信の歿後会津に赴いて芦名盛氏のもとに寓居し、天正十一年二月五日若松で卒した。年七十。貞慶は長時の末子であり、七歳のとき父に従つて越後に行き、父が京都に赴いたとき貞慶は信濃に帰つたが、やがて京都に入つたらしく、永禄十二年正月京都六条合戦のときには三好三党に与したが、三好方敗北ののち織田信長に帰属し、のち従五位下右近大夫に叙任された。天正七年会津に行つて父長時に対面し、旧領回復を志して信濃に入つたけれど志を得ず、また京都に上り、ついで岡崎に至つて家康に会い、家康の声援を受けて再び信濃に入り武田勝頼滅亡ののち、天正十年七月深志城を略取して居城となし、嫡男秀政を人質として岡崎に送つた。このとき貞慶は三十七歳、秀政は十四歳であつた。家康と貞慶との間の関係は、ほぼこの頃より始まつたらしい。その翌々十二年、家康が織田信雄を援けて秀吉と尾張で戦つたとき、貞慶は越後の上杉景勝の押えとして、信州麻績郷に出張し、所々の要害を守つた。麻績郷は東筑摩郡に在り、長野に通ずる途中、更級郡に接する姨捨山南の山地である。このとき秀吉の部将池田勝入恒興（信輝）・森武蔵守長可等が、ひそかに三河を襲う計画のあることを知り、これを家康に速報して四月二十三日感賞された（寛政重修諸家譜巻百八十八）。このとき家康が貞慶に遣つて麻績・青柳を攻めることを嘉した四月三日・同十九日附の書状二通、四月九日長久手合戦に勝つて、池田勝入・森長可等を討取つたのちに遣つた四月二十三日附の書状一通は、いづれも上巻五八四頁—五八五頁に収めて

ある。しかしここに新たに採録した十一月十三日附の書状は、該書に収めてないけれど、秀吉が信雄と和議を結んだのが十一月十一日であり、家康がこれを承認し、清須を去つて岡崎に赴いたのが同月十六日、浜松に帰着したのが同月二十一日であることによつて見れば、この書状に見える「納馬之儀」は、尾張の戦場から引揚げたことを指して居り、信州の小笠原貞慶は、和議成立のことを知つて「遠路飛脚」を差越して祝賀したのである。

こののち貞慶は家康に背き、保科正直を伊那郡高遠城に攻めたことがあるが、これは天正十三年十一月家康の老臣石川数正が出奔して秀吉に帰属したとき、貞慶が人質として岡崎に出しておいた嫡子秀政（十七歳）を誘つて同行し、貞慶もこれに同意した結果と思われる。秀政はこのとき十一月十二日附を以て信濃守に任ぜられた。天正十五年三月秀吉の扱いにより、貞慶は駿府に来て家康に会つた。そののち貞慶は十七年正月七日致仕し、秀政は同日襲封し、家康はその日「信濃守秀政」に書状を遺つて「関白殿（秀吉）御意の条、両郡（筑摩・安曇）の事、先規の如く相違有るべからず候」と申しおくり（上巻七三三頁参照）、同年八月十三日秀吉の命により、天正七年九月自害せしめた長子信康の女を秀政に娶わせた。時に秀政は二十一歳、翌年小田原陣のとき秀政は家康に従つて戦功あり、家康の関東入国ののち、九月十日、信州松本より下総古河城三万石に移つた（寛政重修諸家譜巻百八十八）。

以上の経歴を見れば、本書は天正十三年十一月二十三日以外の他の年に持つてゆくことが困難であるから、この旨を併せ記しておく。

本書は岡崎市出身、松本市現住の中島次太郎氏が故郷岡崎市に寄附した文書である。

諏訪頼忠に遺れる書状（天正十二年十一月十五日）

爲二納馬之祝儀一、使札被二差越一、令二祝著一候、殊栗毛之馬一疋幷三種一荷、度々之芳信喜悅候、委曲大久保新十郎（忠泰）可レ申候、恐々謹言、

（天正十二年）霜月十五日　　家康（花押）

〔諏訪家譜〕〔諸家感状宝物記〕

諏訪(頼忠)安藝守殿

本書は天正十二年小牧の役の終りのころ、信州諏訪城主諏訪頼忠が、家康の凱陣を祝して、使者を遣わし、馬及び酒肴などを贈遣したのに対する礼状である。秀吉と織田信雄との和議の成立したのは十一月十一日であり、家康が清須を去つて岡崎に赴いたのが十六日、浜松に帰着したのが二十一日である。信州の諸将はこれらの情報を逸早く知つたと見え、深志城主小笠原貞慶が飛脚を以て祝意を表したのに対し、家康が十一月十三日附で遣つた礼状を前に収録しておいた。諏訪頼忠宛の日附はその二日後の十五日である。

天正十三年（1585）家康四十四歳

〔参考〕酒井忠次より三河浄妙寺に遣れる書状（天正十三年五月二十五日）

御意七ケ寺之儀、無二相違一候、御屋敷之事、于レ今不二相済一之由承候、大久保新十郎(忠泰)も、尾州江御使に被レ越候、拙者茂一昨日罷帰候間、頓而浜松へ可レ参候条、其砌石日(石川日向守家成)か老母より可レ蒙レ仰候、相済候て可レ進候、疎略有間敷候、鳥目弐十疋為二御音信一、被レ懸二御意一候、御隔心至候、恐々謹言、

(天正十三年)五月廿五日　酒井左衛門尉

忠次（花押）

浄妙寺

御報

〔浄妙寺文書〕〇三河

浄妙寺は三河碧海郡六ツ美村（中之郷ともある）に在る一向宗の寺院である。

七箇寺というのは野寺の本証寺・佐崎の上宮寺・針崎の勝鬘寺・土呂の善秀寺・中之郷の浄妙寺・平坂の無量寿寺・長瀬の

願正寺である。
いずれも一向宗（真宗）本願寺派に属する有力な寺院である。これらの諸寺は永禄六七年にわたる一向一揆争乱の渦中に在り、争乱鎮定ののち弾圧を加えられたのであつたが、それより二十年の歳月の経過する間に天下の形勢は大いに変化し、一向宗徒の政治的勢力はほとんど消滅したので、家康は天正十一年羽柴秀吉との対決を前にして本願寺と握手しようと思い、三河における門徒の復帰を許し、石川日向守家成の母妙西尼の請願を容れて、十二月三十日これに懇切なる消息をおくつて、分国内における宗徒を赦免した（本願寺文書）（上巻五五七頁所収）。妙西尼は水野氏於大の方の妹であるから家康の叔母である（前掲天正十二年三月十三日某女消息の解説参照）。

その翌天正十二年家康は秀吉と尾張の小牧・長久手に戦い、同十三年は秀吉の政治的圧迫に対抗していたときであり、その中において一向宗寺院に対する方針は寛大をつづけていたことは、酒井忠次のこの書状にあらわれている。これによれば七箇寺に対する家康の意向は変らないことを先づ宣明した上、浄妙寺の道場屋敷の赦免再興が今日に至つても実行されていないことについて寺方よりの申し入れを諒承し、尽力すべき旨を申しおくつているのである。このとき家康は浜松城に居た。

大久保新十郎忠泰（後の忠隣）は使者として尾州に行つたとあるが、その使命の内容は判らない。尾州は織田信雄であろう。酒井忠次は、一昨二十三日帰来したから、やがて浜松の家康のところに行くつもりだと言つているが、文意を考えると、尾州の信雄のところから帰つて来たらしく、浜松へ行つたなら、石川家成の母妙西尼に会つて宥免を得て上げようと約束している。鳥目はぜにのこと、銭が円形で、中の孔が方形なことを、鵝すなわち鵝鳥の眼が円くて瞳が方形であることにより、銭を鵝眼とも鳥目ともいうのである、疋は匹とも書き、銭すなわち鳥目十文を一疋といつた。随つて百文を十疋、一貫文を百疋といつた。この称呼は犬追物より起つたといわれる。「料足（銭のこと）十疋廿疋トイフイワレハ、犬追物ノ時、河原者、犬ヲ百疋ハナテバ一貫文トル。五十疋ハナテバ五百文トルナリ。犬一疋ハ十銭（十文のこと）ニ当ル。故ニ十銭ヲ一疋トイヒ、百文ヲ十疋トイヘリ。是犬追物ヨリ出タルコトバナリ」（奇異雑談集三）と記してある。ここでは浄妙寺が進物として銭を贈遺して来たので、忠次はこれに対して礼を申し述べたのである。音信《いんしん》はオンシンとも訓《よ》み、たより、おとづれのことより転じて贈《おく》り物・贈遺品の意に用いられた言葉である。隔心はカクシンともキヤクシンとも訓み、隔テル心、打解ケヌ心ということであるが、それを逆に親シイ心、懇ロナ心の意味にも用いられるのである。

飯田半兵衛尉に遣れる書状（天正十三年乃至同十七年頃カ）（四月十六日）

稍久不レ得二御意一候間申上候、仍靏一、江川酒一荷致二進上一候、此等之趣可レ然様ニ御披露所レ仰
候、恐々謹言、

（天正十三年乃至同十七年頃カ）
卯月十六日　家康　御判

飯田半兵衛尉殿

〔雑録〕七

飯田半兵衛尉に遣れる書状（同上）（七月十八日）

先日安井清一郎儀御理申入候、早々被二召返一之由、祝着之至候、急度以二使者一雖下可二申入一候上、
先々令レ啓候、此等之趣可レ然様可レ有二御披露一候、恐々謹言、

（同上）
七月十八日　家康　御判

飯田半兵衛尉殿

〔雑録〕七

飯田半兵衛尉は織田信雄の老臣である。信雄と家康とはいつから交際が始められたかわからないが、多分天正十年六月二十五歳のとき、父信長が死んだ後からであろうと推量せられる。その年家康は二度甲斐に入つた。一度に信長の生前三月十日市川に着き、上諏訪に到り、市川に帰り、信長より先に甲斐を退去し、四月十六日浜松に帰つた。二度目には同年六月の信長の死後七月三日浜松を発して甲斐に入り、武田氏の遺臣を服属させ、北条氏直の大軍を拒ぎ、講和ののち十二月十二日頃帰国の途に就いた。この二度目の滞在中、九月十日附で家康が飯田半兵衛尉におくつた書状に、「今度甲州在留致すに付、

両度迄珍物送り下され候、遠路の処、御懇情の至り、申し尽し難く存じ候」（読み下し）と贈り物に対する礼を述べ、返礼として駿州の名産蜜柑一箱、鹿毛の馬一疋を贈呈し、委しくは家臣高木九助広正が申し上げるが、然るべく「披露」して下さいと申し入れている（古今消息集）（上巻三七〇頁所収）。半兵衛尉に頼んで信雄に披露してもらつたのである。賤ヶ岳合戦の前年のことである。信雄の方から陣中の家康に二たび使者を寄越して懇問し、懇情を結んだのであつた。

天正十一年になつた。賤ヶ岳合戦のおこる前、閏正月四日、信雄は近江安土城に赴き、信長の嫡孫三法師（信秀）の名代として諸事を見ることになつた（多聞院日記・秀吉事記）。飯田半兵衛尉は、直ちにこれを家康に報じた。家康は翌五日附の返書をもつて、半兵衛尉に対し、「此方に於て我々大慶推量有るべく候」と述べて慶意を表した（譜牒余録・黄薇書簡集）（上巻四七二頁所収）。

三月になつた。柴田勝家は近江に出兵した。同月十七日秀吉は賤ヶ岳を占拠し、二十七日長浜に居た。家康は安土在城と思われる半兵衛尉に書状をおくつたらしい。その返書を三月二十七日甲府で受取つたらしい。そして四月三日附で長文の書状を半兵衛尉におくつたが（雑録七）、その全文は上巻の補遺八一六頁に収めてある。家康は戦争圏外に在つて、局外中立のような態度を持していた。

然るに天正十二年三月に至り、半兵衛尉は信雄の命により、老臣津川義冬の成敗に向つた。間もなく信雄と家康との連合軍は、秀吉を相手にして、三月より十一月に至るまで、尾張平野に空前の長期戦を展開するに至つた。この戦は名分から言えば、信雄と秀吉の戦であり、家康は義に依つて信雄を援助する立場にあつたのだが、戦争中を通じて、飯田半兵衛尉と家康との往復文書が見当らない。あるのだけれど見当らないのであろうかとも思う。ただ一つ、戦争の第四期、武力戦よりも外交戦の方が活潑になり、秀吉、信雄の講和に向つて進行しはじめた八月二十六日、家康が信雄の部将五人連名宛におくつた書状の末尾の宛名に、「飯田半兵衛尉」が見えているだけである。その本文は「御陣の模様、御心本無く候の条、飛脚を以て申し候、委細示し給はり候はゞ、祝着せしむべく候、尚、高木九助（広正）申すべく候」（読み易く書き下した）（譜牒余録・雑録七）というものである。武力戦のときには、専ら家康に依存していた信雄は、和議の交渉については家康に相談しなかつたので、家康は心もとなくなり、高木広正を使者として、信雄の重臣五名に対して質問したのである。その五名は織田源吾（長益、信雄の叔父で茶人有楽斎）・羽柴三郎兵衛（滝川雄利）・中川勘衛門尉・土方彦三郎（雄良）・飯田半兵衛尉である（上巻補遺天正十二年八月二十六日の文書参照）。その返事はあつたろうけれど見当らない。

これだけの経過を書いておいて、前に採録した飯田半兵衛尉宛二通の書状の年次を推定しようと試みても、つかまえどころが無い。家康は小牧陣における信雄の背信を怒るでもなく、自分も秀吉に臣従して後も親しく交際をつづけ、天正十八年の小田原陣にも協力しており、陣後転封の問題について信雄が秀吉の機嫌を損じて領地を没収されたときには、何かと執り成しをつとめ、それより信雄の落魄流浪の生涯を通じて親切に世話をしてやった。その二十数年間のうち、飯田半兵衛尉は小牧陣の翌年天正十三年十一月二十日、信雄の家臣天野雄光が城主であった伊勢長島城が大地震のとき、城中の茶道具類を運び出して、秀忠に褒められた（年代記抄節・兼見卿記）。

しかし天正十八年信雄没落の後は、飯田半兵衛尉も禄仕を離れたと見ても宜しかろう。もしそうならばこの二通の書状は、天正十三年から十八年の間のものであるらしい。後の書状の方は家康が安井清一郎という人物について申し入れ、信雄が早速召喚したことに対する挨拶だから、早い時期であるかも知れない。但し七月十八日附だから天正十八年ではない。前の方は「久しく御無沙汰しているから、鶴一羽・江川酒一荷を進上する。然るべく披露して下さい」というのだから遅い時期であるかも知れない。一方信雄の没落後にも飯田半兵衛尉は従属していたならば、或は天正十九年以後になるかも知れない。確定しがたいので共に「天正十三年乃至同十七年頃カ」として、ここに月順に納めておく。

〔参考〕酒井忠次・本多正信・石川家成連署、三河本證寺・勝鬘寺・上宮寺に遣れる書状（天正十三年十一月十一日）

猶々、先達而御意之通、道場門徒拝領之上者、御支配可レ為二勝手一旨、無二異儀一候、以上

預二御折紙一候、令二披見一申候、仍御門徒之事、即申上候処、前々之道場門徒之儀、弥無二別条一候間、何方之郷候共不レ苦事候、知行主之方へも、何も其段堅申届候、本作左（本多作左衛門重次）かたへも、此段申遣候、惣別被二仰定一候旨、少も無二異儀一候、恐々謹言、

（天正十三年）十一月十一日　石川日向守

家成（花押）
本多佐渡守
正信（花押）
酒井左衛門尉
忠次（花押）

本証寺
勝万（鬘）寺
浄（上）宮寺

〔本証寺文書〕河〇三

酒井忠次が天正十三年五月二十五日附を以て、浄妙寺宛に書状（前掲）をおくつたのち、家康は十月二十八日附を以て本証寺に「野寺道場屋敷の儀、自今以後不レ可レ有二相違一、并家来世間之儀、諸役令二免許一者也、仍如レ件」（本証寺文書）という安堵状を与えた（上巻六七六頁所収）。同時に針崎の勝鬘寺・佐崎の上宮寺にも同様の安堵状を与えたらしく、勝鬘寺宛のものは写しがある（徳川家康と其周囲上巻四〇一頁参照）。ついで同年十一月十一日に至り、家康の家臣石川家成等三名は、連署を以て本証寺・勝万寺（勝鬘寺）・浄宮寺（上宮寺）連名宛に本書状をおくり、「来状により、門徒の事を家康に言上したところ、往昔の道場門徒のことは、別儀なく、何処にいても差支えがないとのことである。よつてその旨を各地の知行主に申し通じ、本多作左衛門重次方へも申し遣わした」と申し通じた。本多重次はその頃岡崎城を預かつていたから、道場門徒宥免のことを特に通達したのであろう。署名した三名のうち石川家成は妙西尼の子であり、妙西尼に対しては曩に一昨年十二月三十日附で家康より門徒赦免の通知（上巻五五七頁所収）が出ており、酒井忠次は前掲五月二十五日附浄妙寺宛書状において、浜松に行つたなら妙西尼に頼んで道場屋敷再興の運びになるように尽力しようと答えている。本多佐渡守正信は、一揆争乱に与して家康に刃向うた本多弥八郎正信であり、一旦亡命したが後に帰順して次第に重用せられ、慶長年間には帷幄の謀臣として重んぜられた。

北条氏規に遣れる書状（天正十三年十一月二十八日）

去廿二日之御状、委令ニ披見一候、仍石河伯耆守（数正）退出已後、爰元手置等彌堅固申付候、上方之儀、至ニ于今一無ニ殊子細一候、於ニ時宜一者可ニ御心安一候、將亦御加勢之儀付而、無□□御心懸□（雖カ）不始□□（于今候カ）欣悦不□□、一左右次□（第カ）□可□□、隨而眞田□□被レ入ニ御念一、御懇意祝着之至候、委曲榊原小平太（康政）可ニ申入一候、恐々謹言、

（天正十三年）十一月廿八日　　家　康（花押）

北條美濃守（氏規）殿　□□（御報カ）

〔野村きく子氏所蔵文書〕○加賀

家康の老臣石川伯耆守数正が岡崎を出奔して秀吉のもとに赴いたのは、天正十二年十一月十三日であつた。翌々十五日家康は北条氏直に飛脚を差立て、数正が、小笠原貞慶の人質を連れて尾張に退散したことを報じ、その出奔は秀吉と牒し合わせたことであると思うから油断しないでもらいたい。仁科太郎兵衛尉を遣わすから、委曲を聴き取られたいと申し送つた（武江創業録抄写）（上巻六七七、六七八頁所収）。

同十九日には信州伊那の下条牛千世に書を遣つて、数正の退散について、牛千世方より人質を出した誠意を嘉賞し、二十一日にも書を与えて安心させ、又同日附で牛千世の母に与えた消息では牛千世については疎略に扱わない旨を述べて慰撫した（下条文書）（同上、六七九—六八一頁所収）。

月日の順序より言えば、今補遺として収録する十一月二十八日附の本文書は、牛千世母に与えた消息の次に来るものであり、北条氏宛のものとしては二番目になる。北条氏規は、氏政の弟、氏直の叔父で、北条一門の柱石たる人物である。氏規の方から、二十二日附の書状を家康に遣つて来たのであるが、これは十五日附で家康が数正退散を報告したのを見て寄越し

たものであろう。これに対し、家康は、「数正の退出後、当方ではいよいよ厳重に対策を申付けている。秀吉は今までのところ、格別な動きがないから、一先ず安心してもらいたい。万一の時は加勢して下さるという御好意は忝けない。信州上田の真田昌幸のことも配慮下されて有難い。委曲は榊原小平太康政が申し入れる」と、申し送つたのである。

去年小牧役後、秀吉と家康の和睦も成立し、家康は第二子義伊（後の秀康）を養子として秀吉のもとに送つたが、両雄の間は釈然たらざるものあり、秀吉は外交戦を以て家康を圧迫し、その羽翼を削ぎ、この年信州上田の真田昌幸を後援して家康に背かしめた。それで家康は八月・閏八月の両月に亘り、軍を発して上田城を攻撃させたけれど失敗したのち、石川数正出奔の事あり、家康は岡崎城を修築し、氏規に本書状を出した十一月二十八日には、秀吉が織田長益・滝川雄利・土方雄久の三将を岡崎に遣して家康の入京を催促したのに応ぜず（家忠日記）、十二月四日には駿河の当目城を修築せしめた（家忠日記）。胸中深く決するところがあつたらしい。この情勢において、北条氏規は加勢を申し入れたのである。また信州深志城主小笠原貞慶は家康に背いて伊那高遠城を攻め、守将保科正直に撃退されたけれど、動揺の波及は予測することができなかつた。北条氏規宛の本書状は、その間の消息の一端を伝えているものと言い得る。

天正十四年（1586）家康四十五歳

末木土佐守に与えたる船役免許状（天正十四年三月十六日）

百石積船壹艘事

右分國中、諸役免許不レ可レ有二相違一之状如レ件、

天正十四年

三月十六日　　本多佐渡守（正信）

奉之

天 正 十 四 年

末木土佐守殿

〔八田文書〕○甲斐

これには印章が無いけれど、本多正信が奉行しているので家康文書として表出した。

末木土佐守の事蹟は未詳である。

この船役免許状の出された天正十四年三月は、家康が秀吉と和睦した直後、北条氏の領内なる伊豆の三島に赴いて。氏政・氏直父子に会見した月である。

秀吉が異父妹朝日姫を家康に嫁せしめて和議を結ぼうと考え、使者を家康の許に遣わしたのは本年正月の事らしいが、正月二十七日織田信雄が岡崎に下向し、浜松から来た家康と会見し、二十九日信雄は尾張に帰り、家康は浜松に帰った（当代記・顕如上人貝塚御座所日記）。この時を以て秀吉・家康の和議は成立したと思われる。

二月に至り家康は浜松を発し、二十六日駿府に着いた。三月九日黄瀬川を越えて三島に至り、北条氏政・氏直父子に対面した。父子も小田原から出て来たのである（当代記）。二十一日家康は浜松に帰着した（家忠日記）。この北条父子との会見は、朝日姫との結婚、大政所の岡崎下向、家康の上洛に先だてる行動であつて、意義深重なるものがある。三月十六日は九日会見より九日後であるが、その日家康は何処に滞在していたのであろうか、本多正信はその命を奉じて、末木土佐に対し。百石積の船一艘の諸役を免許したのである。

これより四年前なる天正十年十二月七日、本多正信が家康の命を奉じて、末木東市祐に対し、末木淡路守の跡職を与えた所領安堵状がある（上巻四三二頁所収）。末木村は甲斐八代郡大石和筋の村である。本年三月十六日のこの免許状も本多正信が奉行しているのであり、末木淡路守・同東市祐の一族であろう。百石積船は海上の船であろう。

甲斐塩山向岳寺に与えたる諸役免許状（天正十四年八月十九日）

貴寺門前任二御直判之旨一諸役不レ可二申付一レ之候、恐々敬白、

天正十四年丙戌　　　桜井安芸守

八月十九日

昌忠（花押）

以清斎（市川）元松（花押）

石原四郎右衛門尉

昌明（花押）

玄随斎（工藤）喜盛（花押）

鹽山（向岳寺）御納所

〔向岳寺文書〕○甲斐

向岳寺は甲斐東山梨郡塩山に在る臨済宗の名刹である。家康は天正十一年四月二十日寺領安堵状を与え（上巻五〇四頁所収）、本年八月九日禁制を下し（同上六九二頁所収）、今また門前諸役を免許したのである。本書は桜井昌忠・以清斎元松・石原昌明・玄随斎喜盛四奉行の連署で出されているものであるが、寺領安堵状・禁制と対照して、これを家康文書として表出した。甲州一般行政の任に当った奉行の面々については、上巻四六一頁・四八六頁・四八七頁等に見えている。

第四篇　駿府在城の時代

天正十五年（1587）家康四十六歳

水野忠重に遣れる書状　（天正十五年乃至慶長四年）（十二月二十四日）

為二歳暮之祝儀一、小袖一重送給、祝着之至候、猶阿部（正勝）伊豫守可レ申候間、不レ能レ具候、恐々謹言、

（天正十五年乃至慶長四年）十二月二十四日　家康（花押）

水野（忠重）和泉守殿

〔徳川黎明会所蔵〕○尾張

これは水野和泉守忠重より歳暮の祝儀として小袖を贈られたのに対する礼状である。忠重は三河刈谷城主水野忠政の子である。忠政には近守・信元・信近・忠守・近信・忠勝・藤助・忠分・忠重の九男があり、女子は五人あり、そのうちの第二女於大の方は松平広忠に嫁して、家康を生んだ。男子のうち近守は早く死し、信元が家を嗣いだ。忠政の死後、信元は織田信長に属し、於大の方は離別せしめられたが、末子忠重は三河一向一揆の宗乱のころより家康に属し、それより軍功を重ね、天正十五年七月晦日従五位下和泉守に叙任せられ、家康よりは生母の弟でもあるので、信任せられていたところ、慶長五年七月十九日、関原役中、三河池鯉鮒《ちりふ》において奇禍にあつて殺された。家康よりも一年前の生れで、時に六十歳であつた（寛政重修諸家譜巻三百二十八）。

忠重の実父忠政は下野守であり、実兄信元も下野守であり、実子勝成は日向守であるから、この書状の宛名人は和泉守忠重

以外に該当者が無い。年時は天正十五年より慶長四年に至るまでの十三年間のものである。

書状の中に見える阿部伊予守は、後の備後福山藩阿部家の先祖たる正勝である。寛永諸家系図伝では正勝より系を起してあるが、寛政重修諸家譜では、正俊・正宣の二代を補い、正勝を第三代としてある。正勝も水野忠重と同じく、家康より一歳、年長であり、殊に家康幼少時代の人質生活に当り、熱田でも駿府でも側近に仕え、終生忠勤をぬきんじた。従五位下伊予守に叙任せられたのは、天正十四年家康が上洛して秀吉と和睦を調えたのちだという。慶長五年四月七日、家康が上杉景勝征伐のため大坂城を離れるに先だち、正勝は忠重と同じく六十歳をもって大坂で歿した（寛政重修諸家譜巻六百三十三）。家康と忠重と正勝との三人は、このように不思議な縁の糸によって結びつけられた間がらであり、忠重が歳暮の祝儀を家康に贈ったのに対し、正勝は家康の命を受けてこの礼状をもたらし、使者となって忠重を訪問したのである。尚お正勝の子正次は備中守、その次の正与《とも》は河内守であるから、阿部伊予守は正勝以外に該当者がない。この書状の年時は、忠重の場合の推定より短縮することができない。花押の形状によって強いて類推すれば、十三年間の中の早い年時かとも思う。仮に天正十五年に入れておく。

奥平貞昌室亀姫に遣れる消息　（天正十五年又ハ十六年十二月カ）

ふみたまはり候、めづらしく見申まいらせ候、さてはそなたへより候はんと思ひまいらせ候へども、としのきわめにて候まゝ、よりまいらせ候はず候、はるはより候べく候まゝ、その分心候べく候、かしこ

大納言（家康）

（切封）新城（亀姫）返事

返々、としのきわめにて候まゝ、より候はず候、めでたく春は、より候べく候、

天正十五年

〔弘文荘所蔵〕○東京

この文書は、家康が大納言時代に奥平信昌の正室たる長女亀姫におくつた自筆の消息である。家康が権大納言の宣旨と従二位の位記とを受けたのは天正十五年八月八日四十六歳のときであつた。そして文禄五年（慶長元年）五月八日五十五歳のとき、正二位内大臣に昇進したのであるから、その大納言時代は、前後十年間に亘つているのである。

亀姫は家康の長女、母は築山夫人関口氏である。関口氏は駿河の今川氏の支族である関口刑部少輔義広（或は氏広・親永・氏縁とも伝えられる）の女で、義広は今川義元の妹を娶り、築山夫人が生れた。それゆえ夫人は義元の姪に当る。その生年月日は明らかでない。家康は天文十八年十二月幼名竹千代と称した八歳のとき、人質として岡崎より駿府に来り、弘治二年正月十五日十五歳のとき元服し、義元の一字を受けて次郎三郎元信と名乗り、ついで義広の女（後の築山夫人）を娶つた。この夫妻の間に、永禄二年三月六日家康十八歳のとき長子信康が生れ、永禄三年某月某日家康十九歳のとき長女亀姫が生れた。家康は十五歳と十七歳との中間において元信という名を改めて元康と称し、亀姫が生れてのち二十一歳のとき、今川義元が桶狭間で戦死したので郷里岡崎に復帰し、翌年二十二歳のとき、再び名を改めて家康と称した。

それより十三年ののち、天正四年七月家康三十五歳のとき、長女亀姫は十七歳にして、三河新城《しんしろ》主奥平信昌に嫁いだ。信昌は弘治元年生れだから、このとき二十二歳であつた。

奥平信昌は三河作手《つくて》の領主奥平貞能の子である。永禄三年桶狭間合戦のとき家康に属して丸根城攻略に功あり、今川義元戦死ののち、家康がその子氏真の懸川城を攻めるのに従い、氏真が開城退去ののち、酒井忠次に属し、元亀元年六月姉川合戦にも軍功を立てた。然るに元亀三年武田信玄・勝頼父子の勢力が遠州中部を席捲するに当り、父貞能と共に武田氏に属したが、翌天正元年信玄の歿するに及び、貞能はひそかに家康に志を寄せ、謀略を以て嫡男信昌と共に家康に帰順を遂げた。このとき家康は八月二十日附を以て貞能・信昌父子に誓書を与え、長女亀姫を信昌に嫁せしめること、貞能父子および親類・被官人の各地の知行を安堵せしめ、新知行として三千貫文の地を与え、また織田信長の起請文を貰つてこれを与えることなどを約束した（譜牒余録）（上巻一九八、一九九頁所収）。これよりのち貞能・信昌父子は作手《つくて》城を退いて宮崎滝山に移つた。家康は同年九月武田氏が領有している長篠城を陥れ、松平伊昌を守将となし、尋《つい》で伊昌に代りて貞能・信昌をしてこれを守らしめた。武田勝頼はこれを奪回しようとして、天正三年五月大軍をくり出して城を攻めた。城は信昌が守つていた。父貞能は岡崎にいた。信昌の守備が厳重で城はなか〳〵落ちない。勝頼は家康・信長の援軍が大挙して押寄せて来たので、城を包囲しておいて城外の設楽原に主力を移動し、対戦したが、さん〴〵に敗北して本国に逃げかえつた。信昌の勇名は一段と高まつた。

天正四年信昌は新たに造営された新城《しんしろ》城に移つた。長篠城の南方豊川に臨める下流の地である。七月家康は信長の督促により、約束どおり亀姫を信昌に嫁がせた。信昌は二十二歳、亀姫は十七歳、これより十四年間夫妻は新城に在り、天正十八年八月、家康の関東移封と共に、信昌は上野甘楽郡小幡領三万石に移封となり、亀姫もここに移り小幡殿と称せられた。

ここに採録した自筆の消息の宛名「新城」は新城にいる信昌夫人亀姫のことである。差出人の大納言はその父家康である。本文によれば亀姫が父家康に消息をおくり、それに対し父家康がこの返書を認め、「あなたから、おたよりを戴いた。珍らしく拝見した。それで新城へ立寄つて（お会いしようと）思うけれど、年末であつて（忙しい時節だから）立寄ることはやめにする。（来年の）春には立寄るつもりだから、それを諒解して下さい」と申しおくつたのである。家康は駿府城にいるのだから、上り下り共に東海道を通行するのであり、新城は吉田（豊橋）より豊川に沿いて北上すれば、たやすく行ける所であるにかかわらず、手紙をよこしてくれた娘を訪問せずに素通りするのが、よほど気にかかると見え、この消息の返し書において、再び「年末であるから、立寄らない。めでたい春に立寄ろう」と繰り返しているのである。多分十二月なのであろう。

この消息には年月日がない。それで十二月三河に赴いた事に重点を置いて検討して見る。

家康が大納言に任ぜられたのは、天正十五年八月八日であるから、この消息はそれ以後のものである。この時は京都にいたが、十二日京都を発し、十七日駿府に帰着した。そののち十二月九日三河西尾で鷹狩を催したことがある。

天正十六年十二月二十二日吉良で鷹狩したことがある。この両年の中鷹狩からの帰途出したものと考えることができる。

天正十七年は秀吉の小田原征伐が緊迫を加えた年である。十一月二十四日秀吉は北条氏直に対し、宣戦布告状をおくつた。二十九日家康は駿府を発して上京した。十二月十日家康は聚楽亭において秀吉に謁し、小田原攻めの軍議に加わつた。二十二日駿府に帰着した。この動静に照らし合わせて見れば、この消息は天正十七年十二月京都より東帰の途中で書いて、娘におくつた返書かと思われる。しかし家康は、来春は必ず訪問する意思を繰り返して述べているが、事実について見れば十八年一月・二月家康は駿府に在り、二月七日酒井家次以下の先鋒軍をして駿府を発して東せしめ、家康自身は二月十日駿府を発して小田原に向い、三月二十七日駿河三枚橋城において秀吉の東下を迎え、そのまま小田原包囲陣に加わり、北条氏滅亡のち、駿府に引き揚げることなく、関東に移封されて江戸城に入り、八月十五日奥平信昌も上州小幡三万石の領主となり、夫人亀姫もやがて小幡に移住したのであるから、家康が出征を眼前にひかえて「春は寄り候べく候」と申し送ったとは考えられない。以上の考証で、本書は天正十五年又は十六年十二月と推定するのが適当である。

天正十七年（1589）家康四十八歳

三河本郷蓮華寺に下せる定書（天正十七年十月二十七日）

（朱印）〇印文福徳　定

一御年貢納所之儀、請納證文明鏡之上、少も於二無沙汰一者、可レ爲二曲事一、然者、地頭遠路令二居住一者、五里中年貢可二相届一、但、地頭其領中在レ之者、於二其所一可レ納事

一陣夫者貳百俵ニ壹疋壹人充可レ出レ之、荷積者下方升可レ爲二五斗目一、扶持米六合、馬大豆壹升宛地頭可レ出レ之、於レ無レ馬者、歩夫貳人可レ出也、夫免者以二請負一札之内一、壹段ニ壹斗充引レ之可二相勤一事

一百姓屋敷分者、百貫文ニ參貫文充、以二中田一被レ下候事

一地頭百姓等雇事、年中ニ十日充、并代官倩《やとひ》三日充、爲二家別一可レ爲レ之、扶持米右同前事

一四分一者、百貫文ニ貳人充可レ出レ之事

一請負申御納所、大風大水大旱年者、上中下共以二春法一可二相定一、但、可レ為二生籾之勘定一事

一竹藪有レ之者、年中ニ公方ゑ五十本、地頭へ五十本可レ出事

右七ヶ條所レ被二定置一也、若地頭及二難澁一者、以二目安一可レ致二言上一候者也、仍如レ件、

天正十七己丑年

十月廿七日　阿部善八郎

三川本郷　正　次（花押）

蓮　華　寺

〔古典籍展観大入札会目録所載写真〕

天正十七年家康が福徳朱印を捺して、三河・遠江・駿河・甲斐の諸郷村に下せる民政に関する七箇条定書は、上巻七三五—七四七頁を主とし、その他補遺せるもの等合計約百四十通程を採録し、一応整理しておいたが、写しによつて伝えられているものが多い。この三河蓮華寺宛の定書も、同巻七四六頁（C）諸種文書より纂輯したもの七通の表中に、参州寺社古文書に収めてあるものを採つておいたが、たまたま古典籍展観大入札会目録第八十六号写真を見て、その原本が現存していることを知つたので、ここにその旨を記しておく。

阿部善八郎正次は、当時の奉行者の一人で、七月七日遠江佐野郡に二通、周智郡に三通、十月二十七日三河碧海郡に二通の覚書を下している。蓮華寺は碧海郡本郷村の寺院である。

真田信幸に遣れる書状（天正十七年十一月十日）

（封紙ウハ書）（信幸）
「真田源三郎殿」

天正十七年

來書披見候、然者、なくるみ(上野名胡桃)の事得二其意一候、左候へ者、其許之様子京都之兩使(富田一白・津田信勝)被レ存候間、則彼兩人迄其方使者差上候、定而披露可レ被レ申候、將又菱喰十到來、令二悅喜一候、猶榊原式部太輔(康政)可レ申也、

(天正十七年)十一月十日　　家　康（花押）

眞田源三郎(信幸)殿

〔眞田文書〕〇信濃

真田源三郎信幸は信州上田城主真田安房守昌幸の長子である。のちには信之といつた。名胡桃《なぐるみ》は上州沼田城の支城である。沼田は真田氏と北条氏と徳川氏との間における多年の係争地であつた。天正十七年春、秀吉は北条氏直よりの具申により、これに裁決を与えて、(1)沼田三万石の地を両分し、(2)三分の二を氏直に与え、(3)三分の一に当る名胡桃を真田領とし、(4)真田氏に対しては放棄せる土地の替地を家康に代償させることとし、(5)氏直・氏政父子のうちのいづれかに上洛を命じた。この裁決により、氏直は、父氏政が本年十二月上洛すべき旨の一札を提出したので、秀吉は七月二十一日、富田一白(知信)・津田信勝の両使を信州上田に遣して真田昌幸を諭した。それで氏直は昌幸より沼田城を受取つて、叔父武州鉢形城主北条氏邦をしてこれを管せしめた。氏邦は城代として部将猪俣範直を沼田に入らせた。この猪俣範直が同年十月名胡桃を奪取した。奪取された真田昌幸は、これを秀吉に報告した。その報告が京都に達したのは十月二十日であつた。秀吉は北条氏に対して最後の決心をなし、十一月上旬、大谷吉継を家康のもとに遣して、その決心を示した。家康は時に駿府にいた。

ここに採録した書状は十一月十日附である。これによれば、名胡桃問題につき、信州上田の真田信幸より駿府の家康のもとに何か来状があつたのである。これを披見した家康は、信幸の申して来たことを諒承した。家康の第二女督姫は氏直の正室であつたから、家康は北条氏の将来を憂え、氏政が上洛して秀吉に挨拶すべきことを、たびたび勧告していたのであり、今また些々たる名胡桃問題にかかずらつて、大事を誤るべきことを憂い、自分に好意を寄せている真田信幸の来状に就いて思案を運らせ、「秀吉の使者富田一白・津田信勝の両人は、去七月上田に赴いて真田父子共知り合いの間がらであり、真田方の事情を知つているのだから、今信幸の来状を持参した上田の使者を富田・津田の両人のもとに行かせた。その使者が定め

し上田方の事情を両人に申告するであろう。委細のことは家臣榊原康政をしてあなたまで申し述べさせる」と申し送ったのが、この返書の要旨である。このとき信幸は二十三歳、父昌幸は四十三歳であつた。

これより十四日ののち、十一月二十四日、秀吉は北条氏直に宛てた五箇条より成る宣戦布告の条書を発し、またこれを天下に公布した。家康は十一月二十九日駿府を発して上京した。天正十八年小田原陣がおこつた。その導火線となつたのは名胡桃奪取事件である。

甲斐田野寺に与えたる検地免除状（天正十七年十一月二十三日）

甲州栗原筋田野寺々中、同門前屋敷共ニ、勝頼公菩提所之由候間、今度御縄打之儀用捨仕候、彼寺中之儀、永無ニ相違一披露申、御朱印を申請可レ進レ之候也、仍如レ件、

天正十七己丑年

十一月廿三日　伊奈熊蔵（家次、後忠次）（花押）（黒印）

田野寺

〔景徳院文書〕〇甲斐

天正十七年、家康は三河・遠江・駿河・甲斐・信濃の五箇国に検地を行つた。伊奈熊蔵家次（後忠次）が任に当つたところでは、これを熊蔵縄といつた。当代記に「此年、三・遠・駿・信・甲自ニ家康公一有ニ縄打一（中略）、伊奈備前守専執ニ行之一」とある。しかし五箇国のうち、信濃に検地が行われたか、行われたとすればどこの地域であるか、今までのところ、これに関する文書も、同年七月領国諸郷村に下した七箇条定書も、一通も入手していない。私は信濃は特殊地方であり、検地は行われなかつたろうと考えている。

甲斐については甲斐国志に、「天正十七年、伊奈熊蔵打量ニヨリ所レ出ノ証文ハ俵数ナリ。称二之熊蔵縄一、古文書ニモ伊熊御縄入ノ時トアル是ナリ。其文云、依レ有二御朱印一、任二面付之員数一、如レ是可レ有二所務一云々、皆御朱印高壱貫文ニ四俵ノ当リ、前ニ云如シ。此時毎村ヘ七箇条ノ定書ヲ出ス。伊奈及原田作左衛門・寺田右京亮三人奉行。但一国町段ノ数ハ今知ル者ナシ」とある。七箇条定書は検地に伴つて出されたものであることが知られる。これは三河・遠江・駿河の分は一応調査して、上巻七三八～七四七頁に百三十四通を表解し、甲斐国志百（人物部九）に記された本文をも引用しておいたが、その中で甲斐の分は僅かに三通しかない。後に新たに原本の所在を知つたものが二通ある。

このような事情のなかで、伊奈家次（忠次）は、栗原筋田野寺、すなわち東山梨郡田野の景徳院は、武田勝頼の菩提所である故に検地を止め、もとのまま安堵せしめたのである。その日附が十一月二十三日である。甲斐国志には、「同年（天正十年）七月神君本州に入ラセラレ、勝頼終焉地ナレバトテ、新規ニ一寺御建立アルヘキ旨仰出サレ、号二天童山景徳院一、即チ拈橋ヲ住持ニ命ゼラル。田野郷ノ山野一円ニ為二寺領一、並ニ殉死ノ諸士茶湯料トシテ、別ニ一山を寄セラレ、永ク訪二菩提一玉ヘリト云フ」と記してある。それより七年目、伊奈家次が安堵した寺領は、この時のままなのであろう。

本書は、「披露申し、御朱印迄申し請け之を進ず可く候也」とあるから、家康文書としてこれを扱つた。

田野寺は天童山景徳院という。

伊奈熊蔵家次（後備前守忠次）が奉行として出した文書は、天正十八年関東入部以前では、この書が初見である。

〔参考〕　甲斐田野寺建立に關する小畑景憲の覺書　（年不詳三月十五日）

家康様田野寺建立付、御慈悲之儀被二仰出一候五ヶ条

一田野寺建立之儀、被二仰付一候事

二甲州先方衆、田野寺建立付、力を添候様ニ与被二仰付一候事

三田野一村如何程在レ之候共、御寄附之儀被ニ仰付一候事
四小宮山内膳弟拈橋僧、田野寺住持被ニ仰付一候事
五勝頼公御供之侍土屋惣蔵を初、不レ残位脾(牌)を立、茶湯・焼香等可レ為ニ厳密一、依レ是為ニ茶湯山一、田野村之外ニ、初鹿野村ニ而御付被レ遊候事

(年未詳)三月十五日

尾(小)畑勘兵衛

景憲（花押）

年代過候へハ、忘レ申事候間記付候て進レ之候、

〔景徳院文書〕○甲斐　〔土屋保典氏所蔵〕○甲斐

この文書は家康が景徳院田野寺の建立を命じ、それについては甲斐の武田氏の遺臣に協力すべきことを命じ、田野村一円の地を寺領として寄進し、小宮山内膳の弟拈橋を住持となし、勝頼に殉死せる土屋惣蔵以下の位牌を立て、厳密に供養すべく、初鹿野村にて茶湯山を寄附することを命じたことを記したものである。

〔参考〕　小畑景憲が甲斐田野寺本策和尚に遣れる書状　（年未詳五月三日）

猶々、其地久敷百姓両人かつへ死候由、不レ及ニ是非一御事ニ候、以上

尊書畏拝見候、

一田野へ権現様御朱印、天正十七年ニ被ニ下置一候、井伊兵部殿(直政)奉行、御披露者稲熊蔵殿(伊奈熊蔵家次)ニ而候、請取人ハ大久保十兵(長安)衛殿ニ而候、甲州衆悉拝見申候、我等式も十七歳之時奉レ拝候、就レ是、重々家康様御慈悲之上意共ニ候、

二田野寺立根本ハ、天正十年十月於二新府一権現様八千之御人数、北条衆五万ニ而御対陣之時、甲州・駿河之侍衆を被二召拘一恵林寺如二前々一取立候へ、又田野ハ勝頼切腹之場ニ候間、寺を取立候へ、其郷如何程有レ之共、可レ被レ下由ニ而、天正十六年ニ此寺立申候、様子候而、遅々申候、其段ハ事長ク候間、不レ及レ申候、尤ニ候、敬白、

(年未詳)
五月三日　尾畑勘兵衛
景　憲（黒印）（花押）

田野寺今之住持
本　策　和　尚
景徳院殿惣(マヽ)百中

〔景徳院文書〕〇甲斐

この覚書には、家康の意志により、天正十六年景徳院田野寺が建立せられたこと、天正十七年に寺領寄進状が与えられたことを記してある。前掲せる天正十七年十一月二十三日附伊奈熊蔵家次の検地免除状に「御朱印を申請レ可レ進之候也」とあるところの「御朱印」というのは、この寺領寄進状のことであると推定する。

この機会に以上二通の文書を残した小畑勘兵衛景憲のことを少しく附記しておこう。

小畑景憲の小畑は小畠・尾畑とも書く。その家系は次のごとくである。

盛次[1]——虎盛[2]——昌盛[3]——昌忠[4]——某[5]（絶家）
　　　　　　　　　　　├—在直
　　　　　　　　　　　└—一景憲——二縄松《つなまつ》——三景松——四景利……

盛次　遠州葛俣《かずまた》城主、葛俣姓、小《お》畠と改む。今川家を去り、甲斐に入り、武田信縄・信虎に仕えた。

虎盛　武田信虎に仕えた。永禄四年六月死。七十一。

昌盛　武田信玄に仕えた。小幡と改姓した。豊後守。天正十年三月六日死。四十九。

昌忠　武田勝頼没落ののち、天正十年七月家康に仕えた。慶長四年六月十七日死。三十六。

某　父昌忠の死んだとき一歳。遺跡を嗣いだが、のち絶家となる。

景憲　熊千代　孫七郎　勘兵衛　昌盛の三男
天正十年十二月十一歳のとき家康に仕えた。

のち秀忠に属し、小姓となる。

文禄元年五月十三日（二十一歳）二百石を与えられる。同四年（二十四歳）逐電し流浪する。

慶長五年（二十九歳）上杉景勝征伐のとき井伊直政の陣に加わる。

関原合戦に功あり。

慶長十九年（四十三歳）大坂冬陣のとき十二月四日真田幸村の陣に向って戦う。

元和元年（四十四歳）二月大野治房の招きに応じ、偽りて大坂城に入り、城中の情況を探る。

元和二年八月（四十五歳）将軍秀忠のとき、相模の大住・愛甲・淘綾三郡のうちにて五百石を与えられた。

寛永九年八月（六十一歳）将軍家光のとき、御使番となる。

寛永十年十二月（六十二歳）甲斐にて千石加贈、すべて千五百石を知行した。

のち武蔵入間郡に移された。

寛文三年二月二十五日（九十二歳）将軍家綱のとき歿した。法名道牛。

相模愛甲郡依知村蓮生寺に葬った。

軍学者として、甲陽軍鑑抜書前集・後集・私之小鏡・中興源記・彼一巻此一巻等の著書がある。


（寛政重修諸家譜巻五百四十五）

〔参考〕　兒玉氏豊が甲斐景徳院に与えたる諸役免許状　（文禄元年二月六日）

猶家康様・少将殿（豊臣秀勝）御代とも、守護不入・諸役免許之間、於于遠州様（加藤光泰）も如レ此候、已上、景徳院寺家門前屋敷山原竹木之事、今度遠州様為二新寄進一守護不入・諸役免許之旨被二仰出一候上者、隣郷之地頭之綺、鷹之番、諸勧進、門次之諸役等、一切ニ有レ之間敷者也、為二後日一仍如レ件、

天正廿（壬辰）年

二月六日　児玉太郎右衛門尉

氏豊（黒印）

景徳院

〔景徳院文書〕○甲斐

児玉太郎右衛門尉氏豊は甲斐の領主加藤光泰の家臣である。次に掲げる光泰の寄進状に添えて出したものに違いないが、日付が二日先立っている。天正二十年は文禄と改元された。

〔参考〕　加藤光泰が甲斐景徳院に与えたる寺領寄進状　（文禄元年二月八日）

景徳院寺中門前令二寄附一之上者、不レ可レ有二俗徒之綺一、興二隆仏法一寺家再造、専要候、仍如レ件、

（文禄元年）天正二拾年二月八日

（加藤）光泰（花押）

景徳院

〔景徳院文書〕○甲斐　〔土屋保典氏所蔵〕○甲斐

加藤遠江守光泰は甲府城主である。天正十八年七月、家康が関東に移封せしめられたのち、甲斐には同年十一月豊臣秀勝（小吉）が封ぜられた。この秀勝は羽柴秀勝（於次丸）とは別人であり、於次丸秀勝が信長の第四子であるのに対し、この小吉秀勝は、秀吉の同父母の姉瑞竜院日秀と三好武蔵守吉房入道一路との間に生れた三人兄弟のうちの次男であり、秀吉の甥に当る。永禄十二年生れと推定せられるから、甲府に封ぜられたときは二十二歳であった。然るに秀勝の母日秀の歎願により、翌十九年三月二十三歳のとき、秀勝は岐阜に転封せられた。そのあとに加藤光泰が来たのである。

加藤光泰は天文六年美濃に生れ、斎藤竜興に属し、竜興没落ののち秀吉に仕え、山崎合戦の功により一万七千石を領した。

天正十八年小田原陣のときは近江佐和山城二万石の領主、従五位下遠江守であつたが、戦後、秀勝に次で甲斐二十四万石に封ぜられ、新たに府中城を築いて住んだ。のち朝鮮陣に従い、文禄二年八月二十九日西生浦において死んだ。年五十七。甲斐山梨郡板垣村善光寺に葬つた。その子貞泰は文禄四年（二年の誤）美濃黒野四万石に転封となつた（寛政重修諸家譜巻七百七十四）。

〔参考〕　加藤光政が甲斐景徳院に与えたる安堵状　（文禄二年六月十七日）

景徳院寺家門前并山林剪採事、遠江守（加藤光泰）被レ成二用捨一上者、猥儀不レ可レ有レ之者也、仍如レ件、

文禄二年六月十七日　　　　加藤平兵衛尉

光　政（花押）

景　徳　院

〔景徳院文書〕○甲斐

加藤平兵衛尉光政は加藤光泰の一族であろう。但し、寛政重修諸家譜に所見がない。姓氏家系大辞典尾張の加藤氏の条に遠江守光泰（一五六七頁）、景義流の条に同じく光泰（一五六八・一五六九頁）の記事があるけれど、その一族と思われる光政の記事がない。

〔参考〕　浅野忠吉が甲斐景徳院に遣れる書状　（文禄三年二月五日）

当寺領分帳はつれ被レ進レ之候、御判之儀者、重而可レ被レ遣レ之候、恐惶謹言、

文禄三年分　　　　浅野右近太輔

天　正　十　七　年

二月五日　忠吉（黒印）

慶徳院

〔景徳院文書〕○甲斐

浅野右近太輔忠吉は、浅野長吉の家老である。浅野長吉（後長政）は、文禄二年十一月甲斐を与えられた。

甲斐八代熊野社に与えたる社領安堵状（天正十七年十一月二十三日）

甲州小石和筋八代熊野領之事

一百参俵壹斗八舛五合（黒印）　八代郷内ニあ

此外屋敷有

右依レ有ニ御朱印一如レ此、全所務可レ有候、取高之外、田畠上中下共ニ壹段ニ壹斗宛之夫銭有、右之分百性（姓）請負一札有レ之、仍如レ件、

天正十七己丑年

十一月廿三日　伊奈熊蔵（家次、後忠次）（花押）（黒印）

八代熊野領

宮之坊

〔福光円寺文書〕○甲斐

八代郡の熊野神社に家康の命令で伊奈家次が社領を安堵したもので、宛名の宮之坊は同社の別当福光園寺のことである。この年の領国総検地で、寺領の明細が判ったので、それに基づいて安堵状を出したものである。家康の命令によるものだか

ら、家康文書として取扱つた。

天正十八年（1590）家康四十九歳

羽柴秀長に遣れる書状（天正十八年三月四日）

少御煩氣之由承候、實儀候哉、無二御心元一存、以二使者一申入候、仍最前御約束申候物進レ之候、猶期二後音一候條、令二省略一候、恐々謹言、

（天正十八年）三月四日　家康（花押）

（羽柴秀長）大納言殿　御宿所

〔東京古典会展観会出陳〕

宛名の大納言は大和郡山城主従二位権大納言羽柴秀長である。秀長は秀吉の生母大政所天瑞院が竹阿弥に再嫁して生れた子であり、秀吉の異父弟である。幼名を小竹といい、また小一郎と称した。天文九年三月二日生れであるから、異父兄秀吉よりも四歳年少である。兄に従つて軍功多く、天正十五年八月八日四十六歳のとき従二位権大納言に叙任せられ、大和大納言と呼ばれた。同日家康は四十四歳にして同じく従二位権大納言に叙任せられたのであり（公卿補任）、この両名は年齢がほぼ同じく、位官は並進しており、その上、秀長は温厚寛容の性格であつたから、家康は秀長に対し親愛の情を有していたようである。

その秀長は天正十八年正月、秀吉が小田原の北条氏討伐の準備を進めているころ、京都で病気にかかり、春日神社でたびく平癒の祈禱が行なわれた（多聞院日記）。この年正月十四日秀吉の異父妹にして家康の正室たる朝日姫が病気のため京都聚楽亭で歿したのに加え、異父弟秀長がまた京都で病臥しているので、秀吉は痛心したと見え、多分二月八日嫡子鶴松を伴つ

て大坂より京都に帰つた後のことであろうが、自ら秀長の病気を見舞つたという。このとき秀長は快方に向つていた。秀吉は三月一日京都を発して東征の途に向つた（御湯殿上日記・晴豊公記・言経卿記）。家康はこれより先二月十日駿府を発して同国賀島に陣した（家忠日記・創業記考異）。家康は陣中において秀長の病気の様子を聞知し、この書状をおくつて見舞つたのである。「少し煩気」とあるのは、もはや快方に向つている故、病状を軽視していたのであろう。「最前御約束申し候物」を進上するとある品物は判らないけれど、家康は去年（十七年）十一月二十日駿府を発して上京し、十二月十日聚楽亭にて秀吉に会い、北条氏討伐の議に与《あずか》り、二十二日駿府に帰着したのであつたから（家忠日記・創業記考異・神君年譜）、その在京中に、秀長に面会し、何か約束したのであろう。秀長は十七年十一月ごろから不快であり、十一月四日摂津の有馬温泉に入湯に赴き（多聞院日記）、やがて京都に帰つても、病気がつづいていたのである。しかし十八年四月十五日には京都から郡山に帰り、十六日には春日社に参籠した。御礼参りである（同上）。一応病気が全快したのである。ところが十八年十月になつて再び病気が重くなり、種々手をつくしたが回復せず、天正十九年正月二十二日ついに歿した。五十一歳であつた。故に三月四日附のこの書状は、天正十八年とするのが適当と信じて、表出した。

〔参考〕　伊奈家次（忠次）より伊豆宇佐美郷百姓に下せる下知状　（天正十八年五月四日）

宇佐美之郷当成ケ（箇）之事、如二前々一被二仰付一候間、田地少もあれ候はぬ様に開発可レ被レ仕候、田地不レ荒様於二開発一は、前々定成ケ（箇）之内をも少御宥免可レ有候間、散憐致候百姓何も召返、指南可レ被レ仕候、種公用無レ之ニおゐては、入次第借可レ申候、何事もてんやく（点役）之儀、従二家康一被二仰付一之分は、我等手形次第奉公可レ被レ申候、上様（秀吉）より之於二御用等一者、不レ限二夜中一、御奉公可レ被レ申者也、

（天正十八年）刁五月四日　伊奈熊蔵（家次、後忠次）（判印）

宇佐美之郷

百姓中

〔杉山文書〕○静岡県史料所載

この寅年は天正十八年以外には当て嵌まらないが、五月四日といえば、小田原包囲戦の最中である。

宇佐美郷は伊豆田方郡の東海岸、今は伊東市内に入っている。小田原包囲戦の最中、家康が家臣伊奈忠次をして、このような下知状を、北条氏の所領たる伊豆の地に出さしめたのは、秀吉から此国領有の内意を得た上の事であった。以前と同様に本年の年貢を課徴するから、田地を荒廃せしめぬように開発せよ。然るときは年貢の課徴率を少しは減ずるであろう。戦争により逃散した百姓を召返して指導せよ、種子が不足ならば、必要次第貸してやる。家康が課徴する点役は、自分が出す手形によって奉仕せよ。若し秀吉より命ぜられることがあれば、夜中でも出て働けというのである。「てんやく」（点役）は領主からの課役のことである。

甲斐大黒坂聖応寺に与えたる寺領安堵状　（天正十八年五月二十五日）

甲州小石和筋

大黒坂寺領之事

一百卅七表（俵）四舛六合八夕者　（黒印）　大黒坂郷ニ而

但、山手銭共ニ

已上

右依レ有二御朱印一如レ此、然者全可レ被レ成二所務一候、取高之外、田畠上中下共ニ、壹段ニ壹斗宛之夫錢有、右之分百姓請負一札有レ之、仍如レ件、

天正十八年

天正拾八庚寅年

五月廿五日　　　伊奈熊藏（花押）（黒印）

大黒坂寺

〔聖応寺文書〕〇甲斐

大黒坂寺は長国山聖応寺で甲斐東八代郡境川村大黒坂に在る。臨済宗。開山は本山十三世無住道雲禅師、草創は天授五年、聖応寺簡山秀公和尚の開基、旧寺領四十九石四斗余（大日本寺院総覧）。この前年家康の領国で総検地が行なわれ、その結果、寺領の安堵状が出されたのである。

相模見増郷に下せる禁制（天正十八年六月二十四日）

禁制　　　相模國見増之郷

一軍勢甲乙人亂妨狼籍（藉）之事

一放火之事

一對㆓地下人㆒申㆓懸非分㆒事

右條々堅令㆓停止㆒畢、若有㆓違犯之輩㆒者、速可㆑處㆓嚴科㆒之由所㆑被㆓仰出㆒也、仍如㆑件、

天正十八年六月廿四日

本（多）田中務（大）少輔（忠勝）（花押）

平岩七之助（親吉）（花押）

戸田三郎右衞門尉《忠次》（花押）
鳥居彦右衞門尉《元忠》（花押）

〔相州文書〕八

見増は三増と同じ。相模筑井郡に在り。筑井は津久井と同じ。本多忠勝・平岩親吉・戸田忠次・鳥居元忠は、上杉景勝・前田利家の軍に加わり、北条氏邦を武蔵鉢形城に攻め、六月十四日開城せしめたのち、転じて相模に入り、津久井城を陥れ、見増郷にこの禁制を下したのである。津久井城主内藤昌豊はこのとき小田原城中にいた。家康がこの年六月二十五日附で、諸将に津久井城中の武器・兵糧を点検せしめた直書は、上巻七七八―七七九頁に収めてある。

武蔵浄国寺に遺れる書状（天正十八年七月二日）

此表在陣之條、内々可ㇾ尋申ㇾ候之節、珍簡殊一折送給候、喜悦候、委細春道口上相含候、恐々謹言、

（天正十八年）
七月二日　家　康（花押）

浄國寺

〔浄国寺文書〕○武蔵

浄国寺は武蔵岩槻（埼玉県岩槻市）に在り、天正十九年十一月寺領五十石を寄進せられた。浄土宗の名刹である。寺では本書を文禄二年二月二十四日附の書状（中巻二三一頁所収）と同じく、全阿弥（内田正次）扱いのものとしているが、それならば文禄二年七月二日名護屋在陣中のものとなる。しかしこれを二月二十四日附の書状に対比して見ると、文意がちがつて

居り、「自分が、此表に在陣しているのについて、自分の方から、内々尋ねようと思っていたところ、却つて、あなたの方から、珍簡、殊に一折を贈与され、喜んでお礼を申し上げる。委細は、春道に申し含めたから、その口上をお聴き取り下さい」と言う意味に取れる。春道は浄国寺から「珍簡、殊に一折」を届けて来た使僧であろう。それでこれを天正十八年七月二日小田原陣中の時のものと推定した。七月二日は小田原の主将北条氏直が城を出て罪を謝した七月五日の三日前であり、攻城戦が急速に大詰に迫つた時である。その形勢の中で浄国寺が使僧春道を遣わして敬意を表したのに対する返書と見れば、この方が辻褄が合うらしい。

あとがき

本書は、昭和三十七年、學士院賞受賞の榮に浴した亡父の遺著「德川家康文書の研究」四册と、著者の歿後、伊東多三郎氏の編輯に成る「拾遺集」の計五册を四册に編輯し直し、新訂版として發行するものであります。本年はその中、下卷之一までの三册を發行いたします。

新訂に當り、上記伊東氏に全卷にわたつてお目通し頂き、著者が既に生前に氣付いていたものを含む明らかな誤記・誤植を修正し、重複文書の整理を行ないました。なおこの機會に下卷之二に付載されている補遺文書ならびに拾遺集の文書を年時別に各卷の卷末に配當しました。ただし年時不詳文書は明年發行豫定の下卷之二に付載される豫定です。本來ならば、すべて該當年時の箇所に挿入すべきですが、新たに版をおこすことが不可能ですのでこのような處置をとつた次第です。ただし、目次だけは讀者の便をはかつて全部年時の順に組み直しました。

なお學界の進歩に伴い、新たな文書や掲載文書の原本が續々發見されており、また史料解釋にも異見があるやに承つておりますが、これらはすべて後續の方にお任せし、この度は著者生前の業蹟の整理に留めました。

新訂版の編輯に當り、東大名譽教授伊東多三郎、中央大學教授中田易直の兩先生にひとかたならぬ御世話に相成りました。なお林政史研究所の徳川義宣、史料編纂所の岩澤愿彦の両先生にも御教示を頂きました。重ねて厚く御禮申し上げます。また初版に引きつづき本書の再刊を引受けられた日本學術振興會の西澤章夫氏、第一印刷所の藤野守正氏にも深く感謝の意を表します。

昭和五十五年七月十三日

嗣子　中　村　道　雄

新訂 徳川家康文書の研究（上巻）

昭和三十三年三月二十五日　初　版
昭和五十五年三月二十八日　新訂初版

著　者　中　村　孝　也
東京都港區麹町五ー三ー一
發行所　日本學術振興會
東京都中央區湊二ー二ー四
印刷所　株式會社　第一印刷所

發賣所　丸　善　株　式　會　社
東京都中央區日本橋二ー三ー一〇

新訂 徳川家康文書の研究〈新装版〉
上巻（オンデマンド版）

Digital Publishing

2017年11月1日　発行

著　者　中村孝也《なかむらこうや》
発行者　吉川道郎
発行所　株式会社 吉川弘文館
〒113-0033 東京都文京区本郷7丁目2番8号
TEL 03(3813)9151(代表)
URL http://www.yoshikawa-k.co.jp/

印刷・製本　株式会社 デジタルパブリッシングサービス
URL http://www.d-pub.co.jp/

中村孝也（1885〜1970）
ISBN978-4-642-73047-1
© Takemichi Nakamura 2017
Printed in Japan

JCOPY 〈㈳出版者著作権管理機構　委託出版物〉
本書の無断複写は著作権法上での例外を除き禁じられています．複写される場合は，そのつど事前に，㈳出版者著作権管理機構（電話 03-3513-6969，FAX 03-3513-6979，e-mail: info@jcopy.or.jp）の許諾を得てください．